여러분의 합격을 응원하는

해커스공[illegible]특별 혜택

FREE 공무원 경제학 **동영상강의**

해커스공무원(gosi.Hackers.com) 접속 후 로그인 ▶ 상단의 [무료강좌] 클릭 ▶
좌측의 [교재 무료특강] 클릭

해커스공무원 온라인 단과강의 **20% 할인쿠폰**

73C75D9D4274FCNG

해커스공무원(gosi.Hackers.com) 접속 후 로그인 ▶ 상단의 [나의 강의실] 클릭 ▶
좌측의 [쿠폰등록] 클릭 ▶ 위 쿠폰번호 입력 후 이용

* 쿠폰 이용 기한: 2024년 12월 31일까지(등록 후 7일간 사용 가능)
* ID당 1회에 한해 등록 가능

합격예측 **모의고사 응시권 + 해설강의 수강권**

FB39FF46EB869B26

해커스공무원(gosi.Hackers.com) 접속 후 로그인 ▶ 상단의 [나의 강의실] 클릭 ▶
좌측의 [쿠폰등록] 클릭 ▶ 위 쿠폰번호 입력 후 이용

* 쿠폰 이용 기한: 2024년 12월 31일까지(ID당 1회에 한해 등록 가능)

쿠폰 이용 관련 문의 **1588-4055**

공무원 단기 합격을 위한
해커스 커리큘럼

베이스가 있다면
기본 단계부터!

문제풀이로 이론 학습을 원한다면
기출문제풀이 단계로!

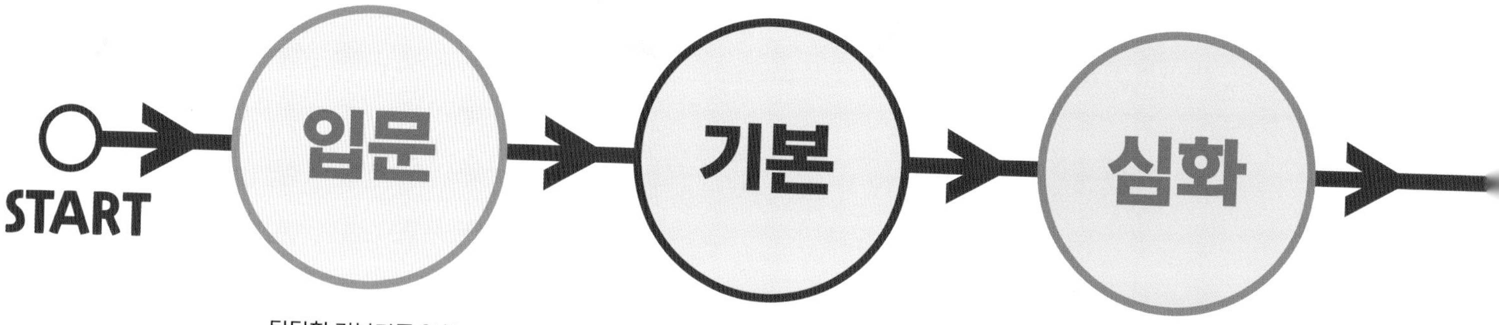

START

입문

탄탄한 기본기를 위한
핵심 개념 다지기!

강의 **쌩기초 입문반**

이해하기 쉬운 개념 설명과 풍부한 연습문제 풀이로 부담 없이 기초를 다질 수 있는 강의

사용교재

· 해커스공무원 그림으로 보는 쌩기초 경제학

· 해커스공무원 김종국 局경제학 입문특강

기본

반드시 알아야 할
개념과 이론 완성!

강의 **기본이론반**

반드시 알아야 할 기본 개념과 문제풀이 전략을 학습하여 핵심 개념 정리를 완성하는 강의

사용교재

· 해커스공무원 局경제학 기본서 (세트)

심화

고난도 개념 학습으로
응용력을 다진다!

강의 **심화이론반**

심화이론과 중·상 난이도의 문제를 함께 학습하여 고득점을 위한 발판을 마련하는 강의

사용교재

· 해커스공무원 局경제학 기본서 (세트)

* 커리큘럼은 과목별·선생님별로 상이할 수 있으며, 자세한 내용은 해커스공무원 사이트에서 확인하세요.

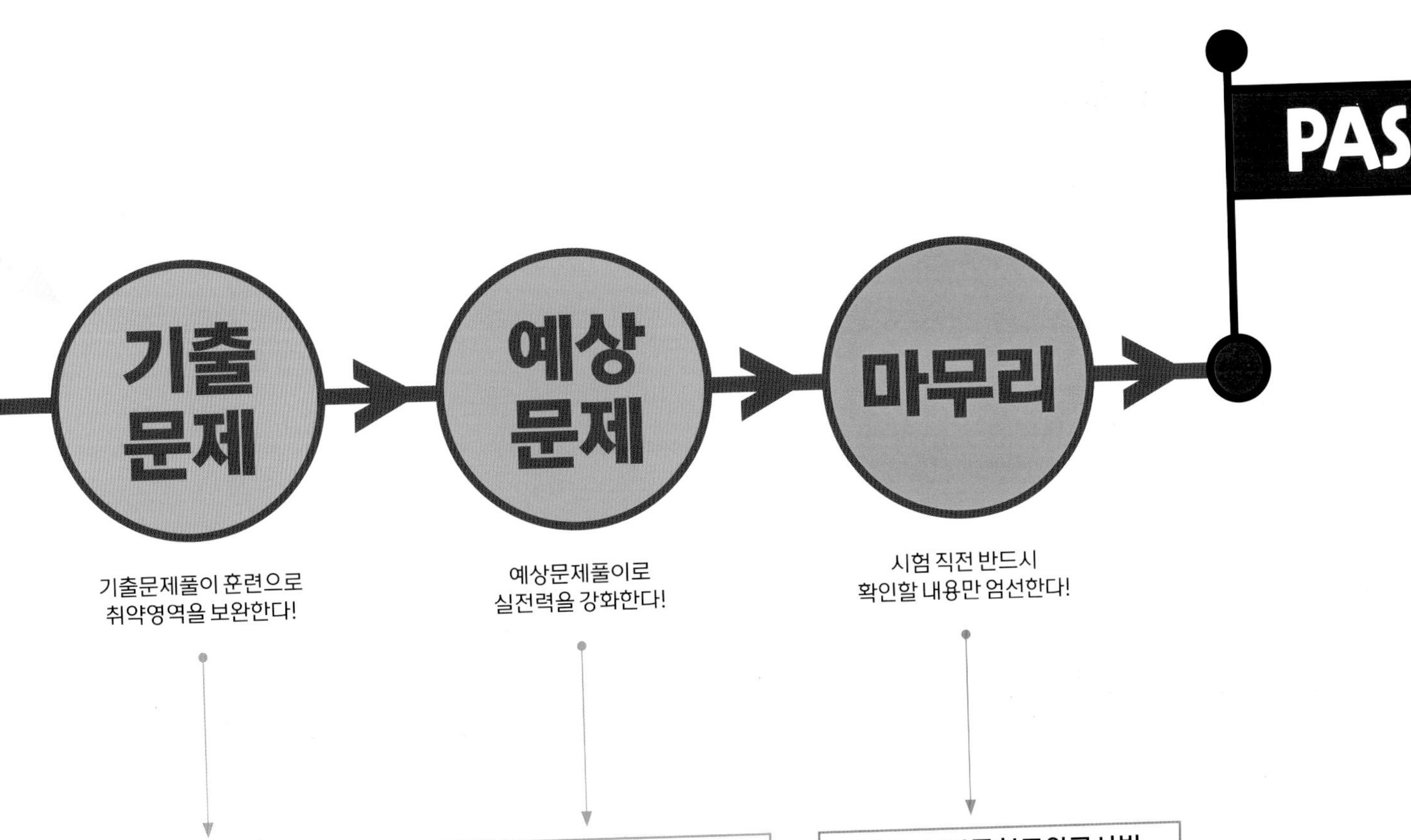

강의 기출문제 풀이반

기출문제의 유형과 출제 의도를 이해하고, 본인의 취약영역을 파악 및 보완하는 강의

사용교재
- 해커스공무원 局경제학 13개년 기출문제집
- 해커스공무원 局경제학 핵심 기출 OX 1592

강의 예상문제 풀이반

최신 출제경향을 반영한 예상 문제들을 풀어보며 실전력을 강화하는 강의

사용교재
- 해커스 공감보노 기출로 보는 局경제학 하프모의고사 Season 1

강의 실전동형모의고사반

최신 출제경향을 완벽하게 반영한 모의고사를 풀어보며 실전 감각을 극대화하는 강의

사용교재
- 해커스공무원 局경제학 실전동형모의고사

강의 봉투모의고사반

시험 직전에 실제 시험과 동일한 형태의 모의고사를 풀어보며 실전력을 완성하는 강의

사용교재
- 해커스공무원 局경제학 FINAL 합격 봉투모의고사

해커스
공.감.보.노

공인회계사
감정평가사
보험계리사
노무사

기출로 보는

하프모의고사 Season 1

해커스 경영아카데미

김종국

약력

연세대학교 경제학과 졸업

현 | 해커스 경영아카데미 경제학 교수
현 | 해커스공무원 경제학 강의
전 | 해커스공무원 사회(경제) 강의
전 | EBS 강사

저서

해커스 공감보노 기출로 보는 局경제학 하프모의고사 Season 1
해커스 회계사 局경제학
해커스공무원 局경제학 기본서
해커스공무원 局경제학 13개년 기출문제집
해커스공무원 局경제학 핵심 기출 OX 1592
해커스공무원 局경제학 실전동형모의고사
해커스공무원 局경제학 FINAL 합격 봉투모의고사
거꾸로 경제학, EBS
경제 만점의 정석과 비법, EBS
경제 수능기출 특강, EBS

"다양한 유형의 문제로 구성된 모의고사를 통해 실전에 대비하고 싶어."

"매일 꾸준히 풀면서 실전 감각을 유지할 수 있는 교재가 없을까?"

해커스가 **객관식** 경제학 시험에 완벽 대비할 수 있도록 만들었습니다.

매일 최신 출제경향에 맞는 문제를 풀며 실전 감각을 유지하고 싶지만, 마땅한 문제풀이 교재가 부족해 갈증을 느끼는 수험생 여러분을 위해 객관식 경제학 시험에 대비할 수 있도록 경제학 하프모의고사 교재를 만들었습니다. 시험장에서 마주하는 어떠한 유형의 문제도 당황하지 않고 풀어낼 수 있도록 해커스가 준비하였습니다.

『해커스 공감보노 기출로 보는 局경제학 하프모의고사 Season 1』의 **96회분 하프모의고사로 다양한 객관식 경제학 문제풀이**를 할 수 있습니다.

공인회계사, 감정평가사, 보험계리사, 노무사 12개년 기출문제를 각 시험별로 재구성한 하프모의고사 96회분을 수록하였습니다. 제한된 시간 안에 기출문제를 모의고사 형태로 풀어봄으로써 수험생 여러분이 준비하는 각 시험의 최신 출제경향을 파악할 수 있고, 자칫 느슨해질 수 있는 기출 회독학습의 단점을 보완하며 실전 감각까지 함께 키울 수 있습니다.

『해커스 공감보노 기출로 보는 局경제학 하프모의고사 Season 1』으로 **경제학 실력을 완성**해나갈 수 있습니다.

모든 문제에 출제 포인트를 제시하고, 정답이 아닌 선택지에도 상세하게 해설을 수록하였습니다. 문제풀이 후 해설을 꼼꼼히 학습한다면, 부족한 부분의 약점까지 보완하여 눈에 띄게 향상된 경제학 실력을 발견할 수 있을 것입니다. 『해커스 공감보노 기출로 보는 局경제학 하프모의고사 Season 1』과 함께 여러 경제학 기출문제를 정복하고 준비하는 시험의 고득점을 달성하길 바랍니다!

객관식 경제학 시험 합격을 위한 여정,
해커스가 여러분과 함께 합니다.

: 목차

Part 1 공인회계사

Part 2 감정평가사

Part 3 보험계리사

Part 4 노무사

이 책의 특별한 구성

공.감.보.노 기출로 보는 하프모의고사

하프모의고사

- 공.감.보.노 기출문제로 구성된 하프모의고사 총 96회분 수록
- 15분의 제한된 문제 풀이 시간을 통해 효율적인 시간 안배 연습 가능

01 2022 공인회계사(1)

해커스 공감보노 기출로 보는 미경제학 하프모의고사 Season 1

답안지

하프모의고사 답안지

제한 시간 안에 답안지까지 함께 작성하는 연습을 할 수 있도록 답안지 수록

상세한 해설

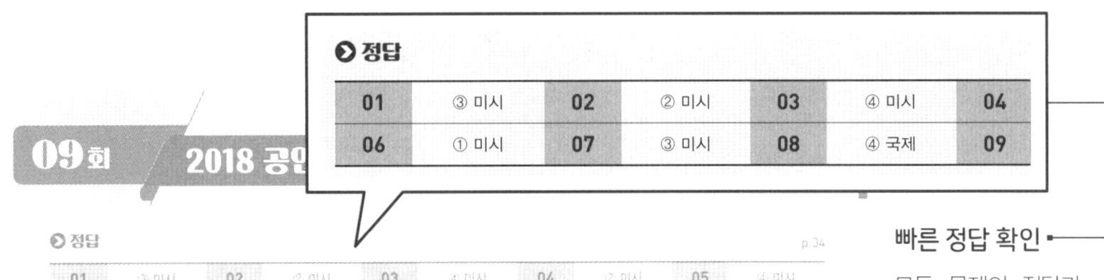

정답

01	③ 미시	02	② 미시	03	④ 미시	04
06	① 미시	07	③ 미시	08	④ 국제	09

빠른 정답 확인

모든 문제의 정답과 과목을 표로 한눈에 확인 가능

(정답)

슈타켈버그 모형에서 선도자의 생산량은 완전경쟁의 $\frac{1}{2}$, 추종자의 생산량은 완전경쟁의 $\frac{1}{4}$로 시장의 생산량은 완전경쟁의 $\frac{3}{4}$이기에 시장 공급량은 6.75단위가 된다.

상세한 해설

해설 학습을 통해 이론 복습의 효과를 기대할 수 있도록 상세한 해설 수록

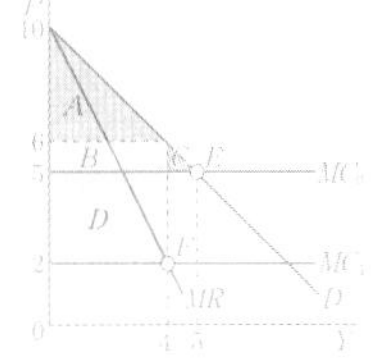

(오답피하기)

① 완전경쟁시장의 이윤극대화 조건은 $P = MC$이기에 $10 - y = 1$. $y = 9$이다.

② 두 기업의 비용조건이 동일할 때 꾸르노 모형에서는 각 기업의 생산량은 완전경쟁의 $\frac{1}{3}$로 시장의 생산량은 완전경쟁의 $\frac{2}{3}$이기에 시장공급량은 6단위이다.

④ 베르뜨랑 모형에서는 생산량이 완전경쟁과 동일하기에 시장공급량은 9단위이다.

오답피하기

정답인 선지 외에 오답인 선지에도 상세한 해설을 수록하여 문제에 대한 이해도를 높이고 심도 있는 학습이 가능

(출제 포인트) 합병으로 독점이 되면 독점기업은 한계수입과 한계비용이 일치하는 점에서 생산량을 결정한다.

출제 포인트

문제의 출제 포인트를 통해 핵심이론을 확인하고 이론 복습이 가능

Part 1 공인회계사

잠깐! 하프모의고사 전 확인사항

하프모의고사도 실전처럼 문제를 푸는 연습이 필요합니다.

✓ 휴대전화는 전원을 꺼주세요.
✓ 연필과 지우개를 준비하세요.
✓ 제한시간 15분 내 최대한 많은 문제를 정확하게 풀어보세요.

매 회 하프모의고사 전, 위 사항을 점검하고 시험에 임하세요.

정답 · 해설 _해설집 p.8

01회 2022 공인회계사(1)

제한시간 : 15분 시작 시 분 ~ 종료 시 분 점수 확인 개/ 10개

01 X재 시장은 완전경쟁시장이고 수요자는 A, B, C만 존재한다. 아래는 X재 수요표이다.

구분	A	B	C
2,000원/개	3개	5개	3개
4,000원/개	2개	3개	1개

시장공급함수가 $Q=\frac{1}{500}P$(P는 가격, Q는 공급량)일 때 다음 설명 중 옳은 것을 모두 고르면?

> 가. $P=2{,}000$인 경우 1개의 초과수요가 발생하며, 가격은 상승할 것이다.
> 나. $P=4{,}000$인 경우 2개의 초과공급이 발생하며, 가격은 하락할 것이다.
> 다. X재가 거래되는 시장에서 공급의 법칙은 성립하나 수요의 법칙은 성립하지 않는다.
> 라. X재 가격에 대한 공급탄력성은 1이다.

① 가, 나　② 가, 다
③ 가, 라　④ 나, 다
⑤ 나, 라

02 X재와 Y재만을 소비하는 A의 효용함수는 $U(X, Y)=\sqrt{X}+Y$이고, 예산제약선은 $P_xX+P_yY=M$이다. A는 예산제약하에서 효용을 극대화한다. P_x, P_y, M은 각각 X재 가격, Y재 가격 및 소득이다. $P_x=1$, $P_y=10$일 때 다음 중 옳은 것을 모두 고르면? (단, $X\geq0$, $Y\geq0$)

> 가. $M=20$일 때, A는 X재만 소비한다.
> 나. $M\geq30$일 때, A의 소득소비곡선은 수직이다. (단, 가로축은 X재의 소비량, 세로축은 Y재의 소비량을 나타낸다.)
> 다. $M\leq20$일 때, A의 Y재 엥겔곡선은 우상향하는 직선이다.

① 가　② 나
③ 가, 나　④ 가, 다
⑤ 나, 다

03 시장수요의 역함수가 $P=30-Q$인 복점시장에서 두 기업 A와 B가 동시에 자신의 생산량을 결정하는 꾸르노(Cournot) 경쟁을 한다. 두 기업의 비용함수가 각각 다음과 같을 때, 내쉬균형(Nash equilibrium)에서 기업 A의 생산량은? (단, P는 시장가격, $Q=q_A+q_B$, q_i는 기업 i의 생산량이다.)

> • 기업 A의 총생산비용(C_A): $C_A=q_A^2$
> • 기업 B의 총생산비용(C_B): $C_B=5q_B$

① 2　② 3
③ 5　④ 7
⑤ 10

04 어느 완전경쟁시장에서 수요함수는 $Q_D=60-P$이며, 공급함수는 $Q_S=-20+P$이다. 이때 정부가 시장 생산자들에게 단위당 10의 생산보조금을 지급한다. 다음 설명 중 옳은 것은? (단, Q_D, Q_S와 P는 각각 수요량, 공급량과 가격을 나타낸다.)

① 생산보조금 지급으로 균형가격은 단위당 10만큼 하락한다.
② 생산보조금 지급으로 거래량은 10단위 증가한다.
③ 정부의 보조금 지급으로 사회후생은 증가한다.
④ 정부의 총보조금 지급액은 250이다.
⑤ 생산자잉여는 정부의 총보조금 지급액만큼 증가한다.

05 공유자원(commons)과 관련한 다음 설명 중 옳은 것을 모두 고르면?

> 가. 소비의 비경합성(non – rivalry)이 존재한다.
> 나. 대가를 지불하지 않는 사람이라도 소비에서 배제할 수 없다.
> 다. 사회적 최적 수준보다 과도하게 사용되는 문제가 발생한다.
> 라. 막히지 않는 유료 도로는 공유자원의 예이다.

① 가, 나 ② 가, 다
③ 나, 다 ④ 나, 라
⑤ 다, 라

06 국제평가이론(international parity theorem)이 성립할 경우, A, B, C에 들어갈 숫자로 옳은 것은? (단, 환율은 외국화폐 1단위에 대한 자국화폐의 교환비율이다.)

> • 외국과 자국의 연간 기대인플레이션이 각각 3%와 (A)%이다.
> • 외국과 자국의 1년 만기 국채금리가 각각 (B)%와 7%이다.
> • 현물환율이 100이고, 1년 만기 선물환율이 (C)이다.

	A	B	C
①	4	6	102
②	5	5	102
③	5	6	103
④	5	6	102
⑤	4	5	103

07 두 기간 생존하는 소비자 A와 B로만 이루어진 가상의 경제를 고려하자. A는 1기에만 1의 소득을, B는 2기에만 1.5의 소득을 얻으며, A와 B 사이에서는 자금의 대차가 가능하다. 각 소비자는 다음의 효용극대화 조건을 만족한다.

$$\frac{C_2}{C_1} = 1 + r$$

C_1과 C_2는 각각 1기와 2기의 소비를 나타내고, r은 자금 대차에 적용되는 이자율이다. 이때 자금의 수요와 공급을 일치시키는 균형이자율과 A의 1기 소비를 올바르게 짝지은 것은? (단, 채무불이행 위험은 없다.)

	균형이자율	A의 1기 소비
①	0.5	$\frac{1}{2}$
②	0.5	$\frac{3}{4}$
③	0.2	$\frac{1}{4}$
④	0.2	$\frac{1}{2}$
⑤	0.0	$\frac{3}{4}$

08 다음 표는 어느 경제의 노동시장 관련 자료이다. 이 경제의 모든 생산가능인구는 경제활동인구이며, 현재 실업률은 자연실업률과 같다. 취업자 수와 실업률로 가장 가까운 것은? (단, 실업자가 일자리를 찾을 확률과 취업자가 일자리를 잃을 확률은 일정하다.)

실업자 수	50만 명
신규취업자 수	4만 명
취업자가 일자리를 잃을 확률	1.6%

	취업자 수	실업률
①	250만 명	16.67%
②	250만 명	17.84%
③	250만 명	18.32%
④	300만 명	16.67%
⑤	300만 명	17.84%

09 어느 경제의 현금통화, 지급준비금, 요구불예금이 각각 다음과 같다. 이때 통화승수는?

현금통화	80억 원
지급준비금	10억 원
요구불예금	100억 원

① 2.0
② 2.5
③ 3.0
④ 3.5
⑤ 4.0

10 갑국의 필립스 곡선은 다음과 같다.

$$\pi_t = \pi_{t-1} - 0.5(u_t - u_t^n)$$

여기서 π_t, π_{t-1}, u_t, u_t^n은 각각 t기 인플레이션, $t-1$기 인플레이션, t기 실업률, t기 자연실업률을 나타낸다. t기 자연실업률은 이력현상(hysteresis)의 존재로 $t-1$기 실업률과 같아 $u_t^n = u_{t-1}$이 성립한다. 중앙은행의 손실함수(LF)는 다음과 같다.

$$LF = 50(\pi_L)^2 + (u_L - 0.05)$$

여기서 π_L, u_L은 각각 장기 인플레이션, 장기 실업률을 나타낸다. 현시점은 1기이고 장기균형 상태이며, 1기 및 0기 인플레이션은 모두 3%이고, 0기 실업률은 5%이다. 중앙은행이 손실함수가 최소화되도록 2기 이후 인플레이션을 동일하게 설정할 경우 장기 인플레이션은?

① 0%
② 1%
③ 2%
④ 3%
⑤ 4%

정답·해설 _해설집 p.11

02회 2022 공인회계사(2)

제한시간 : 15분 시작 시 분 ~ 종료 시 분 점수 확인 개/ 10개

01 완전경쟁시장에서 거래되는 어느 재화의 수요와 공급 함수는 다음과 같다.

• 수요: $Q_D = 300 - 10P$
• 공급: $Q_S = 20P$

정부가 이 재화의 최저가격을 20으로 정한다면 생산자 잉여와 자중손실(deadweight loss)은? (단, Q_D는 수요량, Q_S는 공급량, P는 가격이다.)

	생산자잉여	자중손실
①	250	750
②	750	750
③	750	1,500
④	1,750	750
⑤	2,750	1,500

02 어느 기업의 생산함수는 $Q=\sqrt{L+2K}$이다. Q는 생산량, L은 노동투입량, K는 자본투입량이다. 노동과 자본의 단위당 가격이 각각 w와 r이다. 다음 설명 중 옳지 않은 것은?

① 생산함수는 규모에 대한 수익체감을 나타낸다.
② 생산요소 간 대체탄력성이 1이다.
③ 한계기술대체율은 일정하다.
④ $w=1$, $r=3$인 경우, 총비용함수는 $TC(Q)=Q^2$이다.
⑤ $w=2$, $r=1$인 경우, 총비용함수는 $TC(Q)=\frac{1}{2}Q^2$이다.

03 다음의 보수행렬로 나타낼 수 있는 전략형 게임에서 순수전략 내쉬균형(Nash equilibrium)이 1개만 존재하는 경우의 a값으로 옳지 않은 것은? (단, U와 D는 경기자 1의 전략이고, L, C, R은 경기자 2의 전략이다. 괄호 안의 첫 번째 숫자는 경기자 1의 보수를, 두 번째 숫자는 경기자 2의 보수를 나타낸다.)

구분		경기자 2		
		L	C	R
경기자 1	U	(1, 2)	(5, 3)	(3, a)
	D	(4, 1)	(2, 4)	(3, 3)

① 1 ② 2
③ 3 ④ 4
⑤ 5

04 사람들이 어떤 재화를 일단 소유하게 되면 그 재화에 더 큰 가치를 부여하게 되는 현상과 가장 밀접한 개념은?

① 부존효과(endowment effect)
② 심적회계방식(mental accounting)
③ 확실성효과(certainty effect)
④ 쌍곡선형 할인(hyperbolic discounting)
⑤ 닻내림효과(anchoring effect)

05 아래 그림은 대국이 X재에 수입관세를 부과할 때 나타나는 경제적 효과를 보여준다. S는 X재에 대한 대국의 공급곡선을, D는 수요곡선을 나타낸다. 수입관세 부과는 X재의 세계 시장 가격을 P_W에서 P_T^*로 하락시키고 X재의 국내 가격을 P_T로 상승시킨다. 수입관세부과의 경제적 효과에 대한 다음 설명 중 옳지 않은 것은?

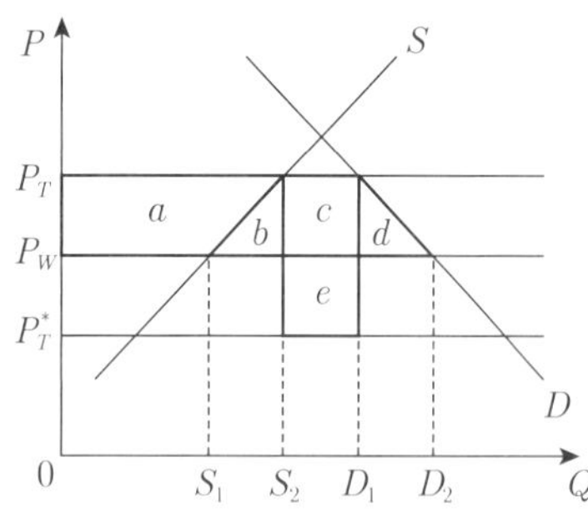

① 소비자잉여의 감소는 $a+b+c+d$이다.
② 대국의 사회적 후생 증가 조건은 $c>b+d$이다.
③ c는 국내 소비자에게 전가되는 관세 부담이다.
④ e는 관세의 교역조건 효과이다.
⑤ 생산자잉여의 증가는 a이다.

06 다음은 어느 개방경제의 국민계정 항등식에 관한 자료이다.

- $Y=1{,}000$
- $C+G=700$
- $Y-T-C=200$
- $X-IM=100$

Y, C, G, T, X, IM은 각각 총생산, 소비, 정부지출, 조세, 수출, 수입을 나타낸다. 이때 투자(I)와 공공저축($T-G$)은?

	투자	공공저축
①	100	80
②	150	90
③	200	100
④	250	110
⑤	300	120

07 자국과 외국의 화폐시장이 다음의 균형조건을 각각 충족한다.

- 자국: $\frac{M}{P}=kY$
- 외국: $\frac{M^*}{P^*}=k^*Y^*$

M, P, Y는 각각 명목화폐공급, 물가 및 총생산을 나타내며, k는 상수이다. 외국 변수는 별(*) 표시로 자국 변수와 구분한다. 자국의 명목화폐공급 증가율과 경제성장률이 외국에 비해 각각 7%포인트와 2%포인트 높다. 상대적 구매력평가가 성립한다고 할 때, 명목환율의 변화율은? (단, 명목환율은 외국화폐 1단위에 대한 자국화폐의 교환 비율이다.)

① 2.0% ② 3.5%
③ 5.0% ④ 7.0%
⑤ 9.0%

08 다음과 같은 폐쇄경제 $IS-LM$ 모형을 가정하자.

상품시장	화폐시장
• $C=170+0.5(Y-T)$ • $I=100-10(i-\pi^e)$ • $G=\overline{G}$ • $T=60$ • $\pi^e=0$	• $L(Y,\ i)=Y-40i$ • $P=2$ • $M=300$

C, Y, T, I, i, G, M, P, $L(Y,\ i)$, π^e은 각각 소비, 소득, 조세, 투자, 명목이자율, 정부지출, 명목화폐공급, 물가수준, 실질화폐수요함수 및 기대인플레이션을 나타낸다. 또한 오쿤의 법칙이 다음과 같이 성립한다.

$$u-4=-\frac{1}{50}(Y-500)$$

u는 실업률이다. 정부가 정부지출을 이용한 재정정책을 통해 실업률을 5%로 유지하고자 할 때 정부지출은? (단, 명목이자율과 실업률은 % 단위로 표시된다.)

① 50 ② 60
③ 70 ④ 80
⑤ 90

09 갑국 경제의 성장회계와 자본의 한계생산물이 다음과 같다.

> • 성장회계: $\dot{Y} = \dot{A} + \dot{K} + (1-\alpha)\dot{L}$
> • 자본의 한계생산물: $MPK = \alpha\dfrac{Y}{K}$

여기서 $\dot{Y}$, $\dot{A}$, $\dot{K}$, $\dot{L}$은 각각 경제 전체의 생산량, 총요소생산성, 자본량, 노동량의 변화율을 나타낸다. 이 경제에서 $\dot{Y}$, $\dot{K}$, $\dot{L}$은 각각 3%, 3%, −1%, $\dfrac{Y}{K}$는 25%, 자본의 실질임대료는 10%로 일정하다. 이 경제에 고전학파 분배이론이 적용될 경우 총요소생산성 변화율은?

① 1.4%
② 2.4%
③ 3.4%
④ 4.4%
⑤ 5.4%

10 어느 거시경제에서 다음과 같이 화폐시장 균형과 피셔 방정식이 성립한다.

> • 화폐시장 균형: $\dfrac{M}{P} = \dfrac{Y}{V}$
> • 피셔방정식: $i = r + \pi^e$

여기서 M, P, Y, V, i, r, π^e는 통화 공급량, 물가, 생산량, 화폐유통속도, 명목이자율, 실질이자율, 기대 인플레이션을 나타낸다. 이 경제에서 T시점 전까지 통화 공급량 증가율이 5%, 생산량 증가율이 2%, 실질이자율이 3%로 지속되어 왔다. T시점에서 통화 공급량 증가율이 예고 없이 7%로 영구히 상승하였다. 다음 설명 중 옳은 것을 모두 고르면? (단, 화폐유통속도는 일정하고, 생산량 증가율 및 실질이자율은 변하지 않으며 기대는 합리적으로 이루어진다.)

> 가. T시점 전의 인플레이션은 2%이다.
> 나. T시점 후의 명목이자율은 8%이다.
> 다. T시점 후의 기대인플레이션은 T시점 전에 비해 5% 포인트 높다.

① 가
② 나
③ 가, 나
④ 나, 다
⑤ 가, 나, 다

정답·해설 _해설집 p.14

03회 2021 공인회계사(1)

제한시간 : 15분 시작 시 분 ~ 종료 시 분 점수 확인 개/ 10개

01 다음 중 저량변수(stock variable)는?

① 소비
② 저축
③ 국내총생산
④ 외환보유고
⑤ 감가상각

02 소득 20으로 X재와 Y재만을 소비하여 효용을 극대화하는 소비자의 효용함수가 $u(x, y)=\sqrt{xy}$이다. X재, Y재의 가격은 원래 각각 1이었는데, 가격 인상으로 각각 2와 8이 되었다. 가격 인상 후 이 소비자가 원래의 효용수준을 누리기 위해 필요한 소득 증가분의 최솟값은?

① 20
② 30
③ 40
④ 60
⑤ 80

03 소득 12로 X재와 Y재만을 구매하는 소비자가 있다. 이 소비자는 X재 가격이 2, Y재 가격이 1일 때 X재 2단위, Y재 8단위를 선택하였다. X재 가격이 1, Y재 가격이 2로 바뀔 때, 현시선호이론에 입각한 설명으로 옳은 것은?

① $(x, y)=(2, 5)$를 선택하면 약공리가 위배된다.
② $(x, y)=(6, 3)$을 선택하면 약공리가 위배된다.
③ $(x, y)=(8, 2)$를 선택하면 약공리가 위배된다.
④ $(x, y)=(10, 1)$을 선택하면 약공리가 위배된다.
⑤ 예산선상의 어느 점을 선택하더라도 약공리가 위배되지 않는다.

04 자산이 100인 갑은 $\frac{1}{2}$의 확률로 도난에 따른 손실 51을 입을 위험에 처해 있다. 자산액을 m이라 할 때 갑의 효용은 $\sqrt{m}$이다. 갑이 가격이 19인 보험상품을 구입하면 도난 발생시 손실의 $(\alpha\times 100)\%$를 보상받는다. 기대효용을 극대화하는 갑이 보험상품을 구입하기 위한 α의 최솟값은? (단, 구입과 비구입 간에 무차별하며 갑은 보험상품을 구입한다.)

① $\frac{1}{7}$
② $\frac{1}{3}$
③ $\frac{2}{3}$
④ $\frac{3}{4}$
⑤ $\frac{4}{5}$

05 갑과 을이 동시에 1, 2, 3 중 하나의 숫자를 선택한다. 둘이 선택한 숫자가 다를 경우, 더 작은 수를 선택한 사람이 자신이 선택한 숫자의 2배를 상금으로 받고 나른 사람은 상금을 전혀 받지 못한다. 둘이 같은 숫자를 선택한 경우, 둘 다 자신이 선택한 값을 상금으로 받는다. 다음 중 이 게임의 내쉬균형을 모두 고르면?

가. 갑, 을 모두 1을 선택한다.
나. 갑, 을 모두 2를 선택한다.
다. 갑, 을 모두 3을 선택한다.
라. 한 사람이 다른 사람보다 1큰 숫자를 선택한다.

① 가, 나
② 가, 다
③ 나, 다
④ 나, 라
⑤ 다, 라

06 케인즈학파와 비교한 고전학파 이론의 특징과 관련한 설명으로 옳은 것만을 모두 고르면?

가. 가격이 신축적이다.
나. 총공급곡선이 수평이다.
다. 화폐공급의 증가는 총생산에 영향을 미치지 못한다.
라. 재정정책의 변화가 총생산에 미치는 영향을 강조한다.

① 가, 나
② 가, 다
③ 나, 다
④ 나, 라
⑤ 다, 라

07 디플레이션에 대처하기 위한 경제정책에 대한 입장과 학파를 바르게 짝지은 것은?

가. 정부정책에 대해 민간이 충분히 신뢰하는 상황이라면 통화량을 늘릴 계획을 발표하는 것으로 충분하다.
나. 디플레이션의 원인은 통화에 있으므로 통화량을 늘리고 준칙에 따른 통화정책을 수행하면 된다.
다. 디플레이션의 원인은 유효수요 부족에 기인하므로 재정정책을 통해 소득을 확대시켜야 한다.

	가	나	다
①	새고전학파	통화주의학파	케인즈학파
②	새고전학파	케인즈학파	통화주의학파
③	케인즈학파	새고전학파	통화주의학파
④	케인즈학파	통화주의학파	새고전학파
⑤	통화주의학파	새고전학파	케인즈학파

08 비경제활동인구가 존재하지 않는 경제의 노동시장에서 이번 기(t)의 실업자(U_t) 중에서 다음 기$(t+1)$에 고용되는 비율은 e, 이번 기의 취업자 중에서 다음 기에 실업자로 전환되는 비율은 b이다. 즉, 이번 기의 경제활동인구를 L_t라고 하면 다음 기의 실업자는 아래 식과 같이 결정된다.

$$U_{t+1}=(1-e)U_t+b(L_t-U_t)$$

이 경제의 인구 증가율이 n이다. 즉, $L_{t+1}=(1+n)L_t$이다. 장기균형에서의 실업률은?

① $\frac{e+b}{n+b}$

② $\frac{n+e}{n+b}$

③ $\frac{n+e}{n+e+b}$

④ $\frac{b}{n+e+b}$

⑤ $\frac{e}{n+e+b}$

09 X재를 교역하는 수입국과 수출국에 관한 다음 설명 중 옳은 것만을 모두 고르면? (단, 수요곡선은 우하향하고 공급곡선은 우상향한다.)

> 가. 교역 이후 수출국의 X재 가격은 상승하나 수입국의 X재 가격은 하락한다.
> 나. 대국인 수입국이 수입관세를 부과할 경우 수입국의 후생변화는 불분명하다.
> 다. 소국인 수입국이 수입관세를 부과할 경우 수입국에서 소비자는 손실을 보고 생산자는 이득을 얻는다.
> 라. 수출국이 수출보조금을 도입하는 경우 수출국의 후생은 증가한다.

① 가, 나
② 나, 다
③ 다, 라
④ 가, 나, 다
⑤ 가, 다, 라

10 다음 그림은 자국통화의 평가절하에 따른 경상수지 변화를 나타낸다. 구간 (가), (나)에서 나타나는 외화표시 수출가격 및 수출물량 변화에 대한 설명으로 가장 적절한 것은?

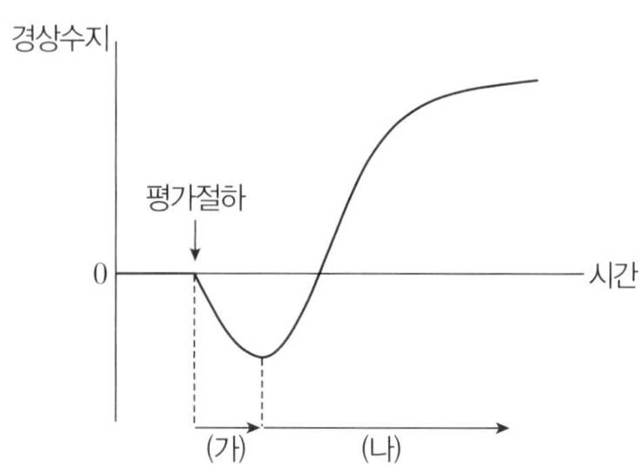

	(가)		(나)	
	수출가격	수출물량	수출가격	수출물량
①	상승	불변	상승	불변
②	하락	불변	상승	증가
③	하락	불변	하락	증가
④	불변	감소	하락	증가
⑤	불변	감소	불변	증가

정답·해설 _해설집 p.17

04회 2021 공인회계사(2)

제한시간 : 15분 시작 시 분 ~ 종료 시 분 점수 확인 개/ 10개

01 어느 경제에 두 사람 1, 2가 있다. 공공재 G로부터 사람 i가 얻는 한계편익(MB_i)은 다음과 같다.

$$MB_1(G)=\begin{cases}50-G, & G\leq 50\text{인 경우}\\ 0, & G>50\text{인 경우}\end{cases}$$

$$MB_2(G)=\begin{cases}50-\frac{1}{2}G, & G\leq 100\text{인 경우}\\ 0, & G>100\text{인 경우}\end{cases}$$

공공재 생산의 한계비용은 20이다. 최적 수준의 공공재가 공급될 때 사람 1이 얻는 총편익은?

① 0
② 1,000
③ 1,250
④ 1,875
⑤ 3,125

02 보험시장에서 정보의 비대칭성에 의해 나타나는 시장실패를 개선하기 위한 다음 조치 중 성격이 다른 하나는?

① 건강 상태가 좋은 가입자의 의료보험료를 할인해준다.
② 화재가 발생한 경우 피해액의 일정 비율만을 보험금으로 지급한다.
③ 실손의료보험 가입자의 병원 이용시 일정액을 본인이 부담하게 한다.
④ 실업보험 급여를 받기 위한 요건으로 구직 활동과 실업 기간에 대한 규정을 둔다.
⑤ 보험 가입 이후 가입기간 동안 산정한 안전운전 점수가 높은 가입자에게는 보험료 일부를 환급해준다.

03 노동(L)과 자본(K)을 이용해 Y재를 생산하는 어느 기업의 생산함수가 다음과 같다.

$$y=L^{\frac{1}{2}}K^{\frac{1}{2}}$$

노동과 자본의 가격은 모두 1로 동일하다. 이 기업의 한계비용함수는?

① $2y$
② $\sqrt{2}y$
③ 2
④ $\sqrt{2}$
⑤ $\frac{1}{\sqrt{2}}$

04 어느 완전경쟁시장에서 수요 $Q_D=30-p$와 공급 $Q_S=p$가 주어져있다. 정부가 생산자에게 판매금액의 50%에 해당하는 종가세(ad valorem tax)를 부과할 때 발생하는 사회적 후생손실은? (단, p는 시장가격, Q_D는 수요량, Q_S는 공급량을 나타낸다.)

① 4.5
② 9
③ 12
④ 18
⑤ 36

05 분리 가능한 두 시장 A, B에서 하나의 독점기업이 3급 가격차별을 하려 한다. 두 시장에서의 역수요함수가 각각 다음과 같다.

$$p_A = 30 - y_A,\ p_B = 40 - 2y_B$$

이 독점기업의 한계비용이 4이며, 생산시설의 한계로 생산량이 10을 넘지 못할 때 시장 A에서의 판매량은? (단, p_i와 y_i는 각각 시장 I에서의 가격과 수량을 나타낸다.)

① 4
② 5
③ 6
④ 7
⑤ 8

06 수요가 $y = 15 - p$인 시장에서 두 기업 A와 B가 쿠르노 경쟁을 한다. 기업 A와 B의 한계비용이 각각 1과 2일 때, 내쉬균형에서 시장가격은? (단, p는 시장가격, y는 시장수요량을 나타낸다.)

① 3
② 4
③ 5
④ 6
⑤ 7

07 두 소비자 1과 2가 두 재화 X와 Y를 소비하는 순수교환경제를 고려하자. 소비자 1은 초기에 X재 1단위, Y재 2단위의 부존자원을 가지고 있으며 효용함수는 다음과 같다.

$$u_1(x_1,\ y_1) = 2x_1 + 3y_1$$

소비자 2는 초기에 X재 2단위, Y재 1단위의 부존자원을 가지고 있으며 효용함수는 다음과 같다.

$$u_2(x_2,\ y_2) = \sqrt{x_2} + \sqrt{y_2}$$

이 경제의 경쟁균형(competitive equilibrium) 소비점에서 소비자 2의 Y재로 표시한 X재의 한계대체율은?

① $\frac{2}{3}$
② 1
③ $\frac{3}{2}$
④ $\sqrt{\frac{2}{3}}$
④ $\sqrt{\frac{3}{2}}$

08 다음 중 우리나라 국제수지상의 경상수지 흑자로 기록되는 것은?

① 한국은행이 IMF로부터 10억 달러를 차입했다.
② 외국 투자자들이 국내 증권시장에서 1억 달러어치의 국내 기업 주식을 매입했다.
③ 국내 기업 A가 특허권을 외국에 매각하고 20만 달러를 벌었다.
④ 외국에서 1년 미만 단기로 일하는 우리나라 근로자가 근로소득으로 받은 10만 달러를 국내로 송금했다.
⑤ 우리나라 정부가 개발도상국에 2천만 달러의 무상원조를 제공했다.

09 아래 표는 자국통화 표시 빅맥 가격과 미국 달러화 대비 자국통화의 현재 환율을 나타낸다. 미국의 빅맥 가격이 4달러일 때, 빅맥 PPP(purchasing power parity)에 근거한 환율 대비 현재 환율이 높은 순으로 국가를 나열한 것은?

국가	자국통화 표시 빅맥 가격	현재 환율
A	30	5
B	200	100
C	100	20

① $A-B-C$
② $A-C-B$
③ $B-C-A$
④ $C-A-B$
⑤ $C-B-A$

10 기술진보가 없는 솔로우모형을 고려하자. 총생산함수는 다음과 같다.

$$Y_t = K_t^{\frac{1}{2}} L_t^{\frac{1}{2}}$$

감가상각률과 저축률은 각각 10%, 30%이다. 노동(인구) 증가율이 0%일 때의 정상상태(steady state)와 비교하여 −2%일 때의 정상상태에 대한 다음 설명 중 옳은 것은? (단, Y_t, K_t, L_t는 각각 t기 경제 전체의 생산, 자본, 노동을 나타낸다.)

① 1인당 자본이 감소한다.
② 1인당 생산이 감소한다.
③ 1인당 소비가 감소한다.
④ 1인당 생산 대비 1인당 소비 비율은 변하지 않는다.
⑤ 1인당 생산 대비 1인당 자본 비율은 변하지 않는다.

정답·해설 _해설집 p.20

05회 2020 공인회계사(1)

제한시간 : 15분 시작 시 분 ~ 종료 시 분 점수 확인 개/ 10개

01 정보의 비대칭성으로 인해 시장에 저품질 상품은 많아지는 반면, 고품질 상품이 적어지는 현상을 가리키는 용어는?

① 무지의 장막(veil of ignorance)
② 죄수의 딜레마(prisoner's dilemma)
③ 무임승차자 문제(free－rider problem)
④ 역선택(adverse selection)
⑤ 공유지의 비극

02 A는 자신의 소득을 모두 사용하여 X재와 Y재만을 소비하고 이를 통해 효용을 얻는다. X재 가격은 10, Y재 가격은 4이다. A는 소득이 100일 때 X재 6개와 Y재 10개를 소비하고, 소득이 130일 때 X재 7개와 Y재 15개를 소비했다. A의 수요에 대한 설명 중 옳은 것을 모두 고르면?

> 가. X재는 열등재이고, Y재는 정상재이다.
> 나. X재는 사치재이고, Y재는 필수재이다.
> 다. 소득을 세로 축에 두었을 때 X재의 엥겔곡선 기울기는 Y재보다 더 가파르다.
> 라. 소득확장경로는 우상향한다.

① 가, 나 ② 가, 다
③ 나, 다 ④ 나, 라
⑤ 다, 라

03 다음은 X재 수요에 대한 분석 결과이다.

> • Y재 가격 변화에 대한 수요의 교차가격 탄력성: -0.5
> • Z재 가격 변화에 대한 수요의 교차가격 탄력성: 0.6
> • 수요의 소득 탄력성: -0.5

다음 중 X재 수요를 가장 크게 증가시키는 경우는? (단, Y재 가격 변화시 Z재 가격은 불변이고, Z재 가격 변화시 Y재 가격은 불변이다.)

① Y재 가격 1% 인상과 소득 1% 증가
② Y재 가격 1% 인상과 소득 1% 감소
③ Y재 가격 1% 인하와 소득 1% 증가
④ Z재 가격 1% 인상과 소득 1% 감소
⑤ Z재 가격 1% 인하와 소득 1% 감소

04 기업 A는 자본(K)과 노동(L)만을 생산요소로 투입하여 최종산출물(Q)을 생산하며, 생산함수는 $Q=K^{\frac{1}{2}}L^{\frac{1}{2}}$이다. K와 L의 가격이 각각 r과 w일 때, 다음 설명 중 옳은 것을 모두 고르면?

> 가. 생산함수는 규모수익불변이다.
> 나. 비용(C)과 노동은 $C=2wL$을 만족한다.
> 다. 비용극소화 조건은 $K=\frac{r}{w}L$로 표현할 수 있다.
> 라. r은 100, w는 1이고, 목표산출량이 50이라면 최적요소투입량은 노동 500단위, 자본 6단위이다.

① 가, 나 ② 가, 다
③ 나, 다 ④ 나, 라
⑤ 다, 라

05 다음은 대규모 재정이 투입되는 공공투자사업의 경제적 타당성 평가에 대한 설명이다. 이 사업은 분석기간(= 공사기간 + 완공 후 30년) 초기에 사업비용의 대부분이 발생하는 반면, 편익은 후기에 대부분 발생한다. 분석기간 동안의 비용-편익 분석을 수행해 보니, 5.5%의 사회적 할인율 수준에서 $\left(\frac{\text{편익}}{\text{비용 비율}}\right)\left(\frac{B}{C}\text{ ratio}\right)$이 정확히 1.0이었다. 그런데 경제상황이 변해 사회적 할인율을 4.5%로 변경하여 다시 분석을 하게 되었다. 새로운 분석결과에 대한 설명으로 옳은 것은?

① 분석기간 동안 발생한 할인 전 편익의 총합이 할인 전 비용의 총합보다 더 많이 증가하였다.
② 할인 후 편익의 총합은 증가하고, 할인 후 비용의 총합은 감소하였다.
③ 순현재가치(NPV)는 감소하여 0보다 작아졌다.
④ 편익/비용 비율은 증가하여 1.0보다 커졌다.
⑤ 내부수익률(IRR)은 더 커졌다.

06 대국 개방 경제인 A국의 X재에 대한 시장수요와 시장공급이 다음과 같다.

> • 시장수요: $Q_d = 100 - 20P$
> • 시장공급: $Q_s = 20 + 20P$
> (단, Q_d, Q_s, P는 각각 X재의 수요량, 공급량, 가격을 나타낸다.)

X재의 세계시장가격은 3이고, A국은 세계시장가격에 X재를 수출하고 있다. 정부는 수출을 증진하기 위해 수출하는 물량을 대상으로 개당 1의 보조금 정책을 도입한다. 이 정책으로 인해 수출량이 늘어남에 따라 세계시장가격이 2.5로 하락한다면, 다음 설명 중 옳은 것은?

① 수출은 30만큼 증가한다.
② 국내소비는 20만큼 감소한다.
③ 보조금은 40만큼 지출된다.
④ 사회적 후생은 35만큼 감소한다.
⑤ 생산자 잉여는 80만큼 증가한다.

07 그림은 어느 대국 개방경제에서 수입 재화에 대한 관세부과로 인한 효과를 나타낸다. 관세부과는 자국 내 가격을 P_W에서 P_T로 상승시키지만 세계시장가격을 P_W에서 P_T^*로 하락시킨다. 이에 대한 설명으로 옳은 것은?

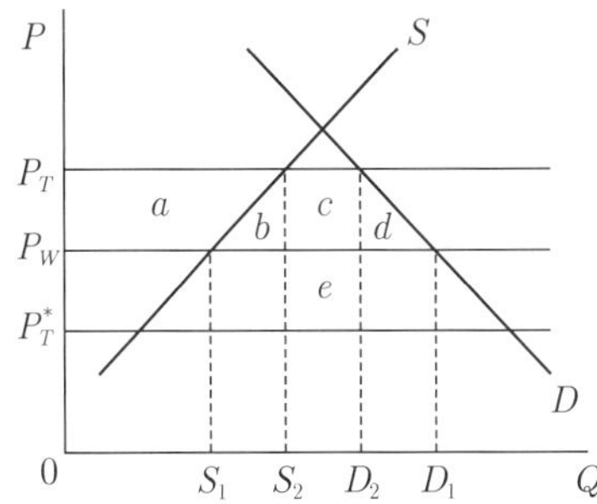

① 관세부과 후 수입량은 $D_1 - S_1$이다.
② 관세부과로 인해 소비자잉여는 $a + c$만큼 감소한다.
③ 관세부과로 인해 생산자잉여는 $a + b + c + d$만큼 증가한다.
④ 관세부과로 인한 생산의 비효율성은 b로 표시된다.
⑤ $b + d$의 크기가 e보다 크면 관세 부과로 인해 사회적 후생은 증가한다.

08 두 재화 X와 Y를 통해 효용을 얻는 소비자의 효용함수가 $u(x, y) = xy + 10x$이고, $I = 10$, $P_X = 1$, $P_Y = 2$일 때, 효용을 극대화하는 X재와 Y재의 소비묶음은? (단, I는 소득, P_X는 X의 가격, P_Y는 Y의 가격이다.)

① (0, 5)
② (2, 4)
③ (5, 2.5)
④ (6, 2)
⑤ (10, 0)

09 소국 개방경제인 A국 정부는 자국 산업을 보호하기 위해 X재와 Y재에 각각 40%와 50%의 종가관세를 부과한다. X재의 세계시장가격은 150이고 X재의 생산에 투입되는 유일한 부품인 Y재의 세계시장가격은 100이다. 관세가 국내산업을 얼마나 보호하는지 파악하기 위해 관세부과에 따른 부가가치의 상승 정도를 나타내는 실효보호율에 관심 있다면, A국이 X재에 대해 부과한 관세의 실효보호율은?

① 10%
② 20%
③ 30%
④ 40%
⑤ 50%

10 현재 1개월 만기 달러화 선물환율이 1,000원/달러이다. 은행 A, B, C는 각각 990원/달러, 1,010원/달러, 1,080원/달러로 1개월 후 환율을 예측하고 있다. 1개월 후 달러화의 현물환율이 1,020원/달러인 경우 다음 설명 중 옳은 것을 모두 고르면? (단, 거래 비용은 존재하지 않는다.)

가. 예측환율에서 실제환율을 차감한 예측오차의 절댓값이 가장 큰 곳은 C이다.
나. 현재 A가 선물로 달러화를 매도하고 1개월 후 현물로 달러화를 매입하면 달러당 20원의 손해가 발생한다.
다. 현재 B가 선물로 달러화를 매입하고 1개월 후 현물로 달러화를 매도하면 달러당 10원의 이익을 얻는다.
라. 현재 C가 선물로 달러화를 매입하고 1개월 후 현물로 달러화를 매도하면 달러당 60원의 이익을 얻는다.

① 가, 나
② 가, 다
③ 나, 다
④ 나, 라
⑤ 다, 라

정답 · 해설 _해설집 p.23

06회 2020 공인회계사(2)

제한시간 : 15분 시작 시 분 ~ 종료 시 분 점수 확인 개/ 10개

01 다음은 강 상류에 위치한 생산자 A와 강 하류에 위치한 피해자 B로만 구성된 경제를 묘사한 것이다. A는 제품(Q)의 생산 과정에서 불가피하게 오염물질을 배출하며, 이로 인해 B에게 피해를 발생시킨다. 강의 소유권은 B에게 있으며, A의 한계편익(MB_A)과 B의 한계비용(MC_B)은 각각 다음과 같다.

$$MB_A = 10 - \frac{1}{2}Q,\ MC_B = \frac{1}{2}Q$$

A의 고정비용 및 한계비용은 없고, B의 한계편익도 없다. 양자가 협상을 통해 사회적으로 바람직한 산출량을 달성할 수 있다면, 피해보상비를 제외하고 A가 지불할 수 있는 협상비용의 최댓값은?

① 25
② 50
③ 75
④ 100
⑤ 125

02 A는 매일 자가운전으로 출근한다. A가 자동차 주행속도를 S로 선택했을 때 사고 없이 직장에 도착하는 데 소요되는 시간은 $\frac{1}{S}$이고, 만약 사고가 날 경우 추가적으로 소요되는 시간은 16이다. 사고가 날 확률(π)은 자동차 주행속도의 함수로서 $\pi(S) = \min\{S,\ 1\}$이다. A의 기대출근소요시간을 최소화하기 위한 주행속도는?

① $\frac{1}{32}$
② $\frac{1}{16}$
③ $\frac{1}{8}$
④ $\frac{1}{4}$
⑤ $\frac{1}{2}$

03 양(+)의 이윤을 얻고 있는 독점기업에 정부가 $T1 \sim T4$의 과세 방안을 고려 중이다. 한계비용은 모든 생산량에서 일정하고, 시장수요곡선은 우하향한다. 다음 설명 중 옳은 것은? (단, 납세 후에도 이윤은 양(+)이다.)

- $T1$: 생산량에 관계없이 일정액의 세금을 부과
- $T2$: 단위 생산량에 일정액의 세금을 부과
- $T3$: 가격에 일정비율의 세금을 부과
- $T4$: 이윤에 일정비율의 세금을 부과

① $T1$에 의해 생산량이 감소한다.
② $T2$는 생산량을 감소시키지 않는다.
③ $T3$에 의해 생산량이 감소한다.
④ 양(+)의 조세수입을 얻는 한 $T4$로 인한 자중손실(deadweight loss)이 $T1 \sim T3$보다 크다.
⑤ $T1 \sim T4$ 모두 조세의 전가는 나타나지 않는다.

04 역수요함수가 $p = 84 - y$인 시장에서 선도기업 1과 추종기업 2가 슈타켈베르그 경쟁(Stackelberg competition)을 한다. 기업 1과 기업 2의 한계비용이 각각 21과 0일 때, 기업 1의 생산량은?

① 7
② 10.5
③ 21
④ 31.5
⑤ 63

05 100의 재산을 가지고 있는 A가 $\frac{2}{5}$의 확률로 주차위반에 적발되면 75의 범칙금을 내야 한다. 정부는 예산절감을 위해 단속인력을 줄이고자 하나, 이 경우 적발확률은 $\frac{1}{3}$로 낮아진다. A의 재산 w에 대한 기대효용함수가 $\sqrt{w}$일 때, 만약 정부가 A의 주차위반행위를 이전과 같은 수준으로 유지하려면 책정해야 할 주차위반 범칙금은?

① 64
② 75
③ 84
④ 91
⑤ 96

06 A국 정부는 영구히 소득세율을 5%p 인상하기로 하고 그 시행시기는 1년 후로 발표하였다. 항상소득가설의 관점에서 소득세율 개정 발표 이후 소비에 대한 다음 설명 중 옳은 것은?

① 소비는 발표 즉시 감소하고 이후 그 수준으로 계속 유지된다.
② 소비는 발표 즉시 감소하지만 1년 후에는 발표 이전 수준으로 회복된다.
③ 발표 후 1년 동안 소비는 균일하게 감소하고 이후 그 수준으로 계속 유지된다.
④ 발표 후 1년 동안 소비는 영향을 받지 않지만 1년 후에는 감소하고 이후 그 수준으로 계속 유지된다.
⑤ 소비는 영향을 받지 않는다.

07 물가안정목표제(inflation targeting)에 대한 설명으로 옳은 것만을 모두 고르면?

> 가. 물가안정목표제는 자유재량정책에 비해 중앙은행 정책수행의 투명성을 높인다.
> 나. 물가안정목표제는 자유재량정책에 비해 시간불일치성(time inconsistency) 문제를 증가시킨다.
> 다. 물가안정목표제는 물가안정에 초점을 두기 때문에 자유재량정책에 비해 생산과 고용의 변동에 적절히 대응하지 못한다.
> 라. 우리나라 물가안정목표제의 기준지표는 GDP디플레이터이다.

① 가, 나
② 가, 다
③ 나, 라
④ 나, 다, 라
⑤ 가, 다, 라

08 다음은 단기 폐쇄 경제모형을 나타낸 것이다.

상품 시장	화폐 시장
$C=360+0.8(Y-T)$	$M=2,640$
$I=400-20r$	$P=6$
$G=180$; $T=150$	$L=Y-200r$

C, Y, T, I, G, M, P, L, r은 각각 소비, 총생산, 세금, 투자, 정부지출, 화폐공급량, 물가수준, 실질화폐수요, 이자율(%)을 나타낸다. 정부가 정부지출은 60만큼 늘리고 세금은 60만큼 줄이는 정책을 시행한다. 중앙은행이 이자율을 고정시키고자 할 때 화폐공급량은?

① 2,640
② 3,240
③ 3,420
④ 5,160
⑤ 5,880

09 외환시장에서 국내 통화가치를 상승시키는 요인으로 옳은 것을 모두 고르면?

> 가. 국내 실질이자율 상승
> 나. 수입수요의 증가
> 다. 외국 물가 대비 국내 물가수준의 하락
> 라. 우리나라 제품에 대한 외국의 무역장벽 강화

① 가, 나
② 가, 다
③ 나, 다
④ 나, 라
⑤ 다, 라

10 표는 A국의 연도별 명목GDP와 실질GDP를 나타낸 것이다. 다음 설명 중 옳지 않은 것은?

연도	명목GDP	실질GDP
2015	95	100
2016	99	102
2017	100	100
2018	103	98
2019	104	97

① 2016년~2019년 중 GDP디플레이터 상승률이 가장 높은 해는 2017년이다.
② 2017년 이후 실질GDP 성장률은 음(−)이다.
③ 2016년 이후 명목GDP 성장률은 양(+)이다.
④ 2017년 GDP디플레이터는 기준연도와 같다.
⑤ 2015년 이후 GDP디플레이터는 지속적으로 상승하고 있다.

정답 · 해설 _해설집 p.26

07회 2019 공인회계사(1)

제한시간 : 15분 시작 시 분 ~ 종료 시 분 점수 확인 개/ 10개

01 두 재화 X, Y를 통해 효용을 극대화하고 있는 소비자를 고려하자. 이 소비자의 소득은 50이고 X재의 가격은 2이다. 현재 X재의 한계효용은 2, Y재의 한계효용은 4이다. 만약 이 소비자가 X재를 3단위 소비하고 있다면, Y재의 소비량은? (단, 현재 소비점에서 무차별곡선과 예산선이 접한다.)

① 7.4
② 11
③ 12
④ 22
⑤ 44

02 두 재화 X, Y만을 구매하여 효용을 극대화하는 소비자가 있다. X재는 정상재인 반면 Y재는 열등재이다. X재 가격이 상승할 때 두 재화의 구매량 변화로 옳은 것은?

	X재	Y재
①	증가	감소
②	감소	감소
③	감소	증가
④	감소	불확실
⑤	불확실	불확실

03 월 소득 10으로 두 재화 X, Y만을 구매하는 소비자가 있다. 이 소비자가 이용하는 상점에서 두 재화의 가격은 각각 1인데, 이번 달은 사은행사로 X재를 6단위 이상 구입하는 소비자에게는 2단위의 Y재가 무료로 지급된다. 다음 설명 중 옳지 않은 것은?

① 지난달에 X재 1단위 소비의 기회비용은 Y재 1단위이다.
② 행사로 인해 예산집합의 면적이 8 증가한다.
③ 이번 달 예산선의 우하향하는 부분의 기울기는 지난 달 예산선의 기울기와 같다.
④ 이 소비자의 효용함수가 $u(x, y) = xy$라면, 이번 달 이 소비자의 X재 소비량은 Y재 소비량보다 크다.
⑤ 이 소비자의 선호가 단조성을 만족하면, 이번 달에 X재 5단위를 구입하는 것은 최적선택이 될 수 없다.

04 100만 원의 자동차를 가지고 있는 A는 0.1의 확률로 사고를 당해 36만 원의 손해를 볼 수 있으며, 자동차 손해보험을 판매하는 B로부터 사고시 36만 원을 받는 보험을 구매할 수 있다. m원에 대한 A의 기대효용함수가 $U(m) = \sqrt{m}$일 때, B가 받을 수 있는 보험료의 최댓값은?

① 0원
② 2만 5,400원
③ 3만 9,600원
④ 6만 원
⑤ 9만 8,000원

05 다음과 같은 동시게임에 내쉬균형(Nash equilibrium)이 1개만 존재할 때, a의 전체 범위는? (단, A와 B는 각 경기자의 전략이며, 괄호 인의 첫 번째 숫자는 경기자 1의 보수를, 두 번째 숫자는 경기자 2의 보수를 나타낸다.)

구분		경기자 2	
		A	B
경기자 1	A	(a, 2)	(10, 10)
	B	(6, 4)	(5, 4)

① $a>0$
② $a>2$
③ $a>4$
④ $a>5$
⑤ $a>6$

06 은퇴까지 앞으로 20년간 매년 6,000만 원의 소득을 얻을 것으로 예상되는 노동자가 있다. 현재 이 노동자는 잔여 생애가 40년이고 자산은 없으며 2억 원의 부채를 갖고 있다. 생애소득가설에 따를 때, 이 노동자의 은퇴 시 순자산(자산 부채)과 잔여 생애 동안의 연간 소비는? (단, 이자율은 항상 0이고, 사망시 이 노동자의 순자산은 0이다.)

	순자산	연간 소비
①	4억 원	2,000만 원
②	5억 원	2,500만 원
③	6억 원	3,000만 원
④	7억 원	3,500만 원
⑤	8억 원	4,000만 원

07 어느 경제의 화폐수요함수가 다음과 같다.

$$\frac{M^d}{P}=\frac{Y}{4i}$$

M^d, P, Y, i는 각각 명목화폐수요, 물가수준, 총생산, 명목이자율을 나타낸다. 이 경제의 화폐유통속도는?

① i
② $4i$
③ $\frac{1}{4i}$
④ $\frac{1}{4}$
⑤ 4

08 어느 경제의 현금통화는 400조 원, 법정지급준비율은 5%이며 은행은 50조 원의 초과지급준비금을 보유하고 있다. 이 경제의 요구불예금 대비 현금보유비율이 40%라면 본원통화와 $M1$ 통화승수는? (단, 요구불예금 이외의 예금은 없다고 가정한다.)

	본원통화	$M1$ 통화승수
①	450조 원	2.5
②	450조 원	2.8
③	450조 원	3.2
④	500조 원	2.8
⑤	500조 원	2.5

09 다음은 어떤 나라의 고용 관련 자료를 정리한 표이다.

생산가능인구	1,000만 명
경제활동참가율	70%
실업자	35만 명
실업자가 일자리를 구할 확률	0.24
취업자가 일자리를 잃을 확률	0.01

실업률갭을 실제실업률에서 자연실업률을 차감한 값으로 정의할 때, 이 나라의 실업률 갭은? (단, 생산가능인구, 실업자가 일자리를 구할 확률, 취업자가 일자리를 잃을 확률은 일정하고, 경제활동인구와 비경제활동인구 사이의 이동은 없다.)

① −0.5%
② 0.0%
③ 0.5%
④ 1.0%
⑤ 1.5%

10 고전학파와 케인즈학파에 관한 다음 설명 중 옳은 것만을 모두 고르면?

가. 케인즈학파는 동일한 규모라면 정부지출 확대가 조세감면보다 총수요 증대 효과가 크다고 보았다.
나. 고전학파는 정부의 확장적 재정정책이 민간투자를 감소시킬 수 있다고 보았다.
다. 고전학파는 재량적인 총수요 관리정책이 경기안정화에 효과적이라고 보았다.
라. 케인즈학파는 수요측 요인보다는 공급측 요인에 의해 경기변동이 발생한다고 보았다.

① 가, 나
② 가, 다
③ 다, 라
④ 가, 나, 라
⑤ 나, 다, 라

정답 · 해설 _해설집 p.29

08회 2019 공인회계사(2)

제한시간 : 15분 시작 시 분 ~ 종료 시 분 점수 확인 개/ 10개

01 두 생산요소 L과 K를 이용하여 Y재를 생산하는 기업의 생산함수가 $y = \min\left\{2L, \frac{1}{2}(L+K), 2K\right\}$일 때, 이 기업의 등량곡선의 모양으로 옳은 것은?

①
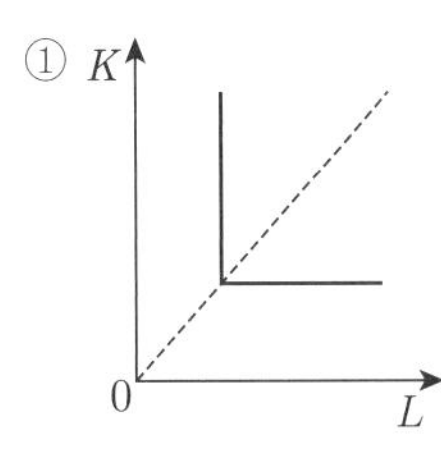

②
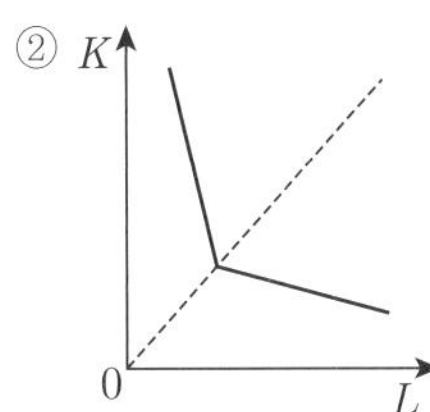

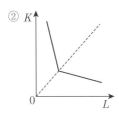

③
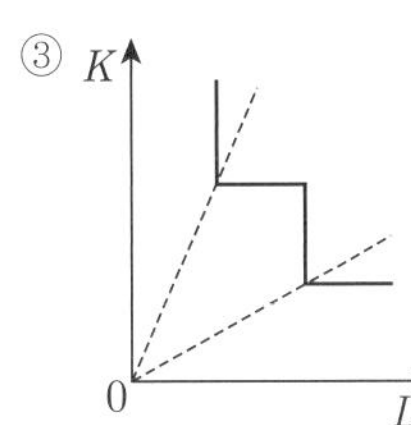

④
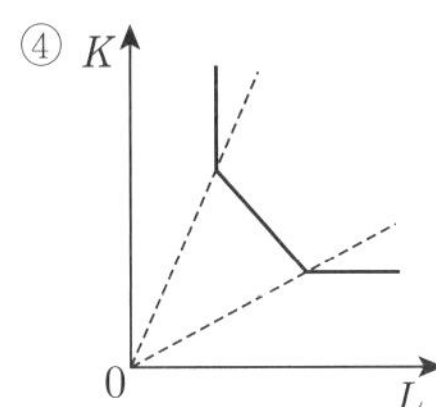

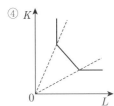

⑤
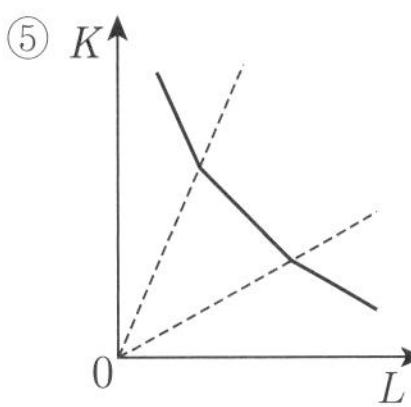

02 다음 그림은 완전경쟁시장에서 조업하는 어느 기업의 총비용곡선을 나타낸다. 다음 설명 중 옳지 않은 것은?

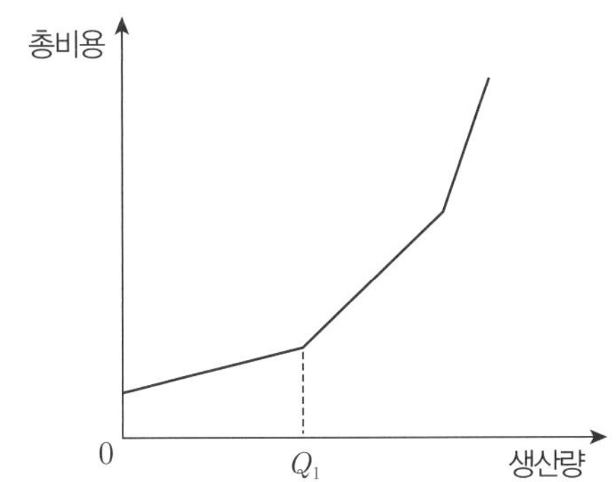

① 장기가 아닌 단기의 비용곡선을 나타낸다.
② 규모의 경제가 발생하는 구간이 존재한다.
③ 생산량이 Q_1보다 작은 구간에서 생산량이 증가함에 따라 평균가변비용이 증가한다.
④ 평균비용은 Q_1에서 최소가 된다.
⑤ 조업중단가격은 생산량이 Q_1보다 작은 구간에서의 한계비용과 일치한다.

03 독점적 경쟁시장에서 조업하는 A기업의 비용함수는 $C(Q) = Q^2 + 2$이다. 이 시장의 기업 수가 n일 때 A기업이 직면하는 개별수요함수가 $Q = \frac{100}{n} - P$이면, 이 시장의 장기 균형에서 기업의 수 n은?

① 16 ② 25
③ 36 ④ 49
⑤ 64

04 소비자가 하루 중 취침 시간을 제외한 16시간을 여가(l)와 노동에 배분하여 효용을 극대화한다. 이 소비자는 노동수입으로 가격이 1인 식료품(c)을 구입하며 효용함수는 $u(l, c) = l^{\frac{1}{2}}c^{\frac{1}{2}}$이다. 시간당 임금률은 8시간까지는 10이고 8시간을 초과하는 노동에 대해서는 $(10 + \alpha)$이다. 만약 이 소비자가 10시간의 노동을 공급하고 있다면 α는?

① 8 ② 9
③ 10 ④ 11
⑤ 12

05 규모수익불변의 생산기술을 나타내는 생산함수를 모두 고르면? (단, $0<\alpha<1$이다.)

> 가. $f(x_1, x_2)=x_1^{\alpha}+x_2^{1-\alpha}$
> 나. $f(x_1, x_2)=x_1^{\alpha}x_2^{1-\alpha}$
> 다. $f(x_1, x_2)=\sqrt{\alpha x_1+(1-\alpha)x_2}$
> 라. $f(x_1, x_2)=(\alpha\sqrt{x_1}+(1-\alpha)\sqrt{x_2})^2$

① 가, 나　② 가, 다
③ 나, 다　④ 나, 라
⑤ 다, 라

06 주어진 소득과 이자율하에서 효용을 극대화하는 소비자의 효용함수가 다음과 같다.

$$U(C_1, C_2)=\sqrt{C_1}+\sqrt{C_2}$$

C_1과 C_2는 각각 1기와 2기의 소비를 나타낸다. 이 소비자의 소득은 1기에 0이고 2기에 1,300이다. 만약 이 소비자가 1기에 400까지만 차입할 수 있다면, 이 소비자의 효용은? (단, 이자율은 0이다.)

① 38　② 40
③ 45　④ 48
⑤ 50

07 다음은 인구증가와 노동부가형(labor－augmenting) 기술진보를 고려한 솔로우 모형을 나타낸 그래프이다. L, E는 노동량과 노동의 효율성을 나타내고 각각의 연간 증가율은 n과 g이며 모두 양(+)이다.
K는 총자본량이며 효율노동($=L\times E$) 1단위당 자본량은 $k=\frac{K}{L\times E}$로 정의된다. 총생산(Y)에 대한 생산함수는 $Y=F(K, L\times E)$로 일차동차이며, 효율노동 1단위당 생산량으로 표시된 생산함수는 $y=f(k)$이다. s, δ는 각각 저축률, 감가상각률을 나타내며, 노동량은 인구와 같다.

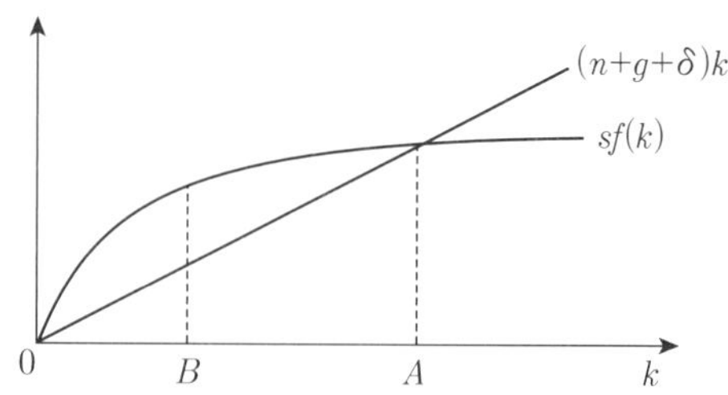

x, y, z를 각각 '$k=A$일 때 1인당 생산$\left(\frac{Y}{L}\right)$의 증가율', '$k=A$일 때 총생산(Y)의 증가율', '$k=B$일 때 총생산(Y)의 증가율'이라고 할 때, 이들 사이의 대소를 비교한 결과로 옳은 것은?

① $x>y>z$　② $y=z>x$
③ $z>y=x$　④ $z>y>x$
⑤ $z>x>y$

08 자본의 한계생산(MP_K)이 다음과 같이 자본량(K)의 함수로 주어진 기업이 있다.

$$MP_K = \frac{16}{K} + 0.02$$

최종 생산물인 소비재의 자본재에 대한 상대가격은 언제나 1이고, 실질이자율과 감가상각률은 각각 0.10과 0이다. 현재 자본량이 220이면, 이 기업은 최적자본량에 도달하기 위해 자본량을 어떻게 조정해야 하는가?

① 20만큼 줄인다.
② 20만큼 늘린다.
③ 30만큼 줄인다.
④ 30만큼 늘린다.
⑤ 현재의 수준을 유지한다.

09 금융위기가 발생한 신흥시장국에서 일반적으로 나타나는 현상으로 가장 거리가 먼 것은?

① 자본유출이 발생한다.
② 주가지수가 하락한다.
③ 해당국 통화의 대외가치가 하락한다.
④ 현금보유성향이 강해져 통화승수가 상승한다.
⑤ 신용경색과 대출축소로 실물경기가 악화된다.

10 어느 경제의 IS곡선이 다음과 같이 주어져 있다.

$$Y = 20 + 0.75(Y - T) + I(r) + G$$

Y, T, I, r, G는 각각 총생산, 조세, 투자, 실질이자율, 정부지출을 나타낸다. 정부가 다음과 같은 정부지출 확대와 조세감면의 조합으로 확장적 재정정책을 실시할 때, 그에 따른 투자감소가 가장 작은 경우는? (단, LM곡선은 우상향하고 투자는 실질이자율의 감소함수이다.)

	정부지출	조세
①	4단위 증가	2단위 감소
②	3단위 증가	4단위 감소
③	2단위 증가	6단위 감소
④	1단위 증가	7단위 감소
⑤	불변	9단위 감소

정답 · 해설 _해설집 p.32

09회 2018 공인회계사(1)

제한시간 : 15분 시작 시 분 ~ 종료 시 분 점수 확인 개/ 10개

01 두 기업 A, B 만이 존재하는 복점시장의 수요가 $y = 10 - p$로 주어져 있다. 두 기업의 한계비용이 1일 때 다음 중 옳지 않은 것은?

① 두 기업이 완전경쟁적으로 행동한다면 시장공급량은 9이다.
② 두 기업이 꾸르노 경쟁(Cournot competition)을 한다면 시장공급량은 6이다.
③ 기업 A가 선도자, 기업 B가 추종자로서 슈타켈비그 경쟁(Stackelberg competition)을 한다면 시장공급량은 6.25이다.
④ 두 기업이 베르뜨랑 경쟁(Bertrand competition)을 한다면 시장공급량은 9이다.
⑤ 두 기업이 카르텔을 형성하여 독점기업처럼 행동한다면 시장 공급량은 4.5이다.

02 세 기업만이 활동하는 완전경쟁시장의 수요곡선은 $y = 10 - p$이다. 각 기업의 한계비용은 5로 고정되어 있다. 만약 세 기업이 합병을 통해 독점기업이 되면 한계비용은 2로 낮아진다. 그리고 합병기업은 독점가격을 설정한다. 다음 설명 중 옳은 것은?

① 합병 전 소비자잉여는 25이다.
② 합병 후 소비자잉여는 8이다.
③ 합병 전 생산자잉여는 16이다.
④ 합병 후 생산자잉여는 12.5이다.
⑤ 사회적 잉여를 극대화하는 정책당국은 합병을 허가하지 않는다.

03 어떤 산에서 n명의 사냥꾼이 토끼 사냥을 하면 $10\sqrt{n}$(kg) 만큼의 토끼 고기를 얻을 수 있다. 토끼 고기는 kg당 2만 원에 팔리고 있다. 또한 사냥꾼 한 명이 사냥을 하는 데 드는 비용은 2만 원이다. 만약 이 산이 공유지라면 사회적으로 효율적인 사냥꾼 수보다 얼마나 더 많은 사냥꾼이 사냥을 하게 되는가? (단, 사냥꾼들은 모두 동일한 사냥 능력을 지녔다.)

① 35명 ② 45명
③ 55명 ④ 65명
⑤ 75명

04 한 기업이 Y재를 공장 1, 2에서 생산한다. 두 공장의 비용함수는 $c_1(y_1) = 5y_1^2 + 50$, $c_2(y_2) = 10y_2^2 + 10$이다. 이 기업이 최소의 비용으로 Y재 60단위를 생산한다면 공장 1의 생산량은? (단, y_i는 공장 i 상의 Y재 생산량이다. $i = 1, 2$)

① 50 ② 40
③ 30 ④ 20
⑤ 10

05 두 소비자 1, 2가 두 재화 x, y를 소비하는 순수교환경제를 고려하자. 두 소비자의 효용함수가 $u(x,\ y) = x + \sqrt{y}$로 같을 때, 다음 설명 중 옳은 것은? (단, 각 소비자는 두 재화 모두 양(+)의 유한한 초기부존자원을 갖는다.)

> 가. 에지워드 상자의 대각선이 계약곡선(contract curve)이 된다.
> 나. 각 소비자의 한계대체율은 x재 소비량과 무관하게 결정된다.
> 다. 주어진 초기부존점에서 복수의 경쟁균형(competitive equilibrium)을 갖는다.
> 라. 만약 두 소비자의 y재 초기부존량이 같다면 초기부존점이 곧 경쟁균형 소비점이 된다.

① 가, 나
② 가, 다
③ 나, 다
④ 나, 라
⑤ 다, 라

06 강 상류에 제철소(S)가 있고 강 하류에는 어부(F)가 산다. S의 철강 생산은 F의 어획량에 영향을 주는 공해물질을 배출한다. 철강과 물고기는 각각 단위당 10과 2의 가격에 판매된다. S와 F의 비용함수는 아래와 같다.

$$C_S(s,\ x) = s^2 - 10x + x^2,\ C_F(f,\ x) = \frac{1}{10}f^2 + \frac{1}{5}fx$$

공해물질 배출규제가 없는 경우 공해물질 배출량은? (단, s는 철강 생산량, f는 어획량, x는 공해물질 배출량을 나타낸다.)

① 5 ② 10
③ 15 ④ 20
⑤ 25

07 다음 표는 완전경쟁시장에서 생산활동을 하고 있는 어떤 기업의 비용을 나타낸 것이다. 이 표를 이용하여 평균비용곡선과 평균가변비용곡선을 그렸더니 그림과 같이 U자 형태로 나타났다. 이 기업의 조업중단가격을 B라고 할 때, 사각형 $ABCD$의 면적은 얼마인가?

생산량	총 비용	가변 비용
1	30	16
2	36	22
3	44	30
4	56	42
5	72	58
6	92	78
7	116	102

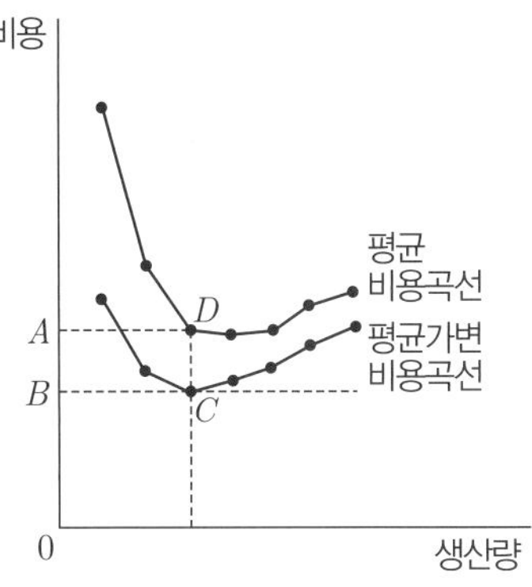

① 10 ② 12
③ 14 ④ 16
⑤ 30

08 수입관세부과의 효과에 대한 부분균형분석을 고려해 보자. 소국의 수입관세부과는 X재의 국제가격에 영향을 주지 않으나, 대국의 수입관세부과는 X재의 국제가격을 하락시킨다. 수입관세부과의 효과에 대한 다음 설명 중 옳지 않은 것은?

① 소국의 수입관세부과는 소국의 소비자잉여를 감소시킨다.
② 소국의 수입관세부과는 소국의 생산자잉여를 증가시킨다.
③ 소국의 수입관세부과는 소국의 사회후생을 감소시킨다.
④ 대국의 수입관세부과는 대국의 교역조건을 악화시킨다.
⑤ 대국의 수입관세부과가 대국의 사회후생에 미치는 효과는 일률적이지 않다.

09 다국적 기업과 해외직접투자에 대한 다음 설명 중 옳은 것을 모두 고르면?

> 가. 다른 조건이 일정할 때, 규모의 경제가 클수록 기업은 수출보다는 해외직접투자를 선호한다.
> 나. 독립된 기업으로부터 중간재를 조달(outsourcing)할 때 발생하는 거래비용은 기업들로 하여금 해외직접투자를 선호하게 만드는 요인이다.
> 다. 다른 조건이 일정할 때, 한 국가의 수입관세가 높을수록 그 국가로의 해외직접투자가 일어날 가능성은 커진다.

① 가 ② 나
③ 가, 나 ④ 나, 다
⑤ 다

10 다음 그림은 생산함수가 $y=k^{\frac{1}{4}}$, 자본의 축적식이 $\Delta k=sy-\delta k$, 국민소득계정 항등식이 $y=c+i$인 솔로우모형에서 황금률 수준의 k에 도달하기 위하여 저축률을 변화시켰을 때 시간에 따른 c의 움직임을 나타낸 것이다. 이러한 움직임을 만들어낸 저축률의 변화로 가장 적절한 것은? (단, y는 1인당 생산량, k는 1인당 자본량, c는 1인당 소비, i는 1인당 투자, s는 저축률, δ는 감가상각률을 의미하고, 저축률을 변화시키기 직전까지 k가 황금률 수준보다 작은 정상상태(steady state)에 있었다.)

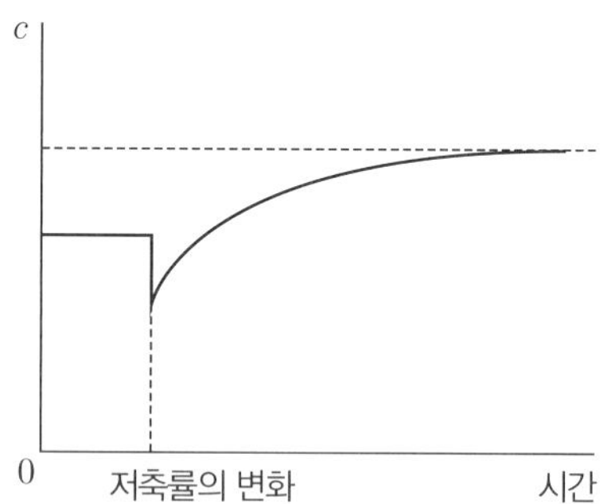

① 저축률을 현재의 20%에서 25%로 5%p 올렸을 때
② 저축률을 현재의 25%에서 20%로 5%p 내렸을 때
③ 저축률을 현재의 30%에서 25%로 5%p 내렸을 때
④ 저축률을 현재의 25%에서 30%로 5%p 올렸을 때
⑤ 저축률을 현재의 30%에서 35%로 5%p 올렸을 때

정답 · 해설 _해설집 p.35

10회 2018 공인회계사(2)

제한시간 : 15분 시작 시 분 ~ 종료 시 분 점수 확인 개/ 10개

01 미국의 명목이자율이 8%이고, 우리나라의 명목이자율이 12%라고 하며, 두 나라의 실질이자율은 동일하다고 한다. 두 나라의 실질환율이 일정하다고 할 때, 달러로 표시되는 원화의 가치는 어떻게 될 것으로 예상되는가?

① 8% 하락
② 4% 하락
③ 8% 상승
④ 4% 상승
⑤ 5% 상승

02 다음은 어느 경제의 2017년 노동시장 관련 자료이다. 이 경제의 2018년 초 취업자 수는 얼마인가?

- 비경제활동인구의 15%가 경제활동인구가 되었다.
- 경제활동인구의 10%가 비경제활동인구가 되었다.
- 실업자의 20%가 취업자가 되었다.
- 취업자의 5%가 실업자가 되었다.
- 경제활동인구와 비경제활동인구를 합한 수는 1,000만 명으로 변함이 없다.
- 경제활동참가율은 변함이 없다.
- 실업률은 변함이 없다.

① 420만 명
② 480만 명
③ 540만 명
④ 600만 명
⑤ 660만 명

03 다음은 어느 경제의 통화량 관련 자료이다. 이 경제에서 본원통화량이 3억 달러 증가하면 통화량은 얼마나 증가하는가?

- 통화량은 현금과 예금의 합계이다.
- 본원통화량은 현금과 지급준비금의 합계이다.
- 예금 대비 지급준비금의 비율은 10%이다.
- 예금 대비 현금의 비율은 50%이다.

① 3억 달러
② 4.5억 달러
③ 6억 달러
④ 7.5억 달러
⑤ 9억 달러

04 다음은 어느 노동시장의 수요와 공급곡선을 나타낸다. 최저임금제를 실시할 경우 최저임금제를 실시하지 않을 경우에 비하여 노동자가 받는 총임금(total wage)은 얼마나 변화하는가?

- 노동공급곡선: $L^s = 100 + w$
- 노동수요곡선: $L^d = 500 - w$
- 최저임금: 300

(단, L^s, L^d, w는 각각 노동공급량, 노동수요량, 임금($wage$)을 나타낸다.)

① 10,000 증가
② 10,000 감소
③ 변화 없음
④ 20,000 증가
⑤ 20,000 감소

05 그래프는 IS곡선과 물가수준 P와 통화 공급량 M에 따른 LM곡선이다. 물가수준과 통화 공급량의 관계가 가장 적절한 것은? (단, $LM(P=P_i,\ M=M_j)$은 물가수준이 P_i이고 통화 공급량이 M_j인 LM곡선을 나타낸다. $i,\ j=1,\ 2$)

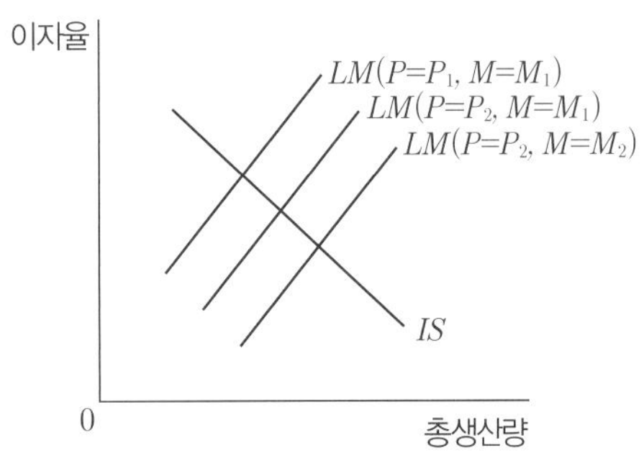

① $P_1 > P_2,\ M_1 > M_2$
② $P_1 < P_2,\ M_1 > M_2$
③ $P_1 > P_2,\ M_1 < M_2$
④ $P_1 < P_2,\ M_1 < M_2$
⑤ $P_1 = P_2,\ M_1 = M_2$

06 다음 중 우리나라의 실업률 통계 기준에 따라 실업자로 분류되는 경우는?

① 정규직 일자리를 찾으며 주 40시간 근무하는 38세 슈퍼마켓 비정규직 직원
② 방과 후 아르바이트 자리를 찾고 있는 만 14세 중학생
③ 박사 취득 후 지난 1년 동안 구직활동을 하다가 육아에 전념하기 위해 구직활동을 포기한 34세 여성
④ 20년 동안 근속하던 직장에서 파업이 발생하자 사용자가 직장폐쇄를 하여 현재 집에서 쉬고 있는 42세 남성
⑤ 아버지가 운영 중인 식당에서 매일 2시간 무급으로 일하면서 구직활동을 하고 있는 28세 남성

07 고전학파이론에 따르면 기업의 이윤을 극대화하는 노동량 수준에서 만족하는 조건으로 가장 적절한 것은?

① 명목임금 = 명목임대가격
② 명목임금 = 노동의 한계생산물
③ 명목임금 = 실질임금
④ 명목임금 = 재화의 가격 × 노동의 한계생산물
⑤ 명목임금 = 실질임금 × 노동의 한계생산물

08 A국과 B국 모두에서 노동투입량(L)과 자본투입량(K)이 각각 300으로 동일하다고 하자. 두 나라의 생산함수는 다음과 같이 주어져 있다.

- A국의 생산함수: $Y = L^{0.25}K^{0.75}$
- B국의 생산함수: $Y = L^{0.75}K^{0.25}$

두 나라의 노동의 한계생산물(MP_L^A와 MP_L^B)과 노동소득분배율 (l_A와 l_B)을 비교한 것으로 옳은 것은?

① $MP_L^A > MP_L^B,\ l_A < l_B$
② $MP_L^A > MP_L^B,\ l_A > l_B$
③ $MP_L^A < MP_L^B,\ l_A < l_B$
④ $MP_L^A < MP_L^B,\ l_A > l_B$
⑤ $MP_L^A = MP_L^B,\ l_A = l_B$

09 16억 원 가치의 상가를 보유하고 있는 A는 화재에 대비하기 위해 손해액 전부를 보상해 주는 화재보험을 가입하려고 한다. 상가에 화재가 발생하여 7억 원의 손해를 볼 확률이 20%이고, 12억 원의 손해를 볼 확률이 10%이다. A의 재산에 대한 폰 노이만-모겐스턴(vonNeumann-Morgenstern) 효용함수가 $u(x)=\sqrt{x}$ 라고 한다면, 기대효용을 극대화하는 조건에서 지불할 용의가 있는 최대금액의 보험료는?

① 2.96억 원
② 3.04억 원
③ 3.56억 원
④ 4.28억 원
⑤ 5.24억 원

10 X재 생산으로부터 발생하는 환경오염으로 인한 외부성의 문제에 대한 설명으로 옳은 것을 모두 고르면?

가. X재 생산의 사회적 한계비용보다 기업의 사적 한계비용이 더 크다.
나. X재 시장이 완전경쟁이라면 X재 소비에서 얻는 사적 한계편익보다 X재 생산에 따른 사회적 한계비용이 더 크다.
다. X재 생산에서 발생하는 환경오염을 0으로 줄이는 것이 사회적으로 가장 효율적이다.
라. 코우즈(Coase) 정리에 따르면 거래비용이 없고 재산권이 설정되어 있으면 이해당사자들의 자유로운 협상을 통해 자원의 효율적 배분을 달성할 수 있다.

① 가, 나
② 가, 다
③ 나, 다
④ 나, 라
⑤ 다, 라

정답·해설 _해설집 p.37

11회 2017 공인회계사(1)

제한시간 : 15분 시작 시 분 ~ 종료 시 분 점수 확인 개/ 10개

01 어느 소비자의 효용함수는 $U(C_1, C_2) = C_1C_2$이고, 예산제약식은 $C_1 + \frac{C_2}{1+r} = Y_1 + \frac{Y_2}{1+r}$이다. 주어진 소득($Y_1 = Y_2 = 100$)에서 효용을 극대화하는 이 소비자에 대한 다음의 설명 중 옳은 것은? (단, C_1과 C_2는 1기와 2기의 소비량, Y_1과 Y_2는 1기와 2기의 소득, r은 이자율이고, $0 < r < 1$이라고 가정한다.)

① 효용극대화 소비점에서 2기 소비로 표시한 1기 소비의 한계대체율은 $\frac{1}{1+r}$이다.
② 1기에 차용을 하는 소비자이다.
③ 이자율이 높아지면 극대화된 효용은 항상 증가한다.
④ 이자율이 높아지면 1기의 소비량이 1기의 소득보다 커진다.
⑤ 이자율이 높아지면 실질소득의 증가로 1기와 2기의 소비량 모두 증가한다.

02 어느 소비자는 X재와 Y재만을 소비하고, 우하향하고 원점에 대해 볼록한 무차별곡선을 가진다. 주어진 가격에서 이 소비자의 효용극대화 소비점은 $a = (X_a, Y_a)$이다. X재의 가격이 하락하고 Y재의 가격은 변화하지 않은 경우, 효용극대화 소비점은 $b = (X_b, Y_b)$가 된다. 다음 설명 중 옳지 않은 것은?

① $X_a = X_b$인 경우, X재의 보통의 수요곡선은 수직선이다.
② $X_a = X_b$인 경우, X재는 열등재이다.
③ 대체효과에 따른 X재의 소비량이 X_b인 경우, 소득소비곡선이 수직선이다.
④ 대체효과에 따른 X재의 소비량이 X_b인 경우, X재의 보상수요곡선 기울기가 보통의 수요곡선 기울기보다 가파르다.
⑤ $X_a = X_b$인 경우, X재의 대체효과와 소득효과의 절댓값 크기가 동일하다.

03 X재 시장은 완전경쟁시장으로, 이윤극대화를 하는 600개 기업이 존재한다. 노동만을 투입하여 X재를 생산하는 모든 개별 기업의 노동수요곡선은 $l = 8 - \frac{w}{600}$로 동일하다. X재 생산을 위한 노동시장은 완전경쟁시장으로, 100명의 노동자가 있으며 노동공급은 완전비탄력적이다. 노동시장의 균형임금은 얼마인가? (단, l은 노동자 수, w는 노동자 1인당 임금이다.)

① 4,600 ② 4,700
③ 4,800 ④ 4,900
⑤ 5,000

04 레몬문제는 판매자가 구매자보다 제품에 더 많은 정보를 가지고 있어 나타나는 문제이다. 레몬문제에 대한 설명으로 옳은 것을 모두 고르면?

가. 평균보다 높은 품질의 제품을 생산하는 판매자는 평균 품질에 해당하는 가격으로 판매하고 싶지 않다.
나. 품질보증은 소비자가 제품에 대한 정보가 충분하지 않더라도 평균 품질에 해당하는 가격 이상으로 구매를 가능하게 한다.
다. 경매에 의한 판매를 통해 레몬문제를 해결할 수 있다.

① 가 ② 나
③ 다 ④ 가, 나
⑤ 나, 다

05 완전경쟁시장인 X재 시장에서 시장수요와 시장공급이 다음과 같다.

> • 시장수요: $Q_d = 200 - P$
> • 시장공급: $Q_s = -40 + 0.5P$
> (단, Q_d, Q_s, P는 각각 X재의 수요량, 공급량, 가격을 나타낸다.)

위 상황에서 X재 한 단위당 30씩 세금을 부과할 때, 세금을 제외하고 공급자가 받는 가격은 얼마인가?

① 120　　② 140
③ 160　　④ 180
⑤ 200

06 다음은 생산가능곡선에 대한 설명이다. (가)와 (나)를 바르게 짝지은 것은?

> 하루에 생산할 수 있는 X재와 Y재의 조합을 나타내는 생산가능곡선은 갑의 경우 $2Q_X + Q_Y = 16$, 을의 경우 $Q_X + 2Q_Y = 16$이다. 이때, 갑에 있어서 Y재의 기회비용은 (가)이고, 을에 있어서 X재의 기회비용은 (나)이다. (단, Q_X는 X재의 생산량, Q_Y는 Y재의 생산량을 의미한다.)

	(가)	(나)
①	X재 2개	Y재 $\frac{1}{2}$개
②	X재 2개	Y재 2개
③	X재 $\frac{1}{2}$개	Y재 2개
④	X재 $\frac{1}{2}$개	Y재 $\frac{1}{2}$개
⑤	X재 1개	Y재 1개

07 다음 그림은 X재와 Y재의 등량곡선을 나타낸 것이다. X재와 Y재의 생산함수에 대한 특성을 바르게 짝지은 것은? (단, Q_A, Q_B, Q_C는 등량곡선을 의미한다.)

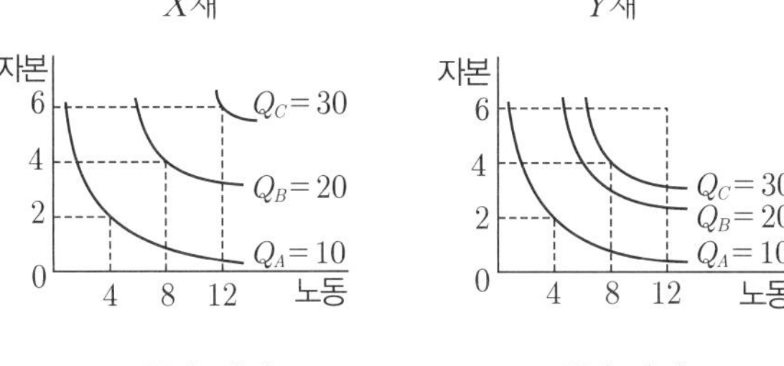

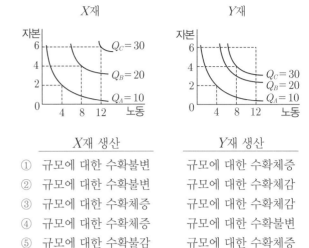

	X재 생산	Y재 생산
①	규모에 대한 수확불변	규모에 대한 수확체증
②	규모에 대한 수확불변	규모에 대한 수확체감
③	규모에 대한 수확체증	규모에 대한 수확체감
④	규모에 대한 수확체증	규모에 대한 수확불변
⑤	규모에 대한 수확불감	규모에 대한 수확체증

08 다음과 같이 노동과 토지를 투입하여 하나의 재화만 생산하는 자국과 외국으로 이루어진 경제를 상정해 보자. 국가 간 노동이동의 효과에 대한 다음 설명 중 옳지 않은 것은? (단, OL_1은 자국의 노동부존량, O^*L_1은 외국의 노동부존량이다.)

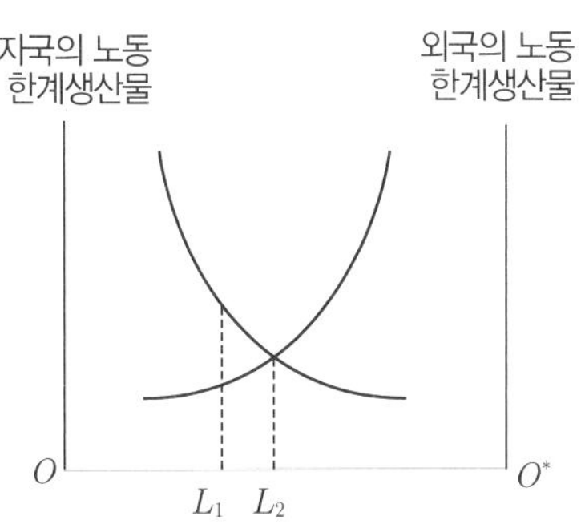

① 자국의 임금은 하락한다.
② 외국의 임금은 상승한다.
③ 재화의 세계 총생산량은 증가한다.
④ 자국 토지소유자의 실질소득은 감소한다.
⑤ 노동은 외국에서 자국으로 이동한다.

09 다음 그림은 변동환율제를 채택하고 있는 어떤 소규모 개방경제의 $IS-LM-BP$곡선을 나타낸다. 중앙은행이 팽창적 통화정책을 실시할 경우 환율 및 총수요변화로 옳은 것은? (단, 환율은 외국통화 1단위에 대한 자국통화의 교환비율을 의미한다.)

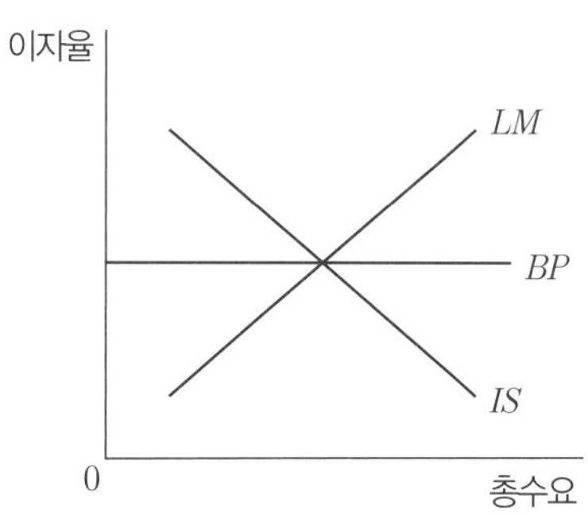

	환율	총수요
①	상승	증가
②	하락	감소
③	상승	감소
④	하락	증가
⑤	불변	불변

10 환율상승(자국 통화가치의 하락)을 유도하기 위한 중앙은행의 외환시장개입 중 불태화개입(sterilized intervention)이 있었음을 나타내는 중앙은행의 재무상태표(대차대조표)로 가장 적절한 것은? (단, ⇧는 증가, ⇩는 감소를 의미한다.)

①

자산	부채
국내자산	본원통화⇧
외화자산⇧	국내부채
	외화부채

②

자산	부채
국내자산⇩	본원통화
외화자산⇧	국내부채
	외화부채

③

자산	부채
국내자산	본원통화⇩
외화자산⇩	국내부채
	외화부채

④

자산	부채
국내자산	본원통화⇧
외화자산	국내부채⇩
	외화부채

⑤

자산	부채
국내자산⇧	본원통화⇧
외화자산	국내부채
	외화부채

정답·해설 _해설집 p.39

12회 2017 공인회계사(2)

제한시간 : 15분 시작 시 분 ~ 종료 시 분 점수 확인 개/ 10개

01 실질이자율과 명목이자율에 대한 설명으로 옳은 것은?

① 실질이자율이 명목이자율보다 작다면, 기대인플레이션은 양(+)의 값을 가진다.
② 실질이자율이 명목이자율보다 크다면, 지속적인 물가상승이 예상된다.
③ 실질이자율은 음수가 될 수 없다.
④ 실질이자율은 명목이자율에서 제반비용 등을 뺀 이자율이다.
⑤ 실질이자율이 명목이자율보다 크다면, 지속적인 물가상승이 예상된다.

02 X재를 생산하며 이윤극대화를 추구하는 어느 기업은 X재의 단위당 생산비용이 10% 증가하여 가격 인상을 고려하고 있다. 다음 설명 중 옳지 않은 것은?

① X재의 수요의 가격탄력성이 비탄력적인 경우, 가격을 인상하면 X재의 판매수입이 증가한다.
② X재의 수요의 가격탄력성이 탄력적인 경우, 가격을 인상하면 X재의 판매수입이 감소한다.
③ X재의 수요의 가격탄력성이 단위탄력적인 경우, 가격을 인상하면 X재로부터 얻는 이윤은 변화하지 않으나 판매수입은 증가한다.
④ X재의 수요의 가격탄력성이 무한대인 경우, 가격을 인상하면 X재에 대한 수요가 0이 된다.
⑤ X재의 수요의 가격탄력성이 0인 경우, 가격을 인상하면 X재의 판매수입이 증가한다.

03 어느 기업의 장기 총비용곡선은 우상향하는 곡선이고, 장기 평균비용곡선과 단기 평균비용곡선은 U자형이다. 현재 생산량에서 장기 평균비용이 60이고, 장기 한계비용이 60이다. 그리고 생산량과 관계없이 생산요소가격은 일정하다. 이 기업에 대한 다음 설명 중 옳은 것을 모두 고르면?

가. 현재 생산량에서 장기 평균비용곡선은 단기 평균비용곡선의 최저점에서 접한다.
나. 생산량이 현재의 2배가 되면, 총비용은 현재의 2배보다 크다.
다. 생산량이 현재의 0.5배가 되면, 총비용은 현재의 0.5배보다 크다.
라. 모든 생산량에서 장기 총비용은 단기 총비용보다 작거나 같다.

① 가, 나
② 가, 라
③ 나, 다, 라
④ 가, 나, 다, 라
⑤ 가, 나, 다

04 X재 시장은 완전경쟁시장이고, 시장수요곡선은 $Q=1{,}000-P$이다. 모든 개별기업의 장기 평균비용곡선(AC)은 $AC=40-10q+q^2$이다. 기업들의 진입과 퇴출에 의해서도 개별기업의 장기 총비용곡선은 변하지 않는다. 다음 설명 중 옳지 않은 것은? (단, Q는 X재의 시장수요량, P는 X재의 가격, q는 개별기업의 X재 생산량이다.)

① 개별기업의 X재 장기 균형생산량은 5이다.
② X재의 가격이 18인 경우, 장기적으로 기업의 진입이 발생한다.
③ X재의 가격이 15인 경우, 장기적으로 개별기업은 양(+)의 경제적 이윤을 얻는다.
④ 장기 균형에서는 총 197개의 기업이 생산활동을 한다.
⑤ X재의 가격이 12인 경우, 장기적으로 기업의 퇴출이 발생한다.

05 다음 보수행렬(payoff matrix)을 갖는 게임에 대한 설명으로 옳은 것은? (단, A와 B는 각 경기자의 전략이며, 괄호 안의 첫 번째 숫자는 경기자 1의 보수를, 두 번째 숫자는 경기자 2의 보수를 나타낸다.)

구분		경기자 2	
		A	B
경기자 1	A	(7, 7)	(4, 10)
	B	(10, 4)	(3, 3)

① 모든 경기자에게 우월전략이 존재한다.
② 내쉬균형에서 두 경기자는 서로 다른 전략을 선택한다.
③ 내쉬균형은 두 경기자 모두 A전략을 선택하는 것이다.
④ 내쉬균형은 두 경기자 모두 B전략을 선택하는 것이다.
⑤ 내쉬균형이 존재하지 않는다.

06 다음과 같이 수익률 곡선이 상승하는 모습을 보이고 있을 때 이에 대한 설명으로 옳은 것은?

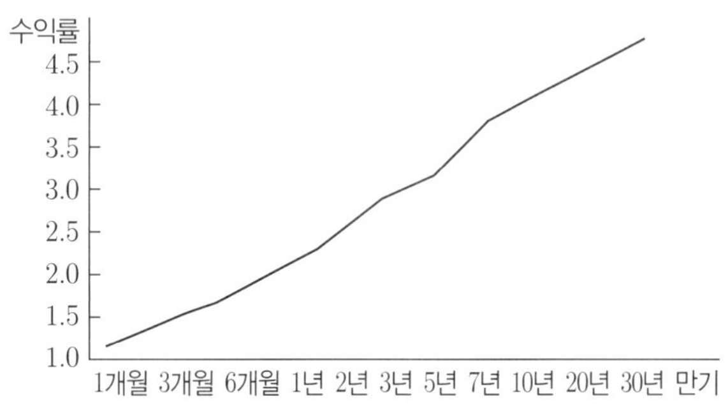

① 단기 이자율이 미래에 급격히 하락할 것으로 기대된다.
② 단기 이자율이 미래에 완만히 하락할 것으로 기대된다.
③ 단기 이자율이 미래에 변화가 없을 것으로 기대된다.
④ 단기 이자율이 미래에 상승할 것으로 기대된다.
⑤ 장기 이자율이 미래에 변화가 없을 것으로 기대된다.

07 다음은 어느 폐쇄경제의 총수요부문을 나타낸 것이다. 실질이자율을 수직축으로, 총수요를 수평축으로 하여 $IS-LM$곡선을 나타내고자 한다. 기대인플레이션이 0%에서 −1%로 변화할 경우 그 효과에 대한 설명으로 가장 적절한 것은?

> • IS 관계식: $0.25Y = 425 - 25r$
> • LM 관계식: $500 = Y - 100i$
> • 피셔방정식: $i = r + \pi^e$
> (단, Y, r, i, π^e는 각각 총수요, 실질이자율, 명목이자율, 기대인플레이션을 나타낸다.)

① IS곡선이 하향 이동하며 실질이자율은 하락한다.
② IS곡선이 상향 이동하며 실질이자율은 상승한다.
③ LM곡선이 하향 이동하며 실질이자율은 하락한다.
④ LM곡선이 상향 이동하며 실질이자율은 상승한다.
⑤ IS곡선은 하향 이동하는 반면 LM곡선은 상향 이동하여 실질이자율이 변하지 않는다.

08 다음은 신고전학파의 투자모형이 적용되는 경제이다. 이 경제에서 자본량은 자본 추가에 따른 실질이윤율이 양수이면 증가, 음수이면 감소, 0이면 변함이 없다. 이 경제의 정상상태에서 자본량은 얼마인가?

> • 자본 추가에 따른 실질이윤율: $MP_K - P_K(r + \delta)$
> • 생산함수: $Y = K^{\frac{1}{2}}(\overline{L})^{\frac{1}{2}}$
> • 시장에서 주어진 자본의 실질가격, 실질이자율: $P_K = 100$, $r = 2\%$
> • 고정된 노동량, 감가상각률: $\overline{L} = 100$, $\delta = 8\%$
> (단, MP_K, P_K, r, δ, Y, K, $\overline{L}$는 각각 자본의 한계생산물, 자본의 실질가격, 실질이자율, 감가상각률, 생산물, 자본량, 고정된 노동량이며 자본의 가격상승률은 생산물의 가격상승률과 같다고 가정한다.)

① $\frac{1}{4}$　　② $\frac{1}{2}$
③ 2　　④ 4
⑤ 4

09 새케인즈학파(new Keynesian)의 경직적 가격 모형과 관련한 설명으로 옳지 않은 것은?

① 팽창적 통화정책은 단기적으로 생산량을 증가시킨다.
② 가격을 신축적으로 조정하지 않는 기업은 미래의 경제상황보다는 과거의 경제상황에 근거하여 가격을 설정한다.
③ 물가가 기대물가보다 높을 경우 생산량은 잠재생산량보다 커진다.
④ 가격을 신축적으로 조정하는 기업이 많아질수록 총공급곡선의 기울기가 커진다.
⑤ 가격을 신축적으로 조정하는 기업은 한계비용이 상승하면 가격을 인상한다.

10 다음과 같은 개방거시경제모형에서 정부가 정부지출을 40만큼 증가시키고자 한다. 이 경우 순수출은 얼마나 변하는가?

- $Y = C + I + G + EX - IM$
- $C = 100 + 0.6(Y - T)$
- $I = 100$
- $G = 50$
- $T = 50$
- $EX = 70$
- $IM = 20 + 0.1Y$

(단, Y, C, I, G, EX, IM, T는 각각 총수요, 소비, 투자, 정부지출, 수출, 수입, 조세이다.)

① 4 감소　② 8 감소
③ 12 감소　④ 4 증가
⑤ 8 증가

정답·해설 _해설집 p.41

13회 2016 공인회계사(1)

제한시간 : 15분 시작 　시 　분 ~ 종료 　시 　분 점수 확인 　개/ 10개

01 다음은 기픈재(Giffen good)에 대한 설명이다. (가)와 (나)를 바르게 짝지은 것은?

> • 기픈재의 가격이 오르면 기픈재의 소비량은 늘고 소비자의 효용은 (가)한다.
> • 두 재화를 소비하는 소비자에게 한 재화가 기픈재일 때 그 재화의 가격이 오르면 다른 재화의 수요량은 (나)한다.

	(가)	(나)
①	증가	증가
②	증가	감소
③	감소	증가
④	감소	감소
⑤	증가	불변

02 소비자의 돈 m원에 대한 기대효용함수는 $U(m) = 2\sqrt{m}$이다. 한 증권이 $\frac{1}{3}$의 확률로 81원이 되고, $\frac{2}{3}$의 확률로 36원이 될 때 이 소비자의 증권에 대한 확실성등가(certainty equivalent)와 위험프리미엄(risk premium)을 바르게 짝지은 것은?

	확실성등가(원)	위험프리미엄(원)
①	14	37
②	14	2
③	49	14
④	49	2
⑤	51	14

03 한 소비자의 효용함수는 $U = 4XY$이다. 이 소비자의 소득은 400이고, X재 가격은 10, Y재 가격은 40이다. 이 소비자가 효용극대화 할 때의 X재 소비량은? (단, U는 효용수준, X는 X재 소비량, Y는 Y재 소비량이다.)

① 5
② 10
③ 15
④ 20
⑤ 25

04 베짱이는 잠자는 8시간을 제외한 하루 16시간을 노래 부르기와 진딧물사냥으로 보낸다. 베짱이는 시간당 30마리의 진딧물을 사냥할 수 있다. 또한 매일 아침 개미가 베짱이에게 진딧물 60마리를 공짜로 제공한다. 베짱이는 노래 부르기와 진딧물 소비로 $u(s, b) = s^{\frac{2}{3}}b^{\frac{1}{3}}$의 효용을 얻는다. 효용을 극대화하는 베짱이의 노래 부르는 시간과 진딧물 소비량은? (단, s는 노래 부르는 시간, b는 소비한 진딧물의 숫자를 의미한다.)

	노래 부르는 시간(s)	진딧물 소비량(b)
①	8	300
②	8	240
③	12	180
④	12	120
⑤	16	60

05 변동환율제도를 채택하고 있는 A국 중앙은행이 보유하던 미국 달러를 매각하고 자국 통화를 매입하였다. 이에 대한 다음 설명 중 옳은 것을 모두 고르면?

가. A국 통화 가치가 미국 달러 대비 하락한다.
나. A국 통화 공급량이 감소한다.
다. A국 외환보유액이 감소한다.
라. A국 물가가 상승하고 실질GDP가 증가한다.

① 가, 나
② 나, 다
③ 다, 라
④ 가, 다, 라
⑤ 나, 다, 라

06 완전경쟁시장에서 한 기업의 단기 비용함수는 $C=5q^2-2kq+k^2+16$이다. 장기에 자본량을 변경할 때에 조정비용은 없다. 이 기업의 장기 비용함수는? (단, C는 비용, q는 생산량, k는 자본량이다.)

① $C=4q^2+4$
② $C=4q^2+8$
③ $C=4q^2+16$
④ $C=8q^2+8$
⑤ $C=8q^2+16$

07 2개의 재화(사적재, 공공재)와 2명의 개인(김씨, 이씨)으로 구성되는 한 경제는 다음과 같다. 김씨와 이씨의 효용의 합을 최대로 하는 공공재 생산량은?

- 생산가능곡선: $X+5W=100$
- 각 개인의 효용함수: $U=2YZ$
- 김씨와 이씨는 생산된 사적재를 절반씩 소비한다.

(단, X는 사적재 생산량, W는 공공재 생산량, U는 효용수준, Y는 사적재 소비량, Z는 공공재 소비량이다.)

① 5
② 10
③ 15
④ 20
⑤ 25

08 다음은 소비함수에 대한 설명이다. 이에 대한 분석으로 옳지 않은 것은?

- 김씨는 절대소득가설을 따르며, 소비함수는 $C=0.8Y+10$이다. (단, C는 소비, Y는 소득이다.)
- 이씨는 항상소득가설을 따르며, 소비함수는 $C_t=0.5Y_t^P$, $Y_t^P=0.5Y_t+0.3Y_{t-1}$이며, 소득은 t기에 120, $t-1$기에 80이다. (단, C_t는 t기의 소비, Y_t^P는 t기의 항상소득, Y_t는 t기의 소득이다.)
- 박씨는 상대소득가설을 따르며, 소비함수는 $Y \geq Y_m$일 때에 $C=0.7Y$이며, $Y<Y_m$일 때에 $C=0.7Y_m+0.5(Y-Y_m)$이다. (단, C는 소비, Y는 소득, Y_m은 과거 최대 소득이다.)

① 김씨의 $\frac{\Delta C}{\Delta Y}$는 소득의 크기에 상관없이 일정하다.
② 김씨의 $\frac{C}{Y}$는 소득의 증가에 따라서 체감한다.
③ 이씨의 $\frac{C_t}{Y_t}$는 1보다 크다.
④ 박씨의 $\frac{\Delta C}{\Delta Y}$는 Y가 Y_m보다 작을 때 1보다 작다.
⑤ 박씨의 $\frac{\Delta C}{\Delta Y}$는 Y가 Y_m보다 클 때 1보다 작다.

09 A국의 2014년 명목GDP가 8조 달러이고, 2014년 실질 GDP가 10조 달러이다. 이 경우 2014년 GDP디플레이터는 기준 연도에 비하여 얼마나 변하였는가?

① 20% 하락
② 20% 상승
③ 25% 하락
④ 25% 상승
⑤ 불변

10 어떤 폐쇄경제의 소비(C), 투자(I), 정부지출(G)이 다음과 같다. 정부가 조세를 20만큼 삭감하면 소비는 얼마나 변하는가?

- $C = 100 + 0.6(Y - T)$
- $I = 50$
- $G = 30$
- $T = 30$

(단, Y는 국민소득, T는 조세이다.)

① 30 감소
② 30 증가
③ 50 감소
④ 50 증가
⑤ 20 감소

14회 2016 공인회계사(2)

정답·해설 _해설집 p.43

제한시간 : 15분 시작 시 분 ~ 종료 시 분 점수 확인 개/ 10개

01 한 기업이 임금률 w인 노동(L), 임대율 r인 자본(K)을 고용하여 재화 y를 다음과 같이 생산하고 있다.

$$y(L, K)=\sqrt{L}+\sqrt{K}$$

y의 가격이 p로 주어진 경우 이 기업의 이윤극대화 생산량은?

① $\frac{w+r}{2wr}p$

② $\frac{2wr}{w+r}p$

③ $\frac{w+r}{wr}p$

④ $\frac{wr}{w+r}p$

⑤ $\frac{wr}{2(w+r)}p$

02 A국과 B국의 독점적 경쟁시장에서 생산되는 자동차를 고려하자. 두 국가 간 자동차 무역에 대한 다음 설명 중 옳은 것은?

가. 무역은 자동차 가격의 하락과 다양성의 감소를 초래한다.
나. 산업 내 무역의 형태로 나타난다.
다. A국과 B국의 비교우위에 차이가 없어도 두 국가 간 무역이 일어난다.
라. 각국의 생산자잉여를 증가시키지만, 소비자잉여를 감소시킨다.

① 가, 나
② 가, 다
③ 나, 다
④ 나, 라
⑤ 다, 라

03 노동(L)과 자본(K)을 사용하여 X재와 Y재를 생산하는 헥셔-올린(Heckscher-Ohlin)모형을 고려하자. 아래 그래프에 대한 설명에서 (가)와 (나)를 바르게 짝지은 것은? (단, XX와 YY는 X재와 Y재의 등량곡선을 나타내며, 상대임금은 $\frac{\text{임금}}{\text{임대료}}$을 의미한다. 등비용선은 각 등량곡선과 한 점에서 접한다.)

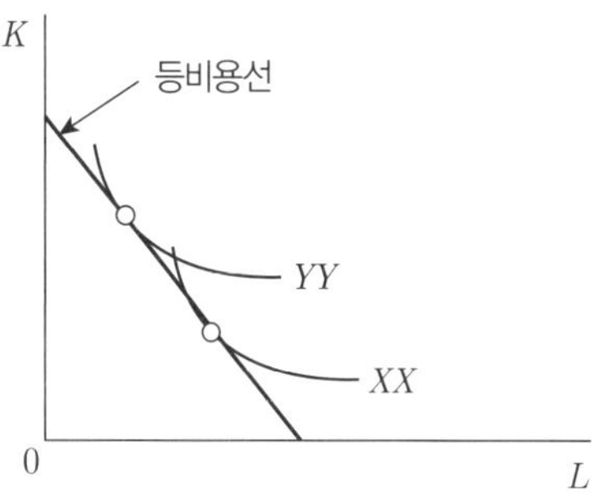

• X재의 가격이 상승하면 상대임금은 (가) .
• Y재의 가격이 상승하면 상대임금은 (나) .

	(가)	(나)
①	하락한다	하락한다
②	상승한다	하락한다
③	하락한다	상승한다
④	상승한다	상승한다
⑤	불변	불변

04 어떤 경제의 총공급곡선으로부터 도출한 필립스곡선(Phillips curve)은 $\pi = \pi^e - a(u - \overline{u})$이며 장단기 필립스곡선을 그래프로 나타내면 아래와 같다. 현재 실업률이 3%, 물가상승률이 3%이다. 이 경우 정부가 재정지출을 축소할 때 나타날 수 있는 단기 실업률과 단기 물가상승률은? (단, u는 실업률, π는 물가상승률, π^e는 기대물가상승률, $\overline{u}$는 자연실업률, a는 유한한 양의 상수이다.)

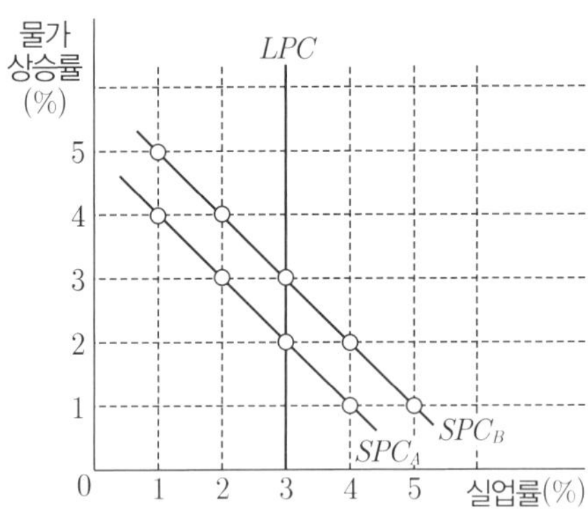

*단, LPC는 장기 필립스곡선, SPC_A와 SPC_B는 단기 필립스곡선이다.

	단기 실업률	단기 물가상승률
①	2%	3%
②	2%	4%
③	3%	2%
④	5%	1%
⑤	4%	1%

05 케인즈학파와 통화주의자에 대한 설명 중 옳은 것은?

> 가. 케인즈학파는 경제가 내재적으로 불안정하므로 정부가 장기적으로는 경기변동을 완화하는 안정화정책을 실시하고, 단기적으로는 총공급능력을 확충해야 한다고 주장하였다.
> 나. 통화주의자들은 장기적으로 화폐가 중립적일 때 인플레이션과 실업률 간에 역의 관계가 성립한다고 주장하였다.
> 다. 케인즈학파는 낮은 총수요가 낮은 소득과 높은 실업의 원인이라고 주장하였다.
> 라. 통화주의자들은 중앙은행이 통화를 공급할 때에 사전에 명시되고 공표된 준칙을 따라야 한다고 주장하였다.

① 가, 나
② 가, 라
③ 나, 다
④ 다, 라
⑤ 나, 라

06 한 재화의 수요곡선은 $D = 80 - 2P$, 공급곡선은 $S = 2P - 16$이다. 이 재화를 생산할 때에는 환경오염물질이 배출되어 외부효과가 발생한다. 그리고 이 환경오염물질을 처리하는 비용은 재화가격의 40%이다. 외부효과를 내부화한 경우의 재화가격은? (단, D는 수요량, S는 공급량, P는 가격이다.)

① 28
② 30
③ 32
④ 34
⑤ 36

07 정부지출을 축소하는 한편, 국민소득이 일정하게 유지되도록 통화정책을 실시할 경우 그 영향에 대한 설명 중 옳은 것은? (단, 폐쇄경제 $IS-LM$모형을 이용하여 분석하되, IS곡선은 우하향하며 LM곡선은 우상향한다고 가정한다.)

① IS곡선이 우측 이동한다.
② LM곡선이 좌측 이동한다.
③ 이자율이 하락한다.
④ 재정적자가 증가한다.
⑤ 실질 화폐수요가 감소한다.

08 $IS-LM$ 모형에서 구축효과에 대한 설명이다. (가), (나), (다)를 바르게 짝지은 것은? (단, IS곡선은 우하향하고, LM곡선은 우상향한다고 가정한다.)

> 화폐수요의 소득탄력성이 (가) 구축효과가 커진다.
> 화폐수요의 이자율탄력성이 (나) 구축효과가 커진다.
> 투자의 이자율탄력성이 (다) 구축효과가 커진다.

	(가)	(나)	(다)
①	클수록	작을수록	클수록
②	클수록	작을수록	작을수록
③	작을수록	클수록	클수록
④	작을수록	클수록	작을수록
⑤	작을수록	작을수록	클수록

09 주어진 소득과 이자율하에서 2기에 걸쳐 소비를 선택하는 소비자의 효용함수와 예산제약은 다음과 같다. 소비선택의 최적조건에서 1기의 소비와 2기의 소비는 그 크기가 같다고 할 때, 이자율과 할인인자의 관계를 올바르게 나타낸 것은?

> • 효용함수: $U(C_1, C_2) = \sqrt{C_1} + \beta\sqrt{C_2}$
> • 예산제약: $C_1 + \frac{1}{1+r}C_2 = Y_1 + \frac{1}{1+r}Y_2$
> (단, Y_1, Y_2, C_1, C_2, β, r은 각각 1기의 소득, 2기의 소득, 1기의 소비, 2기의 소비, 할인인자, 이자율이다.)

① $\beta(1+r) = 1$
② $\beta(2+r) = 1$
③ $2\beta r = 1$
④ $r(1+\beta) = 1$
⑤ $r(2+\beta) = 1$

10 완전한 자본이동과 소규모 개방경제를 가정하는 먼델-플레밍 모형(Mundell-Fleming Model)에 대한 설명 중 옳지 않은 것은? (단, 환율은 외국통화 1단위에 대한 자국통화의 교환비율이다.)

① 변동환율제도하에서 확장적 재정정책을 실시하면 환율이 하락한다.
② 변동환율제도하에서 확장적 통화정책을 실시하면 환율이 상승한다.
③ 고정환율제도하에서 확장적 재정정책을 실시하면 총소득이 증가한다.
④ 고정환율제도하에서 확장적 통화정책을 실시하면 총소득이 증가한다.
⑤ 변동환율제도하에서 확장적 통화정책을 실시하면 총소득이 증가한다.

정답·해설 _해설집 p.46

15회 2015 공인회계사(1)

제한시간 : 15분 시작 시 분 ~ 종료 시 분 점수 확인 개/ 10개

01 세계 경제의 불황으로 원유 수요가 감소하였다. 그 결과 원유 가격은 대폭 하락하였지만 거래량은 원유 가격 하락폭에 비해 소폭 감소하였다고 한다. 그 이유에 대한 설명으로 타당한 것을 모두 고르면?

> 가. 원유 수요곡선의 기울기가 완만하다.
> 나. 원유 수요곡선의 이동 정도가 크다.
> 다. 원유 공급곡선의 기울기가 가파르다.
> 라. 원유 공급곡선의 이동 정도가 크다.

① 가, 나
② 가, 라
③ 나, 다
④ 나, 라
⑤ 다, 라

02 진영이는 고정된 소득으로 X재와 Y재만을 소비한다. 두 재화의 가격이 동일하게 10% 하락할 때, 진영이의 X재 소비량은 변하지 않는 반면, Y재 소비량은 증가한다. 다음 설명 중 옳은 것은?

① 진영이에게 X재는 정상재이다.
② 진영이에게 Y재는 정상재이다.
③ 진영이에게 X재와 Y재는 완전대체재이다.
④ 진영이에게 X재와 Y재는 완전보완재이다.
⑤ 진영이에게 X재는 열등재이다.

03 어느 기업의 생산함수는 $Q=L+2K$(Q는 생산량, L은 노동투입량, K는 자본투입량)이다. 노동의 단위당 임금이 1이고 자본의 단위당 임대료가 3인 경우 이 기업의 비용함수(C)는?

① $C=\frac{1}{2}Q$
② $C=Q$
③ $C=\frac{3}{2}Q$
④ $C=2Q$
⑤ $C=3Q$

04 현재 한국의 1년 만기 국채수익률은 3%이고 미국의 1년 만기 국채수익률은 1%라고 가정하자. 위험이자율평가설(uncovered interest rate parity)이 성립할 때 향후 1년간 예상되는 환율 변동으로 옳은 것은? (단, 두 나라 국채의 위험수준은 동일하다고 가정한다.)

① 원화 가치 2% 상승
② 원화 가치 2% 하락
③ 원화 가치 4% 상승
④ 원화 가치 4% 하락
⑤ 원화 가치 불변

05 완전경쟁시장에서 생산활동을 하고 있는 기업이 있다. 이 기업은 정수 단위로 제품을 생산하며 비용이 다음 표와 같다. 이 기업의 조업(생산)중단가격은?

생산량	0	1	2	3	4	5
총비용	100	110	130	160	200	250

① 10
② 15
③ 20
④ 25
⑤ 30

06 헥셔-올린(Heckscher-Ohlin)모형과 관련된 다음 설명 중 옳지 않은 것은?

① 2국가-2재화-2요소모형으로 나타낼 수 있다.
② 레온티에프(W. Leontief)의 역설은 자본이 상대적으로 풍부한 나라인 미국이 노동집약적인 제품을 수출하고 자본집약적인 제품을 수입하는 현상을 일컫는다.
③ 각국은 상대적으로 풍부한 생산요소를 많이 사용하여 생산하는 제품에 비교우위가 있다.
④ 국가 간 생산함수에 차이가 있다고 가정한다.
⑤ 생산요소의 국가 간 이동이 불가능하더라도 생산요소의 상대가격이 균등화되는 경향이 있다.

07 아래 표에는 세 나라의 실제 실업률, 자연실업률, 실질 GDP가 기록되어 있다. 다음 설명 중 옳은 것은?

국가	실제실업률(%)	자연실업률(%)	실질GDP(조 원)
A	4	4	900
B	3	5	1,300
C	6	5	1,200

① A국은 GDP 갭(gap)이 발생하지 않고 잠재GDP는 900조 원보다 작다.
② B국은 확장 갭(expansionary gap)이 발생하고 잠재GDP는 1,300조 원보다 작다.
③ B국은 침체 갭(recessionary gap)이 발생하고 잠재GDP는 1,300조 원보다 작다.
④ C국은 확장 갭이 발생하고 잠재GDP는 1,200조 원보다 작다.
⑤ C국은 침체 갭이 발생하고 잠재GDP는 1,200조 원보다 작다.

08 대학생 K는 매월 30만 원을 용돈으로 받아 전부 소비하는 생활을 하고 있었다. 그러던 중 2014년 8월에 취업이 확정되어 2015년 1월부터 매월 300만 원을 급여로 받을 예정이다. 그러나 2015년 1월 이전까지는 용돈 이외에 추가적인 소득은 없다. 취업이 확정된 직후 각 소비이론에 따른 K의 소비변화량을 비교한 것 중 옳은 것은?

> A = 절대소득가설에 따른 소비변화량
> B = 차입제약(borrowing constraint)이 없는 경우 생애주기이론(life-cycle theory)에 따른 소비변화량
> C = 차입제약이 있는 경우 생애주기이론에 따른 소비변화량

① $A<B\leq C$ ② $A\leq C\leq B$
③ $C\leq A<B$ ④ $C\leq B<A$
⑤ $B=A<C$

09 어떤 소비자에게 공산품 소비가 늘어날수록 한계효용이 감소하고, 오염물질이 증가할수록 한계비효용은 증가한다고 한다. 다음 중 이 소비자의 무차별곡선으로 옳은 것은?

① 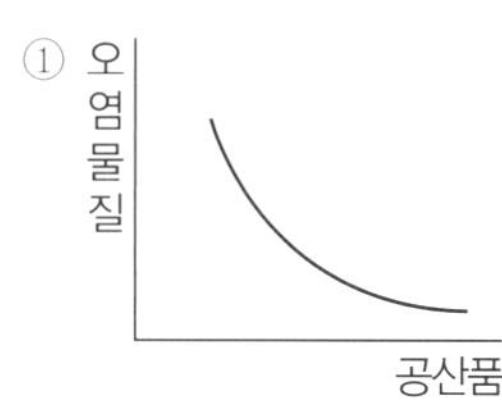

② 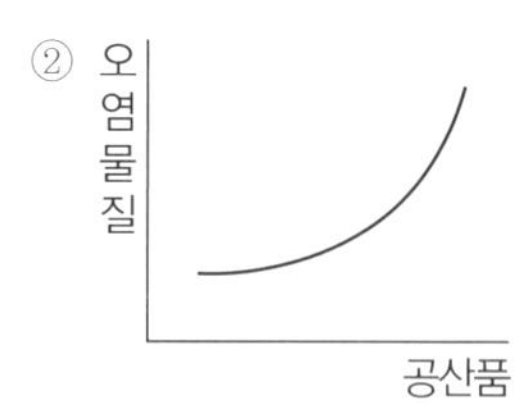

③ 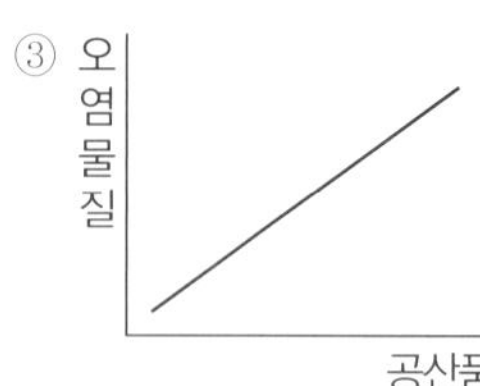

④ 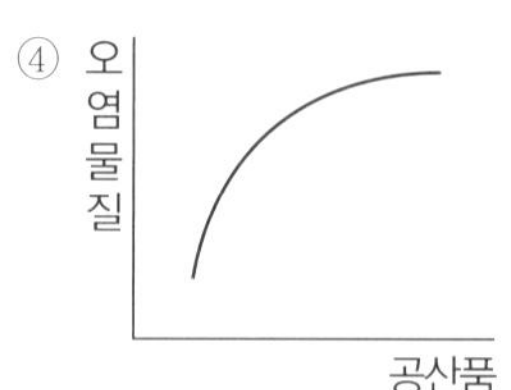

⑤ 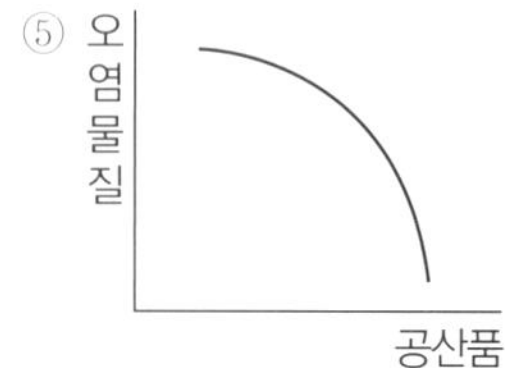

10 자본이동이 완전히 자유로운 소규모 개방경제의 $IS-LM-BP$모형에서 대체지급수단의 개발로 화폐수요가 감소할 때, 고정환율제와 변동환율제하에서 균형국민소득의 변화로 옳은 것은? (단, IS곡선은 우하향하고 LM곡선은 우상향한다고 가정한다.)

	고정환율제	변동환율제
①	증가	증가
②	불변	증가
③	불변	감소
④	감소	불변
⑤	감소	감소

16회 2015 공인회계사(2)

정답 · 해설 _해설집 p.48

제한시간 : 15분 시작 시 분 ~ 종료 시 분 점수 확인 개/ 10개

01 어느 기업이 10단위의 제품을 생산하고 있다. 이때 평균비용과 한계비용이 모두 200이라고 한다. 다음 중 이 기업의 비용함수는? (단, C는 총비용, Q는 생산량이다.)

① $C = 500 + 200Q$
② $C = 500 + 10Q^2$
③ $C = 1{,}000 + 200Q$
④ $C = 1{,}000 + 10Q^2$
⑤ $C = 1{,}500 + 5Q^2$

02 어느 마을에 폐기물 처리장이 들어설 예정이다. 주민들의 효용(u)은 일반재화 소비량(y)과 폐기물 처리장 규모(x)의 함수로서 모두 $u = y - 2x$로 동일하다. 폐기물 처리장의 최대 가능 규모는 40이다. 개별주민의 소득이 100이며 일반재화의 가격은 1이고 폐기물 처리장 규모의 한 단위당 정부가 주민 각자에게 1씩을 보조해준다고 하자. 주민들의 효용을 극대화하는 (x, y) 조합은?

① (0 , 100) ② (10, 110)
③ (10, 130) ④ (20, 150)
⑤ (40, 140)

03 두 국가 A, B가 옷과 식료품만 생산 · 소비한다고 하자. 이 두 국가는 각각 120단위의 노동력을 갖고 있으며, 노동이 유일한 생산요소로서 각 재화 1단위를 생산하는데 소요되는 노동력은 다음 표와 같다. A국에서 옷과 식료품은 완전대체재로서 옷 1단위와 식료품 1단위는 동일한 효용을 갖는다. B국에서 옷과 식료품은 완전보완재로서 각각 1단위씩 한 묶음으로 소비된다. 다음 설명 중 옳지 않은 것은? (단, 교역은 두 국가 사이에서만 가능하다.)

국가	옷	식료품
A	2	4
B	3	9

① 교역 전 A국은 옷만 생산 · 소비한다.
② 교역 전 B국은 동일한 양의 옷과 식료품을 생산 · 소비한다.
③ 교역시 A국은 교역조건에 관계없이 식료품만 생산한다.
④ 교역시 B국은 옷을 수출하고 식료품을 수입한다.
⑤ 교역 시 '식료품 1단위 = 옷 $\frac{7}{3}$단위'는 가능한 교역조건 중 하나이다.

04 어떤 경제의 소비(C), 투자(I), 정부지출(G), 순수출(NX)이 다음과 같다. 경기에 대한 불확실성 때문에 투자가 50에서 0으로 감소할 때 순수출의 변화는?

- $C = 200 + 0.8Y$
- $I = 50$
- $G = 50$
- $NX = 300 - 0.3Y$

(단, Y는 국민소득이다.)

① 15 감소
② 15 증가
③ 30 감소
④ 30 증가
⑤ 불변

05 어떤 경제에 서로 대체관계인 국채와 회사채가 있다고 하자. 회사채의 신용위험(credit risk) 증가가 국채 가격, 회사채 가격, 그리고 회사채의 위험프리미엄(risk premium)에 미치는 영향으로 옳은 것은? (단, 국채의 신용위험은 불변이고 채권투자자는 위험기피적이라고 가정한다.)

	국채 가격	회사채 가격	위험프리미엄
①	불변	불변	불변
②	하락	하락	증가
③	상승	하락	증가
④	상승	하락	감소
⑤	상승	상승	증가

06 시장구조와 균형에 관한 다음 설명 중 옳지 않은 것은? (단, 기업의 평균비용곡선은 U자형이라고 가정한다.)

① 완전경쟁시장에서 기업은 가격 수용적이다.
② 완전경쟁시장의 단기균형에서 가격은 평균비용과 같다.
③ 독점시장의 장기균형에서 가격은 한계비용보다 크다.
④ 독점적 경쟁시장의 장기균형에서 가격은 한계비용보다 크다.
⑤ 독점적 경쟁시장의 장기균형에서 초과이윤은 0이다.

07 완전경쟁시장에서 기업들의 비용구조는 동일하며 이들은 정수 단위로 제품을 생산한다. 개별기업의 장기 총비용은 $C = 10Q + Q^2$(C는 장기 총비용, Q는 생산량)이다. 장기균형에서 생산이 이루어진다면, 개별기업의 생산량은?

① 1
② 2
③ 3
④ 4
⑤ 5

08 A국은 사과와 딸기 두 재화만을 생산하며, 각 재화의 생산량과 가격은 다음 표와 같다. A국이 2013년 가격을 기준으로 실질GDP를 계산한다고 할 때, 다음 중 옳지 않은 것은?

연도	사과		딸기	
	생산량	가격	생산량	가격
2013	10	1	5	2
2014	8	2	6	1

① 2013년의 명목GDP는 20이다.
② 2013년의 실질GDP는 20이다.
③ 2014년의 명목GDP는 22이다.
④ 2014년의 GDP디플레이터 상승률은 전년대비 5%이다.
⑤ 2014년의 실질GDP 성장률은 전년대비 0%이다.

09 어떤 거시경제의 생산함수가 $Y = AN^{0.7}K^{0.3}$(Y는 실질 GDP, A는 총요소생산성, N은 노동투입량, K는 자본투입량)이다. 실질GDP성장률이 4%, 총요소생산성의 증가율이 1%, 노동투입량의 증가율이 3%인 경우 성장회계에 따른 자본투입량의 증가율은?

① 1.0%
② 1.5%
③ 2.0%
④ 2.5%
⑤ 3.0%

10 상업은행인 해피은행의 재무상태표(대차대조표)가 아래와 같다고 하자. 법정지급준비율이 10%라고 가정할 때 해피은행이 보유하고 있는 초과지급준비금을 신규로 대출하는 경우 은행제도의 신용창조를 통한 총통화량의 증가분은 최대 얼마인가?

자산		부채	
지급준비금	60	예금	200
대출	40		
국채	100		

① 100
② 200
③ 300
④ 400
⑤ 500

17회 2014 공인회계사(1)

정답 · 해설 _해설집 p.50

제한시간 : 15분 시작 시 분 ~ 종료 시 분 점수 확인 개/ 10개

01 어느 독점시장에서 수요곡선은 우하향하는 직선이다. 이 독점기업이 현재 가격을 10% 올리면, 이 기업의 총수입은 5% 증가할 것으로 예상된다. 다음 설명 중 옳은 것을 모두 고르면?

가. 현재 가격에서 수요는 가격에 대해 탄력적이다.
나. 이 기업이 이윤을 극대화하기 위해서는 가격을 인상하여야 한다.
다. 현재 이 기업이 이윤을 극대화하지 못하고 있다고 결론 내릴 수 없다.
라. 이 기업이 현재 가격을 20% 올리면, 이 기업의 총수입은 10% 증가한다.

① 가 ② 나
③ 다 ④ 가, 다
⑤ 나, 라

02 어느 소비자의 효용함수가 $u(x, y) = x + 2y$(x는 X재 소비량, y는 Y재 소비량)이다. Y재의 가격은 5천 원이다. 효용을 극대화하는 이 소비자는 30만 원을 가지고 Y재만을 소비하고 있다. 그런데 이 소비자가 어떤 회원제 마트에 회원으로 가입하면 X재를 2천 원에 구입할 수 있다. 이때 이 소비자가 회원으로 가입하기 위해 최대한 얼마를 회비로 낼 용의가 있는가?

① 0원 ② 3만 원
③ 5만 원 ④ 6만 원
⑤ 10만 원

03 기업의 생산함수가 $Y = \min\left\{\frac{L}{2}, K\right\}$ (Y는 생산량, L은 노동투입량, K는 자본투입량)이다. 노동의 단위당 임금이 100, 자본의 단위당 임대료가 50인 경우에 이 기업의 한계비용은?

① 50 ② 100
③ 150 ④ 200
⑤ 250

04 다음은 기업 A, B의 총비용곡선이다. 이에 대한 설명 중 옳은 것은?

<기업 A>

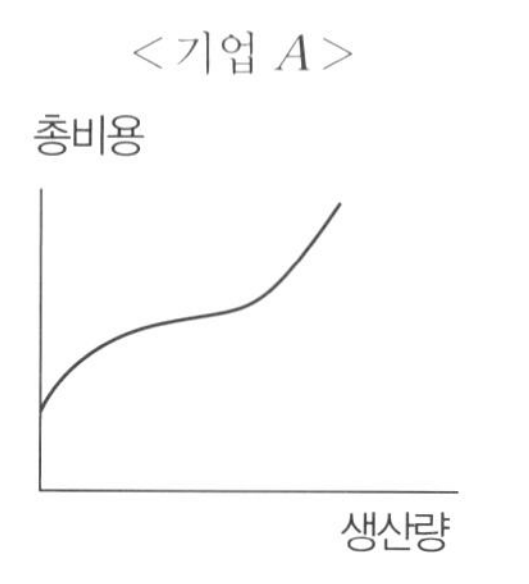

<기업 B>

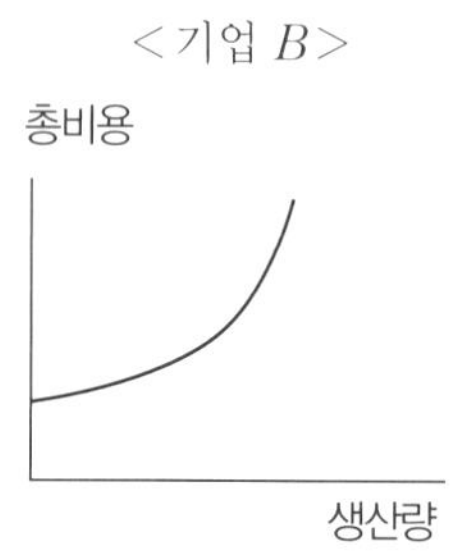

	기업 A	기업 B
①	한계비용곡선이 우상향	평균비용곡선이 U자형
②	평균비용곡선이 U자형	한계비용곡선이 우상향
③	평균비용곡선이 우상향	한계비용곡선이 U자형
④	한계비용곡선이 우상향	한계비용곡선이 우상향
⑤	평균비용곡선이 U자형	평균비용곡선이 우상향

05 기대가 부가된 필립스곡선과 관련된 다음 설명 중 가장 옳지 않은 것은?

① 중동전쟁으로 원유가격이 급등하면 필립스곡선이 이동한다.
② 오쿤의 법칙과 결합하여 총공급곡선을 도출할 수 있다.
③ 기대물가상승률이 합리적 기대에 따라 결정되면 예상된 통화정책은 실업률에 영향을 미치지 않는다.
④ 다른 조건이 같다면 필립스곡선이 가파를수록 희생률이 크다.
⑤ 1970년대 스태그플레이션(stagflation)을 설명하는데 유용하다.

06 재화나 서비스는 소비의 경합성과 배제성 여부에 따라 다음 표와 같이 구분할 수 있다. 괄호에 들어갈 예로 가장 적절한 것은?

구분	배제성	비배제성
경합성	자동차	(가)
비경합성	(나)	국방 서비스

	(가)	(나)
①	혼잡한 유료 도로	혼잡한 무료 도로
②	혼잡한 무료 도로	혼잡한 유료 도로
③	혼잡한 무료 도로	혼잡하지 않은 유료 도로
④	혼잡한 유료 도로	혼잡하지 않은 유료 도로
⑤	혼잡하지 않은 유료 도로	혼잡한 무료 도로

07 중고차 시장에 두 가지 유형(고품질과 저품질)의 중고차가 있고, 전체 중고차 중 고품질 중고차가 차지하는 비율은 p이다. 고품질 중고차 소유자들은 최소 1,000만 원을 받아야 판매할 의향이 있고, 저품질 중고차 소유자들은 최소 600만 원을 받아야 판매할 의향이 있다. 소비자들은 고품질 중고차를 최대 1,400만 원에, 저품질 중고차는 최대 800만 원에 구매할 의사가 있다. 중고차 유형은 소유자들만 알고 있으며 소비자들은 위험 중립적이다. 다음 설명 중 옳은 것은?

① $p=0.2$일 때, 모든 균형에서 저품질 중고차만 거래된다.
② $p=0.2$일 때, 모든 균형에서 고품질 중고차만 거래된다.
③ $p=0.5$일 때, 모든 균형에서 저품질 중고차만 거래된다.
④ $p=0.5$일 때, 모든 균형에서 고품질 중고차만 거래된다.
⑤ p에 관계없이, 모든 균형에서 항상 두 유형의 중고차가 거래된다.

08 어떤 소비자가 1기에 얻은 소득(Y)을 1기와 2기의 소비로 배분하여 효용을 극대화하고자 한다. 이 소비자의 예산제약식은 $C_1+\frac{C_2}{(1+r)}=Y$(C_1, C_2는 각각 1기와 2기의 소비량, r은 실질이자율)이고, 효용함수는 $U(C_1, C_2)=C_1 C_2$라고 하자. 1기의 한계소비성향은?

① $\frac{1}{2(1+r)}$
② $\frac{1}{2}$
③ $\frac{(1+r)}{2}$
④ 1
⑤ $\frac{1}{1+r}$

09 총생산함수가 $Y = AN^{0.7}K^{0.3}$(Y, A, N, K는 각각 실질GDP, 총요소생산성, 노동투입량, 자본투입량)인 국가의 경제성장률은 4%, 노동증가율은 3%, 자본증가율은 2%이다. 이 국가의 경제성장요인을 성장기여도가 높은 순서로 나열한 것은?

① 자본 > 노동 > 총요소생산성
② 노동 > 자본 > 총요소생산성
③ 자본 > 총요소생산성 > 노동
④ 노동 > 총요소생산성 > 자본
⑤ 총요소생산성 > 자본 > 노동

10 실업자가 일자리를 구할 확률은 0.8이며, 취업자가 일자리를 잃을 확률은 0.2라고 하자. 실업률이 변하지 않는 장기 균형상태에서의 실업률은? (단, 경제활동참가율은 100%이고 생산가능인구는 일정하다고 가정한다.)

① 5%
② 10%
③ 15%
④ 20%
⑤ 25%

정답 · 해설 _해설집 p.52

18회 2014 공인회계사(2)

제한시간 : 15분 시작 시 분 ~ 종료 시 분 점수 확인 개/ 10개

01 다음은 어떤 독점기업의 생산량, 한계비용, 한계수입을 나타내는 표이다. 이 기업의 이윤을 극대화하는 생산량은? (단, 고정비용은 없다고 가정한다.)

생산량	1	2	3	4	5
한계비용	200	100	160	200	250
한계수입	200	180	160	140	120

① 1
② 2
③ 3
④ 4
⑤ 5

02 독점적 경쟁시장에 대한 다음 설명 중 옳은 것을 모두 고르면?

가. 단기 균형에서 가격이 한계비용과 같다.
나. 단기 균형에서 가격이 한계비용보다 높다.
다. 장기 균형에서 초과이윤이 발생한다.
라. 장기 균형에서 초과이윤이 발생하지 않는다.
마. 장기 균형에서 가격이 평균비용보다 높다.

① 가, 다
② 가, 라
③ 나, 라
④ 나, 다, 마
⑤ 나, 라, 마

03 A국 밀 시장의 국내 수요곡선(D)과 국내 공급곡선(S)이 다음 그림과 같다. 밀의 국제시장가격은 단위당 50이고 A국의 국제 밀 시장 참여 여부에 영향을 받지 않는다고 하자. 다음 설명 중 가장 옳지 않은 것은?

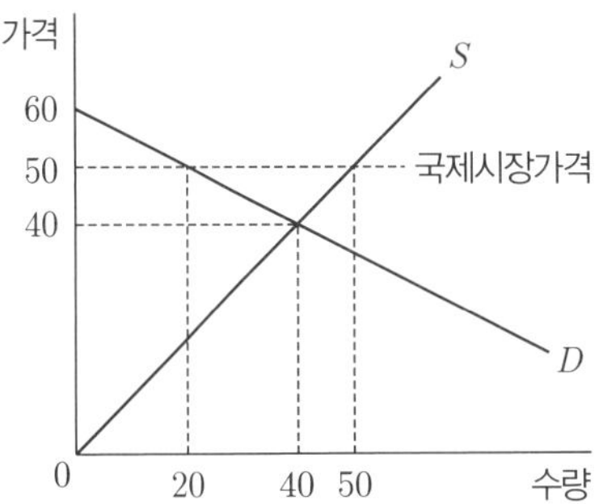

① 밀의 수출입이 금지되면 A국의 밀 생산량은 40이다.
② 밀의 자유무역이 허용되면 A국은 밀을 10단위 수출한다.
③ 밀의 자유무역이 허용되면 A국의 국내 밀 가격은 상승한다.
④ 밀의 자유무역이 허용되면 A국의 국내 소비자잉여는 감소한다.
⑤ 밀의 자유무역이 허용되면 A국의 총잉여(소비자 잉여와 생산자 잉여의 합)는 150만큼 증가한다.

04 총수요(AD)와 총공급(AS)이 다음과 같다.

> • 총수요함수: $P = a - bY$
> • 총공급함수: $P = P_{-1} + d(Y - \overline{Y})$
> (단, P는 물가수준, P_{-1}은 전기의 물가수준, Y는 산출량, $\overline{Y}$는 잠재산출량, a, b, d는 모두 양의 상수이다.)

이 경제의 현재 균형점은 A이다. 정부나 중앙은행이 어떠한 정책대응도 하지 않는다고 가정할 때, 경제의 변화 방향으로 옳은 것은?

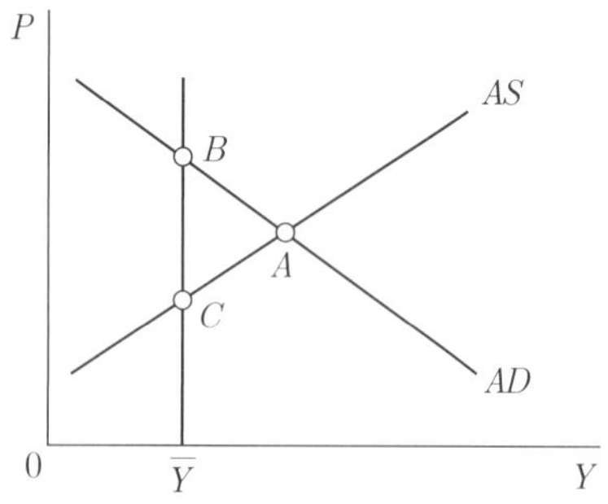

① 여러 기 후에 B점에 도달
② 여러 기 후에 C점에 도달
③ 다음 기에 B점에 도달
④ 다음 기에 C점에 도달
⑤ A점에 계속 머물러 있음

05 명목이자율을 상승시킬 수 있는 요인을 모두 고르면?

> 가. 기대인플레이션율 상승
> 나. 투자의 한계효율 하락
> 다. 시간선호율 상승
> 라. 국채발행 증가

① 가, 라
② 나, 다
③ 가, 다, 라
④ 나, 다, 라
⑤ 가, 나, 다, 라

06 폐쇄경제의 소비(C), 투자(I), 정부지출(G), 조세수입(T)이 다음과 같다.

> • $C = 200 + 0.5(Y - T)$
> • $I = 100$
> • $G = 100$
> • $T = 100$
> (단, Y는 국민소득이다.)

국민소득은 $Y = C + I + G$로 결정된다. 정부가 조세수입을 200으로 늘릴 때 정부저축, 민간저축, 국민저축의 변화에 대한 설명 중 옳은 것은?

	정부저축	민간저축	국민저축
①	증가	감소	불변
②	감소	감소	감소
③	감소	증가	불변
④	증가	불변	증가
⑤	감소	불변	감소

07 자국통화로 표시한 외국통화 1단위의 가치인 명목환율이 7% 올랐고, 자국과 외국의 물가상승률은 각각 2%와 7%였다고 하자. 실질환율을 외국의 재화·서비스 1단위와 교환 가능한 자국의 재화·서비스의 양으로 정의할 때, 실질환율의 변화와 그에 따른 자국 수출량의 변화로 옳은 것은?

	실질환율	수출량
①	2% 하락	증가
②	2% 상승	증가
③	12% 하락	감소
④	12% 상승	증가
⑤	불변	불변

08 솔로우(Solow) 성장모형에서 경제가 균제상태(steady state)에 있었다. 그런데 외국인 노동자의 유입에 대한 규제가 완화되어 인구증가율이 높아졌다고 하자. 초기 균제상태와 비교할 때 새로운 균제상태에 대한 설명 중 가장 옳지 않은 것은? (단, 기술 변화는 없다고 가정한다.)

① 1인당 소득증가율의 하락
② 1인당 소득수준의 하락
③ 총소득증가율의 상승
④ 1인당 자본의 감소
⑤ 자본 한계생산성의 증가

09 *IS*－*LM*모형에서 확장적인 재정정책이 소득에 미치는 효과에 대한 설명 중 옳은 것만을 모두 고르면?

가. 화폐수요의 이자율탄력성이 높을수록 소득증가 효과가 커진다.
나. 소득세율이 높을수록 소득증가 효과가 커진다.
다. 한계소비성향이 높을수록 소득증가 효과가 커진다.
라. 민간투자의 이자율탄력성이 높을수록 소득증가 효과가 커진다.

① 가, 나
② 가, 다
③ 가, 다, 라
④ 나, 다, 라
⑤ 가, 나, 다, 라

10 다음 중 내생적 성장이론의 주장이 아닌 것은?

① 저축률의 상승이 성장률을 장기적으로 높일 수 있다.
② 지식의 축적이 성장에 중요한 역할을 한다.
③ 자본의 한계생산이 체감하지 않으므로 국가 간 소득수준의 수렴(convergence)이 빠르게 발생한다.
④ 연구보조금 정책이 성장을 촉진할 수 있다.
⑤ 연구부문의 고용비율이 높아지면 성장률이 장기적으로 높아질 수 있다.

19회 2013 공인회계사(1)

정답 · 해설 _해설집 p.54

제한시간 : 15분 시작 　 시 　 분 ~ 종료 　 시 　 분 점수 확인 　 개/ 10개

01 소득 300만 원으로 두 재화 X, Y재를 소비하는 어떤 소비자의 효용함수가 $u(X, Y) = X^a Y^b$라 하자(a, $b > 0$). 이 소비자가 효용극대 상황에서 소득 중 200만 원을 X재에 지출한다고 할 때, 다음 중 a와 b의 관계로 가능한 것을 모두 고르면?

(가) $\frac{b}{a} = 0.5$	(나) $\frac{b}{a} = 2$
(다) $a + b = 3$	(라) $a + b = 4$

① (가)
② (가), (다)
③ (나), (라)
④ (가), (다), (라)
⑤ (나), (다), (라)

02 단기 생산함수가 $f(L) = 100L - L^2$인 어떤 완전경쟁기업이 현재의 생산수준에서 노동(L) 35단위를 고용하고 있다. 노동시장은 완전경쟁적이며 노동 한 단위당 임금은 300이다. 현재 상황에서 이 기업이 이윤을 극대화하고 있다면 생산물 가격은 얼마인가?

① 1
② 5
③ 10
④ 15
⑤ 20

03 숙련노동(L_1)과 비숙련노동(L_2)만을 생산요소로 사용하는 어떤 기업의 생산함수가 $q = \min\{3L_1, 2L_2\}$라고 할 때, 다음 설명 중 옳은 것은?

① 숙련노동의 한계생산은 항상 0보다 크다.
② 숙련노동과 비숙련노동은 대체성이 강한 생산요소이다.
③ 장기 평균비용곡선은 수평선이다.
④ 비숙련노동에 대한 임금이 상승하면 숙련노동에 대한 고용이 증가한다.
⑤ 생산기술은 '규모에 대한 수익체증'을 나타낸다.

04 모든 다른 조건이 일정할 때, 다음 중 국내통화 가치를 상승시키는 것은?

① 국내기업이 해외에 생산 공장을 설립한다.
② 외국인들이 국내주식을 매각한다.
③ 수입자동차에 대한 관세가 인하된다.
④ 금융통화위원회가 기준금리인상을 단행한다.
⑤ 정부가 외국산 전투기를 대규모로 구매한다.

05 대국(large country)경제의 정부가, 수입하고 있던 한 재화에 대하여 단위당 t만큼의 관세를 부과하여 국제시장가격이 관세부과 이전의 P^W에서 P^{W^*}로 하락하였을 경우, 대국경제의 변화에 대한 다음 설명 중 옳은 것을 모두 고르면? (단, 국내기업의 수는 많아서 전략적으로 행동하지 않는다고 가정한다.)

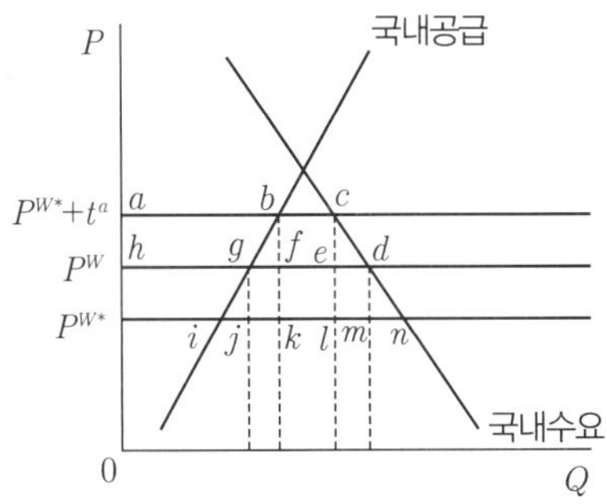

> (가) 소비자잉여는 사각형 $acdh$의 면적만큼 감소한다.
> (나) 생산자잉여는 사각형 $abgh$의 면적만큼 증가한다.
> (다) 정부의 관세수입은 사각형 $bcef$의 면적과 같다.
> (라) 경제적 순손실은 삼각형 bfg와 삼각형 cde의 면적의 합에서 사각형 $bclk$의 면적을 뺀 것이다.

① (가), (나) ② (나), (다)
③ (나), (라) ④ (가), (나), (라)
⑤ (가), (다), (라)

06 시장수요곡선이 우하향하고 시장공급곡선이 우상향하는 시장에서 정부가 생산자에게 단위당 10원의 생산보조금을 지급하기로 했다. 이 정책의 경제적 효과로 옳은 것을 모두 고르면?

> (가) 생산자잉여와 소비자잉여 모두 증가한다.
> (나) 경제적 편익이 증가한다.
> (다) 균형 소비자가격은 정책시행 전에 비해 10원만큼 하락한다.
> (라) 정부가 생산보조금 대신 소비자에게 단위당 10원의 소비보조금을 지급하더라도, 균형생산량은 위의 생산보조금 지급시와 동일하다.

① (가), (나)
② (가), (라)
③ (나), (라)
④ (가), (나), (라)
⑤ (가), (다), (라)

07 아래의 전략형 게임을 고려하자. 경기자 i가 선택할 수 있는 행동은 A_i 또는 B_i이다($i=1, 2$). 각 셀에서 앞의 숫자는 경기자 1, 뒤의 숫자는 경기자 2의 보수이다. 다음 조건 중 이 게임이 강우월전략균형을 가지며 균형보수가 파레토 열등한 게임이 되게 하는 것은?

구분	A_2	B_2
A_1	a, b	c, d
B_1	e, f	g, h

① $c<a<e<g$, $f<b<d<h$
② $e<a<g<c$, $f<h<d<b$
③ $e<a<c<g$, $f<h<b<d$
④ $c<g<a<e$, $f<h<b<d$
⑤ 위의 어느 것도 적합하지 않다.

08 어떤 경제의 국내총생산이 잠재 실질GDP 수준에 있을 때 민간의 예상과 달리 정부가 확장적 재정정책을 수행한다고 하자. 아래 총수요-총공급 모형에서 장·단기 균형점의 이동경로를 옳게 나타낸 것은? (단, $SRAS$는 단기 총공급곡선, $LRAS$는 장기 총공급곡선, AD는 총수요곡선이다.)

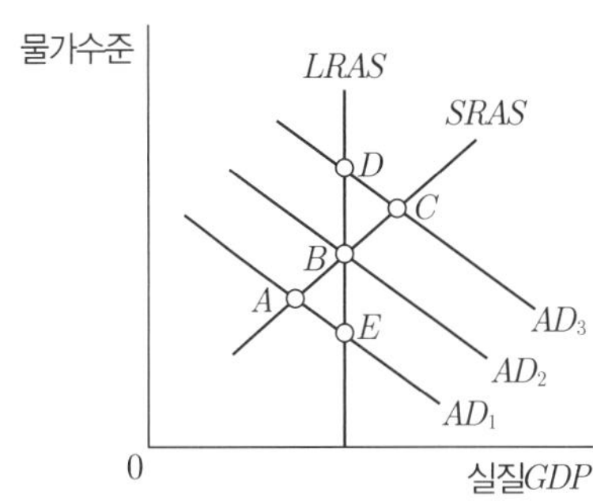

① $B \rightarrow C \rightarrow D$
② $B \rightarrow A \rightarrow E$
③ $D \rightarrow C \rightarrow B$
④ $E \rightarrow A \rightarrow B$
⑤ $E \rightarrow B \rightarrow D$

09 아래 그림에서 어떤 경제가 점 B에 있다고 하자. 다음 설명 중 옳은 것은?

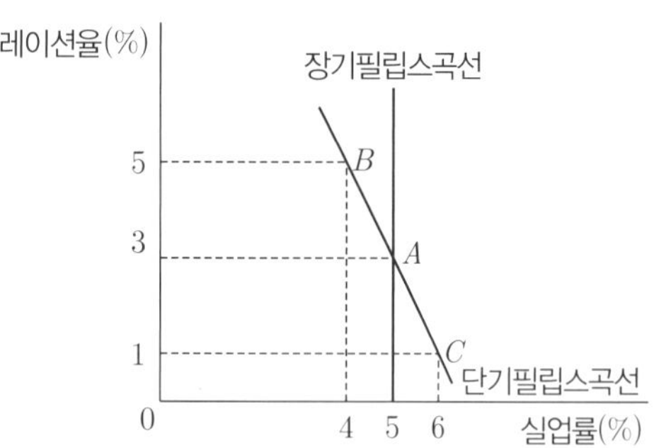

① 기대인플레이션율과 실제인플레이션율이 같다.
② 이 경제에서는 잠재 실질GDP가 달성되고 있다.
③ 기대인플레이션율은 3%이다.
④ 기대인플레이션율의 하락은 $B \rightarrow A$로의 이동을 가져온다.
⑤ 자연실업률은 4%이다.

10 자본이동이 완전히 자유롭고 변동환율제도를 채택한 소규모 개방경제의 $IS-LM-BP$모형을 고려할 때 다음 중 국민소득을 증가시키는 것은? (단, IS곡선은 우하향하고 LM곡선은 우상향한다.)

① 직불카드 도입에 따른 화폐수요의 감소
② 통화공급의 감소
③ 한계소득세율의 증가
④ 정부 이전지출의 증가
⑤ 국채의 공개시장 매각과 순수출의 증가

정답 · 해설 _해설집 p.57

20회 2013 공인회계사(2)

제한시간 : 15분 시작 시 분 ~ 종료 시 분 점수 확인 개/ 10개

01 우하향하는 직선으로 나타낼 수 있는 어떤 시장의 수요 $Q=Q(P)$를 고려하자.

수요의 가격탄력성을 $\epsilon=-\frac{P}{Q}\frac{dQ}{dP}$로 정의하자. 가격이 100에서 98로 하락할 때 탄력성을 e_1이라 하고 가격이 80에서 78로 하락할 때의 탄력성을 e_2라 하자. 다음 중 옳은 것을 모두 고르면? (단, $Q(100)>0$이다.)

(가) $\epsilon_1=\epsilon_2$
(나) $\epsilon_1>\epsilon_2$
(다) $\epsilon_1<\epsilon_2$
(라) 주어진 정보로는 수요의 가격탄력성을 구체적인 수치로 구할 수 없다.

① (가)
② (라)
③ (가), (라)
④ (나), (라)
⑤ (다), (라)

02 노동과 자본을 생산요소로 사용하고 있는 어떤 완전경쟁기업의 생산함수는 $q=\sqrt{LK}$이다. 자본투입량이 일정 수준으로 고정되어 있을 때, 주어진 요소가격하에서 이 기업의 단기 비용함수는 $C^S(q)=\frac{q^2}{4}+16$이다. 이 기업의 단기 의사결정에 관한 다음 설명 중 옳은 것은? (단, q는 생산량, L은 노동투입량, K는 자본투입량이다.)

① 생산물의 시장가격이 5인 경우, 이 기업은 0의 이윤을 얻는다.
② 생산량이 일정 수준 이하이면, 동일한 생산량에 대하여 이 기업의 단기 평균가변비용은 단기 한계비용보다 높다.
③ 노동의 단위당 가격이 상승하더라도 생산물의 시장가격이 변하지 않으면, 이 기업의 단기 생산량은 변하지 않는다.
④ 생산물의 시장가격이 0을 초과하는 한, 이 기업은 생산을 중단하지 않는다.
⑤ 이 기업의 단기공급곡선은 단기한계비용곡선과 동일하지 않다.

03 소비자가 하루 24시간을 여가(l)와 노동($L=24-l$)에 배분하는 경우를 상정하자. 소비자의 소득은 노동을 통해 얻는 노동소득뿐이라고 하자. 노동소득은 모두 식료품 구입에 충당된다. 여가(l)와 식료품(f)에 대한 소비자의 효용함수는 $u(l,f)=l^2f$로 주어진다. 이 소비자의 노동공급에 대한 설명으로 옳은 것은?

① 시간당 임금이 상승하면 여가시간은 감소하고 노동시간이 증가한다.
② 시간당 임금이 상승하면 노동시간이 증가하지만, 일정수준을 초과하면 임금상승의 소득효과로 인해 노동시간이 감소한다.
③ 식료품 가격이 상승하면 노동소득을 늘리기 위해 노동시간은 증가하고 식료품 소비는 감소한다.
④ 노동소득에 대하여 일정률로 근로소득세를 부과하면 노동시간이 증가한다.
⑤ 8시간을 초과하는 노동시간에 대해서 매 시간당 현행 시간당 임금의 50%에 해당하는 초과수당을 추가로 지급하면, 노동시간이 증가한다.

04 실업률이 10%이고 경제활동참가율이 50%라면 고용률 $\left(=\frac{\text{취업자 노당자}}{\text{노동가능인구}}\right)$은 얼마인가?

① 40%
② 45%
③ 50%
④ 55%
⑤ 60%

05 거시경제 자료의 측정에 대한 설명 중 옳지 않은 것은?

① 과거에 비해 더 많은 사람들이 와인을 마시고 와인의 가격도 상승하였을 경우 소비자물가지수는 물가상승을 과대평가한다.
② 커피 가격이 과거에 비해 상승함에 따라 차로 대체하는 사람이 늘었을 경우 소비자물가지수는 물가상승을 과대평가한다.
③ *GDP*는 한 국가에서 생산된 재화와 서비스의 가치를 측정해 주지만, 그 국가의 후생수준에 대한 정확한 척도로는 한계가 있다.
④ 실업률 통계는 실망실업자를 포함하지 않기 때문에 실업률 수준을 과소평가하는 경향이 있다.
⑤ 수입품을 대체할 국산품이 별로 없는 국가에서 *GDP* deflator는 일반 국민의 생계비 척도로서 부적절하다.

06 가격효과에 대한 다음 설명 중 옳은 것을 모두 고르면?

(가) 열등재의 경우 가격이 상승하면 보통수요가 보상수요보다 더 많이 감소한다.
(나) 소비자의 선호가 단조성과 강볼록성을 만족하면 보상수요곡선은 항상 우하향한다.
(다) 두 재화를 소비하는 소비자의 효용함수가 $u(x_1, x_2) = \min\{x_1, x_2\}$로 주어지는 경우, 한 재화의 가격 변화시 두 재화 모두 소득효과는 0이고 대체효과만 발생한다.
(라) 미래소득이 0인 소비자가 현재소득을 현재소비와 미래소비에 배분하여 효용을 얻는 저축결정모형에서 현재소비가 열등재라면 이자율이 상승할 경우 저축은 반드시 증가한다.

① (가), (나)
② (나), (다)
③ (나), (라)
④ (다), (라)
⑤ (가), (다)

07 한 나라의 경제에서 가처분소득에 대한 한계소비성향이 0.8이고 소득세는 세율이 25%인 비례세로 징수되고 있다. 또한 소득이 증가할 때, 소득증가분의 10%는 수입재에 지출되며 투자의 경우 소득증가분의 10%가 증가한다고 한다. 정부지출과 수출은 외생적으로 주어진다. 이 경제에서 수출 1단위가 외생적으로 증가할 때 국민소득은 얼마나 증가하는가?

① $\frac{1}{3}$단위
② 1단위
③ 2.5단위
④ 5단위
⑤ 8단위

08 한 나라의 생산함수가 $Y = A\sqrt{KL}$이다. 여기서 Y는 총생산, A는 기술, K는 자본, L은 노동이다. 근로자 1인당 소득증가율은 3%이고 근로자 1인당 자본증가율은 2%이다. 이때 성장회계에 따르면 기술증가율은 얼마인가?

① 1%
② 1.5%
③ 2%
④ 2.5%
⑤ 5%

09 경기안정화 정책과 관련된 다음 설명 중 옳지 않은 것은?

① 자동안정화 장치는 주로 재정정책과 관련된 제도적 장치이다.
② 자동안정화 장치는 정책의 내부시차와 외부시차 중에서 외부시차를 줄이기 위해 만들어진 장치이다.
③ 루카스 비판은 과거의 자료를 이용하여 추정된 계량모형을 가지고 새로운 정책의 효과를 예측하면 오류가 발생한다는 것이다.
④ 경기예측력이 제고된다면 재량적 정책의 정당성이 강화된다.
⑤ 동태적 비일관성(time inconsistency)의 문제가 존재한다면 재량적 정책보다는 준칙이 효과적인 방법이다.

10 대부자금의 공급이 실질이자율의 증가함수이고 대부자금의 수요는 실질이자율의 감소함수인 대부자금시장모형에서 정부가 조세삭감을 시행했을 때 소비자들이 조세삭감만큼 저축을 늘리는 경우 다음 중 옳은 것은? (단, 정부지출은 일정 수준으로 주어져 있다고 가정한다.)

① 자금수요가 증가하고 균형이자율이 상승한다.
② 자금수요가 감소하고 균형이자율이 하락한다.
③ 자금공급이 증가하고 균형이자율은 하락한다.
④ 균형이자율은 변하지 않는다.
⑤ 자금공급이 감소하고 균형이자율은 상승한다.

정답·해설 _해설집 p.60

21회 2012 공인회계사(1)

제한시간 : 15분 시작 시 분 ~ 종료 시 분 점수 확인 개/ 10개

01 길동이는 옥수수 한 개에서 얻는 한계효용이 감자 두 개에서 얻는 한계효용과 같다고 한다. 감자로 표시한 옥수수의 한계대체율은 얼마인가?

① $\frac{1}{4}$　② $\frac{1}{2}$
③ 1　④ 2
⑤ 4

02 완전경쟁시장에서 어떤 기업의 한계비용함수가 다음 표로 표시된다. 시장가격이 5일 때 이 기업의 이윤을 극대화하는 생산량은?

생산량	1	2	3	4	5	6
한계비용	6	5	4	3	4	6

① 2　② 3
③ 4　④ 5
⑤ 6

03 지원이는 고정된 소득으로 X재와 Y재만을 소비한다고 가정하자. Y재의 가격은 일정한데 X재의 가격이 하락함에 따라 소비균형점이 E_0에서 E_1으로 이동하였다. 이로부터 알 수 있는 것은?

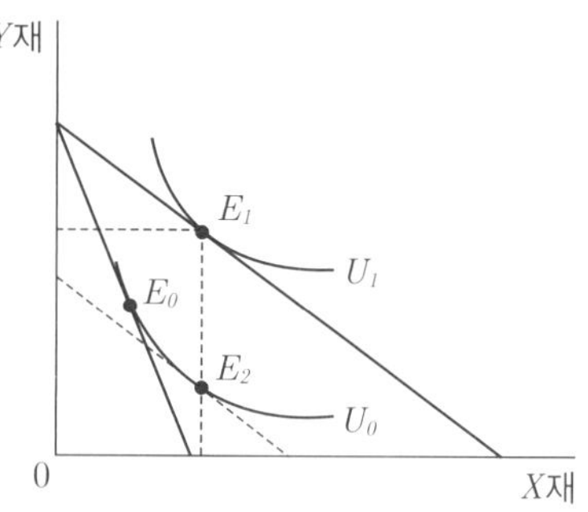

① X재는 열등재인 동시에 기펜(Giffen)재이다.
② X재의 보상수요곡선은 보통수요곡선보다 가파르다.
③ X재의 엥겔곡선은 우상향한다.
④ X재의 수요는 가격에 대해 비탄력적이다.
⑤ X재에 대한 대체효과와 소득효과는 반대방향으로 작용한다.

04 영수는 지금 소득 210을 가지고 있다. 그는 이 돈으로 한 재화를 현재와 미래에 소비하여 효용을 얻는다. 현재의 재화 소비량을 x_0, 미래의 소비량을 x_1이라 하자. 영수의 효용함수는 $U(x_0, x_1) = x_0x_1$이다. 재화의 가격이 1이고 이자율은 r이라 하면 영수의 예산제약식은 $x_0 + \frac{1}{(1+r)}x_1 = 210$이다. 영수의 효용극대화와 관련된 설명 중 옳지 않은 것은?

① 현재의 소비량 $x_0 = \frac{210}{(2+r)}$이다.
② 이자율이 5%일 때 현재의 저축은 105이다.
③ 이자율이 10%일 때 현재의 저축은 105이다.
④ 영수의 미래소비로 표시한 현재소비의 한계대체율은 $\frac{x_1}{x_0}$이다.
⑤ x_0를 가로축에 x_1을 세로축에 표시하는 좌표상에서 예산선의 기울기는 $-(1+r)$이다.

05 다음의 효용함수에 대한 설명으로 옳은 것은?

$$U = x^{0.5} + y^{0.5}$$

가. 무차별곡선은 원점에 대하여 볼록하다.
나. 두 재화의 수요는 대체관계에 있다.
다. 각 재화는 정상재이며 소득탄력성이 1보다 큰 사치재이다.
라. X의 가격 변화에 대한 가격소비곡선(PCC)은 우하향하는 직선이다.
마. 소득소비곡선(ICC)은 원점을 지나는 직선이다.

① 가, 나, 다
② 나, 라, 마
③ 가, 나, 마
④ 가, 라, 마
⑤ 나, 다, 라, 마

06 산업 내 무역과 산업 간 무역에 대한 설명 중 옳지 않은 것은?

① 국가 간 노동생산성의 차이는 산업 간 무역을 발생시킨다.
② 국가 간 생산요소 부존도의 차이는 산업 간 무역을 발생시킨다.
③ 제품의 차별화와 규모의 경제는 산업 내 무역을 발생시킨다.
④ 산업 간 무역과 달리 산업 내 무역은 무역의 이익을 발생시키지 않는다.
⑤ 산업 내 무역은 선진국과 후진국 간 무역보다는 선진국 간 무역에서 주로 나타난다.

07 휘발유 가격이 리터당 1,800원에서 2,000원으로 오르면 휘발유 판매액이 단기적으로는 늘어나지만 장기적으로는 변화가 없다고 한다. 휘발유 수요의 단기 및 장기 가격 탄력성은?

① 단기 탄력성 <1, 장기 탄력성 $=0$
② 단기 탄력성 <1, 장기 탄력성 $=1$
③ 단기 탄력성 $=1$, 장기 탄력성 $=0$
④ 단기 탄력성 >1, 장기 탄력성 $=1$
⑤ 단기 탄력성 >1, 장기 탄력성 $=0$

08 소비가 소득만의 함수이고 투자는 이자율만의 함수이며, 화폐수요가 이자율과 소득의 함수인 단순한 $IS-LM$모형을 상정하자. 이 모형에서 통화량 확대정책이 국민소득에 미치는 효과가 커지도록 하는 요인들을 모두 고른 것은?

가. 한계소비성향이 커졌다.
나. 투자의 이자율에 대한 탄력성이 커졌다.
다. 화폐수요의 이자율에 대한 탄력성이 커졌다.
라. 화폐수요의 소득에 대한 탄력성이 작아졌다.

① 가, 나
② 나, 다
③ 가, 나, 라
④ 나, 다, 라
⑤ 가, 나, 다, 라

09 $Q(K, L) = \sqrt{3KL}$로 표시되는 어떤 재화의 생산함수를 가정하자. 요소가격이 일정할 때 이 생산함수에 대한 설명으로 옳지 않은 것은? (단, Q는 생산량, K는 자본투입량, L은 노동투입량이다.)

① 수확체감의 법칙(law of diminishing returns)이 성립한다.
② 규모수익체감(decreasing returns to scale) 현상이 발생한다.
③ 확장경로(expansion path)는 방사선 형태의 직선으로 나타난다.
④ 이 생산함수의 단기 한계비용(SMC)곡선은 우상향한다.
⑤ 한계기술대체율체감의 법칙(law of diminishing MRTS)이 적용된다.

10 아래 왼쪽 그림은 X재와 Y재의 생산에 대한 에지워드 상자를 나타내고 있다. 그리고 오른쪽 그림은 에지워드 상자 내의 A~E점을 재화평면상의 F~J점으로 1:1 대응시킨 것이다. 다음 보기 중 바르게 옮긴 것은 모두 몇 개인가?

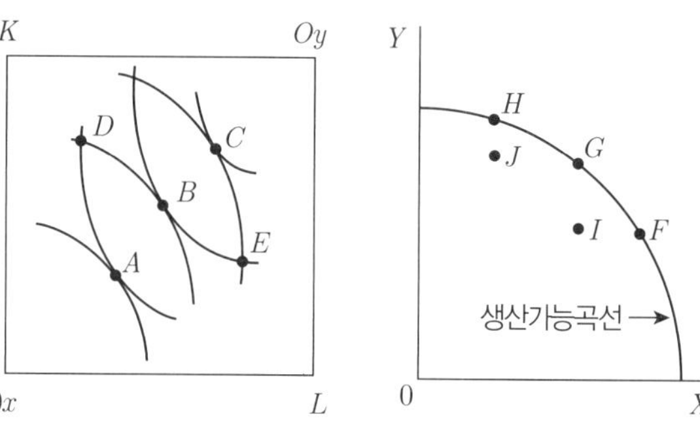

① $A \to F$
② $B \to G$
③ $C \to H$
④ $D \to I$
⑤ $E \to J$

정답 · 해설 _해설집 p.63

22 2012 공인회계사(2)

제한시간 : 15분 시작 시 분 ~ 종료 시 분 점수 확인 개/ 10개

01 두 기업 A전자와 B전자가 반도체 시장을 장악하고 있다. 경기불황으로 반도체 수요가 줄어들고 있는 상황에서 각 기업은 반도체를 증산하든지 감산하든지 양자택일해야 한다. 두 기업 모두 증산하면 반도체 가격이 폭락하여 두 기업 모두 파산한다. 한 기업은 증산하고 다른 기업은 감산하면 증산하는 기업은 시장점유율 확대로 이득을 보게 되고 감산하는 기업은 시장점유율 축소로 손해를 보게 된다. 두 기업 모두 감산하면 현상유지를 하게 되어 두 기업 모두 손실이나 이득을 보지 않는다. 이러한 게임 상황에서 내쉬균형을 모은 것으로 옳은 것은?

	A사	B사
가.	증산	증산
나.	증산	감신
다.	감산	증산
라.	감산	감산

① 가, 다　② 가, 라
③ 나, 다　④ 나, 라
⑤ 가, 다, 라

02 어떤 독점기업의 비용함수와 국내수요함수가 $TC = Q2$, $D = 11{,}500 - P$이다. 이 기업이 수출할 것을 검토하고 있는데 이 기업은 외국시장에서도 독점적이고 외국의 수요함수는 $D^* = 5{,}000 - P^*$이다(단, Q는 생산량, P는 가격, D는 수요량이고, 변수에 위 첨자*가 붙여진 것은 외국변수를 나타낸다). 이 독점기업의 이윤극대화 행위에 대한 설명 중 옳은 것은?

① 이 기업은 외국에 수출하지 않는다.
② 이 기업은 외국에 250단위 수출하고 국내시장에 3,000단위 판매한다.
③ 국내시장의 가격탄력성이 외국시장보다 크게 나타난다.
④ 외국시장에서의 수요가 작으므로 외국시장에서의 가격은 국내시장보다 작다.
⑤ 국내시장과 외국시장의 크기의 비율만큼 생산량을 나누어 판매한다.

03 어떤 완전경쟁기업의 생산량 중 일부는 불량품이다. 불량품은 생산 이후에 식별이 가능하고, 판매가 불가능하다. 이 기업의 불량률$\left(= \dfrac{\text{불량품수량}}{\text{생산량}}\right)$과 이윤극대화에 관한 설명 중 옳은 것은?

① 생산량이 증가함에 따라 한계비용이 증가하면, 불량률이 올라갈수록 이윤은 증가한다.
② 생산량이 증가함에 따라 한계비용이 증가하면, 불량률이 올라갈수록 이윤극대화 생산량은 감소한다.
③ 생산량이 증가함에 따라 한계비용이 증가하면, 불량률이 올라갈수록 이윤극대화 생산량은 증가한다.
④ 생산량이 증가함에 따라 한계비용이 감소하면, 불량률이 올라갈수록 이윤은 증가한다.
⑤ 불량률에 상관없이 이윤극대화 생산량은 한계비용이 시장가격과 일치하는 수준에서 결정된다.

04 비대칭정보하에서 발생하는 현상에 대한 설명 중 옳지 않은 것은?

① 역선택현상이 발생할 수 있다.
② 정보를 가진 사람은 이를 이용하여 자기의 이득을 증가시킬 수 있고, 이는 정보가 없는 사람에게 피해를 줄 수 있다.
③ 시장에서 거래가 위축되는 현상이 발생할 수 있다.
④ 정보를 많이 갖고 있는 사람은 정보를 덜 갖고 있는 사람에 비하여 항상 피해의 규모가 작다.
⑤ 사고 운전자에 대한 보험료 할증은 도덕적 해이를 완화시킬 수 있다.

05 국내에서 X재를 생산하는 우리나라 기업이 A국의 시장에 신규로 진입하려고 한다. 이 기업은 수출을 하거나, 외국 기업에 생산기술을 이전하고 로열티를 받을 수도 있으며, 또는 해외직접투자를 통하여 A국에서 생산하여 판매할 수도 있다. 이 기업의 해외진출 전략에 대한 설명 중 옳지 않은 것은?

① 다른 조건이 일정할 때, 국내 생산의 규모의 경제가 클수록 수출보다 해외직접투자가 더 유리하다.
② 다른 조건이 일정할 때, 이 기업이 생산하는 재화에 대한 A국의 수입관세가 높을수록 수출보다 해외직접투자가 더 유리하다.
③ 다른 조건이 일정할 때, 이 기업이 보유하고 있는 생산기술을 외국의 기업에게 이전할 때 발생하는 거래비용이 클수록 해외직접투자가 생산기술의 이전보다 더 유리하다.
④ 외국의 정치적 불안정성은 해외직접투자를 억제하는 요인 중 하나이다.
⑤ 외국의 저임금은 해외직접투자를 촉진하는 요인 중 하나이다.

06 노동과 자본을 사용하여 노동집약적인 X재와 자본집약적인 Y재를 생산하는 헥셔-올린(Heckscher-Ohlin) 모형을 고려해보자. 비교우위를 갖는 X재를 수출하는 국가에 국제무역이 초래하는 효과에 대한 설명 중 옳지 않은 것은?

① 자본에 대한 노동의 상대가격이 상승한다.
② X재는 더 자본집약적으로 생산된다.
③ Y재는 더 자본집약적으로 생산된다.
④ X재에 대한 Y재의 상대가격은 상승한다.
⑤ 노동자의 실질임금은 증가한다.

07 생산자물가지수(PPI), 소비자물가지수(CPI), GDP 디플레이터에 대한 설명 중 옳은 것은?

① 생산자물가지수의 산정 대상은 우리나라 GDP에 계상되는 모든 원자재다.
② 소비자물가지수의 산정 대상은 우리나라 GDP에 계상되는 모든 소비재다.
③ 생산자물가지수와 소비자물가지수는 고정된 가중치를 적용해서 구하는 파셰지수(Paasche index)의 대표적인 예다.
④ GDP디플레이터의 산정 대상은 우리나라 GDP에 계상되는 모든 재화와 서비스다.
⑤ GDP디플레이터는 변화하는 가중치를 적용해서 구하는 라스파이레스지수(Laspeyres index)의 대표적인 예다.

08 다른 조건이 일정할 때, 우리나라 총수요의 구성요소 가운데 하나인 순수출과 관련된 설명 중 옳지 않은 것은?

① 우리나라의 국민소득이 증가하면 순수출은 감소한다.
② 우리나라 물가가 다른 나라 물가보다 더 큰 폭으로 하락하면 순수출은 감소한다.
③ 원/달러 환율이 하락하면 순수출은 감소한다.
④ 우리나라 상품가격이 다른 나라 상품가격보다 비싸지면 순수출은 감소한다.
⑤ 다른 나라의 국민소득이 감소하면 순수출도 감소한다.

09 우리나라의 거시경제모형이 다음과 같을 때, 이와 관련된 설명 중 옳은 것을 모두 고르면? (단, Y, C, I, G, X, M, Y_d, T는 각각 소득, 소비, 투자, 정부지출, 수출, 수입, 가처분소득, 조세이고, 변수에 아래 첨자 0이 붙여진 것은 외생변수임을 의미한다.)

- $Y = C + I + G + (X - M)$
- $I = I_0$
- $C = C_0 + 0.7Y_d$
- $G = G_0$
- $Y_d = Y - T$
- $X = X_0$
- $T = T_0 + 0.2Y$
- $M = M_0 + 0.06Y$

가. 수입은 국민소득의 증가함수이고, 한계소비성향이 증가하면 균형국민소득도 증가한다.
나. 균형재정승수는 1이다.
다. 정부지출승수와 투자승수는 2이고, 조세승수는 －1.4이다.
라. 해외부문이 존재하지 않을 때 투자승수는 커진다.

① 가, 나, 다
② 가, 다, 라
③ 나, 다, 라
④ 가, 나, 다, 라
⑤ 나, 다

10 화폐시장의 균형을 이루는 이자율과 국민소득의 조합을 나타내는 곡선이 LM곡선이다. 최근에는 여러 나라의 금융당국이 금융정책을 집행할 때 일정한 이자율 준칙을 사용하는 것으로 알려져 있다. 이제 금융당국이 인플레이션에 비례하여 목표이자율이 설정되는 준칙을 채택하였다고 하자. 이 경우 금융시장의 균형을 나타내는 곡선은 이자율과 국민소득 좌표에서 어떤 모양을 띠게 되는가?

① 목표이자율 수준에서 수평이다.
② 일정한 국민소득 수준에서 수직이다.
③ 우하향하는 곡선이다.
④ 원점을 지나면서 우상향하는 곡선이다.
⑤ 가로축 절편이 양인 우상향하는 곡선이다.

정답·해설 _해설집 p.65

23회 2011 공인회계사(1)

제한시간 : 15분 시작 시 분 ~ 종료 시 분 점수 확인 개/ 10개

01 세 재화를 소비하는 한 소비자의 효용함수가 다음과 같이 주어져 있다.

$$u(x_1, x_2, x_3) = \min(2x_1, x_2, 3x_3)$$

이 소비자의 소득이 70, 각 재화의 가격이 $(p_1, p_2, p_3) = (1, 2, 3)$으로 주어진 경우 효용 극대화 소비량은?

① $\left(10, 20, \frac{20}{3}\right)$
② $\left(\frac{35}{3}, \frac{35}{3}, \frac{35}{3}\right)$
③ $(21, 14, 7)$
④ $\left(\frac{35}{3}, \frac{70}{3}, 35\right)$
⑤ $\left(\frac{140}{13}, \frac{70}{13}, \frac{210}{13}\right)$

02 두 소비자 1, 2에게 디지털카메라와 스마트폰을 판매하는 독점기업을 고려해 보자. 개별 소비자는 디지털카메라와 스마트폰을 각각 최대한 1대 구매한다. 두 소비자의 최대지불용의금액이 아래 표와 같을 때 다음 설명 중 옳은 것은? (단, 소비자별로 가격차별을 할 수 없으며 두 상품의 생산비용은 0이라고 가정한다.)

구분	디지털카메라	스마트폰
소비자 1	125	90
소비자 2	50	110

① 소비자잉여는 결합판매할 때보다 개별적으로 판매할 때 더 크다.
② 독점기업은 결합판매할 때보다 개별적으로 판매할 때 더 큰 이윤을 얻을 수 있다.
③ 디지털카메라와 스마트폰을 결합하여 판매하는 경우 이윤극대화를 위한 가격하에서 소비자잉여는 55이다.
④ 디지털카메라와 스마트폰을 개별적으로 판매하는 경우 독점기업이 얻을 수 있는 최대이윤은 215이다.
⑤ 디지털카메라와 스마트폰을 개별적으로 판매하는 경우 이윤을 극대화하는 가격하에서 소비자 잉여는 0이다.

03 다음 보수행렬을 갖는 용의자의 딜레마 게임에 대한 설명으로 옳지 않은 것은? (단, C와 D는 각 경기자의 전략이며, 괄호 안의 첫 번째 숫자는 경기자 1의 보수를, 두 번째 숫자는 경기자 2의 보수를 나타낸다.)

구분		경기자 2	
		C	D
경기자 1	C	$(-5, -5)$	$(-1, -10)$
	D	$(-10, -1)$	$(-2, -2)$

① 모든 경기자에게 우월전략이 존재한다.
② 유일한 내쉬균형이 존재한다.
③ 합리성이 효율성을 보장하지 않는다.
④ 게임을 반복할 경우에도 균형은 달라지지 않는다.
⑤ 암묵적 담합의 불안정성을 설명할 수 있다.

04 영화배우 A씨는 영화제작사와 새 영화에 출연하는 대가로 1,600만 원의 기본급과 영화가 성공할 경우 추가로 2,000만 원, 실패할 경우 0원을 받는 출연계약을 맺었다. 영화가 성공할 확률은 0.5라고 한다. A씨의 돈(m)에 대한 기대효용함수는 $U(m) = \sqrt{m}$이라고 한다. 만약 A씨가 동료 영화배우 B씨에게 이 출연계약을 이전할 수 있다면 최소한 얼마를 요구하겠는가?

① 2,000만 원
② 2,500만 원
③ 2,600만 원
④ $(1{,}600 + 0.5\sqrt{2{,}000})$만 원
⑤ 3,600만 원

05 A국과 B국이 교역하는 헥셔-올린(Heckscher-Ohlin)모형을 고려해 보자. 양국은 자동차와 의류를 생산하며 두 재화에 대한 동일한 상대수요곡선을 갖고 있다. 양국의 요소부존량이 다음 표와 같이 주어져 있을 때 다음 설명 중 옳지 않은 것은? (단, 자동차는 자본집약적 재화이고 의류는 노동집약적 재화이다.)

구분	A국	B국
노동	25	50
자본	30	55

① A국은 B국에 비해 자본이 상대적으로 풍부한 국가이다.
② B국은 의류생산에 비교우위를 갖는다.
③ 양국은 무역을 통하여 이익을 창출할 수 있다.
④ 무역을 하면 A국에서 노동의 자본에 대한 상대요소가격은 상승한다.
⑤ 무역을 하면 양국의 자동차의 의류에 대한 상대가격은 수렴한다.

06 시장수요함수가 $Q_D = 50 - 0.5P$이고, 시장공급함수는 $Q_S = 2P$인 재화시장이 있다. 정부가 소비촉진을 위해 소비자에게 단위당 10의 구매보조금을 지급하기로 했다. 이 보조금정책으로 인해 예상되는 시장의 자중손실(deadweight loss)은 얼마인가?

① 0
② 4
③ 20
④ 220
⑤ 440

07 아래 그림은 독점기업이 직면한 수요곡선(D), 한계수입곡선(MR), 한계비용곡선(MC) 및 평균비용곡선(AC)을 나타내고 있다. 이 그림에 대한 설명 중 옳지 않은 것은?

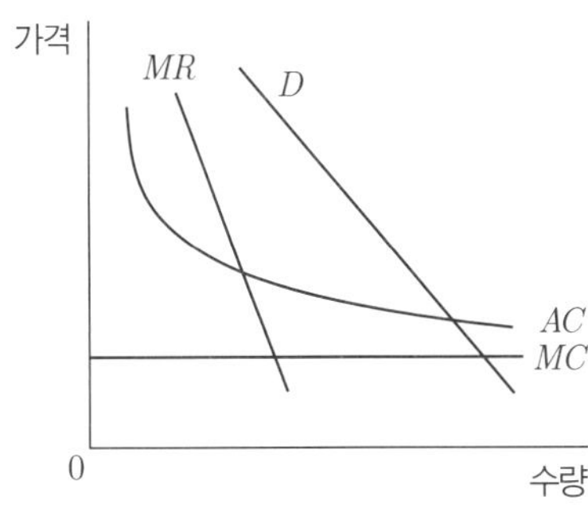

① 독점기업의 이윤을 극대화하기 위한 가격에서 자중손실이 발생한다.
② 독점기업으로 하여금 평균비용과 일치하는 가격을 책정하도록 규제를 부과하면 균형생산량은 이윤극대화를 위한 가격을 책정할 때보다 작다.
③ 한계비용과 일치하는 가격을 책정하는 경우 독점기업에게 손실이 발생한다.
④ 이윤극대화 가격을 책정하는 독점기업은 기술혁신으로 한계비용이 하락하면 생산량을 증가시킨다.
⑤ 독점기업의 생산에는 규모의 경제(economies of scale)가 작용한다.

08 시장실패에 대한 다음 설명 중 옳지 않은 것은?

① 거래비용의 크기에 관계없이 재산권이 확립되어 있으면 당사자 간 자발적인 협상을 통하여 외부효과에 따른 시장실패를 해결할 수 있다.
② 타 산업에 양(+)의 외부효과를 초래하는 재화의 경우에 수입관세를 부과하는 것보다 생산보조금을 지불하는 것이 시장실패를 교정하기 위해 더 바람직한 정책이다.
③ 공공재의 경우에 무임승차의 유인이 존재하므로 사회적으로 바람직한 수준보다 작게 생산되는 경향이 있다.
④ 기업 A와 기업 B 사이에 발생하는 양(+)의 외부효과로 인한 시장실패는 두 기업 간 합병으로 외부효과를 내부화함으로써 교정할 수 있다.
⑤ 시장실패를 교정하려는 정부의 개입으로 인하여 오히려 사회적 비효율이 초래되는 정부실패가 나타날 수 있다.

09 배추와 김치 두 재화만 생산하는 국가를 가정하자. 배추회사는 자체적으로 필요한 투입물을 모두 생산한다. 김치회사는 배추를 유일한 중간투입물로 이용하여 김치를 생산한다. 두 회사는 재화를 생산하기 위해 노동자를 고용하며, 판매된 재화의 가치에서 임금 및 중간투입물 비용을 차감한 만큼 이윤을 얻는다. 아래 표를 보고 국내총생산을 계산할 때, 다음 중 옳지 않은 것은?

구분	배추회사	김치회사
중간투입물 비용	0	150
임금	100	250
생산물 가치	150	500

① 노동소득 분배율은 60%이다.
② 배추회사가 창출한 부가가치는 150이다.
③ 김치회사가 창출한 부가가치는 350이다.
④ 배추회사와 김치회사의 이윤은 각각 50과 100이다.
⑤ 국내총생산을 지출측면에서 계산한다면, 배추에 대한 지출 150과 김치에 대한 지출 500을 합한 650이다.

10 이자율이 고정되어 있고 물가수준이 일정한 폐쇄경제를 가정하자. 총수요곡선을 가장 큰 폭으로 변화시키는 순서대로 나열한 것 중 옳은 것은?

가. 한계소비성향이 0.5이며 가계가 독립적(autonomous) 소비지출을 500억 원 증가시킨다.
나. 한계저축성향이 0.25이며 기업들이 투자지출을 200억 원 증가시킨다.
다. 한계소비성향이 0.6이며 정부가 세금을 500억 원 감소시킨다.

① 가 > 나 > 다
② 가 > 다 > 나
③ 나 > 가 > 다
④ 나 > 다 > 가
⑤ 다 > 가 > 나

정답 · 해설 _해설집 p.68

24회 2011 공인회계사(2)

제한시간 : 15분 시작 　시 　분 ~ 종료 　시 　분 점수 확인 　개/ 10개

01 수요함수가 $q=10-p$로 주어진 생산물시장에서 두 기업 1과 2가 꾸르노경쟁(Cournot competition)을 하고 있다. 기업 1의 비용함수는 $c_1(q_1)=3q_1$이고 기업 2의 비용함수는 $c_2(q_2)=2q_2$라 할 때, 다음 설명 중 옳은 것은? (단, p는 시장가격, q는 시장생산량, q_i는 기업 i의 생산량이다. $i=1, 2$)

① 균형에서 시장생산량은 5이다.
② 균형에서 기업 1의 생산량은 기업 2의 생산량의 절반이다.
③ 만약 기업 1이 독점기업이면 시장생산량은 4이다.
④ 만약 두 기업이 완전경쟁기업으로 행동한다면 시장생산량은 6이다.
⑤ 만약 두 기업이 베르뜨랑경쟁(Bertrand competition)을 한다면 기업 1이 모든 시장수요를 차지할 것이다.

02 하루 24시간 중 잠자는 8시간을 제외한 나머지 16시간을 여가(l)와 노동(L)에 사용하는 노동자가 있다 ($L=16-l$). 이 노동자는 8시간 이하의 노동에 대해서는 시간당 임금 10을 받고, 8시간을 초과하는 노동에 대해서는 추가로 시간당 α의 임금을 더 받는다. 노동수입은 모두 식료품(c) 구입에 사용되며, 이때 노동자는 $u(l, c)=lc$의 효용을 얻는다. 이 노동자가 $L=10$에서 효용을 극대화할 때 α는 얼마인가? (단, 식료품의 가격은 1이다.)

① 8 　② 8.5
③ 9 　④ 9.5
⑤ 10

03 대국(large country)이 수입재에 대하여 종량세 형태의 관세를 부과할 때 대국에 미치는 영향에 대한 설명 중 옳지 않은 것은?

① 소비자잉여는 감소한다.
② 관세부과 후 소비자가 지불하는 가격은 관세부과 이전 국제시장가격에 관세를 더한 금액과 일치한다.
③ 생산자잉여는 증가한다.
④ 대국의 사회후생은 증가할 수도, 감소할 수도 있다.
⑤ 소비자 잉여와 생산자 잉여의 합은 항상 감소한다.

04 교역조건에 관한 다음의 설명 중 옳지 않은 것은?

① 한 국가의 수출재의 가격을 수입재의 가격으로 나눈 값을 그 국가의 교역조건이라고 정의한다.
② A국이 수출하는 재화에 대한 A국의 한계소비성향이 B국의 한계소비성향보다 작은 경우, A국이 B국으로부터 원조를 받으면 A국의 교역조건은 악화된다.
③ 수입재 산업 위주의 경제성장이 일어나면 교역조건이 악화되어 경제성장 이전보다 사회후생수준이 하락할 수 있다.
④ 대국의 경우에 수입재에 대해 관세를 부과하면 교역조건이 개선되어 사회후생이 증가할 수 있다.
⑤ 소국(small country)의 경우에 수입재에 대해 관세를 부과하면 교역조건에 영향을 미치지 않으며 사회후생은 감소한다.

05 폐쇄경제의 총수요-총공급 모형을 이용하여 신용경색과 부동산가격 하락이 단기적으로 거시경제에 미치는 영향을 분석한 것 중 옳지 않은 것은? (단, 총수요곡선은 우하향하고 단기 총공급곡선은 우상향한다.)

① 소비가 감소한다.
② 물가수준이 상승한다.
③ 고용이 감소한다.
④ 기업 대출이 감소한다.
⑤ 국민소득이 감소한다.

06 국내총생산(*GDP*)과 국민총소득(*GNI*)에 대한 다음 설명 중 옳지 않은 것은?

① *GDP*가 증가해도 *GNI*는 감소할 수 있다.
② 2008년에 생산된 자동차가 2010년에 중고차 중개회사를 통해 매매되면서 지급된 중개료는 2010년 *GDP*에 포함된다.
③ 임대주택이 제공하는 주택서비스의 가치는 *GDP*에 포함되지만, 자가주택의 주택서비스 가치는 *GDP*에 포함되지 않는다.
④ 전업 주부의 경제활동참가는 *GDP* 증가를 가져올 수 있다.
⑤ *GNI*에는 감가상각된 자본재를 대체하는데 사용되는 자본재의 가치도 포함된다.

07 재정정책에 대한 다음 설명 중 옳은 것을 모두 고르면?

가. 변동환율제도를 채택하고 자본이동이 완전히 자유로운 소규모 개방경제에서 정부지출의 증가는 경상수지를 악화시킨다(단, 우하향하는 *IS*곡선과 우상향하는 *LM*곡선을 가정한다).
나. 지속적인 재정적자로 인한 미래 조세부담의 증가는 재정정책의 효과를 감소시킬 수 있다.
다. 공급측면의 경제학(supply-side economics)은 근로소득세율 인하가 노동시간의 감소를 초래한다고 주장한다.
라. 재정정책은 내부시차보다 외부시차가 더 길다.

① 가, 나　　② 나, 다
③ 다, 라　　④ 가, 나, 다
⑤ 나, 다, 라

08 아래 표에는 어느 나라의 3개 연도에 걸친 실제실업률, 자연실업률, 잠재*GDP*가 기록되어 있다. 다음 설명 중 옳지 않은 것은?

연도	실제실업률(%)	자연실업률(%)	잠재*GDP*(조원)
2000	4	3	900
2005	3	4	1,000
2010	5	4	1,100

① 2000년도에는 침체 갭(recessionary gap)이 발생하였다.
② 2005년도에는 확장 갭(expansionary gap)이 발생하였다.
③ 2010년도 실제*GDP*는 1,100조원보다 크다.
④ 2005년도에는 인플레이션 상승 압력이 발생하였다.
⑤ 2010년도의 *GDP* 갭을 없애기 위해서는 확장적 통화정책이 필요하다.

09 표는 일정 시점에 5개 국가의 빅맥(*BIG MAC*) 가격과 실제 환율을 기록한 것이다. 당시 미국에서 빅맥은 3달러에 판매되었다고 하자. 빅맥에 대해 구매력평가설이 성립한다고 가정할 때, 실제 환율이 오를 것으로 예상되는 국가를 모두 고르면?

구분	국가	빅맥 가격	실제 환율
가	일본	250엔	107엔/달러
나	인도네시아	14.6루피아	9.5루피아/달러
다	영국	1.9파운드	0.6파운드/달러
라	스위스	6.3스위스프랑	1.3스위스프랑/달러
마	캐나다	3.3캐나다달러	1.2캐나다달러/달러

① 가, 나
② 다, 라
③ 가, 나, 다
④ 나, 다, 라
⑤ 다, 라, 마

10 그림은 *IS*곡선과 *LM*곡선을 나타낸다. 각 점에 대한 설명 중 옳지 않은 것은? (단, 정부부문이 없는 폐쇄경제이다.)

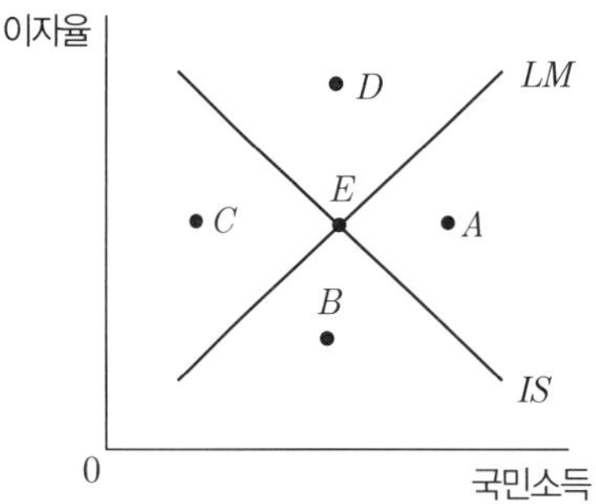

① *A*점에서는 화폐수요가 화폐공급을 초과한다.
② *B*점에서는 투자가 저축을 초과한다.
③ *C*점에서 국민소득이 변하지 않고 이자율만 상승하면 화폐의 초과공급량이 축소된다.
④ *D*점에서 이자율이 변하지 않고 국민소득만 감소하면 생산물의 초과공급량이 축소된다.
⑤ *E*점에서는 화폐시장이 균형일 뿐만 아니라 투자와 저축이 일치한다.

Part 2 감정평가사

잠깐! 하프모의고사 전 확인사항

하프모의고사도 실전처럼 문제를 푸는 연습이 필요합니다.

✓ 휴대전화는 전원을 꺼주세요.
✓ 연필과 지우개를 준비하세요.
✓ 제한시간 15분 내 최대한 많은 문제를 정확하게 풀어보세요.

매 회 하프모의고사 전, 위 사항을 점검하고 시험에 임하세요.

01회 2022 감정평가사(1)

제한시간 : 15분 시작 시 분 ~ 종료 시 분 점수 확인 개/ 10개

01 재화 X의 시장수요곡선(D)과 시장공급곡선(S)이 아래 그림과 같을 때, 균형가격(P^*)과 균형거래량(Q^*)은? (단, 시장수요곡선과 시장공급곡선은 선형이며, 시장공급곡선은 수평이다.)

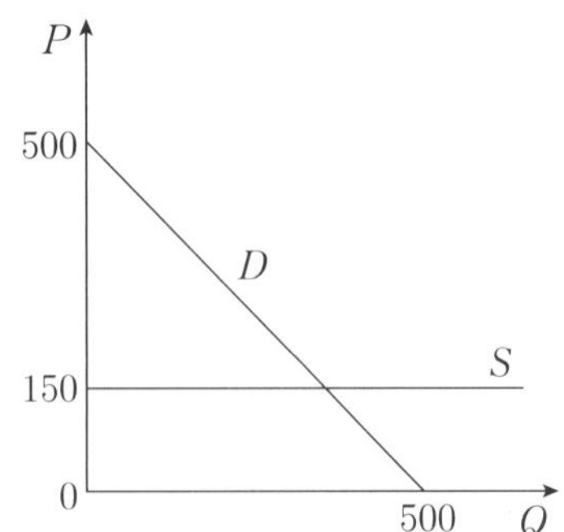

① $P^* = 150$, $Q^* = 150$
② $P^* = 150$, $Q^* = 350$
③ $P^* = 150$, $Q^* = 500$
④ $P^* = 350$, $Q^* = 150$
⑤ $P^* = 500$, $Q^* = 150$

02 ( )에 들어갈 내용으로 옳은 것은?

> • 소비의 긍정적 외부성이 존재할 때, (ㄱ)이 (ㄴ) 보다 크다.
> • 생산의 부정적 외부성이 존재할 때, (ㄷ)이 (ㄹ) 보다 작다.

	ㄱ	ㄴ	ㄷ	ㄹ
①	사회적 한계편익	사적 한계편익	사적 한계비용	사회적 한계비용
②	사적 한계편익	사회적 한계편익	사적 한계비용	사회적 한계비용
③	사회적 한계편익	사적 한계편익	사회적 한계비용	사적 한계비용
④	사적 한계편익	사회적 한계편익	사회적 한계비용	사적 한계비용
⑤	사회적 한계편익	사적 한계비용	사적 한계편익	사회적 한계비용

03 완전경쟁시장에서 이윤극대화를 추구하는 기업 A의 한계비용(MC), 평균총비용(AC), 평균가변비용(AVC)은 아래 그림과 같다. 시장가격이 P_1, P_2, P_3, P_4, P_5로 주어질 때, 이에 관한 설명으로 옳지 않은 것은?

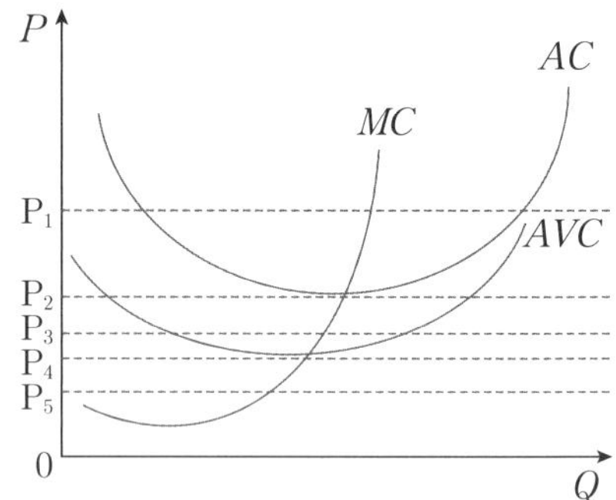

① P_1일 때 총수입이 총비용보다 크다.
② P_2일 때 손익분기점에 있다.
③ P_3일 때 총수입으로 가변비용을 모두 충당하고 있다.
④ P_4일 때 총수입으로 고정비용을 모두 충당하고 있다.
⑤ P_5일 때 조업중단을 한다.

04 ( )에 들어갈 내용으로 각각 옳은 것은? (단, P는 가격, Q는 수요량이다.)

> 독점기업의 수요곡선은 $P = 30 - 2Q$이고 현재 가격이 10이다. 이때 수요의 가격탄력성은 (ㄱ)이고, 총수입을 증대시키기 위해 가격을 (ㄴ)해야 한다.

	ㄱ	ㄴ
①	비탄력적	인하
②	비탄력적	인상
③	단위탄력적	유지
④	탄력적	인하
⑤	탄력적	인상

05 꾸르노(Cournot) 복점모형에서 시장수요곡선이 $Q=60-\frac{1}{2}P$이고 두 기업 A, B의 비용함수가 각각 $C_A=40Q_A+10$, $C_B=20Q_B+50$일 때, 꾸르노 균형에서 총생산량(Q^*)과 가격(P^*)은? (단, Q는 총생산량, P는 가격, Q_A는 기업 A의 생산량, Q_B는 기업 B의 생산량이다.)

	Q^*	P^*
①	10	100
②	20	80
③	30	60
④	40	40
⑤	50	20

06 개방경제하에서 국민소득의 구성 항목이 아래와 같을 때 경상수지는? (단, C는 소비, I는 투자, G는 정부지출, T는 조세, S^P는 민간저축이다.)

- $C=200$
- $I=50$
- $G=70$
- $T=50$
- $S^P=150$

① 50 ② 60
③ 70 ④ 80
⑤ 90

07 아래의 개방경제 균형국민소득 결정모형에서 수출이 100만큼 늘어나는 경우 (ㄱ)균형소득의 변화분과 (ㄴ) 경상수지의 변화분은? (단, C는 소비, Y는 국민소득, T는 세금, I는 투자, G는 정부지출, X는 수출, M은 수입이며, 수출 증가 이전의 경제상태는 균형이다.)

- $C=200+0.7(Y-T)$
- $I=200$
- $G=100$
- $T=100$
- $X=300$
- $M=0.2(Y-T)$

	ㄱ	ㄴ
①	1000	10
②	1000/3	100/3
③	1000/3	100
④	200	60
⑤	200	100

08 자본이동이 완전한 소규모 개방경제의 먼델－플레밍(Mundell－Fleming) 모형에서 모두 변동환율제도인 경우, 긴축 통화정책을 시행할 때 나타나는 경제적 효과를 모두 고른 것은? (단, 물가수준은 고정이다.)

ㄱ. 소득 감소
ㄴ. 경상수지 개선
ㄷ. 자국 통화가치 절하
ㄹ. 해외자본 유입

① ㄱ, ㄴ ② ㄱ, ㄷ
③ ㄱ, ㄹ ④ ㄴ, ㄷ
⑤ ㄷ, ㄹ

09 경기변동이론에 관한 설명으로 옳은 것은?

① 신케인즈 학파(new Keynesian)는 완전경쟁적 시장 구조를 가정한다.
② 신케인즈 학파는 총수요 외부효과(aggregate-demand externality)를 통해 가격경직성을 설명한다.
③ 신케인즈 학파는 총공급 충격이 경기변동의 근본 원인이라고 주장한다.
④ 실물경기변동이론은 실질임금의 경직성을 가정한다.
⑤ 실물경기변동이론에 따르면 불경기에는 비용 최소화가 달성되지 않는다.

10 토빈 q(Tobin's q)에 관한 설명으로 옳지 않은 것은?

① 법인세가 감소되면 토빈 q는 증가한다.
② $q < 1$이면, 자본 스톡(capital stock)이 증가한다.
③ 자본의 한계생산물이 증가하면 토빈 q는 증가한다.
④ 자본재의 실질가격이 하락하면 토빈 q는 증가한다.
⑤ 설치된 자본의 시장가치가 하락하면 토빈 q는 감소한다.

정답·해설 _해설집 p.76

02회 2022 감정평가사(2)

제한시간 : 15분 시작 시 분 ~ 종료 시 분 점수 확인 개/ 10개

01 기업 A의 생산함수는 $Q = \min\{L, 2K\}$이다. 노동가격은 3이고, 자본가격은 5일 때, 최소 비용으로 110을 생산하기 위한 생산요소 묶음은? (단, Q는 생산량, L은 노동, K는 자본이다.)

① $L = 55$, $K = 55$
② $L = 55$, $K = 110$
③ $L = 110$, $K = 55$
④ $L = 110$, $K = 70$
⑤ $L = 110$, $K = 110$

02 기업 A의 생산함수는 $Q = \sqrt{L}$이며, 생산물의 가격은 5, 임금률은 0.5이다. 이윤을 극대화하는 노동투입량(L^*)과 산출량(Q^*)은? (단, Q는 산출량, L은 노동투입량이며, 생산물시장과 노동시장은 완전경쟁시장이다.)

① $L^* = 10$, $Q^* = \sqrt{10}$
② $L^* = 15$, $Q^* = \sqrt{15}$
③ $L^* = 20$, $Q^* = 2\sqrt{5}$
④ $L^* = 25$, $Q^* = 5$
⑤ $L^* = 30$, $Q^* = \sqrt{30}$

03 단일 가격을 부과하던 독점기업이 제1급(first-degree) 가격차별 또는 완전(perfect) 가격차별을 실행하는 경우에 나타나는 변화로 옳은 것을 모두 고른 것은?

ㄱ. 생산량이 증가한다.
ㄴ. 이윤이 증가한다.
ㄷ. 소비자 잉여가 증가한다.
ㄹ. 총잉여가 감소한다.

① ㄱ, ㄴ
② ㄱ, ㄷ
③ ㄱ, ㄹ
④ ㄴ, ㄷ
⑤ ㄷ, ㄹ

04 X재 가격이 하락할 때 아래의 설명 중 옳은 것을 모두 고른 것은? (단, X재와 Y재만 존재하며 주어진 소득을 두 재화에 모두 소비한다.)

ㄱ. X재가 정상재인 경우 보상수요곡선은 보통수요곡선보다 더 가파르게 우하향하는 기울기를 가진다.
ㄴ. X재가 열등재인 경우 보상수요곡선은 우상향한다.
ㄷ. X재가 기펜재인 경우 보통수요곡선은 우상향하고 보상수요곡선은 우하향한다.

① ㄱ
② ㄴ
③ ㄱ, ㄷ
④ ㄴ, ㄷ
⑤ ㄱ, ㄴ, ㄷ

05 A국에서는 교역 이전 X재의 국내가격이 국제가격보다 더 높다. 교역 이후 국제가격으로 A국이 X재의 초과수요분을 수입한다면, 이로 인해 A국에 나타나는 효과로 옳은 것은? (단, 공급곡선은 우상향, 수요곡선은 우하향한다.)

① 교역 전과 비교하여 교역 후 생산자 잉여가 감소한다.
② 교역 전과 비교하여 교역 후 소비자 잉여가 감소한다.
③ 생산자 잉여는 교역 여부와 무관하게 일정하다.
④ 교역 전과 비교하여 교역 후 총잉여가 감소한다.
⑤ 총잉여는 교역 여부와 무관하게 일정하다.

06 A국의 생산가능인구는 100만 명, 경제활동인구는 60만 명, 실업자는 6만 명이다. 실망실업자(구직단념자)에 속했던 10만 명이 구직활동을 재개하여, 9만 명이 일자리를 구했다. 그 결과 실업률과 고용률은 각각 얼마인가?

① 6%, 54%
② 10%, 54%
③ 10%, 63%
④ 10%, 90%
⑤ 15%, 90%

07 투자가 실질 이자율에 의해 결정되는 폐쇄경제 $IS-LM$ 모형에서 기대 인플레이션이 상승할 때 나타나는 결과로 옳은 것은? (단, IS곡선은 우하향, LM곡선은 우상향한다.)

① 명목 이자율과 실질 이자율이 모두 상승한다.
② 명목 이자율과 실질 이자율이 모두 하락한다.
③ 명목 이자율은 하락하고, 실질 이자율은 상승한다.
④ 실질 이자율은 상승하고, 생산량은 감소한다.
⑤ 실질 이자율은 하락하고, 생산량은 증가한다.

08 인구 증가와 기술진보가 없는 솔로(Solow) 경제성장모형에서 1인당 생산함수는 $y = 5k^{0.4}$, 자본의 감가상각률은 0.2일 때, 황금률(Golden rule)을 달성하게 하는 저축률은? (단, y는 1인당 생산량, k는 1인당 자본량이다.)

① 0.1
② 0.2
③ 0.25
④ 0.4
⑤ 0.8

09 소비이론에 관한 설명으로 옳은 것은?

① 항상소득가설(permanent income hypothesis)에 따르면, 현재소득이 일시적으로 항상소득보다 작게 되면 평균소비성향은 일시적으로 증가한다.
② 생애주기가설(life-cycle hypothesis)은 소비자가 저축은 할 수 있으나 차입에는 제약(borrowing constraints)이 있다고 가정한다.
③ 케인즈 소비함수는 이자율에 대한 소비의 기간별 대체효과를 반영하고 있다.
④ 소비에 대한 임의보행(random walk)가설은 소비자가 근시안적(myopic)으로 소비를 결정한다고 가정한다.
⑤ 항상소득가설은 소비자가 차입제약에 직면한다고 가정한다.

10 갑국의 생산함수는 $Y = AL^{0.6}K^{0.4}$이다. 총요소생산성 증가율은 5%이고, 노동량과 자본량 증가율은 각각 −2%와 5%일 경우, 성장회계에 따른 노동량 1단위당 생산량 증가율은? (단, Y는 총생산량, A는 총요소생산성, L은 노동량, K는 자본량이다.)

① 5%
② 5.5%
③ 6.2%
④ 7.2%
⑤ 7.8%

정답 · 해설 _해설집 p.78

03회 2021 감정평가사(1)

제한시간 : 15분 시작 시 분 ~ 종료 시 분 점수 확인 개/ 10개

01 무차별곡선에 관한 설명으로 옳지 않은 것은?

① 무차별곡선은 동일한 효용수준을 제공하는 상품묶음들의 궤적이다.
② 무차별곡선의 기울기는 한계대체율이며 두 재화의 교환비율이다.
③ 무차별곡선이 원점에 대해 오목하면 한계대체율은 체감한다.
④ 완전대체재 관계인 두 재화에 대한 무차별곡선은 직선의 형태이다.
⑤ 모서리해를 제외하면 무차별곡선과 예산선이 접하는 점이 소비자의 최적점이다.

02 사회후생에 관한 설명으로 옳지 않은 것은?

① 차선의 이론은 부분적 해결책이 최적은 아닐 수 있음을 보여준다.
② 롤스(J. Rawls)적 가치판단을 반영한 사회무차별곡선은 L자 모양이다.
③ 파레토효율성 조건은 완전경쟁의 상황에서 충족된다.
④ 애로우(K. Arrow)의 불가능성 정리에서 파레토원칙은 과반수제를 의미한다.
⑤ 공리주의적 사회후생함수는 최대 다수의 최대 행복을 나타낸다.

03 수요곡선에 관한 설명으로 옳지 않은 것은?

① 우하향하는 수요곡선의 경우, 수요의 법칙이 성립한다.
② 기펜재(Giffen goods)의 수요곡선은 대체효과보다 소득효과가 크기 때문에 우하향한다.
③ 사적 재화의 시장수요는 개별수요의 수평합이다.
④ 우하향하는 수요곡선의 높이는 한계편익이다.
⑤ 소비자의 소득이 변하면 수요곡선이 이동한다.

04 수요와 공급의 탄력성에 관한 설명으로 옳은 것은?

① 수요곡선이 수직이면 가격탄력성이 무한대이다.
② 우하향하는 직선의 수요곡선상 모든 점에서 가격탄력성은 같다.
③ 가격탄력성이 1보다 크면 비탄력적이다.
④ 우상향 직선의 공급곡선 Y축 절편이 0보다 크면 가격탄력성은 무조건 1보다 크다.
⑤ 수요의 교차탄력성이 1보다 크면 두 상품은 보완재 관계이다.

05 수요곡선은 $P=10$, 공급곡선은 $Q_S=P$이다. 정부가 한 단위당 2원의 물품세를 소비자에게 부과한 결과로 옳은 것은? (단, Q_S는 공급량, P는 가격이다.)

① 소비자 대신 생산자에게 물품세를 부과하면 결과는 달라진다.
② 소비자잉여는 감소하였다.
③ 생산자잉여의 감소분은 24원이다.
④ 자중손실(deadweight loss)은 2원이다.
⑤ 조세수입은 20원 증가하였다.

06 아래의 $IS-LM$ 모형에서 균형재정승수는? (단, Y, M, r, T, G, P는 각각 국민소득, 통화량, 이자율, 조세, 정부지출, 물가이다.)

> IS: $Y=100+0.5(Y-T)-0.5r+G$
> LM: $\frac{M}{P}=-r+Y$

① 0
② 0.5
③ 1
④ 1.5
⑤ 2

07 한국은행의 통화정책 수단과 제도에 관한 설명으로 옳지 않은 것은?

① 국채 매입 · 매각을 통한 통화량 관리
② 금융통화위원회는 한국은행 통화정책에 관한 사항을 심의 · 의결
③ 재할인율 조정을 통한 통화량 관리
④ 고용증진 목표달성을 위한 물가안정목표제 시행
⑤ 법정지급준비율 변화를 통한 통화량 관리

08 화폐에 관한 설명으로 옳은 것은?

① 상품화폐의 내재적 가치는 변동하지 않는다.
② M2는 준화폐(near money)를 포함하지 않는다.
③ 명령화폐(fiat money)는 내재적 가치를 갖는 화폐이다.
④ 가치저장 수단의 역할로 소득과 지출의 발생시점을 분리시켜 준다.
⑤ 다른 용도로 사용될 수 있는 재화는 교환의 매개 수단으로 활용될 수 없다.

09 폐쇄경제에서 국내총생산이 소비, 투자 그리고 정부지출의 합으로 정의된 항등식이 성립할 때, 국내총생산과 대부자금시장에 관한 설명으로 옳지 않은 것은?

① 총저축은 투자와 같다.
② 민간저축이 증가하면 투자가 증가한다.
③ 총저축은 민간저축과 정부저축의 합이다.
④ 민간저축이 증가하면 이자율이 하락하여 정부저축이 증가한다.
⑤ 정부저축이 감소하면 대부시장에서 이자율은 상승한다.

10 화폐의 중립성이 성립하면 발생하는 현상으로 옳은 것은?

① 장기적으로는 고전적 이분법을 적용할 수 없다.
② 통화정책은 장기적으로 실업률에 영향을 줄 수 없다.
③ 통화정책은 장기적으로 실질 경제성장률을 제고할 수 있다.
④ 통화정책으로는 물가지수를 관리할수 없다.
⑤ 중앙은행은 국채 매입을 통해 실질이자율을 낮출 수 있다.

정답 · 해설 _해설집 p.81

04회 2021 감정평가사(2)

제한시간 : 15분 시작 시 분 ~ 종료 시 분 점수 확인 개/ 10개

01 원점에 대해 오목한 생산가능곡선에 관한 설명으로 옳지 않은 것은?

① X축 상품 생산이 늘어나면 기울기가 더 가팔라진다.
② 생산기술이 향상되면 생산가능곡선이 원점에서 더 멀어진다.
③ 기회비용 체증의 법칙이 성립한다.
④ 생산가능곡선상의 점에서 파레토개선이 가능하다.
⑤ 생산가능곡선 기울기의 절댓값이 한계변환율이다.

02 시장 수요이론에 관한 설명으로 옳지 않은 것을 모두 고른 것은?

ㄱ. 네트워크효과가 있는 경우 시장수요곡선은 개별 수요곡선의 수평합이다.
ㄴ. 상품 소비자의 수가 증가함에 따라 그 상품 수요가 증가하는 효과를 속물효과(snob effect)라고 한다.
ㄷ. 열등재라도 대체효과의 절대적 크기가 소득효과의 절대적 크기보다 크면 수요곡선은 우하향한다.
ㄹ. 소득이 증가할 때 소비가 증가하는 재화는 정상재이다.

① ㄱ, ㄴ
② ㄱ, ㄷ
③ ㄱ, ㄹ
④ ㄴ, ㄷ
⑤ ㄴ, ㄹ

03 기업 생산이론에 관한 설명으로 옳은 것을 모두 고른 것은?

ㄱ. 장기(long-run)에는 모든 생산요소가 가변적이다.
ㄴ. 다른 생산요소가 고정인 상태에서 생산요소 투입증가에 따라 한계생산이 줄어드는 현상이 한계생산 체감의 법칙이다.
ㄷ. 등량곡선이 원점에 대해 볼록하면 한계기술대체율 체감의 법칙이 성립한다.
ㄹ. 비용극소화는 이윤극대화의 필요충분조건이다.

① ㄱ, ㄴ
② ㄷ, ㄹ
③ ㄱ, ㄴ, ㄷ
④ ㄴ, ㄷ, ㄹ
⑤ ㄱ, ㄴ, ㄷ, ㄹ

04 후생경제이론에 관한 설명으로 옳은 것은?

① 파레토(Pareto) 효율적인 상태는 파레토 개선이 가능한 상태를 뜻한다.
② 제2정리는 모든 사람의 선호가 오목성을 가지면 파레토 효율적인 배분은 일반경쟁균형이 된다는 것이다.
③ 제1정리는 모든 소비자의 선호체계가 약단조성을 갖고 외부성이 존재하면 일반경쟁균형의 배분은 파레토 효율적이라는 것이다.
④ 제1정리는 완전경쟁시장하에서 사익과 공익은 서로 상충된다는 것이다.
⑤ 제1정리는 아담 스미스(A. Smith)의 '보이지 않는 손'의 역할을 이론적으로 뒷받침해주는 것이다.

05 노동(L)과 자본(K)만 이용하여 재화를 생산하는 기업의 생산함수가 $Q=\min\left(\frac{L}{2}, K\right)$이다. 노동가격은 2원이고 자본가격은 3원일 때 기업이 재화 200개를 생산하고자 할 경우 평균비용(원)은? (단, 고정비용은 없다.)

① 6
② 7
③ 8
④ 9
⑤ 10

06 화폐수요에 관한 설명으로 옳은 것은?

① 이자율이 상승하면 현금통화 수요량이 감소한다.
② 물가가 상승하면 거래적 동기의 현금통화 수요는 감소한다.
③ 요구불예금 수요가 증가하면 M1 수요는 감소한다.
④ 실질 국내총생산이 증가하면 M1 수요는 감소한다.
⑤ 신용카드 보급기술이 발전하면 현금통화 수요가 증가한다.

07 소비자물가지수에 관한 설명으로 옳지 않은 것은?

① 기준연도에서 항상 100이다.
② 대체효과를 고려하지 못해 생계비 측정을 왜곡할 수 있다.
③ 가격변화 없이 품질이 개선될 경우, 생계비 측정을 왜곡할 수 있다.
④ GDP디플레이터보다 소비자들의 생계비를 더 왜곡한다.
⑤ 소비자가 구매하는 대표적인 재화와 서비스에 대한 생계비용을 나타내는 지표이다.

08 실업률과 인플레이션율의 관계는 $u=u_n-2(\pi-\pi_e)$이고 자연실업률이 3%이다. 〈보기〉를 고려하여 중앙은행이 0%의 인플레이션율을 유지하는 준칙적 통화정책을 사용했을 때의 실업률 (ㄱ)과, 최적 인플레이션율로 통제했을 때의 실업률 (ㄴ)은? (단, u, u_n, π, π^e는 각각 실업률, 자연실업률, 인플레이션율, 기대인플레이션율이다.)

〈보 기〉

- 중앙은행은 물가를 완전하게 통제할 수 있다.
- 민간은 합리적인 기대를 하며 중앙은행이 결정한 인플레이션율로 기대인플레이션율을 결정한다.
- 주어진 기대인플레이션에서 중앙은행의 최적 인플레이션율은 1%이다.

	ㄱ	ㄴ
①	0%	0%
②	1%	0%
③	1%	1%
④	2%	1%
⑤	3%	3%

09 표의 기존 가정에 따라 독립투자승수를 계산했다. 계산된 승수를 하락시키는 가정의 변화를 모두 고른 것은?

기존 가정		가정의 변화
ㄱ. 생산자들은 고정된 가격에 추가적인 생산물을 공급한다.	→	총공급곡선이 수직이다.
ㄴ. 이자율은 고정이다.	→	이자율상승에 따라 투자가 감소한다.
ㄷ. 정부지출과 세금은 없다.	→	정부지출과 세금이 모두 외생적으로 증가한다.
ㄹ. 수출과 수입은 모두 영(0)이다.	→	수출과 수입이 모두 외생적으로 증가한다.

① ㄱ, ㄴ
② ㄱ, ㄷ
③ ㄴ, ㄷ
④ ㄴ, ㄹ
⑤ ㄷ, ㄹ

10 표는 기업 甲과 乙로만 구성된 A국의 연간 국내 생산과 분배를 나타낸다. 이에 관한 설명으로 옳지 않은 것은?

항목	甲	乙
매출액	400	900
중간투입액	0	400
임금	250	300
이자	0	50
임대료	100	100
이윤	(　)	(　)
요소소득에 대한 총지출	(　)	(　)
부가가치	(　)	(　)

① 기업 甲의 요소소득에 대한 총지출은 400이다.
② 기업 甲의 부가가치는 400이다.
③ 기업 甲의 이윤은 기업 乙의 이윤과 같다.
④ A국의 국내총생산은 기업 甲과 기업 乙의 매출액 합계에서 요소소득에 대한 총지출을 뺀 것과 같다.
⑤ A국의 임금, 이자, 임대료, 이윤에 대한 총지출은 900이다.

정답·해설 _해설집 p.83

05회 2020 감정평가사(1)

제한시간 : 15분 시작 시 분 ~ 종료 시 분 점수 확인 개/ 10개

01 X재의 수요곡선이 $Q=10-2P$일 때, 수요의 가격탄력성이 1이 되는 가격은? (단, Q는 수요량, P는 가격)

① 1
② 1.5
③ 2
④ 2.5
⑤ 5

02 A기업의 총비용곡선이 $TC=100+Q^2$일 때, 옳은 것은? (단, Q는 생산량)

① 평균가변비용곡선은 U자 모양을 갖는다.
② 평균고정비용곡선은 수직선이다.
③ 한계비용곡선은 수평선이다.
④ 생산량이 10일 때 평균비용과 한계비용이 같다.
⑤ 평균비용의 최솟값은 10이다.

03 여가(L) 및 복합재(Y)에 대한 甲의 효용은 $U(L, Y)=\sqrt{L}+\sqrt{Y}$이고, 복합재의 가격은 1이다. 시간당 임금이 w일 때, 甲의 여가시간이 L이면, 소득은 $w(24-L)$이 된다. 시간당 임금 w가 3에서 5로 상승할 때, 효용을 극대화하는 甲의 여가시간 변화는?

① 1만큼 증가한다.
② 2만큼 증가한다.
③ 변화가 없다.
④ 2만큼 감소한다.
⑤ 1만큼 감소한다.

04 X재 산업의 역공급함수는 $P=440+Q$이고, 역수요함수는 $P=1{,}200-Q$이다. X재의 생산으로 외부편익이 발생하는데, 외부한계편익함수는 $EMB=60-0.05Q$이다. 정부가 X재를 사회적 최적수준으로 생산하도록 보조금 정책을 도입할 때, 생산량 1단위당 보조금은? (단, P는 가격, Q는 수량)

① 20
② 30
③ 40
④ 50
⑤ 60

05 A기업의 생산함수가 $Q = 4L + 8K$이다. 노동가격은 3이고 자본가격은 5일 때, 재화 120을 생산하기 위해 비용을 최소화하는 생산요소 묶음은? (단, Q는 생산량, L은 노동, K는 자본)

① $L = 0$, $K = 15$
② $L = 0$, $K = 25$
③ $L = 10$, $K = 10$
④ $L = 25$, $K = 0$
⑤ $L = 30$, $K = 0$

06 단기 완전경쟁시장에서 이윤극대화하는 A기업의 현재 생산량에서 한계비용은 50, 평균가변비용은 45, 평균비용은 55이다. 시장가격이 50일 때, 옳은 것을 모두 고른 것은?

ㄱ. 손실이 발생하고 있다. ㄴ. 조업중단(shut − down)을 해야 한다. ㄷ. 총수입으로 가변비용을 모두 충당하고 있다. ㄹ. 총수입으로 고정비용을 모두 충당하고 있다.

① ㄱ, ㄴ
② ㄱ, ㄷ
③ ㄴ, ㄷ
④ ㄴ, ㄹ
⑤ ㄷ, ㄹ

07 효율성임금이론에 관한 설명으로 옳지 않은 것은?

① 높은 임금을 지급할수록 노동자의 생산성이 높아진다.
② 높은 임금은 이직률을 낮출 수 있다.
③ 높은 임금은 노동자의 도덕적 해이 가능성을 낮출 수 있다.
④ 기업이 임금을 낮출 경우 생산성이 낮은 노동자보다 높은 노동자가 기업에 남을 확률이 높다.
⑤ 효율임금은 시장균형임금보다 높다.

08 경제성장모형에서 甲국의 총생산함수가 $Q = AL^{0.75}K^{0.25}$일 때, 옳지 않은 것은? (단, Q는 생산량, L은 노동량, K는 자본량, 시장은 완전경쟁시장이다.)

① 자본탄력성은 0.25이다.
② 노동분배율은 자본분배율보다 크다.
③ A는 총요소생산성이다.
④ 노동량, 자본량 및 총요소생산성이 각각 10%씩 증가하면 생산량은 10% 증가한다.
⑤ 총생산함수는 규모에 대한 수익 불변이다.

09 소비이론에 관한 설명으로 옳지 않은 것은?

① 생애주기가설에 따르면 장기적으로 평균소비성향이 일정하다.
② 항상소득가설에 따르면 단기적으로 소득증가는 평균소비성향을 감소시킨다.
③ 케인즈(M. Keynes)의 소비가설에서 이자율은 소비에 영향을 주지 않는다.
④ 임의보행(random walk)가설에 따르면 소비의 변화는 예측할 수 있다.
⑤ 피셔(I. Fisher)의 기간 간 소비선택이론에 따르면 이자율은 소비에 영향을 준다.

10 *A*국에서 인플레이션 갭과 산출량 갭이 모두 확대될 때, 테일러준칙(Taylor's rule)에 따른 중앙은행의 정책은?

① 정책금리를 인상한다.
② 정책금리를 인하한다.
③ 정책금리를 조정하지 않는다.
④ 지급준비율을 인하한다.
⑤ 지급준비율을 변경하지 않는다.

정답 · 해설 _해설집 p.85

06회 2020 감정평가사(2)

제한시간 : 15분 시작 시 분 ~ 종료 시 분 점수 확인 개/ 10개

01 독점기업 A의 한계비용은 10이고 고정비용은 없다. A기업 제품에 대한 소비자의 역수요함수는 $P=90-2Q$이다. A기업은 내부적으로 아래와 같이 2차에 걸친 판매 전략을 채택하였다.

- 1차: 모든 소비자를 대상으로 이윤을 극대화하는 가격을 설정하여 판매
- 2차: 1차에서 제품을 구매하지 않은 소비자를 대상으로 이윤을 극대화하는 가격을 설정하여 판매

A기업이 설정한 (ㄱ)1차 판매 가격과 (ㄴ)2차 판매 가격은? (단, 소비자는 제품을 한 번만 구매하고, 소비자 간 재판매할 수 없다.)

	ㄱ	ㄴ
①	30	20
②	40	20
③	40	30
④	50	30
⑤	60	30

02 효용을 극대화하는 甲의 효용함수는 $U(x, y)=xy$이고, 甲의 소득은 96이다. X재 가격이 12, Y재 가격이 1이다. X재 가격만 3으로 하락할 때, (ㄱ)X재의 소비 변화와 (ㄴ)Y재의 소비 변화는? (단, x는 X재 소비량, y는 Y재 소비량)

	ㄱ	ㄴ
①	증가	증가
②	증가	불변
③	감소	불변
④	감소	증가
⑤	증가	감소

03 X재 시장의 수요곡선은 $Q_D=500-4P$이고, 공급곡선은 $Q_S=-100+2P$이다. 시장균형에서 정부가 $P=80$의 가격 상한을 설정할 때, (ㄱ)소비자잉여의 변화와 (ㄴ)생산자잉여의 변화는? (단, Q_D는 수요량, Q_S는 공급량, P는 가격)

	ㄱ	ㄴ
①	증가	증가
②	증가	감소
③	감소	증가
④	감소	감소
⑤	불변	불변

04 완전경쟁시장에서 A기업의 단기 총비용함수는 $STC=100+\frac{wq^2}{200}$이다. 임금이 4이고, 시장가격이 1일 때 단기 공급량은? (단, w는 임금, q는 생산량)

① 10 ② 25
③ 50 ④ 100
⑤ 200

05 효용을 극대화하는 甲의 효용함수는 $U(x, y) = \min\{x, y\}$이다. 소득이 1,800, X재와 Y재의 가격은 각각 10이다. X재 가격만 8로 하락할 때, 옳은 것을 모두 고른 것은? (단, x는 X재 소비량, y는 Y재 소비량)

> ㄱ. X재 소비량의 변화 중 대체효과는 0이다.
> ㄴ. X재 소비량의 변화 중 소득효과는 10이다.
> ㄷ. 한계대체율은 하락한다.
> ㄹ. X재 소비는 증가하고 Y재 소비는 감소한다.

① ㄱ, ㄴ　　② ㄱ, ㄷ
③ ㄴ, ㄷ　　④ ㄴ, ㄹ
⑤ ㄷ, ㄹ

06 인구증가와 기술진보가 없는 솔로우 성장모형에서 황금률 균제상태가 달성되는 조건은?

① 자본의 한계생산이 최대일 때
② 노동자 1인당 자본량이 최대일 때
③ 자본의 한계생산이 감가상각률과 같을 때
④ 노동의 한계생산이 저축률과 같을 때
⑤ 자본의 한계생산이 한계소비성향과 같을 때

07 유동성함정(liquidity trap)에 관한 설명으로 옳은 것을 모두 고른 것은?

> ㄱ. IS 곡선이 수직선이다.
> ㄴ. LM 곡선이 수평선이다.
> ㄷ. 재정정책이 국민소득에 영향을 주지 않는다.
> ㄹ. 화폐수요의 이자율탄력성이 무한대일 때 나타난다.

① ㄱ, ㄷ　　② ㄴ, ㄹ
③ ㄷ, ㄹ　　④ ㄱ, ㄴ, ㄷ
⑤ ㄴ, ㄷ, ㄹ

08 2015년과 2020년 빅맥 가격이 아래와 같다. 일물일가의 법칙이 성립할 때, 옳지 않은 것은? (단, 환율은 빅맥 가격을 기준으로 표시한다.)

2015년		2020년	
원화 가격	달러 가격	원화 가격	달러 가격
5,000원	5달러	5,400원	6달러

① 빅맥의 원화 가격은 두 기간 사이에 8% 상승했다.
② 빅맥의 1달러당 원화 가격은 두 기간 사이에 10% 하락했다.
③ 달러 대비 원화의 실질환율은 두 기간 사이에 변하지 않았다.
④ 2020년 원화의 명목환율은 구매력평가 환율보다 낮다.
⑤ 달러 대비 원화의 가치는 두 기간 사이에 10% 상승했다.

09 한국과 미국의 명목이자율은 각각 3%, 2%이다. 미국의 물가상승률이 2%로 예상되며 현재 원/달러 환율은 1,000원일 때, 옳은 것을 모두 고른 것은? (단, 구매력평가설과 이자율평가설이 성립한다.)

> ㄱ. 한국과 미국의 실질이자율은 같다.
> ㄴ. 한국의 물가상승률은 3%로 예상된다.
> ㄷ. 원/달러 환율은 1,010원이 될 것으로 예상된다.

① ㄱ
② ㄴ
③ ㄱ, ㄴ
④ ㄱ, ㄴ, ㄷ
⑤ ㄴ, ㄷ

10 총수요충격 및 총공급충격에 관한 설명으로 옳지 않은 것은? (단, 총수요곡선은 우하향, 총공급곡선은 우상향)

① 총수요충격으로 인한 경기변동에서 물가는 경기순행적이다.
② 총공급충격으로 인한 경기변동에서 물가는 경기역행적이다.
③ 총공급충격에 의한 스태그플레이션은 합리적 기대 가설이 주장하는 정책무력성의 근거가 될 수 있다.
④ 명목임금이 하방 경직적일 경우 음(−)의 총공급충격이 발생하면 거시경제의 불균형이 지속될 수 있다.
⑤ 기술진보로 인한 양(+)의 총공급 충격은 자연실업률 수준을 하락시킬 수 있다.

정답 · 해설 _해설집 p.88

07회 2019 감정평가사(1)

제한시간 : 15분 시작 시 분 ~ 종료 시 분 점수 확인 개/ 10개

01 수요와 공급의 가격탄력성에 관한 설명으로 옳은 것을 모두 고른 것은?

ㄱ. 대체재를 쉽게 찾을 수 있을수록 수요의 가격탄력성은 작아진다.
ㄴ. 동일한 수요곡선상에서 가격이 높을수록 수요의 가격탄력성은 항상 커진다.
ㄷ. 상품의 저장에 드는 비용이 클수록 공급의 가격탄력성은 작아진다.
ㄹ. 공급곡선이 원점을 지나고 우상향하는 직선형태일 경우, 공급의 가격탄력성은 항상 1이다.

① ㄱ, ㄴ
② ㄱ, ㄷ
③ ㄴ, ㄷ
④ ㄷ, ㄹ
⑤ ㄴ, ㄹ

02 소비자 甲의 효용함수가 $U = \min\{X + 2Y, 2X + Y\}$이다. 甲의 소득은 150, X재의 가격은 30, Y재의 가격은 10일 때, 효용을 극대화하는 甲의 Y재 소비량은? (단, 甲은 X재와 Y재만 소비한다.)

① 0
② 2.5
③ 5
④ 7.5
⑤ 15

03 소비자 甲은 X재와 Y재만 소비하여 효용을 극대화한다. 제1기의 X재 가격은 3이고, Y재 가격은 6이었을 때, 소비조합 ($X = 3$, $Y = 5$)를 선택하였다. 제2기에는 동일한 소득에서 X재와 Y재의 변동된 가격 P_X, P_Y에서 소비조합 ($X = 6$, $Y = 3$)을 선택하였다. 甲의 선택이 현시선호 약공리(weak axiom)를 만족하기 위한 조건은?

① $2P_X < 3P_Y$
② $2P_X > 3P_Y$
③ $3P_X < 2P_Y$
④ $3P_X > 2P_Y$
⑤ $P_X < P_Y$

04 기업 A의 생산함수가 $Q = \min\{L, 3K\}$이다. 생산요소조합 ($L = 10$, $K = 5$)에서 노동과 자본의 한계생산은 각각 얼마인가? (단, Q는 생산량, L은 노동량, K는 자본량이다.)

① 0, 1
② 1, 0
③ 1, 3
④ 3, 1
⑤ 10, 5

05 기업의 생산기술이 진보하는 경우에 관한 설명으로 옳은 것을 모두 고른 것은?

> ㄱ. 자본절약적 기술진보가 일어나면 평균비용곡선이 하방 이동한다.
> ㄴ. 자본절약적 기술진보가 일어나면 등량곡선이 원점에서 멀어진다.
> ㄷ. 노동절약적 기술진보가 일어나면 한계비용곡선이 하방 이동한다.
> ㄹ. 중립적 기술진보가 일어나면 노동의 한계생산 대비 자본의 한계생산은 작아진다.

① ㄱ, ㄴ
② ㄱ, ㄷ
③ ㄴ, ㄷ
④ ㄷ, ㄹ
⑤ ㄴ, ㄹ

06 현재 우리나라 채권의 연간 명목수익률이 5%이고 동일 위험을 갖는 미국 채권의 연간 명목수익률이 2.5%일 때, 현물환율이 달러당 1,200원인 경우 연간 선물환율은? (단, 이자율평가설이 성립한다고 가정한다.)

① 1,200원/달러
② 1,210원/달러
③ 1,220원/달러
④ 1,230원/달러
⑤ 1,240원/달러

07 총수요증가의 요인으로 옳은 것을 모두 고른 것은?

> ㄱ. 정부지출 감소
> ㄴ. 국내 이자율 하락
> ㄷ. 무역 상대국의 소득 증가
> ㄹ. 국내 소득세 인상

① ㄱ, ㄴ
② ㄱ, ㄷ
③ ㄴ, ㄷ
④ ㄷ, ㄹ
⑤ ㄴ, ㄹ

08 한국과 미국의 연간 물가상승률은 각각 4%와 6%이고 환율은 달러당 1,200원에서 1,260원으로 변하였다고 가정할 때, 원화의 실질환율의 변화는?

① 3% 평가절하
② 3% 평가절상
③ 7% 평가절하
④ 7% 평가절상
⑤ 변화 없다.

09 개방경제인 甲국의 국민소득결정모형이 다음과 같을 때, 甲국의 국내총소득, 국민총소득, 처분가능소득은? (단, 제시된 항목 외 다른 것은 고려하지 않는다.)

- 국내총생산: 1,000
- 대외 순수취 요소소득: 20
- 교역조건 변화에 따른 실질무역 손익: 50
- 감가상각: 10
- 사내유보이윤: 10
- 각종세금: 3
- 이전지출: 3

① 1,000, 980, 960
② 1,000, 1,020, 1,000
③ 1,050, 1,050, 1,050
④ 1,050, 1,070, 1,050
⑤ 1,070, 1,050, 1,030

10 개방경제 甲국의 국민소득 결정모형이 다음과 같다. 특정 정부지출 수준에서 경제가 균형을 이루고 있으며 정부도 균형예산을 달성하고 있을 때, 균형에서 민간저축은? (단, Y는 국민소득, C는 소비, I는 투자, G는 정부지출, T는 조세, X는 수출, M은 수입이다.)

- $Y = C + I + G + (X - M)$
- $C = 150 + 0.5(Y - T)$
- $I = 200$
- $T = 0.2Y$
- $X = 100$
- $M = 50$

① 150
② 200
③ 225
④ 250
⑤ 450

정답 · 해설 _해설집 p.90

08회 2019 감정평가사(2)

제한시간 : 15분 시작 시 분 ~ 종료 시 분 점수 확인 개/ 10개

01 독점시장에서 기업 A의 수요함수는 $P=500-2Q$이고, 한계비용은 생산량에 관계없이 100으로 일정하다. 기업 A는 기술진보로 인해 한계비용이 하락하여 이윤극대화 생산량이 20단위 증가하였다. 기술진보 이후에도 한계비용은 생산량에 관계없이 일정하다. 한계비용은 얼마나 하락하였는가? (단, P는 가격, Q는 생산량이다.)

① 20
② 40
③ 60
④ 80
⑤ 50

02 기업 A와 B가 생산량 경쟁을 하는 시장수요곡선은 $P=\alpha-q_A-q_B$로 주어졌다. 기업 A와 B는 동일한 재화를 생산하며, 평균비용은 c로 일정하다. 기업 A의 목적은 이윤극대화이고, 기업 B의 목적은 손실을 보지 않는 범위 내에서 시장점유율을 극대화하는 것이다. 다음 설명 중 옳지 않은 것은? (단, P는 시장가격, q_A는 기업 A의 생산량, q_B는 기업 B의 생산량이며, $c<\alpha$이다.)

① 균형에서 시장가격은 c이다.
② 균형에서 기업 A의 이윤은 0보다 크다.
③ 균형에서 기업 B의 이윤은 0이다.
④ 균형은 하나만 존재한다.
⑤ 균형에서 기업 B의 생산량이 기업 A보다 크다.

03 단기 비용곡선에 관한 설명으로 옳은 것을 모두 고른 것은? (단, 양(+)의 고정비용과 가변비용이 소요된다.)

> ㄱ. 평균비용은 총비용곡선 위의 각 점에서의 기울기다.
> ㄴ. 한계비용곡선은 고정비용 수준에 영향을 받지 않는다.
> ㄷ. 생산량이 증가함에 따라 평균비용과 평균가변비용곡선 간의 차이는 커진다.
> ㄹ. 생산량이 증가함에 따라 평균비용이 증가할 때 평균가변비용도 증가한다.

① ㄱ, ㄴ ② ㄱ, ㄹ
③ ㄴ, ㄷ ④ ㄴ, ㄹ
⑤ ㄷ, ㄹ

04 보상수요(compensated demand)에 관한 설명으로 옳지 않은 것은?

① 가격변화에서 대체효과만 고려한 수요개념이다.
② 기펜재의 보상수요곡선은 우하향하지 않는다.
③ 소비자잉여를 측정하는 데 적정한 수요개념이다.
④ 수직선 형태 보상수요곡선의 대체효과는 항상 0이다.
⑤ 소득효과가 0이면 통상적 수요(ordinary demand)와 일치한다.

05 경제적 지대(economic rent)에 관한 설명으로 옳은 것을 모두 고른 것은?

ㄱ. 공급이 제한된 생산요소에 발생하는 추가적 보수를 말한다.
ㄴ. 유명 연예인이나 운동선수의 높은 소득과 관련이 있다.
ㄷ. 생산요소의 공급자가 받고자 하는 최소한의 금액을 말한다.
ㄹ. 비용불변산업의 경제적 지대는 양(+)이다.

① ㄱ, ㄴ　② ㄱ, ㄷ
③ ㄱ, ㄹ　④ ㄴ, ㄷ
⑤ ㄴ, ㄹ

06 피셔(I. Fisher)의 기간 간 선택(intertemporal choice) 모형에서 최적소비선택에 관한 설명으로 옳은 것을 모두 고른 것은? (단, 기간은 현재와 미래이며, 현재소비와 미래소비는 모두 정상재이다. 무차별곡선은 우하향하며 원점에 대하여 볼록한 곡선이다.)

ㄱ. 실질이자율이 상승하면, 현재 대부자인 소비자는 미래소비를 증가시킨다.
ㄴ. 실질이자율이 하락하면, 현재 대부자인 소비자는 현재저축을 감소시킨다.
ㄷ. 실질이자율이 상승하면, 현재 차입자인 소비자는 현재소비를 감소시킨다.
ㄹ. 미래소득이 증가하여도, 현재 차입제약에 구속된(binding) 소비자의 현재소비는 변하지 않는다.

① ㄱ, ㄴ　② ㄴ, ㄷ
③ ㄷ, ㄹ　④ ㄱ, ㄷ, ㄹ
⑤ ㄴ, ㄷ, ㄹ

07 甲국의 총생산함수가 $Y = AK^{0.4}L^{0.6}$이다. 甲국 경제에 관한 설명으로 옳은 것을 모두 고른 것은? (단, Y는 생산량, A는 총요소생산성, K는 자본량, L은 노동량으로 인구와 같다.)

ㄱ. 생산량의 변화율을 노동량의 변화율로 나눈 값은 0.6으로 일정하다.
ㄴ. A가 3% 증가하면, 노동의 한계생산도 3% 증가한다.
ㄷ. 1인당 자본량이 2% 증가하면, 노동의 한계생산은 1.2% 증가한다.
ㄹ. A는 2% 증가하고 인구가 2% 감소하면, 1인당 생산량은 2.8% 증가한다.

① ㄱ, ㄹ　② ㄴ, ㄷ
③ ㄷ, ㄹ　④ ㄱ, ㄴ, ㄹ
⑤ ㄱ, ㄷ, ㄹ

08 감정평가사 A의 2000년 연봉 1,000만 원을 2018년 기준으로 환산한 금액은? (단, 2000년 물가지수는 40, 2018년 물가지수는 120이다.)

① 1,000만 원　② 2,000만 원
③ 3,000만 원　④ 4,000만 원
⑤ 5,000만 원

09 甲국와 乙국의 실질이자율과 인플레이션율은 다음 표와 같다. 명목이자소득에 대해 각각 25%의 세금이 부과될 경우, 甲국와 乙국의 세후 실질이자율은 각각 얼마인가? (단, 피셔효과가 성립한다.)

구분	甲국	乙국
실질이자율	4%	4%
인플레이션율	0%	8%

① 3%, 1%
② 3%, 3%
③ 4%, 4%
④ 4%, 12%
⑤ 3%, 9%

10 리카도 대등정리(Ricardian equivalence theorem)는 정부지출의 재원조달 방식에 나타나는 변화가 민간 부문의 경제활동에 아무런 영향을 주지 못한다는 것이다. 이 정리가 성립하기 위한 가정으로 옳은 것을 모두 고른 것은?

ㄱ. 유동성 제약
ㄴ. 경제활동인구 증가율 양(+)의 값
ㄷ. 일정한 정부지출수준과 균형재정
ㄹ. '합리적 기대'에 따라 합리적으로 행동하는 경제주체

① ㄱ, ㄴ
② ㄴ, ㄷ
③ ㄷ, ㄹ
④ ㄱ, ㄷ, ㄹ
⑤ ㄴ, ㄷ, ㄹ

정답 · 해설 _해설집 p.93

09회 2018 감정평가사(1)

제한시간 : 15분 시작 시 분 ~ 종료 시 분 점수 확인 개/ 10개

01 가격차별의 사례가 아닌 것은?

① 영화관의 일반 요금은 1만 원, 심야 요금은 8천 원이다.
② 놀이공원 입장료는 성인 5만 원, 청소년 3만 원이다.
③ 동일한 승용차 가격은 서울에서 2,000만 원, 제주에서 1,500만 원이다.
④ 주간 근무자의 수당은 1만 원, 야간 근무자의 수당은 1만 5천 원이다.
⑤ 동일한 승용차 가격은 서울에서 2,000만 원, 제주에서 1,500만 원이다.

02 완전경쟁시장의 장기 균형에 관한 설명으로 옳은 것은?

① 균형가격은 개별기업의 한계수입보다 크다.
② 개별기업의 한계수입은 평균총비용보다 크다.
③ 개별기업의 한계비용은 평균총비용보다 작다.
④ 개별기업은 장기 평균비용의 최저점에서 생산한다.
⑤ 개별 기업은 0보다 큰 초과이윤을 얻는다.

03 기업 A의 생산함수는 $Q=\min\{L, K\}$이다. 이에 관한 설명으로 옳은 것을 모두 고른 것은? (단, Q는 산출량, w는 노동 L의 가격, r은 자본 K의 가격이다.)

> ㄱ. 생산요소 L과 K의 대체탄력성은 0이다.
> ㄴ. 생산함수는 1차 동차함수이다.
> ㄷ. 비용함수는 $C(w, r, Q)=Q^{w+r}$로 표시된다.

① ㄱ
② ㄴ
③ ㄱ, ㄴ
④ ㄴ, ㄷ
⑤ ㄱ, ㄴ, ㄷ

04 효용을 극대화하는 甲은 1기의 소비(c_1)와 2기의 소비(c_2)로 구성된 효용함수 $U(c_1, c_2)=c_1c_2^2$을 가지고 있다. 甲은 시점 간 선택(intertemporal choice)모형에서 1기에 3,000만 원, 2기에 3,300만 원의 소득을 얻고, 이자율 10%로 저축하거나 빌릴 수 있다. 1기의 최적 선택에 관한 설명으로 옳은 것은? (단, 인플레이션은 고려하지 않는다.)

① 1,000만 원을 저축할 것이다.
② 1,000만 원을 빌릴 것이다.
③ 저축하지도 빌리지도 않을 것이다.
④ 1,400만 원을 저축할 것이다.
⑤ 1,400만 원을 빌릴 것이다.

05 두 생산요소 노동(L)과 자본(K)을 투입하는 생산함수 $Q=2L^2+2K^2$에서 규모 수익 특성과 노동의 한계생산으로 각각 옳은 것은?

① 규모 수익 체증, $4L$
② 규모 수익 체증, $4K$
③ 규모 수익 체감, $4L$
④ 규모 수익 체감, $4K$
⑤ 규모 수익 불변, $4L$

06 경제성장이론에 관한 설명으로 옳은 것은?

① 내생적 성장이론에 따르면 균제상태의 경제성장률은 외생적 기술진보 증가율이다.
② 솔로우 경제성장모형에서 황금률은 경제성장률을 극대화하는 조건이다.
③ 솔로우 경제성장모형에서 인구증가율이 감소하면, 균제상태에서의 1인당 소득은 감소한다.
④ 솔로우 경제성장모형에서 균제상태에 있으면, 총자본스톡 증가율과 인구증가율이 같다.
⑤ 내생적 성장이론(endogenous growth theory)에 따르면 저소득 국가는 고소득 국가보다 빨리 성장하여 수렴현상이 발생한다.

07 모든 시장이 완전경쟁 상태인 경제에서 총생산함수는 $Y=AL^{\frac{2}{3}}K^{\frac{1}{3}}$이다. 매년 L, K, A가 각각 3%씩 증가하는 경제에 관한 설명으로 옳은 것을 모두 고른 것은? (단, Y는 국내총생산, L은 노동량, K는 자본량, A는 상수이다.)

> ㄱ. 총생산함수는 규모 수익 불변이다.
> ㄴ. 노동소득분배율은 $\frac{2}{3}$이다.
> ㄷ. 경제성장률은 6%이다.

① ㄱ
② ㄱ, ㄴ
③ ㄴ, ㄷ
④ ㄱ, ㄴ, ㄷ
⑤ ㄴ

08 (　　)에 들어갈 내용으로 옳은 것은?

> 위험자산에 대한 투자자의 무차별곡선을 그리고자 한다. 위험자산의 수익률평균은 수직축, 수익률표준편차는 수평축에 나타낼 때, 투자자의 무차별곡선의 형태는 위험기피적인 경우 (ㄱ)하고, 위험애호적인 경우 (ㄴ)하며, 위험중립적인 경우에는 (ㄷ)이다.

	ㄱ	ㄴ	ㄷ
①	우상향	우상향	수평
②	우상향	우하향	수평
③	우하향	우상향	수평
④	우하향	우상향	수직
⑤	우상향	우하향	수직

09 총수요-총공급모형에서 일시적인 음(-)의 총공급충격이 발생한 경우를 분석한 설명으로 옳지 않은 것은? (단, 총수요곡선은 우하향, 총공급곡선은 우상향한다.)

① 확장적 통화정책은 국민소득을 감소시킨다.
② 스태그플레이션을 발생시킨다.
③ 단기 총공급곡선을 왼쪽으로 이동시킨다.
④ 재정정책으로 물가하락과 국민소득증가를 동시에 달성할 수 없다.
⑤ 통화정책으로 물가하락과 국민소득증가를 동시에 달성할 수 없다.

10 경기안정화 정책에 관한 설명으로 옳은 것은?

① 재정지출 증가로 이자율이 상승하지 않으면 구축효과는 크게 나타난다.
② 투자가 이자율에 비탄력적일수록 구축효과는 크게 나타난다.
③ 한계소비성향이 클수록 정부지출의 국민소득 증대효과는 작게 나타난다.
④ 소득세가 비례세보다는 정액세일 경우에 정부지출의 국민소득 증대효과는 크게 나타난다.
⑤ 소득이 증가할 때 수입재 수요가 크게 증가할수록 정부지출의 국민소득 증대효과는 크게 나타난다.

정답·해설 _해설집 p.96

10회 2018 감정평가사(2)

제한시간 : 15분 시작 시 분 ~ 종료 시 분 점수 확인 개/ 10개

01 밑줄 친 변화에 따라 각국의 노동시장에서 예상되는 현상으로 옳은 것은? (단, 노동수요곡선은 우하향, 노동공급곡선은 우상향하고, 다른 조건은 일정하다.)

> • 甲국에서는 (ㄱ)인구감소로 노동시장에 참여하고자 하는 사람들이 감소하였다.
> • 乙국의 정부는 (ㄴ)규제가 없는 노동시장에 균형임금보다 높은 수준에서 최저임금제를 도입하려고 한다.

	ㄱ	ㄴ
①	노동수요 감소	초과수요 발생
②	노동수요 증가	초과공급 발생
③	노동공급 감소	초과수요 발생
④	노동공급 감소	초과공급 발생
⑤	노동공급 증가	초과공급 발생

02 주유소에서 휘발유를 구입하는 모든 소비자들은 항상 "5만 원어치 넣어주세요"라고 하는 반면, 경유를 구입하는 모든 소비자들은 항상 "40리터 넣어주세요"라고 한다. 현재의 균형상태에서 휘발유의 공급은 감소하고, 경유의 공급이 증가한다면, 휘발유시장과 경유시장에 나타나는 균형가격의 변화는? (단, 휘발유시장과 경유시장은 완전경쟁시장이며, 각 시장의 공급곡선은 우상향하고, 다른 조건은 일정하다.)

	휘발유시장	경유시장
①	상승	상승
②	상승	하락
③	하락	불변
④	하락	하락
⑤	불변	불변

03 기업 A의 총비용곡선에 관한 설명으로 옳지 않은 것은? (단, 생산요소는 한 종류이며, 요소가격은 변하지 않는다.)

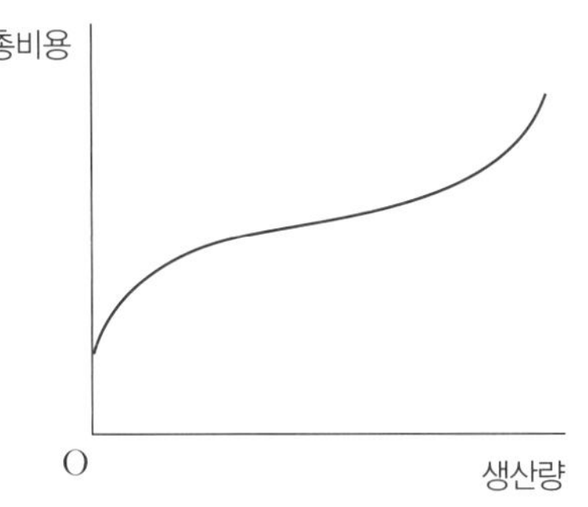

① 총평균비용곡선은 U자 모양을 가진다.
② 총평균비용이 하락할 때 한계비용이 총평균비용보다 크다.
③ 평균고정비용곡선은 직각쌍곡선의 모양을 가진다.
④ 생산량이 증가함에 따라 한계비용곡선은 평균가변비용곡선의 최저점을 아래에서 위로 통과한다.
⑤ 생산량이 증가함에 따라 총비용곡선의 기울기가 급해지는 것은 한계생산이 체감하기 때문이다.

04 甲의 효용함수는 $U=\sqrt{LF}$이며 하루 24시간을 여가(L)와 노동($24-L$)에 배분한다. 甲은 노동을 통해서만 소득을 얻으며, 소득은 모두 식품(F)을 구매하는 데 사용한다. 시간당 임금은 10,000원, 식품의 가격은 2,500원이다. 甲이 예산제약하에서 효용을 극대화할 때, 여가시간과 구매하는 식품의 양은?

① $L=8$, $F=64$
② $L=10$, $F=56$
③ $L=12$, $F=48$
④ $L=14$, $F=40$
⑤ $L=16$, $F=32$

05 소비자 甲이 두 재화 X, Y를 소비하고 효용함수는 $U(x, y) = \min\{x+2y,\ 2x+y\}$이다. 소비점 (3, 3)을 지나는 무차별곡선의 형태는? (단, x는 X의 소비량, y는 Y의 소비량이다.)

①
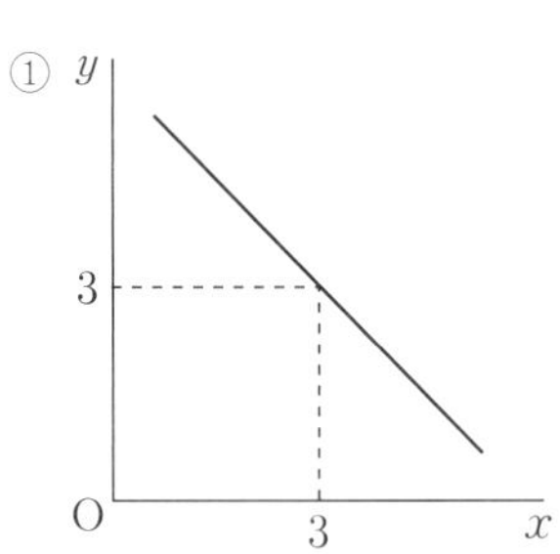

②
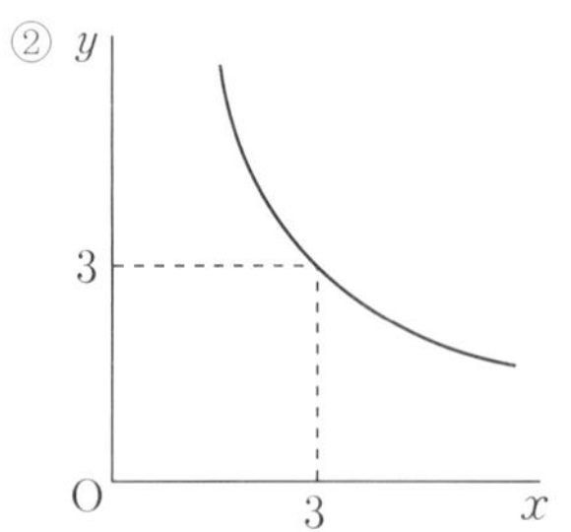

③
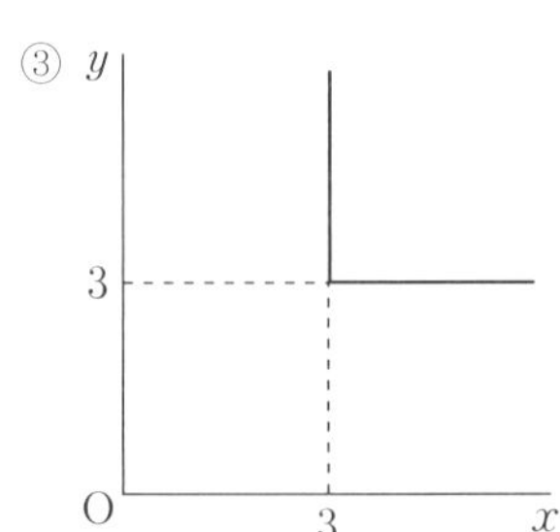

④
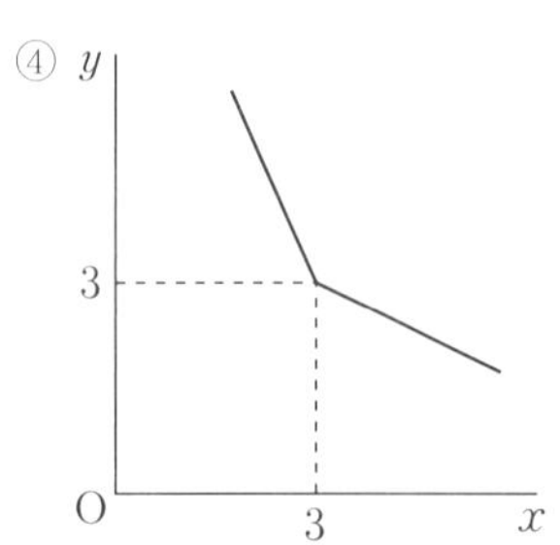

⑤
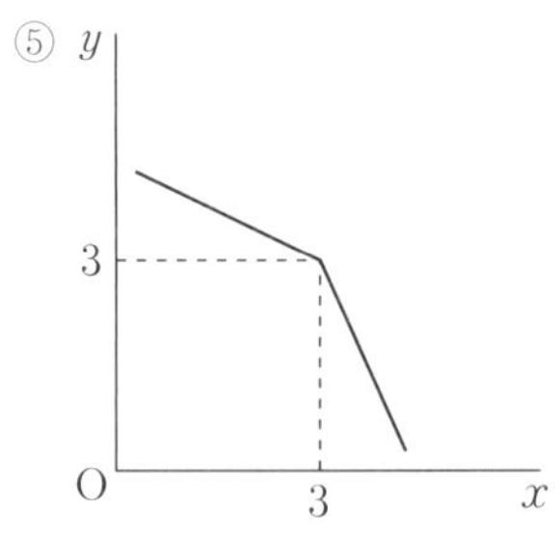

06 GDP 증가요인을 모두 고른 것은?

ㄱ. 주택 신축
ㄴ. 정부의 이전지출
ㄷ. 외국산 자동차 수입

① ㄱ
② ㄴ
③ ㄱ, ㄷ
④ ㄴ, ㄷ
⑤ ㄱ, ㄴ, ㄷ

07 경제정책에 관한 설명으로 옳은 것을 모두 고른 것은?

ㄱ. 외부시차는 경제에 충격이 발생한 시점과 이에 대한 정책시행시점 사이의 기간이다.
ㄴ. 자동안정화장치는 내부시차를 줄여준다.
ㄷ. 루카스(R. Lucas)는 정책이 변하면 경제주체의 기대도 바뀌게 되는 것을 고려해야 한다고 주장하였다.
ㄹ. 시간적 불일치성 문제가 있는 경우 자유재량적 정책이 바람직하다.

① ㄱ, ㄴ
② ㄱ, ㄷ
③ ㄱ, ㄹ
④ ㄴ, ㄷ
⑤ ㄴ, ㄹ

08 수량방정식($MV = PY$)과 피셔효과가 성립하는 폐쇄경제에서 화폐유통속도(V)가 일정하고, 인플레이션율이 2%, 통화증가율이 5%, 명목이자율이 6%라고 할 때, 다음 중 옳은 것을 모두 고른 것은? (단, M은 통화량, P는 물가, Y는 실질소득이다.)

ㄱ. 실질이자율은 4%이다.
ㄴ. 실질경제성장률은 4%이다.
ㄷ. 명목경제성장률은 5%이다.

① ㄱ
② ㄴ
③ ㄱ, ㄷ
④ ㄴ, ㄷ
⑤ ㄱ, ㄴ, ㄷ

09 투자자 甲은 100으로 기업 A, B의 주식에만 (기업 A에 x, 기업 B에 $100-x$) 투자한다. 표는 기업 A의 신약 임상실험 성공 여부에 따른 기업 A, B의 주식투자 수익률이다. 임상실험의 결과와 관계없이 동일한 수익을 얻을 수 있도록 하는 x는?

기업 A의 임상실험 성공 여부 / 주식투자 수익률	성공	실패
기업 A	30%	0%
기업 B	-10%	10%

① 20
② 25
③ 30
④ 40
⑤ 50

10 국제수지표의 금융계정(financial account)에 포함되는 거래가 아닌 것은?

① 한국 기업이 외국인 투자자에게 배당금을 지불한다.
② 한국 기업이 베트남 기업에 대해 50% 이상의 주식지분을 매입한다.
③ 외국 금융기관이 한국 국채를 매입한다.
④ 한국 금융기관이 외화자금을 차입한다.
⑤ 한국은행이 미국 재무성 채권을 매입한다.

정답 · 해설 _해설집 p.98

11회 2017 감정평가사(1)

제한시간 : 15분 시작 시 분 ~ 종료 시 분 점수 확인 개/ 10개

01 복점(duopoly)시장에서 기업 A와 B는 각각 1, 2, 3의 생산량결정전략을 갖고 있다. 성과보수행렬(payoff matrix)이 다음과 같을 때 내쉬균형은? (단, 게임은 일회성이며, 보수행렬 내 괄호 안 왼쪽은 A, 오른쪽은 B의 보수이다.)

구분		B		
		전략 1	전략 2	전략 3
A	전략 1	(7,7)	(5,8)	(4,9)
	전략 2	(8,5)	(6,6)	(3,4)
	전략 3	(9,4)	(4,3)	(0,0)

① (7, 7), (5, 8), (9, 4)
② (8, 5), (6, 6), (3, 4)
③ (9, 4), (5, 8), (0, 0)
④ (9, 4), (6, 6), (4, 9)
⑤ (7, 7), (6, 6), (0, 0)

02 독점기업의 이윤극대화에 관한 설명으로 옳지 않은 것은? (단, 수요곡선은 우하향하고 생산량은 양(+)이고, 가격차별은 없다.)

① 이윤극대화 가격은 한계비용보다 높다.
② 양(+)의 경제적 이윤을 획득할 수 없는 경우도 있다.
③ 현재 생산량에서 한계수입이 한계비용보다 높은 상태라면 이윤극대화를 위하여 가격을 인상하여야 한다.
④ 이윤극대화 가격은 독점균형거래량에서의 평균수입과 같다.
⑤ 이윤극대화는 한계비용과 한계수입이 일치하는 생산수준에서 이루어진다.

03 완전경쟁시장에서 개별기업의 단기 총비용곡선이 $STC = a + \frac{q^2}{100}$일 때 단기 공급곡선 q_s는? (단, a는 고정자본비용, q는 수량, p는 가격이다.)

① $q_s = 50p$
② $q_s = 60p$
③ $q_s = 200p$
④ $q_s = 300p$
⑤ $q_s = 400p$

04 X재와 Y재 소비에 대한 乙의 효용함수는 $U = 12x + 10y$이고, 소득은 1,500이다. X재의 가격이 15일 때 乙은 효용극대화를 위해 X재만 소비한다. 만약 乙이 Y재를 공동구매하는 클럽에 가입하면 Y재를 단위당 10에 구매할 수 있다. 乙이 클럽에 가입하기 위해 지불할 용의가 있는 최대금액은? (단, x는 X재 소비량, y는 Y재 소비량이다.)

① 120
② 200
③ 300
④ 400
⑤ 600

05 각 나라의 빅맥 가격과 현재 시장환율이 다음 표와 같다. 빅맥 가격을 기준으로 구매력평가설이 성립할 때, 다음 중 자국 통화가 가장 고평가(overvalued)되어 있는 나라는?

구분	빅맥 가격	현재 시장환율
미국	3달러	-
영국	2파운드	1파운드=2달러
한국	3,000원	1달러=1,100원
인도네시아	20,000루피아	1달러=8,000루피아
멕시코	400페소	1달러=120페소

① 한국
② 영국
③ 인도네시아
④ 멕시코
⑤ 미국

06 소비자물가지수를 구성하는 소비지출 구성이 다음과 같다. 전년도에 비해 올해 식료품비가 10%, 교육비가 10%, 주거비가 5% 상승하였고 나머지 품목에는 변화가 없다면 소비자물가지수 상승률은?

- 식료품비: 40%
- 교육비: 20%
- 교통비 및 통신비: 10%
- 주거비: 20%
- 기타: 10%

① 5%
② 7%
③ 9%
④ 10%
⑤ 12.5%

07 필립스(Phillips)곡선에 관한 설명으로 옳은 것은?

① 필립스(A. W. Phillips)는 적응적 기대가설을 이용하여 최초로 영국의 실업률과 인플레이션 간의 관계가 수직임을 그래프로 보였다.
② 1970년대 석유파동 때 미국의 단기 필립스곡선은 왼쪽으로 이동되었다.
③ 단기 총공급곡선이 가파를수록 단기 필립스곡선은 가파른 모양을 가진다.
④ 프리드먼(M. Friedman)과 펠프스(E. Phelps)에 따르면 실업률과 인플레이션 간에는 장기 상충(trade-off)관계가 존재한다.
⑤ 자연실업률가설은 장기 필립스곡선이 우상향함을 설명한다.

08 원/달러 환율의 하락(원화 강세)을 야기하는 요인으로 옳은 것은?

① 재미교포의 국내송금 감소
② 미국인의 국내주식에 대한 투자 증가
③ 미국산 수입품에 대한 국내수요 증가
④ 미국의 기준금리 상승
⑤ 미국인 관광객의 국내 유입 감소로 인한 관광수입 감소

09 리카디언 등가정리(Ricardian equivalence theorem)가 성립할 경우 옳은 설명을 모두 고른 것은?

ㄱ. 현재소비는 기대되는 미래소득과 현재소득을 모두 포함한 평생소득(lifetime income)에 의존한다.
ㄴ. 소비자는 현재 차입제약 상태에 있다.
ㄷ. 다른 조건이 일정할 때, 공채발행을 통한 조세삭감은 소비에 영향을 줄 수 없다.
ㄹ. 정부지출 확대정책은 어떠한 경우에도 경제에 영향을 줄 수 없다.

① ㄱ, ㄷ
② ㄱ, ㄹ
③ ㄴ, ㄷ
④ ㄱ, ㄷ, ㄹ
⑤ ㄴ, ㄷ, ㄹ

10 폐쇄경제인 A국에서 화폐수량설과 피셔방정식(Fisher equation)이 성립한다. 화폐유통속도가 일정하고, 실질경제성장률이 2%, 명목이자율이 5%, 실질이자율이 3%인 경우 통화증가율은?

① 1%
② 2%
③ 3%
④ 4%
⑤ 5%

정답 · 해설 _해설집 p.100

12회 2017 감정평가사(2)

제한시간 : 15분 시작 시 분 ~ 종료 시 분 점수 확인 개/ 10개

01 소득이 600인 소비자 甲은 X재와 Y재만을 소비하며 효용함수는 $U=x+y$이다. $P_X=20$, $P_Y=15$이던 두 재화의 가격이 $P_X=20$, $P_Y=25$로 변할 때 최적 소비에 관한 설명으로 옳은 것은? (단, x는 X재 소비량, y는 Y재 소비량이다.)

① X재 소비를 30단위 증가시킨다.
② X재 소비를 40단위 증가시킨다.
③ Y재 소비를 30단위 증가시킨다.
④ Y재 소비를 40단위 증가시킨다.
⑤ Y재 소비를 30단위 감소시킨다.

02 완전경쟁시장에서 이윤극대화를 추구하는 기업들의 장기 비용함수는 $C=0.5q^2+8$로 모두 동일하다. 시장수요함수가 $Q_D=1{,}000-10P$일 때, 장기 균형에서 시장 참여기업의 수는? (단, C는 개별기업 총비용, q는 개별기업 생산량, Q_D는 시장 수요량, P는 가격을 나타낸다.)

① 150　② 210
③ 240　④ 270
⑤ 300

03 사과수요의 가격탄력성은 1.4, 사과수요의 감귤 가격에 대한 교차탄력성은 0.9, 사과수요의 배 가격에 대한 교차탄력성은 −1.5, 사과수요의 소득탄력성은 1.2이다. 다음 설명 중 옳은 것을 모두 고른 것은? (단, 수요의 가격탄력성은 절댓값으로 표시한다.)

ㄱ. 사과는 정상재이다.
ㄴ. 사과는 배와 대체재이다.
ㄷ. 사과는 감귤과 보완재이다.
ㄹ. 다른 조건이 불변일 때 사과가격이 상승하면 사과 판매자의 총수입은 감소한다.

① ㄱ, ㄴ　② ㄱ, ㄷ
③ ㄱ, ㄹ　④ ㄴ, ㄹ
⑤ ㄷ, ㄹ

04 영화관 A의 티켓에 대한 수요함수가 $Q=160-2P$일 때, A의 판매수입이 극대화되는 티켓 가격은? (단, P는 가격, Q는 수량이다.)

① 0　② 10
③ 20　④ 40
⑤ 80

05 어느 마을에 주민들이 염소를 방목할 수 있는 공동의 목초지가 있다. 염소를 방목하여 기를 때 얻는 총수입은 $R=10(20X-X^2)$이고, 염소 한 마리에 소요되는 비용은 20이다. 만약 개별 주민들이 아무런 제한 없이 각자 염소를 목초지에 방목하면 마을 주민들은 총 X_1마리를, 마을 주민들이 마을 전체의 이윤을 극대화하고자 한다면 총 X_2마리를 방목할 것이다. X_1과 X_2는? (단, X는 염소의 마리수이다.)

① 12, 9
② 12, 16
③ 16, 12
④ 18, 9
⑤ 18, 12

06 실업에 관한 설명으로 옳지 않은 것은?

① 일자리를 가지고 있지 않으나 취업할 의사가 없는 사람은 경제활동인구에 포함되지 않는다.
② 실업이란 사람들이 일할 능력과 의사를 가지고 일자리를 찾고 있으나 일자리를 얻지 못한 상태를 말한다.
③ 자연실업률은 구조적 실업만이 존재하는 실업률이다.
④ 실업자가 구직을 단념하여 비경제활동인구로 전환되면 실업률이 감소한다.
⑤ 경기변동 때문에 발생하는 실업은 경기적(cyclical) 실업이다.

07 경기변동이론에 관한 설명으로 옳은 것은?

① 실물경기변동이론(real business cycle theory)은 통화량변동정책이 장기적으로 실질 국민소득에 영향을 준다고 주장한다.
② 실물경기변동이론은 단기에는 임금이 경직적이라고 전제한다.
③ 실물경기변동이론에 따르면 불경기에도 가계는 기간별 소비선택의 최적조건에 따라 소비를 결정한다.
④ 새케인즈학파(New Keynesian) 경기변동이론은 기술충격과 같은 공급충격이 경기변동의 근본원인이라고 주장한다.
⑤ 가격의 비동조성(staggered pricing)이론은 새고전학파(New Classical) 경기변동이론에 포함된다.

08 고정환율제인 먼델-플레밍모형에서 해외이자율이 상승할 경우, 자국에 나타나는 경제변화에 관한 설명으로 옳은 것은? (단, 자국은 자본이동이 완전히 자유로운 소규모 개방경제국이다.)

① 환율은 불변이고, 생산량은 감소한다.
② 환율은 불변이고, 무역수지는 증가한다.
③ 환율은 불변이고, 국내투자수요가 증가한다.
④ 환율에 대한 하락압력으로 통화량이 증가한다.
⑤ 국내이자율이 하락함에 따라 국내투자소요가 증가한다.

09 통화량변동에 관한 설명으로 옳지 않은 것은?

① 법정지급준비율의 변동은 본원통화량을 변화시키지 않는다.
② 중앙은행이 통화안정증권을 발행하여 시장에 매각하면 통화량이 감소한다.
③ 중앙은행이 시중은행으로부터 채권을 매입하면 통화량이 감소한다.
④ 은행의 법정지급준비율을 100%로 규제한다면 본원통화량과 통화량은 동일하다.
⑤ 정부의 중앙은행차입이 증가하면 통화량은 증가한다.

10 효율성임금(efficiency wage)이론에 따르면 기업은 노동자에게 균형임금보다 높은 수준의 임금을 지급한다. 옳은 것을 모두 고른 것은?

ㄱ. 노동자의 생산성을 높일 수 있다.
ㄴ. 노동자의 근무태만이 늘어난다.
ㄷ. 노동자의 이직률을 낮출 수 있다.

① ㄷ
② ㄱ, ㄴ
③ ㄱ, ㄷ
④ ㄴ, ㄷ
⑤ ㄱ, ㄴ, ㄷ

정답 · 해설 _해설집 p.102

13회 2016 감정평가사(1)

제한시간 : 15분 시작 시 분 ~ 종료 시 분 점수 확인 개/ 10개

01 X재의 시장수요함수와 시장공급함수가 각각 $Q_D = 3{,}600 - 20P$, $Q_S = 300$이다. 정부가 X재 한 단위당 100원의 세금을 소비자에게 부과할 때 자중손실(deadweight loss)은? (단, Q_D는 수요량, Q_S는 공급량, P는 가격이다.)

① 0원
② 10,000원
③ 20,000원
④ 30,000원
⑤ 40,000원

02 소비자 이론에 관한 설명으로 옳은 것은? (단, 소비자는 X재와 Y재만 소비한다.)

① 소비자의 효용함수가 $U = 2XY$일 때, 한계대체율은 체감한다.
② 소비자의 효용함수가 $U = \sqrt{XY}$일 때, X재의 한계효용은 체증한다.
③ 소비자의 효용함수가 $U = \min(X, Y)$일 때, 수요의 교차탄력성은 0이다.
④ 소비자의 효용함수가 $U = X + Y$일 때, X재의 가격이 Y재의 가격보다 크더라도 X재와 Y재를 동일 비율로 소비한다.
⑤ 소비자의 효용함수가 $U = \min(X, Y)$일 때, 소득소비곡선의 기울기는 음(−)이다.

03 甲기업의 단기 총비용함수가 $C = 25 + 5Q$일 때, 甲기업의 단기 비용에 관한 설명으로 옳은 것은? (단, Q는 양(+)의 생산량이다.)

① 모든 생산량 수준에서 평균가변비용과 한계비용은 같다.
② 모든 생산량 수준에서 평균고정비용은 일정하다.
③ 생산량이 증가함에 따라 한계비용은 증가한다.
④ 평균비용곡선은 U자 형태이다.
⑤ 생산량이 일정 수준 이상에서 한계비용이 평균비용을 초과한다.

04 독점기업 甲은 두 시장 A, B에서 X재를 판매하고 있다. 생산에 있어서 甲의 한계비용은 0이다. 甲이 A, B에서 직면하는 수요함수는 각각 $Q_A = a_1 - b_1P_A$, $Q_B = a_2 - b_2P_B$이고, 甲이 각 시장에서 이윤극대화를 한 결과 두 시장의 가격이 같아지게 되는 a_1, b_1, a_2, b_2의 조건으로 옳은 것은? (단, a_1, b_1, a_2, b_2는 모두 양(+)의 상수이고, Q_A, Q_B는 각 시장에서 팔린 X재의 판매량이며, P_A, P_B는 각 시장에서 X재의 가격이다.)

① $a_1b_1 = a_2b_2$
② $a_1b_2 = a_2b_1$
③ $a_1 + b_1 = a_2 + b_2$
④ $a_1 + b_2 = a_2 + b_1$
⑤ $a_1b_2 = b_1b_2$

05 완전경쟁시장에서 이윤을 극대화하는 개별기업의 장기 비용함수가 $C = Q^3 - 4Q^2 + 8Q$이다. 완전경쟁시장의 장기 균형가격(P)과 개별기업의 장기 균형생산량(Q)은? (단, 모든 개별기업의 장기 비용함수는 동일하다.)

① $P=1$, $Q=1$
② $P=1$, $Q=2$
③ $P=2$, $Q=4$
④ $P=4$, $Q=2$
⑤ $P=4$, $Q=4$

06 A국의 거시경제모형이 다음과 같을 때, 총수요곡선으로 옳은 것은?

- 민간소비: $C = 2 + 0.5Y$
- 투자: $I = 2 - r$
- 정부지출: $G = 3$
- 실질화폐수요: $\frac{M^D}{P} = 4 + 0.5Y - r$
- 명목화폐공급: $M^S = 3$

(단, r은 이자율, Y는 국민소득, P는 물가수준이고, $Y > 3$이다.)

① $Y = 1 + \frac{1}{P}$ ② $Y = 2 + \frac{2}{P}$
③ $Y = 3 + \frac{3}{P}$ ④ $Y = 4 + \frac{4}{P}$
⑤ $Y = 5 + \frac{5}{P}$

07 실물경기변동이론(real business cycle theory)에 관한 설명으로 옳은 것을 모두 고른 것은?

ㄱ. 임금 및 가격이 경직적이다.
ㄴ. 불경기에는 생산의 효율성이 달성되지 않는다.
ㄷ. 화폐의 중립성(neutrality of money)이 성립된다.
ㄹ. 경기변동은 시간에 따른 균형의 변화로 나타난다.

① ㄱ, ㄴ ② ㄱ, ㄷ
③ ㄴ, ㄹ ④ ㄷ, ㄹ
⑤ ㄴ, ㄷ

08 통화량 (M)을 현금(C)과 요구불예금(D)의 합으로, 본원통화(B)를 현금(C)과 지급준비금(R)의 합으로 정의하자. 이 경우 현금보유비율(cr)은 $\frac{C}{D}$, 지급준비금비율(rr)은 $\frac{R}{D}$로 나타낼 수 있다. 중앙은행이 본원통화를 공급할 때 민간은 현금보유분을 제외하고는 모두 은행에 예금하며, 은행은 수취한 예금 중 지급준비금을 제외하고는 모두 대출한다고 가정한다. cr이 0.2, rr이 0.1이면 통화승수의 크기는?

① 1.5 ② 2.0
③ 3.7 ④ 4.0
⑤ 5.3

09 A국의 단기 필립스곡선은 $\pi = \pi^e - 0.4(u - u_n)$이다. 현재 실제인플레이션율이 기대인플레이션율과 동일하고 기대인플레이션율이 변하지 않을 경우, 실제인플레이션율을 2%p 낮추기 위해 추가로 감수해야 하는 실업률의 크기는? (단, u는 실제실업률, u_n는 자연실업률, π는 실제인플레이션율, π^e는 기대인플레이션율이고, 자연실업률은 6%이다.)

① 5.0%p
② 5.2%p
③ 5.4%p
④ 5.6%p
⑤ 5.8%p

10 솔로우(Solow) 경제성장모형에서 1인당 생산함수는 $y = 2k^{\frac{1}{2}}$이다. 감가상각률이 0.2, 인구증가율과 기술진보율이 모두 0이라면, 이 경제의 1인당 소비의 황금률 수준(golden rule level)은? (단, y는 1인당 생산량, k는 1인당 자본량이다.)

① 2
② 5
③ 10
④ 25
⑤ 100

정답 · 해설 _해설집 p.104

14회 2016 감정평가사(2)

제한시간 : 15분 시작 시 분 ~ 종료 시 분 점수 확인 개/ 10개

01 현재 소비자 甲은 주어진 소득 3,000원을 모두 사용하여 가격이 60원인 X재 20단위와 가격이 100원인 Y재 18단위를 소비하고자 한다. 이때 X재와 Y재의 한계효용이 각각 20으로 동일하다면 효용극대화를 위한 甲의 선택으로 옳은 것은? (단, 소비자 甲의 X재와 Y재에 대한 무차별곡선은 우하향하고 원점에 대하여 볼록하다.)

① X재 18단위와 Y재 18단위를 소비한다.
② X재 20단위와 Y재 20단위를 소비한다.
③ X재의 소비량은 감소시키고 Y재의 소비량은 증가시켜야 한다.
④ X재의 소비량은 증가시키고 Y재의 소비량은 감소시켜야 한다.
⑤ 현재 소비하고 있는 소비조합을 선택한다.

02 甲의 효용함수는 $U(x, y) = xy$이고, X재와 Y재의 가격이 각각 2,000원과 8,000원이며, 소득은 100,000원이다. 예산제약하에서 甲의 효용이 극대화되는 소비점에서 한계대체율 $MRS_{XY} = -\dfrac{\Delta Y}{\Delta X}$은? (단, 甲은 X재와 Y재만 소비하고, x는 X재의 소비량, y는 Y재의 소비량이다.)

① 0.25 ② 0.5
③ 0.75 ④ 2.0
⑤ 2.5

03 독점적 경쟁시장의 특성에 해당하는 것을 모두 고른 것은? (단, 독점적 경쟁시장의 개별기업은 이윤극대화를 추구한다.)

> ㄱ. 개별기업은 한계수입이 한계비용보다 높은 수준에서 산출량을 결정한다.
> ㄴ. 개별기업은 한계수입이 가격보다 낮은 수준에서 산출량을 결정한다.
> ㄷ. 개별기업이 직면하는 수요곡선은 우하향한다.
> ㄹ. 개별기업의 장기적 이윤은 0이다.

① ㄱ, ㄴ
② ㄱ, ㄷ
③ ㄱ, ㄴ, ㄹ
④ ㄴ, ㄷ, ㄹ
⑤ ㄷ, ㄹ

04 이윤극대화를 추구하는 독점기업과 완전경쟁기업의 차이점에 대한 설명으로 옳지 않은 것은?

① 독점기업의 한계수입은 가격보다 낮은 반면, 완전경쟁기업의 한계수입은 시장가격과 같다.
② 독점기업의 한계수입곡선은 우상향하는 반면, 완전경쟁기업의 한계수입곡선은 우하향한다.
③ 단기 균형에서 독점기업은 가격이 한계비용보다 높은 점에서 생산하는 반면, 완전경쟁기업은 시장가격과 한계비용이 같은 점에서 생산한다.
④ 장기 균형에서 독점기업은 경제적 이윤을 얻을 수 있는 반면, 완전경쟁기업은 경제적 이윤을 얻을 수 없다.
⑤ 독점기업이 직면하는 수요곡선은 우하향하는 반면, 완전경쟁시장이 직면하는 수요곡선은 수평이다.

05 甲기업의 공급함수는 $Q = 100 + 2P$이다. $P > 0$일 때 甲의 공급에 대한 가격탄력성 e는? (단, P는 가격, Q는 수량이다.)

① $e = 0$
② $0 < e < 1$
③ $e = 1$
④ $1 < e < 2$
⑤ $e = 2$

06 甲은 X재와 Y재 두 재화를 1:1비율로 묶어서 소비한다. X재의 가격과 수요량을 각각 P_X와 Q_X라 한다. 소득이 1,000이고 Y재의 가격이 10일 때 甲의 X재 수요함수로 옳은 것은? (단, 소비자는 효용을 극대화하고 소득을 X재와 Y재 소비에 모두 지출한다.)

① $Q_X = \dfrac{1,000}{10 + P_X}$
② $Q_X = 990 - P_X$
③ $Q_X = 500 - P_X$
④ $Q_X = 1,000 - P_X$
⑤ $Q_X = \dfrac{500}{P_X}$

07 A국의 생산가능인구는 500만 명, 취업자 수는 285만 명, 실업률이 5%일 때, A국의 경제활동참가율은?

① 48%
② 50%
③ 57%
④ 60%
⑤ 65%

08 폐쇄경제인 A국의 국민소득(Y)이 5,000이고 정부지출(G)이 1,000이며 소비(C)와 투자(I)가 각각 $C = 3,000 - 50r$, $I = 2,000 - 150r$과 같이 이자율(r)의 함수로 주어진다고 할 때, 균형상태에서의 총저축은? (단, 총저축은 민간저축과 정부저축의 합이다.)

① 1,000
② 1,250
③ 1,500
④ 2,250
⑤ 2,500

09 A국의 총생산함수가 $Y=K^{\frac{1}{2}}L^{\frac{1}{2}}$이다. 이에 관한 설명으로 옳은 것을 모두 고른 것은? (단, Y는 국민소득, K는 자본량, L은 동량으로 인구와 같다.)

> ㄱ. 총생산함수는 규모에 따른 수익불변의 성질을 가진다.
> ㄴ. 1인당 자본량이 증가하면 1인당 국민소득은 증가한다.
> ㄷ. 자본량이 일정할 때, 인구가 증가하면 1인당 국민소득은 감소한다.

① ㄱ
② ㄴ
③ ㄱ, ㄷ
④ ㄱ, ㄴ, ㄷ
⑤ ㄴ, ㄷ

10 개방경제인 A국의 $GDP(Y)$는 100, 소비(C)는 $0.7Y$, 투자(I)는 $I=30-2r$이다. r이 5일 경우, A국의 순수출은 얼마인가? (단, A국의 경제는 균형상태이며, 정부부문은 고려하지 않고 r은 이자율이다.)

① -10
② 10
③ 0
④ 20
⑤ 40

정답·해설 _해설집 p.106

15회 2015 감정평가사(1)

제한시간 : 15분 시작 시 분 ~ 종료 시 분 점수 확인 개/ 10개

01 다음과 같이 시장수요곡선(D)과 시장공급곡선(S)이 주어졌을 때, 정부가 생산자에게 세금을 부과하여 공급곡선이 S에서 S'로 이동하였다. 다음 중 옳은 것은? (단, 시장수요곡선은 완전탄력적이며, 시장공급곡선은 우상향한다.)

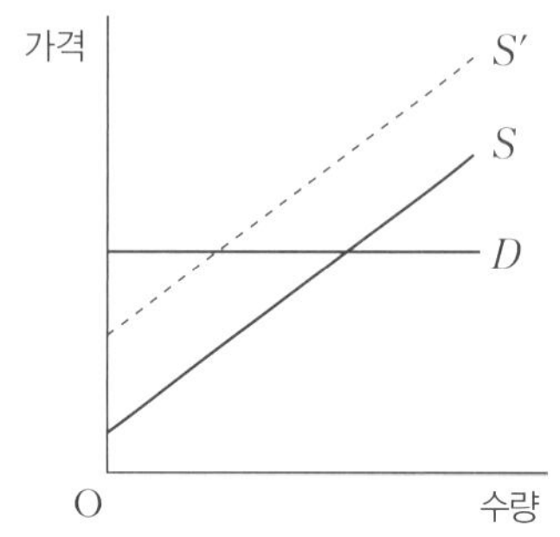

① 모든 세금은 소비자가 부담한다.
② 균형거래량은 변화가 없다.
③ 생산자잉여는 감소한다.
④ 소비자잉여는 증가한다.
⑤ 정부의 조세수입은 발생하지 않는다.

02 베이글과 크림치즈는 서로 보완재이고, 베이글과 베이컨은 서로 대체재이다. 베이글의 원료인 밀가루 가격의 급등에 따라 베이글의 생산비용이 상승하였을 때, 각 시장의 변화로 옳지 않은 것은? (단, 베이글, 크림치즈, 베이컨 모두 수요와 공급의 법칙을 따르며, 다른 조건은 일정하다.)

① 베이글의 가격은 상승한다.
② 크림치즈의 거래량은 감소한다.
③ 크림치즈 시장의 생산자잉여는 감소한다.
④ 베이컨 시장의 총잉여는 변함이 없다.
⑤ 베이컨의 판매수입은 증가한다.

03 기펜재(Giffen goods)에 관한 설명으로 옳은 것을 모두 고른 것은?

ㄱ. 열등재이다.
ㄴ. 수요곡선은 우상향한다.
ㄷ. 과시적 소비가 나타난다.
ㄹ. 절댓값을 기준으로 소득효과가 대체효과보다 작다.

① ㄱ, ㄴ
② ㄱ, ㄷ
③ ㄴ, ㄷ
④ ㄴ, ㄷ, ㄹ
⑤ ㄱ, ㄴ, ㄹ

04 소득-여가 결정모형에서 효용극대화를 추구하는 甲의 노동공급에 관한 설명으로 옳은 것은? (단, 소득과 여가는 모두 정상재이며, 소득효과 및 대체효과의 크기 비교는 절댓값을 기준으로 한다.)

① 시간당 임금이 상승할 경우, 대체효과는 노동공급 감소요인이다.
② 시간당 임금이 상승할 경우, 소득효과는 노동공급 증가요인이다.
③ 시간당 임금이 하락할 경우, 소득효과와 대체효과가 동일하다면 노동공급은 감소한다.
④ 시간당 임금이 하락할 경우, 소득효과가 대체효과보다 크다면 노동공급은 증가한다.
⑤ 시간당 임금의 상승과 하락에 무관하게 소득과 여가가 결정된다.

05 한 지역에 동질의 휘발유를 판매하는 두 주유소 A, B가 꾸르노(Cournot)경쟁을 하고 있다. 이 지역의 휘발유에 대한 시장수요함수는 $Q=8{,}000-2P$이고, A와 B의 한계비용은 1,000원으로 일정하며, 고정비용은 없다. 이윤극대화를 추구하는 A와 B의 균형판매량은? (단, P는 가격, $Q=Q_A+Q_B$이며, Q_A, Q_B는 각각 A와 B의 판매량이다.)

① $Q_A=1{,}500$, $Q_B=1{,}500$
② $Q_A=1{,}500$, $Q_B=2{,}500$
③ $Q_A=2{,}000$, $Q_B=2{,}000$
④ $Q_A=2{,}500$, $Q_B=2{,}500$
⑤ $Q_A=3{,}000$, $Q_B=3{,}000$

06 소비이론에 관한 설명으로 옳지 않은 것은?

① 절대소득가설에 의하면 소비의 이자율탄력성은 0이다.
② 상대소득가설에 의하면 장기 소비함수는 원점을 통과하는 직선의 형태로 도출된다.
③ 항상소득가설에 의하면 임시소비는 임시소득에 의해 결정된다.
④ 생애주기가설에 의하면 사람들은 일생에 걸친 소득변화 양상을 염두에 두고 적절한 소비수준을 결정한다.
⑤ 절대소득가설에 의하면 기초소비가 있는 경우, 평균소비성향이 한계소비성향보다 크다.

07 오쿤의법칙(Okun's Law)에 따라 실업률이 1%포인트 증가하면 실질GDP는 약 2%포인트 감소한다고 가정하자. 만약, 중앙은행이 화폐공급증가율을 낮추어 인플레이션율은 10%에서 8%로 하락하였으나 실업률은 4%에서 8%로 증가하였을 경우, 희생비율(sacrifice ratio)은?

① 약 2
② 약 4
③ 약 6
④ 약 8
⑤ 약 10

08 2015년 현재 우리나라 경기종합지수 중 동행종합지수의 구성지표로 옳은 것은?

① 구인구직비율
② 코스피지수
③ 장단기금리차
④ 광공업생산지수
⑤ 생산자제품재고지수

09 甲국과 乙국의 무역 개시 이전의 X재와 Y재에 대한 단위당 생산비가 다음과 같다. 무역을 개시하여 두 나라 모두 이익을 얻을 수 있는 교역조건$\left(\frac{P_X}{P_Y}\right)$에 해당하는 것은? (단, P_X는 X재의 가격이고, P_Y는 Y재의 가격이다.)

구분	X재	Y재
甲국	5	10
乙국	8	13

① 0.45
② 0.55
③ 0.65
④ 0.75
⑤ 0.85

10 국제수지표의 경상수지에 포함되는 거래가 아닌 것은?

① 외국인의 국내주식 구입
② 해외교포의 국내송금
③ 재화의 수출입
④ 정부 간 무상원조
⑤ 외국인의 국내관광 지출

정답·해설 _해설집 p.108

16회 2015 감정평가사(2)

제한시간 : 15분 시작 시 분 ~ 종료 시 분 점수 확인 개/ 10개

01 甲의 효용함수는 $U(x, y) = xy$이고, X재와 Y재의 가격이 각각 1과 2이며, 甲의 소득은 100이다. 예산제약하에서 甲의 효용을 극대화시키는 X재와 Y재의 소비량은? (단, 甲은 X재와 Y재만 소비하고 x는 X재의 소비량, y는 Y재의 소비량이다.)

① $x = 20$, $y = 40$
② $x = 30$, $y = 35$
③ $x = 40$, $y = 30$
④ $x = 50$, $y = 25$
⑤ $x = 60$, $y = 20$

02 효용극대화를 추구하는 소비자 甲의 효용함수는 $U(x, y) = x + y$이다. 甲의 무차별곡선에 관한 설명으로 옳지 않은 것은? (단, 甲은 X재와 Y재만 소비하고 x는 X재의 소비량, y는 Y재의 소비량이며, x, y는 양수이다.)

① 원점에서 멀리 있는 무차별곡선은 원점에서 가까이 있는 무차별곡선보다 선호된다.
② 무차별곡선은 우하향한다.
③ 무차별곡선들은 서로 교차하지 않는다.
④ 동일한 무차별곡선상에서 한계대체율은 체감한다.
⑤ 무차별곡선의 기울기는 모든 소비조합(consumption bundle)에서 동일하다.

03 甲기업의 생산함수는 $f(K, L) = K^{\frac{1}{2}}L^{\frac{1}{4}}$이고, 산출물의 가격은 4, K의 가격은 2, L의 가격은 1이다. 이윤을 극대화하는 甲기업의 K와 L은 각각 얼마인가? (단, K와 L은 각각 자본, 노동투입량을 나타내고, 생산물시장과 생산요소시장은 완전경쟁시장이다.)

① $K = 1$, $L = 1$
② $K = 1$, $L = 2$
③ $K = 2$, $L = 2$
④ $K = 2$, $L = 4$
⑤ $K = 4$, $L = 2$

04 물류회사 甲은 A지역 내에서 근로자에 대한 수요독점자이다. 다음과 같은 식이 주어졌을 때 이윤극대화를 추구하는 甲이 책정하는 임금은? (단, 노동공급은 완전경쟁적이며, w는 임금, L은 노동량이다.)

- A지역의 노동공급곡선: $w = 800 + 10L$
- 노동의 한계수입생산: $MRP_L = 2{,}000 - 10L$

① 800
② 1,000
③ 1,200
④ 1,400
⑤ 1,600

05 한계비용이 양(+)의 값을 갖는 독점기업의 단기 균형에서 수요의 가격탄력성은? (단, 수요곡선은 우하향하는 직선이며, 독점기업은 이윤극대화를 목표로 한다.)

① 0과 0.5 사이에 있다.
② 0.5와 1 사이에 있다.
③ 1이다.
④ 1보다 크다.
⑤ 0이다.

06 독점기업 甲의 시장수요함수는 $P = 1{,}200 - Q_D$이고, 총비용함수는 $C = Q^2$이다. 정부가 甲기업에게 제품 한 단위당 200원의 세금을 부과할 때, 甲기업의 이윤극대화 생산량은? (단, P는 가격, Q는 생산량, Q_D는 수요량이다.)

① 200
② 250
③ 300
④ 350
⑤ 400

07 甲기업이 새로운 투자프로젝트 비용으로 현재 250원을 지출하였다. 1년 후 120원, 2년 후 144원의 수익을 얻을 수 있다. 연간 시장이자율(할인율)이 20%일 때, 이 투자프로젝트의 순현재가치(Net Present Value)는?

① −50원
② −30원
③ −3원
④ 14원
⑤ 50원

08 甲은행의 대차대조표는 요구불예금 5,000만 원, 지급준비금 1,000만 원, 대출금 4,000만 원으로만 구성되어 있다. 법정지급준비율이 5%라면 甲은행이 보유하고 있는 초과지급준비금은?

① 250만 원
② 500만 원
③ 600만 원
④ 750만 원
⑤ 800만 원

09 甲국의 생산함수는 $Y = AK^{\frac{1}{3}}L^{\frac{2}{3}}$이다. 노동자 1인당 생산량증가율이 10%이고, 총요소생산성증가율은 7%일 경우, 성장회계에 따른 노동자 1인당 자본량증가율은? (단, Y는 총생산량, A는 총요소생산성, K는 자본량, L은 노동량이다.)

① 3%
② 4.5%
③ 6%
④ 7%
⑤ 9%

10 원/달러 명목환율, 한국과 미국의 물가지수가 다음과 같다. 2013년을 기준연도로 하였을 때, 2014년의 원/달러 실질환율의 변화는?

구분	2013년	2014년
원/달러 명목환율	1,000	1,100
한국의 물가지수	100	105
미국의 물가지수	100	102

① 3% 하락
② 3% 상승
③ 7% 하락
④ 7% 상승
⑤ 불변

정답·해설 _해설집 p.110

17회 2014 감정평가사(1)

제한시간 : 15분 시작 시 분 ~ 종료 시 분 점수 확인 개/ 10개

01 사과수요의 가격탄력성은 0.4이고, 배 가격에 대한 교차탄력성은 0.2이다. 사과와 배 가격이 각각 5% 하락한다면 사과의 수요는 얼마만큼 변화하는가? (단, 사과는 정상재이고, 가격탄력성은 절댓값으로 표시한다.)

① 불변
② 0.5% 증가
③ 1% 증가
④ 1.5% 증가
⑤ 2% 증가

02 X재의 시장수요함수가 $P=200-Q$이고 시장공급함수가 $P=-40+2Q$이다. 정부가 가격상한을 100으로 책정하는 경우 수요를 충족시키기 위하여 생산자에게 지급해야 하는 X재 1단위당 보조금액은?

① 40
② 60
③ 80
④ 100
⑤ 120

03 이윤을 극대화하는 기업 A와 B의 생산량과 이윤행렬은 다음과 같다. A는 슈타켈버그(Stackelberg)모형의 선도자, B는 추종자로 행동할 때 A와 B의 생산량(QA, QB)은? (단, 이윤 행렬의 괄호 안의 수에서 왼쪽은 A의 이윤이고, 오른쪽은 B의 이윤이다.)

구분		기업 B의 생산량		
		15	20	30
기업 A의 생산량	15	(450, 450)	(375, 500)	(225, 450)
	20	(500, 375)	(400, 400)	(200, 300)
	30	(450, 225)	(300, 200)	(0, 0)

① (15, 15)
② (20, 15)
③ (20, 20)
④ (30, 15)
⑤ (30, 20)

04 독점기업의 수요함수는 $Q=10-P$이고, 한계비용은 0이다. 이 기업이 이윤극대화를 할 때 발생하는 자중손실(deadweight loss)의 크기는 얼마인가?

① 10
② 12.5
③ 20
④ 22.5
⑤ 25

05 효용을 극대화하는 근로자 甲은 여가와 근로소득을 선택한다. 다음 중 관찰될 수 있는 경우를 모두 고른 것은? (단, 甲에게 여가는 정상재이다.)

ㄱ. 시간당 임금이 상승했는데, 甲의 노동공급이 감소했다. ㄴ. 시간당 임금이 상승했는데, 甲의 노동공급이 증가했다. ㄷ. 시간당 임금에 근로소득세를 부과했더니, 甲의 노동공급이 증가했다. ㄹ. 甲에게 비근로소득이 생겨 노동공급이 증가했다.

① ㄱ, ㄴ
② ㄴ, ㄹ
③ ㄱ, ㄴ, ㄷ
④ ㄱ, ㄷ, ㄹ
⑤ ㄴ, ㄷ, ㄹ

06 $U=\sqrt{Y}$의 효용함수를 갖는 소비자가 100만 원의 가치가 있는 자전거를 소유하고 있다. 자전거의 도난확률이 0.5일 때 다음 중 옳지 않은 것은? (단, Y는 재화가치이다.)

① 위험한 기회를 다른 사람에게 전가할 때 지급할 최대 추가보상액은 50만 원이다.
② 현재 이 소비자의 기대효용수준은 500이다.
③ 손실액 전액을 보상해 주는 보험의 경우 공정한 보험료는 50만 원이다.
④ 손실액 전액을 보상해 주는 보험에 대해 이 소비자는 최대 75만 원까지 지불할 용의가 있다.
⑤ 이 소비자는 위험기피자이다.

07 생산함수가 $Y=AK^{0.7}L^{0.3}$인 경제에서 총요소생산성(A)이 2%, 자본투입량(K)이 10%, 노동투입량(L)이 5% 증가한다면 노동자 1인당 소득의 증가율은 얼마인가?

① 3.5%
② 5.5%
③ 7.0%
④ 9.0%
⑤ 10.5%

08 거시경제의 단기 균형과 장기 균형에 관한 설명으로 옳은 것은?

① 물가가 하방경직적일 때 총수요는 단기적으로 실질 GDP에 영향을 미친다.
② 통화정책과 재정정책은 장기적으로만 실질GDP에 영향을 미친다.
③ 고전적 이분성은 단기에만 성립하고 장기에는 성립하지 않는다.
④ 통화정책은 단기적으로는 명목GDP에 영향을 미치며 장기적으로는 실질GDP에 영향을 미친다.
⑤ 물가와 임금은 장기에 있어서만 경직적이다.

09 총공급곡선이 $Y=\overline{Y}+\alpha(P-P^{e})$인 총수요-총공급 모형에서 경제가 현재 장기 균형상태에 있다. 이 경제의 중앙은행이 통화량을 감소시킬 경우, 물가 예상이 합리적으로 형성되고 통화량감소가 미리 예측된다면 다음 설명 중 옳은 것은? (단, Y는 실질GDP, $\overline{Y}$실질 GDP의 장기 균형수준, α는 0보다 큰 상수, P는 물가, P^{e}는 예상물가수준이다.)

① 실질GDP는 즉시 감소한 다음 서서히 원래 수준으로 복귀한다.
② 물가는 즉시 감소한 다음 서서히 원래 수준으로 복귀한다.
③ 물가는 즉시 감소하고 실질GDP도 즉시 감소한다.
④ 물가는 즉시 감소하고 실질GDP는 원래 수준을 유지한다.
⑤ 물가는 서서히 감소하고 실질GDP는 즉시 감소한다.

10 단기 필립스곡선은 $\pi_t=\pi^{e}-0.5(u_t-u^{n})$이다. 중앙은행이 실업률을 u^{n}수준으로 달성하기 위한 방법으로 옳은 것은? (단, π_t는 t기의 물가상승률, π^{e}는 예상물가상승률, u_t는 t기의 실업률, u^{n}은 자연실업률이다.)

① 통화량증가율을 높이다가 예고 없이 갑자기 낮춘다.
② 통화량증가율을 낮추다가 예고 없이 갑자기 높인다.
③ 통화량증가율을 일정하게 유지한다고 공표한 다음 그대로 지킨다.
④ 통화량증가율을 일정하게 유지한다고 공표한 다음 더 높은 수준으로 바꾼다.
⑤ 통화량 증가율을 일정하게 유지한다고 공표한 다음 더 낮은 수준으로 바꾼다.

정답 · 해설 _해설집 p.112

18회 2014 감정평가사(2)

제한시간 : 15분 시작 시 분 ~ 종료 시 분 점수 확인 개/ 10개

01 다음 그림은 X재에 대한 수요곡선이다. 다음 설명 중 옳은 것을 모두 고른 것은? (단, X재는 정상재이다.)

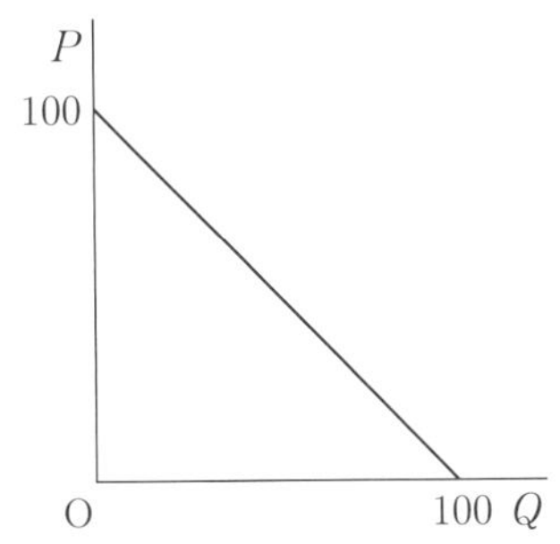

ㄱ. 가격이 30원이면 X재의 수요량은 70이다.
ㄴ. 가격에 상관없이 가격탄력성의 크기는 일정하다.
ㄷ. X재의 시장이 독점시장이라면 독점기업이 이윤극대화를 할 때 설정하는 가격은 50원 이상이다.
ㄹ. 소득이 증가하는 경우 수요곡선은 좌측으로 이동한다.

① ㄱ, ㄴ
② ㄱ, ㄷ
③ ㄴ, ㄷ
④ ㄴ, ㄹ
⑤ ㄷ, ㄹ

02 효용함수가 $U=X^6Y^4$이고 예산제약식이 $3X+4Y=100$일 때 효용이 극대화되는 X재와 Y재의 구매량은 얼마인가?

① $X=20,\ Y=10$
② $X=10,\ Y=17.5$
③ $X=5,\ Y=21.25$
④ $X=1,\ Y=24.25$
⑤ $X=0,\ Y=25$

03 완전경쟁시장에서 조업하고 있는 A기업의 생산함수는 $Q=L^{0.5}K^{0.5}$이고, 단기적으로 자본을 2단위 투입한다. 이 기업의 손익분기점에서 시장가격은 얼마인가? (단, 노동과 자본의 가격은 각각 1이다.)

① 1
② 2
③ 3
④ 4
⑤ 5

04 과수원주인인 甲과 양봉업자인 乙이 인근 지역에서 경제활동을 하고 있는데, 甲이 과실나무를 더 많이 심자 乙의 꿀 생산이 증가하고, 乙이 꿀벌의 수를 증가시키자 과수원 수확이 늘어나는 것을 확인할 수 있었다. 甲과 乙에게 발생하는 외부성에 관한 설명으로 옳은 것을 모두 고른 것은?

ㄱ. 甲과 乙은 각각 서로에게 양의 외부성을 주게 된다.
ㄴ. 거래비용이 존재하지 않을 때, 甲과 乙 간의 거래에 의해 사회적 최적 생산량을 합의해낼 수 있다.
ㄷ. 甲과 乙 사이에 서로 양의 외부성을 주고받는 경우이므로, 시장실패에 대한 교정은 불필요하다.
ㄹ. 甲이 양봉장을 인수함으로써 사회적 최적 생산량을 달성할 수 있다.

① ㄱ, ㄴ
② ㄴ, ㄷ
③ ㄷ, ㄹ
④ ㄱ, ㄴ, ㄹ
⑤ ㄱ, ㄷ, ㄹ

05 지리적으로 분리되어 시장 간 전매가 불가능한 두 시장 A, B에서 판매하고 있는 독점기업에 대한 수요곡선이 각각 $P_A = -Q_A + 20$이고, $P_B = -0.5Q_B + 10$이다. 한계비용이 5이고 이윤극대화를 추구하는 이 기업의 두 시장에서의 가격은 각각 얼마인가?

① $P_A = 8$, $P_B = 12$
② $P_A = 12.5$, $P_B = 7.5$
③ $P_A = 12$, $P_B = 8$
④ $P_A = 7.5$, $P_B = 12.5$
⑤ $P_A = 14$, $P_B = 6$

06 솔로우(Solow) 성장모형에 따를 때 저축의 증가가 지속적인 성장을 초래하지 않는 원인은?

① 자본의 한계생산성 감소
② 자본의 한계생산성 증가
③ 노동의 한계생산성 감소
④ 노동의 한계생산성 증가
⑤ 노동의 한계생산성 불변

07 루카스 총공급곡선이 우상향하는 이유는?

① 재화시장 가격의 경직성
② 기술진보
③ 실질임금의 경직성
④ 재화가격에 대한 불완전정보
⑤ 완전신축적인 가격설정

08 화폐수요함수가 $\frac{M}{P} = 500 + 0.2Y - 1{,}000i$이다. $Y = 1{,}000$, $i = 0.1$일 때 $P = 100$과 $P = 200$이라면 화폐유통속도는 각각 얼마인가? (단, M은 통화량, P는 물가, Y는 실질국민소득, i는 명목이자율, V_1은 $P = 100$일 때 화폐유통속도, V_2는 $P = 200$일 때 화폐유통속도이다.)

① $V_1 = \frac{5}{6}$, $V_2 = \frac{10}{6}$
② $V_1 = \frac{5}{6}$, $V_2 = \frac{10}{6}$
③ $V_1 = \frac{10}{6}$, $V_2 = \frac{10}{6}$
④ $V_1 = \frac{10}{6}$, $V_2 = \frac{20}{6}$
⑤ $V_1 = \frac{20}{6}$, $V_2 = \frac{20}{6}$

09 신고전학파의 투자이론에 관한 설명으로 옳지 않은 것은? (단, 감가상각률과 자본재 가격의 변화율 및 조세의 영향은 고려하지 않는다.)

① 실질이자율이 상승하면 기업의 투자는 감소한다.
② 실질이자율이 하락하면 자본의 한계생산도 하락한다.
③ 경제 전체의 기술진보로 인하여 자본의 한계생산이 높아지면 기업의 투자수요는 증가한다.
④ 감가상각률을 고려하지 않으므로 자본재 1단위에 대한 투자의 기회비용은 자본재 1단위의 매매가격과 같다.
⑤ 경제 전체의 기술진보로 인하여 자본의 한계생산이 높아지면 이자율은 상승한다.

10 일부 사람들이 실업급여를 계속 받기 위해 채용될 가능성이 매우 낮은 곳에서만 일자리를 탐색하며 실업상태를 유지하고 있다. 다음 중 이러한 사람들이 실업자가 아니라 일할 의사가 없다는 이유로 비경제활동인구로 분류될 때 나타나는 현상으로 옳은 것은?

① 실업률과 경제활동참가율 모두 높아진다.
② 실업률과 경제활동참가율 모두 낮아진다.
③ 실업률은 낮아지는 반면, 경제활동참가율은 높아진다.
④ 실업률은 높아지는 반면, 경제활동참가율은 낮아진다.
⑤ 실업률은 낮아지는 반면, 경제활동참가율은 불변이다.

정답 · 해설 _해설집 p.114

19회 2013 감정평가사(1)

제한시간 : 15분 시작 시 분 ~ 종료 시 분 점수 확인 개/ 10개

01 (　　)에 들어갈 내용을 순서대로 옳게 연결한 것은?

> 위험애호적(risk-loving)인 사람의 폰 노이만-모겐스턴 효용함수(von Neumann Morenstren utility function)는 (ㄱ)함수이며, (ㄴ)이(가) 기대소득보다 크므로 위험프리미엄이 0보다 (ㄷ).

	ㄱ	ㄴ	ㄷ
①	오목	기대효용	크다
②	볼록	기대효용	작다
③	오목	확실성등가	크다
④	볼록	확실성등가	작다
⑤	오목	기대효용	작다

02 두 생산요소 자본 K와 노동 L을 투입하는 A기업의 생산함수가 $Q=(\min\{L,\ 3K\})^{0.5}$로 주어져 있다. 산출물의 가격은 p, 노동의 가격은 $w=4$, 자본의 가격은 $r=6$인 경우, 이윤을 극대화하는 A기업의 공급(Q_S)곡선은? (단, 생산물시장과 생산요소시장은 완전경쟁적이다.)

① $Q_S=p\times\min\{w,\ 3r\}$
② $Q_S=\frac{p}{12}$
③ $Q_S=p\times\max\{w,\ 3r\}$
④ $Q_S=6p$
⑤ $Q_S=\frac{p}{6}$

03 A기업이 직면하고 있는 수요곡선은 $Q_D=400-P$이다. A기업이 가격을 100으로 책정할 때 한계수입은? (단, Q_D는 수요량, P는 가격이다.)

① $\frac{200}{3}$
② 100
③ 300
④ -200
⑤ 30,000

04 소비자이론에 관한 설명으로 옳은 것은?

① 우하향하는 직선의 수요곡선상에서 수요량이 증가할수록 가격탄력성은 감소한다.
② 효용함수 $U=X+Y$는 0차동차 함수이다.
③ 효용함수 $U=\min\{x,\ y\}$에서 X재 가격이 상승할 때 X재 수요량이 감소하는 것은 대체효과 때문이다.
④ 소비자가 기펜재와 정상재에 모든 소득을 지출하고 있는 상태에서 기펜재의 가격이 상승하면 정상재에 대한 수요는 증가한다.
⑤ 효용함수 $U=X+2Y$이고, 두 재화의 가격이 동일하다면, 소비자는 효용극대화를 위해 X재만을 소비한다.

05 외부효과가 존재하는 A시장의 수요곡선은 $P=100-Q$이고, 사적 한계비용은 $PMC=40+0.5Q$이다. 생산량 한 단위당 30의 추가적인 사회적 비용이 발생하는 경우에 관한 설명으로 옳은 것은? (단, P는 가격, Q는 수량이다.)

① 정부개입이 없는 경우 균형생산량은 20이다.
② 사회적 후생을 극대화하는 생산량은 40이다.
③ 보조금을 지급하여 사회적 후생을 높일 수 있다.
④ 생산량 수준을 20으로 규제하든 단위당 30의 조세를 부과하든 사회적 후생의 크기는 동일하다.
⑤ 생산량 수준을 40으로 규제함으로써 사회적 후생을 높일 수 있다.

06 모든 폐쇄경제의 $IS-LM$모형에서 지급준비율과 현금/예금 보유비율이 이자율의 감소함수일 때, 두 비율이 상수인 경우와 비교하여 옳은 설명을 모두 고른 것은? (단, IS곡선은 우하향, LM곡선은 우상향한다.)

> ㄱ. 통화공급은 외생적으로 결정된다.
> ㄴ. 통화정책의 효과가 커진다.
> ㄷ. 재성정책의 효과가 커진다.
> ㄹ. LM곡선의 기울기가 완만해진다.

① ㄱ, ㄴ
② ㄴ, ㄷ
③ ㄷ, ㄹ
④ ㄱ, ㄴ, ㄹ
⑤ ㄱ, ㄷ, ㄹ

07 모든 시장이 완전경쟁적인 B국의 총생산량이 $Y=AL^{1-\theta}K^{\theta}$으로 결정될 때, 다음 설명 중 옳지 않은 것은? (단, Y는 총생산량, A는 총요소생산성, L은 노동투입량, K는 자본투입량, $0<\theta<1$이다.)

① 노동소득분배율은 $1-\theta$이다.
② 자본소득분배율은 θ이다.
③ 총생산함수는 규모에 대한 수익 불변이다.
④ 총요소생산성이 증가하면, 노동소득분배율 대비 자본소득분배율의 상대적 비율이 증가한다.
⑤ 생산요소가 증가하지 않을 경우, 총생산량의 증가율은 총요소생산성 증가율에 의해서 결정된다.

08 재정적자가 증가할 경우 민간저축에 변화가 없었다면 (　　)에 들어갈 내용을 순서대로 옳게 연결한 것은?

> • 투자와 순수출의 합계가 (ㄱ)하였다.
> • 정부저축이 (ㄴ)하였다.
> • 국민저축이 (ㄷ)하였다.

	ㄱ	ㄴ	ㄷ
①	감소	감소	감소
②	감소	감소	증가
③	증가	증가	감소
④	증가	증가	증가
⑤	증가	감소	감소

09 A국의 총생산함수는 $Y=20\sqrt{L}$, 노동공급함수는 $w=\sqrt{L}$이라고 할 때, 노동시장에서의 균형노동량(L^*)은? (단, Y는 총생산, w는 실질임금, L은 노동량이며, 상품시장과 노동시장은 완전경쟁시장이다.)

① $L^*=5$
② $L^*=10$
③ $L^*=15$
④ $L^*=20$
⑤ $L^*=25$

10 甲은 乙에게 100만 원을 위탁하고, 乙은 자금을 운용하여 이익이 발생할 때에는 이익의 10%를 운용수수료로 받고 손실이 발생할 때에는 운용수수료를 받지 않는 계약을 맺었다. 甲은 자금운용을 전적으로 乙에게 위임하며 乙은 자신의 이익만을 추구한다. 상황에 따른 각 투자안별 수익(원금 포함)이 다음과 같을 때 乙의 투자선택과 기대운용수수료는? (단, 甲과 乙은 위험중립적이다.)

구분	상황 1	상황 2
확률	0.1	0.9
X 투자안	100만 원	110만 원
Y 투자안	400만 원	70만 원

① X투자안을 선택하며, 기대운용수수료는 3만 원이다.
② X투자안을 선택하며, 기대운용수수료는 6만 원이다.
③ X투자안을 선택하며, 기대운용수수료는 9만 원이다.
④ Y투자안을 선택하며, 기대운용수수료는 3만 원이다.
⑤ Y투자안을 선택하며, 기대운용수수료는 6만 원이다.

정답 · 해설 _해설집 p.116

20회 2013 감정평가사(2)

제한시간 : 15분 시작 시 분 ~ 종료 시 분 점수 확인 개/ 10개

01 발전회사들이 석탄이나 천연가스를 사용하여 전력을 생산하고 있다. 석탄보다 발전비용 측면에서 저렴한 셰일가스(shale gas: 퇴적암층에 있는 천연가스)를 채굴할 수 있는 기술이 개발되어 공급된다면 석탄의 시장가격과 생산량의 변화는? (단, 다른 조건은 일정하며, 석탄시장의 수요곡선은 우하향, 공급곡선은 우상향한다.)

	가격	생산량
①	하락	증가
②	하락	감소
③	상승	증가
④	상승	감소
⑤	불변	증가

02 세 사람 A, B, C로 이루어진 어떤 경제에서 공공재에 대한 세 사람의 수요함수(Q_A, Q_B, Q_C)는 각각 $Q_A = 10 - P_A$, $Q_B = 10 - \frac{1}{3}P_B$, $Q_C = 5 - \frac{1}{2}P_C$이고, 공공재의 한계비용은 20으로 일정할 때, 사회적 후생을 극대화시키는 공공재의 생산량은? (단, P_A, P_B, P_C는 A, B, C가 공공재에 지불하는 가격이다.)

① 5
② 10
③ 15
④ 20
⑤ 25

03 A재의 시장수요곡선은 $Q_D = 200 - P$이고, 시장공급곡선은 $Q_S = P$이다. 이 수요곡선과 공급곡선이 일치하는 균형상태에서 정부가 단위당 100의 물품세를 부과할 때 정부의 조세수입 중 소비자가 부담하는 조세의 크기는? (단, Q_D는 수요량, Q_S는 공급량, P는 가격이다.)

① 0
② 2,500
③ 5,000
④ 7,500
⑤ 9,000

04 A기업의 생산함수는 $Q = \sqrt{KL}$, 자본(K)의 가격은 r, 노동(L)의 가격은 w이다. 생산량이 Q_0으로 주어졌을 때, 비용이 극소화되도록 자본과 노동의 투입량을 결정하고자 한다. 이에 관한 설명으로 옳지 않은 것은? (단, $Q_0 > 0$이다.)

① 생산함수는 자본과 노동에 대해 1차동차 함수이다.
② 최적 상태에서 노동 1단위당 자본 투입량은 $\frac{r}{w}$이다.
③ 최적 상태에서 요소 간의 대체탄력성은 1이다.
④ 최적 상태에서 노동과 자본의 투입량은 w, r, Q_0의 함수이다.
⑤ 최적 상태에서 총비용 중 노동이 차지하는 비중은 일정하다.

05 독점기업이 8,000개의 상품을 판매하고 있다. 이때 상품가격은 1만 원, 평균총비용은 1만 2,000원, 평균가변비용은 8,000원이며, 한계비용과 한계수입은 6,000원으로 같다. 현재의 단기적인 상황에 관한 설명으로 옳은 것은?

① 총수입은 9,600만 원이다.
② 총비용은 8,000만 원이다.
③ 상품 단위당 4,000원의 손실을 보고 있다.
④ 생산을 중단하면 3,200만 원의 손실이 발생한다.
⑤ 생산을 중단하는 것이 손실을 최소화한다.

06 소규모개방경제에서 수입소비재 A에 관세를 부과할 때 이 시장에 나타날 경제적 효과에 관한 설명으로 옳은 것은? (단, 국내수요곡선은 우하향, 국내공급곡선은 우상향하며, A의 국제가격은 교역 이전의 국내가격보다 낮다.)

① 국내소비자의 잉여는 증가한다.
② 국내생산자의 잉여는 감소한다.
③ 국내소비는 감소한다.
④ 국내생산자의 생산량은 감소한다.
⑤ 국내의 사회적 총잉여는 증가한다.

07 필립스곡선에 관한 설명으로 옳은 것을 모두 고른 것은?

ㄱ. 원유가격의 상승은 단기 필립스곡선을 아래쪽으로 이동시킨다.
ㄴ. 기대인플레이션율의 상승은 단기 필립스곡선을 아래쪽으로 이동시킨다.
ㄷ. 합리적 기대하에서 예상치 못한 통화정책은 인플레이션율과 실업률의 조합점을 단기 필립스곡선상에서 이동시킨다.
ㄹ. 적응적 기대하에서 통화정책은 인플레이션율과 실업률의 조합점을 단기 필립스곡선상에서 이동시킨다.

① ㄱ, ㄴ
② ㄱ, ㄷ
③ ㄴ, ㄷ
④ ㄷ, ㄹ
⑤ ㄴ, ㄹ

08 유동성함정에 관한 설명으로 옳지 않은 것은?

① 화폐수요의 이자율탄력성이 무한대인 경우에 발생한다.
② 채권의 가격이 매우 높아서 추가적인 통화공급이 투기적 화폐수요로 모두 흡수된다.
③ 이자율이 매우 낮아 향후 이자율이 상승할 것으로 예상될 경우 유동성함정이 발생할 수 있다.
④ 확장적 재정정책은 이자율을 상승시켜 총수요 확대효과가 없다.
⑤ 확장적 통화정책은 이자율을 하락시키지 못하여 총수요 확대효과가 없다.

09 국가 간 자본이동이 완전히 자유롭고 변동환율제를 채택하고 있는 소규모개방경제에서 확장적인 통화정책을 시행하였다. 국내 물가 및 외국 물가가 고정되어 있는 단기에서의 경제적 효과로 옳은 것을 모두 고른 것은?

> ㄱ. 국민소득 증가
> ㄴ. 경상수지 악화
> ㄷ. 자본유입 증가

① ㄱ
② ㄴ
③ ㄱ, ㄷ
④ ㄴ, ㄷ
⑤ ㄱ, ㄴ, ㄷ

10 구매력평가설이 성립할 때, 다음 설명 중 옳지 않은 것은?

① 자국의 통화량이 증가할 때 실질환율은 변화하지 않는다.
② 외국의 양적 완화정책으로 외국의 물가가 상승하면, 자국의 실질순수출이 증가한다.
③ 양국 물가상승률의 차이가 명목환율의 변화율에 영향을 준다.
④ 양국 물가수준의 상대적 비율이 명목환율에 영향을 준다.
⑤ 양국 간 무역에서 재정거래(arbitrage)에 의한 수익을 얻을 수 없다.

21회 2012 감정평가사(1)

정답·해설 _해설집 p.118

제한시간 : 15분 시작 시 분 ~ 종료 시 분 점수 확인 개/ 10개

01 제품의 가격이 10원이고 노동 한 단위의 가격은 5원, 자본 한 단위의 가격은 15원이다. 기업 A의 노동의 한계생산이 3이고, 자본의 한계생산은 1일 때, 현재 생산수준에서 비용극소화를 위한 방법으로 옳은 것은? (단, 모든 시장은 완전경쟁시장이고 노동과 자본의 한계생산은 체감한다.)

① 노동의 투입량은 늘리고 자본의 투입량은 줄일 것이다.
② 노동의 투입량은 줄이고 자본의 투입량은 늘릴 것이다.
③ 노동과 자본 모두 투입량을 늘릴 것이다.
④ 노동과 자본 모두 투입량을 줄일 것이다.
⑤ 노동과 자본의 투입량을 그대로 유지할 것이다.

02 시장수요가 $Q=100-P$이고 독점기업의 비용함수가 $C=20Q$인 독점시장의 균형에서 수요의 가격탄력성은? (단, Q는 수요량, P는 가격, C는 총비용이고 수요의 가격탄력성은 절댓값으로 표현한다.)

① 0.0
② 0.5
③ 1.0
④ 1.5
⑤ 2.0

03 기업 A의 비용함수는 $C=\sqrt{Q}+50$이다. 이 기업이 100개를 생산할 경우 이윤이 0이 되는 가격은? (단, C는 총비용, Q는 생산량이다.)

① 1
② 0.6
③ 0.5
④ 0.2
⑤ 0.1

04 기업 A의 노동과 자본의 투입량과 산출량 수준을 관찰한 결과 다음과 같은 표를 얻었다. 이 표에서 발견할 수 없는 현상은? (단, 생산에 투입되는 요소는 노동과 자본뿐이다.)

노동투입	자본투입	총생산
1	4	20
2	2	20
3	2	28
4	1	20
4	2	35
4	3	38
4	4	40

① 규모의 경제
② 규모수익 불변
③ 자본의 한계생산 체감
④ 노동에 대한 자본의 한계대체율 체감
⑤ 노동의 한계생산 체감

05 노동과 여가의 선택에 관한 설명으로 옳지 않은 것은? (단, 여가는 정상재이다.)

① 시간당 임금은 여가 한 시간의 기회비용이다.
② 시간당 임금이 상승할 경우, 소득효과만 고려하면 노동공급이 감소한다.
③ 시간당 임금에 대해 근로소득세율이 상승할 경우, 노동공급이 항상 감소한다.
④ 비근로소득이 증가하는 경우, 노동공급이 항상 감소한다.
⑤ 시간당 임금이 상승할 경우, 대체효과만 고려하면 노동공급이 항상 증가한다.

06 A국은 자본이 상대적으로 풍부하고 B국은 노동이 상대적으로 풍부하다. 양국 간의 상품이동이 완전히 자유로워지고 양 국가가 부분 특화하는 경우, 헥셔-올린(Heckscher-Ohlin)모형과 스톨퍼-새뮤엘슨(Stolper-Samuelson)정리에서의 결과와 부합하는 것을 모두 고른 것은?

ㄱ. 두 국가의 자본가격은 같아진다.
ㄴ. B국 자본가의 실질소득이 증가한다.
ㄷ. A국 노동자의 실질소득이 감소하는 반면, B국 노동자의 실질소득은 증가한다.

① ㄱ
② ㄱ, ㄴ
③ ㄱ, ㄷ
④ ㄴ, ㄷ
⑤ ㄱ, ㄴ, ㄷ

07 개방경제의 국민소득계정에 관한 설명으로 옳은 것을 모두 고른 것은?

ㄱ. 국민소득이 소비, 투자, 정부지출의 합보다 큰 경우에 순수출은 반드시 양(+)이 된다.
ㄴ. 민간투자가 민간저축보다 더 큰 경우에 순수출은 반드시 양(+)이 된다.
ㄷ. 정부의 세금수입이 지출보다 더 큰 경우에 순수출은 반드시 양(+)이 된다.

① ㄱ
② ㄴ
③ ㄷ
④ ㄱ, ㄴ
⑤ ㄴ, ㄷ

08 폐쇄경제모형과 $IS-LM$곡선과 관련된 설명으로 옳은 것은? (단, IS곡선은 우하향, LM곡선은 우상향한다.)

① IS곡선과 LM곡선에서 총공급곡선이 도출된다.
② 정부지출의 구축효과는 발생하지 않는다.
③ 현재 경제상태가 IS곡선의 왼쪽, LM곡선의 오른쪽에 있다면, 상품시장은 초과공급, 화폐시장은 초과수요 상태이다.
④ 피구효과(Pigou effect)에 의하면 물가수준이 하락할 때 곡선이 IS우측으로 이동하여 국민소득이 증가한다.
⑤ $IS-LM$모형에서 물가수준은 내생변수이다.

09 고전학파의 화폐수량설에 따를 때, 통화량이 증가하는 경우 다음 설명 중 옳은 것은?

① 화폐유통속도가 감소한다.
② 화폐유통속도가 증가한다.
③ 물가가 상승한다.
④ 명목GDP는 불변이다.
⑤ 물가가 하락한다.

10 명목GDP(국내총생산)와 명목GNI(국민총소득)에 관한 설명으로 옳은 것을 모두 고른 것은?

ㄱ. 폐쇄경제에서 명목GDP는 명목GNI와 크기가 같다.
ㄴ. 한국인이 해외에서 벌어들인 요소소득이 외국인이 한국에서 벌어들인 요소소득보다 더 큰 경우에 명목GDP가 명목GNI보다 더 크다.
ㄷ. 외국인이 한국에서 벌어들인 근로소득은 한국의 GDP에 포함된다.
ㄹ. 한국인이 해외에서 벌어들인 이자수입은 한국의 GDP에 포함된다.

① ㄱ, ㄴ
② ㄱ, ㄷ
③ ㄴ, ㄷ
④ ㄴ, ㄹ
⑤ ㄷ, ㄹ

정답 · 해설 _해설집 p.120

22회 2012 감정평가사(2)

제한시간 : 15분 시작 시 분 ~ 종료 시 분 점수 확인 개/ 10개

01 기업 A의 생산함수는 $Q=LK$이다. 노동과 자본의 가격이 각각 1원일 때 다음 설명으로 옳지 않은 것은? (단, Q는 생산량, L은 노동, K는 자본이다.)

① 규모에 대한 수익이 체증한다.
② 노동의 한계생산은 체감한다.
③ 자본의 양이 단기적으로 1로 고정되어 있는 경우 100개를 생산하는 데 드는 총비용은 101원이다.
④ 자본의 양이 단기적으로 1로 고정되어 있는 경우 단기 총평균비용은 생산량이 늘어나면 하락한다.
⑤ 자본의 양이 단기적으로 1로 고정되어 있는 경우 한계비용은 불변이다.

02 단위당 동일한 종량세율로 생산자 또는 소비자에게 부과하는 조세에 관한 설명으로 옳지 않은 것은?

① 생산자에게 부과할 때와 소비자에게 부과할 때의 경제적 순손실(deadweight loss)은 같다 .
② 조세부담의 귀착(tax incidence)은 조세당국과 생산자 및 소비자 간의 협상능력에 의존한다.
③ 수요의 가격탄력성이 클수록 생산자의 조세부담이 커진다.
④ 수요의 가격탄력성이 공급의 가격탄력성보다 클수록 생산자의 조세부담분이 커진다.
⑤ 수요의 가격탄력성이 0인 재화에 조세를 부과해도 사회후생은 감소하지 않는다.

03 수요의 법칙과 공급의 법칙이 성립하는 선풍기 시장에서 선풍기 균형가격의 상승을 유발하는 요인이 아닌 것은? (단, 선풍기는 열등재이다.)

① 대체재인 에어컨 생산기술의 발전으로 좀 더 저렴한 비용으로 에어컨을 생산할 수 있게 되었다.
② 대체재인 에어컨 가격이 상승했다.
③ 여름 날씨가 무척 더워진다는 예보가 있다.
④ 선풍기 물품세가 인상되었다.
⑤ 최근 불황으로 인해 소득이 하락하였다.

04 동전을 던져 앞면이 나오면 9,000원을 따고 뒷면이 나오면 10,000원을 잃는 도박이 있다. 甲은 위험기피자, 乙은 위험애호자, 丙은 위험중립자인 경우 다음 설명으로 옳은 것은?

① 甲의 도박에의 참여 여부는 위험기피도에 따라 결정될 것이다.
② 도박에 참여하는 대가로 500원을 준다 해도, 甲은 도박에 참여하지 않을 것이다.
③ 丙은 이 도박에 반드시 참여할 것이다.
④ 乙은 이 도박에 반드시 참여할 것이다.
⑤ 앞면이 나올 때 따는 금액을 1,000원 올려 10,000원으로 하고 뒷면이 나올 때 잃는 금액을 1,000원 내려 9,000원으로 하면 甲, 乙, 丙 모두 이 도박에 반드시 참여할 것이다.

05 효용극대화를 추구하는 소비자 甲의 효용함수는 $U(x, y) = \min\{x, y\}$이다. 甲의 수요에 관한 설명으로 옳은 것은? (단, 甲은 X재와 Y재만 소비하고, x는 X재 소비량, y는 Y재 소비량을 나타낸다.)

① 수요의 가격탄력성이 0이다.
② 수요의 가격탄력성이 1이다.
③ 수요의 교차탄력성이 0이다.
④ 수요의 소득탄력성이 1이다.
⑤ 수요의 교차탄력성이 −1이다.

06 실물경기변동이론(real business cycle theory)에 관한 설명으로 옳지 않은 것은?

① 경기변동의 요인으로 기술충격의 중요성을 강조한다.
② 노동시장은 항상 균형을 이룬다.
③ 생산성은 경기역행적(counter-cyclical)이다.
④ 불경기에도 생산의 효율성은 달성된다.
⑤ 경기변동은 시간에 따른 균형의 변화로 나타난다.

07 다음의 폐쇄경제모형에서 생산물시장과 화폐시장을 동시에 균형시키는 물가수준은? (단, Y는 국민소득, C는 소비, I는 투자, G는 정부지출, r은 이자율, M^d는 명목화폐수요, M^s는 명목화폐공급, P는 물가수준이다.)

- $Y = C + I + G$(생산물시장의 균형)
- $Y = 100$
- $C = 20 + 0.5Y$
- $I = 30 - 50r$
- $G = 10$
- $M^S = M^d$(화폐시장의 균형)
- $\frac{M^d}{P} = 0.01Y - r$
- $M^S = 20$

① 15 ② 25
③ 50 ④ 75
⑤ 100

08 정기예금의 실질수익률은 실질이자율이다. 현금보유의 실질수익률은?

① 실질이자율
② 실질이자율의 마이너스 값
③ 인플레이션율
④ 인플레이션율의 마이너스 값
⑤ 실질 이자율과 인플레이션율의 합

09 마찰적 실업의 원인을 모두 고른 것은?

ㄱ. 노동자들이 자신에게 가장 잘 맞는 직장을 찾는 데 시간이 걸리기 때문이다.
ㄴ. 기업이 생산성을 제고하기 위해 시장균형임금보다 높은 수준의 임금을 지불하는 경향이 있기 때문이다.
ㄷ. 노동조합의 존재로 인해 조합원의 임금이 생산성보다 높게 설정되기 때문이다.

① ㄱ
② ㄴ
③ ㄷ
④ ㄱ, ㄴ
⑤ ㄴ, ㄷ

10 다음 그림은 A국의 인플레이션율과 실업률 사이의 단기적 상충관계를 나타내는 필립스곡선이다. 이 관계에 근거하여 단기적으로 실업률을 낮추기 위한 정부의 정책 방향으로 옳은 것은? (단, 세로축은 인플레이션율, 가로축은 실업률이고, 단위는 %이다.)

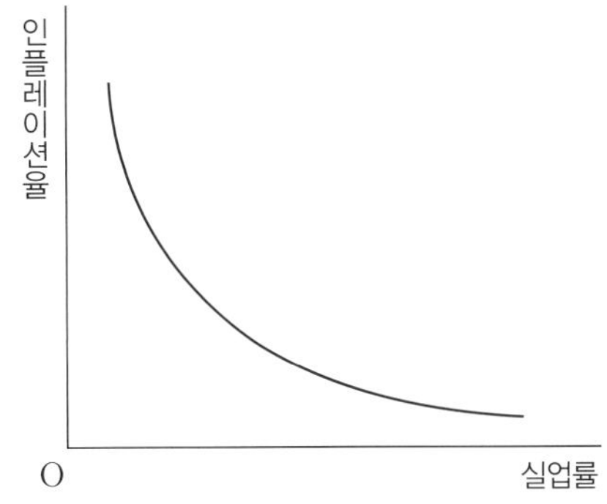

① 정부지출을 감소시킨다.
② 소득세를 인하한다.
③ 통화량을 감소시킨다.
④ 기준금리를 인상한다.
⑤ 법인세를 인상한다.

정답·해설 _해설집 p.122

23회 2011 감정평가사(1)

제한시간 : 15분 시작　　시　　분 ~ 종료　　시　　분 점수 확인　　개/ 10개

01 2009년과 2010년의 명목GDP와 GDP디플레이터가 다음 표와 같다.

연도	명목GDP(10억 원)	GDP디플레이터
2009	9,600	120
2010	10,500	125

2009년 대비 2010년의 실질GDP 증가율은? (단, GDP디플레이터의 기준연도는 2005년이다.)

① 4.2%　　② 5%
③ 6.7%　　④ 8%
⑤ 9.4%

02 소비자선호체계와 소비자선택에 관한 설명으로 옳지 않은 것은?

① 효용함수가 $U = X + Y$이고, X재의 가격이 Y재의 가격보다 높을 때 X재만을 소비한다.
② 효용함수가 $U = \min\{X, Y\}$라면 항상 동일한 양의 X재와 Y재를 소비한다.
③ 한계대체율은 무차별곡선 기울기의 절댓값을 나타낸다.
④ 효용함수가 $U = (X + Y)^2$이면, 무차별곡선은 직선이다.
⑤ 두 무차별곡선이 교차할 수 없다는 성질은 선호체계의 이행성으로부터 도출된다.

03 구매력평가설에 관한 설명으로 옳지 않은 것은?

① 구매력평가설에 의하면 일물일가의 법칙이 성립될 수 있도록 환율이 결정된다.
② 절대적 구매력평가설에 의하면 국내 인플레이션율과 해외 인플레이션율은 항상 같다.
③ 절대적 구매력평가설이 성립하면 실질환율이 1이 된다.
④ 비교역재(non-tradable goods)의 존재가 구매력평가설의 현실설명력을 떨어뜨리는 요인이 된다.
⑤ 무역장벽이 높을수록 구매력평가설의 현실 설명력은 감소한다.

04 기대효용이론에 관한 설명으로 옳은 것은? (단, U는 효용수준, M은 자산액)

① 폰 노이만-모겐스턴(Von Neumann-Morgenstern) 효용함수에서 효용은 서수적 의미만 갖는다.
② 甲이 가지고 있는 복권상금의 기대가치는 500이고 이 복권을 최소 450에 팔 용의가 있다면, 50을 甲의 위험프리미엄(risk premium)으로 볼 수 있다.
③ 위험기피자는 기대가치가 0인 복권을 구입할 것이다.
④ 위험선호자는 기대가치가 0인 보험에 가입할 것이다.
⑤ 乙의 폰 노이만-모겐스턴 효용함수가 $U = M^{1.5}$로 주어졌다면, 乙은 위험기피자이다.

05 X재와 Y재만을 소비하는 甲의 효용함수는 $U=-\sqrt{X}+Y$이며, 예산제약식은 $3X+2Y=10$이다. 효용을 극대화하는 甲의 Y재에 대한 수요량은? (단, U는 효용, $X\geq 0$, $Y\geq 0$이다.)

① 0
② $\frac{2}{3}$
③ 1.5
④ 5
⑤ 10

06 경제성장모형에서 생산함수가 $Y=AK$일 때 다음 설명 중 옳은 것만을 모두 고른 것은? (단, Y는 생산량, A는 생산성수준이며 0보다 큰 상수, K는 자본량이다.)

ㄱ. 자본의 한계생산물은 일정하다.
ㄴ. 자본량이 증가할 때 생산량은 증가한다.
ㄷ. 노동량이 증가할 때 생산량은 증가한다.
ㄹ. 자본의 증가율과 생산량의 증가율은 같다.

① ㄱ, ㄴ
② ㄱ, ㄴ, ㄹ
③ ㄱ, ㄷ, ㄹ
④ ㄴ, ㄷ, ㄹ
⑤ ㄱ, ㄴ, ㄷ, ㄹ

07 생산함수가 $Q=5L^{0.4}K^{0.6}$일 때, 다음 설명 중 옳은 것은? (단, Q, L, K는 각각 생산량, 노동투입량, 자본 투입량, $Q>0$, $L>0$, $K>0$이다.)

① $L=K$일 경우 노동의 한계생산은 일정하다.
② 노동과 자본 간의 대체탄력성은 L, K 값의 크기에 따라 변한다.
③ 등량곡선은 우하향하는 직선 모양을 갖는다.
④ 규모에 대한 수익이 체감한다.
⑤ 한계기술대체율은 L, K값의 크기와 관계없이 항상 일정하다.

08 甲과 乙이 총금액 10만 원을 나누어 갖는 2인 비협조게임에서 규칙은 보기와 같다. 다음 전략 중 내쉬균형에 해당하는 것은?

- 甲과 乙이 각각 10만 원 미만에서 만 원 단위로 자기가 원하는 금액을 동시에 제시한다.
- 甲과 乙이 제시한 금액의 합이 10만 원을 초과하고 제시한 금액이 동일할 경우 각각 5만 원씩을 받으며, 제시한 금액이 서로 다를 경우 적은 금액을 제시한 사람은 자신이 제시하는 금액을 받고, 더 많은 금액을 제시한 사람은 나머지 금액만을 받는다.
- 甲과 乙이 제시한 금액의 합이 10만 원 이하일 경우 각자 제시한 금액을 받고 10만 원에서 남은 금액이 있으면 폐기된다.

① 甲 2만 원, 乙 9만 원
② 甲 4만 원, 乙 6만 원
③ 甲 5만 원, 乙 6만 원
④ 甲 8만 원, 乙 2만 원
⑤ 甲 9만 원, 乙 1만 원

09 A은행의 T－계정은 다음과 같다.

자산		부채	
지급준비금	1,000억 원	예금	4,000억 원
대출	3,000억 원		

예금에 대한 법정지급준비율이 10%이고, A은행을 제외한 다른 은행들은 초과지급준비금을 보유하지 않는다. A은행이 지급준비금을 법정지급준비금 수준까지 줄인다면 최대로 가능한 통화량 증가액은? (단, 민간의 현금 보유비율은 0이다.)

① 600억 원 ② 1,000억 원
③ 4,000억 원 ④ 6,000억 원
⑤ 1조 원

10 필립스곡선에 관한 설명으로 옳은 것만을 모두 고른 것은?

ㄱ. 합리적 기대이론에 따르면 기대인플레이션율이 0%인 경우에만 단기 필립스곡선은 수직이 된다.
ㄴ. 자연실업률가설에 따르면 통화정책에 의해서 장기적으로 자연실업률을 변화시킬 수 있다.
ㄷ. 적응적 기대가설하에서 정부의 재량적 안정화정책은 단기적으로 실업률을 낮출 수 있다.
ㄹ. 자연실업률가설에 따르면 장기 필립스곡선은 수직이다.

① ㄱ, ㄴ ② ㄴ, ㄷ
③ ㄴ, ㄹ ④ ㄷ, ㄹ
⑤ ㄱ, ㄹ

정답 · 해설 _해설집 p.124

24회 2011 감정평가사(2)

제한시간 : 15분 시작 시 분 ~ 종료 시 분 점수 확인 개/ 10개

01 시장실패에 관한 설명으로 옳지 않은 것은?

① 시장실패는 시장기능을 통하여 자원이 효율적으로 배분되지 않는 경우를 포함한다.
② 정부개입이 사회후생을 증대시키는 데 도움을 줄 수 있다.
③ 시장실패는 외부효과가 존재하는 경우 발생할 수 있다.
④ 코즈(Coase)정리에 의하면 시장실패는 시장에서 해결될 수 없다.
⑤ 시장실패는 소유권이 명확하게 규정되지 않은 경우 발생할 수 있다.

02 이자율과 관련된 피셔효과(Fisher effect)의 설명으로 옳은 것은?

① 기대인플레이션율이 상승하면 명목이자율은 상승한다.
② 피셔효과는 실질이자율에서 물가상승률을 뺀 것이다.
③ 통화량이 증가하면 이자율은 하락한다.
④ 통화량증가와 이자율과는 연관이 없다.
⑤ 소득이 증가하면 이자율은 상승한다.

03 IS곡선에 관련된 설명으로 옳지 않은 것은? (단, IS곡선은 우하향한다.)

① IS곡선은 생산물시장의 균형을 이루는 이자율과 국민소득의 조합을 나타낸다.
② 현재의 이자율과 국민소득의 조합점이 IS곡선보다 위쪽에 있다면, 생산물시장에서 수요가 공급을 초과하고 있음을 의미한다.
③ 조세부담이 증가하면 IS곡선은 좌측으로 이동한다.
④ 정부의 재정지출이 증가하면 IS곡선은 우측으로 이동한다.
⑤ 한계소비성향이 높아질수록 IS곡선은 더 완만해진다.

04 가변생산요소가 하나인 기업의 단기 비용곡선에 관한 설명으로 옳지 않은 것은? (단, 평균총비용곡선은 U자 모양, 고정비용 존재, 생산요소가격은 불변이다.)

① 생산량이 증가함에 따라 한계비용이 증가할 때 한계생산물이 체감한다.
② 평균가변비용곡선의 최저점은 평균총비용곡선의 최저점보다 좌측에 위치한다.
③ 한계비용이 평균총비용보다 작을 때 평균총비용이 상승한다.
④ 한계비용곡선은 평균총비용곡선의 최저점을 통과한다.
⑤ 생산량이 증가함에 따라 평균고정비용이 감소한다.

05 다음 중 옳은 것만을 모두 고른 것은?

ㄱ. 프리드만(M. Friedman)은 통화량을 일정률로 증가시키는 통화준칙을 주장한다.
ㄴ. 새고전학파(New Classical School)는 예측되는 정책은 항상 긍정적인 효과가 있다고 주장한다.
ㄷ. 새케인즈학파(New Keynesian School)이론 중에는 메뉴비용(menu cost)의 존재로 총수요관리정책이 효과가 있다는 주장이 있다.
ㄹ. 실물경기변동론자들은 기술충격에 의한 총공급의 변동으로 경기변동을 설명한다.
ㅁ. 케인즈학파(Keynesian School)는 총공급의 변동이 경기변동의 가장 중요한 원인이라고 주장한다.

① ㄱ, ㄴ, ㅁ
② ㄱ, ㄴ, ㄷ
③ ㄱ, ㄷ, ㄹ
④ ㄴ, ㄷ, ㅁ
⑤ ㄴ, ㄷ, ㄹ

06 총수요-총공급($AD-AS$)모형에 관한 설명으로 옳지 않은 것은? (단, 총수요곡선은 우하향, 총공급곡선은 우상향한다.)

① 독립투자 증가는 총수요곡선을 우측으로 이동시킨다.
② 정부지출 증가는 총수요곡선을 우측으로 이동시킨다.
③ 조세증가는 총수요곡선을 좌측으로 이동시킨다.
④ 통화공급증가는 총수요곡선을 좌측으로 이동시킨다.
⑤ 기술 진보는 총공급곡선을 이동시킨다.

07 고전학파의 대부자금설이 성립할 경우 정부가 저축을 촉진하기 위해 이자소득세를 인하하고 동시에 투자를 촉진하는 투자세액공제제도를 도입할 때 예상되는 대부자금 시장의 변화로 옳은 것은? (단, 수요곡선은 우하향, 공급곡선은 우상향한다.)

① 균형이자율 상승, 균형거래량 증가
② 균형이자율 상승, 균형거래량 감소
③ 균형이자율 하락, 균형거래량 증가
④ 균형이자율 등락 불분명, 균형거래량 증가
⑤ 균형이자율 하락, 균형거래량 증감 불분명

08 외부효과에 관한 설명으로 옳은 것은?

① 생산의 외부불경제가 존재하는 경우 사회적 최적생산량은 시장균형생산량보다 많다.
② 소비의 외부경제가 존재하는 경우 사회적 최적소비량은 시장균형소비량보다 적다.
③ 외부효과의 내부화로는 외부효과의 비효율성을 해결할 수 없다.
④ 교정적 조세는 경제적 효율을 향상시키면서 정부의 조세수입도 증대시킨다.
⑤ 오염배출권 거래제에서는 정부가 오염배출권의 가격을 먼저 설정함으로써 사회적 총오염배출량이 결정된다.

09 독점기업이 시장을 A, B로 구분하여 가격차별을 통해 이윤을 극대화하고 있다. 독점기업의 한계비용은 생산량과 관계없이 10으로 일정하고 현재 A, B 두 시장의 수요의 가격탄력성은 각각 2와 3이다. A, B 두 시장에서 독점기업이 설정하는 가격은?

	A	B
①	30	20
②	20	15
③	15	10
④	20	30
⑤	25	30

10 생산함수가 $Q=2L+3K$일 때 노동과 자본 간의 대체탄력성(elasticity of substitution)은? (단, Q, L, K는 각각 생산량, 노동투입량, 자본투입량, $Q>0$, $L>0$, $K>0$이다.)

① 0
② 1
③ $\frac{2}{3}$
④ 무한대(∞)
⑤ 1.5

Part 3
보험계리사

잠깐! 하프모의고사 전 확인사항

하프모의고사도 실전처럼 문제를 푸는 연습이 필요합니다.

- ✓ 휴대전화는 전원을 꺼주세요.
- ✓ 연필과 지우개를 준비하세요.
- ✓ 제한시간 15분 내 최대한 많은 문제를 정확하게 풀어보세요.

매 회 하프모의고사 전, 위 사항을 점검하고 시험에 임하세요.

정답·해설 _해설집 p.128

01회 2022 보험계리사(1)

제한시간 : 15분 시작 시 분 ~ 종료 시 분 점수 확인 개/ 10개

01 화폐수량설에 의하면, 물가상승률이 통화량 증가율보다 낮을 때 이에 관한 이유로 옳은 것은?

① 산출량 증가 또는 화폐유통속도 증가
② 산출량 증가 또는 화폐유통속도 감소
③ 산출량 감소 또는 화폐유통속도 증가
④ 산출량 감소 또는 화폐유통속도 감소

02 소비자 갑은 두 재화 X, Y만을 소비하고 있다. X, Y재의 가격이 각각 4, 3이며, 갑은 현재 X재 8단위, Y재 6단위를 소비하고, 이때 한계효용이 각각 12, 9이다. 이에 관한 설명으로 옳은 것은? (단, 소비자 갑의 선호는 강볼록성(strict convexity)을 만족한다.)

① X재 소비를 1단위 늘리고 Y재 소비를 1단위 줄이면 효용이 극대화된다.
② Y재 소비를 1단위 늘리고 X재 소비를 1단위 줄이면 효용이 극대화된다.
③ X재 소비만 1단위 줄이면 효용이 극대화된다.
④ 현재 효용을 극대화하고 있다.

03 독점기업 A가 직면한 시장수요곡선이 $Q_d = 10P^{-3}$이고 비용함수가 $c(Q) = 2Q$일 때, 이윤을 극대화하는 생산량은? (단, Q_d는 시장수요량, P는 가격, Q는 생산량이다.)

① 10
② 10×2^{-3}
③ 10×3^{-3}
④ 10×5^{-3}

04 독점기업 A는 한 가지 재화를 생산하여 현재 두 개의 분리된 시장에 공급하고 있다. 첫 번째 시장의 수요곡선은 $Q_1 = 100 - P_1$, 두 번째 시장의 수요곡선은 $Q_2 = 100 - 2P_2$이며, A기업의 한계비용은 20이다. 두 시장에 대해 현재와 같이 분리 공급하여 가격차별 하는 방식을 새로이 통합 공급하여 동일 가격을 설정하는 방식으로 변경하고자 한다. A기업의 이윤 극대화 결과에 관한 설명 중 옳지 않은 것은? (단, P_1, Q_1은 각각 첫 번째 시장의 가격과 공급량, P_2, Q_2는 각각 두 번째 시장의 가격과 공급량이다.)

① 분리 공급할 때, 첫 번째 시장의 공급량이 두 번째 시장의 공급량보다 크다.
② 분리 공급할 때, 첫 번째 시장의 가격이 두 번째 시장의 가격보다 높다.
③ 통합 공급할 때의 공급량이 분리 공급할 때의 두 시장의 공급량 합보다 크다.
④ 통합 공급할 때의 가격이 분리 공급할 때의 두 번째 시장의 가격보다 높다.

05 (　　) 안에 들어갈 내용으로 옳은 것은?

> 아래 그림은 기업 A의 단기생산함수이다. 노동 10을 투입할 때, 한계생산량과 평균생산량이 같다. 노동 투입량을 10보다 늘리면 평균생산량은 (가)하고, 줄이면 평균생산량은 (나)한다.

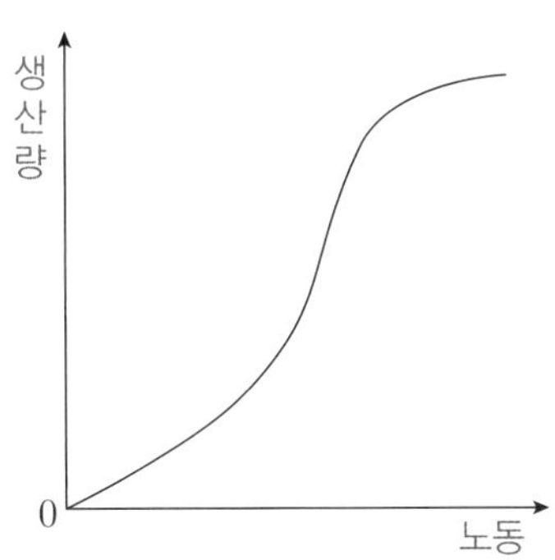

	(가)	(나)
①	감소	감소
②	감소	증가
③	증가	감소
④	증가	증가

06 아래 표는 기업 A의 노동 투입의 증가에 따른 생산량 변화를 나타내고 있다. (　　) 안에 들어갈 내용으로 옳지 않은 것은?

노동 투입량	총생산량	평균생산량	한계생산량
0	0	0	−
1	180	180	(①)
2	(②)	(③)	140
3	420	140	(④)

① 180　　② 320
③ 160　　④ 120

07 아래 표는 A국의 고용통계이다. 생산가능인구의 크기는 변화가 없을 때, A국 노동시장 변화에 관한 설명으로 옳은 것은?

(단위: 만 명)

구분	2021년	⇒	2022년
취업자 수	850		800
비경제활동인구 수	300		350

① 경제활동 참가율은 상승하였다.
② 실업자 수는 증가하였다.
③ 고용률은 변화가 없다.
④ 실업률은 상승하였다.

08 폐쇄경제인 A국의 거시 경제 상황이 아래와 같을 때, 민간저축과 GDP의 크기를 옳게 짝지은 것은?

> • 조세 = 10,000
> • 민간투자 = 15,000
> • 민간소비 = 80,000
> • 재정수지 = 2,000

	민간저축	GDP
①	4,000	94,000
②	8,000	98,000
③	1000/3	99,000
④	13,000	103,000

09 만기가 1년이고, 이자는 만기에 한 번 8만 원을 지급하는 액면가 100만 원인 이표채권이 있다. 현재 이표채권의 가격이 90만 원이라고 할 때, 이에 관한 설명으로 옳지 않은 것은?

① 만기수익률은 20%이다.
② 표면이자율(coupon rate)은 경상수익률(current yield)보다 더 높다.
③ 경상수익률은 약 8.9%이다.
④ 만기수익률과 채권의 가격은 역(−)의 관계에 있다.

10 솔로우 경제성장모형에서 생산함수가 $Q = L^{0.5}K^{0.5}$이고 연간 감가상각률은 10%, 저축률은 10%일 때 균제상태(steady state)에서 노동자 1인당 산출량, 자본, 소비에 관한 설명으로 옳은 것을 모두 고르면? (단, Q는 산출량, L은 노동자 수, K는 자본이다.)

ㄱ. 노동자 1인당 소비는 0.9이다
ㄴ. 노동자 1인당 산출량과 자본은 1이다
ㄷ. 저축률이 20%로 상승할 때, 노동자 1인당 소비는 1.8이다.
ㄹ. 저축률이 20%로 상승할 때, 노동자 1인당 산출량과 자본은 2배로 증가한다.

① ㄱ, ㄴ
② ㄴ, ㄷ
③ ㄴ, ㄹ
④ ㄷ, ㄹ

정답 · 해설 _해설집 p.130

02회 2022 보험계리사(2)

제한시간 : 15분 시작 시 분 ~ 종료 시 분 점수 확인 개/ 10개

01 X재 시장에 두 기업 A, B만이 존재하고, 공급곡선이 각각 $Q_A = P - 10$, $Q_B = P - 15$일 때, 이에 관한 설명으로 옳은 것을 모두 고르면? (단, 기업 A, B는 가격수용자이고, P는 X재 가격이다.)

> ㄱ. 가격이 10보다 낮은 경우에 두 기업 모두 공급하지 못한다.
> ㄴ. 가격이 15인 경우에 시장 공급량은 5이다.
> ㄷ. 가격이 15보다 높은 경우에 두 기업 모두 공급한다.

① ㄱ
② ㄱ, ㄷ
③ ㄴ, ㄷ
④ ㄱ, ㄴ, ㄷ

02 갑은 을에게 내기를 제안하였다. 내기에서 을이 이길 확률은 2/3이며 이때 갑으로부터 13을 받는다. 내기에서 을이 질 확률은 1/3이며 이때 갑에게 11을 주어야 한다. 을의 효용함수 $U_{을} = \sqrt{M_{을}}$이고, 을의 현재 보유 금액은 36이다. 이에 관한 설명으로 옳지 않은 것은? (단, 을은 기대효용을 극대화하며, $M_{을}$은 을의 보유 금액이다.)

① 을은 위험을 회피(risk－averse)하는 태도를 가지고 있다.
② 내기에 대한 을의 기대효용은 19/3이다.
③ 을이 내기를 거절할 때 효용은 7이다.
④ 을은 내기를 수락한다.

03 완전경쟁시장에서 기업 A의 한계비용 $MC = 2Q$, 평균가변비용 $AVC = Q$이다. 시장가격이 12일 때, 기업 A의 이윤이 0이 되는 고정비용은? (단, Q는 양의 생산량이다.)

① 6 ② 12
③ 24 ④ 36

04 버트란드(Bertrand) 복점 기업 A, B가 직면한 시장수요곡선은 $P = 56 - 2Q$이다. 두 기업의 한계비용이 각각 20일 때, 균형가격과 기업 A의 생산량은?

	균형가격	기업 A의 생산량
①	20	9
②	20	12
③	32	9
④	32	12

05 X재 시장의 수요함수와 공급함수는 각각 $Q^D = 100 - 3P$, $Q^S = 2P$이다. 정부가 수요자에게 개당 10의 세금을 부과하는 경우와 공급자에게 개당 10의 세금을 부과하는 경우, 이에 대한 설명으로 옳지 않은 것은? (단, Q^D는 수요량, Q^S는 공급량, P는 가격이다.)

① 과세로 인해 균형거래량이 감소한다.
② 과세로 인한 수요자의 조세 부담이 공급자의 조세 부담보다 크다.
③ 수요자에게 개당 10의 세금을 부과하는 경우 수요자가 내는 가격은 상승하고, 공급자가 받는 가격은 하락한다.
④ 공급자에게 개당 10의 세금을 부과하는 경우 수요자가 내는 가격은 상승하고, 공급자가 받는 가격은 하락한다.

06 아래 표는 통신 시장을 양분하고 있는 기업 A와 기업 B의 보수 행렬이다. 기업 A와 기업 B가 전략을 동시에 선택하는 일회성 비협조 게임에 관한 설명으로 옳지 않은 것은? (단, 괄호 속의 왼쪽은 기업 A의 보수, 오른쪽은 기업 B의 보수이다.)

구분		기업 B	
		저가요금제	고가요금제
기업 A	저가요금제	(4, 4)	(2, 5)
	고가요금제	(5, 2)	(α, α)

① $0 < \alpha < 2$일 때, 기업 A에게 우월전략이 존재하지 않는다.
② $0 < \alpha < 2$일 때, 내쉬균형(Nash equilibrium)이 2개 존재한다.
③ $2 < \alpha < 4$일 때, 기업 B에게 우월전략이 존재한다.
④ $2 < \alpha < 4$일 때, 내쉬균형이 파레토 효율적이다.

07 ( ) 안에 들어갈 내용으로 옳은 것은?

> 납세자의 소득에 따른 세율은 비례세(proportional tax)의 경우 한계세율과 평균세율이 동일하다. 그러나 누진세(progressive tax)는 (가)세율이 (나)세율보다 높고, 역진세(regressive tax)는 (다)세율이 (라)세율보다 높다.

	(가)	(나)	(다)	(라)
①	한계	평균	한계	평균
②	한계	평균	평균	한계
③	평균	한계	한계	평균
④	평균	한계	평균	한계

08 롤즈(J. Rawls)의 사회후생함수에 관한 설명으로 옳은 것을 모두 고르면?

> ㄱ. 사회후생함수는 개인의 분배와 상관없다.
> ㄴ. 사회후생함수는 개인 효용의 합에 의해 결정된다.
> ㄷ. 사회후생함수는 레온티에프 함수와 같은 형태이다.
> ㄹ. 평등주의적 가치관을 담고 있다.

① ㄱ, ㄴ　　② ㄴ, ㄷ
③ ㄷ, ㄹ　　④ ㄱ, ㄹ

09 통화량(M)이 현금통화(C)와 예금통화(D)의 합계로 정의되고, 본원통화(H)는 현금통화와 은행의 지급준비금(R)으로 구성된다. 또한 민간의 현금-통화비율($c=\frac{C}{M}$)이 0.2이고, 총지급준비율($z=\frac{R}{D}$)이 0.25이다. 중앙은행이 10조 원의 본원통화를 증가시킬 때, 통화량의 증가는?

① 15조 원
② 20조 원
③ 25조 원
④ 30조 원

10 우리나라 국채의 명목이자율이 3%이고, 미국 국채의 명목이자율이 2%일 때, 투자자 갑은 미국 국채에 투자하기로 결정하였다. 두 국채 모두 신용위험이 없다면 환율(원화/달러화)에 대한 투자자 갑의 예상으로 옳은 것은?

① 1% 이상 평가절상
② 1% 이상 평가절하
③ 0.5% 이상 1% 미만 평가절상
④ 0.5% 이상 1% 미만 평가절하

정답·해설 _해설집 p.132

03회 2021 보험계리사(1)

제한시간 : 15분 시작 시 분 ~ 종료 시 분 점수 확인 개/ 10개

01 독점기업 A가 당면하고 있는 시장수요는 $Q=100-P$이다. 다음 설명 중 옳은 것을 모두 고르면? (단, Q는 수요량, P는 가격이다.)

> ㄱ. 수요량이 50일 때 수요의 가격탄력성은 $\frac{1}{3}$이다.
> ㄴ. 수요의 가격탄력성이 1인 점에서의 한계수입은 0이다.
> ㄷ. 판매수입이 극대화되는 점에서 수요의 가격탄력성은 1이다.
> ㄹ. 수요의 가격탄력성이 1보다 클 때, 가격이 상승하면 판매수입이 증가한다.

① ㄱ, ㄴ ② ㄴ, ㄷ
③ ㄱ, ㄷ, ㄹ ④ ㄴ, ㄷ, ㄹ

02 주어진 예산으로 효용극대화를 추구하는 소비자 A의 효용함수는 $U(X, Y)=X^{0.3}Y^{0.7}$일 때, A의 수요에 관한 설명 중 옳지 않은 것은?

① X재의 가격이 상승하면 X재의 수요량은 감소한다.
② Y재 수요는 Y재 가격에 대해 단위탄력적이다.
③ X재의 소득탄력성은 1이다.
④ X재 가격이 상승하면 Y재의 수요량은 감소한다.

03 X재의 가격이 10% 상승할 때 X재의 매출액은 전혀 증가하지 않은 반면, Y재의 가격이 10% 상승할 때 Y재의 매출액은 6% 증가하였다면 각 재화의 수요의 가격탄력성으로 옳은 것은?

	X재	Y재
①	완전탄력적	단위탄력적
②	단위탄력적	탄력적
③	단위탄력적	비탄력적
④	완전비탄력적	단위탄력적

04 A기업의 총비용함수는 $TC=20Q^2-15Q+4{,}500$이다. 다음 설명 중 옳지 않은 것은? (단, Q는 생산량이다.)

① 평균가변비용을 최소화하는 생산량은 4이다.
② 총고정비용은 4,500이다.
③ 한계비용은 우상향한다.
④ 평균비용을 최소화하는 생산량은 15이다.

05 이윤을 극대화하는 甲은 동네에서 사진관을 독점적으로 운영하고 있다. 사진을 찍으려는 수요자 8명, $A \sim H$의 유보가격은 다음과 같으며 사진의 제작비용은 1명당 12로 일정하다. 다음 중 옳지 않은 것은? (단, 甲은 단일 가격을 책정한다.)

수요자	A	B	C	D	E	F	G	H
유보가격	50	46	42	38	34	30	26	22

① 甲은 5명까지 사진을 제작한다.
② 8명의 사진을 제작하는 것이 사회적으로 최적이다.
③ 이윤을 극대화하기 위해 甲이 책정하는 가격은 34이다.
④ 甲이 이윤을 극대화할 때 소비자잉여는 45이다.

06 현금예금비율$\left(\frac{\text{민간보유 현금통화}}{\text{요구불예금}}\right)$이 0.6이고 지급준비율$\left(\frac{\text{지급준비금}}{\text{요구불예금}}\right)$이 0.2라면, $M1$ 통화승수는?

① 1
② 2
③ 3
④ 4

07 통화량 목표제와 이자율 목표제에 대한 설명으로 옳은 것은?

① 화폐수요함수가 명목국민소득만의 함수라면 이자율 조절이 용이해진다.
② 화폐수요가 이자율에 민감할수록 통화량 조절을 통한 경기안정화 정책의 유효성이 커진다.
③ 중앙은행은 기준금리를 통해 장기 실질이자율을 통제할 수 있다.
④ 화폐수요함수가 외부충격으로 변동하면 통화량과 이자율 목표를 동시에 달성하기 어렵다.

08 다음은 A국가의 경제를 나타낸다. 총생산 갭을 제거하기 위해 정부지출을 얼마나 변화시켜야 하는가?

- $C = 3{,}000 + 0.5(Y - T)$
- $I = 1{,}500$
- $G = 2{,}500$
- $NX = 200$
- $T = 2{,}000$
- $Y^* = 12{,}000$

(단, C는 소비, Y는 소득, T는 조세, I는 투자, G는 정부지출, NX는 순수출, Y^*는 잠재생산량이다.)

① 200 증가
② 400 증가
③ 200 감소
④ 400 감소

09 화폐수요함수가 $\frac{M^d}{P} = 5,000 - 5,000i$이고, 기대물가 상승률은 10%, 화폐공급은 8,000, 물가수준은 2이다. 피셔효과가 성립할 때 균형실질이자율은 얼마인가? (단, M^d는 화폐수요, P는 물가수준, i는 소수로 표시된 명목이자율이다.)

① 8%
② 9%
③ 10%
④ 11%

10 A경제의 지급준비율이 실질이자율의 함수로서 $0.4-2r$이고, $\frac{\text{현금}}{\text{요구불예금}}$ 비율이 0.2, 물가수준은 1로 고정되어 있다고 한다. 본원통화는 100이고, 화폐수요함수는 $L(Y, r) = 0.5Y - 10r$이다. 실질이자율이 10%인 경우, 화폐시장이 균형을 이루는 소득수준은 얼마인가? (단, Y는 실질소득, r은 소수로 표시한 실질이자율이다.)

① 302
② 402
③ 502
④ 602

정답 · 해설 _해설집 p.135

04회 2021 보험계리사(2)

제한시간 : 15분 시작 시 분 ~ 종료 시 분 점수 확인 개/ 10개

01 노동을 수요독점하고 있는 A기업의 노동의 한계생산물 가치는 $VMP_L = 38 - 4L$이고 노동공급곡선은 $w = 2 + L$이다. A기업의 이윤을 극대화하기 위한 임금은? (단, 생산물시장은 완전경쟁적이며 A기업은 생산요소로 노동만 사용하고, L은 노동, w는 임금이다.)

① 4
② 6
③ 8
④ 10

02 세계적인 기상이변으로 전세계 포도의 수확량이 감소하여 포도주의 국제가격이 상승하였다. 포도주 수입국인 A국의 포도주 시장에서 발생하는 현상으로 옳은 것은? (단, A국은 소국개방경제이고, A국의 포도주 수요곡선과 공급곡선은 각각 우하향, 우상향하며 기상이변으로 인해 이동하지 않았다고 가정한다.)

① 소비자잉여 증가
② 생산자잉여 감소
③ 총잉여 감소
④ 국내생산 감소

03 수요곡선은 $Q^D = 400 - 2P$이고 공급곡선은 $Q^S = 100 + 3P$이다. 종량세를 소비자에게 부과하여 발생한 사회적 후생손실(Deadweight Loss)이 135라면, 부과한 종량세의 크기는 얼마인가?

① 15
② 32
③ 44
④ 50

04 여가시간 R과 소비재 C로부터 효용을 얻는 노동자 A의 효용함수는 $U(R, C) = R^{\frac{1}{2}}C^{\frac{1}{2}}$이다. 소비재 C의 가격은 1, 시간당 임금은 w, 총가용시간은 24시간일 때, 효용을 극대화하는 A의 노동공급에 관한 설명 중 옳지 않은 것은?

① 비근로소득이 0이라면, 임금이 상승하더라도 노동공급은 변화하지 않는다.
② 비근로소득이 증가할 때 노동공급은 감소한다.
③ 후방굴절형 노동공급곡선을 갖는다.
④ 정부의 정액 소득지원은 노동공급을 감소시킨다.

05 주어진 예산에서 효용을 극대화하는 소비자 甲의 효용함수가 $U(X, Y) = lnX + Y$이다. 甲의 수요에 관한 설명 중 옳지 않은 것은?

① Y재의 가격이 상승하면 X재의 수요량이 증가한다.
② 甲의 소득이 증가하더라도 X재의 수요량은 변화가 없다.
③ 甲의 소득이 증가하면 Y재의 수요량은 증가한다.
④ X재의 가격소비곡선은 우상향한다.

06 솔로우(Solow) 성장모형이 다음과 같이 주어진 경우, 균제상태(steady state)에서 자본 1단위당 산출량은? (단, 기술진보는 없다.)

> • 총생산함수: $Y = 2L^{\frac{1}{2}}K^{\frac{1}{2}}$
> (단, Y는 총산출량, K는 총자본량이다.)
> • 감가상각률 5%, 인구증가율 5%, 저축률 20%

① 0.2 ② 0.4
③ 0.5 ④ 0.8

07 A국에서 2019년에 실업자가 일자리를 구할 확률은 20%이며, 취업자가 일자리를 잃고 실업자가 될 확률은 4%이다. 2019년 초의 실업자 수가 500만 명인 경우 2020년 초의 실업률은? (단, A국 경제의 생산가능인구는 4,000만 명, 경제활동참가율은 75%이다. 또한 생산가능인구와 경제활동참가율은 불변이며, 경제활동인구와 비경제활동인구 사이의 이동은 없다고 가정한다.)

① 11.1%
② 14.5%
③ 15.5%
④ 16.7%

08 다음 채권 중 만기수익률(Yield to Maturity)이 가장 높은 것은?

① 95원에 구입한 액면가 100원인 무이표 1년 만기 채권
② 100원에 구입한 연이자 5원인 무한 만기 채권
③ 100원에 구입한 액면가 100원, 연이자 5원인 1년 만기 채권
④ 100원에 구입한 액면가 100원, 연이자 5원인 2년 만기 채권

09 기대인플레이션 상승이 채권시장에 미치는 영향으로 옳은 것은?

① 채권공급이 감소한다.
② 채권수요가 증가한다.
③ 채권거래량이 증가한다.
④ 채권가격이 하락한다.

10 폐쇄경제 거시경제모형이 다음과 같이 주어져 있다. $\alpha = 0.8$, $\beta = 0$일 때 다음 중 옳은 것은?

- 소비함수: $C = a + \alpha Y_d$, $Y_d = Y - T$
- 투자함수: $I = b - \beta r$
- 정부재정: $G = \overline{G}$, $T = \overline{T}$
- 화폐수요함수: $l^d = v + \gamma Y_d - \eta r$
- 화폐공급함수: $l^s = \overline{l^s}$
- 시장청산조건: $Y = C + I + G$ 및 $l^d = l^s$

(단, C는 소비, Y_d는 가처분소득, Y는 생산, T는 조세, I는 투자, r은 실질이자율, G는 정부지출, l^d는 화폐수요, l^s는 화폐공급, a, b, v, α, β, γ, η, $\overline{G}$, $\overline{T}$, $\overline{l^s}$는 양의 상수이다.)

① 정부지출승수는 4이다.
② 균형재정승수는 1이다.
③ 통화량을 늘리면 생산이 증가한다.
④ 통화량을 늘리면 이자율이 상승한다.

정답 · 해설 _해설집 p.138

05회 2020 보험계리사(1)

제한시간 : 15분 시작 시 분 ~ 종료 시 분 점수 확인 개/ 10개

01 표는 甲이 X재와 Y재의 소비로 얻는 한계효용을 나타낸다. X재와 Y재의 가격은 각각 개당 3과 1이다. 甲이 14의 예산으로 두 재화를 소비함으로써 얻을 수 있는 최대의 소비자잉여는?

수량	X재의 한계효용	Y재의 한계효용
1	18	10
2	12	8
3	6	6
4	3	4
5	1	2
6	0.6	1

① 8 ② 14
③ 52 ④ 66

02 X재의 수요곡선은 $Q^d = 150 - P$이고, 공급곡선은 $Q^s = P$이다. 시장균형에서 수요의 가격탄력성과 공급의 가격탄력성은? (단, P는 가격이다.)

① 0, 0 ② 1, 1
③ 5, 1 ④ 5, 5

03 완전경쟁시장에서 X재를 생산하는 A기업의 총비용함수는 $TC = 10{,}000 + 100Q + 10Q^2$이고, X재의 시장가격은 단위당 900이다. 이 기업의 극대화된 이윤(profit)은? (단, Q는 생산량이다.)

① 0
② 6,000
③ 12,000
④ 16,000

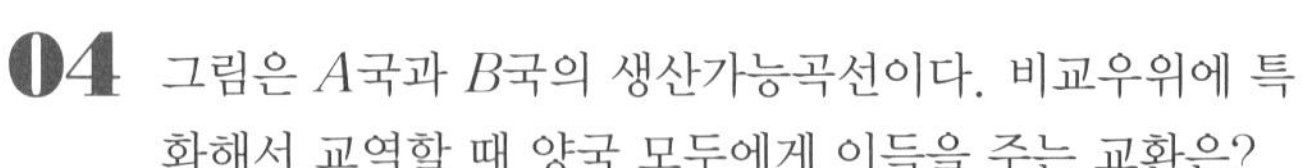

04 그림은 A국과 B국의 생산가능곡선이다. 비교우위에 특화해서 교역할 때 양국 모두에게 이득을 주는 교환은?

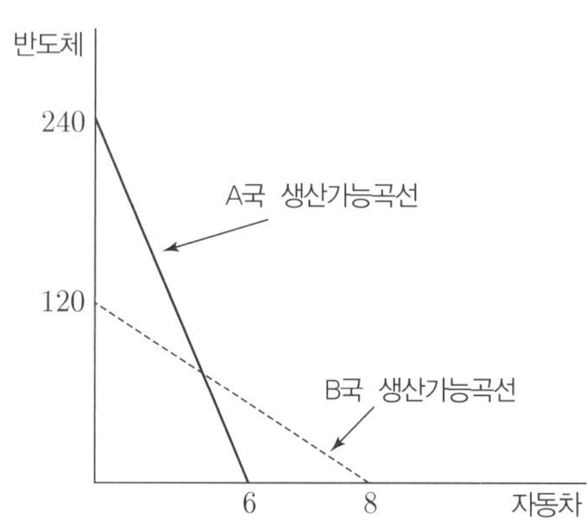

① A국의 자동차 1대와 B국의 반도체 50개
② A국의 자동차 1대와 B국의 반도체 40개
③ A국의 반도체 20개와 B국의 자동차 1대
④ A국의 반도체 14개와 B국의 자동차 1대

05 X재의 사적 한계비용곡선(MC)은 $MC = 0.1Q + 2$이고, 한계편익곡선은 $P = 14 - 0.1Q$이다. X재의 공급에 부정적 외부효과가 존재하여 경제적 순손실이 발생하였다. 이에 정부가 공급자에게 단위당 2의 세금을 부과하여 사회적 최적을 달성했다면 정부개입 이전의 경제적 순손실은? (단, P는 가격, Q는 수량이다.)

① 10
② 20
③ 30
④ 40

06 기펜재에 관한 설명으로 옳은 것을 모두 고르면?

> ㄱ. 정상재이다.
> ㄴ. 열등재이다.
> ㄷ. 소득효과가 대체효과보다 크다.
> ㄹ. 소득효과가 대체효과보다 작다.

① ㄱ, ㄷ　② ㄱ, ㄹ
③ ㄴ, ㄷ　④ ㄴ, ㄹ

07 A국의 생산함수는 $Y = K^{\alpha}(EL)^{1-\alpha}$이다. 효율적 노동당 자본$\left(\frac{K}{EL}\right)$의 한계생산은 0.14이고, 자본의 감가상각률은 0.04이며, 인구증가율은 0.02이다. 만약 이 경제가 황금률 균제상태(golden−rule steady state)라면 노동효율성(E) 증가율은? (단, Y는 총생산, K는 총자본, E는 노동효율성, L은 총노동을 나타내며 $0 < \alpha < 1$이다.)

① 0.08
② 0.10
③ 0.12
④ 0.14

08 아래와 같은 $IS-MP$모형을 이용한 총수요−총공급 분석에서 현재 A국의 명목금리가 0이고, 경기침체로 기대인플레이션이 하락할 때 이에 관한 설명으로 옳은 것을 모두 고르면?

> MP곡선: $i>0$ 경우 $r = \bar{r} + \lambda\pi$,
> $i=0$일 경우 $r = -\pi$
> IS곡선: $Y = a - br$
> 단기 총공급곡선: $\pi = \pi^{e} + \delta(Y - Y^{*})$
> (단, i는 명목금리, r은 실질금리, $\bar{r}$는 정책목표실질금리, π는 인플레이션, Y는 생산, π^{e}는 기대인플레이션, Y^{*}는 잠재생산, a, b, λ, δ는 각각 0보다 크다.)
>
> ㄱ. 단기 총공급곡선이 우측으로 이동한다.
> ㄴ. 단기 총공급곡선이 좌측으로 이동한다.
> ㄷ. 생산은 현재보다 증가한다.
> ㄹ. 생산은 현재보다 감소한다.

① ㄱ, ㄷ　② ㄱ, ㄹ
③ ㄴ, ㄷ　④ ㄴ, ㄹ

09 소규모 개방경제모형에서 무역수지 적자 확대의 원인으로 옳은 것은?

① 세금 증가
② 정부지출 증가
③ 해외금리 상승
④ 투자세액 감면 종료

10 A국 경제는 총수요-총공급모형에서 현재 장기 균형상태에 있다. 부정적 충격과 관련한 설명으로 옳은 것은?

① 부정적 단기 공급충격시 정부의 개입이 없을 경우 장기적으로 물가는 상승한다.
② 부정적 단기 공급충격시 확장적 재정정책으로 단기에 충격 이전 수준과 동일한 물가와 생산으로 돌아갈 수 있다.
③ 부정적 수요충격시 정부의 개입이 없을 경우 장기적으로 충격 이전 수준과 동일한 물가로 돌아간다.
④ 부정적 수요충격시 확장적 통화정책으로 단기에 충격 이전 수준과 동일한 물가와 생산으로 돌아갈 수 있다.

정답 · 해설 _해설집 p.140

06회 2020 보험계리사(2)

제한시간 : 15분 시작 시 분 ~ 종료 시 분 점수 확인 개/ 10개

01 X재의 수요함수는 $Q^d = 100 - P$이고, 공급함수는 $Q^s = P$이다. 소비자에게 단위당 10의 세금이 부과될 경우 소비자에게 귀착되는 세금의 총액은? (단, P는 가격이다.)

① 225
② 250
③ 450
④ 500

02 표는 A기업의 판매자료이다. 판매량이 2에서 3으로 증가할 때 한계수입(marginal revenue)은?

판매량	1	2	3	4
가격	10	9	8	7

① −1
② 1
③ 3
④ 6

03 그림은 A기업과 B기업의 전개형 게임이다. 기업A와 기업B는 각각 전략X와 전략Y에 따라 다른 보수를 얻는다. 이 전개형 게임의 완전균형은?

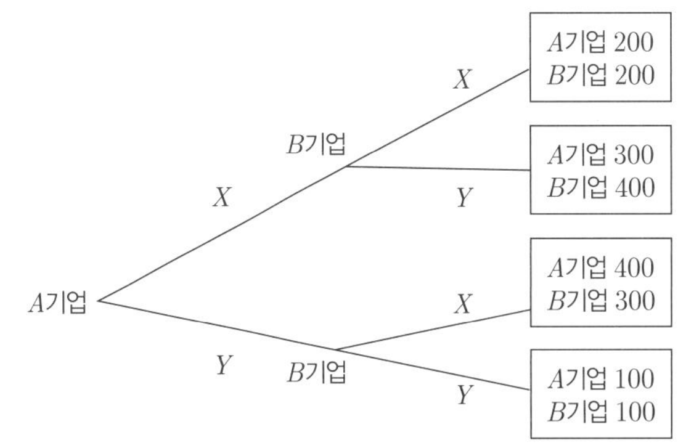

① A기업은 전략X를, B기업은 전략Y를 선택
② A기업은 전략Y를, B기업은 전략X를 선택
③ 두 기업 모두 전략X를 선택
④ 두 기업 모두 전략Y를 선택

04 ( ) 안에 들어갈 용어를 옳게 짝지은 것은?

(A)는 비경합적이지만 배제가능한 재화이며, (B)는 경합적이지만 비배제적인 재화이다.

	A	B
①	공유자원	클럽재
②	공유자원	공공재
③	클럽재	공공재
④	클럽재	공유자원

05 X재와 Y재를 소비하는 甲의 효용함수는 $U(X, Y) = \min(X, Y)$이다. 甲이 예산제약하에서 효용을 극대화할 때, 이에 관한 설명으로 옳지 않은 것은?

① X재의 가격이 상승하면 Y재의 소비량이 증가한다.
② X재의 소비량만 증가시키면 효용이 증가하지 않는다.
③ Y재의 소비량만 증가시키면 효용이 증가하지 않는다.
④ 소득이 증가하면 X재와 Y재의 소비량은 동일한 비율로 증가한다.

06 경기변동에 관한 설명으로 옳지 않은 것은?

① 확장국면과 수축국면이 반복되어 나타나는 현상이다.
② 확장국면과 수축국면의 기간과 강도가 다르다.
③ 루카스(R. Lucas)는 거시경제변수들이 공행성(co-movement)을 보인다고 했다.
④ 케인즈(J. Keynes)는 경기변동의 주기적인 규칙성을 강조했다.

07 토빈의 q에 관한 설명으로 옳지 않은 것은?

① 1보다 클수록 신규 투자가 증가한다.
② 기업보유자본 시장가치와 기업보유자본 대체비용의 비율이다.
③ 투자시 요구되는 실질수익률과 물가상승률의 비율로도 계산될 수 있다.
④ 주식시장에서 평가되는 기업발행주식 가치와 기업부채의 합을 자본재시장에서 평가되는 기업보유자본 가치로 나눈 값으로도 계산될 수 있다.

08 완전자본이동하의 소규모 개방경제에서 먼델-플레밍 모형에 관한 설명으로 옳지 않은 것은?

① 국내이자율은 해외이자율에 의해 결정된다.
② 변동환율제하에서는 확장적 재정정책으로 총수요를 증가시킬 수 없다.
③ 변동환율제하에서는 확장적 통화정책으로 총수요를 증가시킬 수 있다.
④ 변동환율제하에서는 수입할당과 관세 등의 무역정책으로 총수요를 증가시킬 수 있다.

09 리카디언 등가(Ricardian Equivalence)에 관한 설명으로 옳지 않은 것은?

① 정부부채를 통해 조세삭감의 재원을 충당하는 정책은 소비를 변화시키지 않는다.
② 정부부채는 미래의 조세와 같기 때문에 민간이 미래를 충분히 고려한다면 민간의 소득에는 변화가 없다.
③ 정부가 장래의 정부구매를 축소하기 위해 조세를 삭감했을 경우에도 민간은 소비를 증가시키지 않는다.
④ 리카도(D. Ricardo)는 정부 재정을 부채를 통해 확보하는 것이 조세를 통해 확보하는 것과 같다고 주장했다.

10 솔로우(R. Solow) 경제성장모형에 관한 설명으로 옳지 않은 것은?

① 저축과 투자는 항상 균형을 이룬다.
② 생산함수가 규모에 대한 수확불변이라고 가정한다.
③ 저축률이 상승하면 균제상태의 1인당 소득은 증가한다.
④ 인구증가율이 하락하면 균제상태의 1인당 소득은 감소한다.

정답 · 해설 _해설집 p.142

07회 2019 보험계리사(1)

제한시간 : 15분 시작 시 분 ~ 종료 시 분 점수 확인 개/ 10개

01 소비자 갑의 X재에 대한 수요곡선은 $Q_d = \frac{B}{2P}$이다. 시장가격 $P = 10$, 소비자 갑의 소득 $B = 200$일 때, X재 수요의 소득탄력성은?

① 0.25
② 0.5
③ 1
④ 1.5

02 소비자 甲은 X재와 Y재만을 소비하여 예산 범위 내에서 효용을 극대화하였다. 이때 X재의 가격은 10원, Y재의 가격은 2원, 예산은 50원, X재의 한계효용은 100, Y재의 한계효용은 20이다. 예산 1원이 추가적으로 증가할 때, 소비자 甲의 효용 증가분은?

① 5
② 10
③ 20
④ 500

03 재화의 분류에 관한 설명으로 옳지 않은 것은?

① 정상재의 경우, 수요의 소득탄력성은 0보다 크다.
② 사치재의 경우, 수요의 소득탄력성은 1보다 크다.
③ 열등재의 경우, 가격이 하락하면 언제나 수요량이 증가한다.
④ 정상재의 경우, 가격이 상승할 때의 소득효과는 수요량을 감소시킨다.

04 수요곡선은 우하향하고 공급곡선은 우상향할 때, 단위당 조세 또는 보조금을 부과하는 정책의 결과로 옳은 것을 모두 고르면? (단, 외부효과는 없다.)

ㄱ. 조세부과로 균형가격은 상승한다.
ㄴ. 보조금을 지급하면 사회후생은 증가한다.
ㄷ. 조세부과로 인한 부담은 궁극적으로 소비자와 생산자가 나누어지게 된다.

① ㄱ ② ㄴ
③ ㄱ, ㄷ ④ ㄴ, ㄷ

05 소국 개방경제 A국에서 X재의 국내수요함수는 $Q_d = 2{,}000 - P$, 국내기업들의 공급함수는 $Q_s = P$이다. 현재 국제가격 $P = 1{,}200$일 때, X재 시장에 대한 설명으로 옳은 것은?

① A국은 X재를 수입하고 있다.
② A국이 대외무역을 중지하면 X재의 국내생산은 감소한다.
③ A국에서 X재 국내생산에 대해 보조금을 지급하면 국내소비가 증가한다.
④ A국에서 X재 국내생산에 대해 보조금을 지급하면 사회후생이 증가한다.

06 표는 소비의 배제성과 경합성의 존재 유무에 따라 재화를 분류하고 있다. 재화와 분류가 옳게 짝지어진 것은?

구분		경합성 있음	경합성 없음
배제성	있음	A	B
	없음	C	D

① 공해(公海)상의 어류 — C
② 국방서비스 — B
③ 민자 유료 도로 — C
④ 유료 이동통신 — D

07 표는 연도별 X재와 Y재의 생산수량과 가격을 표시한다. 2018년도의 GDP디플레이터와 소비자물가지수(CPI)를 이용하여 계산한 각각의 물가상승률은? (단, 기준연도는 2017년이며 소비자물가지수의 품목 구성은 GDP 구성과 동일하다.)

구분	X재		Y재	
	수량	가격	수량	가격
2017년	20	1,000	40	500
2018년	50	1,005	30	600

① 5%, 10.00% ② 5%, 10.25%
③ 7%, 10.00% ④ 7%, 10.25%

08 소비자물가지수 산정의 문제점이 아닌 것은?

① 신규상품을 즉시 반영하기 어렵다.
② 상품의 질적 변화를 완전히 통제하기 어렵다.
③ 소득수준 변화를 반영하기 어렵다.
④ 상대가격의 변화로 인한 상품 구성 대체를 반영하기 어렵다.

09 생산활동가능인구(만 15세 이상 인구)가 3,000만 명인 경제에서 경제활동참가율이 60%, 실업률이 3%인 경우, 취업자 수는?

① 1,716만 명
② 1,726만 명
③ 1,736만 명
④ 1,746만 명

10 폐쇄경제에서 국민소득 균형식에 따른 민간저축과 이자율은?

> • $C = 100 + 0.6Y$
> • $I = 300 - 20r$
> • $Y = 1{,}000$
> • $G = 100$
> • $T = 110$
> (단, Y는 소득, G는 정부지출, T는 조세, C는 민간소비, I는 투자, r은 이자율(%)이다.)

① 180, 5%
② 180, 6%
③ 190, 5%
④ 190, 6%

정답 · 해설 _해설집 p.144

08회 2019 보험계리사(2)

제한시간 : 15분 시작 시 분 ~ 종료 시 분 점수 확인 개/ 10개

01 X재에 대한 수요곡선은 $Q_d = 10{,}000 - P$, 공급곡선은 $Q_s = -2{,}000 + P$이다. 현재의 시장균형에서 정부가 최저가격을 8,000으로 정하는 경우 최저가격제 도입으로 인한 거래량 감소분과 초과공급량은? (단, P는 X재의 가격이다.)

① 2,000, 2,000 ② 2,000, 4,000
③ 4,000, 4,000 ④ 4,000, 6,000

02 두 재화 X, Y를 소비하는 甲의 효용함수는 $U(X, Y) = XY$일 때, 이에 대한 설명으로 옳지 않은 것은?

① 서로 다른 무차별곡선은 교차하지 않는다.
② 한 무차별곡선상의 두 점은 동일한 효용을 준다.
③ 무차별곡선은 우하향하는 직선이다.
④ X재의 한계효용은 X재 소비가 증가함에 따라 일정하다.

03 A기업의 상품시장과 노동시장은 완전경쟁시장이고, 생산함수는 $Q = \sqrt{L}$이다. 이윤극대화를 추구하는 A기업의 비용에 관한 설명으로 옳지 않은 것은? (단, Q는 생산량, L은 노동이다.)

① 비용은 생산량의 제곱에 비례한다.
② 생산량이 증가하면 한계비용은 증가한다.
③ 임금이 상승하면 이윤극대화 생산량은 감소하지만 총임금은 증가한다.
④ 상품가격이 상승하면 이윤극대화 생산량은 증가하고 총임금도 증가한다.

04 독점적 경쟁시장에 관한 설명으로 옳지 않은 것은?

① 수많은 공급자가 가격수용자로 행동한다.
② 장기 균형에서 기업들의 경제학적 이윤은 0이다.
③ 장기 균형에서는 평균비용곡선의 최저점보다 더 적은 양을 생산한다.
④ 수많은 공급자가 서로 차별화된 상품을 공급하지만 공급된 상품들의 대체성이 높다.

05 공유자원의 비극에 관한 설명으로 옳지 않은 것은?

① 공유자원의 비극은 자원의 독점 때문에 발생한다.
② 공유자원의 사용은 다른 사람에게 부정적 외부효과를 발생시킨다.
③ 공유자원의 사용에 있어 사적 유인과 사회적 유인의 괴리가 발생한다.
④ 공유자원에 대해 재산권을 부여하는 것이 해결책이 될 수 있다.

06 생산요소시장이 완전경쟁시장일 때, 생산함수 $F(L, K) = AK^{\alpha}L^{1-\alpha}$에 관한 설명으로 옳은 것은? (단, $0 < \alpha < 1$이고 K는 자본, L은 노동, A는 생산기술이다.)

① 1인당 자본재가 두 배가 되면 1인당 생산량도 두 배가 된다.
② 자본 및 노동에 대한 대가는 각각의 평균생산성에 의해 결정된다.
③ 자본소득분배율은 α, 노동소득분배율은 $1-\alpha$이다.
④ 한계생산이 체감하기 때문에 자본과 노동을 모두 두 배로 증가시키면 생산증가는 두 배에 미치지 못한다.

07 통화공급에 관한 설명으로 옳은 것은?

① 중앙은행의 은행에 대한 대출금리가 상승하면 통화공급이 증가한다.
② 지급준비율이 인상되면 통화공급이 증가한다.
③ 민간부분의 요구불예금 대비 현금보유 비중이 상승하면 통화공급이 증가한다.
④ 중앙은행이 공개시장운영을 통해 채권시장에서 채권을 매입하면 통화공급이 증가한다.

08 $IS-LM$모형에서 IS곡선에 관한 설명으로 옳지 않은 것은?

① 저축과 투자를 일치시켜주는 이자율과 소득의 조합이다.
② 정부지출이 외생적으로 증가하면 IS곡선이 오른쪽으로 이동한다.
③ 투자가 금리에 민감할수록 IS곡선 기울기의 절댓값은 작아진다.
④ 투자가 케인즈의 주장대로 동물적 본능(animal spirit)에 의해서만 이루어진다면 IS곡선은 수평이 된다.

09 유동성함정에 관한 설명으로 옳은 것은?

① 유동성함정에서는 LM곡선이 수직으로 나타난다.
② 유동성함정은 채권가격이 매우 낮은 상황에서 발생한다.
③ 유동성함정에서 소득을 증가시키기 위해서는 통화정책보다 재정정책이 더 효과적이다.
④ 유동성함정에서 빠져나오기 위해서는 LM곡선을 오른쪽으로 이동시켜야 한다.

10 총수요곡선(AD)－총공급곡선(AS)모형에 관한 설명으로 옳은 것을 모두 고르면?

ㄱ. 총공급곡선은 단기에서는 수직이며 장기에서는 수평이다.
ㄴ. 물가가 상승하면 실질통화량이 감소하여 총수요량이 감소한다.
ㄷ. 총수요곡선은 개별재화시장의 수요곡선을 수평으로 합한 것이다.

① ㄱ
② ㄴ
③ ㄱ, ㄷ
④ ㄴ, ㄷ

정답·해설 _해설집 p.146

09회 2018 보험계리사(1)

제한시간 : 15분 시작 시 분 ~ 종료 시 분 점수 확인 개/ 10개

01 상품수요가 $Q_d = 5{,}000 - 2P$이다. $P = 2{,}000$에서 수요의 가격탄력성과 소비자의 지출액은?

	수요의 가격탄력성	소비자의 지출액
①	0.25	2,000
②	0.25	2,000,000
③	1	1,000,000
④	4	2,000,000

02 노동수요는 $L_d = 19{,}000 - w$,
노동공급은 $L_s = -4{,}000 + w$이고 정부가 근로시간당 1,000의 세금을 부과할 때, 근로자가 받을 세후 임금과 정부의 조세수입을 각각 순서대로 올바로 나열한 것은? (단, w는 시간당 임금이다.)

	세후 임금	정부의 조세수입
①	11,000	7,000,000
②	11,000	7,500,000
③	11,500	7,000,000
④	12,000	7,500,000

03 이윤극대화를 하는 A기업에 조세를 부과할 때 이에 관한 설명으로 옳은 것을 모두 고르면? (단, A기업이 당면한 수요곡선은 우하향하는 직선이며, 한계비용곡선은 우상향하는 직선이다.)

> ㄱ. 정액세(lump-sum tax)를 부과하면 한계비용이 상승하고 생산량이 감소
> ㄴ. 정액세를 부과하면 평균가변비용이 상승하고 생산량이 감소
> ㄷ. 물품세(excise tax)를 부과하면 한계비용이 상승하여 생산량이 감소하고 가격이 상승
> ㄹ. 물품세를 부과하면 평균비용곡선이 상향 이동

① ㄱ, ㄴ　② ㄱ, ㄷ
③ ㄴ, ㄷ　④ ㄷ, ㄹ

04 근로장려세제(EITC: Earned Income Tax Credit)에 관한 설명으로 옳지 않은 것은?

① EITC는 최저임금제와는 달리 고용주들에게 저임금 근로자를 해고할 유인을 제공하지 않는다.
② EITC는 저소득 근로자에게 추가적 소득을 제공한다.
③ 실업자도 EITC의 수혜대상이 된다.
④ EITC를 확대 실시하면 재정부담이 커진다.

05 두 운전자 A, B가 서로 마주보고 운전하다가 한쪽이 충돌을 회피하면 지는 치킨게임을 고려하자. 이 게임의 보수 행렬이 아래와 같을 때 내쉬균형은 몇 개인가? (단, 행렬에서 보수는 (A의 보수, B의 보수)로 표시한다.)

구분		B	
		회피	직진
A	회피	(10, 10)	(5, 20)
	직진	(20, 5)	(0, 0)

① 0 ② 1
③ 2 ④ 4

06 X, Y, Z의 재화만 생산하는 경제에서 다음의 표를 이용하여 구한 2016년의 연간 실질경제성장률은? (단, 2015년이 기준연도이고, 실질경제성장률(%)은 소수점 첫째 자리에서 반올림한다.)

구분	2015년		2016년	
	가격	수량	가격	수량
X	100	20	110	22
Y	120	10	130	12
Z	80	20	90	22

① 10% ② 13%
③ 20% ④ 24%

07 다음은 3인($i=1, 2, 3$)만이 존재하는 경제의 화폐수요를 나타낸다. 경제 전체의 마샬 k는?

- 개인 i의 화폐수요: $Mt_t^d = k_t Y_t$
(단, Mt_t^d, Y_t, k_t는 각각 개인 i의 화폐수요, 소득, 마샬 k이다.)
- 경제 전체의 화폐수요: $M^d = kY$
(단, M^d, Y, k는 각각 경제 전체의 화폐수요, 소득, 마샬 k이다.)

$Y_1 = 20$ $Y_2 = 40$ $Y_3 = 60$
$k_1 = 0.4$ $k_2 = 0.4$ $k_3 = 0.2$

① 0.30 ② 0.33
③ 0.36 ④ 0.39

08 프리드먼(M. Friedman)이 주장한 장기적 경제현상에 관한 설명으로 옳지 않은 것은?

① 확장적 통화정책은 장기적으로 실질국민소득을 증가시킨다.
② 필립스곡선은 장기에 수직이다.
③ 실업률은 자연실업률과 같게 된다.
④ 실제인플레이션은 기대인플레이션과 같게 된다.

09 2017년에 생산된 에어컨 중 일부는 판매가 되지 않아 재고로 남아 있었다. 이 에어컨 재고 모두가 2018년 가계들에게 판매되었다면 다음 중 옳지 않은 것은?

① 이 재고판매는 2017년 *GDP*의 투자항목에 더해진다.
② 이 재고판매는 2018년 *GDP*의 민간소비항목에 더해진다.
③ 이 재고판매는 2018년 *GDP*의 투자항목에 음수로 더해진다.
④ 이 재고판매는 2018년에 판매되었으므로, 2018년 *GDP*에 더해진다.

10 소비자물가지수(*CPI*)와 *GDP*디플레이터에 관한 설명 중 옳은 것은?

ㄱ. *CPI*인플레이션은 소비자의 대체가능성을 배제함으로써 생계비상승을 과대평가하는 경향이 있다.
ㄴ. *GDP*디플레이터는 고정된 가중치를 사용한다.
ㄷ. *GDP*디플레이터는 수입물가를 포함한다.

① ㄱ
② ㄴ
③ ㄷ
④ 모두 옳지 않다.

정답 · 해설 _해설집 p.148

10회 2018 보험계리사(2)

제한시간 : 15분 시작 시 분 ~ 종료 시 분 점수 확인 개/ 10개

01 소비자 甲의 효용함수는 $U = \min(X, 2Y)$, X재 가격은 1, Y재 가격은 2, 甲의 소득은 10이다. 효용을 극대화하는 X재의 수요량은?

① 2 ② 2.5
③ 4 ④ 5

02 최저임금에 관한 설명으로 옳지 않은 것은? (단, 노동공급곡선은 우상향, 노동수요곡선은 우하향한다.)

① 최저임금은 시장균형임금 이상에서 설정되어야 실효성이 있다.
② 최저임금은 생산요소 간 상대가격을 왜곡할 수 있다.
③ 노동수요의 임금탄력성이 작을수록 최저임금으로 인한 실업 발생 효과가 커진다.
④ 노동공급의 임금탄력성이 작을수록 최저임금으로 인한 실업 발생 효과가 작아진다.

03 이윤극대화를 추구하는 독점기업의 수요함수는 $Q = 5 - 0.5P$이고 총비용함수는 $TC = 30 - 2Q + Q^2$이다. 이 독점기업의 이윤에 20%의 세금을 부과한다면? (단, Q는 생산량, P는 가격이다.)

① 가격이 20%보다 더 많이 인상될 것이다.
② 가격이 20% 인상될 것이다.
③ 생산량이 20%보다 더 적게 감소할 것이다.
④ 생산량은 변화하지 않을 것이다.

04 재화 1단위당 세금을 4만큼 부과했더니, 균형수량이 2,000에서 1,700으로 감소하였다. 이 경우 조세부과로 인한 경제적 순손실은? (단, 수요곡선은 우하향하는 직선이고, 공급곡선은 우상향하는 직선이다.)

① 200 ② 400
③ 600 ④ 1,200

05 채식주의자인 A는 감자 섭취로는 효용이 증가하나 고기 섭취로는 효용이 감소한다. 가로축에 고기, 세로축에 감자를 표시한 평면에서 A의 무차별곡선은?

① 우하향한다.
② 수직이다.
③ 우상향한다.
④ 수평이다.

06 다음의 $IS-LM$모형에서 통화량을 0.4만큼 더 증가시킬 경우 새로운 균형이자율은?

> • $Y = C + I + G$
> • $C = 3 + 0.5Y$
> • $I = 2 - r$
> • $G = 5$
> • LM곡선: $M = -r + 0.5Y$
> • $M = 9$
> (단, Y: 국민소득, C: 소비, I: 투자, G: 정부지출, M: 통화량, r: 이자율이다.)

① 0.2　　② 0.3
③ 0.4　　④ 0.5

07 투자이론에 관한 설명으로 옳지 않은 것은?

① 현재가치이론에 의하면 투자수익의 현재가치가 투자비용의 현재가치보다 클 때 투자가 실행된다.
② 토빈의 q이론에 의하면 $q > 1$이면 투자가 실행되고 $q < 1$이면 투자가 실행되지 않는다.
③ 재고소진 기피(stock-out avoidance)모형에 의하면 수요증가 가능성이 커질수록 재고보유 동기는 감소한다.
④ 가속도원리에서 산출량의 증가는 투자에 양(+)의 영향을 미친다.

08 다음 설명 중 옳지 않은 것은?

① 화폐의 중립성(neutrality of money)이 성립하면 명목통화량의 증가는 실질국민소득에 영향을 미치지 못한다.
② 실질잔액효과(real balance effect)에 의하면 기대인플레이션이 발생할 경우 명목이자율은 기대인플레이션보다 더 크게 상승한다.
③ 기대인플레이션의 상승은 기대가 추가된(expectation augmented) 필립스곡선을 위쪽으로 이동시킨다.
④ 리카르도 동등(Ricardian equivalence)정리가 성립하면, 현재의 정액세 감소는 총수요를 증가시키지 못한다.

09 폐쇄경제인 A국가의 GDP는 12이고, 민간소비는 7이며, 조세는 3, 정부의 재정적자는 1이다. 이 경우 민간(private) 저축과 국민(national)저축을 각각 순서대로 올바르게 나열한 것은?

① 5, 3　　② 5, 1
③ 2, 3　　④ 2, 1

10 솔로우(Solow)모형에서 생산함수는 $Y = K^{0.5}(E \times L)^{0.5}$이다($K$는 자본, L은 노동, E는 노동의 효율성, Y는 생산량). 이 경제에서 저축률은 20%, 노동증가율은 5%, 노동효율성증가율은 5%, 감가상각률은 10%일 때, 현재 균제상태(steady state)에 있는 이 경제에 대한 설명으로 옳은 것은?

① 이 경제는 황금률(golden rule) 자본수준에 있다.
② 황금률 자본수준으로 가기 위해서는 저축률을 높여야 한다.
③ 황금률 자본수준으로 가기 위해서는 현재 효율노동 단위당 소비를 증가시켜야 한다.
④ 황금률 자본수준에 도달하면 효율노동 단위당 소비가 현재 균제상태보다 낮아진다.

정답·해설 _해설집 p.150

11회 2017 보험계리사(1)

제한시간 : 15분 시작 시 분 ~ 종료 시 분 점수 확인 개/ 10개

01 다음 자료를 이용하여 구한 통화량 M_1의 통화승수는?

- $M_1 = C + D$
- $H = C + R$
- $c = \dfrac{C}{M_1} = \dfrac{1}{6}$
- $z = \dfrac{R}{D} = \dfrac{1}{10}$

(단, C: 현금통화, D: 요구불예금, H: 본원통화, R: 지급준비금, c: 현금－통화비율, z: 지급준비율이다.)

① 2 ② 3
③ 4 ④ 5

02 소비함수에 관한 설명으로 옳지 않은 것은?

① 절대소득(absolute income)가설의 소비함수에서 평균소비성향은 한계소비성향보다 작다.
② 상대소득(relative income)가설에서 개인의 소비는 타인의 소비에 영향을 받는다.
③ 생애주기(life cycle)가설에서 개인의 소비는 자신의 평생재원, 즉 생애의 총자원(total resources)에 의존한다.
④ 항상소득(permanent income)가설에서 현재소득은 항상소득과 일시소득의 합이다.

03 현재 1년 만기 달러화 예금의 이자율이 2%이고, 대미 원/달러 환율이 1,200원인데 1년 후 1,212원으로 예상된다. 이자율평가(interest rate parity) 조건에 따른 원화 예금의 연간 기대수익률은?

① 2% ② 3%
③ 4% ④ 5%

04 실물경기변동이론(real business cycle theory)에 관한 설명으로 옳은 것은?

① 상품가격은 완전 신축적이지만 임금은 경직적이다.
② 불경기에도 가계는 효용을 극대화한다.
③ 총수요충격이 경기변동의 원인이다.
④ 일부 시장은 불완전한 경쟁구조이다.

05 A재의 가격이 5% 상승할 때 A재의 매출액은 전혀 변화하지 않은 반면, B재의 가격이 10% 상승할 때 B재의 매출액은 10% 증가하였다. 각 재화의 수요의 가격탄력성으로 옳은 것은?

	A재	B재
①	완전탄력적	단위탄력적
②	단위탄력적	완전탄력적
③	단위탄력적	완전비탄력적
④	완전비탄력적	완전비탄력적

06 완전경쟁시장에서 이윤극대화를 추구하는 기업의 생산함수가 $Q = AK^{\alpha}L^{\beta}$일 때, 이에 관한 설명으로 옳지 않은 것은? (단, Q는 생산량, A, α, β는 상수, K는 자본, L은 노동을 나타내고 $\alpha + \beta = 1$이다.)

① 자본이 1% 증가할 때 생산량은 α% 증가한다.
② 생산함수는 규모에 대한 수익불변을 나타낸다.
③ β는 노동분배율을 나타낸다.
④ $\beta = \frac{\text{노동의 평균생산}}{\text{노동의 한계생산}}$이다.

07 소규모 개방경제모형에서 수입관세부과와 수출보조금 지원의 무역정책 효과에 관한 설명으로 옳지 않은 것은? (난, 수요곡선은 우하향, 공급곡선은 우상향한다.)

① 수입관세부과는 국내생산량을 증가시킨다.
② 수입관세부과와 수출보조금 지원 모두 국내생산자잉여를 증가시킨다.
③ 수입관세부과와 수출보조금 지원 모두 국내소비자잉여를 감소시킨다.
④ 수입관세부과와 수출보조금 지원 모두 정부수입을 증가시킨다.

08 다음 표에 나타난 A기업의 노동공급(근로시간), 시간당 임금 및 한계수입생산에 관한 설명으로 옳은 것은?

노동공급	시간당 임금	한계수입생산
5	6	–
6	8	50
7	10	36
8	12	26
9	14	14
10	16	2

① 노동공급이 6 → 7로 증가할 때 한계노동비용은 22이다.
② 이윤을 극대화할 때 노동공급은 9이다.
③ 노동공급이 6 → 7로 증가할 때 임금탄력성은 0.5이다.
④ 이윤을 극대화할 때 한계노동비용은 28이다.

09 기업 K에는 A와 B 두 가지 유형의 직원이 있는데, 자격증을 취득하기 위해서는 A유형의 경우 2년, B유형의 경우 1년 동안 학원을 다녀야 한다. 자격증을 취득한 직원에게는 $w=24$, 그렇지 않은 직원에게는 $w=20$의 보수를 지급한다. 효용을 극대화하는 직원의 효용함수가 $u=w-c\times e$일 때, B유형의 직원만 자발적으로 자격증을 취득하기 위한 c의 범위는? (단, e는 학원 수강 기간, c는 연간 학원비이다.)

① $1<c<2$　② $1<c<3$
③ $2<c<3$　④ $2<c<4$

10 다음 그림은 재화 x_1의 가격이 하락할 때, 두 재화 x_1, x_2에 대한 가격-소비곡선을 나타낸 것이다. x_1과 x_2가 보완재인 경우는? (단, 한계대체율이 체감한다.)

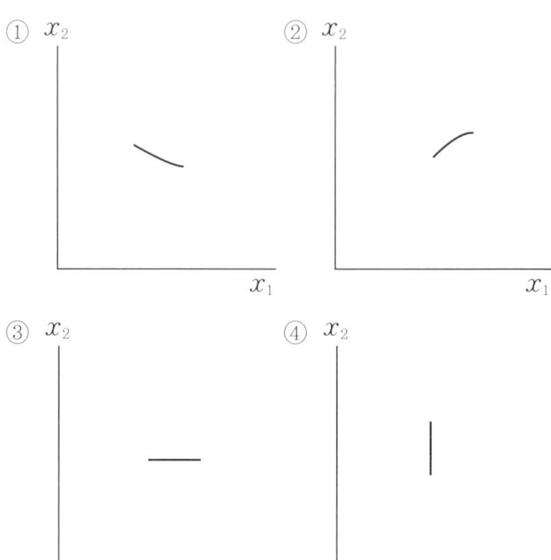

정답·해설 _해설집 p.152

12회 2017 보험계리사(2)

제한시간 : 15분 시작 　시 　분 ~ 종료 　시 　분 점수 확인 　개/ 10개

01 다음 통계로부터 구한 2014년의 GDP디플레이터는?

구분	2013년	2014년
명목GDP	160	240
실질GDP	125	200

① 120　② 130
③ 140　④ 150

02 $IS-LM$모형 및 AD(총수요)$-AS$(총공급)모형에 관한 설명으로 옳지 않은 것은?

① IS곡선은 재화시장을 균형시키는 국민소득과 이자율의 조합을 나타낸다.
② LM곡선은 화폐시장을 균형시키는 국민소득과 이자율의 조합을 나타낸다.
③ IS곡선과 LM곡선의 교차점에서 총수요의 크기가 결정된다.
④ 정부지출과 조세는 IS곡선과 AS곡선의 이동변수이다.

03 화폐수요와 화폐공급에 관한 설명으로 옳지 않은 것은?

① 본원통화는 화폐발행액과 중앙은행에 예치한 지급준비예금의 합계이다.
② 마샬의 k가 커지면 유통속도도 증가한다.
③ 부분지급준비제도하에서 통화량을 본원통화로 나눈 통화승수는 1보다 크다.
④ 화폐공급이 이자율의 증가함수라면 화폐공급의 내생성이 존재한다.

04 다음 $IS-LM$모형에서 정부지출의 증대를 통하여 균형국민소득을 현재보다 2만큼 더 증가시킨다면 새로운 균형이자율은?

- $Y=C+I+G$
- $C=2+0.5Y$
- $I=5-r$
- $G=3$
- LM곡선: $r=2+0.5Y$

(단, Y: 국민소득, C: 소비, I: 투자, G: 정부지출, r: 이자율이다.)

① 5　② 6
③ 7　④ 8

05 아파트의 수요곡선은 우하향하지만 공급곡선이 완전비탄력적이다. 아파트 매도자에게 부과하는 양도소득세액을 20% 인상한다고 할 때, 이로 인한 조세부담에 관한 설명으로 옳은 것은?

① 매입자와 매도자가 인상분을 반씩 부담한다.
② 매도자가 인상분의 반을 부담하고 매입자는 부담이 없다.
③ 매도자가 인상분 모두를 부담한다.
④ 매입자와 매도자 모두 추가적 조세부담이 없다.

06 소규모 개방경제인 K국의 국내 컴퓨터 수요곡선과 공급곡선은 각각 $Q_d = -\frac{P}{2} + 3{,}000$, $Q_s = \frac{P}{2}$이고, 컴퓨터의 국제가격은 1,500이다(단, Q_d는 수요량이고 Q_s는 공급량, P는 가격이다). K국 정부가 국내 컴퓨터 생산자를 보호하기 위해 단위당 500의 수입관세를 부과한다면 관세부과로 인한 경제적 순손실은? (단, 관세 이외의 무역장벽은 없다.)

① 62,500 ② 125,000
③ 250,000 ④ 381,250

07 다음 표는 A제과점의 근로자 수와 케이크 생산량을 나타내며, 케이크 1개당 가격은 10,000원이고, 근로자는 1인당 80,000원을 지급받는다. 이에 관한 설명으로 옳지 않은 것은? (단, 케이크시장과 노동시장은 완전경쟁시장이다.)

근로자 수	케이크 생산량
0	0
1	10
2	18
3	23
4	27

① 근로자 수가 1에서 2로 증가할 때 노동의 한계생산은 8이다.
② 근로자 수가 2에서 3으로 증가할 때 노동의 한계생산물가치는 50,000원이다.
③ 이윤이 극대화될 때 노동의 한계생산은 10이다.
④ 근로자 수가 2일 때 노동의 평균생산은 9이다.

08 두 소비자 S와 B의 2기간 최적 소비선택모형에서 1기와 2기의 소비는 각각 c_{i_1}, c_{i_2}, 명목소득은 각각 m_{i_1}, m_{i_2}이며($i = S, B$), 시장이자율 r에서 $(1+r)c_{i_1} + c_{i_2} = (1+r)m_{i_1} + m_{i_2}$를 만족한다. 현재 1기에 소비자 S는 저축, 소비자 B는 차입을 선택하고 있으며, 시장이자율이 상승해도 1기에 소비자 S는 저축, 소비자 B는 차입의 선택을 유지한다. 시장이자율의 상승에 따른 소비자 S와 B의 효용수준 변화로 옳은 것은? (단, 소비자 S와 B의 c_{i_1}, c_{i_2}에 대한 한계대체율은 체감한다.)

	소비자 S	소비자 B
①	증가	증가
②	증가	감소
③	감소	증가
④	감소	감소

09 학생 L은 언어검증시험에서 시험성적 10, 11, 12, 13, 14를 각각 $\frac{1}{5}$의 확률로 예상하고 있다. 시험 점수 1점에 대한 가치는 10이며, 시험 1회당 기회비용은 10이라고 하자. 시험의 횟수에 관계없이 가장 좋은 성적을 최종 성적으로 사용할 수 있다면, 첫 시험에서 얼마 이상의 성적을 받아야 더 이상 시험을 보지 않는가?

① 10　　② 11
③ 12　　④ 13

10 기업 H에 근무하는 사원 Y는 근무 지역 A와 B를 비교하고자 한다. 두 재화 x_1, x_2를 소비하는 이 사원의 효용함수가 $u = x_1 x_2$이고, 지역 A에서 두 재화의 가격 $(p_{A_1}, p_{A_2}) = (1, 1)$, 지역 B에서 두 재화의 가격 $(p_{B_1}, p_{B_2}) = (1, 4)$이다. 이 사원이 지역 A에서 근무할 경우의 임금이 100일 때, 두 지역에서의 효용수준이 동일하도록 지역 B에서 받아야 할 임금은?

① 120　　② 160
③ 200　　④ 240

정답·해설 _해설집 p.154

13회 2016 보험계리사(1)

제한시간 : 15분 시작 시 분 ~ 종료 시 분 점수 확인 개/ 10개

01 다음 중 가격소비곡선을 이용하여 도출할 수 있는 것은?

① 무차별곡선
② 수요곡선
③ 엥겔(Engel)곡선
④ 로렌츠(Lorenz)곡선

02 아프리카의 어떤 부족마을에서 거래되는 향료의 수요곡선은 $P = 110 - Q$, 공급곡선은 $P = 20 + 0.5Q$이다. P는 향료의 가격, Q는 향료의 수량을 나타내며 이 마을의 화폐단위는 "카추"이다. 부족의 족장이 향료에 단위당 3카추의 세금을 부과하는 경우의 세금부담에 관한 설명으로 옳은 것은?

① 족장의 조세수입 중 소비자가 부담하는 몫이 공급자가 부담하는 몫보다 크다.
② 족장의 조세수입 중 공급자가 부담하는 몫이 소비자가 부담하는 몫보다 크다.
③ 소비자와 공급자가 절반씩 부담한다.
④ 소비자가 족장의 조세수입 전액을 부담한다.

03 독점기업의 시장독점력에 관한 다음 서술 중 옳은 것을 모두 고른 것은?

ㄱ. 수요가 가격에 더 탄력적일수록 이윤극대생산량에서 가격 대비 한계비용의 비율이 커진다.
ㄴ. 러너(Lerner)지수는 기업의 독점력을 나타내는 지수 중 하나이다.

① ㄱ ② ㄴ
③ ㄱ, ㄴ ④ 모두 옳지 않다.

04 단기에 있어서 어떤 기업의 유일한 가변요소가 노동이며 노동의 한계생산물은 처음에 증가하다가 궁극적으로 감소한다. 이 경우 기업의 단기 비용곡선들에 관한 다음 기술 중 틀린 것은?

① 평균가변비용곡선, 평균비용곡선, 한계비용곡선은 모두 U자의 모양을 갖는다.
② 한계비용곡선은 평균비용곡선의 최저점을 통과한다.
③ 한계비용곡선의 최저점은 평균비용곡선의 최저점보다 오른쪽에 위치한다.
④ 평균비용곡선과 평균가변비용곡선 간의 수직거리는 평균고정비용의 크기를 나타낸다.

05 다음 중 실업률 하락을 가져오는 정책이 아닌 것은? (단, 노동시장은 경쟁적이다.)

① 실업급여의 축소
② 구직활동지원 강화
③ 훈련프로그램 강화
④ 최저임금의 인상

06 공급의 가격탄력성은 0.5, 수요의 가격탄력성이 −0.5이다. 수요의 증가로 가격이 1% 상승할 때 매출액의 증가율은?

① 0% ② 0% 초과, 1% 미만
③ 1% ④ 1% 초과

07 국민소득을 증가시키는 정책으로 옳지 않은 것은? (단, *IS*곡선은 우하향하고, *LM*곡선은 우상향하며, 한계소비성향은 1보다 작다.)

① 정부지출과 조세를 동일한 금액으로 감소시킨다.
② 조세를 감소시키고 통화량을 증가시킨다.
③ 정부지출을 증가시킨다.
④ 통화량을 증가시킨다.

08 유동성함정과 부(wealth)의 효과에 관한 설명으로 옳지 않은 것은?

① 유동성함정은 *LM*곡선의 수평구간에서 발생한다.
② 케인즈의 유동성함정에 대한 반론으로서 고전학파는 부의 효과를 주장하였다.
③ 유동성함정은 화폐수요의 이자율탄력성이 영(0)일 때 발생한다.
④ 유동성함정에 빠진 경제라도 부의 효과가 존재한다면 확장적 통화정책은 국민소득을 증가시킨다.

09 경제성장이론과 관련된 설명 중 옳은 것을 모두 고른 것은?

ㄱ. 솔로우모형은 절대적 수렴가설을 주장하였다.
ㄴ. 내생적 성장이론은 국가 간 1인당 경제성장률의 지속적 격차를 설명하고자 도입되었다.
ㄷ. 솔로우모형에서 저축률의 상승과 인구증가율의 하락은 단기적으로 1인당 국민소득을 증가시킨다.

① ㄱ, ㄴ
② ㄴ, ㄷ
③ ㄱ, ㄷ
④ ㄱ, ㄴ, ㄷ

10 2010년의 통계를 이용하여 다음 물음에 답하시오.

구분	2010년
GDP	8,000억 원
세출(정부지출)	1,100억 원
세입(조세)	1,000억 원

다른 조건이 일정할 때 2009년 말의 정부부채가 1,900억 원이면, 2010년 *GDP* 대비 2010년 말의 정부부채 비율은 얼마인가?

① 15%
② 20%
③ 25%
④ 30%

정답 · 해설 _해설집 p.156

14회 2016 보험계리사(2)

제한시간 : 15분 시작 시 분 ~ 종료 시 분 점수 확인 개/ 10개

01 어떤 섬나라의 전통공예품에 대한 수요곡선은 $Q=380-2P$, 공급곡선은 $Q=3P-5W-20$이다. Q는 전통공예품의 수량, P는 가격, 그리고 W는 종업원의 시간당 임금을 나타내며 이 나라의 화폐단위는 "론도"이다. 5론도이던 시간당 임금이 7론도로 상승하는 경우 이 나라 전통공예품의 시장균형량의 변화는?

① 4단위 감소한다.
② 6단위 감소한다.
③ 8단위 감소한다.
④ 10단위 감소한다.

02 A사는 X와 Z라는 두 종류의 생산요소를 사용하여 제품을 생산하는 기업이다. 아울러 A사의 제품 한 단위를 생산하기 위해서는 반드시 X 한 단위와 Z 두 단위가 투입되어야 한다. A사의 등량곡선의 모양을 바르게 서술한 것은?

① 우하향하는 직선
② 원점에 대해서 오목한 모양의 우하향하는 곡선
③ 원점에 대해서 볼록한 모양의 우하향하는 곡선
④ L자 모양

03 어떤 기업의 단기 생산함수는 $Q=120L-L^2$이다. Q는 산출량, L은 노동투입량을 나타낸다. 또한 이 기업이 노동을 구입하는 노동시장과 제품을 판매하는 상품시장은 모두 완전경쟁시장이며 제품의 판매가격은 \$10이다. 시간당 임금을 세로축에, 그리고 노동량을 가로축에 표시해서 이 기업의 단기 노동수요곡선을 그리는 경우 그 기울기는?

① -10 ② -20
③ -30 ④ -40

04 공공재에 관한 다음 설명 중 옳은 것을 모두 고른 것은?

ㄱ. 비경합성(non-rivalry)과 배제불가성(non-excludability)이라는 특성을 가진다.
ㄴ. 그 특성상 민간에 의한 자발적 공급이 곤란하다.
ㄷ. 공공부문이 생산 · 공급하는 재화나 서비스라 해서 모두 공공재가 되는 것은 아니다.

① ㄱ, ㄴ ② ㄴ, ㄷ
③ ㄱ, ㄷ ④ ㄱ, ㄴ, ㄷ

05 다음 중 누진세제를 옹호하는 근거로서 가장 적당하지 않은 것은?

① 경제적 불평등의 감소
② 경제적 효율성의 제고
③ 과세 공평성의 실현
④ 편익원칙에 합치

06 어떤 기업의 생산함수는 다음과 같다.

$$q = \begin{cases} 0, & 0 \le x \le 1 \\ \sqrt{x} - 1, & x > 1 \end{cases}$$

여기서 q는 산출량, x는 생산요소의 투입량을 나타낸다. 생산요소의 단위당 가격이 1인 경우, 다음 중 이 기업이 양의 이윤을 얻을 수 있는 제품의 시장가격 p의 범위를 바르게 나타낸 것은?

① $p > 1$
② $p > 2$
③ $p > 3$
④ $p > 4$

07 총수요(AD)와 총공급(AS)모형에 관한 설명으로 옳지 않은 것은?

① 단기 AS곡선은 우상향하고, 장기 AS곡선은 수직이다.
② 통화량의 증가는 AD곡선을 오른쪽으로 이동시킨다.
③ 정부지출의 증가는 단기 AS곡선을 오른쪽으로 이동시킨다.
④ 장기적으로 화폐의 중립성이 성립하고, 완전한 구축효과가 발생한다.

08 필립스곡선과 관련된 설명으로 옳지 않은 것은?

① 필립스(W. Phillips)는 실업률과 실질임금상승률 간의 역관계를 나타내는 필립스곡선을 제시하였다.
② 프리드만(M. Friedman)은 단기 필립스곡선과 장기 필립스곡선을 구별하였다.
③ 스태그플레이션은 단기 필립스곡선의 이동으로 설명할 수 있다.
④ 프리드만(M. Friedman)은 자연실업률가설을 제시하였다.

09 경기변동과 관련된 다음 설명 중 옳은 것을 모두 고른 것은?

> ㄱ. 투자와 실업은 일반적으로 경기순응적이다.
> ㄴ. 경기순환의 국면은 회복, 호황, 후퇴, 불황의 4분법과 확장기, 수축기의 2분법으로 구분된다.
> ㄷ. 기준순환일은 경기의 정점(peak) 또는 저점(trough)이 발생하는 시점을 말한다.

① ㄱ, ㄴ　　② ㄴ, ㄷ
③ ㄱ, ㄷ　　④ ㄱ, ㄴ, ㄷ

10 통화량의 증가가 이자율에 미치는 효과에 대한 설명으로 옳지 않은 것은?

① 단기적으로 명목이자율이 하락하는 유동성효과가 발생한다.
② 장기적으로 물가상승으로 인해 명목이자율이 상승하는 피셔효과가 발생한다.
③ 피셔(I. Fisher)는 인플레이션율이 1%포인트 상승할 경우 명목이자율이 1%포인트 상승하는 피셔효과를 주장하였다.
④ 장기적으로 화폐의 중립성이 성립하므로 실질이자율이 상승한다.

정답·해설 _해설집 p.158

15회 2015 보험계리사(1)

제한시간 : 15분 시작 시 분 ~ 종료 시 분 점수 확인 개/ 10개

01 경제변수는 유량(flow)변수와 저량(stock)변수로 구분된다. 다음 중 유량변수를 바르게 묶어놓은 것은?

ㄱ. 소득
ㄴ. 자산
ㄷ. 소비

① ㄱ, ㄴ
② ㄱ, ㄷ
③ ㄴ, ㄷ
④ ㄱ, ㄴ, ㄷ

02 기업의 비용함수에 관한 설명 중 잘못된 것은?

① 매몰비용은 단기에 고정비용에 속한다.
② 최소비용의 원칙과 최대생산량의 원칙은 모두 한계생산물균등의 법칙으로 귀결된다.
③ 단기 평균비용은 장기 평균비용보다 작을 수 없다.
④ 단기에 한계비용이 최소일 때 평균비용도 최소가 된다.

03 독점기업에 관한 설명 중 가장 옳지 않은 것은?

① 한계비용곡선의 일부가 공급곡선이 된다.
② 초과이윤을 얻는 독점기업의 판매가격은 항상 한계비용보다 높다.
③ 독점기업이라고 해서 반드시 초과이윤을 얻는 것은 아니다.
④ 해외시장에서의 덤핑은 가격차별의 원리에 의한 것이다.

04 본원통화에 대한 통화량의 비율을 통화승수라 한다. 통화승수에 관한 설명 중 가장 옳은 것은?

① 현금선호비율이 높을수록 통화승수는 커진다.
② 은행의 지급준비율이 높아지면 통화승수는 커진다.
③ 현금에 비해 요구불예금의 비중이 커지면 통화승수는 커진다.
④ 지급준비율이 100%이면 통화승수는 1보다 작다.

05 고성능화폐(high-powered money)인 본원통화에 해당하는 것은 무엇인가?

① 시중은행이 보유한 채권, 대출잔액 및 지급준비금
② 현금통화 및 지급준비금
③ 현금통화 및 요구불예금
④ 시중은행이 보유한 채권 및 요구불예금

06 헥셔-올린정리(Heckscher-Ohlin theorem)에 관한 설명으로 옳은 것은?

① 양국의 선호 차이에 의해 비교우위가 결정된다.
② 무역이 이루어지면 양국의 산업구조는 보다 유사해진다.
③ 양국 간 생산요소의 이동이 가능하다는 가정에 기반을 둔다.
④ 양국 간 요소부존의 차이가 재화의 상대가격 차이를 발생시켜 비교우위가 결정된다.

07 중앙은행의 통화정책 반응함수가 다음과 같다. 전년도에 물가상승률은 4%였고 실질GDP와 잠재GDP는 같았다고 하자. 금년도에 물가상승률이 6%가 되고 실질GDP가 잠재GDP 대비 4% 증가한다면 중앙은행의 행동으로 가장 적절한 것은?

$$r = 0.05 + 1.5 \times (\pi - 0.04) - \frac{0.5(Y - Y^*)}{Y^*}$$

(단, r은 중앙은행의 정책이자율, π는 물가상승률, Y는 실질GDP, Y^*는 잠재GDP이다.)

① 정책이자율을 1%포인트 올린다.
② 정책이자율을 3%포인트 올린다.
③ 정책이자율을 2%포인트 내린다.
④ 정책이자율을 그대로 유지한다.

08 생산요소 간 대체탄력성에 관한 설명 중 옳은 것을 바르게 묶어 놓은 것은?

ㄱ. 레온티에프 생산함수의 경우 대체탄력성은 무한대가 된다.
ㄴ. 콥-더글라스 생산함수의 경우 대체탄력성은 생산요소의 투입량의 크기에 따라 달라진다.
ㄷ. 요소의 가격비율의 변화가 요소집약도에 미치는 영향의 정도를 나타낸다.
ㄹ. 등량곡선의 곡률이 클수록 대체탄력성이 작다.

① ㄱ, ㄴ ② ㄱ, ㄴ, ㄷ
③ ㄴ, ㄷ, ㄹ ④ ㄷ, ㄹ

09 다음 중 자원배분의 효율성을 감소시키는 원인을 바르게 묶어 놓은 것은?

> ㄱ. 독점기업
> ㄴ. 외부효과
> ㄷ. 농산물 가격 지지정책

① ㄱ, ㄴ
② ㄱ, ㄷ
③ ㄴ, ㄷ
④ ㄱ, ㄴ, ㄷ

10 바나나와 커피라는 두 개의 재화만을 소비하는 소비자가 있다고 하자. 바나나가 열등재인 경우 바나나 가격의 하락에 따른 바나나 수요량의 변화에 관한 설명으로 옳은 것은?

① 감소한다.
② 증가한다.
③ 변화가 없다.
④ 주어진 정보만으로는 알 수 없다.

정답 · 해설 _해설집 p.160

16회 2015 보험계리사(2)

제한시간 : 15분 시작 시 분 ~ 종료 시 분 점수 확인 개/ 10개

01 공급곡선이 다음과 같이 주어져 있다고 하자. 다음 중 옳은 것은? (단, Q_S는 공급량, P는 가격, $a>0$, $b<0$이다.)

$$Q_S = aP + b$$

① 공급의 가격탄력성은 항상 1보다 크며 원점에서 멀어질수록 커진다.
② 공급의 가격탄력성은 항상 1보다 작으며 원점에서 멀어질수록 커진다.
③ 공급의 가격탄력성은 항상 1보다 크며 원점에서 멀어질수록 작아진다.
④ 공급의 가격탄력성은 항상 1이다.

02 다음의 설명에서 ( ) 안에 들어갈 알맞은 말을 옳게 짝지은 것은?

현시선호이론은 현실적으로 측정 불가능한 (ㄱ)의 개념에 의존하지 않고 시장에서 실제로 관측되는 소비자들의 구매행태로부터 (ㄴ)을 도출한다.

	ㄱ	ㄴ
①	무차별곡선	수요곡선
②	예산제약식	무차별곡선
③	수요곡선	소비계획
④	소비계획	예산제약식

03 완전경쟁시장의 단기 균형과 장기 균형에 관한 설명으로 가장 옳지 않은 것은?

① 단기 균형에서 개별기업은 초과이윤을 얻을 수 있지만 장기 균형에서는 정상이윤만을 얻는다.
② 단기 균형에서의 기업의 수와 장기 균형에서의 기업의 수는 일반적으로 다르다.
③ 단기 균형에서는 생산자잉여와 이윤이 일치하지만 장기 균형에서는 그렇지 않다.
④ 완전경쟁시장은 단기에서뿐만 아니라 장기에서도 사회적 잉여가 극대화되는 시장형태이다.

04 케인즈의 국민소득결정이론에서 한계소비성향이 0.5라고 가정하자. 이러한 조건하에서 다음 중 균형국민소득이 가장 크게 증가하는 경우는 무엇인가?

① 정부지출이 200억 원 증가하는 경우
② 조세가 200억 원 감소하는 경우
③ 투자가 150억 원 증가하는 경우
④ ①과 ② 모두

05 $AD-AS$(총수요-총공급)모형에 기초할 때 단기적으로 경제에 미치는 효과에 대한 설명 중 가장 옳지 않은 것은?

① 단기 산출량이 자연산출량 수준을 상회하는 경우 물가상승으로 이어진다.
② 정부지출의 감소는 물가하락을 초래한다.
③ 단기 산출량이 자연산출량 수준을 하회하는 경우 경제주체의 기대물가에 대한 조정이 발생한다.
④ 확장적인 통화정책은 단기에 균형산출량을 늘릴 뿐만 아니라 자연산출량 수준을 상승시킬 수 있다.

06 수요의 가격탄력성에 관한 설명으로 옳은 것은?

① 재화가격이 1% 상승할 때 그 재화수요량의 변화의 크기를 나타낸다.
② 대체효과가 소득효과보다 크면 가격탄력성이 1보다 크다.
③ 수요곡선이 직선이면 수요의 가격탄력성은 일정하다.
④ 가격탄력성이 1보다 큰 재화의 경우 재화가격이 상승하면 이 재화에 대한 지출액은 감소한다.

07 $IS-LM$모형에서 IS곡선이 우하향하고, LM곡선이 수평이고, 소비함수는 $C=200+0.8Y$로 주어져 있는 경제를 상정하자. 정부지출을 2,000억 원 증가시키는 경우 균형국민소득은 얼마나 증가하는가? (단, C는 소비, Y는 국민소득이다.)

① 8천억 원　　② 1조 원
③ 1조 2천억 원　　④ 답 없음

08 $IS-LM$모형을 상정하자. 통화정책을 사용하여 경기를 부양하려는 경우 그 효과가 더 큰 경제상태(ㄱ, ㄴ)와 요인(ⓐ, ⓑ, ⓒ)을 바르게 고른 것은? (단, Y는 국민소득, r은 이자율이다.)

ㄱ. $IS: Y=500-2{,}000r$
　$LM: Y=400+4{,}000r$
ㄴ. $IS: 0.5Y=320-1{,}600r$
　$LM: 0.25Y=100+100r$

ⓐ 한계저축성향이 증가
ⓑ 화폐수요의 이자율탄력성이 감소
ⓒ 투자의 이자율탄력성이 감소

① ㄱ - ⓐ, ⓑ　　② ㄱ - ⓑ, ⓒ
③ ㄴ - ⓑ　　④ ㄴ - ⓐ, ⓒ

09 무역과 관련한 정책의 효과에 관한 설명 중 옳은 것은?

① 수요가 탄력적인 제품일수록 비례관세를 통해 정부의 관세수입이 작아진다.
② 수요가 완전비탄력적인 제품에 대한 관세는 무역수지를 개선하지 못한다.
③ 쿼터제는 무역을 통한 이득을 전 국민이 공유할 수 있게 한다.
④ 제품 간 비교우위는 기술적인 요인들에 의해서 결정되는 것이므로 관세나 수출보조금은 비교우위 패턴을 변경하지 못한다.

10 독점적 경쟁시장에 관한 설명으로 가장 옳지 않은 것은?

① 한 기업이 가격을 인상하면 다른 기업들의 제품에 대한 수요가 증가한다.
② 장기균형에서는 한계비용과 평균비용이 같다.
③ 각 기업은 자신들의 제품에 대한 수요곡선이 우하향한다고 생각한다.
④ 별다른 비용 없이 자유로운 진입과 퇴출이 가능하다.

정답·해설 _해설집 p.162

17회 2014 보험계리사(1)

제한시간 : 15분 시작 시 분 ~ 종료 시 분 점수 확인 개/ 10개

01 두 기간을 사는 소비자의 효용극대화 문제를 생각해보자. 소비자의 효용함수는 $U=\sqrt{C_1C_2}$로 주어져 있으며, 이 소비자는 첫 번째 기에서만 소득 Y를 얻고 두 번째 기에는 소득이 없다. 저축에 대한 이자율은 $r>0$으로 주어져 있다. 소비자의 각 기의 소비(C_1과 C_2)에 대한 설명 중 옳지 않은 것은?

① 이 소비자의 예산제약은 $C_1+\dfrac{C_2}{1+r}=Y$이다.
② 최적 소비 조합은 $C_1=C_2$이다.
③ 첫 번째 기의 최적 소비는 $C_1=\dfrac{Y}{2}$이다.
④ 이자율이 상승하면 두 번째 기의 소비는 증가한다.

02 공급곡선이 원점을 지나는 직선이고, 수요의 증가로 가격이 1% 상승할 때, 판매액(매출액)의 증가율은?

① 0% ② 1%
③ 2% ④ 10%

03 다음 직선은 한계비용(MC)과 생산량(Output) 간의 관계를 나타낸다. 한계생산체감현상이 발생하는 한계비용의 형태는?

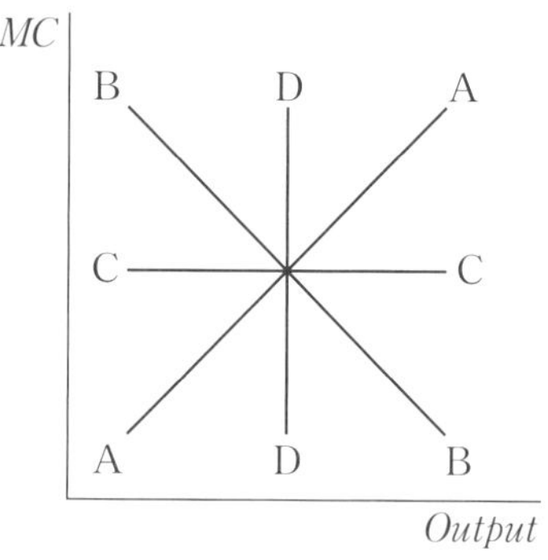

① AA ② BB
③ CC ④ DD

04 동일한 상품에 대해 다른 가격을 설정하는 가격차별에 대한 설명으로 옳지 않은 것은?

① 가격차별이 있을 경우 독점기업은 가격차별을 하지 않은 경우에 비해 생산량을 늘릴 수 있다.
② 소비자의 수요곡선을 완전히 알고 있는 기업이 개별 소비자마다 최대로 지불할 의사가 있는 가격을 설정하는 것을 1차 가격차별이라 한다.
③ 제품구매량에 따라 소비자를 몇 개의 그룹으로 나누고 그룹별로 다른 가격을 설정하는 것을 2차 가격차별이라 한다.
④ 수요의 가격탄력성이 더 높은 소비자 그룹에 대해서 더 높은 가격을 설정한다.

05 완전경쟁시장에서 개별기업의 총비용함수는 $C = 10 + Q + 4Q^2$로 동일하게 주어져 있다. 다음 중 옳은 것은? (단, Q는 생산량, C는 총비용이다.)

① 개별기업의 공급함수는 수평선이다.
② 이 기업은 가격에 상관없이 항상 양의 이윤을 얻을 수 있다.
③ 가격이 2라면 장기적으로 일부 기업은 시장에서 탈퇴한다.
④ 이 기업의 생산량이 10이라면 이때의 시장가격은 41이다.

06 다음은 X재와 Y재만 생산하는 국가의 거시통계자료이다. 2007년도의 실질GDP는 얼마인가? (단, 2006년이 기준연도이다.)

연도	X재 가격	X재 생산량	Y재 가격	Y재 생산량
2005	2	100	1	100
2006	2	120	2	150
2007	3	150	3	200
2008	4	180	3	220

① 15 ② 150
③ 700 ④ 1,000

07 주식시장의 활황은 사람들이 부자가 된 것처럼 느끼게 한다. 이러한 심리적 부의 상승으로 인해 나타나는 단기적인 현상은?

① 소비를 증가시켜 총수요곡선이 오른쪽으로 이동하게 한다.
② 소비를 증가시켜 총수요곡선이 왼쪽으로 이동하게 한다.
③ 소비를 감소시켜 총수요곡선이 오른쪽으로 이동하게 한다.
④ 소비를 감소시켜 총수요곡선이 왼쪽으로 이동하게 한다.

08 노동자를 해고하는 데 많은 제한을 가하여 노동자를 보호하는 정책을 시행하고 있다. 이에 대한 설명으로 옳지 않은 것은?

① 고용안정이 보장되어 노동자의 이직률이 낮아진다.
② 기업은 한번 채용하면 해고가 어려우므로 채용에 신중을 기할 것이며 이는 전반적으로 신규채용을 줄이게 된다.
③ 경제 전체에 실업률은 상승할 수도 있다.
④ 청년실업의 해소에 큰 도움이 될 수 있다.

09 교환방정식에 근거한 통화량과 인플레이션의 관계에 관한 설명 중 옳지 않은 것은?

① 통화증가율이 증가하면 인플레이션율이 증가한다.
② 통화량과 유통속도가 일정할 때, 경제성장률이 증가하면 인플레이션율은 하락한다.
③ 유통속도가 일정할 때, 고전학파에 따르면 장기적으로 통화증가율과 인플레이션율은 같다.
④ 유통속도가 일정할 때, 3%의 인플레이션율을 유지하려면, 통화증가율과 경제성장률의 합이 3%를 유지해야 한다.

10 우리나라 변동환율제도하에서 환율(외국화폐의 원화가격)의 하락을 유발시키는 요인으로 옳지 않은 것은?

① 해외기업의 국내투자 확대
② 외국제품의 수입감소
③ 해외거주자의 국내부동산 매입
④ 법정지급준비율 인하

정답 · 해설 _해설집 p.164

18회 2014 보험계리사(2)

제한시간 : 15분 시작 시 분 ~ 종료 시 분 점수 확인 개/ 10개

01 수요의 가격탄력성을 증가시키는 요인으로 옳지 않은 것은?

① 밀접한 대체재가 많이 존재할수록 수요의 가격탄력성이 증가한다.
② 소비자가 꼭 필요하다고 생각할수록 수요의 가격탄력성이 증가한다.
③ 재화를 좁게 정의할수록 수요의 가격탄력성이 증가한다.
④ 시간을 길게 잡을수록 수요의 가격탄력성이 증가한다.

02 어느 취업준비생은 다음의 두 가지 직업 중 하나를 선택할 수 있다. 첫째는 기업에 월급노동자로 취업하는 것이고, 둘째는 스스로 창업하여 사업소득자가 되는 것이다. 각각의 선택에서 성공과 실패할 확률, 그때의 소득은 다음과 같다. 이에 대한 설명 중 옳지 않은 것은? (단, 위험은 분산으로 측정한다고 가정한다.)

구분 / 직업	성공		실패	
	확률	소득	확률	소득
월급노동자	90%	130만 원	10%	80만 원
사업소득자	30%	300만 원	70%	50만 원

① 월급노동자를 선택할 경우 이 사람의 기대소득은 125만 원이다.
② 사업소득자를 선택할 경우 이 사람의 기대소득은 125만 원이다.
③ 이 사람의 효용함수가 소득에 대해 오목(concave)하다면 이 사람은 월급노동자를 선택할 것이다.
④ 이 사람이 위험기피자라면 사업소득자를 선택할 것이다.

03 노동에 의해 생산된 상품의 가격이 상승하게 될 때, 발생하는 현상 중 가장 옳은 것은? (단, 상품시장과 노동시장은 모두 완전경쟁시장이고 기업은 이윤극대화를 추구한다.)

① 노동공급의 증가
② 노동수요의 증가
③ 노동의 한계생산량의 증가
④ 노동의 한계생산량의 감소

04 독점기업의 한계비용(MC), 평균총비용(ATC), 한계수입(MR), 수요곡선(Demand)이 다음 그림과 같다. 독점기업이 완전가격차별을 수행할 때 소비자잉여는? (단, Price는 가격, Quantity는 생산량이다.)

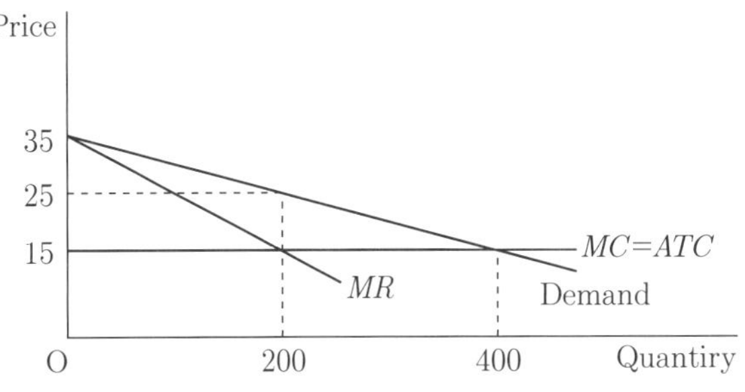

① 0
② 250
③ 500
④ 1,000

05 '공유자원의 비극(Tragedy of the Commons)'에 대한 전형적인 해결책으로 옳지 않은 것은?

① 공유자원 사용에 대한 과세
② 공유자원의 개방
③ 공유자원의 사적 소유화
④ 공유자원 사용에 대한 규제

06 오염배출권 시장에 대한 설명으로 옳지 않은 것은?

① 정부가 시장을 통해 오염물질 배출을 규제하기 위한 정책이다.
② 오염물질을 배출하는 기업에 일정량의 오염물질 배출권을 할당하고 이를 시장에서 거래하도록 한다.
③ 오염물질에 대한 시장수요를 정부가 정확히 알 수 없는 경우에는 피구세(Pigouvian tax)가 더 효율적인 방법이다.
④ 정부가 오염물질 배출량을 설정하고 오염물질배출권 가격은 시장에서 결정하게 하는 방식이다.

07 $IS-LM$모형에서 정부가 재정지출을 확대할 경우 발생하는 현상이 아닌 것은?

① 이자율이 상승한다.
② 소비가 증가한다.
③ 투자가 감소한다.
④ 통화수요가 감소한다.

08 중앙은행이 총공급에 대한 부정적인 충격에 대응하기 위해 통화량공급을 확대할 경우, 충격 이전의 수준으로 되돌아가는 것은?

① 물가수준과 산출량이 모두 되돌아간다.
② 물가수준은 되돌아가지만 산출량은 되돌아가지 않는다.
③ 산출량은 되돌아가지만 물가수준은 되돌아가지 않는다.
④ 물가수준과 산출량 모두 되돌아가지 않는다.

09 다음의 모형을 근거로 한 기술 중 옳지 않은 것은?

> • 소비함수: $C = 2 + 0.7(Y - T)$
> • 투자함수: $I = 2$
> • 정부부문: $G = 40$, $T = 0.2Y$
> • 상품시장의 균형: $Y = C + I + G$
> (단, Y는 소득, C는 소비, I는 투자, r은 실질이자율, T는 세입, G는 정부지출이다.)

① 균형소득수준에서 재정수지는 적자이다.
② 균형소득수준에서 가처분소득은 80이다.
③ 정부지출이 1 증가하면, 소득은 3 이상 증가한다.
④ 다른 것이 일정할 때, 가처분소득에 대한 한계소비성향은 0.7이다.

10 미국의 양적완화정책의 축소가 우리나라 국내경제에 미치는 효과가 아닌 것은?

① 원화의 대달러 환율이 상승하여 우리나라의 대미 수출이 증가할 수 있다.
② 국내이자율이 상승하여 국내경기가 위축될 수 있다.
③ 우리나라의 외환보유고가 증가하여 국내통화정책의 안정성에 기여할 수 있다.
④ 자본유출이 발생하여 국내주가가 하락할 수 있다.

정답·해설 _해설집 p.166

19회 2013 보험계리사(1)

제한시간 : 15분 시작 시 분 ~ 종료 시 분 점수 확인 개/ 10개

01 국내생산 자동차의 수요곡선을 우상향으로 이동시키는 요인으로 옳지 않은 것은? (단, 다른 조건은 일정하다.)

① 모든 외국산 자동차의 수입관세를 더 높게 부과한다.
② 휘발유에 부과하는 개별소비세를 인하한다.
③ 자동차가격을 인하한다.
④ 대중교통요금을 인상시킨다.

02 생산요소시장에 관한 설명으로 옳지 않은 것은? (단, MRP_L은 노동의 한계수입생산, w는 임금, VMP_L은 노동의 한계생산물가치이다.)

① 독점시장에서 노동에 대한 단기 수요는 $w = MRP_L$인 점에서 결정된다.
② 완전경쟁시장에서 노동에 대한 단기 수요는 $w = VMP_L$인 점에서 결정된다.
③ 다른 조건이 일정할 때, 임금이 하락하면 노동에 대한 수요는 단기보다 장기에서 더 크게 나타난다.
④ 불완전경쟁시장에서는 $MRP_L > VMP_L$가 성립된다.

03 A와 B 두 국가가 노동만을 투입하여 X재와 Y재를 생산하고 있으며, 1단위 재화 생산에 필요한 노동투입량은 다음과 같다. 다음 설명 중 옳은 것은?

구분	X재	Y재
국가 A	30	60
국가 B	30	90

① 국가 B는 X재와 Y재 생산에 모두 절대우위를 갖는다.
② 국가 B의 X재 1단위 생산을 위한 기회비용은 Y재 30단위이다.
③ X재와 Y재의 국제가격비가 $\frac{2}{5}$인 경우, 두 국가 사이에는 무역이 발생한다.
④ X재 1단위 생산의 기회비용은 국가 A가 더 작다.

04 재화 X와 Y에 대한 효용함수는 $U = \min\left(X, \frac{1}{3}Y\right)$이다. X재의 가격이 4이고 Y재의 가격이 2이며 소비자의 소득이 100일 때, 효용을 최대화하기 위한 X재와 Y재의 최적소비량은?

① $X = 5$, $Y = 40$
② $X = 10$, $Y = 30$
③ $X = 15$, $Y = 20$
④ $X = 20$, $Y = 10$

05 효용극대화를 추구하는 소비자 甲이 2010년도 선택한 소비조합은 A이다. 2011년도에 재화들의 상대가격이 변화하였지만 여전히 소비조합 A를 소비할 수 있을 때, 옳은 설명을 모두 고른 것은? (단, A에서 소비자가 모든 재화를 일정량 소비하고 있으며, 무차별곡선은 원점에 대해 볼록하고 부드러운 일반적인 모양을 하고 있다.)

ㄱ. 2010년도에 비하여 이 소비자의 효용이 2011년도에 증가하였다.
ㄴ. 2010년도에 비하여 이 소비자의 효용이 2011년도에 어떻게 변할지 알 수 없다.
ㄷ. 2011년에는 소비자가 A점에서 소비하지 않을 것이다.
ㄹ. 2011년에도 소비자는 A점에서 소비할 것이다.

① ㄱ, ㄷ ② ㄱ, ㄹ
③ ㄴ, ㄷ ④ ㄴ, ㄹ

06 기업 A는 a_1과 a_2라는 두 가지 전략을 가지고 있으며, 기업 B는 b_1과 b_2라는 두 가지 전략을 가지고 있다. 두 기업이 전략을 동시에 선택하는 게임의 보수행렬이 다음과 같을 때, 이 게임의 내쉬(Nash)균형을 모두 찾으면? (단, 보수행렬에서 첫 번째 숫자는 기업 A의 보수이며, 두 번째 숫자는 기업 B의 보수이다.)

구분		기업 B	
		b_1	b_2
기업 A	a_1	(3, 2)	(0, 0)
	a_2	(3, 2)	(3, 2)

① $\{a_2, b_1\}$
② $\{a_2, b_1\}$, $\{a_1, b_1\}$
③ $\{a_2, b_1\}$, $\{a_1, b_1\}$, $\{a_2, b_2\}$
④ $\{a_2, b_1\}$, $\{a_1, b_1\}$, $\{a_2, b_2\}$, $\{a_1, b_2\}$

07 동질적인 상품을 생산하는 기업 A와 기업 B가 동시에 산출량으로 경쟁하는 꾸르노(Cournot)시장에서 시장수요가 $P=120-Q$이고, 기업 A와 B의 한계비용이 각각 30이다. 이 시장의 내쉬균형가격은? (단, P는 가격, Q는 기업 A와 기업 B의 산출량의 합을 의미한다.)

① 30 ② 50
③ 60 ④ 90

08 자연실업률(natural rate of unemployment)에 대한 설명으로 옳지 않은 것은?

① 실업률이 자연실업률을 중심으로 변동한다는 가정하에서 자연실업률을 장기적인 평균실업률에 의해 측정할 수 있다.
② 실업보험제도가 시행되고, 평균수명이 길어져서 경제활동인구 중 노년층의 비중이 높아지면, 자연실업률이 높아질 가능성이 크다.
③ 실업률과 자연실업률 간의 차이인 실업률 갭(un-employment gap)이 양(+)인 경우 인플레이션 상승압력이 높은 것으로 해석될 수 있다.
④ 마찰적인 실업, 구조적인 실업이 존재하는 경우의 실업률이다.

09 비자발적 실업과 임금경직성모형에 대한 설명으로 옳지 않은 것은?

① 현실적으로 비자발적인 실업이 존재한다고 함은 임금이 하락하지 못하는 요인이 존재함을 뜻한다.
② 내부자-외부자이론의 주장이 맞는다면, 경제활동인구 중 노동조합원의 비율이 증가할 때 실업률이 하락할 것이다.
③ 효율임금이론은 기업의 이윤극대화 결과 실질임금이 경직적으로 유지되고 비자발적 실업이 발생한다고 본다.
④ 최저임금제도는 특히 가장 숙련도가 낮은 단순노동자들에 있어서 비자발적 실업의 존재를 설명할 수 있는 요인이다.

10 코즈정리(Coase Theorem)에 대한 설명으로 옳지 않은 것은?

① 당사자들 간 의사소통 없이 문제 해결이 가능하다.
② 이해 당사자들의 수가 많을수록 적용되기 어렵다.
③ 양의 외부성의 경우에 적용될 수 있다.
④ 음의 외부성의 경우에 적용될 수 있다.

정답 · 해설 _해설집 p.168

20회 2013 보험계리사(2)

제한시간 : 15분 시작 시 분 ~ 종료 시 분 점수 확인 개/ 10개

01 A기업의 생산함수가 $Q=3L^{\frac{2}{3}}K^{\frac{1}{3}}$이고, 자본의 단위가격이 20, 노동의 단위가격이 40이며, 생산요소 투입에 사용할 수 있는 총비용은 600이다. 이윤극대화를 추구하는 A기업의 최적 자본투입량과 생산량은 얼마인가? (단, $L>0$, $K>0$, 재고량은 없다.)

① 자본투입량 10단위, 생산량 20단위
② 자본투입량 10단위, 생산량 30단위
③ 자본투입량 20단위, 생산량 20단위
④ 자본투입량 20단위, 생산량 30단위

02 현재 실업률이 5%이고, 실업자 수가 120만 명이라면 취업자는 몇 명인가?

① 2,000 ② 2,280
③ 2,520 ④ 2,600

03 국제 반도체시장에서 원-달러 환율이 하락(원화의 평가절상)하여 수출물량이 감소하고, 수입물량은 증가하였다. 다음 설명 중 옳지 않은 것은?

① 달러 표시 수출상품가격 상승
② 달러 표시 외환채무를 지고 있는 기업의 원화표시 원리금 상환부담 감소
③ 원화 표시 수입상품가격 상승
④ 원화 표시 수출상품가격 불변

04 철이는 사과나 배의 소비량에 상관없이 항상 1개의 사과를 얻기 위해 2개의 배를 교환할 의사가 있다. 철이의 선호체계에서 사과와 배의 관계를 옳게 설명한 것은?

① 완전대체재 ② 완전보완재
③ 완전중립재 ④ 완전비재화

05 기업 A의 생산함수가 $Q = 2K + L$이고, 단위당 노동의 가격이 1이고 자본의 가격은 3이다. 10개를 생산하기 위한 최소비용은? (단, Q는 생산량, K는 자본, L은 노동이다.)

① 4 ② 6
③ 8 ④ 10

06 정부가 비행기에서 어린이 승객에 대한 보조안전의자의 사용을 의무화하였을 때, 어린이 전체 교통사고 사망률을 줄이기보다는 오히려 늘릴 수 있는 경우는?

① 항공여행이 열등재일 때
② 자동차여행 수요의 가격탄력성이 1일 때
③ 자동차여행 수요의 소득탄력성이 작을 때
④ 자동차여행 수요의 항공여행 가격에 대한 교차탄력성이 클 때

07 개방경제의 IS곡선과 LM곡선에 대한 설명으로 옳지 않은 것은?

① IS곡선은 폐쇄경제의 IS곡선에 비해 기울기가 더 가파르다.
② IS곡선은 폐쇄경제에 비해 실질환율변화에 의해 영향을 덜 받는다.
③ 변동환율제도에서는 국내통화량이 국제수지 불균형에 의해 영향을 받지 않기 때문에, LM곡선은 폐쇄경제에서의 LM곡선과 동일하다.
④ 고정환율제도에서 국제수지 적자가 발생하면 LM곡선이 좌측 이동한다.

08 구축효과(crowding-out effect)에 대해 옳게 말하고 있는 사람들로만 짝지은 것은?

ㄱ. 용규: 구축효과는 확장적 재정정책이 이자율을 상승시키기 때문에 발생하는 현상이야.
ㄴ. 선빈: 구축효과는 투자감소 외에, 추가적으로 유발된 소비감소에 따른 소득감소로도 설명할 수 있는 부분이 있어.
ㄷ. 희섭: 확장적 재정정책을 국채발행으로 하는 경우, 국채이자율은 하락하지만 전체 채권시장의 이자율은 상승해서 투자가 감소하는 거지.
ㄹ. 지완: LM곡선이 수직이라면 구축효과의 크기가 승수효과의 크기보다 커져서 확장적 재정정책이 국민소득에 아무런 영향을 주지 못하는 거야.

① ㄱ, ㄴ ② ㄱ, ㄹ
③ ㄴ, ㄷ ④ ㄷ, ㄹ

09 소득불평등도를 나타내는 로렌츠곡선에 대한 설명으로 옳지 않은 것은?

① 소득금액의 누적백분율과 소득자의 누적백분율을 대비시키는 곡선이다.
② 대각선에 가까울수록 평등한 소득분배를 나타낸다.
③ 서수적 평가방법이다.
④ 로렌츠곡선은 교차하지 않는다.

10 공공재의 특성에 대한 설명으로 옳지 않은 것은?

① 어떤 개인의 공공재 소비가 다른 개인의 소비 가능성을 감소시키지 않는다.
② 일단 공공재가 공급되고 나면, 비용을 부담하지 않더라도 소비에서 배제시킬 수 없다.
③ 공공재는 비(非)경합성과 배제성이 있는 재화이다.
④ 공공재의 시장수요곡선은 개별수요곡선을 수직으로 합하여 도출한다.

정답 · 해설 _해설집 p.170

21회 2012 보험계리사(1)

제한시간 : 15분 시작 시 분 ~ 종료 시 분 점수 확인 개/ 10개

01 다음과 같은 모형에 근거할 때, 옳은 것은?

> 생산요소시장과 산출물시장 등 모든 시장은 완전경쟁적이다. 완전한 정보를 누구나 가지고 있으며 모든 시장에서 충격에 대해 균형은 신속하게 이루어진다. 이러한 일종의 고전학파 경제에서 총생산함수가 다음과 같이 주어져 있다.
>
> $Y = AK^{\alpha}L^{\beta}$
>
> (단, Y는 생산량, K는 자본량, L은 노동량, A는 총요소생산성이며, α와 β는 $\alpha + \beta = 1$을 만족하는 양수인 상수이다.)

① 총생산함수에서는 규모에 대한 수익증가가 성립한다.
② α는 총생산에서 노동이 차지하는 비중을 의미한다.
③ 총요소생산성의 증가율은 자본생산성$\left(\frac{Y}{K}\right)$증가율과 노동생산성$\left(\frac{Y}{L}\right)$증가율의 합이다.
④ 총요소생산성이 증가하면 노동수요곡선이 우측으로 이동한다.

02 다음 중 생산함수와 관련한 경제학적 기간에 대한 설명 중 옳은 것은?

① 고정투입요소가 몇 개 존재하는가에 따라서 중기와 장기를 구별한다.
② 고정투입요소가 존재하는 기간은 단기이다.
③ 생산함수의 측정기간이 1년 이상이면 장기로 본다.
④ 가변투입요소와 고정투입요소가 공존하는 기간은 장기이다.

03 노동시장에서 쌍방독점이 존재할 때, 다음 중 옳지 않은 것은?

① 임금이 유일한 균형점에 의해 결정되지 않는다.
② 수요독점자는 한계요소비용곡선과 한계수입생산곡선이 일치하는 점에서 노동수요량을 결정하려고 한다.
③ 노동공급자는 노동수요곡선에서 도출된 한계수입곡선과 노동공급의 한계비용곡선이 일치하는 점에서 노동공급량을 결정하려고 한다.
④ 완전경쟁 노동시장에서 결정되는 임금보다 낮은 수준으로 임금이 결정되면, 고용은 완전경쟁 노동시장의 고용보다 증가한다.

04 X재가 중립재이고 Y재가 정상재인 경우의 무차별곡선은?

① $X + Y = 100$
② $\min(X,\ Y) = 100$
③ $X = 100$
④ $Y = 200$

05 화폐수요과 화폐공급이 다음과 같이 주어졌을 때, 옳은 설명은?

> • 화폐수요곡선: $\frac{M^D}{P} = aY + bR + c$
> • 화폐공급곡선: $\frac{M^S}{P} = M_0 + dR$
> (단, a, b, c, d는 상수, M^D는 화폐수요량, P는 물가, M^S는 화폐공급량, Y는 실질소득, R은 이자율, M_0는 외생적 화폐공급량이다.)

① 거래적 동기에 의한 화폐수요가 존재할 경우, a는 음수이다.
② 투기적 동기에 의한 화폐수요가 존재할 경우, b는 0이다.
③ 화폐시장의 균형에서, 외생적 화폐공급량이 물가를 결정한다.
④ 예금화폐공급을 포함할 경우, 일반적으로 d는 양수이다.

06 다음 (　　) 안에 알맞은 말을 옳게 짝지은 것은?

> 채권가격이 더 이상 상승할 수 없을 정도로 높은 경우, 채권가격이 하락할 것으로 예상되어 자산을 화폐 형태로 보유하려고 한다. 따라서 화폐공급량이 증가하여도 채권가격은 더 이상 (ㄱ)하지 않고 (ㄴ)만 그만큼 증가한다. 즉, 화폐수요의 이자율 탄력도가 무한대가 되는 (ㄷ)에 빠진다. 여기서 화폐수요의 이자율 탄력도는 (ㄹ)의 기울기에 영향을 미치고 (ㄹ)이 수평으로 나타난다.

	ㄱ	ㄴ	ㄷ	ㄹ
①	상승	화폐수요량	유동성함정	LM곡선
②	하락	화폐수요량	유동성함정	LM곡선
③	상승	화폐보유	정책함정	IS곡선
④	하락	화폐보유	정책함정	IS곡선

07 완전경쟁시장에서 특정 기업의 수요곡선에 대한 설명으로 옳은 것은?

① 모든 생산량에서 평균수입이 가격보다 낮다.
② 모든 생산량에서 한계수입이 한계비용과 일치한다.
③ 모든 생산량에서 한계수입이 가격과 일치한다.
④ 모든 생산량에서 수요가 완전비탄력적이다.

08 소비이론에 관한 설명으로 옳은 것은?

① 항상소득가설에 의하면, 임시소득이 증가할 때 임시소비의 증가로 이어진다.
② 절대소득가설은 미래 전망적 소비자를 가정한다.
③ 절대소득가설은 개별 경제주체의 의사결정에 대해 분석한 미시경제적 기초(microeconomic foundation)에 기반하고 있다.
④ 생애주기가설은 소비가 현재소득뿐 아니라 미래소득에도 영향을 받는다는 사실을 이론화했다는 점에서 항상소득가설과 흡사하다.

09 C국의 국민들은 오직 보몰-토빈(Baumol-Tobin)의 화폐재고관리모형에 의해서만 화폐수요를 결정한다. 다음 중 C국의 국민이라고 볼 수 없는 사람은?

> 甲: 나는 주로 일상생활의 거래에 사용하기 위해 화폐를 보유하는 것이지, 다른 자산보다 유리해서 보유하는 것은 아니야.
> 乙: 예금이자율이 상승했네. 화폐수요를 줄여야겠군.
> 丙: 화폐는 무위험자산이니 수익성 있는 증권(채권)과 적당히 나눠서 자산을 선택해야지.
> 丁: 화폐수요를 2배 늘리고 싶으니, 소득을 4배 늘려야겠네.

① 甲 ② 乙
③ 丙 ④ 丁

10 다음 중 경기변동에 관련하여 옳은 설명만 묶은 것은?

> ㄱ. '고용 없는 성장' 현상은, 고용이 GDP와 같은 방향으로 움직인다는 기존의 주장을 지지한다.
> ㄴ. 총공급-총수요($AS-AD$)모형에서 총수요의 변동이 경기변동의 요인이라고 보는 견해에 따르면, 물가는 경기와 반대로 움직인다는 경기역행성이 지지된다.
> ㄷ. 투자는 소비에 비해 GDP대비 변동성이 심하여, 경기변동의 주요 원인으로 지목된다.
> ㄹ. 기간 간 고른 소비(consumption smoothing)가 어려운 저소득계층이 늘어나면, 이전에 비해 경기변동이 심해질 수 있다.
> ㅁ. 실물적 경기변동론(real business cycle theory)은 경기변동을 자연실업률 자체가 변화하여 일어나는 것으로 설명한다.

① ㄱ, ㄴ, ㄷ ② ㄴ, ㄷ, ㄹ
③ ㄷ, ㄹ, ㅁ ④ ㄴ, ㄹ, ㅁ

정답 · 해설 _해설집 p.172

22회 2012 보험계리사(2)

제한시간 : 15분 시작 시 분 ~ 종료 시 분 점수 확인 개/ 10개

01 다음 그림에서 Q_1, Q_2, Q_3가 1차동차 생산함수의 등량곡선일 때, 옳은 것은? (단, Q_i, N_i, K_i $(i=1, 2, 3)$는 등량곡선에서 생산하는 생산량, 노동량 그리고 자본량을 지칭하고, OE는 직선이다.)

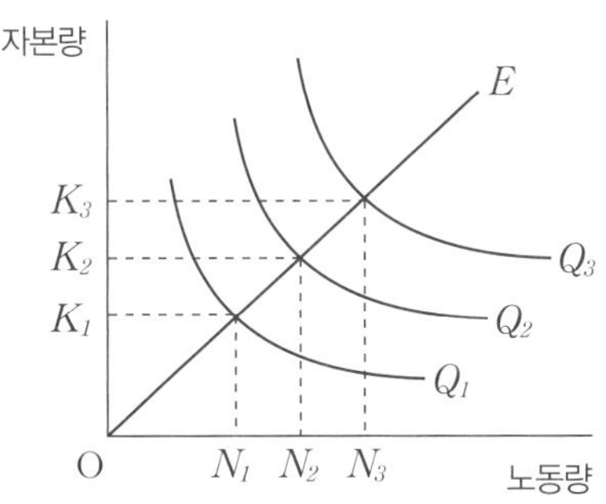

① N_2가 N_1의 2배이면, K_2가 K_1의 2배보다 크다.
② N_3가 N_1의 2배이면, Q_3는 Q_1의 2배이다.
③ 노동투입량이 N_3로 고정되었을 때, 자본투입량이 2배로 증가하면 생산량도 2배로 증가한다.
④ 자본투입량이 K_2로 고정되었을 때, 노동투입량이 2배로 증가하면 생산량도 2배로 증가한다.

02 다음 중 시장지배적 지위의 남용에 해당되는 행위가 아닌 것은?

① 생산과 판매의 부당한 조절
② 다른 사업자 사업활동의 부당한 방해
③ 협회를 통한 사업자 간 동일 가격의 결정
④ 새로운 경쟁사업자 참가의 부당한 방해

03 다음과 같은 조건으로 판단할 때, 옳지 않은 것은?

> 단기 총생산함수가 $Y=AK^{\alpha}L^{\beta}$이고, K는 고정생산요소이다. 노동시장과 상품시장은 완전경쟁시장이다. 노동시장에서 결정된 명목임금 수준은 w이며, 상품시장의 가격수준은 p이다. 기업은 이윤을 극대화한다.
> (단, Y는 상품시장에서의 생산량, A는 총요소생산성, K는 자본, L은 노동이고, α와 β는 양수이며, $\alpha+\beta=1$이다.)

① 개별기업들의 노동수요곡선은 우하향한다.
② 실질임금이 상승하면 노동 1단위당 상품시장에서의 생산량은 증가한다.
③ 다른 것이 일정할 때, 고용노동량이 증가하면 노동의 한계생산은 감소한다.
④ 개별기업은 노동의 한계생산물가치와 실질임금이 일치하도록 노동량을 고용한다.

04 독점기업 A는 이윤극대화 생산량에서 한계수입과 한계비용, 그리고 평균비용이 모두 같다. 이 독점기업 A는? (단, 이윤극대화 생산량과 한계수입은 0보다 크고 수요곡선은 우하향하는 직선이다.)

① 양(+)의 경제적 이윤을 얻는다.
② 경제적 이윤이 0이다.
③ 음(−)의 경제적 이윤, 즉 경제적 손실을 입는다.
④ 경제적 이윤이 총수입과 같다.

05 솔로우(Solow)의 신고전적 성장모형에 대한 설명으로 옳지 않은 것은?

① 균제상태(steady state)의 1인당 소득을 극대화하는 1인당 자본량을 황금률(golden rule) 자본량이라고 한다.
② 저축률의 상승은 균제상태에서의 1인당 소득을 늘려준다.
③ 자본과 노동의 투입량을 모두 k배 늘리면 생산량도 k배 증가한다.
④ 인구증가를 고려한 균제상태에서 1인당 자본과 1인당 생산량은 변화하지 않는다.

06 甲, 乙, 丙, 丁 네 사람이 살고 있는 마을에 범죄예방을 위한 CCTV를 설치하고자 한다. CCTV 1단위당 한계생산비용이 10이라면 이 마을의 적정 CCTV 공급량은 몇 단위인가?

단위가격	수요량			
	甲	乙	丙	丁
1	11	11	20	10
2	9	10	13	9
3	8	9	9	8
4	7	8	8	7

① 11단위 ② 10단위
③ 9단위 ④ 8단위

07 A국에서는 감자 1자루를 생산하는 데 노동 5단위가 필요하고, 스마트폰 1대를 생산하기 위해서는 노동 10단위가 필요하다. B국에서는 감자 1자루를 생산하는 데 노동 10단위가 필요하고, 스마트폰을 1대 생산하기 위해서는 노동 15단위가 필요하다. 다음 중 옳은 설명만 고른 것은?

ㄱ. A국은 두 재화생산에 있어 모두 절대우위를 갖는다.
ㄴ. B국은 두 재화생산에 있어 모두 절대우위를 갖는다.
ㄷ. A국은 감자 생산에 비교우위를 갖고 스마트폰 생산에 비교열위를 갖는다.
ㄹ. B국은 감자 생산에 비교우위를 갖고 스마트폰 생산에 비교열위를 갖는다.

① ㄱ, ㄷ ② ㄱ, ㄹ
③ ㄴ, ㄷ ④ ㄴ, ㄹ

08 연간 수익률이 15%인 한국채권과 6%인 미국채권이 있다. 현재 한국의 투자자가 1년 후 만기가 도래하는 미국채권을 매입할 때, 매입시점의 환율이 달러당 1,000원이고 채권만기에는 1,100원으로 예상된다면 이 투자자의 기대수익률은 얼마인가?

① 6% ② 10%
③ 15% ④ 16%

09 요구불예금만 존재하고 은행조직 밖으로의 현금 누출은 없다. 또한 예금은행은 대출의 형태로만 자금을 운용하며 예금은행은 초과지급준비금 없이 법정지급준비금만 보유한다. 그리고 본원통화가 공급된 후 민간은 현금통화를 보유하지 않고 전부 은행에 예금한다. 본원통화는 100만큼 공급되었다. 다음 중 옳은 설명만 모두 고른 것은?

> ㄱ. 지급준비율이 5%이면 궁극적으로 창출되는 통화량은 2,000이 된다.
> ㄴ. 통화승수는 지급준비율과는 관련이 없고, 민간이 현금을 얼마나 보유하는가에 영향을 받는다.
> ㄷ. 은행의 신뢰성이 저하되는 경우, 은행은 장차 예금인출사태에 대비하여 지급준비율을 높이게 되고 지급준비율이 높아짐에 따라 통화승수가 증가하여 화폐 공급이 줄어든다.
> ㄹ. 위에서 가정한 바에 의하면 통화량은 중앙은행에 의해 완전히 통제될 수 있다.

① ㄱ, ㄴ ② ㄱ, ㄹ
③ ㄴ, ㄷ ④ ㄷ, ㄹ

10 오징어 한 마리의 가격은 2,000원이고, 꽃게 한 마리의 가격은 3,000원이다. 소비자 甲은 오징어 한 마리를 더 먹는 것과 꽃게 두 마리를 더 먹는 것이 동일한 수준의 효용증가를 가져온다고 느낀다. 甲이 효용을 증가시키기 위해서는 어떻게 소비를 변화시켜야 하는가?

① 현재가 최적소비이므로 변화시킬 필요 없다.
② 甲의 소득을 알 수 없으므로 변화 방향을 알 수 없다.
③ 꽃게 소비를 줄이고 오징어를 더 많이 소비해야 한다.
④ 오징어 소비를 증가시키고 꽃게 소비는 더 크게 증가시킨다.

정답·해설 _해설집 p.174

23회 2011 보험계리사(1)

제한시간 : 15분 시작 　시 　분 ~ 종료 　시 　분 점수 확인 　개/ 10개

01 이윤극대화를 추구하는 독점기업 M이 직면한 수요곡선은 $P=10,000-2Q^d$이고 비용곡선은 $TC=2,000Q$라고 한다. 이 M기업의 (ㄱ) 독점가격, (ㄴ) 독점공급량 및 (ㄷ) 소비자잉여, (ㄹ) 독점으로 인한 사회적 손실이 알맞게 짝지어진 것은? (단, P는 가격, Q^d는 수요량, TC는 총비용, Q는 생산량이다.)

	ㄱ	ㄴ	ㄷ	ㄹ
①	2,000	6,000	8,000,000	8,000,000
②	6,000	2,000	4,000,000	4,000,000
③	2,000	6,000	4,000,000	4,000,000
④	6,000	2,000	8,000,000	8,000,000

02 국내총생산(GDP)에 대한 설명으로 옳지 않은 것은?

① 국내총생산(GDP)은 일정기간 동안 한 나라 안에서 생산된 모든 생산물의 시장가치이다.
② 국내총생산(GDP)은 각 단계에서의 부가가치의 합으로도 구할 수 있다.
③ 전업주부의 가사서비스는 GDP에 포함되지 않는다.
④ 기준 연도의 실질GDP와 명목GDP는 항상 같다.

03 다음 중 $IS-LM$곡선에 대한 설명으로 옳지 않은 것은? (단, IS곡선은 우하향, LM곡선은 우상향한다.)

① IS곡선은 재화시장의 균형을 만족하는 산출량과 이자율의 조합이다.
② IS곡선의 기울기는 투자의 이자율탄력성이 클수록 완만하다.
③ 물가가 하락하면 LM곡선은 좌측으로 이동한다.
④ LM곡선의 기울기는 화폐수요의 소득탄력성이 클수록 가파르다.

04 미국 달러에 대한 원화가격이 1달러당 1,100원에서 1,200원으로 상승함에 따라 국내경제에 미치는 효과로 옳은 것은?

① 우리나라 수출이 증가하여 무역수지가 악화된다.
② 우리나라 수입이 증가하여 경상수지가 악화된다.
③ 원화가치가 상승하여 우리국민의 해외여행이 증가한다.
④ 미국으로 우리나라의 자본이 유출되어 자본수지가 악화된다.

05 부동산 가격의 급락이 거시경제에 미치는 영향에 관한 설명 중 옳은 것은? (단, 총수요곡선은 우하향, 총공급곡선은 우상향한다.)

① 가계의 자산가치가 감소하여 소비가 감소하므로 총수요곡선이 왼쪽으로 이동한다.
② 단기적으로는 물가가 하락하지만 임금이 낮아져 생산이 증가하므로 장기적으로 원래의 수준을 회복한다.
③ 총수요의 감소로 판매가 부진해지면 장기 총공급곡선이 왼쪽으로 이동하여 경제가 완전고용상태에 미달하게 된다.
④ 부동산에 대한 수요가 증가하여 총수요곡선이 오른쪽으로 이동한다.

06 C국가의 중앙은행은 아래와 같은 통화정책 반응함수에 의하여 이자율을 결정한다. 전기의 인플레이션율은 4%였고 잠재총생산과 실제총생산은 동일하였다. 이번 기에는 인플레이션율이 3%이었고 잠재총생산 대비 경기침체 갭($Y^* - Y$)이 1% 발생하였다. 이 경우 중앙은행의 행동으로 적절한 것은?

$$r = 0.02 + 0.5 \times (\pi - 0.02) - \frac{0.5(Y^* - Y)}{Y^*}$$

(단, r은 이자율, π는 인플레이션율, Y^*는 잠재총생산, Y는 실제총생산이다.)

① 이자율을 1% 만큼 내린다.
② 이자율을 2% 만큼 내린다.
③ 이자율을 3%로 결정한다.
④ 인플레이션율을 5%로 설정한다.

07 두 재화 (X, Y)를 소비하는 甲의 효용함수가 $U(X, Y) = (X+1)(Y+2)$이고 Y재로 표시한 X재의 한계대체율(MRS_{XY})이 2일 때 甲의 X재 소비량이 10이었다면 Y재 소비량은 얼마인가? (단, $X>0$, $Y>0$이다.)

① 5　② 10
③ 15　④ 20

08 생산비용곡선과 관련된 다음의 서술 중 빈칸에 들어갈 용어를 옳게 고른 것은?

> 한계비용곡선과 장·단기 평균비용곡선이 U자 형태를 취할 때 한계비용곡선이 우상향하는 것은 수확이 (가) 하기 때문이고, 장기 평균비용곡선이 우상향하는 것은 규모에 대한 보수가 (나) 하기 때문이다.

	(가)	(나)
①	체감	감소
②	체감	증가
③	체증	감소
④	체증	증가

09 각국이 글로벌 금융위기를 극복하기 위하여 확장적 금융정책을 폈지만 큰 효험을 발휘하지 못하면서 유동성함정의 구간에 빠져있다는 견해가 대두되기도 하였다. 이와 같이 한 경제가 유동성함정의 구간에 있을 때 LM곡선과 총수요곡선의 형태를 옳게 짝지은 것은?

	LM곡선	총수요곡선
①	수직	수직
②	수직	수평
③	수평	수직
④	수평	수평

10 $IS-LM$모형에서 화폐시장의 조정속도가 생산물시장의 조정속도보다 더 빠른 경우, 예상하지 못한 통화량의 증가로 인해 국민소득과 이자율이 새로운 균형을 찾아가는 과정에서 보이는 움직임을 옳게 설명한 것은?

① 초기에 통화량증가의 충격을 화폐시장이 모두 흡수하기 위하여 이자율이 급격히 상승하며, 이후 국민소득이 감소함에 따라 화폐수요가 줄어들면서 이자율은 하락한다.

② 초기에 통화량증가의 충격을 화폐시장이 모두 흡수하기 위하여 이자율이 급격히 상승하며, 이후 국민소득이 증가함에 따라 화폐수요가 늘어나면서 이자율은 더 상승한다.

③ 초기에 통화량증가의 충격을 화폐시장이 모두 흡수하기 위하여 이자율이 급격히 하락하며, 이후 국민소득이 감소함에 따라 화폐수요가 줄어들면서 이자율은 더 하락한다.

④ 초기에 통화량증가의 충격을 화폐시장이 모두 흡수하기 위하여 이자율이 급격히 하락하며, 이후 국민소득이 증가함에 따라 화폐수요가 늘어나면서 이자율은 상승한다.

정답 · 해설 _해설집 p.176

24회 2011 보험계리사(2)

제한시간 : 15분 시작 시 분 ~ 종료 시 분 점수 확인 개/ 10개

01 처음 10명의 노동자가 인형을 생산할 때 평균생산량은 21개였다. 이때 1명의 노동자를 더 고용하자 평균생산량은 20개가 되었다. 이 경우 노동자의 한계생산량은 얼마인가?

① 1개 ② 5개
③ 10개 ④ 20개

02 근로자 甲이 산업재해사고를 당하지 않을 때의 소득은 100만 원, 산업재해를 당할 때의 소득은 25만 원이다. 甲이 사고를 당할 확률은 0.2이고 소득(W)으로 표시한 甲의 효용함수는 $U(W)=\sqrt{W}$이다. 甲과 관련된 설명 중 옳지 않은 것은?

① 甲의 기대소득은 85만 원이다.
② 甲의 기대효용은 900이다.
③ 산업재해보험의 보험료가 3만 원일 때 甲은 산업재해보험에 가입하지 않는다.
④ 甲은 위험기피자(risk-averter)이다.

03 무역수지에 관한 설명으로 옳은 것을 모두 고르면?

ㄱ. 무역수지 흑자란 수출이 수입보다 클 때를 말하며, 이 때 순수출은 0보다 크다.
ㄴ. 무역수지 흑자의 경우 국민소득이 국내지출(소비 + 투자 + 정부지출)보다 크다.
ㄷ. 무역수지 흑자의 경우 국내투자가 국민저축보다 크다.
ㄹ. 무역수지 적자의 경우 순자본유출은 0보다 작다.
ㅁ. 순수출은 순자본유출과 같다.

① ㄱ, ㄴ, ㄹ ② ㄱ, ㄷ, ㄹ
③ ㄱ, ㄴ, ㄹ, ㅁ ④ ㄱ, ㄴ, ㄷ, ㄹ, ㅁ

04 A 기업의 생산함수는 $Y=\sqrt{K+L}$이다. 이에 관한 설명 중 옳은 것은? (단, Y는 생산량, K는 자본, L은 노동, $K>0$, $L>0$이다.)

① 이 기업의 생산함수는 규모에 대한 수확불변을 나타낸다.
② 자본과 노동의 완전보완관계이다.
③ 이윤극대화를 위해 자본과 노동 중 하나만 사용해도 된다.
④ 등량곡선(iso-quant curve)는 원점에 대해 볼록하다.

05 최근 저축은행의 영업정지에 따른 예금인출사태와 예금자보호 문제가 발생하고 있다. 이에 관련된 설명 중 옳지 않은 것은?

① 예금보험과 같은 예금자보호를 위한 정부의 안전망은 은행에서 예금인출 사태를 억제하고, 예금자를 보호함으로써 은행시스템에 돈을 맡기기를 꺼리는 것을 차단할 수 있다.
② 정보의 비대칭성 때문에 예금자는 자신의 거래은행이 건실한지 혹은 지급불능에 빠질 만큼 부실한지를 알 수 없기 때문에 건실한 은행에서조차 예금인출이 일어나며, 한 은행의 도산이 다른 은행의 도산을 유발하는 전염 효과가 일어날 수 있다.
③ 중앙은행이 어려움에 처한 은행을 대출을 통해 지원하는 것을 중앙은행의 '최종대부자(lender of last resort)'기능이라고 한다.
④ 예금자보호를 위한 정부의 안정망이 있는 경우 시장은 역선택의 위험에 노출된다. 즉, 예금자는 은행이 도산하더라도 자신은 손해를 보지 않으므로, 은행이 과도한 위험을 취한다고 의심이 들어도 예금을 인출하는 행동(action)을 취하지 않는다.

06 D국가의 명목GDP는 20,000달러이고, 통화량은 8,000달러이다. 이 나라의 물가수준은 20% 상승하고 통화량은 10% 증가, 실질GDP는 10% 증가할 경우 화폐 유통속도는 얼마인가?

① 2.5　　② 2.8
③ 3.0　　④ 3.3

07
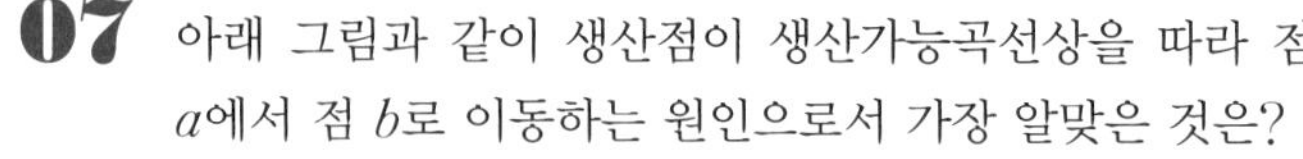
아래 그림과 같이 생산점이 생산가능곡선상을 따라 점 a에서 점 b로 이동하는 원인으로서 가장 알맞은 것은?

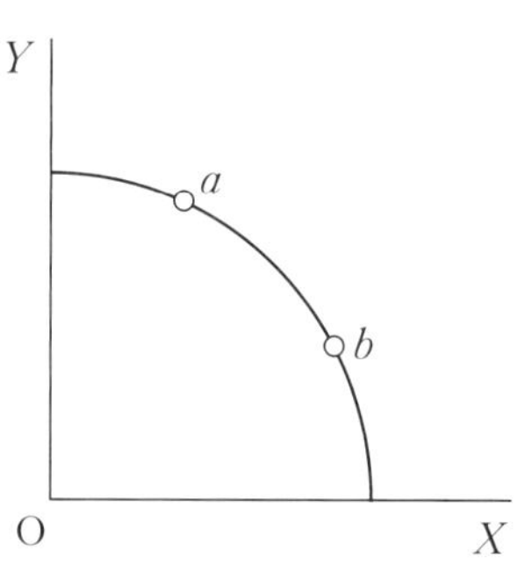

① 실업의 감소　　② 자본량의 증가
③ 기술의 진보　　④ 재화의 상대가격 변동

08 아래의 그림과 같이 수요곡선과 공급곡선이 직선인 경우 점 a에서 수요의 가격탄력성과 점 b에서 공급의 가격탄력성 값은 각각 얼마인가? (단, 탄력성 값은 절댓값으로 나타낸다.)

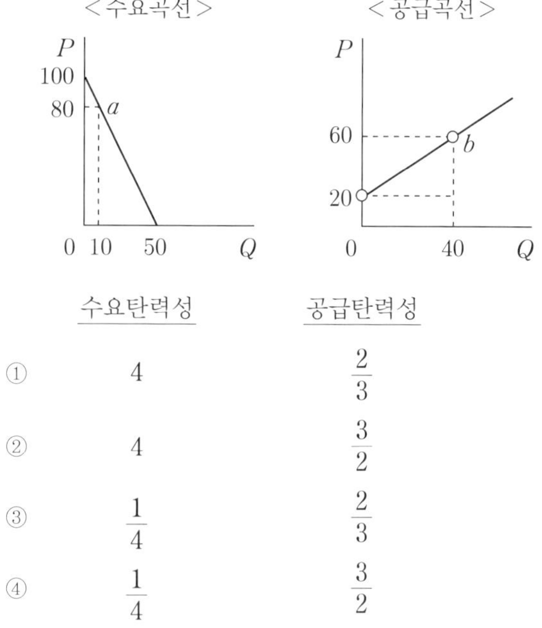

	수요탄력성	공급탄력성
①	4	$\frac{2}{3}$
②	4	$\frac{3}{2}$
③	$\frac{1}{4}$	$\frac{2}{3}$
④	$\frac{1}{4}$	$\frac{3}{2}$

09 공공재 Z재에 대한 소비자 甲과 乙의 수요함수와 한계비용이 아래와 같을 때 사회적으로 바람직한 이 공공재의 공급량은 얼마인가?

- 소비자 甲의 수요함수: $Q = 450 - 3P$
- 소비자 乙의 수요함수: $Q = 320 - 2P$
- 한계비용: $MC = 30 + \left(\frac{1}{3}\right)Q$

(단, Q는 수요량 또는 생산량, P는 가격, MC는 한계비용이다.)

① 90 ② 120
③ 180 ④ 240

10 F국가의 필립스곡선이 아래와 같이 추정되었을 때 이에 대한 해석으로 옳은 것은?

$$\pi = \pi^e + 3.2 - 0.8u$$

(단, π는 인플레이션율, π^e는 기대인플레이션율, u는 실업률이다.)

① 장기 필립스곡선은 자연실업률이 4.0%인 점에서 수직인 형태를 취한다.
② 단기 필립스곡선은 우하향하며, 기대인플레이션이 상승하면 그 기울기가 가파르게 된다.
③ 기대인플레이션이 상승하면 장기 필립스곡선이 오른쪽으로 이동한다.
④ 3.5%의 인플레이션이 예상되는 상황에서 정부가 실업률을 5.0%에서 4.0%로 낮추고자 한다면 인플레이션율이 1.2%포인트 상승하는 것을 감수하여야 한다.

Part 4
노무사

잠깐! 하프모의고사 전 확인사항

하프모의고사도 실전처럼 문제를 푸는 연습이 필요합니다.

✔ 휴대전화는 전원을 꺼주세요.
✔ 연필과 지우개를 준비하세요.
✔ 제한시간 15분 내 최대한 많은 문제를 정확하게 풀어보세요.

매 회 하프모의고사 전, 위 사항을 점검하고 시험에 임하세요.

정답·해설 _해설집 p.180

01회 2022 노무사(1)

제한시간 : 15분 시작 시 분 ~ 종료 시 분 점수 확인 개/ 10개

01 (　　)에 들어갈 내용으로 옳은 것은? (단, 두 재화의 수요곡선은 우하향하고 공급곡선은 우상향한다.)

> X재의 가격이 상승할 때, X재와 대체 관계에 있는 Y재의 (ㄱ)곡선은 (ㄴ)으로 이동하고, 그 결과 Y재의 균형가격은 (ㄷ)한다.

	ㄱ	ㄴ	ㄷ
①	수요	우측	상승
②	수요	좌측	상승
③	수요	좌측	하락
④	공급	우측	상승
⑤	공급	좌측	하락

02 다음 생산함수에서 규모에 대한 수확이 체증, 불변, 체감의 순으로 짝지은 것으로 옳은 것은? (단, q는 생산량, L은 노동, K는 자본이다.)

> ㄱ. $q=2L+3K$
> ㄴ. $q=(2L+K)^{\frac{1}{2}}$
> ㄷ. $q=2L\cdot K$
> ㄹ. $q=L^{\frac{1}{3}}K^{\frac{2}{3}}$
> ㅁ. $q=3L^{\frac{1}{2}}+3K$

① ㄱ－ㄴ－ㄷ
② ㄴ－ㄹ－ㅁ
③ ㄷ－ㄱ－ㄴ
④ ㄷ－ㄴ－ㅁ
⑤ ㅁ－ㄹ－ㄱ

03 독점기업의 가격 전략에 관한 설명으로 옳은 것은?

① 소비자잉여를 유지하며 생산자의 이윤을 극대화한다.
② 독점가격은 한계비용과 같다.
③ 가격차별을 하는 경우 단일 가격을 설정하는 것에 비해 사회적 후생은 증가한다.
④ 가격차별을 하는 경우 수요의 가격탄력성이 더 높은 소비자들에게 더 높은 가격을 부과한다.
⑤ 이부가격제는 소비자들의 수요 행태가 다양할 때 가장 효과적이다.

04 경쟁시장에서 A기업의 단기 총비용함수는 $C(q)=50+10q+2q^2$이고, 한계비용함수는 $MC(q)=10+4q$이다. 시장가격이 $P=30$일 때, A기업의 생산량(q)과 생산자잉여(PS)는?

① $q=4$, $PS=0$
② $q=4$, $PS=5$
③ $q=5$, $PS=0$
④ $q=5$, $PS=50$
⑤ $q=15$, $PS=50$

05 동일한 상품을 경쟁적으로 판매하고 있는 두 기업 A와 B는 이윤을 극대화하기 위해 광고 전략을 고려하고 있다. 나음은 두 기업이 전략을 동시에 선택할 경우 얻게 되는 보수행렬이다. 이에 관한 설명으로 옳은 것은? (단, A와 B는 전략을 동시에 선택하고 합리적으로 행동하며 본 게임은 1회만 행해진다. 괄호 안의 왼쪽 값은 A의 보수, 오른쪽 값은 B의 보수를 나타낸다.)

구분		B	
		광고함	광고 안함
A	광고함	(6, 4)	(8, 3)
	광고 안함	(3, 8)	(10, 4)

① 내쉬균형의 보수조합은 (6, 4)이다.
② A의 우월전략은 광고함을 선택하는 것이다.
③ B의 우월전략은 광고 안함을 선택하는 것이다.
④ A와 B가 각각 우월전략을 선택할 때 내쉬균형에 도달한다.
⑤ 내쉬균형은 파레토 효율적(Pareto efficient)이다.

06 정부는 물가급등에 따른 소비자 부담을 줄여주기 위해 X재에 부과하는 물품세를 단위당 100원만큼 인하하였다. 이에 관한 설명으로 옳은 것은? (단, X재의 수요곡선은 우하향하고 공급곡선은 우상향한다.)

① 소비자의 부담은 100원만큼 줄어든다.
② 조세 인하 혜택의 일정 부분은 생산자에게 귀착된다.
③ 조세 인하로 인해 X재 가격은 하락하지만, 소비량은 영향을 받지 않는다.
④ 조세 인하로 인해 후생손실이 늘어난다.
⑤ X재에 부과되는 물품세는 중립세여서 경제주체들에게 아무런 영향을 주지 않는다.

07 생산과정에서 탄소를 배출하는 X재에 탄소세를 부과하려고 한다. 이에 관한 설명으로 옳은 것을 모두 고른 것은? (단, X재의 수요곡선은 우하향하고 공급곡선은 우상향한다.)

ㄱ. 탄소세는 외부불경제를 해결하기 위한 조세이다.
ㄴ. 탄소세를 부과하면 X재의 가격이 오를 것이다.
ㄷ. 탄소세를 부과하면 자원배분의 효율성이 높아진다.
ㄹ. X재의 주요사례로 태양광발전과 풍력발전을 들 수 있다.

① ㄱ, ㄴ
② ㄴ, ㄹ
③ ㄷ, ㄹ
④ ㄱ, ㄴ, ㄷ
⑤ ㄴ, ㄷ, ㄹ

08 소득분배지표에 관한 설명으로 옳지 않은 것은?

① 로렌츠곡선이 대각선에 접근할수록 지니계수는 커진다.
② 지니계수는 0과 1 사이의 값을 가지며, 그 값이 작을수록 분배상태가 더 평등한 것으로 본다.
③ 로렌츠곡선은 인구의 누적비율과 소득의 누적비율을 각각 축으로 하여 계층별 소득분포를 표시한 곡선을 말한다.
④ 십분위분배율이란 최하위 40% 소득계층의 소득점유율을 최상위 20% 소득계층의 소득점유율로 나눈 값을 말한다.
⑤ 십분위분배율은 0과 2 사이의 값을 가지며, 값이 클수록 더욱 평등한 분배상태를 의미한다.

09 100명의 주민이 살고 있는 아파트에 주민들이 안전을 우려하여 공동으로 아파트 입구에 $CCTV$를 설치하고자 한다. 설치된 $CCTV$의 서비스에 관한 설명으로 옳은 것을 모두 고른 것은?

ㄱ. $CCTV$ 서비스는 주민들에게 공유자원이다.
ㄴ. $CCTV$ 서비스는 주민들에게 사적재이다.
ㄷ. $CCTV$ 서비스는 주민들에게 비배제성을 갖는다.
ㄹ. $CCTV$ 서비스는 주민들에게 공공재이다.

① ㄱ
② ㄴ
③ ㄱ, ㄴ
④ ㄴ, ㄷ
⑤ ㄷ, ㄹ

10 물가지수에 관한 설명으로 옳지 않은 것은?

① 우리나라의 소비자물가지수는 농촌지역의 물가 동향을 파악하는 지표로는 적합하지 않다.
② 우리나라의 소비자물가지수는 소비자가 소비하는 모든 상품과 서비스를 대상으로 측정되기 때문에 정부 물가관리의 주요 대상지표가 된다.
③ GDP 디플레이터는 국내에서 생산된 상품만을 조사 대상으로 하기 때문에 수입상품의 가격동향을 반영하지 못한다.
④ GDP 디플레이터는 명목국내총생산을 실질국내총생산으로 나눈 값으로 측정한다.
⑤ 우리나라의 생산자물가지수는 기업 간에 거래되는 일정 비율 이상의 비중을 갖는 원자재 및 자본재의 가격 변화를 반영한다.

02회 2022 노무사(2)

정답·해설 _해설집 p.182

제한시간 : 15분 시작 시 분 ~ 종료 시 분 점수 확인 개/ 10개

01 A국과 B국이 자동차 1대와 옷 1벌을 생산하는 데 소요되는 노동의 양이 아래 표와 같다고 한다. 리카도의 비교 우위에 관한 설명으로 옳지 않은 것은?

구분	A국	B국
자동차	10	6
옷	5	2

① A국은 자동차 생산에 비교 우위가 있다.
② B국은 옷 생산에 비교 우위가 있다.
③ B국의 자동차 생산의 기회비용은 옷 2벌이다.
④ B국은 옷 생산에 있어 A국에 비해 절대 우위에 있다.
⑤ A국은 자동차 생산에 특화하고, B국은 옷 생산에 특화하여 교역을 하는 것이 상호이익이다.

02 2020년의 명목GDP는 2,000조 원, 2021년의 명목GDP는 2,200조 원이고, 2020년을 기준으로 하는 GDP 디플레이터는 2021년에 105였다. 2021년의 실질 경제성장률은 약 얼마인가?

① 1.2%
② 2.4%
③ 4.8%
④ 9.6%
⑤ 14.4%

03 장기 총공급곡선을 오른쪽으로 이동시키는 요인이 아닌 것은?

① 이민자의 증가로 노동인구 증가
② 물적 및 인적 자본의 증대
③ 기술진보로 인한 생산성 증대
④ 새로운 광물자원의 발견
⑤ 자연실업률의 상승

04 인플레이션 비용과 관련이 없는 것은?

① 메뉴비용
② 누진소득세제하의 조세부담 증가
③ 상대가격 변화에 따른 자원배분 왜곡
④ 자산 가치 평가 기준의 안정화
⑤ 구두창비용

05 통화량 증가의 요인이 아닌 것은?

① 본원통화량 증가
② 은행의 지급준비율 인하
③ 통화승수 증가
④ 은행의 초과지급준비금 감소
⑤ 중앙은행의 재할인율 인상

06 국민소득계정에 관한 설명으로 옳지 않은 것은?

① 국민총생산은 국내총생산과 국외순수취 요소소득의 합계이다.
② 명목국내총생산은 생산량의 변화와 함께 가격 변화에도 영향을 받는다.
③ 국내총생산은 한 나라에서 일정기간 동안 생산된 최종 용도의 재화와 서비스의 시장가치 총합이다.
④ 국내총생산은 한 나라에서 일정기간 창출되는 부가가치의 총합이다.
⑤ 투자는 민간투자와 정부투자의 합계이며, 재고변동은 포함하지 않는다.

07 다음은 A국의 경제를 나타낸다. 완전고용의 GDP를 회복하기 위한 정부지출은? (단, Y는 GDP, C는 민간소비, I는 투자, G는 정부지출, T는 조세, Y_f는 완전고용하에서 GDP이다.)

• $Y = C + I + G$	• $C = 100 + 0.5(Y - T)$
• $I = 300$	• $G = 100$
• $T = 100$	• $Y_f = 1,200$

① 100 ② 150
③ 300 ④ 350
⑤ 400

08 1년간 정기예금의 실질이자율이 5%, 인플레이션율이 3%이고, 이자소득세율이 20%일 때 세후 명목이자율은?

① 1.6% ② 4.8%
③ 5.0% ④ 6.4%
⑤ 8.0%

09 다음 표는 A국의 노동시장 현황을 나타내고 있다. 생산가능인구가 4,000명으로 일정할 때 2020년 대비 2021년의 노동시장 변화에 관한 설명으로 옳지 않은 것은?

구분	2020년	2021년
취업자 수	1,100명	1,000명
비경제활동인구	2,000명	2,100명

① 경제활동참가율 감소
② 실업률 증가
③ 고용률 감소
④ 실업자 수 변화 없음
⑤ 취업률 변화 없음

10 생산물시장과 노동시장이 완전경쟁일 때, A기업의 생산함수는 $Q=-4L^2+100L$이고 생산물가격은 50이다. 임금이 1,000에서 3,000으로 상승할 때 노동수요량의 변화는? (단, Q는 산출량, L은 노동시간이다.)

① 변화 없음
② 5 감소
③ 5 증가
④ 10 감소
⑤ 10 증가

정답·해설 _해설집 p.184

03회 2021 노무사(1)

제한시간 : 15분 시작 시 분 ~ 종료 시 분 점수 확인 개/ 10개

01 수요의 가격탄력성에 관한 설명으로 옳지 않은 것은? (단, Q는 수량, P는 가격이다.)

① 상품 가격이 변화할 때 상품 수요가 얼마나 변하는가를 측정하는 척도이다.
② 수요곡선이 수직선이면 언제나 일정하다.
③ 수요곡선이 $Q=\frac{5}{P}$인 경우, 수요의 가격탄력성(절댓값)은 수요곡선상 모든 점에서 항상 1이다.
④ 정상재인 경우 수요의 가격탄력성이 1보다 클 때 가격이 하락하면 기업의 총수입은 증가한다.
⑤ 사치재에 비하여 생활필수품은 수요의 가격탄력성이 작다.

02 기펜재(Giffen goods)에 관한 설명으로 옳지 않은 것은?

① 가격이 하락하면 재화의 소비량은 감소한다.
② 소득효과가 대체효과보다 큰 재화이다.
③ 가격상승시 소득효과는 재화의 소비량을 감소시킨다.
④ 기펜재는 모두 열등재이지만 열등재가 모두 기펜재는 아니다.
⑤ 가격 하락 시 대체효과는 재화의 소비량을 증가시킨다.

03 시장실패에 관한 설명으로 옳은 것은?

① 순수공공재는 배제성은 없으나 경합성은 있다.
② 상호 이익이 되는 거래를 방해할 경우 시장실패가 발생한다.
③ 긍정적 외부경제는 시장실패를 유발하지 않는다.
④ 완전경쟁시장은 자원배분의 효율성은 물론 분배의 공평성도 보장해주는 시장이다.
⑤ 시장실패의 존재는 정부개입의 필요조건이자 충분조건이다.

04 지니계수에 관한 설명으로 옳은 것을 모두 고른 것은?

ㄱ. 대표적인 소득분배 측정방법 중 하나이다.
ㄴ. 45도 대각선 아래의 삼각형 면적을 45도 대각선과 로렌츠곡선 사이에 만들어진 초승달 모양의 면적으로 나눈 비율이다.
ㄷ. −1과 1 사이의 값을 갖는다.
ㄹ. 계수의 값이 클수록 평등한 분배상태를 나타낸다.

① ㄱ
② ㄱ, ㄴ
③ ㄴ, ㄷ
④ ㄱ, ㄷ, ㄹ
⑤ ㄴ, ㄷ, ㄹ

05 독점기업의 시장수요와 공급에 관한 설명으로 옳지 않은 것은? (단, 시장수요곡선은 우하향한다.)

① 독점기업은 시장의 유일한 공급자이기 때문에 수요곡선은 우하향한다.
② 독점기업의 공급곡선은 존재하지 않는다.
③ 독점기업의 한계수입은 가격보다 항상 높다.
④ 한계수입과 한계비용이 일치하는 점에서 독점기업의 이윤이 극대화된다.
⑤ 독점기업의 한계수입곡선은 항상 수요곡선의 아래쪽에 위치한다.

06 솔로우(R. Solow) 경제성장모형에서 1인당 생산함수는 $y=f(k)=4k^{\frac{1}{2}}$이고, 저축률은 5%, 감가상각률은 2%, 그리고 인구증가율은 2%이다. 균제상태(steady state)에서 1인당 자본량은? (단, y는 1인당 산출량, k는 1인당 자본량이다.)

① 21　② 22
③ 23　④ 24
⑤ 25

07 균형국민소득은 $Y=C(Y-T)+G$이다. 정부가 민간 분야에 대해 5,000억 원의 조세삭감과 5,000억 원의 지출증가를 별도로 실시할 경우, 조세삭감과 정부지출로 인한 균형국민소득의 변화(절댓값)를 옳게 설명한 것은? (단, Y: 균형국민소득, $C(Y-T)$: 소비함수, T: 조세, G: 정부지출, $0<$ 한계소비성향$(MPC)<1$이다.)

① 조세삭감 효과가 정부지출 효과보다 크다.
② 조세삭감 효과와 정부지출 효과는 동일하다.
③ 조세삭감 효과가 정부지출 효과보다 작다.
④ 조세승수는 $\frac{-1}{1-MPC}$이다.
⑤ 정부지출승수는 $\frac{MPC}{(1-MPC)}$이다.

08 A국가의 총수요와 총공급곡선은 각각 $Y_d=-P+5$, $Y_s=(P-P^e)+6$이다. 여기서 P^e가 5일 때 (ㄱ) 균형국민소득과 (ㄴ) 균형물가수준은? (단, Y_d는 총수요, Y_s는 총공급, P는 실제물가수준, P^e는 예상물가수준이다.)

	ㄱ	ㄴ
①	1	0
②	2	1
③	3	2
④	4	2
⑤	5	3

09 먼델－플레밍모형을 이용하여 고정환율제하에서 정부 지출을 감소시킬 경우 나타나는 변화로 옳은 것은? (단, 소규모 개방경제하에서 국가 간 자본의 완전 이동과 물가불변을 가정하고, *IS*곡선은 우하향, *LM*곡선은 수직선이다.)

① *IS*곡선은 오른쪽 방향으로 이동한다.
② *LM*곡선은 오른쪽 방향으로 이동한다.
③ 통화량은 감소한다.
④ 고정환율수준 대비 자국의 통화가치는 일시적으로 상승한다.
⑤ 균형국민소득은 증가한다.

10 폐쇄경제하 중앙은행이 통화량을 감소시킬 때 나타나는 변화를 *IS*－*LM*모형을 이용하여 설명한 것으로 옳은 것을 모두 고른 것은? (단, *IS*곡선은 우하향, *LM* 곡선은 우상향한다.)

ㄱ. *LM*곡선은 오른쪽 방향으로 이동한다.
ㄴ. 이자율은 상승한다.
ㄷ. *IS*곡선은 왼쪽 방향으로 이동한다.
ㄹ. 구축효과로 소득은 감소한다.

① ㄱ, ㄴ
② ㄱ, ㄷ
③ ㄱ, ㄹ
④ ㄴ, ㄹ
⑤ ㄴ, ㄷ, ㄹ

정답 · 해설 _해설집 p.186

04회 2021 노무사(2)

제한시간 : 15분 시작 시 분 ~ 종료 시 분 점수 확인 개/ 10개

01 완전경쟁시장에서 A기업의 단기 총비용함수가 $TC(Q)=4Q^2+2Q+10$이다. 재화의 시장가격이 42일 경우 극대화된 단기 이윤은? (단, Q는 생산량, $Q>0$이다.)

① 10
② 42
③ 52
④ 84
⑤ 90

02 상품 A의 수요함수가 $Q=4P^{-2}Y^{0.4}$일 때, 이에 관한 설명으로 옳은 것은? (단, Q는 수요량, P는 가격, Y는 소득이다.)

① 가격이 상승하면, 총수입은 증가한다.
② 소득이 2% 감소하면, 수요량은 0.4% 감소한다.
③ 소득탄력성의 부호는 음(−)이다.
④ 가격이 상승함에 따라 수요의 가격탄력성도 증가한다.
⑤ 수요의 가격탄력성(절댓값)은 2이다.

03 완전경쟁시장에서 이윤극대화를 추구하는 개별기업에 관한 설명으로 옳은 것은? (단, 개별기업의 평균비용곡선은 U자 형태로 동일하며, 생산요소시장도 완전경쟁이다.)

① 한계수입곡선은 우하향하는 형태이다.
② 이윤은 단기에도 항상 영(0)이다.
③ 수요의 가격탄력성은 영(0)이다.
④ 단기에는 평균가변비용곡선의 최저점이 조업중단점이 된다.
⑤ 이윤극대화 생산량에서 평균수입은 한계비용보다 크다.

04 효용극대화를 추구하는 소비자 A의 효용함수가 $U=4X^{\frac{1}{2}}Y^{\frac{1}{2}}$일 때, 이에 관한 설명으로 옳지 않은 것은? (단, A는 모든 소득을 X재와 Y재의 소비에 지출한다. P_X와 P_Y는 각각 X재와 Y재의 가격, MU_X와 MU_Y는 각각 X재와 Y재의 한계효용이다.)

① X재와 Y재는 모두 정상재이다.
② $P_X=2P_Y$일 때, 최적 소비조합점에서 $MU_X=0.5MU_Y$를 충족한다.
③ $P_X=2P_Y$일 때, 최적 소비조합점은 $Y=2X$의 관계식을 충족한다.
④ 한계대체율은 체감한다.
⑤ Y재 가격이 상승하여도 X재 소비는 불변이다.

05 오염물질을 발생시키는 상품 A의 시장수요곡선은 $Q = 20 - P$이고, 사적 한계비용곡선과 사회적 한계비용곡선이 각각 $PMC = 6 + Q$, $SMC = 10 + Q$이다. 사회적 최적 생산량을 달성하기 위하여 부과해야 하는 생산단위당 세금은? (단, Q는 생산량, P는 가격이고 완전경쟁시장을 가정한다.)

① 1.5
② 2
③ 3
④ 4
⑤ 5

06 폐쇄경제 균형국민소득은 $Y = C + I + G$이고 다른 조건이 일정할 때, 재정적자가 대부자금시장에 미치는 효과로 옳은 것은? (단, 총투자곡선은 우하향, 총저축곡선은 우상향, Y: 균형국민소득, C: 소비, I: 투자, G: 정부지출이다.)

① 대부자금공급량은 감소한다.
② 이자율은 하락한다.
③ 공공저축은 증가한다.
④ 저축곡선은 오른쪽 방향으로 이동한다.
⑤ 투자곡선은 왼쪽 방향으로 이동한다.

07 폐쇄경제하 총수요(AD)－총공급(AS)모형을 이용하여 정부지출증가로 인한 변화에 관한 설명으로 옳지 않은 것을 모두 고른 것은? (단, AD곡선은 우하향, 단기 AS곡선은 우상향, 장기 AS곡선은 수직선이다.)

ㄱ. 단기에 균형소득수준은 증가한다.
ㄴ. 장기에 균형소득수준은 증가한다.
ㄷ. 장기에 고전파의 이분법이 적용되지 않는다.
ㄹ. 장기 균형소득수준은 잠재산출량수준에서 결정된다.

① ㄱ, ㄴ
② ㄱ, ㄷ
③ ㄴ, ㄷ
④ ㄴ, ㄹ
⑤ ㄱ, ㄴ, ㄹ

08 경제학파별 이론에 관한 설명으로 옳은 것을 모두 고른 것은?

ㄱ. 고전학파는 화폐의 중립성을 주장한다.
ㄴ. 실물경기변동이론은 임금과 가격의 신축성을 전제한다.
ㄷ. 케인즈학파는 경기침체의 원인이 총공급의 부족에 있다고 주장한다.
ㄹ. 가격의 경직성을 설명하는 메뉴 비용(menu cost) 이론은 새케인즈학파(new Keynesian)의 주장이다.

① ㄱ, ㄴ
② ㄱ, ㄹ
③ ㄴ, ㄷ
④ ㄴ, ㄹ
⑤ ㄱ, ㄴ, ㄹ

09 A국가는 경제활동인구가 1,000만 명이고, 매 기간 동안 실직률(취업자 중 실직하는 사람의 비율)과 구직률(실직자 중 취업하는 사람의 비율)은 각각 2%와 18%이다. 균제상태(steady state)의 실업자 수는?

① 25만 명
② 40만 명
③ 50만 명
④ 75만 명
⑤ 100만 명

10 2021년 현재 우리나라 통계청의 고용통계 작성기준에 관한 설명으로 옳지 않은 것은? (단, 만 15세 이상 인구를 대상으로 한다.)

① 아버지가 수입을 위해 운영하는 편의점에서 조사대상주간에 무상으로 주당 20시간 근로한 자녀는 비경제활동인구로 분류된다.
② 다른 조건이 같을 때, 실업자가 구직활동을 포기하면 경제활동참가율은 하락한다.
③ 질병으로 입원하여 근로가 불가능한 상태에서 구직활동을 하는 경우에는 실업자로 분류되지 않는다.
④ 대학생이 수입을 목적으로 조사대상주간에 주당 1시간 이상 아르바이트를 하는 경우 취업자로 분류된다.
⑤ 실업률은 경제활동인구 대비 실업자 수의 비율이다.

정답·해설 _해설집 p.189

05회 2020 노무사(1)

제한시간 : 15분 시작 시 분 ~ 종료 시 분 점수 확인 개/ 10개

01 국제무역의 효과로 옳지 않은 것은?

① 사회적 후생의 증가
② 보다 다양한 소비기회의 제공
③ 규모의 경제를 누릴 수 있는 기회 발생
④ 수입으로 인한 동일제품 국내생산자의 후생증가
⑤ 경쟁의 촉진으로 국내 독과점 시장의 시장실패 교정 가능

02 독점기업 A의 수요곡선, 총비용곡선이 다음과 같을 때, 독점이윤극대화시 사중손실(deadweight loss)은? (단, P는 가격, Q는 수량이다.)

- 수요곡선: $P = -Q + 20$
- 총비용곡선: $TC = 2Q + 10$

① $\frac{99}{2}$
② $\frac{94}{2}$
③ $\frac{88}{2}$
④ $\frac{81}{2}$
⑤ $\frac{77}{2}$

03 양의 효용을 주는 X재와 Y재가 있을 때, 소비자의 최적 선택에 관한 설명으로 옳은 것은?

① 소비자의 효용극대화를 위해서는 두 재화의 시장 가격비율이 1보다 커야 한다.
② X재 1원당 한계효용이 Y재 1원당 한계효용보다 클 때 소비자의 효용은 극대화된다.
③ 가격소비곡선은 다른 조건이 일정하고 한 상품의 가격만 변할 때, 소비자의 최적 선택점이 변화하는 것을 보여준다.
④ 예산선의 기울기는 한 재화의 한계효용을 의미한다.
⑤ 예산제약이란 소비할 수 있는 상품의 양이 소비자의 예산범위를 넘을 수 있음을 의미한다.

04 X재의 공급함수가 $Q = P - 6$일 때, 공급의 가격탄력성은? (단, Q는 공급량, P는 가격이다.)

① $\frac{(P-6)}{P}$
② $\frac{(P+6)}{P}$
③ $\frac{(-P+6)}{P}$
④ $\frac{P}{(P-6)}$
⑤ $\frac{P}{(P+6)}$

05 소비자 선택에 관한 설명으로 옳지 않은 것은? (단, 대체효과와 소득효과의 비교는 절댓값으로 한다.)

① 정상재의 경우, 대체효과가 소득효과보다 크면 가격상승에 따라 수요량은 감소한다.
② 정상재의 경우, 대체효과가 소득효과보다 작으면 가격상승에 따라 수요량은 감소한다.
③ 열등재의 경우, 대체효과가 소득효과보다 크면 가격상승에 따라 수요량은 감소한다.
④ 열등재의 경우, 대체효과가 소득효과보다 작으면 가격상승에 따라 수요량은 감소한다.
⑤ 기펜재의 경우, 대체효과가 소득효과보다 작기 때문에 수요의 법칙을 따르지 않는다.

06 벤담(J. Bentham)의 공리주의를 표현한 사회후생함수는? (단, 이 경제에는 甲, 乙만 존재하며, W는 사회 전체의 후생, U는 甲의 효용, V는 乙의 효용이다.)

① $W = max(U, V)$
② $W = min(U, V)$
③ $W = U + V$
④ $W = U \times V$
⑤ $W = U / V$

07 총수요－총공급모형에서 통화정책과 재정정책에 관한 설명으로 옳은 것은? (단, 폐쇄경제를 가정한다.)

① 통화정책은 이자율의 변화를 통해 국민소득에 영향을 미친다.
② 유동성함정에 빠진 경우 확장적 통화정책은 총수요를 증가시킨다.
③ 화폐의 중립성에 따르면, 통화량을 늘려도 명목임금은 변하지 않는다.
④ 확장적 재정정책 및 통화정책은 모두 경기팽창효과가 있으며, 국민소득의 각 구성요소에 동일한 영향을 미친다.
⑤ 구축효과란 정부지출 증가가 소비지출 감소를 초래한다는 것을 의미한다.

08 거시경제지표에 관한 설명으로 옳지 않은 것은?

① 국내총생산은 영토를 기준으로, 국민총생산은 국민을 기준으로 계산한다.
② 국내총생산 삼면등가의 법칙은 폐쇄경제에서 생산, 지출, 분배 국민소득이 항등관계에 있다는 것이다.
③ 국내총생산은 특정 시점에 한 나라 안에서 생산된 부가가치의 합이다.
④ 국민총생산은 국내총생산과 대외순수취 요소소득의 합이다.
⑤ 국내총소득은 국내총생산과 교역조건 변화에 따른 실질 무역손익의 합이다.

09 소비이론에 관한 설명으로 옳지 않은 것은?

① 항상소득이론에서 일시소득의 한계소비성향은 항상소득의 한계소비성향보다 크다.
② 생애주기이론에서 소비는 미래소득의 영향을 받는다.
③ 절대소득가설에서는 현재 처분가능소득의 절대적 크기가 소비의 가장 중요한 결정요인이다.
④ 처분가능소득의 한계소비성향과 한계저축성향의 합은 1이다.
⑤ 절대소득가설이 항상소득이론보다 한시적 소득세 감면의 소비 진작 효과를 더 크게 평가한다.

10 중앙은행의 화폐공급에 관한 설명으로 옳은 것은?

① 예금창조기능은 중앙은행의 독점적 기능이다.
② 본원통화는 현금과 은행의 예금을 합친 것이다.
③ 중앙은행이 민간에 국채를 매각하면 통화량이 증가한다.
④ 법정지급준비율은 통화승수에 영향을 미친다.
⑤ 중앙은행이 재할인율을 인하한다고 발표하면 기업은 경기과열을 억제하겠다는 신호로 받아들인다.

정답·해설 _해설집 p.192

06회 2020 노무사(2)

제한시간 : 15분 시작 시 분 ~ 종료 시 분 점수 확인 개/ 10개

01 물가지수에 관한 설명으로 옳지 않은 것은?

① 소비자물가지수는 재화의 품질변화를 반영하는 데 한계가 있다.
② GDP디플레이터는 실질GDP를 명목GDP로 나눈 수치이다.
③ 소비자물가지수는 재화의 상대가격변화에 따른 생계비의 변화를 과대평가한다.
④ 소비자물가지수는 GDP디플레이터와 달리 해외에서 수입되는 재화의 가격변화도 반영할 수 있다.
⑤ 소비자물가지수는 재화 선택의 폭이 증가함에 따른 화폐가치의 상승효과를 측정할 수 없다.

02 단기 총공급곡선이 우상향하는 이유로 옳지 않은 것은?

① 명목임금이 일반적인 물가상승에 따라 변동하지 못한 경우
② 메뉴비용이 발생하는 것과 같이 즉각적인 가격 조정을 저해하는 요인이 있는 경우
③ 화폐의 중립성이 성립하여, 통화량증가에 따라 물가가 상승하는 경우
④ 일반적인 물가상승을 자신이 생산하는 재화의 상대가격상승으로 착각하는 경우
⑤ 수요의 변화에 따라 수시로 가격을 변경하는 것이 어려운 경우

03 A국의 소비지출(C), 투자지출(I), 정부지출(G), 순수출(X_n), 조세징수액(T)이 다음과 같을 때, 이에 관한 설명으로 옳은 것은? (단, Y는 국민소득이고, 물가, 금리 등 가격변수는 고정되어 있으며, 수요가 존재하면 공급은 언제나 이루어진다고 가정한다.)

• $C=300+0.8(Y-T)$ • I: 300 • G: 500	• X_n: 400 • T: 500

① 균형국민소득은 4,000이다.
② 정부지출이 10 증가하는 경우 균형국민소득은 30 증가한다.
③ 조세징수액이 10 감소하는 경우 균형국민소득은 30 증가한다.
④ 정부지출과 조세징수액을 각각 100씩 증가시키면 균형국민소득은 100 증가한다.
⑤ 정부지출승수는 투자승수보다 크다.

04 인플레이션에 관한 설명으로 옳은 것은?

① 예상치 못한 인플레이션이 발생하면 채권자가 이득을 보고 채무자가 손해를 보게 된다.
② 피셔(I. Fisher)가설에 따르면 예상된 인플레이션의 사회적 비용은 미미하다.
③ 예상치 못한 인플레이션은 금전거래에서 장기 계약보다 단기 계약을 더 회피하도록 만든다.
④ 인플레이션 조세는 정부가 화폐공급량을 줄여 재정수입을 얻는 것을 의미한다.
⑤ 경기호황 속에 물가가 상승하는 현상을 스태그플레이션이라고 한다.

05 실업에 관한 설명으로 옳지 않은 것은?

① 실업보험은 마찰적 실업을 감소시켜 자연실업률을 하락시키는 경향이 있다.
② 경기변동 때문에 발생하는 실업을 경기적 실업이라 한다.
③ 효율성임금이론(efficiency wage theory)에 따르면 높은 임금 책정으로 생산성을 높이려는 사용자의 시도가 실업을 야기할 수 있다.
④ 최저임금제도는 구조적 실업을 야기할 수 있다.
⑤ 내부자－외부자가설(insider－outsider hypothesis)에 따르면 내부자가 임금을 높게 유지하려는 경우 실업이 발생할 수 있다.

06 노동시장에서 수요독점자인 A기업의 생산함수는 $Q=4L+100$이다. 생산물시장은 완전경쟁이고 생산물가격은 200이다. 노동공급곡선이 $w=5L$인 경우, 이윤극대화가 달성되는 노동의 한계요소비용과 한계수입생산을 순서대로 옳게 나열한 것은? (단, Q는 산출량, L은 노동투입량, w는 임금이다.)

① 400, 400　② 400, 600
③ 600, 800　④ 800, 800
⑤ 900, 900

07 소득－여가 선택모형에서 효용극대화를 추구하는 개인의 노동공급 의사결정에 관한 설명으로 옳지 않은 것은? (단, 대체효과와 소득효과의 비교는 절댓값으로 한다.)

① 소득과 여가가 정상재인 경우, 임금률 상승시 대체효과가 소득효과보다 크면 노동공급은 증가한다.
② 소득과 여가가 정상재인 경우, 임금률 하락시 소득효과가 대체효과보다 크면 노동공급은 감소한다.
③ 소득과 여가가 정상재인 경우, 임금률 하락시 대체효과는 노동공급 감소요인이다.
④ 소득과 여가가 정상재인 경우, 임금률 상승시 소득효과는 노동공급 감소요인이다.
⑤ 소득은 정상재이지만 여가가 열등재인 경우, 임금률 상승은 노동공급을 증가시킨다.

08 B국의 총생산함수는 $Y=AK^{\alpha}L^{1-\alpha}$이다. 생산요소들이 한계생산물만큼 보상을 받는 경우, 자본소득에 대한 노동소득의 비율은? (단, Y는 생산량, A는 총요소생산성, $0<\alpha<1$, K는 자본량, L은 노동량이다.)

① α　② $1-\alpha$
③ $\frac{\alpha}{Y}$　④ $\frac{1-\alpha}{Y}$
④ $\frac{1-\alpha}{\alpha}$

09 노동시장에서의 임금격차에 관한 설명으로 옳지 않은 것은?

① 임금격차는 인적 자본의 차이에 따라 발생할 수 있다.
② 임금격차는 작업조건이 다르면 발생할 수 있다.
③ 임금격차는 각 개인의 능력과 노력 정도의 차이에 따라 발생할 수 있다.
④ 임금격차는 차별이 없으면 발생하지 않는다.
⑤ 임금격차는 노동시장에 대한 정보가 완전해도 발생할 수 있다.

10 총인구 200명, 15세 이상 인구 100명, 비경제활동인구 20명, 실업자 40명인 A국이 있다. A국의 경제활동참가율(%), 고용률(%), 실업률(%)을 순서대로 옳게 나열한 것은? (단, 우리나라의 고용통계 작성 방식에 따른다.)

① 40, 20, 40　② 40, 50, 20
③ 80, 20, 20　④ 80, 40, 50
⑤ 80, 50, 20

정답·해설 _해설집 p.195

2019 노무사(1)

제한시간 : 15분 시작 시 분 ~ 종료 시 분 점수 확인 개/ 10개

01 A국의 2018년 국민소득계정의 일부이다. 다음 자료에서 실질국민총소득(실질GNI)은 얼마인가?

> • 실질국내총생산(실질GDP): 1,500조 원
> • 교역조건변화에 따른 실질무역손익: 60조 원
> • 실질대외순수취요소소득: 10조 원

① 1,430조 원
② 1,450조 원
③ 1,500조 원
④ 1,570조 원
⑤ 1,550조 원

02 물가변동에 관한 설명으로 옳지 않은 것은?

① 경기침체와 인플레이션이 동시에 발생하는 현상을 스태그플레이션이라고 한다.
② 디플레이션은 명목임금의 하방경직성이 있는 경우, 실질임금을 상승시킨다.
③ 총수요의 증가로 인한 인플레이션은 수요견인 인플레이션이다.
④ 예상한 인플레이션(expected inflation)의 경우에는 메뉴비용(menu cost)이 발생하지 않는다.
⑤ 디플레이션은 기업 명목부채의 실질 상환부담을 증가시킨다.

03 중앙은행이 통화량을 증가시키고자 한다. ( )에 들어갈 내용을 순서대로 나열한 것은?

> • 공개시장조작을 통하여 국채를 ( )한다.
> • 법정지급준비율을 ( )한다.
> • 재할인율을 ( )한다.

① 매입 – 인하 – 인하
② 매입 – 인하 – 인상
③ 매입 – 인상 – 인하
④ 매각 – 인상 – 인상
⑤ 매각 – 인상 – 인하

04 다음 중 총수요곡선이 우하향하는 이유로 옳은 것을 모두 고른 것은?

> ㄱ. 자산효과: 물가수준이 하락하면 자산의 실질가치가 상승하여 소비지출이 증가한다.
> ㄴ. 이자율효과: 물가수준이 하락하면 이자율이 하락하여 투자지출이 증가한다.
> ㄷ. 환율효과: 물가수준이 하락하면 자국 화폐의 상대가치가 하락하여 순수출이 증가한다.

① ㄱ
② ㄴ
③ ㄱ, ㄴ
④ ㄱ, ㄴ, ㄷ
⑤ ㄴ, ㄷ

05 총공급곡선에 관한 설명으로 옳지 않은 것은?

① 유가상승시 단기 총공급곡선은 좌측으로 이동한다.
② 인적 자본이 증가하여도 장기 총공급곡선은 이동하지 않는다.
③ 생산성이 증가하면 단기 총공급곡선은 우측으로 이동한다.
④ 모든 가격이 신축적이면 물가가 하락하여도 장기에는 총산출량이 불변이다.
⑤ 고용주가 부담하는 의료보험료가 상승하면 단기 총공급곡선은 좌측으로 이동한다.

06 적응적 기대가설하에서 필립스곡선에 관한 설명으로 옳지 않은 것은?

① 단기 필립스곡선은 총수요확장정책이 효과적임을 의미한다.
② 단기 필립스곡선은 희생률(sacrifice ratio) 개념이 성립함을 의미한다.
③ 단기 필립스곡선은 본래 임금상승률과 실업률 사이의 관계에 기초한 것이다.
④ 밀턴 프리드만(M. Friedman)에 의하면 필립스곡선은 장기에 우하향한다.
⑤ 예상 인플레이션율이 상승하면 단기 필립스곡선은 오른쪽으로 이동한다.

07 D국 경제의 총생산함수 $Y=AK^{\frac{1}{3}}L^{\frac{2}{3}}$에 관한 설명으로 옳지 않은 것은? (단, Y는 총생산량, A는 총요소생산성, K는 자본, L은 노동을 나타낸다.)

① 총생산량에 대한 노동탄력성은 $\frac{2}{3}$이다.
② 기술이 진보하면 총요소생산성(A)이 증가한다.
③ 총생산함수는 규모에 따른 수확체감을 나타내고 있다.
④ 경제성장률은 총요소생산성(A)의 증가율과 투입물(L, K)의 증가율로 결정된다.
⑤ 노동소득분배율은 $\frac{2}{3}$이다.

08 A국은 자본이동 및 무역거래가 완전히 자유로운 소규모 개방경제이다. A국의 재정정책과 통화정책에 따른 최종 균형에 관한 설명으로 옳은 것은? (단, 물가는 고정되어 있다고 가정하고 $IS-LM-BP$모형에 의한다.)

① 고정환율제에서 확장적 재정정책과 확장적 통화정책 모두 국민소득을 증대시키는 효과가 있다.
② 고정환율제에서 확장적 재정정책은 국민소득을 증대시키는 효과가 있지만, 확장적 통화정책은 효과가 없다.
③ 변동환율제에서 확장적 재정정책은 국민소득을 증대시키는 효과가 있지만, 확장적 통화정책은 효과가 없다.
④ 변동환율제에서 확장적 재정정책과 확장적 통화정책 모두 국민소득을 증대시키는 효과가 없다.
⑤ 고정환율제에서 확장적 재정정책은 국민소득을 증대시키는 효과가 없지만, 확장적 통화정책은 효과가 있다.

09 A국의 2018년 국제수지표의 일부 항목이다. 다음 표에서 경상수지는 얼마인가?

- 상품수지: 54억 달러
- 서비스수지: −17억 달러
- 본원소득수지: 3억 달러
- 이전소득수지: −5억 달러
- 직접투자: 26억 달러
- 증권투자: 20억 달러

① 35억 달러 흑자
② 40억 달러 흑자
③ 60억 달러 흑자
④ 61억 달러 흑자
⑤ 81억 달러 흑자

10 A국과 B국은 상호 무역에 대해 각각 관세와 무관세로 대응할 수 있다. 다음은 양국이 동시에 전략을 선택할 경우의 보수행렬이다. 이에 관한 설명으로 옳지 않은 것은? (단, 본 게임은 1회만 행해지고 괄호 안의 왼쪽 값은 A국의 보수, 오른쪽 값은 B국의 보수를 나타낸다.)

(단위: 억 원)

		B국	
		무관세	관세
A국	무관세	(300, 250)	(400, 100)
	관세	(150, 300)	(200, 200)

① A국의 우월전략은 관세이다.
② B국의 우월전략은 무관세이다.
③ 내쉬균형의 보수조합은 (300, 250)이다.
④ 내쉬균형은 파레토효율적(Pareto efficient)이다.
⑤ 우월전략균형이 내쉬균형이다.

정답·해설 _해설집 p.197

08회 2019 노무사(2)

제한시간 : 15분 시작 시 분 ~ 종료 시 분 점수 확인 개/ 10개

01 사적 재화인 X재 시장의 수요자는 A와 B만으로 구성되어 있다. 재화 X에 대한 A의 수요함수는 $q_A = 10-2P$, B의 수요함수는 $q_B = 15-3P$일 때, X재의 시장수요함수는? (단, q_A는 A의 수요량, q_B는 B의 수요량, Q는 시장수요량, P는 가격이다.)

① $Q = 10-2P$
② $Q = 10-3P$
③ $Q = 15-2P$
④ $Q = 25-5P$
⑤ $Q = 15-3P$

02 정상재인 커피의 수요곡선을 좌측으로 이동(shift)시키는 요인으로 옳은 것은?

① 커피의 가격이 하락한다.
② 소비자의 소득이 증가한다.
③ 소비자의 커피에 대한 선호도가 높아진다.
④ 보완재인 설탕의 가격이 상승한다.
⑤ 대체재인 홍차의 가격이 상승한다.

03 재화 X의 공급함수가 $Q = 10P-4$이다. $P = 2$일 때 공급의 가격탄력성은? (단, Q는 공급량, P는 가격이다.)

① 0.5 ② 0.75
③ 1 ④ 1.25
⑤ 2.5

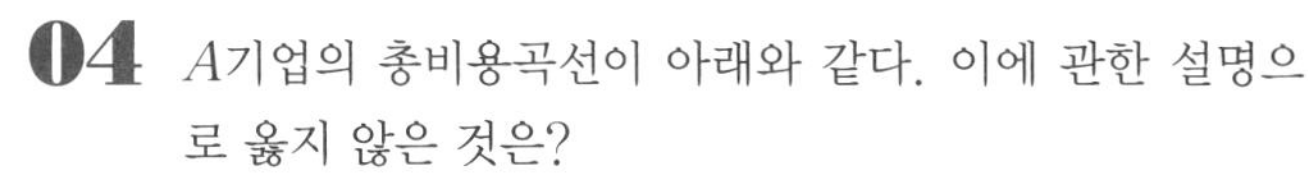

04 A기업의 총비용곡선이 아래와 같다. 이에 관한 설명으로 옳지 않은 것은?

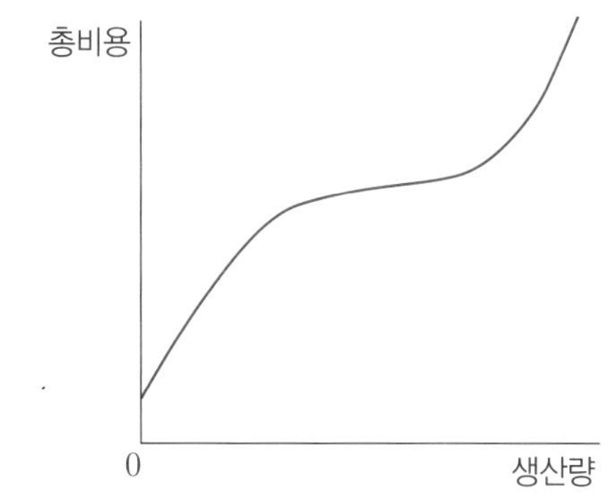

① 평균비용곡선은 평균가변비용곡선의 위에 위치한다.
② 평균비용곡선이 상승할 때 한계비용곡선은 평균비용곡선 아래에 있다.
③ 원점을 지나는 직선이 총비용곡선과 접하는 점에서 평균비용은 최소이다.
④ 원점을 지나는 직선이 총가변비용곡선과 접하는 점에서 평균가변비용은 최소이다.
⑤ 총비용곡선의 임의의 한 점에서 그은 접선의 기울기는 그 점에서의 한계비용을 나타낸다.

05 외부효과(externality)에 관한 설명으로 옳은 것을 모두 고른 것은? (단, 수요곡선은 우하향하고 공급곡선은 우상향한다.)

> ㄱ. 생산 측면에서 부(−)의 외부효과가 존재하면, 시장균형생산량은 사회적 최적 생산량보다 적다.
> ㄴ. 외부효과는 보조금 혹은 조세 등을 통해 내부화시킬 수 있다.
> ㄷ. 거래비용 없이 협상할 수 있다면, 당사자들이 자발적으로 외부효과로 인한 비효율성을 줄일 수 있다.

① ㄱ ② ㄱ, ㄴ
③ ㄱ, ㄷ ④ ㄴ, ㄷ
⑤ ㄱ, ㄴ, ㄷ

06 정부가 제품 1개당 10만큼의 종량세를 부과할 때 나타나는 현상에 관한 설명으로 옳지 않은 것은? (단, 수요곡선은 우하향하고 공급곡선은 우상향한다.)

① 공급자에게 종량세를 부과하면 균형가격은 상승한다.
② 수요자에게 종량세를 부과하면 균형가격은 하락한다.
③ 종량세를 공급자에게 부과하든 수요자에게 부과하든 정부의 조세수입은 같다.
④ 수요의 가격탄력성이 공급의 가격탄력성보다 클 경우 공급자보다 수요자의 조세부담이 크다.
⑤ 종량세를 공급자에게 부과하든 수요자에게 부과하든 경제적 순손실(deadweight loss)은 같다.

07 재화 X와 Y만을 소비하는 A의 무차별곡선과 예산제약선에 관한 설명으로 옳지 않은 것은? (단, 무차별곡선은 원점에 대해 볼록하며, MU_X는 X재의 한계효용, P_X는 X재의 가격, MU_Y는 Y재의 한계효용, P_Y는 Y재의 가격이다.)

① 무차별곡선의 기울기는 한계대체율이다.
② $\frac{MU_Y}{MU_X} > \frac{P_Y}{P_X}$인 경우에 Y재의 소비를 줄이고 X재의 소비를 늘려야 효용이 증가할 수 있다.
③ 예산제약선의 기울기는 두 재화가격의 비율이다.
④ 한계대체율은 두 재화의 한계효용 비율이다.
⑤ 효용극대화는 무차별곡선과 예산제약선의 접점에서 이루어진다.

08 이윤극대화를 추구하는 독점기업의 생산활동이 자원 배분의 비효율성을 초래하는 근거로 옳은 것은?

① 소비자들이 원하는 상품을 생산하지 않기 때문이다.
② 생산에 있어서 과다한 자원을 사용하기 때문이다.
③ 사회적으로 바람직한 생산량보다 적게 생산하기 때문이다.
④ 평균비용과 가격이 일치하는 점에서 생산활동을 하기 때문이다.
⑤ 한계수입과 한계비용이 일치하는 수준에서 생산하지 않기 때문이다.

09 (　　)에 들어갈 내용으로 옳은 것은?

> 소비자 A는 정상재인 X재와 Y재만을 소비한다. X재 가격이 하락하면, (ㄱ)로 인해 X재와 Y재의 소비는 증가한다. 동시에 (ㄴ)로 인해 상대적으로 싸진 X재의 소비는 증가하고, 상대적으로 비싸진 Y재의 소비는 감소한다. 단, 소비자 A의 무차별곡선은 원점에 대해 볼록하다.

	ㄱ	ㄴ
①	소득효과	대체효과
②	소득효과	가격효과
③	대체효과	소득효과
④	대체효과	가격효과
⑤	가격효과	대체효과

10 소득분배에 관한 설명으로 옳은 것을 모두 고른 것은?

> ㄱ. 지니계수의 값이 클수록, 더욱 평등한 분배상태이다.
> ㄴ. 교차하지 않는 두 로렌츠곡선 중, 대각선에 더 가까이 위치한 것이 더 평등한 분배상태를 나타낸다.
> ㄷ. 지니계수의 값이 커질수록, 십분위분배율은 작아진다.
> ㄹ. 로렌츠곡선이 대각선과 일치할 때, 지니계수는 1이다.

① ㄱ, ㄴ
② ㄱ, ㄷ
③ ㄴ, ㄷ
④ ㄴ, ㄹ
⑤ ㄷ, ㄹ

정답·해설 _해설집 p.199

09회 2018 노무사(1)

제한시간 : 15분 시작 시 분 ~ 종료 시 분 점수 확인 개/ 10개

01 소비이론에 관한 설명으로 옳은 것은?

① 항상소득가설에 따르면, 호황기에 일시적으로 소득이 증가할 때 소비가 늘지 않지만 불황기에 일시적으로 소득이 감소할 때 종전보다 소비가 줄어든다.
② 생애주기가설에 따르면, 소비는 일생 동안의 소득을 염두에 두고 결정되는 것은 아니다.
③ 한계저축성향과 평균저축성향의 합은 언제나 1이다.
④ 절대소득가설에 따르면, 소비는 현재의 처분가능소득으로 결정된다.
⑤ 케인즈의 소비함수에서는 소비가 미래에 예상되는 소득에 영향을 받는다.

02 화폐발행이득(seigniorage)에 관한 설명으로 옳은 것을 모두 고른 것은?

ㄱ. 정부가 화폐공급량 증가를 통해 얻게 되는 추가적 재정수입을 가리킨다.
ㄴ. 화폐라는 세원에 대해 부과하는 조세와 같다는 뜻에서 인플레이션 조세라 부른다.
ㄷ. 화폐공급량 증가로 인해 생긴 인플레이션이 민간이 보유하는 화폐자산의 실질가치를 떨어뜨리는 데서 나온다.

① ㄱ ② ㄴ
③ ㄱ, ㄷ ④ ㄱ, ㄴ, ㄷ
⑤ ㄴ, ㄷ

03 표는 A국 노동자와 B국 노동자가 각각 동일한 기간에 생산할 수 있는 쌀과 옷의 양을 나타낸 것이다. 리카도의 비교우위에 관한 설명으로 옳지 않은 것은? (단, 노동이 유일한 생산요소이다.)

구분	A국	B국
쌀(섬)	5	4
옷(벌)	5	2

① 쌀과 옷 생산 모두 A국의 노동생산성이 B국보다 더 크다.
② A국은 쌀을 수출하고 옷을 수입한다.
③ A국의 쌀 1섬 생산의 기회비용은 옷 1벌이다.
④ B국의 옷 1벌 생산의 기회비용은 쌀 2섬이다.
⑤ B국의 쌀 생산의 기회비용은 A국보다 작다.

04 리카도의 대등정리가 성립하는 경우 다음 중 옳은 것은?

① 조세징수보다 국채발행이 더 효과적인 재원조달방식이다.
② 정부가 발행한 국채는 민간의 순자산을 증가시키지 않는다.
③ 조세감면으로 발생한 재정적자를 국채발행을 통해 보전하면 이자율이 상승한다.
④ 조세감면으로 재정적자가 발생하면 민간의 저축이 감소한다.
⑤ 재원조달방식의 중립성이 성립되지 않아 재정정책이 통화정책보다 효과적이다.

05 인플레이션에 관한 설명으로 옳은 것은?

① 피셔가설은 '명목이자율 = 실질이자율 + 물가상승률'이라는 명제로서 예상된 인플레이션이 금융거래에 미리 반영됨을 의미한다.
② 새케인즈학파에 의하면 예상된 인플레이션의 경우에는 어떤 형태의 사회적 비용도 발생하지 않는다.
③ 실제 물가상승률이 예상된 물가상승률보다 더 큰 경우, 채권자는 이득을 보고 채무자는 손해를 본다.
④ 실제 물가상승률이 예상된 물가상승률보다 더 큰 경우, 고정된 명목임금을 받는 노동자와 기업 사이의 관계에서 노동자는 이득을 보고 기업은 손해를 보게 된다.
⑤ 예상하지 못한 인플레이션 발생의 불확실성이 커지면 장기계약이 활성화되고 단기계약이 위축된다.

06 수요의 탄력성에 관한 설명으로 옳은 것은?

① 재화가 기펜재라면 수요의 소득탄력성은 양(+)의 값을 갖는다.
② 두 재화가 서로 대체재의 관계에 있다면 수요의 교차탄력성은 음(−)의 값을 갖는다.
③ 우하향하는 직선의 수요곡선상에 위치한 두 점에서 수요의 가격탄력성은 동일하다.
④ 수요곡선이 수직선일 때 모든 점에서 수요의 가격탄력성은 0이다.
⑤ 수요의 가격탄력성이 '1'이면 가격변화에 따른 판매총액은 증가한다.

07 우유의 수요곡선은 $Q_d = 100 - P$, 공급곡선은 $Q_s = P$이다. 정부가 우유 소비를 늘리기 위해 소비자에게 개당 2의 보조금을 지급할 때, 다음 설명으로 옳은 것은? (단, P는 가격, Q_d는 수요량, Q_s는 공급량이다.)

① 정부의 보조금 지급액은 101이다.
② 보조금 지급 후 판매량은 52이다.
③ 보조금의 수혜규모는 소비자가 생산자보다 크다.
④ 보조금으로 인한 경제적 순손실(deadweight loss)은 1이다.
⑤ 보조금 지급 후 소비자가 실질적으로 부담하는 우유 가격은 50이다.

08 A기업의 생산함수는 $Q = 12L^{0.5}K^{0.5}$이다. A기업의 노동과 자본의 투입량이 각각 $L = 4$, $K = 9$일 때, 노동의 한계생산(MP_L)과 평균생산(AP_L)은?

	MP_L	AP_L
①	0	9
②	9	9
③	9	18
④	12	18
⑤	18	9

09 꾸르노(Cournot) 경쟁을 하는 복점시장에서 역수요함수는 $P=18-q_1-q_2$이다. 두 기업의 비용구조는 동일하며 고정비용 없이 한 단위당 생산비용은 6일 때, 기업 1의 균형가격과 균형생산량은? (단, P는 가격, q_1은 기업 1의 생산량, q_2는 기업 2의 생산량이다.)

	P	q_1
①	10	2
②	10	4
③	14	4
④	14	8
⑤	14	10

10 우리나라 고용통계에 관한 설명으로 옳은 것은?

① 부모가 경영하는 가게에서 무급으로 하루 5시간씩 주 5일 배달 일을 도와주는 아들은 취업자이다.
② 학생은 유급 파트타임 노동을 하더라도 주로 하는 활동이 취업이 아니므로 취업자가 될 수 없다.
③ 다른 조건이 모두 동일한 상태에서 고교 졸업생 중 취업자는 줄고 대학진학자가 증가하였다면, 취업률은 감소하지만 고용률은 변화가 없다.
④ 실업률은 '100% − 고용률'이다.
⑤ 실업자 수는 취업률 계산에 영향을 미치지 못한다.

정답 · 해설 _해설집 p.202

10회 2018 노무사(2)

제한시간 : 15분 시작 　시 　분 ~ 종료 　시 　분 점수 확인 　개/ 10개

01 국민소득 관련 방정식은 $Y = C + I + G + NX$, $Y = C + S + T$이다. 다음 자료를 이용하여 산출한 국민저축은? (단, Y는 국민소득, C는 소비, I는 투자, G는 정부지출, NX는 순수출, X는 수출, M은 수입, S는 민간저축, T는 세금이다.)

C: 8,000	I: 2,000	G: 2,000
X: 5,000	M: 4,000	T: 1,000

① 2,200　② 2,500
③ 2,800　④ 3,000
⑤ 4,000

02 통화승수에 관한 설명으로 옳지 않은 것은?

① 통화승수는 법정지급준비율을 낮추면 커진다.
② 통화승수는 이자율상승으로 요구불예금이 증가하면 작아진다.
③ 통화승수는 대출을 받은 개인과 기업들이 더 많은 현금을 보유할수록 작아진다.
④ 통화승수는 은행들이 지급준비금을 더 많이 보유할수록 작아진다.
⑤ 화폐공급에 내생성이 없다면 화폐공급곡선은 수직선의 모양을 갖는다.

03 물가지수에 관한 설명으로 옳지 않은 것은?

① 소비자물가지수는 소비재를 기준으로 측정하고, 생산자물가지수는 원자재 혹은 자본재 등을 기준으로 측정하기 때문에 두 물가지수는 일치하지 않을 수 있다.
② 소비자물가지수는 상품가격 변화에 대한 소비자의 반응을 고려하지 않는다.
③ GDP디플레이터는 국내에서 생산된 상품만을 조사대상으로 하기 때문에 수입상품의 가격동향을 반영하지 못한다.
④ 물가지수를 구할 때 모든 상품의 가중치를 동일하게 반영한다.
⑤ 물가수준 그 자체가 높다는 것과 물가상승률이 높다는 것은 다른 의미를 가진다.

04 A국은 세계 철강시장에서 무역을 시작하였다. 무역 이전과 비교하여 무역 이후에 A국 철강시장에서 발생하는 현상으로 옳은 것을 모두 고른 것은? (단, 세계 철강시장에서 A국은 가격수용자이며 세계 철강가격은 무역 이전 A국의 국내가격보다 높다. 또한 무역 관련 거래비용은 없다.)

ㄱ. A국의 국내철강가격은 세계가격보다 높아진다.
ㄴ. A국의 국내철강거래량은 감소한다.
ㄷ. 소비자잉여는 감소한다.
ㄹ. 생산자잉여는 증가한다.
ㅁ. 총잉여는 감소한다.

① ㄱ, ㄴ, ㄷ　② ㄱ, ㄴ, ㄹ
③ ㄱ, ㄷ, ㅁ　④ ㄴ, ㄷ, ㄹ
⑤ ㄷ, ㄹ, ㅁ

05 A재의 시장수요곡선은 $Q_d = 20 - 2P$이고 한계비용은 생산량에 관계없이 2로 일정하다. 이 시장이 완전경쟁일 경우와 비교하여 독점에 따른 경제적 순손실(deadweight loss)의 크기는 얼마인가? (단, Q_d는 A재의 수요량, P는 A재의 가격이다.)

① 8
② 16
③ 20
④ 32
⑤ 40

06 독점기업의 가격전략에 관한 설명으로 옳지 않은 것은?

① 독점기업이 시장에서 한계수입보다 높은 수준으로 가격을 책정하는 것은 가격차별 전략이다.
② 1급 가격차별의 경우 생산량은 완전경쟁시장과 같다.
③ 2급 가격차별은 소비자들의 구매수량과 같이 구매 특성에 따라서 다른 가격을 책정하는 경우 발생한다.
④ 3급 가격차별의 경우 재판매가 불가능해야 가격차별이 성립한다.
⑤ 영화관 조조할인은 3급 가격차별의 사례이다.

07 소득분배를 측정하는 방식에 관한 설명으로 옳지 않은 것은?

① 지니계수 값이 커질수록 더 불균등한 소득분배를 나타낸다.
② 십분위분배율 값이 커질수록 더 균등한 소득분배를 나타낸다.
③ 모든 구성원의 소득이 동일하다면 로렌츠곡선은 대각선이다.
④ 동일한 지니계수 값을 갖는 두 로렌츠곡선은 교차할 수 없다.
⑤ 전체 구성원의 소득 기준 하위 10% 계층이 전체 소득의 10%를 벌면 로렌츠 곡선은 대각선이다.

08 수요독점 노동시장에서 기업의 이윤을 극대화하기 위한 조건은? (단, 상품시장은 독점이고 생산에서 자본은 고정되어 있다.)

① 한계비용과 임금이 일치
② 한계비용과 평균수입이 일치
③ 노동의 한계생산물가치(value of marginal product of labor)와 임금이 일치
④ 노동의 한계수입생산(marginal revenue product)과 한계노동비용이 일치
⑤ 노동의 한계생산물가치와 한계노동비용(marginal labor cost)이 일치

09 노동시장에 관한 설명으로 옳은 것을 모두 고른 것은?

ㄱ. 완전경쟁 노동시장이 수요 독점화되면 고용은 줄어든다.
ㄴ. 단기 노동수요곡선은 장기 노동수요곡선보다 임금의 변화에 비탄력적이다.
ㄷ. 채용비용이 존재할 때 숙련 노동수요곡선은 미숙련 노동수요곡선보다 임금의 변화에 더 탄력적이다.

① ㄱ ② ㄷ
③ ㄱ, ㄴ ④ ㄴ, ㄷ
⑤ ㄱ, ㄴ, ㄷ

10 소득-여가 선택모형에서 A의 효용함수가 $U = Y + 2L$이고, 총가용시간은 24시간이다. 시간당 임금이 변화할 때, A의 노동공급시간과 여가시간에 관한 설명으로 옳은 것을 모두 고른 것은? (단, U= 효용, Y= 소득, L= 여가시간이다.)

ㄱ. 시간당 임금의 상승은 언제나 노동공급시간을 증가시킨다.
ㄴ. 시간당 임금이 1이면 노동공급시간은 3이다.
ㄷ. 시간당 임금이 3이면 여가시간은 0이다.
ㄹ. 시간당 임금이 3에서 4로 상승하면 임금상승에도 불구하고 노동공급시간은 더 이상 증가하지 않는다.

① ㄱ, ㄴ
② ㄴ, ㄷ
③ ㄷ, ㄹ
④ ㄱ, ㄴ, ㄷ
⑤ ㄴ, ㄷ, ㄹ

정답·해설 _해설집 p.205

11회 2017 노무사(1)

제한시간 : 15분 시작 시 분 ~ 종료 시 분 점수 확인 개/ 10개

01 GDP를 $Y=C+I+G+X-M$으로 표시할 때, GDP에 관한 설명으로 옳지 않은 것은? (단, C는 소비, I는 투자, G는 정부지출, $X-M$은 순수출(무역수지로 측정)이다.)

① 무역수지가 적자일 경우, GDP는 국내 경제주체들의 총지출보다 작다.
② GDP가 감소해도 무역수지는 흑자가 될 수 있다.
③ M(수입)은 C, I, G에 포함되어 있는 수입액을 모두 다 더한 것이다.
④ 올해 생산물 중 판매되지 않고 남은 재고는 올해 GDP에 포함되지 않는다.
⑤ 무역수지가 흑자이면 국내 저축이 국내 투자보다 더 크다.

02 A국에서 중앙은행이 최초로 100 단위의 본원통화를 공급하였다. 민간현금 보유비율이 0.1이고, 은행의 지급준비율이 0.2일 때, A국의 통화량은? (단, 소수점 첫째 자리에서 반올림하여 정수 단위까지 구한다.)

① 333 ② 357
③ 500 ④ 833
⑤ 1,000

03 인천공항에 막 도착한 A씨는 미국에서 사먹던 빅맥 1개의 가격인 5달러를 원화로 환전한 5,500원을 들고 햄버거 가게로 갔다. 여기서 A씨는 미국과 똑같은 빅맥 1개를 구입하고도 1,100원이 남았다. 다음 설명 중 옳은 것을 모두 고른 것은?

ㄱ. 한국의 빅맥가격을 달러로 환산하면 4달러이다.
ㄴ. 구매력평가설에 의하면 원화의 대미 달러 환율은 1,100원이다.
ㄷ. 빅맥가격을 기준으로 한 대미 실질환율은 880원이다.
ㄹ. 빅맥가격을 기준으로 볼 때, 현재의 명목환율은 원화의 구매력을 과소평가하고 있다.

① ㄱ, ㄴ ② ㄱ, ㄷ
③ ㄱ, ㄹ ④ ㄴ, ㄷ
⑤ ㄴ, ㄹ

04 다음 중 총수요곡선을 우측으로 이동시키는 요인으로 옳은 것을 모두 고른 것은?

ㄱ. 주택담보대출의 이자율 인하
ㄴ. 종합소득세율 인상
ㄷ. 기업에 대한 투자세액공제 확대
ㄹ. 물가수준하락으로 가계의 실질자산가치 증대
ㅁ. 해외경기 호조로 순수출 증대

① ㄱ, ㄴ, ㄹ
② ㄱ, ㄷ, ㅁ
③ ㄱ, ㄹ, ㅁ
④ ㄴ, ㄷ, ㄹ
⑤ ㄴ, ㄷ, ㅁ

05 케인즈 소비함수에 관한 설명으로 옳지 않은 것은?

① 한계소비성향은 0보다 크고 1보다 작다.
② 소비는 현재 소득의 함수이다.
③ 소득이 없어도 기본적인 소비는 있다.
④ 소득이 증가할수록 평균소비성향은 증가한다.
⑤ 소득과 소비의 장기적 관계를 설명할 수 없다.

06 공공재 수요자 3명이 있는 시장에서 구성원 A, B, C의 공공재에 대한 수요함수는 각각 아래와 같다. 공공재의 한계비용이 30으로 일정할 때, 공공재의 최적공급량에서 각 구성원이 지불해야 하는 가격은? (단, P는 가격, Q는 수량이다.)

- A: $P_a = 10 - Q_a$
- B: $P_b = 20 - Q_b$
- C: $P_c = 20 - 2Qc$

① $P_a = 5$, $P_b = 15$, $P_c = 10$
② $P_a = 5$, $P_b = 10$, $P_c = 10$
③ $P_a = 10$, $P_b = 10$, $P_c = 15$
④ $P_a = 10$, $P_b = 15$, $P_c = 5$
⑤ $P_a = 15$, $P_b = 15$, $P_c = 5$

07 아래 두 그래프는 케인즈모형에서 정부지출의 증가(ΔG)로 인한 효과를 나타내고 있다. 이에 관한 설명으로 옳은 것을 모두 고른 것은? (단, 그림에서 C는 소비, I는 투자, G는 정부지출이다.)

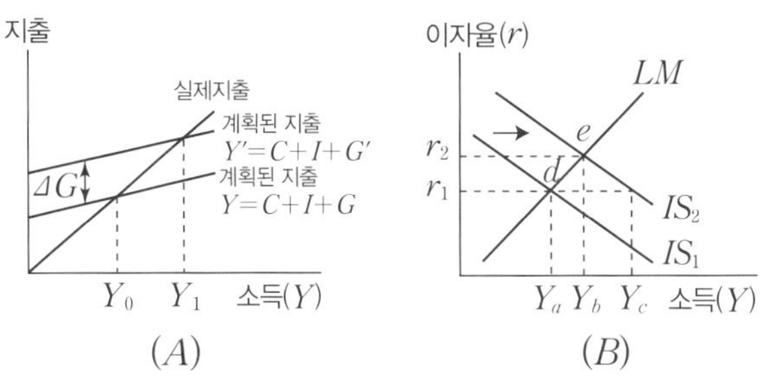

ㄱ. (A)에서 $Y_0 \rightarrow Y_1$의 크기는 한계소비성향의 크기에 따라 달라진다.
ㄴ. (A)의 $Y_0 \rightarrow Y_1$의 크기는 (B)의 $Y_a \rightarrow Y_b$의 크기와 같다.
ㄷ. (B)의 새로운 균형점 e는 구축효과를 반영하고 있다.
ㄹ. (A)에서 정부지출의 증가는 재고의 예기치 않은 증가를 가져온다.

① ㄱ, ㄴ
② ㄱ, ㄷ
③ ㄴ, ㄷ
④ ㄴ, ㄹ
⑤ ㄷ, ㄹ

08 과점시장의 굴절수요곡선이론에 관한 설명으로 옳지 않은 것은?

① 한계수입곡선에는 불연속한 부분이 있다.
② 굴절수요곡선은 원점에 대해 볼록한 모양을 갖는다.
③ 한 기업이 가격을 내리면 나머지 기업들도 같이 내리려 한다.
④ 한 기업이 가격을 올리더라도 나머지 기업들은 따라서 올리려 하지 않는다.
⑤ 기업은 한계비용이 일정 범위 내에서 변해도 가격과 수량을 쉽게 바꾸려 하지 않는다.

09 최근 들어 우리나라에서 자동차 부품 생산이 활발하게 이루어지고 있다. 동일한 자동차 부품을 생산하는 4개 기업의 노동투입량과 자동차 부품 생산량 간의 관계가 다음과 같을 때, 평균노동생산성이 가장 낮은 기업은?

① A ② B
③ C ④ D
⑤ E

10 생산가능인구가 1,000만 명인 어떤 나라가 있다고 하자. 이 가운데 취업자가 570만 명이고 실업자가 30만 명인 경우에 관한 설명으로 옳지 않은 것은?

① 실업률은 5%이다.
② 비경제활동률은 40%이다.
③ 경제활동인구는 600만 명이다.
④ 고용률은 60%이다.
⑤ 이 나라의 전체 인구는 알 수 없다.

정답·해설 _해설집 p.207

12 2017 노무사(2)

제한시간 : 15분 시작 시 분 ~ 종료 시 분 점수 확인 개/ 10개

01 다음 중 실업자로 분류되는 경우는?

① 두 달 후에 있을 공무원 시험을 치기 위해 공부하고 있는 A씨
② 서류 전형에서 거듭 낙방한 후, 산속에 들어가 버섯 재배업을 시작한 B씨
③ 주중 내내 부모님의 식당 일을 도와 생활비를 얻어 쓰는 C씨
④ 다니던 직장에 만족하지 못해 사직한 후, 외국계 회사에 면접을 보러 다니는 D씨
⑤ 대학 졸업 후 부모님에 얹혀살면서 취업의 필요성을 느끼지 않는 E씨

02 고전학파의 이자율에 관한 내용으로 옳은 것은?

① 피셔효과로 인해 화폐의 중립성이 성립된다.
② $IS-LM$곡선에 의해 균형이자율이 결정된다.
③ 유동성선호가 이자율 결정에 중요한 역할을 한다.
④ 화폐부문과 실물부문의 연결 고리 역할을 한다.
⑤ 화폐시장에서 화폐에 대한 수요와 화폐의 공급에 의해 결정된다.

03 제품 A만 생산하는 독점기업의 생산비는 생산량에 관계없이 1단위당 60원이고, 제품 A에 대한 시장수요곡선은 $P=100-2Q$이다. 이 독점기업의 이윤극대화 가격(P원)과 생산량(Q개)은?

① 50원, 25개
② 60원, 20개
③ 70원, 15개
④ 80원, 10개
⑤ 40원, 30개

04 주어진 예산으로 효용극대화를 추구하는 어떤 사람이 일정 기간에 두 재화 X와 Y만 소비한다고 하자. X의 가격은 200원이고, 그가 얻는 한계효용이 600이 되는 수량까지 X를 소비한다. 아래 표는 Y의 가격이 300원일 때 그가 소비하는 Y의 수량과 한계효용 사이의 관계를 보여준다. 효용이 극대화되는 Y의 소비량은?

Y의 수량	1개	2개	3개	4개	5개
한계효용	2,600	1,900	1,300	900	800

① 1개
② 2개
③ 3개
④ 4개
⑤ 5개

05 최고가격제에 관한 설명으로 옳은 것을 모두 고른 것은?

ㄱ. 암시장을 출현시킬 가능성이 있다.
ㄴ. 초과수요를 야기한다.
ㄷ. 사회적 후생을 증대시킨다.
ㄹ. 최고가격은 시장의 균형가격보다 높은 수준에서 설정되어야 한다.

① ㄱ, ㄴ
② ㄱ, ㄷ
③ ㄱ, ㄹ
④ ㄴ, ㄷ
⑤ ㄷ, ㄹ

06 수요의 가격탄력성이 0이면서 공급곡선은 우상향하고 있는 재화에 대해 조세가 부과될 경우, 조세부담의 귀착에 관한 설명으로 옳은 것은?

① 조세부담은 모두 소비자에게 귀착된다.
② 조세부담은 모두 판매자에게 귀착된다.
③ 조세부담은 양측에 귀착되지만 소비자에게 더 귀착된다.
④ 조세부담은 양측에 귀착되지만 판매자에게 더 귀착된다.
⑤ 조세부담은 소비자와 판매자에게 똑같이 귀착된다.

07 여러 가지 비용곡선에 관한 설명으로 옳은 것을 모두 고른 것은?

ㄱ. 평균비용곡선은 평균가변비용곡선의 위에 위치한다.
ㄴ. 평균비용곡선이 상승할 때 한계비용곡선은 평균비용곡선 아래에 있다.
ㄷ. 평균고정비용곡선은 우하향한다.
ㄹ. 총가변비용곡선의 기울기와 총비용곡선의 기울기는 다르다.
ㅁ. 평균비용은 평균고정비용에 평균가변비용을 더한 값이다.

① ㄱ, ㄴ, ㄷ
② ㄱ, ㄷ, ㅁ
③ ㄱ, ㄹ, ㅁ
④ ㄴ, ㄷ, ㄹ
⑤ ㄴ, ㄹ, ㅁ

08 기업 A가 생산하는 재화에 투입하는 노동의 양을 L이라 하면, 노동의 한계생산은 $27-5L$이다. 이 재화의 가격이 20이고 임금이 40이라면, 이윤을 극대로 하는 기업 A의 노동수요량은?

① 2
② 3
③ 4
④ 5
① 1

09 (　　)에 들어갈 내용으로 옳은 것은?

> 여가가 정상재인 상황에서 임금이 상승할 경우 (ㄱ)효과보다 (ㄴ)효과가 더 크다면 노동공급은 임금상승에도 불구하고 감소하게 된다. 만약 (ㄷ)의 기회비용상승에 반응하여 (ㄷ)의 총사용량을 줄인다면, 노동공급곡선은 정(+)의 기울기를 가지게 된다.

	ㄱ	ㄴ	ㄷ
①	대체	소득	여가
②	대체	소득	노동
③	소득	대체	여가
④	소득	대체	노동
⑤	가격	소득	여가

10 생산물시장과 생산요소시장이 완전경쟁일 때, 시장의 균형임금률은 시간당 2만 원이다. 어떤 기업이 시간당 노동 1단위를 추가로 생산에 투입할 때 산출물은 추가로 5단위 증가한다고 하자. 이러한 상황에서 이윤을 극대화하는 이 기업의 한계비용은?

① 2,000원
② 4,000원
③ 10,000원
④ 20,000원
⑤ 100,000원

정답 · 해설 _해설집 p.209

13회 2016 노무사(1)

제한시간 : 15분 시작 시 분 ~ 종료 시 분 점수 확인 개/ 10개

01 A기업은 완전경쟁시장에서, B기업은 순수독점시장에서 생산활동을 하고 있다. 두 기업의 총수입곡선에 관한 설명으로 옳은 것은?

① 두 기업 모두 총수입곡선이 처음에는 상승하다 나중에는 하락한다.
② 두 기업 모두 총수입곡선이 음(−)의 기울기를 갖는 직선이다.
③ A기업의 총수입곡선은 수평선의 형태이나, B기업의 총수입곡선은 양(+)의 기울기를 갖는다.
④ A기업의 총수입곡선은 양(+)의 기울기를 갖는 직선이고, B기업의 총수입곡선은 처음에는 상승하다 나중에는 하락한다.
⑤ A기업의 총수입곡선은 처음에는 상승하다 나중에는 하락하고, B기업의 총수입곡선은 수평선의 형태이다.

02 독점기업의 수요곡선은 $P=-Q+12$이고, 한계비용은 4이다. 원자재 가격의 하락으로 한계비용이 1만큼 감소하는 경우, 이윤을 극대화하는 생산량의 변화는? (단, P는 가격, Q는 수량, $P>0$, $Q>0$이다.)

① 0.5 증가 ② 0.5 감소
③ 1.0 증가 ④ 1.0 감소
⑤ 변화 없음

03 휴대폰의 수요곡선은 $Q=-2P+100$이고, 공급곡선은 $Q=3P-20$이다. 정부가 휴대폰 1대당 10의 종량세 형태의 물품세를 공급자에게 부과하였다면, 휴대폰 공급자가 부담하는 총조세부담액은? (단, P는 가격, Q는 수량, $P>0$, $Q>0$이다.)

① 120 ② 160
③ 180 ④ 200
⑤ 220

04 인플레이션에 관한 설명으로 옳지 않은 것은?

① 수요견인 인플레이션은 총수요의 증가가 인플레이션의 주요한 원인이 되는 경우이다.
② 정부가 화폐공급량 증가를 통해 얻게 되는 추가적인 재정수입을 화폐발행이득(seigniorage)이라고 한다.
③ 물가상승과 불황이 동시에 나타나는 현상을 스태그플레이션이라고 한다.
④ 예상한 인플레이션의 경우에는 메뉴비용(menu cost)이 발생하지 않는다.
⑤ 예상하지 못한 인플레이션은 채권자에게서 채무자에게로 소득재분배를 야기한다.

05 통화정책의 단기적 효과를 높이는 요인으로 옳은 것을 모두 고른 것은?

ㄱ. 화폐수요의 이자율탄력성이 높은 경우
ㄴ. 투자의 이자율탄력성이 높은 경우
ㄷ. 한계소비성향이 높은 경우

① ㄱ ② ㄴ
③ ㄱ, ㄴ ④ ㄴ, ㄷ
⑤ ㄱ, ㄴ, ㄷ

06 A국의 2014년 명목GDP는 100억 원이었고, 2015년 명목GDP는 150억 원이었다. 기준연도인 2014년 GDP디플레이터가 100이고, 2015년 GDP디플레이터는 120인 경우, 2015년의 전년대비 실질GDP 증가율은?

① 10% ② 15%
③ 20% ④ 25%
⑤ 30%

07 장기 총공급곡선의 이동에 관한 설명으로 옳지 않은 것은?

① 자연실업률이 증가하면, 왼쪽으로 이동한다.
② 인적 자본이 증가하면, 오른쪽으로 이동한다.
③ 생산을 증가시키는 자원이 발견되면, 오른쪽으로 이동한다.
④ 예상물가수준이 하락하면, 왼쪽으로 이동한다.
⑤ 기술지식이 진보하면, 오른쪽으로 이동한다.

08 법정지불준비율이 0.2이고, 은행시스템 전체의 지불준비금은 300만 원이다. 은행 시스템 전체로 볼 때 요구불예금의 크기는? (단, 초과지불준비금은 없고, 현금통화비율은 0이다.)

① 1,000만 원
② 1,200만 원
③ 1,500만 원
④ 2,000만 원
⑤ 2,500만 원

09 경제활동참가율이 60%이고 실업률이 10%일 때, 고용률은?

① 45%
② 54%
③ 66%
④ 75%
⑤ 83%

10 우리나라의 실업통계에서 실업률이 높아지는 경우는?

① 취업자가 퇴직하여 전업주부가 되는 경우
② 취업을 알아보던 해직자가 구직을 단념하는 경우
③ 직장인이 교통사고를 당해 2주간 휴가 중인 경우
④ 공부만 하던 대학생이 편의점에서 주당 10시간 아르바이트를 시작하는 경우
⑤ 대학생이 군 복무 후 복학한 경우

정답 · 해설 _해설집 p.211

14회 2016 노무사(2)

제한시간 : 15분 시작 시 분 ~ 종료 시 분 점수 확인 개/ 10개

01 지니계수(Gini coefficient)에 관한 설명으로 옳은 것은?

① 지니계수가 같으면 소득계층별 소득분포가 같음을 의미한다.
② 완전히 평등한 소득분배 상태를 나타내는 45도 대각선과 로렌츠곡선(Lorenz curve)이 일치한다면, 지니계수는 1이다.
③ 완전히 평등한 소득분배 상태를 나타내는 45도 대각선과 로렌츠곡선 사이의 면적이 클수록, 지니계수는 커진다.
④ 지니계수는 완전히 평등한 소득분배 상태를 나타내는 45도 대각선의 길이를 로렌츠곡선의 길이로 나눈 값이다.
⑤ 지니계수는 빈곤층을 구분하기 위한 기준이 되는 소득수준을 의미한다.

02 단기에 A기업은 완전경쟁시장에서 손실을 보고 있지만 생산을 계속하고 있다. 시장수요의 증가로 시장가격이 상승하였는데도 단기에 A기업은 여전히 손실을 보고 있다. 다음 설명 중 옳은 것은?

① A기업의 한계비용곡선은 아래로 평행이동한다.
② A기업의 한계수입곡선은 여전히 평균비용곡선 아래에 있다.
③ A기업의 평균비용은 시장가격보다 낮다.
④ A기업의 총수입은 총가변비용보다 낮다.
⑤ A기업의 평균가변비용곡선의 최저점은 시장가격보다 높다.

03 독점적 경쟁시장에 관한 설명으로 옳지 않은 것은?

① 기업의 수요곡선은 우하향하는 형태이다.
② 진입장벽이 존재하지 않으므로, 단기에는 기업이 양(+)의 이윤을 얻지 못한다.
③ 단기에 기업의 한계수입곡선과 한계비용곡선이 만나는 점에서 이윤극대화 생산량이 결정된다.
④ 장기에 기업의 수요곡선과 평균비용곡선이 접하는 점에서 이윤극대화 생산량이 결정된다.
⑤ 기업의 이윤극대화 가격은 한계비용보다 크다.

04 A기업은 노동시장에서 수요독점자이다. 다음 설명 중 옳지 않은 것은? (단, A기업은 생산물시장에서 가격수용자이다.)

① 균형에서 임금은 한계요소비용(marginal factor cost)보다 낮다.
② 균형에서 노동의 한계생산가치(VMP_L)와 한계요소비용이 같다.
③ 한계요소비용곡선은 노동공급곡선의 아래쪽에 위치한다.
④ 균형에서 완전경쟁인 노동시장에 비해 노동의 가격이 더 낮아진다.
⑤ 균형에서 완전경쟁인 노동시장에 비해 노동의 고용량이 더 적어진다.

05 국제수지표상 경상계정(current accounts)에 속하지 않는 항목은?

① 정부 사이의 무상원조
② 해외교포로부터의 증여성 송금
③ 해외금융자산으로부터 발생하는 이자 등의 투자소득
④ 내국인의 해외주식 및 채권 투자
⑤ 내국인의 해외여행 경비

06 다음 괄호 안에 들어갈 용어를 순서대로 나열한 것은?

> 기업들에 대한 투자세액공제가 확대되면, 대부자금에 대한 수요가 ( )한다. 이렇게 되면 실질이자율이 ( )하고 저축이 늘어난다. 그 결과, 대부자금의 균형거래량은 ( )한다.
> (단, 실질이자율에 대하여 대부자금 수요곡선은 우하향하고, 대부자금 공급곡선은 우상향한다.)

① 증가, 상승, 증가
② 증가, 하락, 증가
③ 증가, 상승, 감소
④ 감소, 하락, 감소
⑤ 감소, 하락, 증가

07 노동수요의 임금탄력성에 관한 설명으로 옳지 않은 것은?

① 노동수요의 임금탄력성은 단기보다 장기에서 더 크다.
② 노동수요의 임금탄력성은 총생산비 중 노동비용이 차지하는 비중에 의해 영향을 받는다.
③ 노동을 대체할 수 있는 다른 생산요소로의 대체가능성이 클수록 동일한 임금상승에 대하여 고용감소는 적어진다.
④ 노동수요는 노동을 생산요소로 사용하는 최종생산물 수요의 가격탄력성에 영향을 받는다.
⑤ 노동수요의 임금탄력성은 노동수요량의 변화율을 임금변화율로 나눈 것이다.

08 근로자가 자신의 노동시간을 마음대로 선택할 수 있는 상황에서, 임금이 상승했을 때 노동공급에 관한 설명으로 옳지 않은 것을 모두 고른 것은? (단, 여가는 정상재이다.)

> ㄱ. 대체효과가 소득효과보다 크면 노동공급량이 감소한다.
> ㄴ. 임금의 상승은 여가의 기회비용을 상대적으로 높인다.
> ㄷ. 대체효과는 여가의 소비를 줄이고 노동공급량을 증가시킨다.
> ㄹ. 소득효과는 여가의 소비를 늘리고 노동공급량을 감소시킨다.

① ㄱ
② ㄴ
③ ㄱ, ㄴ
④ ㄱ, ㄷ, ㄹ
⑤ ㄴ, ㄷ, ㄹ

09 A근로자의 연봉이 올해 1,500만 원에서 1,650만 원으로 150만 원 인상되었다. 이 기간에 인플레이션율이 12%일 때, A근로자의 임금변동에 관한 설명으로 옳은 것은?

① 2% 명목임금 증가
② 2% 명목임금 감소
③ 2% 실질임금 증가
④ 2% 실질임금 감소
⑤ 15% 명목임금 증가

10 효율임금이론(efficiency wage theory)에 관한 설명으로 옳은 것을 모두 고른 것은?

ㄱ. 근로자의 생산성이 임금수준에 영향을 받는다는 사실에 입각해 임금의 하방경직성을 설명하고 있다.
ㄴ. 높은 임금은 근로자들의 태만을 막아주는 기능을 함으로써 근로자의 도덕적 해이를 막을 수 있다고 설명한다.
ㄷ. 기업이 제공하는 임금이 낮아지면 역선택의 문제가 발생하므로 이를 해결하기 위해서 기업은 임금을 낮추지 않는다고 설명한다.
ㄹ. 비자발적 실업이 존재하여도 임금이 하락하지 않는 이유를 설명할 수 있다.

① ㄱ
② ㄴ
③ ㄱ, ㄴ, ㄷ
④ ㄱ, ㄴ, ㄷ, ㄹ
⑤ ㄴ, ㄷ, ㄹ

정답·해설 _해설집 p.213

15회 2015 노무사(1)

제한시간 : 15분 시작 시 분 ~ 종료 시 분 점수 확인 개/ 10개

01 A의 소득이 10,000원이고, X재와 Y재에 대한 총지출액도 10,000원이다. X재 가격이 1,000원이고 A의 효용이 극대화되는 소비량이 $X=6$이고 $Y=10$이라고 할 때, X재에 대한 Y재의 한계대체율(MRS_{XY})은 얼마인가? (단, 한계대체율은 체감한다.)

① 0.5 ② 1
③ 1.5 ④ 2
⑤ 2.5

02 X재와 Y재에 대한 효용함수가 $U=\min[X, Y]$인 소비자가 있다. 소득이 100이고 Y재의 가격(P_Y)이 10일 때, 이 소비자가 효용극대화를 추구한다면 X재의 수요함수는? (단, P_X는 X재의 가격이다.)

① $X=10+\frac{100}{P_X}$

② $X=\frac{100}{P_X+10}$

③ $X=\frac{100}{P_X}$

④ $X=\frac{50}{P_X+10}$

⑤ $X=\frac{10}{P_X}$

03 경제주체의 기대형성에 관한 설명으로 옳은 것은?

① 합리적 기대이론에서는 과거의 정보만을 이용하여 미래에 대한 기대를 형성한다.
② 적응적 기대이론에서는 예측된 값과 미래의 실제 실현된 값이 같아진다고 주장한다.
③ 새고전학파(New Classical School)는 적응적 기대를 토대로 정책무력성 정리(policy ineffectiveness proposition)를 주장했다.
④ 경제주체가 이용가능한 모든 정보를 이용하여 미래에 대한 기대를 형성하는 것을 합리적 기대이론이라고 한다.
⑤ 케인즈(J. M. Keynes)는 합리적 기대이론을 제시하였다.

04 노동공급곡선이 $L=w$이고, 노동시장에서 수요독점인 기업A가 있다. 기업A의 노동의 한계수입생산물이 $MRP_L=300-L$일 때, 아래의 설명들 중 옳지 않은 것을 모두 고른 것은? (단, L은 노동, w는 임금, 기업A는 이윤극대화를 추구하고 생산물시장에서 독점기업이다.)

ㄱ. 이 기업의 노동의 한계요소비용은 $MFC_L=L$이다. ㄴ. 이 기업의 고용량은 $L=100$이다. ㄷ. 이 기업의 임금은 $w=200$이다.

① ㄱ ② ㄴ
③ ㄷ ④ ㄱ, ㄷ
⑤ ㄱ, ㄴ

05 솔로우(R. Solow) 경제성장모형에서 균제상태(steady state)의 1인당 산출량을 증가시키는 요인으로 옳은 것을 모두 고른 것은? (단, 다른 조건이 일정하다고 가정한다.)

ㄱ. 저축률의 증가
ㄴ. 인구증가율의 증가
ㄷ. 감가상각률의 하락

① ㄱ
② ㄱ, ㄴ
③ ㄱ, ㄷ
④ ㄴ, ㄷ
⑤ ㄱ, ㄴ, ㄷ

06 어떤 제품의 수요와 공급함수는 아래와 같다. 정부가 공급자에게 제품 1개당 10만큼의 물품세를 부과하는 경우, 물품세 부과 후 균형가격은 얼마인가? (단, P는 가격이다.)

- 수요함수: $Q_d = -2P + 300$
- 공급함수: $Q_s = 2P - 100$

① 90
② 102
③ 105
④ 108
⑤ 110

07 완전보완재 관계인 X재와 Y재를 항상 1:1 비율로 사용하는 소비자가 있다. 이 소비자가 효용극대화를 추구할 때, X재의 가격소비곡선과 소득소비곡선에 관한 주장으로 옳은 것은? (단, X재와 Y재의 가격이 0보다 크다고 가정한다.)

① 가격소비곡선과 소득소비곡선의 기울기는 모두 1이다.
② 가격소비곡선의 기울기는 1이고 소득소비곡선은 수평선이다.
③ 가격소비곡선은 수평선이고 소득소비곡선의 기울기는 1이다.
④ 가격소비곡선은 수직선이고 소득소비곡선의 기울기는 1이다.
⑤ 가격소비곡선의 기울기는 1이고 소득소비곡선은 수직선이다.

08 실업에 관한 주장으로 옳은 것은?

① 정부는 경기적 실업을 줄이기 위하여 기업의 설비투자를 억제시켜야 한다.
② 취업자가 존재하는 상황에서 구직포기자의 증가는 실업률을 감소시킨다.
③ 전업주부가 직장을 가지면 경제활동참가율과 실업률은 모두 낮아진다.
④ 실업급여의 확대는 탐색적 실업을 감소시킨다.
⑤ 정부는 구조적 실업을 줄이기 위하여 취업정보의 제공을 축소해야 한다.

09 금융기관의 세전 명목이자율이 연 2.0%이고 이에 대한 이자소득세율이 25.0%이다. 예상 물가상승률이 연 1.8%일 때, 피셔방정식(Fisher equation)에 의한 연간 세후 예상실질이자율은 얼마인가?

① 0.3% ② 0.2%
③ −0.2% ④ −0.3%
⑤ 0.0%

10 소비재와 여가가 정상재라고 가정할 때, 소득−여가선택모형을 이용하여 임금률상승의 효과를 설명한 것으로 옳은 것은?

ㄱ. 후방굴절형 노동공급곡선은 소득효과가 대체효과보다 작기 때문에 발생한다.
ㄴ. 소득효과는 임금률 변화에 따른 소득변화가 노동공급에 미치는 영향을 말한다.
ㄷ. 임금률상승시 소득효과는 노동공급을 증가시킨다.
ㄹ. 임금률상승시 대체효과는 여가의 기회비용상승 때문에 발생한다.

① ㄱ, ㄴ ② ㄱ, ㄷ
③ ㄴ, ㄷ ④ ㄴ, ㄹ
⑤ ㄷ, ㄹ

정답 · 해설 _해설집 p.215

16회 2015 노무사(2)

제한시간 : 15분 시작 시 분 ~ 종료 시 분 점수 확인 개/ 10개

01 담배가격은 4,500원이고, 담배수요의 가격탄력성은 단위탄력적이다. 정부가 담배소비량을 10% 줄이고자 할 때, 담배가격의 인상분은 얼마인가?

① 45원 ② 150원
③ 225원 ④ 450원
⑤ 900원

02 생산요소 노동(L)과 자본(K)만을 사용하고 생산물시장에서 독점기업의 등량곡선과 등비용선에 관한 설명으로 옳지 않은 것은? (단, MP_L은 노동의 한계생산, w는 노동의 가격, MP_K는 자본의 한계생산, r은 자본의 가격이다.)

① 등량곡선과 등비용선만으로 이윤극대화 생산량을 구할 수 있다.
② 등비용선 기울기의 절댓값은 두 생산요소가격의 비율이다.
③ 한계기술대체율이 체감하는 경우, $\left(\frac{MP_L}{w}\right) > \left(\frac{MP_K}{r}\right)$인 기업은 노동투입을 증가시키고 자본투입을 감소시켜야 생산비용을 감소시킬 수 있다.
④ 한계기술대체율은 등량곡선의 기울기를 의미한다.
⑤ 한계기술대체율은 두 생산요소의 한계생산물 비율이다.

03 어떤 경제의 국내저축(S), 투자(I) 그리고 순자본유입(KI)이 다음과 같다고 한다. 아래 조건에서 대부자금시장의 균형이자율(r)은 얼마인가?

- $S = 1{,}400 + 2{,}000r$
- $I = 1{,}800 - 4{,}000r$
- $KI = -200 + 6{,}000r$

① 2.0% ② 4.25%
③ 5.0% ④ 6.5%
⑤ 8.25%

04 콥-더글라스(Cobb-Douglas) 생산함수 $Q = AK^{\alpha}L^{(1-\alpha)}$에 관한 설명으로 옳지 않은 것은? (단, K는 자본, L은 노동, Q는 생산량, $0 < \alpha < 1$, A는 상수, $A > 0$이다.)

① 규모에 대한 수익불변의 특성을 갖는다.
② 1차동차성을 갖는다.
③ 자본의 평균생산은 체증한다.
④ 노동의 한계생산은 체감한다.
⑤ 생산요소 간 대체탄력성은 1로 일정하다.

05 수요함수가 $Q = 90 - P$일 때, 수요의 가격탄력성에 대한 계산으로 옳지 않은 것은? (단, Q는 수량, P는 가격이며, 수요의 가격탄력성은 절댓값으로 표시한다.)

① $P = 10$일 때, 수요의 가격탄력성은 0.2이다.
② $P = 30$일 때, 수요의 가격탄력성은 0.5이다.
③ $P = 45$일 때, 수요의 가격탄력성은 1이다.
④ $P = 60$일 때, 수요의 가격탄력성은 2이다.
⑤ $P = 80$일 때, 수요의 가격탄력성은 8이다.

06 이윤극대화를 추구하는 독점기업의 시장수요함수가 $Q = 300 - P$이고 비용함수가 $C = 0.5Q^2$일 때, 다음 설명 중 옳지 않은 것은? (단, Q는 수량, P는 가격, C는 비용이다.)

① 독점기업의 총수입은 $TR = (300 - Q)Q$이다.
② 독점기업의 한계수입은 $MR = 300 - 2Q$이다.
③ 독점기업의 한계비용은 $MC = Q$이다.
④ 독점기업의 이윤극대화 가격은 $P = 100$이다.
⑤ 독점기업의 이윤극대화 생산량은 $Q = 100$이다.

07 완전경쟁기업의 단기 총비용함수가 $C = 100 + Q^2$일 경우, 다음 설명 중 옳지 않은 것은? (단, C는 비용, Q는 생산량이다.)

① 이 기업의 고정비용은 100이다.
② 이 기업의 가변비용은 Q^2이다.
③ 이 기업의 평균가변비용은 Q이다.
④ 이 기업의 평균비용은 $100 + Q$이다.
⑤ 이 기업의 한계비용은 $2Q$이다.

08 노동인구통계에 관한 설명으로 옳지 않은 것은?

① 실업자 = 마찰적 실업자 + 구조적 실업자
② 경제활동인구 = 취업자 + 실업자
③ 생산가능연령인구 = 경제활동인구 + 비경제활동인구
④ 실업률 $= \left(\frac{\text{실업자}}{\text{경제활동인구}}\right) \times 100$
⑤ 경제활동참가율 $= \left(\frac{\text{경제활동인구}}{\text{생산가능연령인구}}\right) \times 100$

09 노동의 한계생산물이 체감하고 노동공급곡선은 우상향한다고 가정할 때, 노동시장에 관한 주장으로 옳은 것을 모두 고른 것은?

ㄱ. 노동시장이 수요독점인 경우, 노동시장이 완전경쟁인 경우보다 고용량이 작다.
ㄴ. 생산물시장은 독점이고 노동시장이 수요독점이면, 임금은 한계요소비용보다 낮다.
ㄷ. 노동시장이 완전경쟁이면, 개별기업의 노동수요곡선은 우하향한다.

① ㄱ
② ㄴ
③ ㄱ, ㄷ
④ ㄱ, ㄴ, ㄷ
⑤ ㄴ, ㄷ

10 통화정책과 재정정책에 관한 설명으로 옳지 않은 것은?

① 경제가 유동성함정에 빠져 있을 경우에는 통화정책보다는 재정정책이 효과적이다.
② 전통적인 케인즈 경제학자들은 통화정책이 재정정책보다 더 효과적이라고 주장하였다.
③ 재정정책과 통화정책을 적절히 혼합하여 사용하는 것을 정책혼합(policy mix)이라고 한다.
④ 화폐공급의 증가가 장기에서 물가만을 상승시킬 뿐 실물변수에는 아무런 영향을 미치지 못하는 현상을 화폐의 장기중립성이라고 한다.
⑤ 정부지출의 구축효과란 정부지출을 증가시키면 이자율이 상승하여 민간투자 지출이 감소하는 효과를 말한다.

17회 2014 노무사(1)

정답·해설 _해설집 p.218

제한시간 : 15분 시작 시 분 ~ 종료 시 분 점수 확인 개/ 10개

01 후방굴절형 노동공급곡선이 발생하는 이유는?

① 여가가 정상재이고, 소득효과가 대체효과보다 크기 때문이다.
② 여가가 정상재이고, 대체효과가 소득효과보다 크기 때문이다.
③ 여가가 열등재이고, 소득효과가 대체효과보다 크기 때문이다.
④ 여가가 열등재이고, 대체효과가 소득효과보다 크기 때문이다.
⑤ 여가가 정상재이고, 소득효과와 대체효과가 같기 때문이다.

02 다음의 생산함수 중 단기에 '수확체감'과, 장기에 '규모에 대한 수익체증'의 특성을 갖는 것은? (단, Q는 생산량, L은 노동투입량, K는 자본투입량이다.)

① $Q=LK$
② $Q=L^{1.8}K^{1.8}$
③ $Q=\sqrt{LK}$
④ $Q=L^{0.2}K^{0.2}$
⑤ $Q=L^{0.8}K^{0.8}$

03 A는 직장 근무를 시작한 1985년에 연봉 2,000만 원을 받았고, 임원으로 승진한 2010년에는 연봉 1억 원을 받았다. 1985년의 물가지수가 50이고, 2010년의 물가지수가 125라면 2010년 물가로 환산한 A의 1985년 연봉은?

① 2,500만 원
② 4,000만 원
③ 5,000만 원
④ 1억 원
⑤ 1억 2,500만 원

04 어느 독점기업이 이윤을 극대화하기 위해 가격을 단위당 100으로 책정하였으며, 이 가격에서 수요의 가격탄력성은 2이다. 이때 독점기업의 한계비용은?

① 25 ② 50
③ 100 ④ 150
⑤ 200

05 생산물시장에서 독점인 A기업은 노동시장의 수요독점자이다. 이 기업이 직면하는 노동공급곡선이 $w = 50 + 10L$이고, 노동자의 추가 고용으로 얻는 노동의 한계수입생산물은 $MRP_L = 200 - 5L$일 때 이윤극대화를 추구하는 이 기업이 노동자에게 지급하는 임금은? (단, w는 임금, L은 고용량이다.)

① 90 ② 100
③ 110 ④ 120
⑤ 130

06 본원통화 및 통화량에 관한 설명으로 옳은 것을 모두 고른 것은?

ㄱ. 본원통화가 증가할수록 통화량은 증가한다.
ㄴ. 지급준비율이 높을수록 통화승수는 증가한다.
ㄷ. 본원통화는 민간보유현금과 은행의 지급준비금을 합한 것이다.
ㄹ. 중앙은행이 민간은행에 대출을 하는 경우 본원통화가 증가한다.

① ㄱ, ㄴ ② ㄱ, ㄹ
③ ㄴ, ㄷ ④ ㄱ, ㄷ, ㄹ
⑤ ㄴ, ㄷ, ㄹ

07 실업 및 우리나라의 실업조사에 관한 설명으로 옳은 것은?

① 경제가 완전고용상태일 때 실업률은 0이다.
② 경기적 실업이나 구조적 실업은 자발적 실업이다.
③ 실업률은 실업자 수를 생산가능인구로 나누고 100을 곱한 수치이다.
④ 지난 4주간 구직활동을 하지 않았더라도 취업의사가 있는 한 경제활동인구로 분류된다.
⑤ 실업률 조사 대상 주간에 수입을 목적으로 1시간 이상 일한 경우 취업자로 분류된다.

08 독점기업의 가격차별에 관한 설명으로 옳은 것은?

① 1급가격차별(완전가격차별)을 시행하더라도 자중손실이 발생한다.
② 1급가격차별(완전가격차별)을 시행할 경우 소비자잉여는 0이 된다.
③ 3급가격차별의 경우 한 시장에서는 가격을 한계비용보다 높게 설정하고, 다른 시장에서는 가격을 한계비용보다 낮게 설정한다.
④ 3급가격차별의 경우 한 시장에서는 한계수입이 한계비용보다 높게 되고, 다른 시장에서는 한계수입이 한계비용보다 낮게 된다.
⑤ 3급가격차별의 경우 수요의 가격탄력성이 상대적으로 작은 시장에서 더 낮은 가격이 설정된다.

09 리카도 대등정리(Ricardian equivalence theorem)에 관한 설명으로 옳은 것은?

① 국채발행을 통해 재원이 조달된 조세삭감은 소비에 영향을 미치지 않는다.
② 국채발행이 증가하면 이자율이 하락한다.
③ 경기침체시에는 조세 대신 국채발행을 통한 확대재정 정책이 더 효과적이다.
④ 소비이론 중 절대소득가설에 기초를 두고 있다.
⑤ 소비자들이 유동성제약에 직면해 있는 경우 이 이론의 설명력이 더 커진다.

10 B국의 총생산함수는 $Y = AL^{\alpha}K^{1-\alpha}$이다. B국의 경제성장률이 10%, 노동증가율이 10%, 자본증가율이 5%, 총요소생산성증가율이 3%일 때 노동소득분배율은? (단, Y는 총생산, A는 총요소생산성, L은 노동, K는 자본, α는 0과 1 사이의 상수이다.)

① 0.3 ② 0.4
③ 0.5 ④ 0.6
⑤ 0.8

정답·해설 _해설집 p.220

18회 2014 노무사(2)

제한시간 : 15분 시작 시 분 ~ 종료 시 분 점수 확인 개/ 10개

01 케인즈의 이론에 관한 설명으로 옳지 않은 것은?

① 노동시장에서 명목임금은 하방경직성을 갖는다.
② 투자는 기업가의 심리에 큰 영향을 받는다.
③ 경기침체시에는 확대재정정책이 필요하다.
④ 공급은 스스로의 수요를 창조하므로 만성적인 수요부족은 존재하지 않는다.
⑤ 저축의 역설이라는 관점에서 '소비는 미덕, 저축은 악덕'이라고 주장한다.

02 환율(원/미국달러 환율)에 관한 설명으로 옳지 않은 것은?

① 환율이 올라간다는 것은 원화가치가 미국달러화의 가치에 비해 상대적으로 하락함을 의미한다.
② 장기에서 우리나라의 물가상승률이 미국의 물가상승률보다 더 높은 경우 환율은 올라간다.
③ 환율이 내려가면 국내 대미 수출기업들의 수출은 증가한다.
④ 환율이 내려가면 미국에 유학생 자녀를 둔 부모들의 학비 송금에 대한 부담이 줄어든다.
⑤ 미국인의 주식투자자금이 국내에 유입되면 환율은 내려간다.

03 통화정책 및 재정정책에 관한 케인즈 경제학자와 통화주의자의 견해로 옳지 않은 것은?

① 케인즈경제학자는 투자의 이자율탄력성이 매우 크다고 주장한다.
② 케인즈경제학자는 통화정책의 외부시차가 길다는 점을 강조한다.
③ 통화주의자는 $k\%$ 준칙에 따른 통화정책을 주장한다.
④ 케인즈경제학자에 따르면 이자율이 매우 낮을 때 화폐시장에 유동성함정이 존재할 수 있다.
⑤ 동일한 재정정책에 대해서 통화주의자가 예상하는 구축효과는 케인즈 경제학자가 예상하는 구축효과보다 크다.

04 A국의 구리에 대한 국내수요곡선은 $Q=12-2P$이고, 국내공급곡선은 $Q=P$이다. 구리의 국제시장가격이 5라면, A국 구리 생산업체들의 국내판매량과 수출량은? (단, Q는 수량, P는 가격을 나타내고, 이 나라는 소규모 개방경제라고 가정한다.)

	국내판매량	수출량
①	2	3
②	3	2
③	3	3
④	4	0
⑤	4	1

05 과거 몇 년간 자동차의 가격은 지속적으로 상승하였고, 판매량도 지속적으로 증가하였다. 다음 중 가능한 원인은? (단, 수요곡선은 우하향하고, 공급곡선은 우상향한다.)

① 자동차의 수요는 변하지 않고 공급이 감소하였다.
② 자동차의 수요는 변하지 않고 공급이 증가하였다.
③ 자동차의 공급은 변하지 않고 수요가 감소하였다.
④ 자동차의 공급은 변하지 않고 수요가 증가하였다.
⑤ 자동차의 수요와 공급이 모두 감소하였다.

06 효율임금이론에 관한 설명으로 옳지 않은 것은?

① 낮은 임금수준은 역선택을 발생시킨다.
② 임금의 하방경직성을 설명한다.
③ 실업의 존재를 설명한다.
④ 임금수준이 높으면 근로자들의 태만이 증가한다.
⑤ 임금수준이 생산성에 영향을 미친다.

07 물적 자본의 축적을 통한 경제성장을 설명하는 솔로우(R. Solow)모형에서 수렴현상이 발생하는 원인은?

① 자본의 한계생산체감
② 경제성장과 환경오염
③ 내생적 기술진보
④ 기업가 정신
⑤ 인적자본

08 노동시장에 관한 설명으로 옳은 것은?

① 노동비용이 총비용에서 차지하는 비중이 클수록 노동수요의 임금탄력성은 작아진다.
② 노동을 자본으로 대체하기 쉬울수록 노동수요의 임금탄력성은 작아진다.
③ 완전경쟁기업의 노동수요량은 명목임금이 노동의 한계생산물가치와 같은 수준에서 결정된다.
④ 노동에 대한 수요독점이 있을 경우, 완전경쟁에 비해 균형임금이 높고 균형고용량은 적다.
⑤ 1차 노동시장은 2차 노동시장에 비해 교육수준이 낮은 사람들이 주로 고용되는 시장이다.

09 파레토효율성에 관한 설명으로 옳지 않은 것은?

① 어느 한 사람의 효용을 감소시키지 않고서는 다른 사람의 효용을 증가시킬 수 없는 상태는 파레토효율적이다.
② 일정한 조건이 충족될 때 완전경쟁시장에서의 일반균형은 파레토효율적이다.
③ 파레토효율적인 자원배분이 평등한 소득분배를 보장해 주는 것은 아니다.
④ 파레토효율적인 자원배분하에서는 항상 사회후생이 극대화된다.
⑤ 파레토 효율적인 자원배분은 일반적으로 무수히 많이 존재한다.

10 필립스곡선에 관한 설명으로 옳지 않은 것은?

① 장기 필립스곡선이 수직이 되는 이유는 장기에는 화폐환상이 사라지기 때문이다.
② 필립스곡선은 실업률과 인플레이션율 사이의 관계를 나타낸다.
③ 스태그플레이션은 필립스곡선이 불안정함을 보여주는 사례이다.
④ 필립스곡선이 우하향할 때 예상인플레이션율이 상승하면 필립스곡선은 하방으로 이동한다.
⑤ 새고전학파에 따르면 예상된 정부정책이 실시되었을 때 필립스곡선이 단기에서도 자연실업률 수준에서 수직이 된다.

정답 · 해설 _해설집 p.223

19회 2013 노무사(1)

제한시간 : 15분 시작 시 분 ~ 종료 시 분 점수 확인 개/ 10개

01 기혼여성의 경제활동참가율을 결정하는 요인이 될 수 있는 것을 모두 고른 것은?

ㄱ. 배우자의 실질임금 ㄴ. 취학 이전 자녀의 수 ㄷ. 기혼여성의 교육수준

① ㄱ
② ㄱ, ㄴ, ㄷ
③ ㄱ, ㄷ
④ ㄴ
⑤ ㄴ, ㄷ

02 보상적 임금격차에 관한 설명으로 옳지 않은 것은?

① 근무조건이 좋지 않은 곳으로 전출되면 임금이 상승한다.
② 물가가 높은 곳에서 근무하면 임금이 상승한다.
③ 비금전적 측면에서 매력적인 일자리는 임금이 상대적으로 낮다.
④ 성별 임금격차도 일종의 보상적 임금격차이다.
⑤ 더 비싼 훈련이 요구되는 직종의 임금이 상대적으로 높다.

03 기업의 생산함수가 $Y=200N-N^2$이고(단, Y는 생산량, N은 노동시간이다), 근로자의 여가 1시간당 가치가 40이다. 상품시장과 생산요소시장이 완전경쟁시장이고, 생산물의 가격이 1일 때 균형노동시간은?

① 25시간
② 75시간
③ 80시간
④ 95시간
⑤ 125시간

04 노동수요곡선은 $L_D=19{,}000-w$이고, 노동공급곡선은 $L_S=-4{,}000+w$이다. 이때 균형임금(ㄱ)과 균형노동량(ㄴ)은? (단, L_D는 노동수요량, L_S는 노동공급량, w는 노동 1단위당 임금이다.)

	ㄱ	ㄴ
①	11,500	7,500
②	12,500	7,000
③	13,500	6,500
④	14,500	6,000
⑤	15,000	5,000

05 두 상품의 선택모형에서 소비자 A의 무차별곡선에 관한 설명으로 옳지 않은 것은?

① 두 상품이 각각 재화(goods)와 비재화(bads)인 경우 무차별곡선은 우상향한다.
② 두 상품이 모두 재화(goods)인 경우 한계대체율체감의 법칙이 성립하면, 무차별곡선은 원점에 대하여 볼록하다.
③ 서로 다른 두 무차별곡선은 교차하지 않는다.
④ 두 상품이 완전대체재인 경우 무차별곡선의 형태는 L자형이다.
⑤ 두 상품이 모두 재화(goods)인 경우 무차별곡선이 원점으로부터 멀어질수록 무차별곡선이 나타내는 효용수준이 높아진다.

06 독점시장에서 시장수요곡선은 $Q_D = 45 - \frac{1}{4}P$이고, 총비용곡선은 $TC = 100 + Q^2$이다. 이때 사회전체의 후생수준이 극대화되는 생산량은? (단, Q_D는 수요량, P는 가격, TC는 총비용, Q는 생산량이다.)

① 30 ② 35
③ 40 ④ 45
⑤ 50

07 실업률을 하락시키는 변화로 옳은 것을 모두 고른 것은? (단, 취업자 수와 실업자 수는 0보다 크다.)

ㄱ. 취업자가 비경제활동인구로 전환
ㄴ. 실업자가 비경제활동인구로 전환
ㄷ. 비경제활동인구가 취업자로 전환
ㄹ. 비경제활동인구가 실업자로 전환

① ㄱ, ㄴ ② ㄱ, ㄷ
③ ㄴ, ㄷ ④ ㄴ, ㄹ
⑤ ㄷ, ㄹ

08 다음 모형에서 정부지출(G)을 1만큼 증가시키면 균형소비지출(C)의 증가량은? (단, Y는 국민소득, I는 투자, X는 수출, M은 수입이며 수출은 외생적이다.)

- $Y = C + I + G + X - M$
- $C = 0.5Y + 10$
- $I = 0.4Y + 10$
- $M = 0.1Y + 20$

① 0.1 ② 0.2
③ 1.5 ④ 2.5
⑤ 5

09 생산함수가 $Y = 2K^{0.3}L^{0.7}$이고(Y는 생산량, K는 자본, L은 노동), 자본과 노동의 증가율이 각각 1%일 때 생산량증가율은?

① 0.3% ② 0.7%
③ 1% ④ 1.3%
⑤ 2%

10 노동(L)과 자본(K)을 생산요소로 투입하여 비용을 최소화하는 기업의 생산함수는 $Q = L^{0.5}K$이다(Q는 생산량이다). 이에 관한 설명으로 옳지 않은 것은?

① 규모에 대한 수익이 체증한다.
② 노동투입량이 증가할수록 노동의 한계생산은 감소한다.
③ 노동과 자본의 단위당 가격이 동일할 때 자본투입량은 노동투입량의 2배이다.
④ 자본투입량이 증가할수록 자본의 한계생산은 증가한다.
⑤ 노동투입량이 증가할수록 자본의 한계생산은 증가한다.

20회 2013 노무사(2)

정답·해설 _해설집 p.225

제한시간 : 15분 시작 시 분 ~ 종료 시 분 점수 확인 개/ 10개

01 상품시장과 생산요소시장이 완전경쟁시장이고, 기업은 이윤극대화를 추구할 때 단기 노동수요에 관한 설명으로 옳은 것을 모두 고른 것은?

ㄱ. 노동의 한계생산물가치(VMP_L)와 한계수입생산물(MRP_L)은 일치한다.
ㄴ. 상품의 가격이 상승하면 노동수요곡선이 좌측으로 이동한다.
ㄷ. 기술진보로 노동의 한계생산물이 증가하면 노동수요곡선이 우측으로 이동한다.

① ㄱ ② ㄱ, ㄴ
③ ㄱ, ㄷ ④ ㄴ
⑤ ㄴ, ㄷ

02 효율임금이론(efficiency wage theory)에 관한 설명으로 옳은 것은?

① 실질임금이 인상되면 노동생산성도 증가된다고 주장한다.
② 기업이 임금을 시장균형임금보다 낮게 설정하여 이윤극대화를 추구한다는 이론이다.
③ 기업은 숙련노동자에 대한 정보가 완전하기 때문에 해당 노동자에 대해서 항상 높은 임금을 지불한다는 이론이다.
④ 비자발적 실업이 발생하는 경우 효율적인 임금 수준이 재조정되므로 임금이 하락하는 이유를 설명할 수 있다.
⑤ 기업이 기존 노동자의 임금을 높게 유지하고, 신규 노동자의 임금을 낮게 유지 하는 경우를 설명한다.

03 두 재화 X와 Y를 소비하여 효용을 극대화하는 소비자 A의 효용함수는 $U = X + 2Y$이고, X재 가격이 2, Y재 가격이 1이다. X재 가격이 1로 하락할 때 소비량의 변화는?

① X재, Y재 소비량 모두 불변
② X재, Y재 소비량 모두 증가
③ X재 소비량 감소, Y재 소비량 증가
④ X재 소비량 증가, Y재 소비량 감소
⑤ X재 소비량 증가, Y재 소비량 불변

04 기업 A가 직면하는 상품의 수요곡선이 우하향하는 직선일 때 옳은 것을 모두 고른 것은?

ㄱ. 생산량이 증가할수록 총수입은 감소하다가 증가한다.
ㄴ. 생산량이 증가할수록 평균수입은 감소한다.
ㄷ. 생산량이 증가할수록 한계수입은 감소한다.

① ㄱ ② ㄱ, ㄴ
③ ㄱ, ㄷ ④ ㄴ, ㄷ
⑤ ㄷ

05 이윤극대화를 추구하는 독점기업의 가격차별에 관한 설명으로 옳지 않은 것은?

① 동일한 수요자를 대상으로 구입수량에 따라 가격을 차별할 수 있다.
② 분리된 시장 간 상품의 재판매가 불가능할 때 가격차별이 효과적이다.
③ 분리된 두 시장에서 각각의 한계수입과 기업의 한계비용이 같아야 한다.
④ 완전가격차별은 사회후생을 감소시킨다.
⑤ 수요의 가격탄력성이 큰 시장의 가격을 탄력성이 작은 시장의 가격보다 낮게 설정한다.

06 독점적 경쟁시장에 관한 설명으로 옳지 않은 것은?

① 시장에 다수의 기업이 존재한다.
② 상품의 형태나 모양으로는 차별화할 수 없다.
③ 장기균형에서 초과생산설비가 존재한다.
④ 장기균형에서 경제적 이윤이 발생하지 않는다.
⑤ 균형에서의 가격이 한계비용보다 높다.

07 우상향하는 총공급곡선(AS)을 왼쪽으로 이동시키는 요인으로 옳은 것은?

① 임금상승
② 통화량증가
③ 독립투자증가
④ 정부지출증가
⑤ 수입원자재 가격 하락

08 변동환율제도하에서 환율(원/달러 환율)을 하락시키는 요인이 아닌 것은?

① 미국 달러자본의 국내투자 확대
② 미국산 제품의 국내수입 증가
③ 미국 달러자본의 국내부동산 매입
④ 국내산 제품의 수출 증가
⑤ 미국 달러자본의 국내주식 매입

09 X재의 가격이 5% 상승할 때 X재의 소비지출액은 전혀 변화하지 않는 반면, Y재의 가격이 10% 상승할 때 Y재의 소비지출액은 10% 증가하였다. 이때 두 재화에 대한 수요의 가격탄력성은?

	X재	Y재
①	완전탄력적	단위탄력적
②	단위탄력적	완전탄력적
③	단위탄력적	완전비탄력적
④	완전비탄력적	비탄력적
⑤	완전비탄력적	단위탄력적

10 소득-여가모형에서 유도된 노동공급곡선에 관한 설명으로 옳은 것을 모두 고른 것은?

ㄱ. 여가가 열등재일 경우 노동공급곡선은 우하향한다.
ㄴ. 여가가 정상재이고, 임금이 상승할 때 대체효과가 소득효과를 능가한다면 노동의 공급은 증가한다.
ㄷ. 임금이 변화할 때 소득에 대한 노동의 한계대체율이 노동공급곡선을 의미한다.

① ㄱ
② ㄱ, ㄴ
③ ㄱ, ㄷ
④ ㄴ
⑤ ㄴ, ㄷ

정답·해설 _해설집 p.227

21회 2012 노무사(1)

제한시간 : 15분 시작 시 분 ~ 종료 시 분 점수 확인 개/ 10개

01 완전경쟁시장에 관한 설명으로 옳지 않은 것은? (단, 모든 기업의 평균비용곡선은 U자형으로 동일하며, 생산요소시장도 완전경쟁이다.)

① 개별기업이 직면하는 수요곡선은 수평이다.
② 평균가변비용곡선의 최저점이 단기에 조업중단점이 된다.
③ 비용불변산업의 경우 장기 균형가격은 시장수요의 크기에 영향을 받는다.
④ 자원배분의 효율성이 충족된다.
⑤ 비용체증산업의 경우 산업의 장기공급곡선은 우상향한다.

02 화폐수량설과 피셔방정식(Fisher equation)이 성립하고 화폐유통속도가 일정한 경제에서 실질경제성장률이 3%, 통화증가율이 6%, 명목이자율이 10%라면 실질이자율은?

① 3% ② 5%
③ 7% ④ 8%
⑤ 9%

03 A국의 통화량이 현금통화 150, 예금통화 450이며, 지급준비금이 90이라고 할 때 통화승수는? (단, 현금통화비율과 지급준비율은 일정하다.)

① 2.5 ② 3
③ 4.5 ④ 5
⑤ 5.7

04 피셔(Fisher)의 2기간 최적소비선택모형에서 제1기에 소득이 소비보다 큰 소비자에 관한 설명으로 옳은 것을 모두 고른 것은? (단, 기간별 소비는 모두 정상재이며, 저축과 차입이 자유롭고 저축이자율과 차입이자율이 동일한 완전자본시장을 가정한다.)

ㄱ. 제1기의 소득증가는 제1기의 소비를 증가시킨다.
ㄴ. 제2기의 소득증가는 제2기의 소비를 감소시킨다.
ㄷ. 실질이자율이 증가하면 제2기의 소비는 증가한다.

① ㄱ ② ㄱ, ㄴ, ㄷ
③ ㄱ, ㄷ ④ ㄴ
⑤ ㄴ, ㄷ

05 효용을 극대화하는 소비자 A는 X재와 Y재, 두 재화의 소비에 자신의 소득을 모두 지출한다. 이때 (　　) 안에 들어갈 용어로 옳게 묶인 것은?

> A의 X재에 대한 수요는 가격 비탄력적이다. 다른 조건이 일정할 때 X재의 가격이 상승하는 경우, A의 X재 소비량은 (ㄱ)하고, X재 가격에 대한 Y재 수요의 교차탄력성은 (ㄴ)이다.

	ㄱ	ㄴ
①	감소	음(−)
②	감소	양(+)
③	증가	음(−)
④	증가	양(+)
⑤	불변	영(0)

06 공공재 및 시장실패에 관한 설명으로 옳은 것을 모두 고른 것은?

> ㄱ. 정(+)의 외부효과가 있는 재화의 경우 시장에서 사회적 최적수준에 비해 과소생산된다.
> ㄴ. 공유지의 비극(tragedy of the commons)은 배제성은 없으나 경합성이 있는 재화에서 발생한다.
> ㄷ. 공공재의 경우 개인들의 한계편익을 합한 것이 한계비용보다 작다면 공공재 공급을 증가시키는 것이 바람직하다.

① ㄱ　② ㄱ, ㄴ
③ ㄱ, ㄴ, ㄷ　④ ㄱ, ㄷ
⑤ ㄴ, ㄷ

07 생산물시장에서 독점기업인 A는 노동시장에서 수요독점자이다. 노동공급곡선은 $w = 100 + 5L$, 근로자를 추가로 고용할 때 A기업이 얻는 노동의 한계수입생산물은 $MRP_L = 300 - 10L$이다. 이때 A기업이 이윤극대화를 위해 근로자에게 지급하는 임금은? (단, w는 임금, L은 고용량이다.)

① 100　② 150
③ 200　④ 250
⑤ 300

08 다음과 같은 폐쇄경제의 $IS-LM$모형을 전제할 경우, (　　) 안에 들어갈 용어로 옳게 묶인 것은?

> • IS 곡선: $r = 5 - 0.1Y$(단, r은 이자율, Y는 국민소득이다.)
> • LM 곡선: $r = 0.1Y$
>
> 현재 경제상태가 국민소득은 30이고 이자율이 2.5라면, 상품시장은 (ㄱ)이고 화폐시장은 (ㄴ)이다.

	ㄱ	ㄴ
①	초과수요	초과수요
②	초과공급	초과공급
③	초과수요	초과공급
④	초과공급	초과수요
⑤	균형	균형

09 다음 그림은 X재의 국내수요곡선(D)과 공급곡선(S)을 나타내고 있다. 폐쇄경제하의 국내균형은 E, 무관세 자유무역하에서의 소비자가격은 P_1, X재 수입에 대하여 한 개당 t원의 관세가 부과되는 경우의 소비자가격은 P_2이다. 이에 관한 설명으로 옳지 않은 것은?

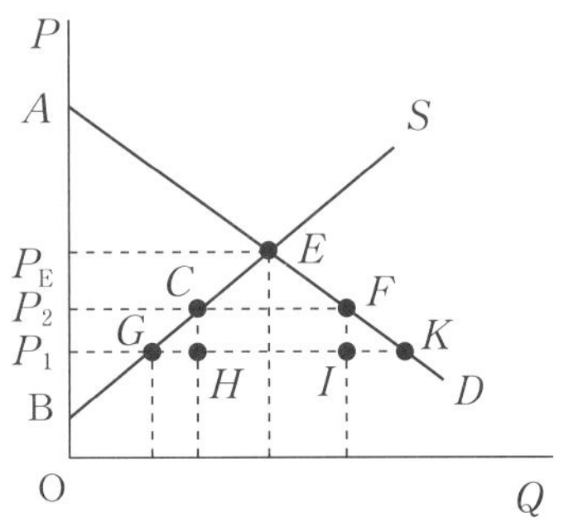

① 관세부과 후 X재의 수입량은 CF이다.
② 폐쇄경제와 비교하면 관세부과 무역으로 인한 소비자 잉여증가분은 P_EEFP_2이다.
③ 폐쇄경제와 비교하면 무관세 자유무역으로 인한 총잉여증가분은 EGK이다.
④ 무관세 자유무역과 비교하면 관세부과로 인한 경제적 순손실은 $CFKG$이다.
⑤ 무관세 자유무역과 비교하면 관세부과로 인한 생산자 잉여증가분은 P_2CGP_1이다.

10 기업들이 각자의 생산량을 동시에 결정하는 꾸르노(Cournot)복점모형에서 시장수요곡선이 $P=60-Q$로 주어지고, 두 기업의 한계비용은 30으로 동일하다. 이때 내쉬(Nash)균형에서 각 기업의 생산량과 가격은? (단, P는 가격, Q는 총생산량, Q는 Q_1+Q_2이고, Q_1은 기업 1의 생산량, Q_2는 기업 2의 생산량이다.)

	Q_1	Q_2	P
①	5	5	50
②	10	10	40
③	10	10	50
④	15	10	35
⑤	15	15	30

정답 · 해설 _해설집 p.229

22회 2012 노무사(2)

제한시간 : 15분 시작 시 분 ~ 종료 시 분 점수 확인 개/ 10개

01 독점적 경쟁의 장기 균형에 관한 설명으로 옳은 것은?

① 장기 평균비용곡선의 최저점에서 생산량이 결정된다.
② 독점적 경쟁기업의 초과이윤은 0보다 크다.
③ 장기 한계비용곡선과 수요곡선이 교차하는 점에서 생산량이 결정된다.
④ 상품의 가격이 장기 한계비용보다 높은 수준에서 결정된다.
⑤ 생산이 최소효율규모(minimun efficient scale)에서 이루어진다.

02 실업에 관한 설명으로 옳은 것을 모두 고른 것은?

ㄱ. 실업급여의 확대는 탐색적 실업을 증가시킬 수 있다.
ㄴ. 일자리에 대한 정보가 많아질수록 자연실업률은 낮아질 수 있다.
ㄷ. 구직단념자(discouraged worker)는 비경제활동인구로 분류된다.

① ㄱ ② ㄱ, ㄴ
③ ㄴ, ㄷ ④ ㄱ, ㄴ, ㄷ
⑤ ㄴ

03 노동만을 사용하여 생산물을 생산하는 기업 A의 생산함수가 $Q=L^{0.5}$일 때 이윤을 극대화하는 A에 관한 설명으로 옳지 않은 것은? (단, Q는 생산량, L은 노동투입량, P는 생산물가격, W는 명목임금율, $Q>0$, $P>0$, $W>0$이고, 생산물시장과 노동시장이 모두 완전경쟁적이다.)

① 노동수요곡선은 우하향한다.
② $P=2$, $W=1$일 때 노동수요량은 1이다.
③ 노동투입량이 증가하면 노동의 한계생산물은 증가한다.
④ 한계비용곡선은 원점을 통과하는 직선이다.
⑤ 노동투입량이 증가하면 노동의 평균생산물은 감소한다.

04 완전경쟁시장에서 개별기업들의 장기 총비용곡선이 $C=q^3-2q^2+7q$로 모두 동일하다고 할 때 장기 시장 균형가격은? (단, C는 총비용, q는 생산량, $q>0$이고, 개별기업은 이윤을 극대화한다.)

① 2 ② 4
③ 6 ④ 7
⑤ 9

05 효용을 극대화하는 소비자 A는 X재와 Y재, 두 재화만 소비한다. 다른 조건이 일정하고 X재의 가격만 하락하였을 경우, A의 X재에 대한 수요량이 변하지 않았다. 이에 관한 설명으로 옳은 것을 모두 고른 것은?

ㄱ. 두 재화는 완전보완재이다.
ㄴ. X재는 열등재이다.
ㄷ. Y재는 정상재이다.
ㄹ. X재의 소득효과와 대체효과가 서로 상쇄된다.

① ㄱ, ㄴ ② ㄱ, ㄴ, ㄷ, ㄹ
③ ㄱ, ㄷ, ㄹ ④ ㄴ, ㄷ, ㄹ
⑤ ㄷ, ㄹ

06 비용을 최소화하는 기업 A의 생산함수는 $Q = \min[2L, K]$이다. 노동시장과 자본시장은 모두 완전경쟁시장이고 W는 임금율, R은 자본의 임대가격을 나타낸다. $W = 2$, $R = 5$일 때 기업 A의 한계비용(MC)곡선은? (단, Q는 생산량, L은 노동투입량, K는 자본투입량, Q, L, K는 모두 양(+)의 실수이다.)

① $MC = 3Q$ ② $MC = 7Q$
③ $MC = 3$ ④ $MC = 6$
⑤ $MC = 7$

07 경제성장모형에 관한 설명으로 옳은 것을 모두 고른 것은? (단, Y는 총생산, A는 생산성 수준을 나타내는 양(+)의 상수이고, K는 자본을 나타낸다.)

ㄱ. 다른 조건이 일정할 때 솔로우(Solow)모형에서 일회적인 기술진보는 장기적으로 일인당 산출량의 성장률을 증가시킨다.
ㄴ. 솔로우모형에서 국가 간 일인당 소득수준이 수렴한다는 주장은 기본적으로 한계수확체감의 법칙에 기인한다.
ㄷ. 로머(P. Romer)는 기술진보를 내생화한 성장모형을 제시하였다.
ㄹ. 총생산함수가 $Y = AK$인 경우 K의 한계생산물은 일정하다.

① ㄱ, ㄴ ② ㄱ, ㄴ, ㄷ
③ ㄱ, ㄴ, ㄷ, ㄹ ④ ㄴ, ㄷ, ㄹ
⑤ ㄷ, ㄹ

08 근로소득세율이 상승할 때 여가수요와 노동공급에 관한 설명으로 옳은 것을 모두 고른 것은?

ㄱ. 대체효과에 의해서는 노동공급이 감소한다.
ㄴ. 여가가 정상재인 경우에는 소득효과에 의해 노동공급은 증가한다.
ㄷ. 여가수요의 증감 여부는 대체효과와 소득효과의 상대적 크기에 달려 있다.

① ㄱ ② ㄱ, ㄴ, ㄷ
③ ㄱ, ㄷ ④ ㄴ, ㄷ
⑤ ㄷ

09 임금결정이론에 관한 설명으로 옳지 않은 것은?

① 중첩임금계약(staggered wage contracts)모형은 실질임금이 경직적인 이유를 설명한다.
② 효율임금(efficiency wage)이론에 따르면 실질임금이 근로자의 생산성 또는 근로의욕에 영향을 미친다.
③ 효율임금이론에 따르면 높은 임금이 근로자의 도덕적 해이(moral hazard)를 억제하는 데 기여한다.
④ 내부자-외부자모형에 따르면 내부자의 실질임금이 시장균형보다 높아져서 비자발적 실업이 발생한다.
⑤ 내부자-외부자 모형에서 외부자는 실업상태에 있는 노동자로서 기업과 임금협상을 할 자격이 없는 사람을 말한다.

10 자본이동 및 무역거래가 완전히 자유롭고 변동환율제도를 채택하고 있는 소규모 개방경제인 A국에서 확대재정정책이 실시되는 경우, $IS-LM$모형에 의하면 최종균형에서 국민소득과 환율은 정책 실시 이전의 최초 균형에 비해 어떻게 변하는가? (단, 물가는 고정되어 있다고 가정한다.)

	국민소득	환율
①	불변	A국 통화 강세
②	증가	A국 통화 강세
③	감소	A국 통화 강세
④	증가	A국 통화 약세
⑤	감소	A국 통화 약세

정답 · 해설 _해설집 p.231

23회 2011 노무사(1)

제한시간 : 15분 **시작** 시 분 ~ **종료** 시 분 **점수 확인** 개/ 10개

01 A기업의 생산함수는 $Q = L + 2K$이다(Q는 생산량, L은 노동, K는 자본, $Q>0$, $L>0$, $K>0$). 생산량이 일정할 때 A기업의 한계기술대체율(marginal rate of technical substitution)은?

① 노동과 자본의 투입량에 관계없이 일정하다.
② 노동의 투입량이 증가하면 한계기술대체율은 증가한다.
③ 노동의 투입량이 증가하면 한계기술대체율은 감소한다.
④ 자본의 투입량이 증가하면 한계기술대체율은 증가한다.
⑤ 자본의 투입량이 증가하면 한계기술대체율은 감소한다.

02 총수요-총공급($AD-AS$)모형에서 장기 총공급곡선을 우측으로 이동시키는 요인으로 옳지 않은 것은?

① 생산기술의 진보
② 국내 유전개발로 인한 국내 원유공급량 증가
③ 정부의 국방비 지출 증가
④ 대학교육 의무화로 경제 내 인적 자본 증가
⑤ 정부의 실업자 재훈련정책 시행으로 인한 마찰적 실업 감소

03 휴대전화를 생산하는 A기업의 근로자 수와 생산량이 다음 표와 같다. 휴대전화 1대당 시장가격이 80,000원이고 근로자 1인당 임금이 200,000원일 경우, 이윤을 극대화하기 위해 A기업이 고용할 근로자 수는? (단, 휴대전화시장과 노동시장은 완전경쟁적이며 임금 이외에 다른 비용은 없다.)

근로자 수(명)	1	2	3	4	5	6
휴대전화 생산량(대)	10	18	25	30	33	35

① 2명　② 3명
③ 4명　④ 5명
⑤ 6명

04 적응적 기대가설하에서 필립스곡선(Phillips curve)에 관한 설명으로 옳은 것을 모두 고른 것은?

ㄱ. 필립스곡선은 단기에 인플레이션율과 실업률 간에 음(－)의 상관관계를 나타낸다.
ㄴ. 밀턴 프리드만(M. Friedman)에 의하면 필립스곡선은 장기에 우하향한다.
ㄷ. 예상인플레이션율이 상승하면 단기 필립스곡선은 오른쪽으로 이동한다.
ㄹ. 단기적으로 실업률이 자연실업률보다 클 경우 물가가 상승한다.

① ㄱ, ㄴ　② ㄴ, ㄷ
③ ㄱ, ㄷ　④ ㄴ, ㄹ
⑤ ㄷ, ㄹ

05 甲은 항상 1 : 2의 비율로 X재와 Y재만을 소비한다. X재의 가격이 P_X, Y재의 가격이 P_Y일 때 甲의 X재에 대한 엥겔곡선(Engel Curve) 기울기는? $\left(\text{단, 기울기} = \frac{\text{소득변화}}{\text{수요량변화}}\text{이다.}\right)$

① $2P_X$
② $3P_Y$
③ $2P_X + P_Y$
④ $P_X + 2P_Y$
⑤ $\frac{P_X}{2P_Y}$

06 기펜재(Giffen goods)에 관한 설명으로 옳지 않은 것은?

① 기펜재의 가격변화시 소득효과와 대체효과가 반대 방향으로 나타난다.
② 기펜재의 가격상승시 소득효과는 재화의 소비량을 감소시킨다.
③ 기펜재의 가격하락시 대체효과는 재화의 소비량을 증가시킨다.
④ 기펜재는 반드시 열등재이다.
⑤ 기펜재의 가격상승시 재화의 소비량을 증가시킨다.

07 도덕적 해이(moral hazard)에 관한 설명으로 옳지 않은 것은?

① 팀별 발표의 경우 팀의 구성원 중 일부는 발표 준비를 게을리한다.
② 에어백을 설치한 후 자동차의 운전자는 설치 이전보다 부주의하게 운전한다.
③ 화재보험에 가입한 후 보험가입자는 가입 이전보다 화재방지 노력을 게을리한다.
④ 은행이 대출이자율을 높이면 위험한 사업에 투자하는 기업들이 자금을 차입하려 한다.
⑤ 성과급 제도가 없는 회사의 경우 일부 직원들이 태만하게 근무한다.

08 불완전경쟁시장구조에 관련된 설명으로 옳지 않은 것은?

① 독점적 경쟁시장은 장기적으로 기업의 진입과 퇴출이 자유롭다.
② 슈타켈버그(Stackelberg)모형에서 두 기업 중 하나 또는 둘 모두가 가격에 관해 추종자가 아닌 선도자의 역할을 한다.
③ 꾸르노(Cournot)모형에서 각 기업은 경쟁기업이 현 산출량을 그대로 유지할 것이라는 전제하에 행동한다.
④ 베르뜨랑(Bertrand)모형에서 각 기업은 경쟁기업이 현 가격을 그대로 유지할 것이라는 전제하에 행동한다.
⑤ 시상수요곡선이 우하향하는 독점시장에서 독점가격은 한계수입보다 크다.

09 완전경쟁적인 노동시장에서 노동수요곡선이 $L = 2{,}000 - w$이고, 노동공급곡선은 $L = -2{,}000 + 3w$이다(w는 근로시간당 임금, L은 근로시간). 근로시간당 1,000원의 세금을 부과할 때 발생하는 경제적 순손실(deadweight loss)은?

① 125,000원
② 250,000원
③ 375,000원
④ 500,000원
⑤ 750,000원

10 완전경쟁시장에서 A기업의 단기 총비용함수가 $C(Q) = 3Q^2 + 24$이다(Q는 생산량, $Q > 0$). A기업이 생산하는 재화의 시장가격이 24일 경우 A기업의 극대화된 단기 이윤은?

① 21 ② 24
③ 36 ④ 42
⑤ 51

정답 · 해설 _해설집 p.233

24회 2011 노무사(2)

제한시간 : 15분 시작 시 분 ~ 종료 시 분 점수 확인 개/ 10개

01 인플레이션의 사회적 비용에 해당하는 것을 모두 고른 것은?

ㄱ. 구두창비용(shoeleather cost)
ㄴ. 이자소득에 대한 조세 왜곡
ㄷ. 가격조정비용(menu cost)
ㄹ. 상대가격 변화로 인한 자원배분 왜곡

① ㄱ, ㄴ, ㄷ
② ㄴ, ㄷ, ㄹ
③ ㄱ, ㄷ, ㄹ
④ ㄱ, ㄴ, ㄹ
⑤ ㄱ, ㄴ, ㄷ, ㄹ

02 우유와 빵만을 생산하는 경제에서 두 재화의 생산량과 가격이 다음 표와 같다. 2010년이 기준연도일 때 2011년의 실질*GDP*와 물가상승률은? (단, 물가상승률은 *GDP* 디플레이터를 이용하여 구한다.)

년도	우유 가격(원)	우유 생산량	빵 가격(원)	빵 생산량
2010	1	100	2	50
2011	2	200	2	100

① 300원, 100%
② 300원, 30%
③ 400원, 50%
④ 300원, 50%
⑤ 400원, 20%

03 외부효과에 관한 설명으로 옳지 않은 것은?

① 외부효과는 한 경제주체의 행위가 제3자의 경제적 후생에 영향을 미치지만 그에 대한 보상이 이루어지지 않는 경우에 발생한다.
② 긍정적 외부효과가 있는 재화의 경우 시장균형생산량은 사회적 최적 생산량보다 크다.
③ 긍정적 외부효과가 있는 재화의 경우 내부화를 위해 정부가 보조금을 지급하기도 한다.
④ 부정적 외부효과의 경우 내부화를 위해 정부가 세금을 부과하기도 한다.
⑤ 거래비용이 없이 협상할 수 있다면 당사자들이 자발적으로 외부효과로 인한 비효율성을 줄일 수 있다.

04 *A*기업의 단기 생산비용에 대한 정보는 다음 표와 같다. 괄호 안의 값의 크기를 옳게 비교한 것은? (단, *Q*는 생산량, *TC*는 총비용, *MC*는 한계비용, *ATC*는 평균총비용, *AVC*는 평균가변비용, *AFC*는 평균고정비용, *FC*는 고정비용이다.)

Q	*TC*	*MC*	*ATC*	*AVC*	*AFC*	*FC*
3	60	–		(ㄱ)	10	30
4		(ㄴ)	18			30
5		(ㄷ)		11		30

① ㄱ<ㄴ<ㄷ
② ㄴ<ㄱ<ㄷ
③ ㄱ<ㄷ<ㄴ
④ ㄷ<ㄴ<ㄱ
⑤ ㄷ<ㄱ<ㄴ

05 기업 A와 B는 연구개발에 대규모 투자 또는 소규모 투자를 하는 전략을 선택하는 게임에 참여한다. 본 게임은 1회만 행해지고 다음과 같은 보수행렬(payoff matrix)을 갖는다. A기업의 우월전략(dominant strategy)과 내쉬(Nash)균형의 보수조합은? (단, 다음 괄호 안의 왼쪽 값은 A기업의 보수, 오른쪽 값은 B기업의 보수를 나타낸다.)

연구개발투자		B기업	
		대규모	소규모
A기업	대규모	(40, 30)	(60, 20)
	소규모	(20, 40)	(50, 50)

① 대규모, (40, 30) ② 소규모, (20, 40)
③ 대규모, (60, 20) ④ 소규모, (50, 50)
⑤ 없음, (50, 50)

06 금년도 국내총생산(GDP) 산출에 포함되는 경제활동은?

① 전년도 생산된 중고 자동차를 매입
② 국내기업 소유의 해외공장에서 금년도 생산된 자동차 판매
③ 홍수로 유실된 도로를 정부가 금년도 복구
④ 전업주부의 금년도 가사활동
⑤ 본인이 소유한 논에서 금년도 직접 생산한 쌀을 자신이 소비

07 새케인즈(new Keynesian)학파의 주장으로 옳지 않은 것은?

① 화폐는 중립적(neutral)이다.
② 임금과 물가의 경직성(rigidity)이 있다.
③ 가격조정비용(menu cost)이 존재한다.
④ 가격협상에 대한 조정실패(coordination failure)가 존재한다.
⑤ 총수요의 외부효과(aggregate demand externality)가 발생한다.

08 이윤을 극대화하는 H기업의 생산함수가 $Q=AK^{\alpha}L^{\beta}$이고, 규모에 대한 수익불변(constant returns to scale)이다(Q는 생산량, A, α, β는 상수, $A>0$, $0<\alpha<1$, $0<\beta<1$, K는 자본, L은 노동을 나타내고, $Q>0$, $L>0$, $K>0$). H기업의 총수입에서 자본분배율과 노동분배율은? (단, 모든 시장은 완전경쟁적이고, 기업의 총수입과 총생산액은 일치한다.)

	자본분배율	노동분배율
①	$A\alpha$	$A(1-\alpha)$
②	α	$(1-\alpha)$
③	β	$(1-\beta)$
④	$A\beta$	$A\alpha$
⑤	β	α

09 노동수요곡선을 좌측으로 이동시키는 요인을 모두 고른 것은? (단, 노동수요곡선은 우하향한다.)

ㄱ. 노동을 대체하는 산업로봇의 이용증가
ㄴ. 노동의 한계생산을 증가시키는 기술진보
ㄷ. 노동을 대체하는 다른 생산요소의 공급증가

① ㄱ　② ㄴ
③ ㄱ, ㄷ　④ ㄴ, ㄷ
⑤ ㄱ, ㄴ, ㄷ

10 힉스-마샬(Hicks-Marshall)의 파생수요법칙에서 노동수요의 임금탄력성에 관한 설명으로 옳은 것을 모두 고른 것은?

ㄱ. 생산될 생산물수요의 가격탄력성이 클수록 임금탄력성은 커진다.
ㄴ. 노동이 다른 생산요소와 대체하기 쉬울수록 임금탄력성은 커진다.
ㄷ. 임금탄력성은 단기보다 장기에 더 작아진다.

① ㄱ　② ㄴ
③ ㄷ　④ ㄱ, ㄴ
⑤ ㄴ, ㄷ

해커스 공감보노 기출로 보는
局경제학 하프모의고사 Season 1

답안지

답안지 활용 방법

1. 맞은 것은 ○, 찍었는데 맞은 것은 △, 틀린 것은 ×를 문번에 표시하며 채점합니다.
2. △, ×가 표시된 문제는 반드시 해설로 개념을 익히고, 다시 한번 풀어봅니다.
3. 점선을 따라 답안지를 잘라내어 사용하실 수도 있습니다.

___회

문번	공인회계사
01	① ② ③ ④ ⑤
02	① ② ③ ④ ⑤
03	① ② ③ ④ ⑤
04	① ② ③ ④ ⑤
05	① ② ③ ④ ⑤
06	① ② ③ ④ ⑤
07	① ② ③ ④ ⑤
08	① ② ③ ④ ⑤
09	① ② ③ ④ ⑤
10	① ② ③ ④ ⑤
O:_개 △:_개 ×:_개	

___회

문번	공인회계사
01	① ② ③ ④ ⑤
02	① ② ③ ④ ⑤
03	① ② ③ ④ ⑤
04	① ② ③ ④ ⑤
05	① ② ③ ④ ⑤
06	① ② ③ ④ ⑤
07	① ② ③ ④ ⑤
08	① ② ③ ④ ⑤
09	① ② ③ ④ ⑤
10	① ② ③ ④ ⑤
O:_개 △:_개 ×:_개	

___회

문번	공인회계사
01	① ② ③ ④ ⑤
02	① ② ③ ④ ⑤
03	① ② ③ ④ ⑤
04	① ② ③ ④ ⑤
05	① ② ③ ④ ⑤
06	① ② ③ ④ ⑤
07	① ② ③ ④ ⑤
08	① ② ③ ④ ⑤
09	① ② ③ ④ ⑤
10	① ② ③ ④ ⑤
O:_개 △:_개 ×:_개	

___회

문번	공인회계사
01	① ② ③ ④ ⑤
02	① ② ③ ④ ⑤
03	① ② ③ ④ ⑤
04	① ② ③ ④ ⑤
05	① ② ③ ④ ⑤
06	① ② ③ ④ ⑤
07	① ② ③ ④ ⑤
08	① ② ③ ④ ⑤
09	① ② ③ ④ ⑤
10	① ② ③ ④ ⑤
O:_개 △:_개 ×:_개	

___회

문번	공인회계사
01	① ② ③ ④ ⑤
02	① ② ③ ④ ⑤
03	① ② ③ ④ ⑤
04	① ② ③ ④ ⑤
05	① ② ③ ④ ⑤
06	① ② ③ ④ ⑤
07	① ② ③ ④ ⑤
08	① ② ③ ④ ⑤
09	① ② ③ ④ ⑤
10	① ② ③ ④ ⑤
O:_개 △:_개 ×:_개	

___회

문번	공인회계사
01	① ② ③ ④ ⑤
02	① ② ③ ④ ⑤
03	① ② ③ ④ ⑤
04	① ② ③ ④ ⑤
05	① ② ③ ④ ⑤
06	① ② ③ ④ ⑤
07	① ② ③ ④ ⑤
08	① ② ③ ④ ⑤
09	① ② ③ ④ ⑤
10	① ② ③ ④ ⑤
O:_개 △:_개 ×:_개	

___회

문번	공인회계사
01	① ② ③ ④ ⑤
02	① ② ③ ④ ⑤
03	① ② ③ ④ ⑤
04	① ② ③ ④ ⑤
05	① ② ③ ④ ⑤
06	① ② ③ ④ ⑤
07	① ② ③ ④ ⑤
08	① ② ③ ④ ⑤
09	① ② ③ ④ ⑤
10	① ② ③ ④ ⑤
O:_개 △:_개 ×:_개	

___회

문번	공인회계사
01	① ② ③ ④ ⑤
02	① ② ③ ④ ⑤
03	① ② ③ ④ ⑤
04	① ② ③ ④ ⑤
05	① ② ③ ④ ⑤
06	① ② ③ ④ ⑤
07	① ② ③ ④ ⑤
08	① ② ③ ④ ⑤
09	① ② ③ ④ ⑤
10	① ② ③ ④ ⑤
O:_개 △:_개 ×:_개	

___회

문번	공인회계사
01	① ② ③ ④ ⑤
02	① ② ③ ④ ⑤
03	① ② ③ ④ ⑤
04	① ② ③ ④ ⑤
05	① ② ③ ④ ⑤
06	① ② ③ ④ ⑤
07	① ② ③ ④ ⑤
08	① ② ③ ④ ⑤
09	① ② ③ ④ ⑤
10	① ② ③ ④ ⑤
O:_개 △:_개 ×:_개	

___회

문번	공인회계사
01	① ② ③ ④ ⑤
02	① ② ③ ④ ⑤
03	① ② ③ ④ ⑤
04	① ② ③ ④ ⑤
05	① ② ③ ④ ⑤
06	① ② ③ ④ ⑤
07	① ② ③ ④ ⑤
08	① ② ③ ④ ⑤
09	① ② ③ ④ ⑤
10	① ② ③ ④ ⑤
O:_개 △:_개 ×:_개	

___회

문번	공인회계사
01	① ② ③ ④ ⑤
02	① ② ③ ④ ⑤
03	① ② ③ ④ ⑤
04	① ② ③ ④ ⑤
05	① ② ③ ④ ⑤
06	① ② ③ ④ ⑤
07	① ② ③ ④ ⑤
08	① ② ③ ④ ⑤
09	① ② ③ ④ ⑤
10	① ② ③ ④ ⑤
O:_개 △:_개 ×:_개	

___회

문번	공인회계사
01	① ② ③ ④ ⑤
02	① ② ③ ④ ⑤
03	① ② ③ ④ ⑤
04	① ② ③ ④ ⑤
05	① ② ③ ④ ⑤
06	① ② ③ ④ ⑤
07	① ② ③ ④ ⑤
08	① ② ③ ④ ⑤
09	① ② ③ ④ ⑤
10	① ② ③ ④ ⑤
O:_개 △:_개 ×:_개	

___회

문번	공인회계사
01	① ② ③ ④ ⑤
02	① ② ③ ④ ⑤
03	① ② ③ ④ ⑤
04	① ② ③ ④ ⑤
05	① ② ③ ④ ⑤
06	① ② ③ ④ ⑤
07	① ② ③ ④ ⑤
08	① ② ③ ④ ⑤
09	① ② ③ ④ ⑤
10	① ② ③ ④ ⑤
O:_개 △:_개 ×:_개	

___회

문번	공인회계사
01	① ② ③ ④ ⑤
02	① ② ③ ④ ⑤
03	① ② ③ ④ ⑤
04	① ② ③ ④ ⑤
05	① ② ③ ④ ⑤
06	① ② ③ ④ ⑤
07	① ② ③ ④ ⑤
08	① ② ③ ④ ⑤
09	① ② ③ ④ ⑤
10	① ② ③ ④ ⑤
O:_개 △:_개 ×:_개	

___회

문번	공인회계사
01	① ② ③ ④ ⑤
02	① ② ③ ④ ⑤
03	① ② ③ ④ ⑤
04	① ② ③ ④ ⑤
05	① ② ③ ④ ⑤
06	① ② ③ ④ ⑤
07	① ② ③ ④ ⑤
08	① ② ③ ④ ⑤
09	① ② ③ ④ ⑤
10	① ② ③ ④ ⑤
O:_개 △:_개 ×:_개	

___회

문번	공인회계사
01	① ② ③ ④ ⑤
02	① ② ③ ④ ⑤
03	① ② ③ ④ ⑤
04	① ② ③ ④ ⑤
05	① ② ③ ④ ⑤
06	① ② ③ ④ ⑤
07	① ② ③ ④ ⑤
08	① ② ③ ④ ⑤
09	① ② ③ ④ ⑤
10	① ② ③ ④ ⑤
O:_개 △:_개 ×:_개	

___회

문번	공인회계사
01	① ② ③ ④ ⑤
02	① ② ③ ④ ⑤
03	① ② ③ ④ ⑤
04	① ② ③ ④ ⑤
05	① ② ③ ④ ⑤
06	① ② ③ ④ ⑤
07	① ② ③ ④ ⑤
08	① ② ③ ④ ⑤
09	① ② ③ ④ ⑤
10	① ② ③ ④ ⑤
O:_개 △:_개 ×:_개	

___회

문번	공인회계사
01	① ② ③ ④ ⑤
02	① ② ③ ④ ⑤
03	① ② ③ ④ ⑤
04	① ② ③ ④ ⑤
05	① ② ③ ④ ⑤
06	① ② ③ ④ ⑤
07	① ② ③ ④ ⑤
08	① ② ③ ④ ⑤
09	① ② ③ ④ ⑤
10	① ② ③ ④ ⑤
O:_개 △:_개 ×:_개	

___회

문번	공인회계사
01	① ② ③ ④ ⑤
02	① ② ③ ④ ⑤
03	① ② ③ ④ ⑤
04	① ② ③ ④ ⑤
05	① ② ③ ④ ⑤
06	① ② ③ ④ ⑤
07	① ② ③ ④ ⑤
08	① ② ③ ④ ⑤
09	① ② ③ ④ ⑤
10	① ② ③ ④ ⑤
O:_개 △:_개 ×:_개	

___회

문번	공인회계사
01	① ② ③ ④ ⑤
02	① ② ③ ④ ⑤
03	① ② ③ ④ ⑤
04	① ② ③ ④ ⑤
05	① ② ③ ④ ⑤
06	① ② ③ ④ ⑤
07	① ② ③ ④ ⑤
08	① ② ③ ④ ⑤
09	① ② ③ ④ ⑤
10	① ② ③ ④ ⑤
O:_개 △:_개 ×:_개	

___회

문번	공인회계사
01	① ② ③ ④ ⑤
02	① ② ③ ④ ⑤
03	① ② ③ ④ ⑤
04	① ② ③ ④ ⑤
05	① ② ③ ④ ⑤
06	① ② ③ ④ ⑤
07	① ② ③ ④ ⑤
08	① ② ③ ④ ⑤
09	① ② ③ ④ ⑤
10	① ② ③ ④ ⑤
O:_개 △:_개 ×:_개	

___회

문번	공인회계사
01	① ② ③ ④ ⑤
02	① ② ③ ④ ⑤
03	① ② ③ ④ ⑤
04	① ② ③ ④ ⑤
05	① ② ③ ④ ⑤
06	① ② ③ ④ ⑤
07	① ② ③ ④ ⑤
08	① ② ③ ④ ⑤
09	① ② ③ ④ ⑤
10	① ② ③ ④ ⑤
O:_개 △:_개 ×:_개	

___회

문번	공인회계사
01	① ② ③ ④ ⑤
02	① ② ③ ④ ⑤
03	① ② ③ ④ ⑤
04	① ② ③ ④ ⑤
05	① ② ③ ④ ⑤
06	① ② ③ ④ ⑤
07	① ② ③ ④ ⑤
08	① ② ③ ④ ⑤
09	① ② ③ ④ ⑤
10	① ② ③ ④ ⑤
O:_개 △:_개 ×:_개	

___회

문번	공인회계사
01	① ② ③ ④ ⑤
02	① ② ③ ④ ⑤
03	① ② ③ ④ ⑤
04	① ② ③ ④ ⑤
05	① ② ③ ④ ⑤
06	① ② ③ ④ ⑤
07	① ② ③ ④ ⑤
08	① ② ③ ④ ⑤
09	① ② ③ ④ ⑤
10	① ② ③ ④ ⑤
O:_개 △:_개 ×:_개	

해커스 공감보노 기출로 보는
局경제학 하프모의고사 Season 1

답안지

답안지 활용 방법

1. 맞은 것은 ○, 찍었는데 맞은 것은 △, 틀린 것은 ×를 문번에 표시하며 채점합니다.
2. △, ×가 표시된 문제는 반드시 해설로 개념을 익히고, 다시 한번 풀어봅니다.
3. 점선을 따라 답안지를 잘라내어 사용하실 수도 있습니다.

___회

문번	감정평가사
01	①②③④⑤
02	①②③④⑤
03	①②③④⑤
04	①②③④⑤
05	①②③④⑤
06	①②③④⑤
07	①②③④⑤
08	①②③④⑤
09	①②③④⑤
10	①②③④⑤
○:_개 △:_개 ×:_개	

___회

문번	감정평가사
01	①②③④⑤
02	①②③④⑤
03	①②③④⑤
04	①②③④⑤
05	①②③④⑤
06	①②③④⑤
07	①②③④⑤
08	①②③④⑤
09	①②③④⑤
10	①②③④⑤
○:_개 △:_개 ×:_개	

___회

문번	감정평가사
01	①②③④⑤
02	①②③④⑤
03	①②③④⑤
04	①②③④⑤
05	①②③④⑤
06	①②③④⑤
07	①②③④⑤
08	①②③④⑤
09	①②③④⑤
10	①②③④⑤
○:_개 △:_개 ×:_개	

___회

문번	감정평가사
01	①②③④⑤
02	①②③④⑤
03	①②③④⑤
04	①②③④⑤
05	①②③④⑤
06	①②③④⑤
07	①②③④⑤
08	①②③④⑤
09	①②③④⑤
10	①②③④⑤
○:_개 △:_개 ×:_개	

___회

문번	감정평가사
01	①②③④⑤
02	①②③④⑤
03	①②③④⑤
04	①②③④⑤
05	①②③④⑤
06	①②③④⑤
07	①②③④⑤
08	①②③④⑤
09	①②③④⑤
10	①②③④⑤
○:_개 △:_개 ×:_개	

___회

문번	감정평가사
01	①②③④⑤
02	①②③④⑤
03	①②③④⑤
04	①②③④⑤
05	①②③④⑤
06	①②③④⑤
07	①②③④⑤
08	①②③④⑤
09	①②③④⑤
10	①②③④⑤
○:_개 △:_개 ×:_개	

___회

문번	감정평가사
01	①②③④⑤
02	①②③④⑤
03	①②③④⑤
04	①②③④⑤
05	①②③④⑤
06	①②③④⑤
07	①②③④⑤
08	①②③④⑤
09	①②③④⑤
10	①②③④⑤
○:_개 △:_개 ×:_개	

___회

문번	감정평가사
01	①②③④⑤
02	①②③④⑤
03	①②③④⑤
04	①②③④⑤
05	①②③④⑤
06	①②③④⑤
07	①②③④⑤
08	①②③④⑤
09	①②③④⑤
10	①②③④⑤
○:_개 △:_개 ×:_개	

___회

문번	감정평가사
01	①②③④⑤
02	①②③④⑤
03	①②③④⑤
04	①②③④⑤
05	①②③④⑤
06	①②③④⑤
07	①②③④⑤
08	①②③④⑤
09	①②③④⑤
10	①②③④⑤
○:_개 △:_개 ×:_개	

___회

문번	감정평가사
01	①②③④⑤
02	①②③④⑤
03	①②③④⑤
04	①②③④⑤
05	①②③④⑤
06	①②③④⑤
07	①②③④⑤
08	①②③④⑤
09	①②③④⑤
10	①②③④⑤
○:_개 △:_개 ×:_개	

___회

문번	감정평가사
01	①②③④⑤
02	①②③④⑤
03	①②③④⑤
04	①②③④⑤
05	①②③④⑤
06	①②③④⑤
07	①②③④⑤
08	①②③④⑤
09	①②③④⑤
10	①②③④⑤
○:_개 △:_개 ×:_개	

___회

문번	감정평가사
01	①②③④⑤
02	①②③④⑤
03	①②③④⑤
04	①②③④⑤
05	①②③④⑤
06	①②③④⑤
07	①②③④⑤
08	①②③④⑤
09	①②③④⑤
10	①②③④⑤
○:_개 △:_개 ×:_개	

___회

문번	감정평가사
01	①②③④⑤
02	①②③④⑤
03	①②③④⑤
04	①②③④⑤
05	①②③④⑤
06	①②③④⑤
07	①②③④⑤
08	①②③④⑤
09	①②③④⑤
10	①②③④⑤
○:_개 △:_개 ×:_개	

___회

문번	감정평가사
01	①②③④⑤
02	①②③④⑤
03	①②③④⑤
04	①②③④⑤
05	①②③④⑤
06	①②③④⑤
07	①②③④⑤
08	①②③④⑤
09	①②③④⑤
10	①②③④⑤
○:_개 △:_개 ×:_개	

___회

문번	감정평가사
01	①②③④⑤
02	①②③④⑤
03	①②③④⑤
04	①②③④⑤
05	①②③④⑤
06	①②③④⑤
07	①②③④⑤
08	①②③④⑤
09	①②③④⑤
10	①②③④⑤
○:_개 △:_개 ×:_개	

___회

문번	감정평가사
01	①②③④⑤
02	①②③④⑤
03	①②③④⑤
04	①②③④⑤
05	①②③④⑤
06	①②③④⑤
07	①②③④⑤
08	①②③④⑤
09	①②③④⑤
10	①②③④⑤
○:_개 △:_개 ×:_개	

___회

문번	감정평가사
01	①②③④⑤
02	①②③④⑤
03	①②③④⑤
04	①②③④⑤
05	①②③④⑤
06	①②③④⑤
07	①②③④⑤
08	①②③④⑤
09	①②③④⑤
10	①②③④⑤
○:_개 △:_개 ×:_개	

___회

문번	감정평가사
01	①②③④⑤
02	①②③④⑤
03	①②③④⑤
04	①②③④⑤
05	①②③④⑤
06	①②③④⑤
07	①②③④⑤
08	①②③④⑤
09	①②③④⑤
10	①②③④⑤
○:_개 △:_개 ×:_개	

___회

문번	감정평가사
01	①②③④⑤
02	①②③④⑤
03	①②③④⑤
04	①②③④⑤
05	①②③④⑤
06	①②③④⑤
07	①②③④⑤
08	①②③④⑤
09	①②③④⑤
10	①②③④⑤
○:_개 △:_개 ×:_개	

___회

문번	감정평가사
01	①②③④⑤
02	①②③④⑤
03	①②③④⑤
04	①②③④⑤
05	①②③④⑤
06	①②③④⑤
07	①②③④⑤
08	①②③④⑤
09	①②③④⑤
10	①②③④⑤
○:_개 △:_개 ×:_개	

___회

문번	감정평가사
01	①②③④⑤
02	①②③④⑤
03	①②③④⑤
04	①②③④⑤
05	①②③④⑤
06	①②③④⑤
07	①②③④⑤
08	①②③④⑤
09	①②③④⑤
10	①②③④⑤
○:_개 △:_개 ×:_개	

___회

문번	감정평가사
01	①②③④⑤
02	①②③④⑤
03	①②③④⑤
04	①②③④⑤
05	①②③④⑤
06	①②③④⑤
07	①②③④⑤
08	①②③④⑤
09	①②③④⑤
10	①②③④⑤
○:_개 △:_개 ×:_개	

___회

문번	감정평가사
01	①②③④⑤
02	①②③④⑤
03	①②③④⑤
04	①②③④⑤
05	①②③④⑤
06	①②③④⑤
07	①②③④⑤
08	①②③④⑤
09	①②③④⑤
10	①②③④⑤
○:_개 △:_개 ×:_개	

___회

문번	감정평가사
01	①②③④⑤
02	①②③④⑤
03	①②③④⑤
04	①②③④⑤
05	①②③④⑤
06	①②③④⑤
07	①②③④⑤
08	①②③④⑤
09	①②③④⑤
10	①②③④⑤
○:_개 △:_개 ×:_개	

해커스 공감보노 기출로 보는
局경제학 하프모의고사 Season 1

답안지

답안지 활용 방법

1. 맞은 것은 ○, 찍었는데 맞은 것은 △, 틀린 것은 ×를 문번에 표시하며 채점합니다.
2. △, ×가 표시된 문제는 반드시 해설로 개념을 익히고, 다시 한번 풀어봅니다.
3. 점선을 따라 답안지를 잘라내어 사용하실 수도 있습니다.

___회

문번	보험계리사
01	① ② ③ ④
02	① ② ③ ④
03	① ② ③ ④
04	① ② ③ ④
05	① ② ③ ④
06	① ② ③ ④
07	① ② ③ ④
08	① ② ③ ④
09	① ② ③ ④
10	① ② ③ ④
○:__개 △:__개 ×:__개	

___회

문번	보험계리사
01	① ② ③ ④
02	① ② ③ ④
03	① ② ③ ④
04	① ② ③ ④
05	① ② ③ ④
06	① ② ③ ④
07	① ② ③ ④
08	① ② ③ ④
09	① ② ③ ④
10	① ② ③ ④
○:__개 △:__개 ×:__개	

___회

문번	보험계리사
01	① ② ③ ④
02	① ② ③ ④
03	① ② ③ ④
04	① ② ③ ④
05	① ② ③ ④
06	① ② ③ ④
07	① ② ③ ④
08	① ② ③ ④
09	① ② ③ ④
10	① ② ③ ④
○:__개 △:__개 ×:__개	

___회

문번	보험계리사
01	① ② ③ ④
02	① ② ③ ④
03	① ② ③ ④
04	① ② ③ ④
05	① ② ③ ④
06	① ② ③ ④
07	① ② ③ ④
08	① ② ③ ④
09	① ② ③ ④
10	① ② ③ ④
○:__개 △:__개 ×:__개	

___회

문번	보험계리사
01	① ② ③ ④
02	① ② ③ ④
03	① ② ③ ④
04	① ② ③ ④
05	① ② ③ ④
06	① ② ③ ④
07	① ② ③ ④
08	① ② ③ ④
09	① ② ③ ④
10	① ② ③ ④
○:__개 △:__개 ×:__개	

___회

문번	보험계리사
01	① ② ③ ④
02	① ② ③ ④
03	① ② ③ ④
04	① ② ③ ④
05	① ② ③ ④
06	① ② ③ ④
07	① ② ③ ④
08	① ② ③ ④
09	① ② ③ ④
10	① ② ③ ④
○:__개 △:__개 ×:__개	

___회

문번	보험계리사
01	① ② ③ ④
02	① ② ③ ④
03	① ② ③ ④
04	① ② ③ ④
05	① ② ③ ④
06	① ② ③ ④
07	① ② ③ ④
08	① ② ③ ④
09	① ② ③ ④
10	① ② ③ ④
○:__개 △:__개 ×:__개	

___회

문번	보험계리사
01	① ② ③ ④
02	① ② ③ ④
03	① ② ③ ④
04	① ② ③ ④
05	① ② ③ ④
06	① ② ③ ④
07	① ② ③ ④
08	① ② ③ ④
09	① ② ③ ④
10	① ② ③ ④
○:__개 △:__개 ×:__개	

___회

문번	보험계리사
01	① ② ③ ④
02	① ② ③ ④
03	① ② ③ ④
04	① ② ③ ④
05	① ② ③ ④
06	① ② ③ ④
07	① ② ③ ④
08	① ② ③ ④
09	① ② ③ ④
10	① ② ③ ④
○:__개 △:__개 ×:__개	

___회

문번	보험계리사
01	① ② ③ ④
02	① ② ③ ④
03	① ② ③ ④
04	① ② ③ ④
05	① ② ③ ④
06	① ② ③ ④
07	① ② ③ ④
08	① ② ③ ④
09	① ② ③ ④
10	① ② ③ ④
○:__개 △:__개 ×:__개	

___회

문번	보험계리사
01	① ② ③ ④
02	① ② ③ ④
03	① ② ③ ④
04	① ② ③ ④
05	① ② ③ ④
06	① ② ③ ④
07	① ② ③ ④
08	① ② ③ ④
09	① ② ③ ④
10	① ② ③ ④
○:__개 △:__개 ×:__개	

___회

문번	보험계리사
01	① ② ③ ④
02	① ② ③ ④
03	① ② ③ ④
04	① ② ③ ④
05	① ② ③ ④
06	① ② ③ ④
07	① ② ③ ④
08	① ② ③ ④
09	① ② ③ ④
10	① ② ③ ④
○:__개 △:__개 ×:__개	

___회

문번	보험계리사
01	① ② ③ ④
02	① ② ③ ④
03	① ② ③ ④
04	① ② ③ ④
05	① ② ③ ④
06	① ② ③ ④
07	① ② ③ ④
08	① ② ③ ④
09	① ② ③ ④
10	① ② ③ ④
○:__개 △:__개 ×:__개	

___회

문번	보험계리사
01	① ② ③ ④
02	① ② ③ ④
03	① ② ③ ④
04	① ② ③ ④
05	① ② ③ ④
06	① ② ③ ④
07	① ② ③ ④
08	① ② ③ ④
09	① ② ③ ④
10	① ② ③ ④
○:__개 △:__개 ×:__개	

___회

문번	보험계리사
01	① ② ③ ④
02	① ② ③ ④
03	① ② ③ ④
04	① ② ③ ④
05	① ② ③ ④
06	① ② ③ ④
07	① ② ③ ④
08	① ② ③ ④
09	① ② ③ ④
10	① ② ③ ④
○:__개 △:__개 ×:__개	

___회

문번	보험계리사
01	① ② ③ ④
02	① ② ③ ④
03	① ② ③ ④
04	① ② ③ ④
05	① ② ③ ④
06	① ② ③ ④
07	① ② ③ ④
08	① ② ③ ④
09	① ② ③ ④
10	① ② ③ ④
○:__개 △:__개 ×:__개	

___회

문번	보험계리사
01	① ② ③ ④
02	① ② ③ ④
03	① ② ③ ④
04	① ② ③ ④
05	① ② ③ ④
06	① ② ③ ④
07	① ② ③ ④
08	① ② ③ ④
09	① ② ③ ④
10	① ② ③ ④
○:__개 △:__개 ×:__개	

___회

문번	보험계리사
01	① ② ③ ④
02	① ② ③ ④
03	① ② ③ ④
04	① ② ③ ④
05	① ② ③ ④
06	① ② ③ ④
07	① ② ③ ④
08	① ② ③ ④
09	① ② ③ ④
10	① ② ③ ④
○:__개 △:__개 ×:__개	

___회

문번	보험계리사
01	① ② ③ ④
02	① ② ③ ④
03	① ② ③ ④
04	① ② ③ ④
05	① ② ③ ④
06	① ② ③ ④
07	① ② ③ ④
08	① ② ③ ④
09	① ② ③ ④
10	① ② ③ ④
○:__개 △:__개 ×:__개	

___회

문번	보험계리사
01	① ② ③ ④
02	① ② ③ ④
03	① ② ③ ④
04	① ② ③ ④
05	① ② ③ ④
06	① ② ③ ④
07	① ② ③ ④
08	① ② ③ ④
09	① ② ③ ④
10	① ② ③ ④
○:__개 △:__개 ×:__개	

___회

문번	보험계리사
01	① ② ③ ④
02	① ② ③ ④
03	① ② ③ ④
04	① ② ③ ④
05	① ② ③ ④
06	① ② ③ ④
07	① ② ③ ④
08	① ② ③ ④
09	① ② ③ ④
10	① ② ③ ④
○:__개 △:__개 ×:__개	

___회

문번	보험계리사
01	① ② ③ ④
02	① ② ③ ④
03	① ② ③ ④
04	① ② ③ ④
05	① ② ③ ④
06	① ② ③ ④
07	① ② ③ ④
08	① ② ③ ④
09	① ② ③ ④
10	① ② ③ ④
○:__개 △:__개 ×:__개	

___회

문번	보험계리사
01	① ② ③ ④
02	① ② ③ ④
03	① ② ③ ④
04	① ② ③ ④
05	① ② ③ ④
06	① ② ③ ④
07	① ② ③ ④
08	① ② ③ ④
09	① ② ③ ④
10	① ② ③ ④
○:__개 △:__개 ×:__개	

___회

문번	보험계리사
01	① ② ③ ④
02	① ② ③ ④
03	① ② ③ ④
04	① ② ③ ④
05	① ② ③ ④
06	① ② ③ ④
07	① ② ③ ④
08	① ② ③ ④
09	① ② ③ ④
10	① ② ③ ④
○:__개 △:__개 ×:__개	

해커스 공감보노 기출로 보는
局경제학 하프모의고사 Season 1

답안지

답안지 활용 방법

1. 맞은 것은 ○, 찍었는데 맞은 것은 △, 틀린 것은 ×를 문번에 표시하며 채점합니다.
2. △, ×가 표시된 문제는 반드시 해설로 개념을 익히고, 다시 한번 풀어봅니다.
3. 점선을 따라 답안지를 잘라내어 사용하실 수도 있습니다.

__회

문번	노무사
01	① ② ③ ④ ⑤
02	① ② ③ ④ ⑤
03	① ② ③ ④ ⑤
04	① ② ③ ④ ⑤
05	① ② ③ ④ ⑤
06	① ② ③ ④ ⑤
07	① ② ③ ④ ⑤
08	① ② ③ ④ ⑤
09	① ② ③ ④ ⑤
10	① ② ③ ④ ⑤
O:_개 △:_개 ×:_개	

__회

문번	노무사
01	① ② ③ ④ ⑤
02	① ② ③ ④ ⑤
03	① ② ③ ④ ⑤
04	① ② ③ ④ ⑤
05	① ② ③ ④ ⑤
06	① ② ③ ④ ⑤
07	① ② ③ ④ ⑤
08	① ② ③ ④ ⑤
09	① ② ③ ④ ⑤
10	① ② ③ ④ ⑤
O:_개 △:_개 ×:_개	

__회

문번	노무사
01	① ② ③ ④ ⑤
02	① ② ③ ④ ⑤
03	① ② ③ ④ ⑤
04	① ② ③ ④ ⑤
05	① ② ③ ④ ⑤
06	① ② ③ ④ ⑤
07	① ② ③ ④ ⑤
08	① ② ③ ④ ⑤
09	① ② ③ ④ ⑤
10	① ② ③ ④ ⑤
O:_개 △:_개 ×:_개	

__회

문번	노무사
01	① ② ③ ④ ⑤
02	① ② ③ ④ ⑤
03	① ② ③ ④ ⑤
04	① ② ③ ④ ⑤
05	① ② ③ ④ ⑤
06	① ② ③ ④ ⑤
07	① ② ③ ④ ⑤
08	① ② ③ ④ ⑤
09	① ② ③ ④ ⑤
10	① ② ③ ④ ⑤
O:_개 △:_개 ×:_개	

__회

문번	노무사
01	① ② ③ ④ ⑤
02	① ② ③ ④ ⑤
03	① ② ③ ④ ⑤
04	① ② ③ ④ ⑤
05	① ② ③ ④ ⑤
06	① ② ③ ④ ⑤
07	① ② ③ ④ ⑤
08	① ② ③ ④ ⑤
09	① ② ③ ④ ⑤
10	① ② ③ ④ ⑤
O:_개 △:_개 ×:_개	

__회

문번	노무사
01	① ② ③ ④ ⑤
02	① ② ③ ④ ⑤
03	① ② ③ ④ ⑤
04	① ② ③ ④ ⑤
05	① ② ③ ④ ⑤
06	① ② ③ ④ ⑤
07	① ② ③ ④ ⑤
08	① ② ③ ④ ⑤
09	① ② ③ ④ ⑤
10	① ② ③ ④ ⑤
O:_개 △:_개 ×:_개	

__회

문번	노무사
01	① ② ③ ④ ⑤
02	① ② ③ ④ ⑤
03	① ② ③ ④ ⑤
04	① ② ③ ④ ⑤
05	① ② ③ ④ ⑤
06	① ② ③ ④ ⑤
07	① ② ③ ④ ⑤
08	① ② ③ ④ ⑤
09	① ② ③ ④ ⑤
10	① ② ③ ④ ⑤
O:_개 △:_개 ×:_개	

__회

문번	노무사
01	① ② ③ ④ ⑤
02	① ② ③ ④ ⑤
03	① ② ③ ④ ⑤
04	① ② ③ ④ ⑤
05	① ② ③ ④ ⑤
06	① ② ③ ④ ⑤
07	① ② ③ ④ ⑤
08	① ② ③ ④ ⑤
09	① ② ③ ④ ⑤
10	① ② ③ ④ ⑤
O:_개 △:_개 ×:_개	

__회

문번	노무사
01	① ② ③ ④ ⑤
02	① ② ③ ④ ⑤
03	① ② ③ ④ ⑤
04	① ② ③ ④ ⑤
05	① ② ③ ④ ⑤
06	① ② ③ ④ ⑤
07	① ② ③ ④ ⑤
08	① ② ③ ④ ⑤
09	① ② ③ ④ ⑤
10	① ② ③ ④ ⑤
O:_개 △:_개 ×:_개	

__회

문번	노무사
01	① ② ③ ④ ⑤
02	① ② ③ ④ ⑤
03	① ② ③ ④ ⑤
04	① ② ③ ④ ⑤
05	① ② ③ ④ ⑤
06	① ② ③ ④ ⑤
07	① ② ③ ④ ⑤
08	① ② ③ ④ ⑤
09	① ② ③ ④ ⑤
10	① ② ③ ④ ⑤
O:_개 △:_개 ×:_개	

__회

문번	노무사
01	① ② ③ ④ ⑤
02	① ② ③ ④ ⑤
03	① ② ③ ④ ⑤
04	① ② ③ ④ ⑤
05	① ② ③ ④ ⑤
06	① ② ③ ④ ⑤
07	① ② ③ ④ ⑤
08	① ② ③ ④ ⑤
09	① ② ③ ④ ⑤
10	① ② ③ ④ ⑤
O:_개 △:_개 ×:_개	

__회

문번	노무사
01	① ② ③ ④ ⑤
02	① ② ③ ④ ⑤
03	① ② ③ ④ ⑤
04	① ② ③ ④ ⑤
05	① ② ③ ④ ⑤
06	① ② ③ ④ ⑤
07	① ② ③ ④ ⑤
08	① ② ③ ④ ⑤
09	① ② ③ ④ ⑤
10	① ② ③ ④ ⑤
O:_개 △:_개 ×:_개	

__회

문번	노무사
01	① ② ③ ④ ⑤
02	① ② ③ ④ ⑤
03	① ② ③ ④ ⑤
04	① ② ③ ④ ⑤
05	① ② ③ ④ ⑤
06	① ② ③ ④ ⑤
07	① ② ③ ④ ⑤
08	① ② ③ ④ ⑤
09	① ② ③ ④ ⑤
10	① ② ③ ④ ⑤
O:_개 △:_개 ×:_개	

__회

문번	노무사
01	① ② ③ ④ ⑤
02	① ② ③ ④ ⑤
03	① ② ③ ④ ⑤
04	① ② ③ ④ ⑤
05	① ② ③ ④ ⑤
06	① ② ③ ④ ⑤
07	① ② ③ ④ ⑤
08	① ② ③ ④ ⑤
09	① ② ③ ④ ⑤
10	① ② ③ ④ ⑤
O:_개 △:_개 ×:_개	

__회

문번	노무사
01	① ② ③ ④ ⑤
02	① ② ③ ④ ⑤
03	① ② ③ ④ ⑤
04	① ② ③ ④ ⑤
05	① ② ③ ④ ⑤
06	① ② ③ ④ ⑤
07	① ② ③ ④ ⑤
08	① ② ③ ④ ⑤
09	① ② ③ ④ ⑤
10	① ② ③ ④ ⑤
O:_개 △:_개 ×:_개	

__회

문번	노무사
01	① ② ③ ④ ⑤
02	① ② ③ ④ ⑤
03	① ② ③ ④ ⑤
04	① ② ③ ④ ⑤
05	① ② ③ ④ ⑤
06	① ② ③ ④ ⑤
07	① ② ③ ④ ⑤
08	① ② ③ ④ ⑤
09	① ② ③ ④ ⑤
10	① ② ③ ④ ⑤
O:_개 △:_개 ×:_개	

__회

문번	노무사
01	① ② ③ ④ ⑤
02	① ② ③ ④ ⑤
03	① ② ③ ④ ⑤
04	① ② ③ ④ ⑤
05	① ② ③ ④ ⑤
06	① ② ③ ④ ⑤
07	① ② ③ ④ ⑤
08	① ② ③ ④ ⑤
09	① ② ③ ④ ⑤
10	① ② ③ ④ ⑤
O:_개 △:_개 ×:_개	

__회

문번	노무사
01	① ② ③ ④ ⑤
02	① ② ③ ④ ⑤
03	① ② ③ ④ ⑤
04	① ② ③ ④ ⑤
05	① ② ③ ④ ⑤
06	① ② ③ ④ ⑤
07	① ② ③ ④ ⑤
08	① ② ③ ④ ⑤
09	① ② ③ ④ ⑤
10	① ② ③ ④ ⑤
O:_개 △:_개 ×:_개	

__회

문번	노무사
01	① ② ③ ④ ⑤
02	① ② ③ ④ ⑤
03	① ② ③ ④ ⑤
04	① ② ③ ④ ⑤
05	① ② ③ ④ ⑤
06	① ② ③ ④ ⑤
07	① ② ③ ④ ⑤
08	① ② ③ ④ ⑤
09	① ② ③ ④ ⑤
10	① ② ③ ④ ⑤
O:_개 △:_개 ×:_개	

__회

문번	노무사
01	① ② ③ ④ ⑤
02	① ② ③ ④ ⑤
03	① ② ③ ④ ⑤
04	① ② ③ ④ ⑤
05	① ② ③ ④ ⑤
06	① ② ③ ④ ⑤
07	① ② ③ ④ ⑤
08	① ② ③ ④ ⑤
09	① ② ③ ④ ⑤
10	① ② ③ ④ ⑤
O:_개 △:_개 ×:_개	

__회

문번	노무사
01	① ② ③ ④ ⑤
02	① ② ③ ④ ⑤
03	① ② ③ ④ ⑤
04	① ② ③ ④ ⑤
05	① ② ③ ④ ⑤
06	① ② ③ ④ ⑤
07	① ② ③ ④ ⑤
08	① ② ③ ④ ⑤
09	① ② ③ ④ ⑤
10	① ② ③ ④ ⑤
O:_개 △:_개 ×:_개	

__회

문번	노무사
01	① ② ③ ④ ⑤
02	① ② ③ ④ ⑤
03	① ② ③ ④ ⑤
04	① ② ③ ④ ⑤
05	① ② ③ ④ ⑤
06	① ② ③ ④ ⑤
07	① ② ③ ④ ⑤
08	① ② ③ ④ ⑤
09	① ② ③ ④ ⑤
10	① ② ③ ④ ⑤
O:_개 △:_개 ×:_개	

__회

문번	노무사
01	① ② ③ ④ ⑤
02	① ② ③ ④ ⑤
03	① ② ③ ④ ⑤
04	① ② ③ ④ ⑤
05	① ② ③ ④ ⑤
06	① ② ③ ④ ⑤
07	① ② ③ ④ ⑤
08	① ② ③ ④ ⑤
09	① ② ③ ④ ⑤
10	① ② ③ ④ ⑤
O:_개 △:_개 ×:_개	

__회

문번	노무사
01	① ② ③ ④ ⑤
02	① ② ③ ④ ⑤
03	① ② ③ ④ ⑤
04	① ② ③ ④ ⑤
05	① ② ③ ④ ⑤
06	① ② ③ ④ ⑤
07	① ② ③ ④ ⑤
08	① ② ③ ④ ⑤
09	① ② ③ ④ ⑤
10	① ② ③ ④ ⑤
O:_개 △:_개 ×:_개	

해커스 공.감.보.노 기출로 보는 局경제학 하프모의고사 Season 1

개정 3판 1쇄 발행 2023년 6월 1일

지은이	김종국 편저
펴낸곳	해커스패스
펴낸이	해커스 경영아카데미 출판팀
주소	서울특별시 강남구 강남대로 428 해커스 경영아카데미
고객센터	02-537-5000
교재 관련 문의	publishing@hackers.com
학원 강의 및 동영상강의	경영 : cpa.Hackers.com 공무원 : gosi.Hackers.com
ISBN	979-11-6999-259-6 (13320)
Serial Number	03-01-01

최신개정판

해커스
공.감.보.노
기출로 보는
局경제학
하프모의고사 Season 1

약점 보완 해설집

해커스
공.감.보.노
기출로 보는

局경제학

하프모의고사 Season 1

약점 보완 해설집

해커스 경영아카데미

김종국

약력

연세대학교 경제학과 졸업

현 | 해커스 경영아카데미 경제학 교수
현 | 해커스공무원 경제학 강의
전 | 해커스공무원 사회(경제) 강의
전 | EBS 강사

저서

해커스 공감보노 기출로 보는 局경제학 하프모의고사 Season 1
해커스 회계사 局경제학
해커스공무원 局경제학 기본서
해커스공무원 局경제학 13개년 기출문제집
해커스공무원 局경제학 핵심 기출 OX 1592
해커스공무원 局경제학 실전동형모의고사
해커스공무원 局경제학 FINAL 합격 봉투모의고사
거꾸로 경제학, EBS
경제 만점의 정석과 비법, EBS
경제 수능기출 특강, EBS

"다양한 유형의 문제로 구성된 모의고사를 통해
실전에 대비하고 싶어."

"매일 꾸준히 풀면서 실전 감각을 유지할 수 있는
교재가 없을까?"

해커스가 객관식 경제학 시험에 완벽 대비할 수 있도록 만들었습니다.

매일 최신 출제경향에 맞는 문제를 풀며 실전 감각을 유지하고 싶지만, 마땅한 문제풀이 교재가 부족해 갈증을 느끼는 수험생 여러분을 위해 객관식 경제학 시험에 대비할 수 있도록 경제학 하프모의고사 교재를 만들었습니다. 시험장에서 마주하는 어떠한 유형의 문제도 당황하지 않고 풀어낼 수 있도록 해커스가 준비하였습니다.

『해커스 공감보노 기출로 보는 局경제학 하프모의고사 Season 1』의 96회분 하프모의고사로 다양한 객관식 경제학 문제풀이를 할 수 있습니다.

공인회계사, 감정평가사, 보험계리사, 노무사 12개년 기출문제를 각 시험별로 재구성한 하프모의고사 96회분을 수록하였습니다. 제한된 시간 안에 기출문제를 모의고사 형태로 풀어봄으로써 수험생 여러분이 준비하는 각 시험의 최신 출제경향을 파악할 수 있고, 자칫 느슨해질 수 있는 기출 회독학습의 단점을 보완하며 실전 감각까지 함께 키울 수 있습니다.

『해커스 공감보노 기출로 보는 局경제학 하프모의고사 Season 1』으로 경제학 실력을 완성해나갈 수 있습니다.

모든 문제에 출제 포인트를 제시하고, 정답이 아닌 선택지에도 상세하게 해설을 수록하였습니다. 문제풀이 후 해설을 꼼꼼히 학습한다면, 부족한 부분의 약점까지 보완하여 눈에 띄게 향상된 경제학 실력을 발견할 수 있을 것입니다. 『해커스 공감보노 기출로 보는 局경제학 하프모의고사 Season 1』과 함께 여러 경제학 기출문제를 정복하고 준비하는 시험의 고득점을 달성하길 바랍니다!

**객관식 경제학 시험 합격을 위한 여정,
해커스가 여러분과 함께 합니다.**

목차

Part 1 공인회계사

Part 2 감정평가사

Part 3 보험계리사

Part 4 노무사

Part 1
공인회계사

01회 2022 공인회계사(1)

정답 p.10

01	⑤ 미시	02	③ 미시	03	③ 미시	04	④ 미시	05	③ 미시
06	② 국제	07	① 미시	08	① 거시	09	① 거시	10	③ 거시

01 수요법칙 정답 ⑤

출제 포인트) 우하향의 수요곡선에서 가격과 수요량의 역의 관계인 수요법칙을 알 수 있다.

정답)

나. $P = 4{,}000$일 때, 공급량은 $Q = \frac{1}{500} \times 4{,}000 = 8$이나 수요량은 $2 + 3 + 1 = 6$이기에 2개의 초과공급이 발생하며, 가격은 하락할 것이다.

라. 공급함수 $Q = \frac{1}{500}P$는 원점을 지나는 직선이기에 가격에 대한 공급탄력성은 1이다.

오답피하기)

가. $P = 2{,}000$일 때, 공급량은 $Q = \frac{1}{500} \times 2{,}000 = 4$이나 수요량은 $3 + 5 + 3 = 11$이기에 7개의 초과수요가 발생하며, 가격은 상승할 것이다.

다. 공급함수는 $Q = \frac{1}{500}P$으로 우상향의 직선이기에 공급의 법칙은 성립하고 가격이 증가할 때, 수요량은 감소하기에 수요의 법칙 또한 성립한다.

02 소득소비곡선 정답 ③

출제 포인트) 소득변화에 따른 소비자 균형점을 연결한 곡선이 소득소비곡선으로 그 형태는 수요의 소득 탄력도에 따라 다르다. 즉, 사치재는 완만한 형태이고 필수재는 가파른 형태이며 소득 탄력도가 1일 때 원점을 지나는 직선이다. 열등재는 좌상향의 형태이다. 소득변화에 따른 재화구입량 변화를 연결한 곡선인 엥겔곡선은 소득소비곡선에서 도출된다.

정답)

• 소비자균형의 조건은 $MRS_{XY} = \frac{\Delta Y}{\Delta X} = (-)\frac{P_X}{P_Y}$이고 한계대체율은 $MRS_{XY} = \frac{MU_X}{MU_Y}$으로 $MRS_{XY} = \frac{\frac{1}{2\sqrt{X}}}{1} = \frac{1}{2\sqrt{X}}$이기에 $\frac{1}{2\sqrt{X}} = \frac{1}{10}$, $X = 25$이다.

• $X = 25$를 예산제약선 $P_xX + P_yY = M$에 대입하면 $25 + 10Y = M$, $Y = \frac{1}{10}(M - 25)$이다. (단, $Y = \frac{1}{10}(M - 25) \geq 0$)

가. $Y = \frac{1}{10}(M - 25)$이기에 $M = 20$일 때, $Y = 0$이 되어 X재만 소비한다.

나. $M = 30$일 때, $Y = 0.5$이기에 $M \geq 30$일 때, $Y \geq 0.5$로 비례관계이다. 이때, $X = 25$로 항상 일정하기에 소득소비곡선은 $X = 25$에서 수직선이다.

오답피하기)

다. $M \leq 20$일 때, $Y = 0$이기에 Y재의 엥겔곡선은 $Y = 0$에서 수직선이다.

03 꾸르노모형 정답 ③

출제 포인트) 두 기업이 모두 추종자라고 가정하는 꾸르노모형은 완전경쟁의 $\frac{2}{3}$만큼 생산한다.

정답)

• 시장수요함수 $P = 30 - (q_A + q_B)$,
총수입 $TR_A = Pq_A = 30q_A - q_A^2 - q_Aq_B$
q_A에 대해 미분 → $MR_A = 30 - 2q_A - q_B$
한계비용 $MC_A = 2q_A$
$MR_A = MC_A \rightarrow 30 - 2q_A - q_B = 2q_A$,
반응곡선 → $q_A = \frac{15}{2} - \frac{1}{4}q_B$

• $TR_B = Pq_B = 30q_B - q_Aq_B - q_B^2$
q_B에 대해 미분 → $MR_B = 30 - q_A - 2q_B$
한계비용 $MC_B = 5$
$MR_B = MC_B \rightarrow 30 - q_A - 2q_B = 5$
반응 곡선 → $q_B = \frac{25}{2} - \frac{1}{2}q_A$

• 두 기업의 반응곡선 식을 연립하면 기업 A의 생산량은 $q_A = 5$, 기업 B의 생산량은 $q_B = 10$으로 시장의 균형생산량은 $Q = 15$이고, 이를 다시 수요함수에 대입하면 균형가격은 $P = 15$이다.

04 보조금의 귀착 정답 ④

출제 포인트) 생산자든 소비자든 어느 일방에게 보조금을 지급해도 양자가 나누어 받게 되는 것을 보조금의 귀착이라 한다. 혜택 정도는 탄력성에 반비례하며, 정부 보조금과 후생손실은 탄력성에 비례한다.

정답

수요함수 $Q_D = 60 - P$와 공급함수 $Q_S = -20 + P$를 연립하면 균형가격은 $P = 40$, 균형생산량은 $Q = 20$이다. 이때, 수요함수와 공급함수의 기울기는 1로 동일하기에 생산자와 소비자가 받는 단위당 보조금은 5로 동일하다. 즉, 균형가격은 단위당 5만큼 하락하고 이에 따라 균형생산량도 5만큼 상승한 25가 된다. 보조금 지급 후 균형생산량은 $Q = 25$, 보조금은 10이기에 정부의 총보조금 지급액은 $25 \times 10 = 250$이다.

오답피하기

① 균형가격은 단위당 5만큼 하락한다.
② 거래량은 5단위 증가한다.
③ 보조금은 시장균형에 대한 정부의 개입이기에 사회후생은 감소한다.
⑤ 보조금의 귀착이 발생하기에 생산자잉여는 정부의 총보조금 지급액보다 적게 증가한다.

05 공유자원 정답 ③

출제 포인트 한 개인의 소비가 타인의 소비가능성을 감소시키는 경합성과 대가를 지불하지 않아도 소비할 수 있는 비배제성을 특성으로 하는 재화를 공유자원이라 한다. 공해상의 물고기가 그 예이다.

정답

나. 공유자원은 대가를 지불하지 않아도 소비할 수 있는 비배제성이 존재한다.
다. 공유자원은 경합성과 비배제성으로 인해 사회적 최적 수준보다 과도하게 사용되는 공유자원의 비극이 발생한다.

오답피하기

가. 공유자원은 한 개인의 소비가 타인의 소비가능성을 감소시키는 경합성이 존재한다.
라. 막히지 않는 유료 도로는 비용을 지불하지 않으면 이용이 불가능하고 한 개인의 주행이 다른 개인의 주행에 방해가 되지 않기에 배제성과 비경합성을 특징으로 하는 요금재에 해당한다.

06 국제평가이론 정답 ②

출제 포인트 국제평가이론은 구매력평가설과 이자율평가설을 의미하며 일물일가의 법칙을 전제로, 양국의 구매력인 화폐가치가 같도록 환율이 결정되어야 한다는 이론이 구매력 평가설로, $P = e \cdot P_f$이고 금융시장에서 일물일가의 법칙을 전제로, 국가 간 완전자본이동이 보장될 때 국내투자수익률과 해외투자수익률이 동일해야 한다는 것이 이자율 평가설로, 환율변화율 = 국내이자율 − 해외이자율이다.

정답

- 외국과 자국의 연간 기대인플레이션이 각각 3%와 5%, 외국과 자국의 1년 만기 국채금리가 각각 5%와 7%, 현물환율이 100이고, 1년 만기 선물환율이 102일 때, 모두 환율의 변화율이 2%로 동일하며 국제평가이론이 성립한다.
- 이를 구체적으로 보면 다음과 같다.
- 환율변화율 = 국내물가상승률(A) − 해외물가상승률(3)
  환율변화율 = 국내이자율(7) − 해외이자율(B)
- 국내물가상승률(A) − 해외물가상승률(3)
  = 국내이자율(7) − 해외이자율(B)
  ∴ $A + B = 10$(5와 5이어야 102가능)
- 현물(1 + 국내이자율) = 선물(1 + 해외이자율)
  $100(1 + 0.07) = C(1 + B)$
  $100(1 + 0.07) = 102(1 + 0.05)$

07 2기간 모형 정답 ①

출제 포인트 현재소득 Y_1, 미래소득 Y_2, 현재소비 C_1, 미래소비 C_2라 하고 실질이자율을 r로 가정하면, 총소득의 현재가치$\left(Y_1 + \frac{Y_2}{1+r}\right)$ = 총소비의 현재가치$\left(C_1 + \frac{C_2}{1+r}\right)$이다. 이를 C_2로 정리하면 $C_2 = -(1+r)C_1 + [(1+r)Y_1 + Y_2]$이 예산선이다.

정답

- A는 1기에만 1의 소득을, B는 2기에만 1.5의 소득을 얻기에 A의 예산제약은 $1 + \frac{0}{(1+r)} = C_1 + \frac{C_2}{(1+r)}$, B의 예산제약은 $0 + \frac{1.5}{(1+r)} = C_1 + \frac{C_2}{(1+r)}$이다.
- 효용극대화 조건 $\frac{C_2}{C_1} = (1+r)$과 A의 예산제약 $1 + \frac{0}{(1+r)} = C_1 + \frac{C_2}{(1+r)}$을 연립하면 $1 = 2C_1$, 1기의 소비는 $C_1 = \frac{1}{2}$, 2기의 소비는 $C_2 = \frac{1}{2}(1+r)$이다. 이때, A의 1기 소득은 1이기에 $\frac{1}{2}$만큼 저축을 한다.
- 효용극대화 조건 $\frac{C_2}{C_1} = (1+r)$과 B의 예산제약 $0 + \frac{1.5}{(1+r)} = C_1 + \frac{C_2}{(1+r)}$을 연립하면 $\frac{1.5}{(1+r)} = 2C_1$, 1기의 소비는$C_1 = \frac{1.5}{2(1+r)}$, 2기의 소비는 $C_2 = \frac{1.5}{2}$이다. 이때, B는 1기 소득은 0이기에 1기의 소비 $C_1 = \frac{1.5}{2(1+r)}$만큼을 차입한다.
- A와 B 사이에서 자금의 대차가 가능할 때, A의 저축액 $\frac{1}{2}$와 B의 차입액 $\frac{1.5}{2(1+r)}$은 동일하기에 $\frac{1}{2} = \frac{1.5}{2(1+r)}$, 균형이자율은 $r = 0.5$이다.

08 경제지표 정답 ①

출제 포인트 경제활동인구 중에서 실업자가 차지하는 비중을 실업률이라 한다.

정답

- 현재 실업률과 자연실업률은 같은 상태로 균형을 이루고 있기에 신규취업자 수와 신규실업자 수는 동일하다.

- 취업자가 일자리를 잃을 확률은 1.6%이고 이는 취업자의 1.6%가 4만 명임을 의미한다. 이때, 1.6%의 5배는 8%이고 8%의 12.5배는 100%이기에 취업자 수는 4만 명 × 5 × 12.5 = 4만 명 × 62.5 = 250만 명이다.
- 실업률은 경제활동인구에서 실업자가 차지하는 비율이고 경제활동인구는 실업자 수와 취업자 수의 합이기에 실업률은 약 $\frac{50}{300}=\frac{1}{6}$ = 16.67%이다.

09 통화승수 정답 ①

출제 포인트 본원통화가 1단위 공급되었을 때 통화량이 얼마나 증가하였는지를 보여주는 배수를 통화승수라 하고, $m=\frac{\text{통화량}}{\text{본원통화}}$이다.

정답
현금통화와 요구불예금을 합한 통화량은 $M=180$억 원이고 현금화와 지급준비금을 합한 본원통화는 $H=90$억 원이기에 통화승수는 $m=\frac{M}{H}=2$이다.

10 필립스 곡선 정답 ③

출제 포인트 인플레이션율과 실업률이 반비례로 '상충 관계'임을 보여주는 필립스곡선 상의 점들은 물가안정과 고용안정을 동시에 달성할 수 없음을 뜻한다.

정답
- t기 자연실업률은 이력현상이 존재하여 $u_t^n=u_{t-1}$이 성립하고 0기 실업률은 5%이기에 현시점인 1기에서 $u_t^n=u_{t-1}=5\%$이고 이를 필립스 곡선에 대입하면 $\pi_t=\pi_{t-1}-0.5(u_t-0.05)$이고 이를 u_t에 대해 정리하면 $u_t=0.05-2\pi_t-2\pi_{t-1}$이다.
- 이때, 장기에는 $u_t=u_L$, $\pi_t=\pi_L$이기에 $u_t=0.05-2\pi_t-2\pi_{t-1}$를 중앙은행의 손실함수에 대입하면 $LF=50(\pi_L)^2+(0.05-2\pi_L-2\pi_{t-1})$이다.
- 손실함수가 최소화되는 인플레이션을 구하기 위해 손실함수를 π_L에 대해 미분한 후 0으로 두면 $100\pi_L-2=0$, 장기 인플레이션율은 $\pi_L=0.02$이다.

02회 2022 공인회계사(2)

정답 p.13

01	④ 미시	02	② 미시	03	③ 미시	04	① 미시	05	② 국제
06	③ 거시	07	③ 국제	08	② 거시	09	② 거시	10	② 거시

01 최저가격제 정답 ④

출제 포인트) 공급자 보호를 위해 균형가격보다 높게 설정하는 최저가격제하에서, 초과공급으로 인한 암시장이 발생할 수 있다.

정답)

- 수요함수 $Q_D = 300 - 10P$와 공급함수 $Q_S = 20P$을 연립하면 최저가격제 실시 전 균형 가격은 $300 - 10P = 20P$, $30P = 300$, $P = 10$이고 이를 다시 수요함수에 대입하면 균형 거래량은 $Q = 200$이다.
- 이때, 수요함수 $Q_D = 300 - 10P$, $P = -\frac{1}{10}Q_D + 30$에서 Y축의 절편은 30, 공급함수는 $Q_S = 20P$로 원점을 지나는 직선이고 균형 거래량은 200이기에 총잉여는 $\frac{200 \times 30}{2} = 3{,}000$이다.
- 최저가격제 $P = 20$을 실시하면, 시장 가격은 균형 가격 $P = 10$보다 높은 $P = 20$으로 설정되기에 초과공급이 발생하고 수요량은 $300 - (10 \times 20) = 100$으로 감소하기에 균형 거래량은 $Q = 100$이 된다.
- 이때, 최저가격제 실시 이후 균형 거래량 $Q = 100$을 공급함수 $Q_S = 20P$에 대입하면 $P = 5$가 되기에 생산자의 최소요구금액은 $\frac{100 \times 5}{2} = 250$이고 균형 가격은 $P = 20$으로 생산자가 실제 받은금액은 $20 \times 100 = 2{,}000$이기에 생산자 잉여는 $2{,}000 - 250 = 1{,}750$이다.
- 또한 최저가격은 $P = 20$, 균형 거래량은 $Q = 100$, 수요함수의 Y축의 절편은 30으로 소비자 잉여는 $\frac{10 \times 100}{2} = 500$이기에 최저가격제 실시 후 총 잉여는 $500 + 1{,}750 = 2{,}250$이고 자중손실은 A면적으로 $3{,}000 - 2{,}250 = 750$이다.

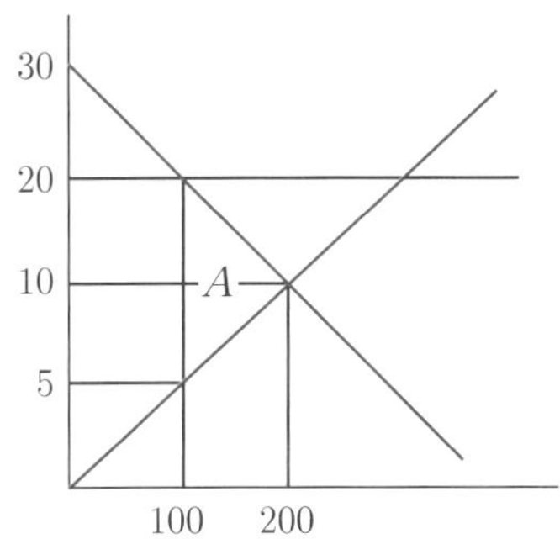

02 생산자균형 정답 ②

출제 포인트) 주어진 등비용선 수준에서 총생산물이 극대가 되는 것을 생산자균형이라 하고, 등량곡선과 등비용선이 접하는 점에서 결국, 한계생산물균등의 법칙에 따라 달성된다.

정답)

생산함수 $Q = \sqrt{L + 2K}$는 선형함수로 대체탄력성은 그래프의 곡률과 반비례하기에 생산요소 간 대체탄력성은 무한대이다.

오답피하기)

① 생산함수 $Q = \sqrt{L + 2K}$는 0.5차 선형함수이기에 규모수익 체감이다.

③ 생산함수 $Q = \sqrt{L + 2K}$의 양변을 제곱한 후 K에 대해 정리한 등량곡선은 $Q^2 = L + 2K$, $K = -\frac{1}{2}L + \frac{Q^2}{2}$로 등량곡선의 기울기가 $\frac{1}{2}$이기에 한계기술대체율도 $MRTS_{LK} = \frac{1}{2}$로 일정하다.

④ $w = 1$, $r = 3$인 경우, $\frac{w}{r} = \frac{1}{3}$로 등비용선의 기울기가 등량곡선의 기울기보다 작기에 노동만 투입된다. 즉, $K = 0$이기에 $Q = \sqrt{L}$, $Q^2 = L$로 비용함수는 $C = wL + rK = (1 \times Q^2) + (3 \times 0) = Q^2$이다.

⑤ $w = 2$, $r = 1$인 경우, $\frac{w}{r} = 2$로 등량곡선의 기울기가 등비용선의 기울기보다 작기에 자본만 투입된다. 즉, $L = 0$이기에 $Q = \sqrt{2K}$, $Q^2 = 2K$, $K = \frac{1}{2}Q^2$으로 비용함수는 $C = wL + rK = (2 \times 0) + \left(1 \times \frac{1}{2}Q^2\right) = \frac{1}{2}Q^2$이다.

03 내쉬균형 정답 ③

출제 포인트) 상대방의 전략을 주어진 것으로 보고 경기자는 자신에게 가장 유리한 전략을 선택하였을 때 도달하는 균형을 내쉬균형이라 하고, 우월전략균형은 내쉬균형에 포함된다.

정답)

- 경기자 2의 전략 L의 보수는 경기자 1의 선택에 관계없이 전략 C의 보수보다 작기에 전략 L은 제외된다.
- a가 3보다 작은 경우, 경기자 2가 전략 C를 선택했을 때 1은 전략 U를, 전략 R을 선택했을 때 1은 전략 U 혹은 D를 선택하고 경기자 1이 전략 U를 선택했을 때 2는 전략 C를, D를 선택했을 때 2는 전략 C를 선택하기에 내쉬균형은 $(5, 3)$으로 유일하다.

- a가 3보다 큰 경우, 경기자 2가 전략 C를 선택했을 때 1은 전략 U를, 전략 R을 선택했을 때 1은 전략 U 혹은 D를 선택하고 경기자 1이 전략 U를 선택했을 때 2는 전략 R을, D를 선택했을 때 2는 전략 C를 선택하기에 내쉬균형은 $(3, a)$로 유일하다.
- a가 3인 경우, 경기자 2가 전략 C를 선택했을 때 1은 전략 U를, 전략 R을 선택했을 때 1은 전략 U 혹은 D를 선택하고 경기자 1이 전략 U를 선택했을 때 2는 전략 C 혹은 R을, D를 선택했을 때 2는 전략 C를 선택하기에 내쉬균형은 $(5, 3)$과 $(3, a)$로 2개가 존재한다.

04 행태경제학 정답 ①

(출제 포인트) 행태경제학은 인간의 비합리성과 비이기심에 주목하여 이에 대한 분석을 통해 인간 본연의 모습을 탐구한다.

(정답)
부존효과는 물건의 가치평가가 비소유 시보다 소유 시 높게 나타난다는 것으로 물건의 소유자는 물건의 가격보다 가치를 높게 평가하지만 비보유자는 낮게 평가한다.

(오답피하기)
② 기업들이 회계장부를 작성하는 것처럼 개인들도 심리적인 회계장부를 작성한다는 이론으로 자산의 취득 난이도나 환경에 따른 재화의 가격차에 따라 소비의 지출이 변하게 된다.
③ 확실한 결과에 높은 가중치를 둔다는 것이 확실성효과로 이에 따라 알레의 역설이 발생한다.
④ 먼 미래의 보상보다 가까운 미래의 보상을 선택한다는 이론으로 선호역전의 존재에 대한 설명이 가능하다.
⑤ 처음 맞이한 재화의 이미지의 영향이 매우 크다는 이론이다.

05 대국 관세 정답 ②

(출제 포인트) 소국에 비해 대국의 경우 작은 관세부과 효과가 발생한다. 그리고 소비자잉여감소, 생산자잉여증가, 재정수입증가이나 사회적 후생은 감소 또는 증가($\gamma > \alpha + \beta$)일 수 있다.

(정답)
대국에 관세를 부과하여 국제가격이 P_W에서 P_T*로 하락하고 국내가격은 P_T로 상승하는 경우, 가격이 상승하기에 소비자잉여는 $a+b+c+d$만큼 감소, 생산자잉여는 a만큼 증가하고, 단위당 관세의 크기는 국내가격 P_T와 하락한 국제가격 P_T*의 차이로 초과수요 $D_1 - S_2$를 곱한 관세수입은 $c+e$가 된다. 즉, 총잉여의 변화분은 $e-(b+d)$가 되기에 사회적 후생 증가 조건은 $e > b+d$이다.

(오답피하기)
①, ⑤ 소비자잉여의 감소분은 $a+b+c+d$, 생산자잉여의 증가분은 a이다.
③, ④ c는 초과수요 $D_1 - S_2$에 국내가격 상승분인 $P_T - P_W$을 곱한 값이기에 국내 소비자에게 전가되는 관세 부담이고 e는 관세수입 $c+e$에서 관세 부담 c를 차감한 값이기에 교역조건개선으로 인한 이득으로 관세의 교역조건 효과이다.

06 국민소득 항등식 정답 ③

(출제 포인트) 국민소득 항등식에 의하면 $Y=C+I+G+X-M$이다.

(정답)
- 국민소득 항등식 $Y=C+I+G+X-IM$에서 $Y=1{,}000$, $C+G=700$, $X-IM=100$이기에 투자는 $I=200$이다.
- 국민소득 항등식 $Y=C+I+G+X-IM$을 변형하면 $Y-T-C+T-G=I+X-IM$이고 $Y-T-C=200$, $I=200$, $X-IM=100$이기에 공공저축은 $T-G=100$이다.

07 구매력 평가설 정답 ③

(출제 포인트) 일물일가의 법칙을 전제로, 양국의 구매력인 화폐가치가 같도록 환율이 결정되어야 한다는 이론이 구매력 평가설로, $P=e \cdot P_f$이다. 이를 변형하면 환율상승률 = 국내물가상승률 − 해외물가상승률이다.

(정답)
- 자국과 외국의 화폐시장의 균형조건을 증가율 형태로 나타내면 각각 $\frac{\Delta M}{M} - \frac{\Delta P}{P} = 0 + \frac{\Delta Y}{Y}$, $\frac{\Delta M^*}{M^*} - \frac{\Delta P^*}{P^*} = 0 + \frac{\Delta Y^*}{Y^*}$이다.
- 이때, 자국의 명목화폐공급 증가율과 경제성장률이 외국에 비해 각각 $7\%p$, $2\%p$ 높기에 자국의 균형조건 변형식에서 외국의 균형조건 변형식을 차감하면 $7\% - \left(\frac{\Delta P}{P} - \frac{\Delta P^*}{P^*}\right) = 0\% + 2\%$, $\left(\frac{\Delta P}{P} - \frac{\Delta P^*}{P^*}\right) = 5\%$이다.
- 구매력 평가설에 의하면 '환율상승률 = 국내물가상승률 − 해외물가상승률'이기에 명목환율 변화율은 5%이다.

08 오쿤의 법칙 정답 ②

(출제 포인트) GDP갭과 실업률 사이의 상관관계를 나타내는 법칙을 오쿤의 법칙$\left[\frac{Y_P - Y}{Y_P} = \alpha(u - u_N)\right.$, ($Y_P$: 잠재$GDP$, Y: 실제GDP, α: 상수, u: 실제실업률, u_N: 자연실업률)$\left.\right]$이라 하고, 이를 통해 실업에 따른 산출량 손실을 계산할 수 있다.

(정답)
- IS곡선
  $Y=C+I+G=170+0.5(Y-60)+100-10i+G$
  $0.5Y=(240+G)-10i$, $Y=(480+2G)-20i$
- LM곡선
  $\frac{M^d}{P} = \frac{M^s}{P}$
  $Y-40i=150$, $Y=150+40i$
- $480+2G-20i=150+40i$, $i=5.5+\frac{1}{30}G$, $Y=370+\frac{4}{3}G$

- 오쿤의 법칙에서 실업률은 $u = 5\%$이기에 $1 = -\frac{1}{50}(Y - 500)$, 균형국민소득은 $Y = 450$이다.
- 균형국민소득 $Y = 450$을 $Y = 370 + \frac{4}{3}G$에 대입하면 $\frac{4}{3}G = 80$, 정부지출은 $G = 60$이다.

09 균제상태 정답 ②

(출제 포인트) 균제상태에서는 자본의 한계생산성이 실질이자율과 일치한다.

(정답)

- 균제상태에서는 자본의 한계생산과 실질이자율이 일치하고 $\frac{Y}{K} = 0.25$이기에 $MP_K = r$, $MP_K = \alpha \times 0.25 = 0.1$, $\alpha = 0.4$이다.
- 성장회계 $\dot{Y} = \dot{A} + \alpha\dot{K} + (1-\alpha)\dot{L}$에서 $\alpha = 0.4$, $\frac{\Delta Y}{Y} = 3\%$, $\frac{\Delta K}{K} = 3\%$, $\frac{\Delta L}{L} = -1\%$이기에 $3\% = \frac{\Delta A}{A} + (0.4 \times 3\%) + (0.6 \times (-1\%)) \rightarrow \frac{\Delta A}{A} = 2.4\%$ 총요소생산성 증가율은 $\frac{\Delta A}{A} = 2.4\%$이다.

10 화폐수량설 정답 ②

(출제 포인트) 피셔의 교환방정식($MV = PT$: M 통화량, V 유통속도, P 물가, T 거래량)을 변형한 $MV = PY$(Y 실질국민소득)에서 V는 제도상 일정하고 Y는 고전학파의 경우 완전고용국민소득에서 일정하기에, 고전학파의 화폐수량설 $MV = PY$는 통화량과 물가가 정비례한다는 물가이론으로 볼 수 있다.

(정답)

나. T시점 후의 통화 공급량 증가율이 5%에서 7%로 $2\%p$ 증가했기에 합리적 기대 전제로 인플레이션율도 (가)에서 구한 3%에서 동일하게 $2\%p$ 증가하여 5%로 증가한다. 피셔방정식 '실질이자율 + 기대인플레이션율 = 명목이자율'에서, 기대는 합리적으로 이루어지기에 기대인플레이션율과 인플레이션율은 동일하고 명목이자율은 $3\% + 5\% = 8\%$이다.

(오답피하기)

가. 화폐시장 균형 $MV = PY$를 증가율 형태로 나타내면 $\frac{\Delta M}{M} + \frac{\Delta V}{V} = \frac{\Delta P}{P} + \frac{\Delta Y}{Y}$이고 $\frac{\Delta Y}{Y} = 5\%$, $\frac{\Delta V}{V} = 0\%$, $\frac{\Delta Y}{Y} = 2\%$이기에 T시점 전의 인플레이션율은 $\frac{\Delta P}{P} = 3\%$이다.

다. 합리적 기대 전제로 T시점 후의 기대인플레이션율은 통화 공급량 증가율과 동일하게 $2\%p$ 높다.

03회 2021 공인회계사(1)

정답 p.16

01	④ 미시	02	④ 미시	03	⑤ 미시	04	③ 미시	05	① 미시
06	② 거시	07	① 거시	08	④ 거시	09	④ 거시	10	③ 거시

01 저량 정답 ④

출제 포인트 일정 기간에 걸쳐 측정되는 변수를 유량이라 하고, 일정 시점에서 측정할 수 있는 변수를 저량이라 한다.

정답

외환보유고는 일정 시점에서 측정한 중앙은행보유의 외환의 양이기에 저량이다.

오답피하기

①, ② 소비는 일정 기간 재화나 서비스 구입에 지출한 금액이고 소비지출에 사용되지 않은 부분이 저축이기에 소비와 저축은 모두 유량이다.

③, ⑤ 국내총생산은 일정 기간 국내에서 생산된 모든 최종생산물의 시장가치이고, 감가상각은 일정 기간 마모된 자본재의 가치이기에 국내총생산과 감가상각은 유량이다.

02 효용극대화 정답 ④

출제 포인트 $MRS_{XY} = (-)\dfrac{\Delta Y}{\Delta X} = \dfrac{MU_X}{MU_Y} = (-)\dfrac{P_X}{P_Y}$에서 소비자의 효용극대화가 이루어진다.

정답

- $u(x, y) = \sqrt{xy}$가 1차 $C-D$형이기에 효용함수의 무차별곡선의 기울기 MRS_{XY}는 $\dfrac{y}{x}$이고 효용극대화를 위해 최초의 예산선기울기 $\dfrac{P_X}{P_Y} = \dfrac{1}{1}$과 연립하면 $Y = X$이다.
- $Y = X$와 예산선 $X + Y = 20$을 연립하면 $2X = 20$, $X = 10$, $Y = 10$이기에 소비자의 효용은 $u = \sqrt{xy} = \sqrt{10 \times 10} = 10$이다.
- Px가 1에서 2로 Py가 1에서 8로 증가하면 $\dfrac{P_X}{P_Y} = \dfrac{1}{4}$이기에 MRS_{XY}와 연립하면 $4Y = X$이다.
- 이때, 원래의 효용수준을 누리기 위해 $4Y = X$를 효용함수 $u(x, y) = \sqrt{xy}$에 대입하면 $\sqrt{4y \times y} = \sqrt{4y^2} = 2y = 10$이다. 따라서 $y = 5$, $x = 20$이다. 이를 바뀐 예산선 $2X + 8Y$에 대입하면 80이기에 추가적으로 필요한 소득은 60이다.

03 약공리 정답 ⑤

출제 포인트 재화묶음 Q_0가 Q_1보다 직접 현시선호되면 Q_1이 Q_0보다 직접 현시선호될 수 없다는 것이 약공리로, 재화묶음이 2개인 경우 소비행위의 일관성을 보장한다.

정답

- $Px = 2$, $Py = 1$일 때 X재 2단위, Y재 8단위를 소비하고 이때 구입액은 12이다.
- 가격이 $Px = 1$, $Py = 2$로 바뀌었을 때 기존의 소비균형점을 소비하기 위해서는 $(1 \times 2) + (2 \times 8) = 18$의 소득이 필요하다.
- 바뀐 예산선에서 최초의 구입점을 소비하기 위해 필요한 소득이 기존의 예산선보다 크기에 최초의 소비균형점은 구입 불가능하다. 따라서 바뀐 예산선은 어떠한 점에서도 약공리에 위배되지 않는다.

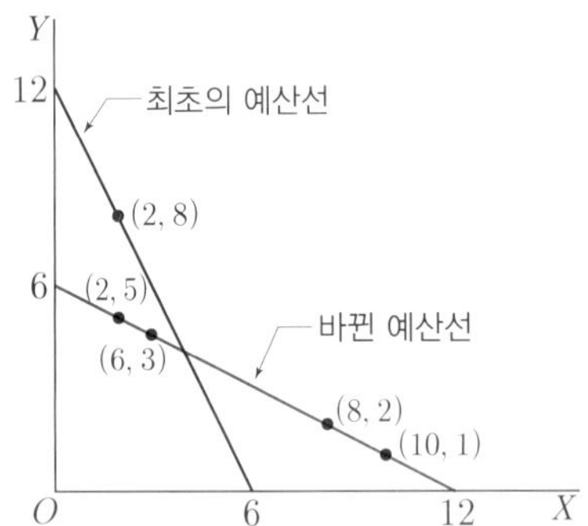

04 기대효용 정답 ③

출제 포인트 불확실성하에서 예상되는 효용의 기대치를 기대효용이라 하고 위험기피자는 보험가입시 기대효용이 기존의 기대효용보다 클 경우 보험에 가입한다.

정답

- 보험에 가입하기 전 기대효용은 최초자산은 100, 손실액은 51, 손실을 입을 확률은 $\dfrac{1}{2}$, 효용함수는 $\sqrt{m}$이기에 $E(U) = \left(\dfrac{1}{2} \times \sqrt{100}\right) + \left(\dfrac{1}{2} \times \sqrt{49}\right) = \dfrac{17}{2}$이다.
- 보험에 가입하면 손실의 $(\alpha \times 100)\%$를 보상해주기에 기대효용은 $E(U) = \left(\dfrac{1}{2} \times \sqrt{100-19}\right) + \left(\dfrac{1}{2} \times \sqrt{100-19-51+51\alpha}\right) = \dfrac{9}{2} + \dfrac{1}{2}\sqrt{30+51\alpha}$이다.

• 갑이 보험에 가입하기 위한 조건은 기존의 기대효용보다 보험가입시 기대효용이 크거나 같아야 하기에 a의 최솟값은 $\frac{9}{2}+\frac{1}{2}\sqrt{30+51a}=\frac{17}{2}$, $\frac{1}{2}\sqrt{30+51a}=4$, $\sqrt{30+51a}=8$, $51a=34$, $a=\frac{2}{3}$이다.

05 내쉬균형 정답 ①

(출제 포인트) 내쉬균형에 있다면 상대방의 전략이 주어져 있을 때 각 경기자는 자신의 전략을 바꾸더라도 보수를 증가시킬 수 없다.

(정답)

가, 나. 갑, 을 모두 1을 선택할 경우, 모두 1의 상금을 받지만 2로 변경하는 경우 상금이 0으로 감소하기에 전략을 변경할 수 없다. 마찬가지로 갑, 을 모두 2를 선택할 경우, 모두 2의 상금을 받지만 1로 변경을 하면 2로 동일하고, 3으로 변경하면 0으로 상금이 감소하기에 전략을 변경할 수 없다.

(오답피하기)

다. 갑, 을 모두 3을 선택할 경우, 모두 3의 상금을 받지만 2로 변경할 경우, 상금이 4로 증가하기에 내쉬균형이 아니다.

라. 한 사람이 다른 사람보다 1큰 숫자를 선택하는 경우, 높은 숫자를 선택한 참가자는 0의 상금을 받지만 숫자를 1낮게 변경할 경우, 해당 숫자만큼의 상금으로 증가하기에 내쉬균형이 아니다.

06 고전학파 정답 ②

(출제 포인트) 고전학파는 화폐중립성과 가격변수의 신축성, 완전고용을 가정하기에 통화정책은 효과가 없고 총공급곡선은 수직선이다.

(정답)

가. 고전학파는 모든 가격변수(물가, 이자율, 명목임금)가 신축적이기에 불균형시 가격조정으로 즉각 균형회복이 가능하다고 가정한다.

다. 고전학파는 수직의 총공급곡선과 화폐의 중립성을 가정하기에 금융정책은 명목변수에만 영향을 미칠 뿐 실물 부문에 아무런 영향을 미치지 않는다.

(오답피하기)

나. 국민소득은 물가수준과 관계없이 완전고용산출량 수준에서 고정되어있기에 총공급곡선은 수직선이다.

라. 고전학파에 따르면, 재정정책은 구축효과로 실물 부문에 아무런 영향을 미치지 않는다고 본다.

07 디플레이션 정답 ①

(출제 포인트) 케인즈학파는 유효수요부족에 대한 재정정책의 중요성을, 통화주의학파는 적응적 기대에 의한 준칙주의를, 새고전학파는 합리적 기대에 의한 정책무력성을 주장하였다.

(정답)

가. 새고전학파는 예상된 정책의 경우 단기에도 실업률에는 아무런 영향을 미칠 수 없으며, 물가상승만 초래한다는 정책무력성정리를 가정하기에 합리적 기대하 정부계획발표만으로도 충분하다고 본다.

나. 통화주의학파는 자연실업률가설을 제시하여 정부의 빈번한 시장개입은 기대인플레이션을 발생시켜 필립스곡선을 상방으로 이동시켜 스태그플레이션을 유발한다고 가정하기에, 디플레이션에 대한 대책으로 준칙에 따른 통화정책을 강조하였다.

다. 케인즈학파는 디플레이션의 원인을 유효수요의 부족으로 파악하기에 재정정책을 통한 소득확대를 강조하였다.

08 자연실업률 정답 ④

(출제 포인트) 자연실업률하에서 노동시장이 균형으로 취업자수와 실업자수가 변하지 않기에 장기균형에서 실업률은 일정하다.

(정답)

• 실업률은 실업자 수를 경제활동인구로 나눈 비율이다.

• 다음 기의 실업자 수를 정리하면

$U_{t+1}=(1-e-b)U_t+bL_t$이고 실업률을 구하기 위해

$L_{t+1}=(1+n)L_t$로 나누면 $(t+1)$기의 실업률은

$$\frac{U_{t+1}}{L_{t+1}}=\frac{(1-e-b)U_t}{(1+n)L_t}+\frac{bL_t}{(1+n)L_t}=\frac{(1-e-b)U_t}{(1+n)L_t}+\frac{b}{(1+n)}$$

이다.

• 장기균형에서 $(t+1)$기의 실업률과 t기의 실업률이 일정하기에

$$\text{실업률}(u)=\frac{(1-e-b)}{(1+n)}u+\frac{b}{(1+n)}$$

$$\rightarrow \frac{(1+n)-(1-e-b)}{(1+n)}u=\frac{(n+e+b)}{(1+n)}u=\frac{b}{(1+n)}$$

$\rightarrow u=\frac{b}{n+e+b}$이다.

09 관세 · 수출보조금 정답 ④

(출제 포인트) (대국)관세가 부과되면 수입량감소로 국제시장에서 초과공급이 발생하여 국제가격(수입가격)이 하락하여 교역조건은 개선되고, 단위당 t원의 관세가 부과되면 하락한 국제가격에서 t원만큼 상승하기에 국내가격이 t원보다 더 적게 상승한다. 수출보조금 지급시 국내소비감소, 국내생산증가, 국제수지개선 효과가 발생한다. 그리고 소비자잉여감소, 생산자잉여증가이나 보조금지급으로 사회적 후생손실이 발생한다.

(정답)

가. 자유무역시 X재 국제가격보다 국내가격이 높은 국가는 수입하고, 국내가격이 낮은 국가는 수출하기에 교역이후 수출국의 X재 가격은 상승하나 수입국은 하락한다.

나. 대국인 수입국이 수입관세를 부과할 경우, 수입량감소로 국제시장에서 초과공급이 발생하여 국제가격(수입가격)이 하락하기에 교역조건이 개선되어 사회후생이 증가하나 관세부과로 인해 손실이 발생하기에 후생변화는 불분명하다.

다. 소국이 수입관세를 부과하면 국내가격이 부과관세만큼 상승하기에 전체소비량이 줄어 소비자는 손실을 보고 국내생산량증가 및 가격이 상승하여 생산자는 이득을 얻는다.

오답피하기

라. 수출국이 수출보조금을 도입하면 소비자잉여가 감소하고 생산자잉여증가이나 보조금지급으로 사회적 후생손실이 발생한다.

10 J커브효과 정답 ③

출제 포인트 평가절하시 수출품과 수입품의 가격은 즉각 변하나 수출입량의 조정은 서서히 이루어진다. 즉, 달러표시 수출품의 가격은 즉각 하락하나 수출량은 서서히 증가하기에 단기적으로 경상수지가 악화되었다가 시간이 지나면서 점차 개선되는 효과를 $J-$ 커브효과라 한다.

정답

- 자국통화가 평가절하(환율상승)되면 수출가격은 하락하지만 수출물량의 변화는 미미하기에 수출가격이 하락하여 경상수지가 악화된다.
- 장기적으로는 하락된 수출가격으로 인해 수출물량이 크게 증가하기에 경상수지가 개선된다.

04회 2021 공인회계사(2)

정답 p.19

01	③ 미시	02	① 미시	03	③ 미시	04	정답 없음 미시	05	② 미시
06	④ 미시	07	① 미시	08	④ 거시	09	③ 거시	10	④ 거시

01 공공재 정답 ③

(출제 포인트) 개별수요곡선을 수직으로 합하여 도출하는 공공재의 시장 수요곡선하에서 소비자들은 동일한 양을 서로 다른 편익으로 소비한다.

(정답)

- $G \leq 50$인 구간에서는 사람 1, 2의 한계편익이 각각 $MB_1(G)=50-G$, $MB_2=50-\frac{1}{2}G$이기에 개별 한계편익을 수직으로 합한 사회적 한계편익은 $SMB=100-\frac{3}{2}G$이다.
- $50<G\leq 100$인 구간에서는 사람 1의 한계편익이 0이기에 사회적 한계편익은 $SMB=50-\frac{1}{2}G$이다.
- $100<G$인 구간에서는 사람 1, 2의 한계편익이 모두 0이기에 사회적 한계편익은 0이다.

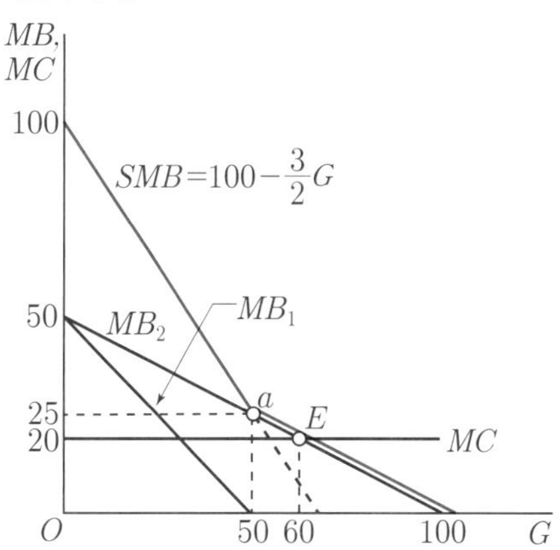

- 공공재의 최적생산조건은 $SMB=MC$이기에 $50-\frac{1}{2}G=20$, $G=60$이다. 이때, 개인 1의 한계편익은 0이기에 개인 1은 가격을 지불하지 않고 개인 2만 20의 비용을 지불한다.
- 개인 1은 가격은 지불하지 않지만 한계편익이 0이 되는 수준인 50단위의 공공재를 소비하기에 개인 1의 총편익은 개인 1의 한계편익곡선 하방의 면적인 $1{,}250\left(=\frac{1}{2}\times 50\times 50\right)$이다.

02 정보경제학 정답 ①

(출제 포인트) 비대칭 정보로 감춰진 특성에 의한 계약이전의 선택의 문제가 역선택이고, 감춰진 행동에 의한 계약이후의 행동의 문제가 도덕적 해이이다.

(정답)

보험가입자의 건강 상태에 따라 의료보험료를 다르게 책정하는 것은 계약이전의 선택의 문제인 역선택 문제를 완화시킬 수 있다.

(오답피하기)

②, ③, ④ 화재발생시 보험금 일부 지급, 보험가입자의 일부 본인 부담, 보험 급여 지급 요건, 건전가입자 일부 할인제도는 계약이후의 행동의 문제인 도덕적 해이를 완화시킬 수 있다.

03 생산자균형 정답 ③

(출제 포인트) 주어진 등비용선 수준에서 총생산물이 극대가 되는 것을 생산자균형이라 하고, 등량곡선과 등비용선이 접하는 점에서 결국, 한계생산물균등의 법칙에 따라 달성된다.

(정답)

- 생산함수가 $y=\sqrt{LK}$로 1차 $C-D$함수이기에 한계기술대체율 $MRTS_{LK}=\frac{K}{L}$이고, 노동과 자본의 가격이 모두 1이기에 등비용선의 기울기는 $\frac{w}{r}=1$이다.
- 비용극소화 조건은 $MRTS_{LK}=\frac{w}{r}$이기에 $\frac{K}{L}=1$, $K=L$이다. $K=L$을 생산함수에 대입하면 $y=L$, $y=K$이기에 비용함수는 $C=wL+rk=(1\times y)+(1\times y)=2y$이다.
- 비용함수 $C=2y$를 y에 대해 미분하면 한계비용은 $MC=2$이다.

04 종가세 정답 없음

(출제 포인트) 생산자에게 부과될 때 생산자가 소비자로부터 받고자 하는 가격이 세율$(t\%)$만큼 상승하고, 소비자에게 부과될 때 소비자가 생산자에게 지불할 용의가 있는 금액이 세율$(t\%)$만큼 하락한다.

(정답)

- 소비자균형점은 $30-p=p$, $p=15$, $q=15$이다.
- 종가세가 부과된 후 생산자는 조세부과 전과 동일한 가격을 받고 싶어하기에 조세부과 전의 공급곡선식의 P를 $(1-t)P$로 바꾸어주면 $t=50\%$이기에 공급곡선식이 $(1-0.5)P=Q$, $P=2Q$가 된다.
- 새로운 소비자균형점은 $30-Q=2Q$, $Q=10$이고 이를 수요함수에 대입하면 균형가격 $P=20$이다.

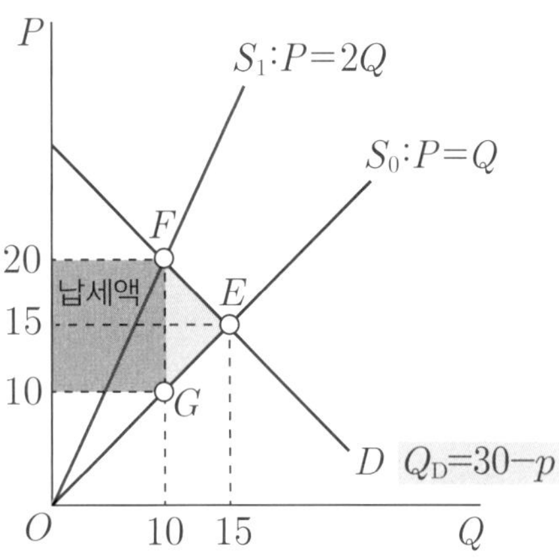

그림에서 후생손실의 크기는 삼각형의 면적이기에 $\frac{10 \times 5}{2} = 25$이다.

05 3급 가격차별 정답 ②

(출제 포인트) 장을 몇 개로 분할하여 각 시장에서 서로 다른 가격을 설정하는 것이 제3급 가격차별이다.

(정답)

- 시장 A의 수요곡선이 $p_A = 30 - y_A$, 시장 B의 수요곡선이 $p_B = 40 - 2y_B$이기에 $MR_A = 30 - 2y_A$, $MR_B = 40 - 4y_B$이다. 이윤극대화 조건은 $MR = MC$이기에 $MR_A = MC$로 두면 $30 - 2y_A = 4$, $y_A = 13$, $MR_B = MC$로 두면 $40 - 4y_B = 4$, $y_B = 9$이다.
- 생산시설의 한계로 생산량이 10을 넘을 수 없기에 기업은 이윤극대화를 위해 10단위를 초과하는 생산량을 각 시장의 한계수입이 같아지게끔 각 시장에 배분한다.
- 따라서 $MR_A = MR_B$로 두면 $30 - 2y_A = 40 - 4y_B$, $2y_A - 4y_B = -10$, $y_A - 2y_B = -5$이고 두 시장에 판매할 수 있는 재화의 양이 10단위이기에 $y_A + y_B = 10$이다. 이 두 식을 연립하면 $y_A = 5$, $y_B = 5$이다.

06 쿠르노모형 정답 ④

(출제 포인트) 쿠르노모형은 각 기업의 반응곡선을 도출해 연립하면 균형생산량과 균형가격을 구할 수 있다.

(정답)

- 기업 B의 생산량이 주어지고, 기업 A의 한계비용이 1일 때, 이윤극대화를 통해 반응곡선을 도출하면,

$p = 15 - y_A - y_B$

$TR_A = py_A = 15y_A - y_A^2 - y_Ay_B$

$\frac{dTR_A}{dy_A} = MR_A = 15 - 2y_A - y_B = 1$

$y_A = 7 - \frac{1}{2}y_B$이다.

- 기업 A의 생산량이 주어지고, 기업 B의 한계비용이 2일 때, 기업 B의 이윤극대화를 통해 반응곡선을 도출하면,

$p = 15 - y_A - y_B$

$TR_B = py_B = 15y_B - y_Ay_B - y_B^2$

$\frac{dTR_B}{dy_B} = MR_B = 15 - y_A - 2y_B = 2$

$y_B = \frac{13}{2} - \frac{1}{2}y_A$이다.

- 두 기업의 반응곡선을 연립하면 $y_A = 5$, $y_B = 4$이기에 시장의 균형생산량은 $y = 9$이고, 이를 시장수요함수에 대입하면 균형가격은 $p = 6$이다.

07 일반경쟁균형 정답 ①

(출제 포인트) 모든 생산물시장과 생산요소시장이 동시에 균형을 이루는 상태를 일반균형이라 하고 소비자의 무차별곡선의 기울기가 일치한다.

(정답)

- 소비자 1의 효용함수가 $u_1 = 2x_1 + 3y_1$이기에 무차별곡선 기울기는 $\frac{2}{3}$이다.
- 경쟁균형에서는 각 소비자의 무차별곡선의 기울기가 일치하기에 소비자 2의 한계대체율도 $\frac{2}{3}$이다.

08 국제수지 정답 ④

(출제 포인트) 일정기간 일국거주자와 외국거주자 간 경제적 거래를 분류 · 집계한 국제수지표는 경상수지, 자본 · 금융 계정 및 오차 및 누락으로 구성되고 경상수지는 상품수지, 서비스수지, 본원소득수지, 이전소득수지로 구성되고 자본 · 금융계정은 자본수지, 금융계정으로 구성된다.

(정답)

외국 국내근로자의 국내 송금은 본원소득수지에 흑자로 계상된다.

(오답피하기)

①, ② 중앙은행의 해외자금 차입과 외국투자자들의 국내 주식 매입은 금융계정에 흑자로 계상된다.

③ (한국은행 공식답변) 상표권, 영업권, 독점판매권과 같은 비생산 · 비금융자산 취득 및 처분은 자본수지에 포함되고 있습니다. 다만 특허권의 경우 무형재산이라는 점은 유사하나, 국제수지 편제 기준인 $BPM6$에 따라 연구개발서비스의 산출물로 판단하기 때문에 서비스수지의 하위항목인 연구개발서비스수지에 포함하고 있습니다. 보다 자세한 내용은 한국은행에서 발간한 책자 '우리나라 국제수지 통계의 이해' 53p에서 확인하실 수 있습니다.

⑤ 무상원조는 이전소득수지에 적자로 계상된다.

09 빅맥지수 정답 ③

(출제 포인트) 맥도날드 대표 햄버거인 '빅맥' 가격에 기초해 각 국가의 물가 수준을 비교하는 구매력평가지수 개념이 빅맥지수(Big Mac index)로, 환율의 적정성 여부를 판단하게 하며 $\frac{\text{국내가격}}{\text{미국가격}}$으로 구할 수 있다.

(정답)

- 빅맥지수는 $\frac{\text{국내가격}}{\text{미국가격}}$이기에 빅맥으로 계산한 A국의 구매력평가환율은 $\frac{30}{4}=7.5$, B국의 구매력평가환율은 $\frac{100}{4}=50$, C국의 구매력평가환율은 $\frac{100}{4}=25$이다.
- A국의 현재환율이 5, B국의 현재환율이 100, C국의 현재환율이 20이기에 A국의 현재환율이 구매력평가환율의 67%, B국은 200%, C국은 80% 수준이다.
- 따라서 빅맥지수 대비 현재 환율이 높은 순으로 나열하면 $B-C-A$이다.

10 솔로우모형 정답 ④

(출제 포인트) 솔로우(Solow)의 경제성장모형하에서 1인당 실제투자액[$sf(k)$]과 1인당 필요투자액($(n+d)k$)이 일치할 때 1인당 자본량이 불변으로 균제상태를 보인다.

(정답)

- 기술진보가 없는 솔로우 모형에서 정상상태는 $sf(k)=(n+d)k$에서 달성되고 총생산함수를 노동 L_t로 나눈 1인당 생산은 $y_t=\sqrt{k_t}$이다.
- 감가상각률과 저축률은 각각 10%, 30%이고, 노동증가율이 0일 경우 정상상태에서,
  $sf(k)=(n+d)k$
  $0.3\sqrt{k_t}=0.1k$
  $k_t=9$, $y_t=3$이다.
- 노동증가율이 0에서 -2%로 감소할 경우 인구감소로 1인당 자본량과 1인당 생산이 증가하기에 소비와 저축은 증가하나 저축률은 30%로 고정되어 있기에 한계소비성향도 70%로 변하지 않아 1인당 생산 대비 1인당 소비 비율은 변하지 않는다.

(오답피하기)

①, ②, ③ 노동증가율이 감소할 경우 인구가 감소하기에 1인당 자본량과 1인당 생산이 증가하고 1인당 생산이 증가하기에 1인당 소비도 증가한다.

⑤ $y_t=\sqrt{k_t}$이기에 인구 감소에 따른 1인당 자본의 증가율은 1인당 생산의 증가율의 제곱이다. 그러므로 1인당 생산 대비 1인당 자본 비율은 노동증가율 감소 전과 동일하지 않다.

05회 2020 공인회계사(1)

정답

p.22

01	④ 미시	02	⑤ 미시	03	④ 미시	04	① 미시	05	④ 미시
06	④ 국제	07	④ 국제	08	⑤ 미시	09	② 국제	10	① 국제

01 정보경제학 정답 ④

출제 포인트 상대방의 특성에 대한 당사자들 간 정보수준이 다른 상황을 감춰진 특성이라 하고, 이는 계약이전의 선택의 문제로 역선택을 초래한다.

정답
중고차시장과 같이 어떤 시장에서 거래되는 상품에 대한 정보가 비대칭적이면 구매자는 평균적인 품질을 기준으로 가격을 지불하려고 한다. 구매자가 평균적인 품질을 기준으로 가격을 지불하려고 하면 고품질의 상품을 가진 판매자는 가격이 너무 낮다고 생각하고 시장에서 이탈할 것이기에 주로 저품질의 상품만 거래되는 역선택 현상이 발생한다.

오답피하기
① 롤스(J. Rawls)는 사회구성원들이 자신의 장래가 어떻게 될지 모르는 상황을 무지의 장막(veil of ignorance)에 가려 있는 것으로 설명하였다. 그는 무지의 장막에 가려 있어 자신의 미래를 내다볼 수 없는 상황에서는 사람들이 사회질서를 선택하는 과정에서 어떤 계층에 특별히 유리하거나 불리하지 않도록 공정한 태도로 임하게 될 것으로 보았다.
② 경기자가 우월전략을 선택했을 때의 보수가 열위전략을 선택했을 때의 보수보다 작아지는 현상을 죄수의 딜레마라 하고, 개인적 합리성이 집단적 합리성을 보장하지 못함을 시사한다.
③ 비경합성과 비배제성을 특성으로 하는 재화인 공공재가 무임승차심리로 과소하게 생산되는 현상은 긍정적인 외부성과 관련된다.
⑤ 소비가 경합적이나 비배제성으로 공유자원이 과다하게 이용되는 현상을 공유지의 비극이라 한다.

02 수요곡선 정답 ⑤

출제 포인트 소득변화에 따른 소비자 균형점을 연결한 곡선이 소득소비곡선으로 그 형태는 수요의 소득탄력도에 따라 다르다. 즉, 사치재는 소득소비곡선이 완만한 형태이고 필수재는 가파른 형태이며 소득탄력도가 1일 때 원점을 지나는 직선이다. 열등재는 좌상향의 형태이다. 소득변화에 따른 재화구입량 변화를 연결한 곡선인 엥겔곡선은 소득소비곡선에서 도출된다.

정답
다, 라. 소득이 증가할 때 두 재화의 구입량이 모두 증가하기에 소득확장경로(소득소비곡선)가 우상향한다. 그런데 소득이 증가할 때 Y재 구입량이 X재 구입량보다 더 큰 폭으로 증가하기에 소득을 세로축에 두었을 때 Y재의 엥겔곡선 기울기가 X재보다 더 완만하다.

오답피하기
가, 나. 소득이 100에서 130으로 30% 증가하였을 때 X재 소비량은 6개에서 7개로 $17\%\left(=\left(\frac{7-6}{6}\right)\times 100\right)$ 증가하였고, Y재 소비량은 10개에서 15개로 50% 증가하였기에 X재 수요의 소득탄력성은 $0.57\left(=\frac{17}{30}\right)$, Y재 수요의 소득탄력성은 $1.67\left(=\frac{50}{30}\right)$이다. 두 재화의 소득탄력성이 0보다 크기에 두 재화 모두 정상재이다. 그런데 X재는 수요의 소득탄력성이 1보다 작기에 필수재, Y재는 수요의 소득탄력성이 1보다 크기에 사치재이다.

03 탄력성 정답 ④

출제 포인트 소득이 1% 변화할 때 수요량 변화율이 소득탄력성으로, (+)일 때 정상재, (−)일 때 열등재이다. 다른 재화의 가격이 1% 변화할 때, 본 재화의 수요량 변화율이 교차탄력성으로, (+)일 때 대체재, (−)일 때 보완재이다.

정답
- X재와 Y재는 교차탄력성이 (−)이기에 서로 보완재이고, X재와 Z재는 교차탄력성이 (+)이기에 서로 대체재이다. 그러므로 X재 수요가 증가하려면 보완재인 Y재 가격이 하락하고 대체재인 Z재 가격이 상승해야 한다.
- 한편, X재는 수요의 소득탄력성이 (−)이기에 열등재이다. 그러므로 X재 수요가 증가하려면 소득이 감소해야 한다.
- 종합해 보면 X재 수요가 증가하려면 Y재 가격이 하락하거나, Z재 가격이 상승하거나 소득이 감소해야 한다.
- 주어진 보기 중 두 요인이 모두 X재 수요를 증가시키는 방향으로 작용하는 것은 ④이다.

04 생산함수 정답 ①

출제 포인트 $Q(K, L)=\sqrt{KL}$은 1차동차 $C-D$생산함수이다.

정답
가. 문제에 주어진 생산함수는 1차동차 콥 − 더글러스 생산함수이기에 규모에 대한 수익불변이다.
나. 한계기술대체율 $MRTS_{LK}=\frac{MP_L}{MP_K}=\frac{\frac{1}{2}K^{\frac{1}{2}}L^{-\frac{1}{2}}}{\frac{1}{2}K^{-\frac{1}{2}}L^{\frac{1}{2}}}=\frac{K}{L}$이다.

생산자균형에서는 등량곡선과 등비용선이 서로 접하기에

$MRTS_{LK}=\frac{w}{r}$로 두면 $\frac{K}{L}=\frac{w}{r}$, $K=\frac{w}{r}L$이 성립한다.

그러므로 비용이 극소화되는 조건은 $K=\frac{w}{r}L$이다.

비용함수를 노동투입량의 함수로 나타내기 위해 $C=wL+rK$에 $K=\frac{w}{r}L$을 대입하면 $C=2wL$이 된다.

오답피하기

다. 비용이 극소화되는 조건은 $K=\frac{w}{r}L$이다.

라. 생산함수 $Q=\sqrt{KL}$에다 비용극소화 조건 $K=\frac{w}{r}L$을 대입하면

$Q=\sqrt{\frac{w}{r}L^2}=\sqrt{\frac{w}{r}}\cdot L=\frac{\sqrt{w}}{\sqrt{r}}L$, $L=\frac{\sqrt{r}}{\sqrt{w}}Q$이고,

이를 다시 $K=\frac{w}{r}L$에 대입하면 $K=\frac{\sqrt{w}}{\sqrt{r}}Q$이다.

그러므로 비용함수는 다음과 같이 구해진다.

$$C=wL+rK=w\frac{\sqrt{r}}{\sqrt{w}}Q+r\frac{\sqrt{w}}{\sqrt{r}}Q$$

$$=\sqrt{wr}Q+\sqrt{wr}Q=2\sqrt{wr}\cdot Q$$

$r=100$, $w=1$, $Q=50$을 $L=\frac{\sqrt{r}}{\sqrt{w}}Q$와 $K=\frac{\sqrt{w}}{\sqrt{r}}Q$에 대입하면

최적요소투입량은 $L=500$, $K=5$이다.

05 순현재가치 정답 ④

출제 포인트 투자로부터 얻는 수입의 현재가치(PV)와 투자비용(C)을 비교하여 투자여부를 결정하는 이론이 현재가치법으로 고전학파의 투자결정이론이다.

정답

- 사회적 할인율이 5.5%일 때 $\frac{B}{C}$비율이 1이기에 편익의 현재가치와 비용의 현재가치가 동일하다.
- 사회적 할인율이 4.5%로 낮아지면 미래에 발생할 편익과 비용이 모두 증가하게 되는데, 비용은 대부분 초기에 발생하고 편익은 대부분 후기에 발생하기에 사회적 할인율이 낮아지면 편익의 현재가치가 비용의 현재가치보다 더 크게 증가한다.
- 그러므로 사회적 할인율이 4.5%로 낮아지면 순편익의 현재가치는 0보다 커지게 된다.
- $\frac{B}{C}$비율은 1보다 커지게 된다.

06 수출보조금 정답 ④

출제 포인트 수출보조금 지급시 국내소비감소, 국내생산증가, 국제수지 개선 효과가 발생한다. 그리고 소비자잉여감소, 생산자잉여증가이나 보조금 지급으로 사회적 후생손실이 발생한다.

정답

- $P=3$을 A국의 수요곡선과 공급곡선에 대입하면 국내수요량이 40, 국내공급량이 80이기에 국제가격이 3일 때 수출량이 40이다.
- A국이 개당 1의 보조금을 지급하여 국제가격이 2.5로 하락하는 경우 A국 수출업자는 외국으로 수출하면 2.5의 가격을 받지만 정부로부터 1의 보조금을 받기에 실제로 받는 단위당 가격은 3.5가 된다. 수출시 3.5의 가격을 받기에 국내가격이 3.5보다 낮다면 A국 생산자는 국내에 판매하지 않으려고 할 것이다. 그러므로 수출보조금 지급 이후에는 국내가격도 3.5로 상승한다.
- 정부의 보조금 지급액은 단위당 보조금의 크기에다 수출량을 곱한 것이기에 $(B+C+D+E)$의 면적에 해당하는 $60(=1\times60)$이다.
- 그러므로 수출보조금 지급에 따른 사회적인 후생손실의 크기는 $(B+D+E)$에 해당하는 35만큼이다.

$\left(B\text{와 } D \text{ 각각의 면적}=\frac{1}{2}\times10\times0.5=2.5,\ E\text{의 면적}=60\times0.5=30,\ B+D+E=2.5+2.5+30=35\right)$

오답피하기

①, ② $P=3.5$를 A국의 수요곡선과 공급곡선에 대입하면 국내수요량 30, 국내공급량 90이기에 보조금 지급 이후에는 수출량이 60이다. 그러므로 개당 1의 보조금을 지급하면 국내소비량은 10 감소, 국내공급량은 10 증가, 수출량은 20 증가함을 알 수 있다.

③, ⑤ 보조금 지급으로 국내가격이 3에서 3.5로 상승하면 소비자잉여는 $(A+B)$의 면적인 $17.5\left(=\frac{1}{2}(40+30)\times0.5\right)$만큼 감소하고, 생산자잉여는$(A+B+C)$의 면적인 $42.5\left(=\frac{1}{2}(80+90)\times0.5\right)$만큼 증가한다.

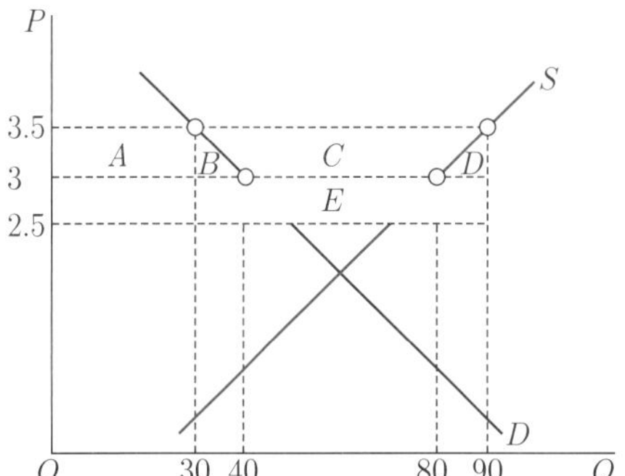

07 관세부과 정답 ④

출제 포인트 (대국)관세가 부과되면 수입량감소로 국제시장에서 초과공급이 발생하여 국제가격(수입가격)이 하락하여 교역조건은 개선되고, 단위당 t원의 관세가 부과되면 하락한 국제가격에서 t원만큼 상승하기에 국내가격이 t원보다 더 적게 상승한다.

정답

- ① 관세부과로 국내가격이 P_W에서 P_T로 상승하면 국내수요량이 D_2, 공급량이 S_2이기에 관세부과 후에는 D_2-S_2만큼의 재화가 수입된다.
- ②, ③ 소비자잉여는 $(a+b+c+d)$만큼 감소하고 생산자잉여는 a만큼 증가하지만, 관세수입$(c+e)$이 발생하기에 사회적 잉여는 $(b+d-e)$만큼 변화한다.

• ⑤ 한편, 단위당 관세액이 관세부과 후의 세계시장가격과 국내가격의 차이에 해당하는 $(P_T - P_T^*)$이기에 정부의 관세수입은 $(c+e)$만큼이다. 그러므로 관세부과시 사회 전체 총잉여의 변화분은 $e-(b+d)$가 된다. 그러므로 $b+d$의 크기가 e보다 크면 관세부과 전보다 사회후생이 감소한다.

소비자잉여 변화분 : $-(a+b+c+d)$
생산자잉여 변화분 : a
정부의 관세수입 : $c+e$

총잉여의 변화분 : $e-(b+d)$

국내생산량이 최적수준인 S_1보다 더 많은 S_2로 증가하기에 b만큼의 후생손실이 발생하고, 국내소비량이 최적수준인 D_1보다 적은 D_2로 감소하기에 d만큼의 후생손실이 발생한다. 즉, b는 관세부과에 따른 생산의 비효율성, d는 관세부과에 따른 소비의 비효율성을 나타낸다.

08 효용극대화 정답 ⑤

출제 포인트 한계효용균등의 법칙$\left(\frac{MU_X}{P_X} = \frac{MU_Y}{P_Y}\right)$에 따라 효용극대화를 추구한다.

정답

• 효용함수를 x와 y에 대해 미분하면 $MU_x = y + 10$, $MU_y = x$이다. 소비자균형에서는 무차별곡선과 예산선이 접하기에 $MRS_{xy} = \frac{P_X}{P_Y}$로 두면 $\frac{y+10}{x} = \frac{1}{2}$이다.

• 이를 예산제약식 $x + 2y = 10$과 연립해서 풀면 $x = 15$, $y = -2.5$로 계산된다.

• 소비자의 각 재화 구입량이 $(-)$가 될 수는 없기에 $y = 0$을 다시 예산제약식에 대입하면 $x = 10$이 된다.

09 실효보호관세율 정답 ②

출제 포인트 관세부과로 특정산업이 보호받는 정도를 실효보호관세율이라 하고, 관세부과에 따른 부가가치증가율,

즉 $q = \frac{\text{부과 후 부가가치} - \text{부과 전 부가가치}}{\text{부과 전 부가가치}} = \frac{T - \alpha t}{1-\alpha}$

$(T$: 최종재 관세율, t: 중간재 관세율, α: 중간재 투입계수$)$로 측정된다.

정답

최종재(X재)의 가격이 150, 중간재(Y재)의 가격이 100이기에 중간재 투입계수는 $\alpha = \frac{2}{3}$이고, 최종재인 X재에 대한 관세율 $T = 0.4$, 중간재인 Y재에 대한 관세율 $t = 0.5$이기에 실효보호관세율(q)이 20%로 계산된다. $q = \frac{T-\alpha t}{1-\alpha} = \frac{0.4 - \left(\frac{2}{3} \times 0.5\right)}{1 - \frac{2}{3}} = 0.2$

10 환율 정답 ①

출제 포인트 외환의 매매계약과 동시에 외환의 인도와 대금결제가 이루어지는 현물환거래시 적용되는 환율이 현물환율이고, 매매일로부터 일정기간 경과 후 이루어지는 선물환거래시 적용되는 환율이 선물환율이다.

정답

가. 1개월 후 원/달러의 현물환율이 1,020원이고, 현시점에서 은행 A, B, C가 예상한 1개월 뒤의 환율이 각각 990원, 1,010원, 1,080원이기에 A은행의 예측오차는 -30원, B은행의 예측오차는 -10원, C은행의 예측오차는 $+60$원이다. 그러므로 예측오차의 절댓값이 가장 큰 것은 C은행이다.

나. A가 1달러 = 1,000원의 선물환율로 1달러를 매도하면 1개월 뒤에 1달러를 지급하고 1,000원을 받게 된다. 그런데 1개월 뒤에 1달러 = 1,020원의 현물환율로 1달러를 매입하려면 1,020원을 지급해야 하기에 20원의 손실이 발생한다.

오답피하기

다, 라. B와 C가 1달러 = 1,000원의 선물환율로 1달러를 매입하면 1개월 뒤에 1,000원을 지급하고 1달러를 받게 된다. 이제 1개월 뒤에 1달러 = 1,020원의 현물환율로 1달러를 매도하면 1,020원을 받기에 20원의 이익을 얻을 수 있다.

06회 2020 공인회계사(2)

정답 p.25

01	② 미시	02	④ 미시	03	③ 미시	04	③ 미시	05	③ 미시
06	① 거시	07	② 거시	08	⑤ 거시	09	② 국제	10	① 거시

01 이윤극대화 정답 ②

(출제 포인트) 사회적인 최적생산은 A의 한계편익과 B의 한계비용이 같아지는 수준에서 결정된다.

(정답)

- A가 제품을 생산할 때 얻는 한계편익과 그에 따른 B의 한계비용을 그림으로 나타내면 아래와 같다.
- 사회적인 최적생산은 A의 한계편익과 B의 한계비용이 같아지는 수준에서 결정되기에 $MB_A = MC_B$로 두면 $10 - \frac{1}{2}Q = \frac{1}{2}Q$, $Q = 10$이다.
- A가 10단위의 재화를 생산할 때 얻는 총편익은 한계편익곡선 하방에 있는 $(\alpha + \beta)$면적이고, B가 입는 총피해는 한계비용곡선 하방에 있는 β의 면적이다.
- 이때 A가 10단위의 재화를 생산할 때 피해보상과 협상에 쓸 용의가 있는 최대금액은 $(\alpha + \beta)$의 면적이다.
- 그러므로 B가 입는 피해에 대해 β만큼을 보상한다면 협상비용으로 쓸 수 있는 최대금액은 α의 면적에 해당하는 $50\left(= \frac{1}{2} \times 10 \times 10\right)$이다.

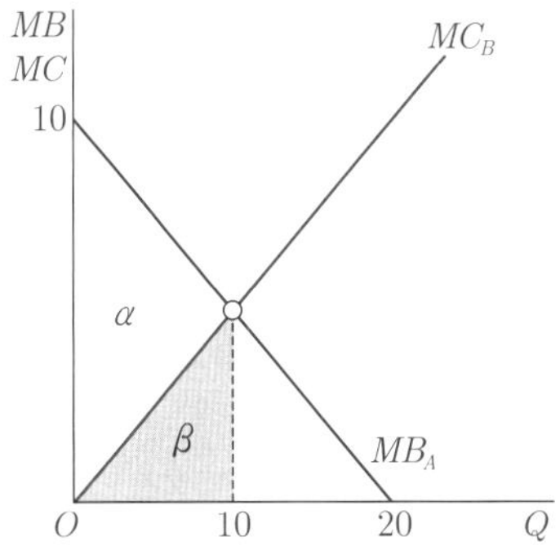

02 기대이론 정답 ④

(출제 포인트) 기대출근시간은 출근시간을 평균적으로 계산한 기댓값이다.

(정답)

- S가 1보다 크거나 같다면 사고가 날 확률이 1이기에 출근시간이 $\frac{1}{S} + 16$이고, S가 1보다 작을 때는 사고가 날 확률이 S, 사고가 나지 않을 확률이 $(1 - S)$이기에 기대출근시간이 다음과 같다.

  기대출근시간 $= \left\{S \times \left(\frac{1}{S} + 16\right)\right\} + \left\{(1 - S) \times \frac{1}{S}\right\} = 16S + \frac{1}{S}$

- 기대출근시간이 최소가 되는 주행속도를 구하기 위해 $16S + \frac{1}{S}$를 S에 대해 미분한 뒤 0으로 두면 $16 - \frac{1}{S^2} = 0$, $S = \frac{1}{4}$이다.

  이를 $16S + \frac{1}{S}$에 대입하면 기대출근시간은 8이다.

- S가 1보다 크거나 같으면 기대출근시간이 $\frac{1}{S} + 16$이고, $S = \frac{1}{4}$이면 기대출근시간이 8이기에 A의 기대출근시간이 최소화되는 주행속도 $S = \frac{1}{4}$임을 알 수 있다.

03 세금부과 정답 ③

(출제 포인트) $T1$은 정액세, $T2$는 종량세, $T3$는 종가세, $T4$는 이윤세를 의미한다.

(정답)

종가세가 부과되면 생산량이 감소하고 가격이 상승한다. 조세부과 이후에 가격이 상승하기에 단위당 조세 중 일부가 소비자에게 전가된다. 또한 조세부과 이후에는 생산량이 감소하기에 자중손실이 발생한다.

(오답피하기)

① 정액세가 부과되더라도 생산량과 가격이 변하지 않는다.
② 종량세가 부과되면 생산량이 감소하고 가격이 상승한다.
④ 이윤세가 부과되더라도 생산량과 가격이 변하지 않는다. 조세부과 이후에도 가격이 불변이기에 세금이 소비자에게 전혀 전가되지 않는다. 그러므로 세금 전부를 독점기업이 부담한다. 또한 조세부과 이후에도 생산량이 변하지 않기에 자중손실도 발생하지 않는다.
⑤ $T2$ 종량세나 $T3$ 종가세가 부과되면 생산량이 감소하고 가격이 상승한다. 따라서 단위당 조세 중 일부가 소비자에게 전가된다.

04 슈타켈버그모형 정답 ③

(출제 포인트) 선도자란 자신이 임의의 생산량을 선택하였을 때 추종자가 어떤 반응을 보일지 미리 예상하고 자신에게 가장 유리한 생산량을 선택하는 기업이다.

(정답)

- 선도자의 생산량이 주어진 것으로 보고 자신의 생산량을 결정하는 추종자인 기업 2의 반응함수를 구해보자.

  수요함수가 $p = 84 - y_1 - y_2$이기에
  기업 2의 한계수입 $MR_2 = 84 - y_1 - 2y_2$이다.

- 기업 2의 한계비용이 0이기에 $MR_2 = MC_2$로 두면
  $84 - y_1 - 2y_2 = 0$, $y_2 = 42 - \frac{1}{2}y_1$이다.
- 이제 시장수요함수에 추종자인 기업 2의 반응함수를 대입하면 선도자인 기업 1의 수요곡선을 구할 수 있다.
  $p = 84 - y_1 - y_2 = 84 - y_1 - 42 - \frac{1}{2}y_1 = 42 - \frac{1}{2}y_1$
- 따라서 한계수입 $MR_1 = 42 - y_1$이다. 기업 1의 한계비용이 21이기에 $MR_1 = MC_1$으로 두면 $42 - y_1 = 21$, $y_1 = 21$이다.
- 기업 1의 이윤극대화 생산량 $y_1 = 21$을 기업 2의 반응함수에 대입하면 기업 2의 이윤극대화 생산량 $y_2 = 31.5$이다.

05 기대이론 정답 ③

(출제 포인트) 범칙금을 상향하기 전과 후의 기대효용이 같다면, A의 주차위반행위는 이전과 같은 수준으로 유지될 것이다.

(정답)

- A의 재산이 100, 기대효용함수가 $U = \sqrt{w}$이기에 $\frac{2}{5}$의 확률로 주차위반이 적발될 때 75의 범칙금을 내야 한다면
  기대효용 $E(U) = \left(\frac{2}{5} \times \sqrt{25}\right) + \left(\frac{3}{5} \times \sqrt{100}\right) = 8$이다.
- 이제 적발확률이 $\frac{1}{3}$로 낮아지고 그때의 범칙금이 x라면 기대효용
  $E(U) = \left(\frac{1}{3} \times \sqrt{100 - x}\right) + \left(\frac{2}{3} \times \sqrt{100}\right) = \frac{1}{3} \times \sqrt{100 - x} + \frac{20}{3}$
  이다.
- 이제 두 경우의 기대효용이 같아지는 x값을 구해보자.
  $\frac{1}{3} \times \sqrt{100 - x} + \frac{20}{3} = 8$로 두면 $\sqrt{100 - x} = 4$, $x = 84$이다.
- 적발확률이 $\frac{1}{3}$로 낮아질 때 정부가 주차위반 범칙금을 84로 상향조정하면 개인 A의 기대효용이 동일하기에 개인 A의 주차위반행위도 이전과 같은 수준으로 유지될 것이다.

06 소비함수론 정답 ①

(출제 포인트) 실제소득은 자신의 자산으로부터 매기 예상되는 평균수입인 항상소득과 일시적 소득인 임시소득으로 구성되는데 소비는 항상소득의 일정비율이라는 것이 프리드만의 항상소득가설이다.

(정답)

1년 뒤부터 영구적으로 소득세율이 인상된다는 사실이 발표되면 소비자들은 곧바로 항상소득의 감소를 예상할 것이다. 항상소득의 감소가 예상되면 개인들은 그 시점부터 소비를 조정할 것이다. 그러므로 소득세율 인상이 발표되는 시점부터 소비가 감소하고 이후에는 그 수준으로 계속 유지된다.

07 물가안정목표제 정답 ②

(출제 포인트) 물가안정목표제란 통화량 등의 중간목표를 두지 않고 정책의 최종 목표인 "물가상승률" 자체를 목표로 설정하고 이를 달성하려 하는 통화정책 운영방식이다.

(정답)

가. 물가안정목표제하에서 중앙은행은 물가상승률이 사전에 발표한 목표치를 넘어서면 기준금리를 인상하고, 물가상승률이 목표치에 미달하면 기준금리를 인하할 것이 분명하기에 정책의 투명성이 높다. 이에 비해 자유재량적으로 통화정책을 운용하는 경우에는 각 상황에서 중앙은행이 어떤 정책을 실시할지가 불확실하기에 물가안정목표제하에서보다 정책의 투명성이 떨어진다.

다. 물가안정목표제하에서는 경기가 침체하더라도 물가가 상승하면 중앙은행이 기준금리를 인상할 것이기에 생산과 고용의 변동에 적절히 대처하지 못하는 문제가 있다.

(오답피하기)

나. 물가안정목표제는 자유재량정책보다 준칙에 따른 정책의 성격이 강하기 때문에 물가안정목표제를 시행하면 자유재량적 정책을 실시할 때보다 시간불일치성 문제가 완화된다.

라. 우리나라에서는 GDP디플레이터가 아니라 소비자물가지수가 물가안정목표제의 기준지표로 사용되고 있다.

08 $IS-LM$모형 정답 ⑤

(출제 포인트) 소비증가, 투자증가, 정부지출증가, 수출증가로 IS곡선은 우측으로 이동하고, 조세증가, 수입증가, 저축증가로 IS곡선은 좌측으로 이동한다. 통화량증가로 LM곡선은 우측으로 이동하고, (거래적 동기)화폐수요증가, 물가상승으로 LM곡선은 좌측으로 이동한다.

(정답)

- IS곡선과 LM곡선을 구해보면 아래의 표와 같다.

IS곡선	LM곡선
$Y = C + I + G$ $Y = 360 + 0.8(Y - T) + 400 - 20r + G$ $0.2Y = 760 + G - 0.8T - 20r$ $Y = 3{,}800 + 5G - 4T - 100r$	$\frac{M^d}{P} = \frac{M^s}{P}$ $Y - 200r = \frac{M}{6}$ $Y = \frac{M}{6} + 200r$

- IS곡선에 $G = 180$, $T = 150$을 대입하면 $Y = 4{,}100 - 100r$이고, LM곡선에 $M = 2{,}640$을 대입하면 $Y = 440 + 200r$이다.
- 이를 연립하면 $4{,}100 - 100r = 440 + 200r$, $300r = 3{,}660$, $r = 12.2$이고, 이를 IS곡선 혹은 LM곡선 식에 대입하면 균형국민소득 $Y = 2{,}880$이다.
- 정부가 지출을 60만큼 늘리면 $G = 240$이 되고, 세금을 60만큼 줄이면 $T = 90$이 된다.
- 이제 $G = 240$, $T = 90$을 IS곡선에 대입하면 $Y = 4{,}640 - 100r$이다. 정부지출이 증가하고 조세가 감면되면 IS곡선이 오른쪽으로 이동한다. 이때 중앙은행이 이자율을 일정하게 유지하려면 통화량을 증가시켜 LM곡선도 오른쪽으로 이동시켜야 한다.

• 우선 $r = 12.2$를 새로 구한 IS곡선 식에 대입하면 $Y = 3{,}420$이기에 중앙은행이 이자율을 12.2%로 일정하게 유지하려면 중앙은행이 통화량을 증가시켜 균형국민소득 $Y = 3{,}420$이 되게끔 LM곡선을 오른쪽으로 이동시키면 된다.

• $Y = 3{,}420$, $r = 12.2$를 LM곡선에 대입하면

$3{,}420 = \frac{M}{6} + (200 \times 12.2)$, $\frac{M}{6} = 980$, $M = 5{,}880$이다.

• 그러므로 통화량을 5,880으로 증가시키면 균형국민소득이 3,420으로 증가하고 이자율이 12.2%로 유지된다.

09 환율 정답 ②

(출제 포인트) 환율상승은 자국 화폐가치하락으로 원화의 평가절하이고, 환율하락은 자국 화폐가치상승으로 원화의 평가절상이다.

(정답)

가. 국내 실질이자율이 상승하면 자본유입이 이루어져 외환공급이 증가하기에 환율이 하락한다.

다. 외국 물가 대비 우리나라 물가수준이 하락하면 순수출이 증가한다. 외환공급이 증가하기에 환율이 하락한다. 즉, 국내통화인 원화의 가치가 상승한다.

(오답피하기)

나. 수입수요가 증가하면 외환의 수요가 증가하기에 환율이 상승한다.

라. 우리나라 제품에 대한 외국의 무역장벽이 강화되면 수출이 감소한다. 수출이 감소하면 외환공급이 감소하기에 환율이 상승한다. 즉, 국내통화인 원화의 가치가 하락한다.

10 *GDP* 정답 ①

(출제 포인트) 당해연도의 생산물에 당해연도의 가격을 곱하여 계산한 것이 명목GDP이고, 당해연도의 생산물에 기준연도의 가격을 곱하여 계산한 것이 실질GDP이며, 명목GDP를 실질GDP로 나눈 값이 GDP 디플레이터이다.

(정답)

GDP디플레이터 $= \frac{\text{명목}GDP}{\text{실질}GDP} \times 100$이기에 각 연도의 GDP디플레이터와 GDP디플레이터 상승률을 구해보면 표와 같다. GDP디플레이터는 계속 상승하고, 상승률이 가장 높은 연도는 2018년이다.

연도	GDP디플레이터	GDP디플레이터 상승률
2015	$\frac{95}{100} \times 100 = 95$	−
2016	$\frac{99}{102} \times 100 = 97.1$	$\frac{97.1 - 95}{95} \times 100 = 2.21\%$
2017	$\frac{100}{100} \times 100 = 100$	$\frac{100 - 97.1}{97.1} \times 100 = 2.99\%$
2018	$\frac{103}{98} \times 100 = 105.1$	$\frac{105.1 - 100}{100} \times 100 = 5.1\%$
2019	$\frac{104}{97} \times 100 = 107.2$	$\frac{107.2 - 105.1}{105.1} \times 100 = 2.0\%$

(오답피하기)

② 2016년 이후 실질GDP는 지속적으로 감소하기에 2016년 이후 실질GDP 성장률은 음(−)이다.

③ 문제에 주어진 표를 보면 2015년 이후 명목GDP가 계속 증가하고 있기에 명목GDP 성장률은 양(+)이다.

④ 2017년 GDP디플레이터는 100으로 기준연도와 같다.

⑤ GDP 디플레이터는 15년 이후 계속 상승한다.

07회 2019 공인회계사(1)

정답

p.28

01	② 미시	02	③ 미시	03	④ 미시	04	③ 미시	05	④ 미시
06	② 미시	07	② 거시	08	④ 거시	09	④ 거시	10	① 거시

01 효용극대화 정답 ②

출제 포인트 $P_X \cdot X + P_Y \cdot Y = M$이라는 예산제약하 효용극대화는 한계효용균등의 법칙에 따라 구할 수 있다.

정답

• 소비자균형에서는 한계효용균등의 원리$\left(\frac{MU_X}{P_X} = \frac{MU_Y}{P_Y}\right)$가 성립하기에 $MU_X = 2$, $MU_Y = 4$, $P_X = 2$이면 Y재 가격은 $P_Y = 4$이다.

• 균형에서 소비자가 가격이 2인 X재를 3단위 구입하기에 X재 구입액이 6이다.

• 소득 50 중에서 X재 구입액이 6이기에 Y재 구입액은 44이고, Y재 가격이 4이기에 Y재 구입량은 11단위임을 알 수 있다.

02 가격효과 정답 ③

출제 포인트 재화의 가격변화에 따른 구입량의 변화를 가격효과라 하고 대체효과와 소득효과로 나누어진다. 동일한 실질소득수준에서 상대가격의 변화에 따른 구입량의 변화를 대체효과라 하고 항상 음(−)이다. 동일한 상대가격수준에서 실질소득의 변화에 따른 구입량의 변화를 소득효과라 하며, 정상재이면 음(−), 열등재이면 양(+)이다.

정답

• X재 가격이 상승하면 X재가 상대적으로 비싸지기에 대체효과에 의해 X재 구입량이 감소하고, Y재 구입량이 증가한다.

• X재 가격이 상승하면 실질소득이 감소하기에 소득효과에 의해 정상재인 X재 구입량이 감소하나 열등재인 Y재의 구입량은 증가한다.

• X재가 정상재, Y재가 열등재일 때 X재 가격이 상승하면 대체효과와 소득효과가 모두 X재 구입량을 감소시키는 방향으로 작용하고, Y재 구입량을 증가시키는 방향으로 작용한다. 그러므로 X재 구입량은 감소하고, Y재의 구입량은 증가한다.

03 효용극대화 정답 ④

출제 포인트 주어진 예산선 수준에서 총효용이 극대가 되는 것을 소비자균형이라 하고, 무차별곡선과 예산선이 접하는 점에서 한계효용균등의 법칙에 따라 달성된다.

정답

• X재와 Y재 가격이 모두 1이고 소득이 10이라면, 효용함수가 $U = xy$인 경우, F점이 소비자균형이다.

• X재와 Y재 가격이 모두 1이고 소득이 12라면 효용함수가 $U = xy$인 경우, 소비자균형은 E점이다.

• 즉, 효용함수가 $U = xy$이면 X재와 Y재 수요함수가 각각 $X = \frac{M}{2P_x}$, $Y = \frac{M}{2P_y}$으로 도출된다. 각 재화의 수요함수에 $P_x = P_y = 1$, $M = 12$를 대입하면 X재와 Y재의 구입량이 모두 6이기에 소비자균형이 E점에서 이루어짐을 알 수 있다.

• 사은행사를 통해 X재를 6단위 이상 구입할 때 Y재 2단위를 무료로 주는 경우에도 E점이 구입 가능하기에 이번 달 소비자균형은 E점에서 이루어질 것이다. 따라서 이번 달의 X재와 Y재 소비량은 모두 6단위로 동일하다.

오답피하기

① 지난달에는 X재와 Y재의 가격이 동일하기에 지난달 X재 1단위를 소비할 때 기회비용은 Y재 1단위이다.

② 이번 달에는 X재를 6단위 이상 구입하는 소비자에게 Y재 2단위가 무료로 지급되면 6단위 이상의 X재를 구입하는 구간에서는 예산선이 2만큼 평행하게 상방으로 이동하기에 소비가능영역이 그림에서 평행사변형 A부분의 면적만큼 넓어진다. 즉, 넓어진 예산집합의 면적은 $8(= 2 \times 4)$이다.

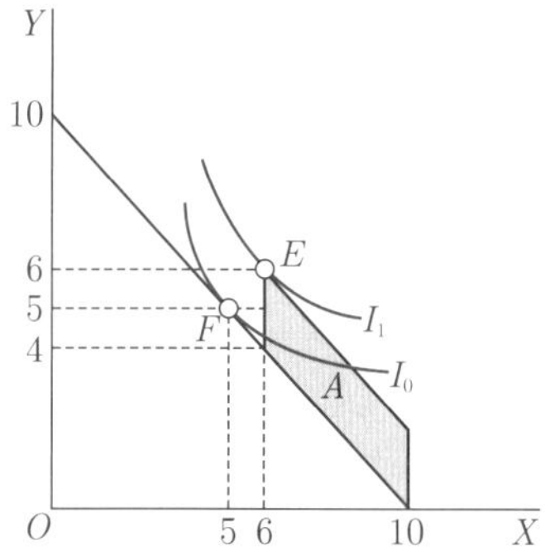

③ X재 구입량이 6단위를 넘어서는 구간에서는 예산선이 상방으로 평행이동하였기에 예산선이 우하향하는 부분에서는 기울기가 지난달과 동일하다.

⑤ 그러므로 선호가 단조성을 만족한다면 이번 달에 X재를 5단위 구입하는 것은 최적선택이 될 수 없다.

04 기대효용함수 정답 ③

출제 포인트 최대한 보험료는 공정한 보험료와 위험프리미엄의 합으로 '최초재산 − 확실성등가'로 계산한다.

정답

- A가 보험에 가입하지 않을 때의 자동차의 기대가치 $E(m) = (0.1 \times 64) + (0.9 \times 100) = 96.4$, 기대효용 $E(U) = (0.1 \times \sqrt{64}) + (0.9 \times \sqrt{100}) = 9.8$이다.
- 이제 보험에 가입하지 않을 때와 동일한 효용을 얻을 수 있는 확실한 현금의 크기인 확실성등가를 계산해 보면 $\sqrt{CE} = 9.8$, $CE = 96.04$이다.
- 보험사 B가 받을 수 있는 최대한의 보험료의 크기는 자동차의 가치 100만 원에서 확실성등가 96.04만 원을 뺀 3.96만 원으로 계산된다.

05 내쉬균형 정답 ④

출제 포인트 상대방의 전략을 주어진 것으로 보고 경기자는 자신에게 가장 유리한 전략을 선택하였을 때 도달하는 균형을 내쉬균형이라 한다.

정답

- 경기자 1이 전략 A를 선택하면 경기자 2는 전략 B 선택이 최선이고 경기자 1이 전략 B를 선택하면 경기자 2는 전략 A와 B를 모두 선택 가능하다.
- 경기자 2가 전략 B를 선택하면 경기자 1은 전략 A 선택이 최선이다. 그런데 경기자 2가 전략 A를 선택할 때 경기자 1이 전략 B를 선택하면 두 개의 내쉬균형(10, 10), (6, 4)이 생긴다.
- 따라서 내쉬균형(Nash equilibrium)이 1개만 존재하려면, 경기자 2가 전략 A를 선택할 때 경기자 1은 전략 A를 선택해야 하기에 $a > 6$이다.

06 소비이론 정답 ②

출제 포인트 일생 동안 소득의 변화는 불규칙하나 생애 전체 소득의 현재가치를 감안하여 소비는 일정하게 유지한다는 가정 아래 소비는 소득과 자산의 크기에 영향을 받는다는 것이 생애주기가설이다.

정답

- 은퇴시점까지 20년 동안 매년 6,000만 원의 소득을 얻기에 생애기간의 총소득이 12억 원이다. 총소득 12억 원에서 부채 2억 원을 차감하면 순소득이 10억 원이다.
- 생애주기가설에 의하면 사람들은 소비를 일정하게 유지하고자 하기에 순소득 10억 원을 잔여 생애기간인 40년으로 나누어주면 연간 소비는 2,500만 원임을 알 수 있다.
- 순소득 10억 원 중에서 은퇴시점까지 20년 동안 매년 2,500만 원을 소비로 지출하면 은퇴시점에서의 순자산은 5억 원이 된다.

07 교환방정식 정답 ②

출제 포인트 고전학파의 화폐수량설 $MV = PY$는 통화량과 물가가 성 비례하다는 물가이론으로 볼 수 있다. 고전학파의 화폐수량설을 변형한 $M = \frac{1}{V}PY$에서 PY(명목국민소득)만큼의 거래를 위해 일정비율 $\left(\frac{1}{V}\right)$만큼의 화폐수요가 필요하다는 화폐수요로 해석할 수 있다.

정답

- 화폐의 유통속도는 명목GDP를 통화량으로 나눈 값으로 정의된다 $\left(V = \frac{PY}{M}\right)$.
- $\frac{M^s}{P} = \frac{M^d}{P}$로 두면 $\frac{M}{P} = \frac{Y}{4i}$, $\frac{PY}{M} = 4i$이기에 이 경제의 유통속도는 $V = 4i$임을 알 수 있다. 그러므로 이 경제의 유통속도는 명목이자율에 비례한다.

08 통화승수 정답 ④

출제 포인트 본원통화가 1단위 공급되었을 때 통화량이 얼마나 증가하였는지를 보여주는 배수를 통화승수라 하고, $m = \frac{\text{통화량}}{\text{본원통화}}$이다.

정답

- 요구불예금 대비 현금보유 비율이 40%일 때 현금통화가 400조 원이기에 요구불예금의 크기는 1,000조 원이다.
- 요구불예금이 1,000조 원이고, 법정지급준비율이 5%이기에 법정지급준비금이 50조 원이다.
- 법정지급준비금이 50조 원이고 은행이 초과지급준비금 50조 원을 보유하고 있기에 이를 합한 실제지급준비금은 100조 원이다.
- 현금통화 400조 원과 요구불예금 1,000조 원을 합하면 통화량($M1$)은 1,400조 원이고, 현금통화 400조 원과 지급준비금 100조 원을 합하면 본원통화의 크기는 500조 원이다. 그러므로 통화량을 본원통화로 나눈 통화승수는 $2.8\left(= \frac{1,400}{500}\right)$이다.

09 실업 정답 ④

출제 포인트 균형(자연)실업률은 $u_N = \frac{s}{f+s}$이다.

정답

- 취업자가 일자리를 잃을 확률(s)이 0.01, 실업자가 일자리를 구할 확률(f)이 0.24이기에 자연실업률은 $u_N = \frac{s}{f+s} = \frac{0.01}{0.24+0.01} = 0.04 = 4\%$이다.
- 생산가능인구가 1,000만 명이고 경제활동참가율이 70%이기에 경제활동인구는 700만 명이다. 경제활동인구 700만 명 중 실업자가 35만 명이기에 경제활동인구에서 실업자가 차지하는 비중인 실업률이 5%이다.

• 실제실업률이 5%, 자연실업률이 4%이기에 실제실업률에서 자연실업률을 차감한 실업률 갭은 1%이다.

10 학파별 비교 정답 ①

출제 포인트 케인즈학파는 수요측면을 중시하고 단기분석에 집중하여 정부개입을 주장한다.

정답

가. 케인즈학파는 정부지출승수가 조세승수(절댓값)보다 크기에 정부지출 확대가 동일한 규모의 조세감면보다 총수요에 미치는 효과가 크다고 설명한다.

나. 고전학파에 의하면 확대적인 재정정책을 실시하면 이자율이 상승하기에 민간투자가 감소한다.

오답피하기

다. 고전학파에 의하면 경제는 항상 잠재GDP수준에서 유지되기에 정책당국은 총수요관리정책을 실시할 필요가 없다.

라. 케인즈학파는 주로 수요측 요인에 의해 경기변동이 발생하는 것으로 주장한다.

08회 2019 공인회계사(2)

정답

p.31

01	④ 미시	02	③ 미시	03	② 미시	04	③ 미시	05	④ 미시
06	⑤ 미시	07	④ 거시	08	① 미시	09	④ 국제	10	① 거시

01 무차별곡선 정답 ④

출제 포인트 레온티에프형 생산함수를 $K>3L$인 경우와 $K<3L$이면서 $K>\frac{1}{3}L$인 경우, 그리고 $K<\frac{1}{3}L$인 경우로 나누어 놓고 각 경우의 생산함수를 구하면 된다.

정답

- 주어진 생산함수 $y=\min\left\{2L,\ \frac{1}{2}(L+K),\ 2K\right\}$는 레온티에프 생산함수의 변형으로 등량곡선이 꺾어진 형태로 도출된다.
- 등량곡선이 꺾어지는 점을 찾기 위해 $2L=\frac{1}{2}(L+K)$로 두면 $K=3L$이고, $\frac{1}{2}(L+K)=2K$로 두면 $K=\frac{1}{3}L$이다. 그러므로 등량곡선은 $K=3L$과 $K=\frac{1}{3}L$일 때 꺾어진 형태로 도출된다.
- 먼저 $2L<\frac{1}{2}(L+K)$, $K>3L$이면 생산함수가 $y=2L$이다. $K>3L$이면 생산량은 노동투입량에 의해서만 결정되기에 등량곡선이 수직선이 된다.
- $2L>\frac{1}{2}(L+K)$이면서 $\frac{1}{2}(L+K)<2K$인 구간, 즉 $K<3L$이면서 $K>\frac{1}{3}L$인 구간에서는 생산함수가 $y=\frac{1}{2}(L+K)$이다. 이를 정리하면 $K=-L+2y$이기에 등량곡선은 기울기가 -1인 우하향의 직선이다.
- 한편, $\frac{1}{2}(L+K)>2K$, $K<\frac{1}{3}L$이면 생산함수가 $y=2K$이다. $K<\frac{1}{3}L$이면 생산량이 자본투입량에 의해서만 결정되기에 등량곡선이 수평선이 된다. 이를 종합하면 등량곡선이 ④번과 같은 형태로 도출된다.

02 비용곡선 정답 ③

출제 포인트 평균비용은 단기총비용에서 원점으로 그은 직선의 기울기로 측정되고 한계비용은 총비용을 미분한 값으로 총비용곡선상 접선의 기울기로 구한다.

정답

문제에 주어진 비용함수를 총고정비용의 크기만큼 하방으로 이동시키면 총가변비용곡선이 되는데, 생산량이 Q_1에 도달할 때까지는 TVC에서 원점으로 연결한 직선기울기와 TVC의 접선기울기가 모두 일정하면서 그 크기가 같기에 AVC곡선과 MC곡선이 일치한다. 생산량이 Q_1을 넘어서는 구간에서는 TVC의 접선기울기가 TVC에서 원점으로 연결한 직선기울기보다 크기에 항상 MC가 AVC보다 높다. 그리고 Q_1을 넘어서는 구간에서는 TVC에서 원점으로 연결한 직선기울기가 지속적으로 커지기에 AVC곡선이 우상향한다.

오답피하기

① 문제에 주어진 그림을 보면 생산량이 0일 때의 총비용이 0보다 크다. 이는 고정비용이 존재함을 의미하기에 주어진 비용곡선은 단기비용곡선이다.

② 생산량이 Q_1보다 작을 때는 총비용곡선에서 원점으로 연결한 직선기울기로 측정되는 평균비용이 점점 낮아지기에 규모의 경제가 발생함을 알 수 있다.

④ 생산량이 Q_1일 때 원점으로 연결한 직선기울기가 가장 작아지기에 평균비용이 최소가 되고, 그 이후에는 원점으로 연결한 직선기울기가 점점 커지기에 평균비용이 지속적으로 증가한다.

⑤ 조업중단가격은 $P=AVC$의 최소점으로 생산량이 Q_1보다 작은 구간에서 AVC가 가장 작고 한계비용과 일치한다.

03 독점적 경쟁시장 정답 ②

출제 포인트 독점적 경쟁기업은 장기에 정상이윤만을 얻기에 장기균형에서 $P=LAC$가 성립한다.

정답

- 개별기업이 직면하는 수요함수가 $P=\frac{100}{n}-Q$이기에 한계수입은 $MR=\frac{100}{n}-2Q$이고, 비용함수를 Q에 대해 미분하면 한계비용 $MC=2Q$이다.
- 이윤극대화 생산량을 구하기 위해 $MR=MC$로 두면 $\frac{100}{n}-2Q=2Q$, $4Q=\frac{100}{n}$, $Q=\frac{25}{n}$이다. 이를 수요함수에 대입하면 $P=\frac{75}{n}$이다.
- 기업 A의 비용함수를 Q로 나누어주면 $AC=Q+\frac{2}{Q}$이다.
- 장기균형에서는 개별기업은 정상이윤만 얻기에 $P=AC$로 두면 $\frac{75}{n}=Q+\frac{2}{Q}$가 성립한다.

• 이윤극대화 생산량 $Q = \frac{25}{n}$를 앞의 식에 대입하면 $\frac{75}{n} = \frac{25}{n} + \frac{2n}{25}$, $\frac{2n}{25} = \frac{50}{n}$, $n^2 = 25^2$, $n = 25$로 계산된다.

04 여가소득모형 정답 ③

출제 포인트 소비자균형은 무차별곡선과 예산선이 접하는 점에서 이루어진다.

정답

• 소비자의 효용함수가 $u(l, c) = l^{\frac{1}{2}}c^{\frac{1}{2}}$이기에 여가와 식료품에 대한 한계대체율은 $MRS_{lc} = \frac{MU_l}{MU_c} = \frac{c}{l}$이다.

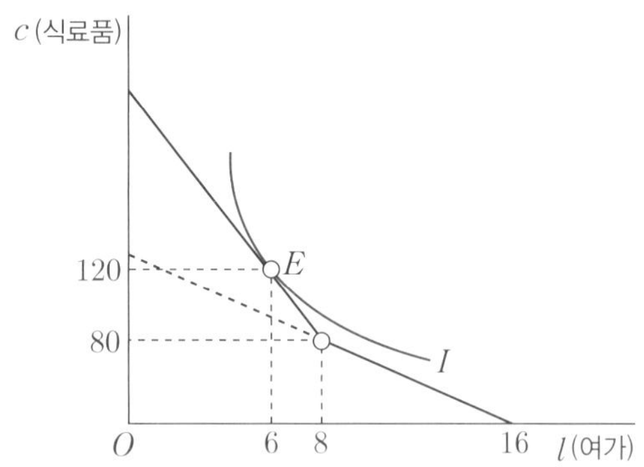

• 노동시간이 10시간일 때는 예산선의 기울기가 $(10 + \alpha)$이기에 소비자균형에서는 $\frac{c}{l} = (10 + \alpha)$가 성립한다.
• 식료품의 가격이 1, 8시간까지는 시간당 임금률이 10, 이를 초과하는 2시간은 시간당 임금률이 $(10 + \alpha)$이기에 예산제약식은 $c = [(10 \times 8) + (10 + \alpha) \times 2]$이다.
• 16시간 중 노동시간이 10시간이기에 여가시간은 $l = 6$이다.
• 이를 소비자균형조건에 대입하면 $c = 6 \times (10 + \alpha)$이다.
• 이를 예산제약식과 연립해서 풀면 $60 + 6\alpha = 100 + 2\alpha$, $\alpha = 10$으로 계산된다.

05 생산함수 정답 ④

출제 포인트 모든 요소투입량이 k배 증가하면 생산량이 k배 증가하는 것을 규모에 대한 수익불변이라 한다.

정답

나. 1차동차이기에 규모에 대한 수익불변이다.

라. 1차동차이기에 규모에 대한 수익불변이다.

$$\begin{aligned}&(\alpha\sqrt{tx_1} + (1-\alpha)\sqrt{tx_2})^2\\&= (\alpha\sqrt{t}\sqrt{x_1} + (1-\alpha)\sqrt{t}\sqrt{x_2})^2\\&= (\sqrt{t})^2(\alpha\sqrt{x_1} + (1-\alpha)\sqrt{x_2})^2\\&= t\cdot(\alpha\sqrt{x_1} + (1-\alpha)\sqrt{x_2})^2\\&= t\cdot f(x_1, x_2)\end{aligned}$$

오답피하기

가. $0 < \alpha < 1$이기에 두 생산요소를 모두 t배 투입하더라도 생산량은 t배보다 작게 증가한다. 그러므로 규모에 대한 수익체감이다.

다. 0.5차동차이기에 규모에 대한 수익체감이다.

$$\begin{aligned}\sqrt{\alpha tx_1 + (1-\alpha)tx_2} &= \sqrt{t}(\sqrt{\alpha x_1 + (1-\alpha)x_2})\\&= t^{\frac{1}{2}}(\sqrt{\alpha x_1 + (1-\alpha)x_2})\\&= t^{\frac{1}{2}}f(x_1, x_2)\end{aligned}$$

06 2기간모형 정답 ⑤

출제 포인트 예산선의 기울기와 무차별곡선의 접선의 기울기의 절댓값이 같을 때 소비자균형점은 달성된다.

정답

• 효용함수 $U(C_1, C_2) = C_1^{\frac{1}{2}} + C_2^{\frac{1}{2}}$을 C_1에 대해 미분하면 $MU_{C_1} = \frac{1}{2}C_1^{-\frac{1}{2}} = \frac{1}{2\sqrt{C_1}}$이고, C_2에 대해 미분하면 $MU_{C_2} = \frac{1}{2}C_2^{-\frac{1}{2}} = \frac{1}{2\sqrt{C_2}}$이기에 한계대체율 $MRS_{C_1C_2} = \frac{MU_{C_1}}{MU_{C_2}} = \frac{\frac{1}{2\sqrt{C_1}}}{\frac{1}{2\sqrt{C_2}}} = \frac{\sqrt{C_2}}{\sqrt{C_1}} = \sqrt{\frac{C_2}{C_1}}$이다.
• 소비자균형에서는 무차별곡선과 예산선이 서로 접하기에 $MRS_{C_1C_2} = (1 + r)$로 두면 $\sqrt{\frac{C_2}{C_1}} = 1$, $C_2 = C_1$이 된다.
• 1기 소득이 0, 2기 소득이 1,300, 이자율이 0이기에 예산제약식은 $0 + \frac{1{,}300}{1+0} = C_1 + \frac{C_2}{1+0}$이다.
• $C_2 = C_1$을 예산제약식에 대입하면 $2C_1 = 1{,}300$, $C_1 = 650$으로 계산되나 1기에 400까지만 차입이 가능하기에 1기 소비는 $C_1 = 400$이 된다. 이를 예산제약식에 대입하면 2기 소비는 $C_2 = 900$이다. $C_1 = 400$, $C_2 = 900$을 효용함수에 대입하면 $U(C_1, C_2) = \sqrt{400} + \sqrt{900} = 50$으로 계산된다.

07 솔로우(Solow) 성장모형 정답 ④

출제 포인트 기술진보가 있는 경우 균제상태$(k = A)$에서 1인당 생산증가율(1인당 경제성장률)은 기술진보율과 동일하다.

정답

• 기술진보가 있는 경우 균제상태$(k = A)$에서 1인당 생산증가율(1인당 경제성장률)은 기술진보율과 동일하기에 $x = g$이고, 총생산증가율(경제성장률)은 인구증가율과 기술진보율의 합과 동일하기에 $y = n + g$이다.
• 자본량이 균제상태에 미달한 상태$(k = B)$에서는 경제성장률이 인구증가율과 기술진보율의 합보다 크기에 $z > n + g$이다. 그러므로 $z > y > x$의 관계가 성립한다.

08 최적자본량 정답 ①

출제 포인트 최적자본량은 $VMP_K = (r+d)P_K$인 점에서 성립한다.

정답

- 기업이 자본재 1단위를 더 투입할 때 추가로 얻는 수입은 $VMP_K = P \cdot MP_K$이고, 추가로 드는 비용인 자본의 사용자비용 $C = (r+d)P_K$이다. 적정자본량은 양자가 같아지는 점에서 결정되기에 균형에서는 $VMP_K = (r+d)P_K$가 성립한다.
  소비재와 자본재의 상대가격이 1이면 $P = P_K$이기에 균형조건이 $MP_K = (r+d)$로 바뀌게 된다.
- 이 식에 문제에 주어진 수치를 대입하면 $\frac{16}{K} + 0.02 = (0.1 + 0)$, $\frac{16}{K} = 0.08$이기에 적정자본량 $K = 200$으로 계산된다.
- 현재 자본량이 220이고, 적정자본량이 200이기에 최적자본량에 도달하려면 자본량을 20만큼 감소시켜야 한다.

09 금융위기 정답 ④

출제 포인트 금융위기가 발생하면 현금보유성향이 강해진다.

정답

금융위기로 인해 금융시장의 불안정성이 커지면 금융기관의 파산위험이 커지게 되는데, 금융기관의 파산위험이 커지면 사람들이 예금보다는 현금으로 보유하고자 하기에 현금통화비율이 상승한다. 현금통화비율이 상승하면 통화승수가 낮아지게 된다. 금융기관으로부터 자금인출이 이루어지면 금융기관의 대출여력이 감소하기에 대출이 축소되고, 대출이 축소되면 기업의 투자와 민간소비가 위축되기에 실물경기 악화로 이어지게 된다.

오답피하기

① 통상적으로 신흥시장국에서 금융위기가 발생하면 외국인들이 그 시장에서 주식, 채권을 비롯한 각종 금융자산을 매각하여 본국으로 자본을 회수하고자 한다.

②, ③ 주식을 대량으로 매각하면 주가지수가 하락하고, 외국으로 자본유출이 이루어지면 외환에 대한 수요가 증가하기에 환율이 상승한다. 즉, 해당국 통화의 대외가치가 하락한다.

⑤ 금융기관으로부터 자금인출이 이루어지면 금융기관의 대출여력이 감소하기에 대출이 축소되고, 대출이 축소되면 기업의 투자와 민간소비가 위축되기에 실물경기 악화로 이어지게 된다.

10 승수 정답 ①

출제 포인트 정부지출승수는 $\frac{1}{1-c(1-t)-i+m}$, 감세승수는 $\frac{c}{1-c(1-t)-i+m}$이다.

정답

- 문제에 주어진 IS곡선 식에서 한계소비성향 $c = 0.75$임을 알 수 있다.
- 한계소비성향이 0.75이면 정부지출승수와 감세승수는
  $\frac{dY}{dG} = \frac{1}{1-c} = \frac{1}{1-0.75} = 4$,
  $\frac{dY}{dT} = \frac{c}{1-c} = \frac{0.75}{1-0.75} = 3$이다.
- 정부지출이 증가하면 IS곡선이 (정부지출 증가분 × 정부지출승수)만큼 오른쪽으로 이동하고, 조세가 감면되면 (조세 감소분 × 감세승수)만큼 오른쪽으로 이동한다.

따라서 IS곡선의 우측 이동폭을 계산해보면 아래와 같다.

① $(4 \times 4) + (2 \times 3) = 22$
② $(3 \times 4) + (4 \times 3) = 24$
③ $(2 \times 4) + (6 \times 3) = 26$
④ $(1 \times 4) + (7 \times 3) = 25$

보기 ①의 경우 IS곡선의 이동폭이 가장 작기에 이자율도 가장 작게 상승한다. 그러므로 이자율상승에 따른 투자감소가 가장 작은 경우는 보기 ①의 경우이다.

09회 2018 공인회계사(1)

정답

p.34

01	③ 미시	02	② 미시	03	④ 미시	04	② 미시	05	④ 미시
06	① 미시	07	③ 미시	08	④ 국제	09	④ 국제	10	① 거시

01 과점시장 정답 ③

출제 포인트) 한 기업은 선도기업이고, 한 기업은 추종기업일 때의 슈타켈버그모형은 선도기업의 생산량이 독점일 때와 동일$\left(\text{완전경쟁의 } \frac{1}{2}\right)$하고, 추종기업의 생산량은 선도기업의 절반$\left(\text{완전경쟁의 } \frac{1}{4}\right)$이다.

정답)

슈타켈버그 모형에서 선도자의 생산량은 완전경쟁의 $\frac{1}{2}$, 추종자의 생산량은 완전경쟁의 $\frac{1}{4}$로 시장의 생산량은 완전경쟁의 $\frac{3}{4}$이기에 시장공급량은 6.75단위가 된다.

오답피하기)

① 완전경쟁시장의 이윤극대화 조건은 $P=MC$이기에 $10-y=1$, $y=9$이다.

② 두 기업의 비용조건이 동일할 때 꾸르노 모형에서는 각 기업의 생산량은 완전경쟁의 $\frac{1}{3}$로 시장의 생산량은 완전경쟁의 $\frac{2}{3}$이기에 시장공급량은 6단위이다.

④ 베르뜨랑 모형에서는 생산량이 완전경쟁과 동일하기에 시장공급량은 9단위이다.

⑤ 두 기업이 카르텔을 형성하여 독점기업처럼 행동한다면 $MR=MC$ 수준에서 생산량을 결정하고 시장의 수요함수는 $y=10-p$, $p=10-y$으로 한계수입은 $MR=10-2y$, 한계비용은 $MC=1$이기에 $10-2y=1$, $2y=9$, 시장 공급량은 $y=4.5$이다.

02 독점 정답 ②

출제 포인트) 합병으로 독점이 되면 독점기업은 한계수입과 한계비용이 일치하는 점에서 생산량을 결정한다.

정답)

- 합병 전 세 기업만이 활동하는 완전경쟁시장의 이윤극대화 조건은 $P=MC$이기에 $10-y=5$, 균형생산량은 $y=5$, 균형가격은 $p=5$이다.
- 이때, 완전경쟁시장에서 공급곡선의 역할을 하는 MC곡선이 수평선이기에 생산자잉여는 0이고(③), 소비자잉여는 $A+B+C$이기에 $\frac{5\times5}{2}=12.5$이다(①).
- 합병 후 합병기업의 독점가격은 $MR=MC$에서 결정되는 균형생산량상의 수요곡선에서 결정되기에 $10-2y=2$, 균형생산량은 $y=4$이고 이를 다시 수요곡선에 대입하면 독점가격은 6이다.
- 이때, 소비자잉여는 삼각형 A의 면적이기에 $\frac{4\times4}{2}=8$이고(②), 생산자잉여는 사각형 $B+D$의 면적이기에 $4\times4=16$이다(④).

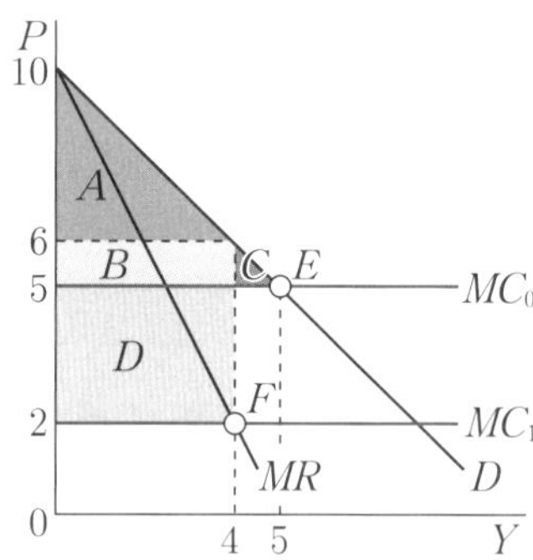

- 합병 후 사회적 잉여가 합병 전 사회적 잉여보다 크기에 사회적 잉여를 극대화하는 정책당국은 합병을 허가한다(⑤).

03 이윤극대화 정답 ④

출제 포인트) 사회적으로 보면 효율적인 사냥꾼의 수는 총편익에서 총비용을 뺀 순편익이 극대가 되는 수준에서 결정되고, 산이 공유지라면 순편익이 0이 되는 수준에서 사냥꾼의 수가 결정된다.

정답)

- 공유지는 비용을 지불하지 않은 소비자를 배제할 수 없는 비배제성과 개인의 소비가 타인의 소비에 영향을 미치는 경합성의 특징을 가지기에, 만약 이 산이 공유지라면 사냥꾼들은 순편익이 0보다 큰 한, 계속해서 사냥을 지속하기에 순편익은 0이 된다.
- 사냥꾼의 수가 n명일 때 얻을 수 있는 토끼 고기의 양은 $10\sqrt{n}$, 가격이 2만 원이기에 총편익은 $TB=20\sqrt{n}$이다. 사냥꾼 한 명이 사냥을 하는 데 드는 비용이 2만 원, 총비용은 $TC=2n$이기에 순편익은 $NB=20\sqrt{n}-2n$이다. 따라서 $NB=0$에서 $20\sqrt{n}-2n=0$, $n=10\sqrt{n}$, $n=100$이다.
- 사회적으로 보면 효율적인 사냥꾼의 수는 총편익에서 총비용을 뺀 순편익이 극대가 되는 수준에서 결정되기에 순편익을 n에 대해 미분한 후 0으로 두면 $\frac{dNB}{dn}=10n^{-\frac{1}{2}}-2=0$, $\frac{10}{\sqrt{n}}=2$, $n=25$이다.
- 즉, 산이 공유지라면 사회적으로 효율적인 사냥꾼 수보다 75명 더 많은 사냥꾼이 사냥을 하게 된다.

04 다공장기업 정답 ②

출제 포인트 다공장 기업의 이윤극대화 조건은 $MR = MC_1 = MC_2$이다.

정답

- 공장 1, 2의 비용함수 $c_1(y_1) = 5y_1^2 + 50$, $c_2(y_2) = 10y_2^2 + 10$을 y에 대해 미분한 한계비용은 각각 $MC_1 = 10y_1$, $MC_2 = 20y_2$이고 총비용이 극소화되기 위해서는 각 공장의 한계비용이 같아야 하기에 $MC_1 = MC_2$, $10y_1 = 20y_2$, $y_1 = 2y_2$이다.
- 이때, 기업 전체의 생산량이 60단위이기에 $y_1 + y_2 = 60$이고 이에 $y_1 = 2y_2$를 대입하면 $y_1 = 40$, $y_2 = 20$이다.

05 한계대체율 정답 ④

출제 포인트 두 소비자의 한계대체율

$$MRS_{XY} = \frac{MU_X}{MU_Y} = \frac{1}{\frac{1}{2}y^{-\frac{1}{2}}} = \frac{1}{\frac{1}{2\sqrt{y}}} = 2\sqrt{y} \text{ 이다.}$$

정답

나. 두 소비자의 한계대체율 $MRS_{XY} = \frac{MU_X}{MU_Y} = 2\sqrt{y}$이기에 개인 1과 2의 한계대체율은 x재와 무관하게 y재 소비량에 의해 결정된다.

라. 만약 두 소비자의 y재 초기부존량이 같다면 부존점에서 두 사람의 한계대체율이 동일할 것이기에 초기부존점이 곧 경쟁균형 소비점이 된다.

오답피하기

가. 두 사람의 한계대체율 $MRS_{XY} = \frac{MU_X}{MU_Y} = 2\sqrt{y}$에서 두 사람의 y재 소비량이 동일할 때 두 사람의 한계대체율은 같기에 계약곡선은 수평선이다.

다. 두 사람의 한계대체율이 일치하는 점은 한 점이다.

06 외부효과 정답 ①

출제 포인트 이윤함수를 미분하여 0으로 두면 이윤극대화 공해물질 배출량을 구할 수 있다.

정답

- 공해물질 배출규제가 없는 경우, 제철소는 비용이 최소가 되도록 공해물질 배출량을 결정한다.
- 제철소의 비용함수 $Cs(s, x) = s^2 - 10x + x^2$이 최소가 되는 x를 구하기 위해 x에 대해 미분하여 0으로 두면 $-10 + 2x = 0$, $x = 5$이다.

07 비용곡선 정답 ③

출제 포인트 평균고정비용 × 생산량 = 총고정비용이다.

정답

- 점 C는 평균가변비용곡선의 최저점이기에 생산량은 3, 총비용은 44, 가변비용은 30이다.
- 이때, 직선 CD는 '$AC - AVC$'이고 사각형 $ABCD$의 면적은 $(AC - AVC) \times q = TC - TVC$이기에 생산량이 3일 때 사각형 $ABCD$의 면적은 총비용과 가변비용의 차이인 14이다.

08 관세부과 정답 ④

출제 포인트 (대국)관세가 부과되면 수입량 감소로 국제시장에서 초과공급이 발생하여 국제가격(수입가격)이 하락하여 교역조건은 개선되고, 단위당 t원의 관세가 부과되면 하락한 국제가격에서 t원만큼 상승하기에 국내가격이 t원보다 더 적게 상승한다.

정답

교역조건은 수출가격을 수입가격으로 나눈 값이고 대국이 관세를 부과하면 수입가격이 하락하기에 교역조건은 개선된다.

오답피하기

①, ② 소국이 수입관세를 부과하면 국내가격이 상승하여 국내 수요량이 감소하기에 소비자잉여는 감소하고 국내 생산량을 증가하기에 생산자잉여는 증가한다.

③ 소국이 관세를 부과하면 항상 사회적인 후생손실이 발생한다.

⑤ 대국이 수입관세를 부과하면 관세를 부과하기에 사회적 후생손실이 발생하나 교역조건이 개선되기에 이에 따른 이득이 발생한다. 즉, 사회후생에 미치는 효과는 일률적이지 않다.

09 다국적 기업과 해외직접투자 정답 ④

출제 포인트 중간재 조달비용, 수입관세 등은 해외직접투자를 유발하는 요인이다.

정답

나. 독립된 기업들이 중간재를 해외로 조달할 때 발생하는 거래비용이 크다면, 해외직접투자를 통해 직접 해외에서 중간재를 조달하는 것이 더 이득이기에 독립된 기업들은 해외직접투자를 더 선호한다.

다. 수입국의 수입관세가 높을 경우, 교역을 통해 수출을 하는 것보다 해외직접투자를 통해 해외에서 직접 생산하는 것이 더 이득이기에 해외직접투자가 일어날 가능성이 크다.

오답피하기

가. 규모의 경제가 클수록 국내의 생산비용이 감소하기에 해외직접투자보다 수출을 하는 것이 더 이득이다.

10 황금률 정답 ①

(출제 포인트) 1인당 소비가 극대화되는 상태를 자본축적의 황금률이라 하고 $MP_K = n + \delta + g$에서 달성되며, 황금률에서는 자본소득분배율과 저축률이 같아진다.

(정답)

- 1인당 생산함수가 $y = k^{\frac{1}{4}}$이기에 총생산함수는 $Y = K^{\frac{1}{4}}L^{\frac{3}{4}}$이고 자본소득분배율은 K의 지수인 $\frac{1}{4}$이다.
- 황금률에서는 자본소득분배율과 저축률이 25%로 같아야 하기에, 황금률 수준의 K에 도달하기 위하여 저축률을 변화시켰을 때 소비가 일시적으로 감소하였다는 것은 기존의 저축률은 25%보다 낮은 수준에서 상승했다는 것을 의미한다.
- 즉, 현재의 저축률은 25%보다 낮은 수준에서 25%로 변화하였다.

10회 2018 공인회계사(2)

정답 p.37

01	② 국제	02	② 거시	03	④ 거시	04	③ 미시	05	③ 거시
06	⑤ 거시	07	④ 거시	08	③ 미시	09	② 미시	10	④ 미시

01 환율 정답 ②

출제 포인트 '실물단위'로 표시한 실질환율은 $\varepsilon = \frac{e \times P_f}{P}$ (ε: 실질환율, e: 명목환율, P_f: 해외물가, P: 국내물가)이기에 이를 변형하면 실질환율변화율 = 명목환율변화율 + 해외물가상승률 − 국내물가상승률이다.

정답
유위험 이자율평가설에 따르면 '환율변화율 = 국내 명목이자율변화율 − 해외 명목이자율변화율'이기에 환율변화율 = 12% − 8% = 4%로 환율은 4% 상승(원화의 가치는 4% 하락)하였다.

02 실업이론 정답 ②

출제 포인트 균형실업률 $u_N = \frac{s}{f+s}$이다.

정답
- 경제활동인구 L의 10%가 비경제활동인구가 되고, 비경제활동인구 NL의 15%가 경제활동인구로 바뀌어도 경제활동참가율은 변함이 없기에 $0.1L = 0.15NL$이고 경제활동인구와 비경제활동인구를 합한 생산가능인구는 $L + NL = 1{,}000$만 명이기에 이 두 식을 연립하면 $2.5NL = 1{,}000$만 명, 비경제활동인구 $NL = 400$만 명, 경제활동인구 $L = 600$만 명이다.
- 실업자의 20%가 취업하고, 취업자의 5%가 직장을 잃었을 때 실업률은 변함이 없기에 균형실업률 $u_N = \frac{s}{f+s} = \frac{0.05}{0.2+0.05} = 0.2$이다.
- 이때, 경제활동인구가 600만 명이고 실업률이 20%이기에 실업자 수는 120만 명, 취업자 수는 480만 명이다.

03 통화승수 정답 ④

출제 포인트 현금/예금비율시 $m = \frac{k+1}{k+z}$이다.

정답
- 통화승수는 $m = \frac{k+1}{k+z}$이고 지급준비율은 $z = 0.1$이며, 현금 − 예금비율은 $k = 0.5$이기에 통화승수는 $m = \frac{0.5+1}{0.5+0.1} = 2.5$이다.
- 이때, 통화량이 3억 달러 증가하면 통화량은 3억 달러 × 2.5 = 7.5억 달러 증가한다.

04 최저임금제 정답 ③

출제 포인트 노동자 보호를 위해 균형임금보다 높게 설정하는 최저임금제하, 노동의 초과공급으로 인한 실업이 발생할 수 있다.

정답
- 최저임금제를 실시하지 않은 경우, 노동공급곡선 $L^s = 100 + w$와 노동수요곡선 $L^d = 500 - w$를 연립하면 균형임금은 $w = 200$, 균형고용량은 $L = 300$이기에 노동자가 받는 총임금은 $wL = 200 \times 300 = 60{,}000$이다.
- 최저임금제를 실시하는 경우, 최저임금 300을 노동수요곡선 $L^d = 500 - w$에 대입하면 균형고용량은 $L = 200$이기에 노동자가 받는 총임금은 $wL = 300 \times 200 = 60{,}000$으로 변화가 없다.

05 LM곡선 정답 ③

출제 포인트 통화량증가로 LM곡선은 우측으로 이동하고, (거래적 동기) 화폐수요증가, 물가상승으로 LM곡선은 좌측으로 이동한다.

정답
실질통화량 $\frac{M}{P}$이 증가하면 LM곡선은 우측 이동하고 $LM(P_2, M_1)$은 $LM(P_1, M_1)$의 오른쪽에 위치하기에 $P_2 < P_1$이고 $LM(P_2, M_2)$는 $LM(P_2, M_1)$의 오른쪽에 위치하기에 $M_2 > M_1$이다.

06 실업 정답 ⑤

출제 포인트 주당 18시간 이상 일한 무급가족종사자와 직장은 있으나 질병으로 인해 일시적으로 일을 하고 있지 않은 사람은 모두 취업자이다.

정답
주당 18시간 이상 일한 무급가족종사자가 취업자로 분류되기에, 일주일에 14시간을 무급으로 일하면서 구직활동을 하고 있는 사람은 실업자로 분류된다.

오답피하기

① 정규직 일자리를 찾으며 주 40시간 근무하는 38세 슈퍼마켓 비정규직 직원은 일주일에 수입을 목적으로 1시간 이상 일을 하는 경우로 취업자이다.

② 15세 미만의 인구는 실업률 통계에서 제외되기에 방과 후 아르바이트 자리를 찾고 있는 만 14세 중학생은 실업자로 분류되지 않는다.

③ 박사 취득 후 지난 1년 동안 구직활동을 하다가 육아에 전념하기 위해 구직활동을 포기한 34세 여성은 실업자로 분류되지 않는다.

④ 파업으로 집에서 쉬고 있는 사람이더라도 여전히 직장에 소속되어 있기에 취업자로 분류된다.

07 고전학파이론 정답 ④

출제 포인트 고전학파는 공급은 스스로 수요를 창출한다는 전제 아래, 수요는 충분하나 공급이 부족하다고 보아 공급측면을 중시한다. 명목임금이 신축적이기에 항상 완전고용이 달성되고 실업은 일시적 현상으로 본다.

정답

고전학파에 의하면 노동시장이 완전경쟁이기에 노동시장의 균형에서는 $W = MP_L \times P$이다.

08 생산함수 정답 ③

출제 포인트 $Y = AK^{\alpha}L^{1-\alpha}$에서 α는 자본소득분배율, $1-\alpha$는 노동소득분배율이다.

정답

- 두 나라의 생산함수 $Y = L^{0.25}K^{0.75}$, $Y = L^{0.75}K^{0.25}$에서 L에 대해 미분한 노동의 한계생산은 각각
$MP_L^A = 0.25L^{-0.75}K^{0.75} = 0.25\left(\frac{K}{L}\right)^{0.75}$,
$MP_L^B = 0.75L^{-0.25}K^{0.25} = 0.75\left(\frac{K}{L}\right)^{0.25}$이고 두 나라의 노동투입량과 자본투입량이 모두 300이기에 $MP_L^A = 0.25$, $MP_L^B = 0.75$이다.
- 이때, 노동소득분배율은 L의 지수와 같기에 A국의 노동소득분배율은 25%, B국의 노동소득분배율은 75%이다.

09 기대이론 정답 ②

출제 포인트 최대한 보험료는 공정한 보험료와 위험프리미엄의 합으로 '최초재산－확실성등가'로 계산한다.

정답

- 효용함수는 $u(x) = \sqrt{x}$이고 상가의 가치가 16억 원, 12억 원의 손해를 볼 확률은 10%, 7억 원의 손해를 볼 확률은 20%이기에 기대치와 기대효용은 각각
$E(x) = (0.1 \times 4) + (0.2 \times 9) + (0.7 \times 16) = 13.4$억,
$E(U) = (0.1 \times \sqrt{4}) + (0.2 \times \sqrt{9}) + (0.7 \times \sqrt{16})$
$= (0.1 \times 2) + (0.2 \times 3) + (0.7 \times 4) = 3.6$이다.
- 효용함수가 $u(x) = \sqrt{x}$이기에 불확실한 상태에서와 동일한 효용을 얻을 수 있는 확실한 현금의 크기인 확실성등가는 $\sqrt{CE} = 3.6$, $CE = 12.96$이고 최대보험료는 재산의 크기에서 확실성등가를 뺀 값이기에 $16 - 12.96 = 3.04$억 원이다.

10 외부효과 정답 ④

출제 포인트 $P = SMC$에서 사회적 최적산출량이 달성되고 $P = PMC$에서 시장 균형산출량이 결정된다.

정답

나. 시장이 완전경쟁일 때, 이윤극대화 조건은 $P(= PMB) = PMC$이고 환경오염으로 인해 부정적 외부효과가 발생하면 추가적 외부한계비용 EMC가 발생하기에 사회적 한계비용은 $SMC = PMC + EMC$이다. 즉, 사회적 한계비용 SMC는 사적 한계편익 PMB보다 크다.

라. 코우즈 정리에 의하면 거래비용이 발생하지 않는다면, 외부효과로 인해 초래되는 비효율성을 시장에서 스스로 해결할 수 있다.

오답피하기

가. 환경오염으로 인해 부정적 외부효과가 발생하면 추가적 외부한계비용 EMC가 발생하기에 사회적 한계비용은 $SMC = PMC + EMC$이다.

다. 생산의 외부 불경제가 발생하는 경우, 사회적으로 가장 효율적인 생산량은 사회적 한계비용과 사적 한계편익이 일치하는 $SMC = PMB$에서 결정된다.

11회 2017 공인회계사(1)

정답 p.40

01	③ 미시	02	④ 미시	03	② 미시	04	④ 미시	05	② 미시
06	④ 미시	07	① 미시	08	④ 국제	09	① 국제	10	② 국제

01 2기간모형 정답 ③

출제 포인트 무차별곡선과 예산선이 접할 때 효용극대화가 달성된다.

정답

• 효용함수는 $C-D$형 함수인 $U(C_1, C_2)=C_1C_2$이기에 한계대체율은 $MRS_{C_1C_2}=\frac{MU_{C_1}}{MU_{C_2}}=\frac{C_2}{C_1}$이고 두 기간 모형에서 효용극대화 조건은 무차별곡선과 예산선이 접하는 지점이기에

$MRS_{C_1C_2}=(1+r)$ (①), $\frac{C_2}{C_1}=(1+r)$, $C_2=(1+r)C_1$이다.

• 이를 예산선 $C_1+\frac{C_2}{1+r}=100+\frac{100}{1+r}$에 대입하면

$C_1+\frac{(1+r)C_1}{1+r}=100+\frac{100}{1+r}$, $C_1=50+\frac{50}{1+r}$ (④),

$C_2=50(1+r)+50$이다.

• 이자율은 0과 1 사이의 값으로 1기 소비는 항상 1기 소득인 100보다 작기에 소비자는 항상 저축자(②)이다. 저축자는 이자율이 상승하면 1기의 소비는 감소하나 2기의 소비는 증가하고(⑤) 소비가능영역이 커지기에 효용은 항상 증가한다(③).

02 가격효과 정답 ④

출제 포인트 재화의 가격변화에 따른 구입량의 변화를 가격효과라 하고 대체효과와 소득효과로 나누어진다.

정답

가격변화 이후 대체효과와 소득효과를 반영한 효용극대화 소비점이 $b=(X_b, Y_b)$일 때, 대체효과에 따른 X재의 소비량이 X_b라는 것은 소득효과가 0이라는 것을 의미한다. 즉, 보통의 수요곡선과 보상수요곡선은 일치한다.

오답피하기

①, ② 대체효과는 항상 $(-)$의 값을 가지기에 X재의 가격이 하락하였음에도 불구하고 대체효과와 소득효과를 반영한 효용극대화 소비점에서 X재의 소비량이 불변이라는 것은 소득효과$(+)$의 절댓값이 대체효과$(-)$의 절댓값과 같기에 대체효과를 완전히 상쇄한다는 것을 의미한다. 즉, 소득효과가 $(+)$값을 가지기에 X재는 열등재이고 소득효과와 대체효과가 서로 상쇄되기에 보통의 수요곡선은 수직선이다.

③ 대체효과에 따른 X재의 소비량이 X_b라는 것은 소득효과가 0이라는 것을 의미하기에 소득효과를 반영한 소득소비곡선은 수직선이다.

⑤ X재의 가격이 하락하면 대체효과에 의해 X재의 수요량이 증가하지만 대체효과와 소득효과를 반영했을 때 $X_a=X_b$라는 것은 대체효과와 소득효과의 절댓값이 같아 소득효과가 대체효과를 상쇄했음을 의미한다.

03 노동시장 정답 ②

출제 포인트 노동공급이 완전비탄력적이기에 시장 노동공급곡선은 $L=100$이다.

정답

• 시장 노동수요곡선은 개별 노동수요곡선의 합이기에 시장 노동수요곡선은 개별 노동수요곡선 $l=8-\frac{w}{600}$에 기업의 수 600을 곱한 $L=4{,}800-w$이다.

• 이때, 100명의 노동자가 있고 노동공급이 완전비탄력적이기에 시장 노동공급곡선은 $L=100$이고 이를 시장 노동수요곡선과 연립하면 $4{,}800-w=100$이다. 따라서 균형임금은 $w=4{,}700$이다.

04 정보경제학 정답 ④

출제 포인트 레몬문제(lemons problem)란 정보의 비대칭성으로 인해 발생하는 역선택을 의미한다.

정답

가. 재화의 품질에 대한 정보가 비대칭적인 경우 구매자는 평균품질에 해당하는 가격을 지불하고자 하는 데 비해, 평균품질보다 높은 품질의 재화를 생산하는 판매자는 자신의 품질에 적절한 가격을 받고자 할 것이기에 평균품질에 해당하는 가격으로 판매하지 않으려 할 가능성이 높다.

나. 품질보증은 높은 품질의 재화를 생산하는 판매자가 자신이 생산하는 재화의 품질에 대한 신호를 보내는 역할을 수행한다. 생산자가 품질보증을 약속하면 구매자는 그 재화의 품질이 높다고 판단하고 평균품질에 해당하는 가격보다 높은 가격으로 그 재화를 구입할 수도 있다.

오답피하기

다. 경매를 통해 재화를 판매하더라도 구매자는 여전히 경매에 나온 물건의 가치를 정확히 알 수 없다. 그러므로 경매를 통한 판매가 이루어지더라도 여전히 정보의 비대칭성에 따른 역선택 문제가 발생할 가능성이 있다.

05 조세부과 정답 ②

(출제 포인트) 우상향하는 공급곡선과 우하향하는 수요곡선을 갖는 X재에 대하여 소비자에게 조세가 부과되면 소비자가격은 조세부과 이전보다 상승하나 생산자 가격은 조세부과 이전보다 낮아진다.

(정답)

- 공급자에게 한 단위당 30의 세금을 부과하면 공급곡선은 좌측 이동하기에 $P=80+2Q$에서 $P-(+30)=80+2Q$로 바뀐다.
- 바뀐 공급함수와 기존의 수요함수를 연립하면 $200-Q=110+2Q$, $3Q=90$, 균형공급량은 $Q=30$이고 이를 다시 수요함수에 대입하면 균형가격은 $P=170$이다.
- 이때, 단위당 30의 조세가 부과되기에 공급자가 실제로 받는 가격은 140이다.

06 생산가능곡선 정답 ④

(출제 포인트) 생산가능곡선의 기울기(절댓값)는 X재 생산의 기회비용을 나타내고, 생산가능곡선의 기울기의 역수(절댓값)는 Y재 생산의 기회비용을 나타낸다.

(정답)

- 갑의 생산가능곡선은 $Q_Y=16-2Q_X$이고 갑에 있어서 Y재의 기회비용은 생산가능곡선 기울기의 역수이기에 X재 $\frac{1}{2}$개이다.
- 을의 생산가능곡선 $Q_Y=8-\frac{1}{2}Q_X$이고 을에 있어서 X재의 기회비용은 생산가능곡선의 기울기이기에 Y재 $\frac{1}{2}$개이다.

07 등량곡선 정답 ①

(출제 포인트) 모든 요소투입량이 k배 증가하면 생산량이 k배 증가하는 것을 규모에 대한 수확불변이라 하고, 모든 요소투입량이 k배 증가하면 생산량이 k배보다 크게 증가하는 것을 규모에 대한 수확체증이라 한다.

(정답)

- X재의 등량곡선에서 노동과 자본의 투입이 각각 4, 2에서 8, 4로, 12, 6으로 2배, 3배 증가함에 따라 생산량도 10에서 20, 30으로 2배, 3배 증가하기에 X재 생산은 규모에 대한 수확불변이다.
- Y재의 등량곡선에서 생산량 Q가 10에서 20, 30으로 2배, 3배 증가하기 위해 필요한 노동과 자본투입량은 기존의 각각 4, 2에서 2배, 3배 투입량보다 적기에 Y재 생산은 규모에 대한 수확체증이다.

08 요소가격 균등화 정리 정답 ④

(출제 포인트) 국가 간 노동이동이 자유롭다면 각국에서 노동의 한계생산물이 일치할 때까지 노동이동이 이루어진다.

(정답)

외국에서 자국으로 노동이동이 이루어지면 토지의 한계생산물이 증가하기에 자국에서 토지소유자의 실질소득은 증가하게 된다.

(오답피하기)

①, ②, ⑤ 자국의 노동부존량이 OL_1, 외국의 노동부존량이 O^*L_1이기에 노동이동이 이루어지지 않은 상태에서는 자국의 노동의 한계생산물이 외국의 노동의 한계생산물보다 높다. 노동시장이 균형일 때는 실질임금이 한계생산물과 일치하기에 노동이동이 이루어지지 않은 상태에서는 자국의 실질임금이 외국의 실질임금보다 높다. 국가 간 노동이동이 자유롭다면 각국에서 노동의 한계생산물이 일치할 때까지 노동이동이 이루어지기에 최종균형점은 L_2가 된다. 그러므로 자국에서는 노동의 한계생산물과 실질임금이 낮아지고, 외국에서는 노동의 한계생산물과 임금이 상승한다.

③ 한계생산물이 낮은 나라에서 높은 나라로 노동이동이 이루어지면 세계 전체의 총생산량은 증가한다.

09 *IS-LM-BP*모형 정답 ①

(출제 포인트) 변동환율제도하 자본이동이 완전한 경우, BP곡선은 수평선으로 재정정책은 전혀 효과가 없지만, 금융정책은 매우 효과적이다.

(정답)

변동환율제를 채택하고 있는 소규모개방경제에서 팽창적 통화정책을 실시하면 LM곡선이 우측 이동하여 이자율이 하락하기에 외화가 유출된다. 이로 인해 환율이 상승하여 순수출이 증가하고 IS곡선은 우측 이동하기에 결과적으로 균형국민소득(총수요)은 증가한다.

10 환율 정답 ②

(출제 포인트) 중앙은행이 외화를 매입하거나 매출한 결과 발생하는 통화량의 변화를 상쇄하는 정책을 불태화정책이라 한다.

(정답)

- 환율상승을 유도하기 위해 중앙은행이 불태화정책을 실시하면
  환율상승유도: 외화 매입 → 통화량증가
  ↕ 상쇄
  불태화정책: 국채 매각 → 통화량감소의 현상이 발생한다.
- 이때, 외화를 매입하면 중앙은행이 보유한 외환자산이 증가하고, 외환매입 대금을 지불하면 중앙은행의 부채인 본원통화가 증가한다.
- 또한, 중앙은행이 국채를 매각하여 증가한 본원통화를 다시 환수할 것이기에 본원통화는 본래 수준으로 돌아오고 중앙은행이 보유한 국내자산인 국채가 감소하게 된다.

12회 2017 공인회계사(2)

정답 p.43

01	① 거시	02	③ 거시	03	④ 미시	04	③ 미시	05	② 미시
06	④ 거시	07	④ 거시	08	① 거시	09	② 거시	10	② 거시

01 피셔의 방정식 정답 ①

(출제 포인트) 실질이자율에 기대인플레이션율을 더한 값이 명목이자율이라는 피셔의 방정식에서, 인플레이션이 발생하면 기대인플레이션율이 상승하여 명목이자율이 비례적으로 상승하는 효과를 뜻한다.

(정답)
피셔효과에 의하면 '실질이자율 = 명목이자율 − 예상인플레이션율'이기에 실질이자율이 명목이자율보다 작다면 기대인플레이션은 양(+)의 값을 가진다.

(오답피하기)
② 실질이자율이 명목이자율보다 크다면 기대인플레이션은 음(−)의 값을 갖기에 지속적인 물가하락이 예상된다.
③ 예상인플레이션율이 명목이자율보다 높다면 실질이자율은 음(−)의 값을 가진다.
④ 실질이자율은 명목이자율에서 예상인플레이션율을 뺀 값이다.
⑤ 피셔방정식에 의하면 '명목이자율 = 기대인플레이션율 + 실질이자율'이기에 실질이자율이 명목이자율보다 크다면, 지속적인 물가하락이 예상된다.

02 탄력성 정답 ③

(출제 포인트) 우하향의 수요직선에서 탄력적 구간은 가격이 하락, 비탄력적 구간은 가격이 상승하면 판매수입이 증가하며, 중점에서 판매수입이 극대화된다.

(정답)
수요의 가격탄력성이 1일 때는 가격의 변화에 상관없이 총수입은 항상 일정하다.

(오답피하기)
①, ② 수요의 가격탄력성이 비탄력적인 경우 가격의 변화율이 수요의 변화율보다 크기에 가격을 인상하면 판매수입이 증가하고, 수요의 가격탄력성이 탄력적인 경우 가격의 변화율이 수요의 변화율보다 작기에 가격을 인상하면 판매수입이 감소한다.
④ 수요가 완전탄력적이면 가격을 인상하면 소비자는 완전 즉각적으로 반응하기에 X재에 대한 수요가 0이 된다.
⑤ 수요가 완전비탄력적이면 소비자는 정량구매를 하기에 가격을 인상하면 비례적으로 X재의 판매수입이 증가한다.

03 비용곡선 정답 ④

(출제 포인트) 장기 한계비용곡선은 장기 평균비용곡선 최소점을 통과하므로 현재 생산량 수준에서 장기 평균비용 = 장기 한계비용이라는 것은 현재 장기 평균비용곡선 최소점에서 생산하고 있음을 의미한다.

(정답)
가. 장기 평균비용곡선이 U자 형태일 때, 장기 한계비용곡선은 장기 평균비용곡선의 최저점을 지나 우상향하고 단기 평균비용곡선의 최저점과 장기 평균비용곡선의 최저점은 서로 접하기에, 현재 생산량에서 장기 평균비용과 장기 한계비용이 60으로 동일하다면 장기 평균비용곡선은 단기 평균비용곡선의 최저점에서 접한다.
나, 다. 현재 생산량은 장기 평균비용곡선의 최저점에서 이루어지고 있기에, 현재의 생산량을 이탈하면 평균비용은 현재의 평균비용보다 높아지기에 총비용 또한 현재의 총비용보다 높다.
라. 장기에는 설비규모를 최적으로 조정할 수 있으므로 모든 생산량 수준에서 장기 총비용은 단기 총비용보다 작거나 같다.

04 완전경쟁시장 정답 ③

(출제 포인트) 완전경쟁기업은 장기에 LAC최소점에서 재화를 생산하며, 장기 균형가격은 최소 장기 평균비용과 같다.

(정답)
- 기업은 $P > LAC$이면 초과이윤, $P = LAC$면 정상이윤, $P < LAC$이면 손실을 본다.
- 장기 평균비용곡선의 최저점을 구하기 위해 장기 평균비용곡선을 q에 대해 미분한 뒤 0으로 두면 $\frac{dAC}{dq} = -10 + 2q = 0$, $q = 5$이고 이를 다시 장기 평균비용곡선에 대입하면 장기 평균비용곡선의 최저점은 15이다.
- 즉, 가격이 15인 경우 $P = LAC$이기에 장기적으로 개별기업은 정상이윤만을 본다.

(오답피하기)
① 완전경쟁시장은 장기에 장기 평균비용곡선의 최저점에서 생산하기에 장기 균형생산량은 $q = 5$이다.
② 가격이 18인 경우 $P > LAC$으로 초과이윤이 발생하기에 장기적으로 기업의 진입이 발생한다.
④ 장기 균형가격 $P = 15$를 시장수요곡선에 대입하면 $Q = 985$이고 이를 개별기업 장기 균형생산량인 $q = 5$로 나누면 197이기에 장기 균형에서는 총 197개의 기업이 생산활동을 한다.
⑤ 가격이 18인 경우 $P < LAC$으로 손실을 보기에 장기적으로 기업의 퇴출이 발생한다.

05 게임이론 정답 ②

출제 포인트 상대방의 전략을 주어진 것으로 보고 경기자는 자신에게 가장 유리한 전략을 선택하였을 때 도달하는 균형을 내쉬균형이라 하고, 우월전략균형은 내쉬균형에 포함된다.

정답

구분		경기자 2	
		A	B
경기자 1	A	(7, 7)	☆(4, 10)★
	B	☆(10, 4)★	(3, 3)

- 상대방의 전략이 주어져 있을 때, 각 경기자들이 더 유리한 보수를 받기 위해 선택하는 전략을 표기(경기자 1 : ☆, 경기자 2 : ★)하면 위의 표와 같기에 내쉬균형에서 두 경기자는 서로 다른 전략을 선택한다(②, ⑤).
- 모든 경기자에게 더 유리한 보수를 주는 전략은 상대방의 전략에 따라 다르기에 우월전략은 존재하지 않는다(①).

06 수익률 곡선 정답 ④

출제 포인트 만기에 따라 이자율이 다른 것을 이자율 기간구조라 하고, 만기별로 수익률값을 보여주는 곡선이 수익률 곡선이다.

정답

기대이론에 의하면, 장기 이자율은 현재의 단기 이자율과 미래 예상되는 단기 이자율의 평균이기에 장기로 갈수록 수익률이 상승하려면 미래 예상되는 단기 이자율이 상승해야 한다.

07 실질이자율 정답 ④

출제 포인트 LM곡선이 $r = -(\pi^e + 5) + 0.01Y$일 때 기대인플레이션율(π^e)이 하락하면 LM곡선은 상방으로 이동한다.

정답

- 피셔 방정식은 $i = r + \pi^e$이기에 이를 LM 관계식 $500 = Y - 100i$에 대입하면 LM곡선은 $500 = Y - 100(r + \pi^e)$, $r = \frac{1}{100}Y - \pi^e - 5$로 Y의 절편이 $-\pi^e - 5$인 우상향의 직선이다.
- 이때 기대인플레이션이 0%에서 -1%로 하락할 경우 LM곡선의 Y의 절편이 -5에서 -4로 상승하기에 LM곡선이 상향 이동하며 이에 따라 실질이자율은 상승한다.

08 정상상태 정답 ①

출제 포인트 정상상태에서는 자본량의 변화가 없다.

정답

- 정상상태에서는 자본 추가에 따른 실질이윤율이 0이기에 $MP_K - P_K(r + \delta) = 0$이다.
- 생산함수 $Y = K^{\frac{1}{2}}(\overline{L})^{\frac{1}{2}}$을 K에 대해 미분한 자본의 한계생산은 $MP_K = \frac{1}{2}K^{-\frac{1}{2}}(\overline{L})^{\frac{1}{2}} = \frac{1}{2}\sqrt{\frac{\overline{L}}{K}}$이고, $\overline{L} = 100$이기에 이를 대입하면 $MP_K = \frac{5}{\sqrt{K}}$이다.
- 이를 $MP_K - P_K(r + \delta) = 0$에 대입하면 $\frac{5}{\sqrt{K}} - P_K(r + \delta) = 0$이고 $P_K = 100$, $r = 2\%$, $\delta = 8\%$이기에 $\frac{5}{\sqrt{K}} - 100(0.02 + 0.08) = 0$, $\frac{5}{\sqrt{K}} = 10$, $K = \frac{1}{4}$이다.

09 새케인즈학파 정답 ②

출제 포인트 새케인즈학파도 새고전학파처럼 합리적 기대를 가정한다.

정답

새케인즈학파의 경직적 가격 모형에서는 합리적 기대를 수용하기에 기업은 미래의 경제상황에 근거하여 가격을 설정한다. 이때, 제품이나 서비스의 판매가격을 조정할 때 소요되는 메뉴비용 등이 가격 조정으로 인한 이득보다 크다면 가격을 신축적으로 조정하지 않는다.

오답피하기

① 새케인즈학파의 경직적 가격 모형에서는 경직성 등을 이유로 단기에 총공급곡선은 우상향하기에 팽창적 통화정책은 단기적으로 생산량을 증가시킨다.

③ 물가가 기대물가보다 높을 경우 단기 우상향의 총공급곡선을 가정하기에 생산량은 잠재생산량보다 커질 수 있다.

④ 가격을 신축적으로 조정하는 기업이 많아질수록 총공급곡선은 수직선에 가깝게 되기에 기울기가 커진다.

⑤ 가격을 신축적으로 조정하는 기업은 한계비용의 상승을 즉각적으로 반영하기에 가격을 인상한다.

10 승수 정답 ②

출제 포인트 정부지출승수는 $\frac{1}{1 - c(1 - t) - i + m}$이다.

정답

- 정부지출승수는 $\frac{1}{1 - c(1 - t) - i + m}$이고 비례세는 존재하지 않기에 $t = 0$, 한계소비성향은 $c = 0.6$, 한계수입성향은 $m = 0.1$이기에 정부지출승수는 $\frac{dY}{dG} = \frac{1}{1 - c + m} = \frac{1}{1 - 0.6 + 0.1} = 2$이다.
- 정부지출승수는 2로 정부지출이 40만큼 증가하면 국민소득이 80만큼 증가하고 한계수입성향이 0.1로 수입은 8만큼 증가하기에 순수출 $EX - IM$은 8만큼 감소한다.

13회 2016 공인회계사(1)

정답 p.46

01	④ 미시	02	④ 미시	03	④ 미시	04	③ 미시	05	② 국제
06	③ 미시	07	② 미시	08	③ 미시	09	① 거시	10	② 거시

01 기펜재 정답 ④

(출제 포인트) 가격이 상승할 때 수요량이 증가하는 재화를 기펜재(기픈재)라고 한다. 기펜재(기픈재)의 통상수요곡선은 우상향한다.

(정답)
- 기픈재의 가격이 오르면 기픈재의 소비량이 늘어 소비자의 총지출이 증가하고 소비가능영역이 감소하기에 소비자의 효용은 감소한다.
- 주어진 소득이 일정할 때, 기픈재의 가격이 오르면 기픈재에 대한 총지출이 증가하여 다른 재화에 지출 가능한 소득이 감소하기에 다른 재화의 수요량은 감소한다.

02 기대효용함수 정답 ④

(출제 포인트) 불확실한 자산을 확실한 자산으로 교환하기 위하여 지불할 용의가 있는 금액을 위험프리미엄이라 하고, 위험프리미엄(π) = 기대치$(E(w))$ − 확실성등가(CE)로 계산한다.

(정답)
- 증권이 81원이 될 확률은 $\frac{1}{3}$이고 36원이 될 확률은 $\frac{2}{3}$이기에 증권의 기대치는 $E(m)=\left(\frac{1}{3}\times 81\right)+\left(\frac{2}{3}\times 36\right)=51$이고, 기대효용함수는 $U(m)=2\sqrt{m}$이기에 기대효용은 $E(U)=\left(\frac{1}{3}\times 2\sqrt{81}\right)+\left(\frac{2}{3}\times 2\sqrt{36}\right)=6+8=14$이다.
- 이때, 효용함수가 $U(m)=2\sqrt{m}$이기에 증권을 갖고 있을 때와 동일한 효용을 얻을 수 있는 확실한 금액인 확실성등가는 $2\sqrt{CE}=14$, $CE=49$원이다.
- 위험프리미엄은 기대치 51에서 확실성등가 49를 차감한 값이기에 2이다.

03 효용극대화 정답 ④

(출제 포인트) 효용함수가 $U(X, Y)=X^aY^b$일 때 X재의 수요함수는 $X=\frac{a}{a+b}\cdot\frac{M}{P_X}$, Y재의 수요함수는 $Y=\frac{b}{a+b}\cdot\frac{M}{P_Y}$이다.

(정답)
- 효용함수가 $C-D$형 함수인 $U=4XY$이기에 X재와 Y재의 수요, 소득, 가격은 $X=\frac{a}{a+b}\cdot\frac{M}{P_X}$, $Y=\frac{b}{a+b}\cdot\frac{M}{P_Y}$의 관계가 성립하기에 $X=\frac{M}{2P_X}$, $Y=\frac{M}{2P_Y}$이다.
- 이때 소득은 $M=400$, X재 가격은 10, Y재 가격은 40이기에 $X=\frac{M}{2P_X}=\frac{400}{2\times 10}=20$단위, $Y=\frac{M}{2P_Y}=\frac{400}{2\times 40}=5$단위이다.

04 소득-여가모형 정답 ③

(출제 포인트) 소비자균형은 무차별곡선과 예산선이 접하는 점에서 이루어진다.

(정답)
- 베짱이의 효용함수는 $C-D$형 함수인 $u(s, b)=s^{\frac{2}{3}}b^{\frac{1}{3}}$이기에 한계대체율은 $MRS_{sb}=\frac{2b}{s}$이다.
- 베짱이의 시간당 사냥 수확량은 진딧물 30마리, 사냥시간은 $16-s$, 매일 개미로부터 받는 진딧물의 양은 60마리이기에 베짱이의 예산선은 $30(16-s)+60=b$, $b=540-30s$이다.
- 이때, 노동−여가모형에서 효용극대화 조건은 한계대체율과 예산선이 접하는 지점이기에 소비자균형에서 $\frac{2b}{s}=30$, $b=15s$이고 이를 다시 예산선에 대입하면 $s=12$, $b=180$이다.

05 환율 정답 ②

(출제 포인트) 중앙은행이 보유하던 미국 달러를 매각하면 통화 공급량이 감소한다.

(정답)

나, 다. 중앙은행이 보유하던 미국 달러를 매각하고 자국 통화를 매입하는 것은 중앙은행이 시장에 달러를 판매하고 자국 통화를 받는 것과 같은 개념이기에 A국 통화 공급량과 외환보유액은 감소한다.

(오답피하기)

가. 중앙은행이 달러를 매각하면 외화의 공급이 증가하기에 환율은 하락(통화가치는 상승)한다.

라. 통화가치가 상승하면 순수출이 감소하기에 총수요가 감소하여 실질GDP와 물가는 하락한다.

06 장기비용함수 정답 ③

(출제 포인트) 자본량 k를 변경할 때 조정비용이 소요되지 않는다면 기업은 장기에 총비용이 최소가 되도록 k값을 조정할 것이다.

(정답)

- 자본량을 변경할 때 조정비용이 소요되지 않는다면 기업은 장기에 총비용이 최소가 되도록 k값을 조정한다.
- 이때, k값이 최소가 되면 총비용도 최소가 되기에 단기 비용함수 $C=5q^2-2kq+k^2+16$을 k에 대해 미분하고 0으로 두면 $-2q+2k=0$, $k=q$이고 이를 다시 단기 비용함수에 대입하면 $C=4q^2+16$이다.

07 공공재 정답 ②

(출제 포인트) 경제 전체 측면은 무차별곡선의 기울기와 생산가능곡선의 기울기가 일치하는 $MRS_{XY}=MRT_{XY}$에서 파레토효율성이 충족된다.

(정답)

- 김씨(개인 A)의 사적재 소비량을 X_A, 이씨(개인 B)의 사적재 소비량을 X_B, 그리고 각 개인의 공공재 소비량을 W로 두면 두 사람의 효용함수는 각각 $U^A=2WX_A$, $U^B=2WX_B$이다.
- 그리고 두 사람의 한계대체율을 구해보면 각각 다음과 같다.

  김씨의 한계대체율: $MRS_{WX}^A=\left(\frac{MU_W}{MU_X}\right)^A=\frac{2X_A}{2W}=\frac{X_A}{W}$

  이씨의 한계대체율: $MRS_{WX}^B=\left(\frac{MU_W}{MU_X}\right)^B=\frac{2X_B}{2W}=\frac{X_B}{W}$
- $X_A+X_B=X$이기에 두 사람의 한계대체율을 합하면 $\Sigma MRS_{WX}=\frac{X_A+X_B}{W}=\frac{X}{W}$이고, 한계변환율은 생산가능곡선의 기울기(절댓값)로 측정되기에 $MRT_{WX}=5$이다.
- 이제 공공재의 최적생산량을 구하기 위해 $\Sigma MRS_{WX}=MRT_{WX}$로 두면 $\frac{X}{W}=5$, $X=5W$이다. 이를 생산가능곡선 식 $X+5W=100$에 대입하면 $W=10$, $X=50$이다.
- 그러므로 두 사람의 효용이 극대화되는 공공재 생산량은 10단위이다.

08 소비함수 정답 ③

(출제 포인트) 항상소득가설에 따르면, t기의 평균소비성향은 $\frac{C_t}{Y_t}$이다.

(정답)

이씨의 소비함수는 $C_t=0.5Y_t^P$, $Y_t^P=0.5Y_t+0.3Y_{t-1}$이고 $Y_t=120$, $Y_{t-1}=80$이기에 $Y_t^P=0.5\times120+0.3\times80=84$, $C_t=0.5\times84=42$이고 $\frac{C_t}{Y_t}$는 $\frac{42}{120}$로 1보다 작다.

(오답피하기)

① 김씨의 소비함수는 $C=0.8Y+10$으로 한계소비성향은 $MPC=\frac{dC}{dY}=0.8$로 소득의 크기에 상관없이 일정하다.

② 김씨의 소비함수는 $C=0.8Y+10$으로 평균소비성향은 $APC=\frac{C}{Y}=0.8+\frac{10}{Y}$로 소득의 증가에 따라서 체감한다.

④ 박씨의 소비함수는 $Y<Y_m$일 때 $C=0.7Y_m+0.5(Y-Y_m)$이기에 한계소비성향은 $MPC=\frac{dC}{dY}=0.5$로 1보다 작다.

⑤ 박씨의 소비함수는 $Y\geq Y_m$일 때 $C=0.7Y$이기에 평균소비성향은 $MPC=\frac{dC}{dY}=0.7$으로 1보다 작다.

09 GDP디플레이터 정답 ①

(출제 포인트) 당해연도의 생산물에 당해연도의 가격을 곱하여 계산한 것이 명목GDP이고, 당해연도의 생산물에 기준연도의 가격을 곱하여 계산한 것이 실질GDP이며, 명목GDP를 실질GDP로 나눈 값이 GDP디플레이터이다.

(정답)

- GDP디플레이터는 명목GDP를 실질GDP로 나눈 후에 100을 곱한 값이고 2014년의 명목GDP는 8조 달러, 2014년 실질GDP는 10조 달러이기에 2014년의 GDP디플레이터는 $80\left(=\frac{8}{10}\times100\right)$이다.
- 이때, 기준연도의 GDP디플레이터는 항상 100이기에 2014년 GDP디플레이터는 기준 연도에 비하여 20% 하락했다.

10 승수 정답 ②

(출제 포인트) 조세승수는 $\frac{-c}{1-c(1-t)-i+m}$이다.

(정답)

- 감세승수는 $\frac{c}{1-c(1-t)-i+m}$이고 한계소비성향은 $c=0.6$, 다른 변수는 모두 0이기에 감세승수는 1.5이다.
- 그러므로 정부가 조세를 20만큼 삭감하면 균형국민소득 Y는 30만큼 증가하고 가처분소득 $Y-T$는 50만큼 증가하기에 소비는 $(Y-T)\times c=50\times0.6=30$만큼 증가한다.

14회 2016 공인회계사(2)

정답 p.49

01	① 미시	02	③ 국제	03	② 국제	04	④ 거시	05	④ 거시
06	① 미시	07	③ 거시	08	① 거시	09	① 미시	10	④ 국제

01 이윤극대화 정답 ①

(출제 포인트) 이윤(π)은 총수입(TR)에서 총비용(TC)을 차감한 것이다.

(정답)
- 기업의 이윤함수는 $\pi = py - (wL + rK) = p(\sqrt{L} + \sqrt{K}) - (wL + rK)$이고 이윤이 극대가 되는 노동과 자본량을 구하기 위해 이윤함수를 L과 K에 대해 미분한 후 0으로 두면
  $\frac{d\pi}{dL} = p \times \frac{1}{2}L^{-\frac{1}{2}} - w = 0 \rightarrow \frac{p}{2\sqrt{L}} = w \rightarrow \sqrt{L} = \frac{p}{2w}$
  $\frac{d\pi}{dK} = p \times \frac{1}{2}K^{-\frac{1}{2}} - r = 0 \rightarrow \frac{p}{2\sqrt{K}} = r \rightarrow \sqrt{K} = \frac{p}{2r}$이다.
- 이를 다시 생산함수에 대입하면 이윤이 극대가 되는 생산량은
  $y = \frac{p}{2w} + \frac{p}{2r} = \left(\frac{r}{2wr} + \frac{w}{2wr}\right)p = \frac{w+r}{2wr}p$이다.

02 무역 정답 ③

(출제 포인트) 산업 내 무역은 주로 규모의 경제와 독점적 경쟁에 의해 두 나라가 동일 산업에서 생산되는 재화를 수출한다.

(정답)
나. 독점적 경쟁시장은 장기에 규모의 경제가 발생하기에 동일한 산업 내 무역의 형태가 나타난다.
다. 산업 간 무역과 달리 산업 내 무역은 비교우위가 아닌 규모의 경제로 인해 발생한다.

(오답피하기)
가. 산업 내 무역을 통해 국가 간에 자동차가 거래되면 소비자들이 선택할 수 있는 자동차들의 종류가 많아지기에 다양성은 오히려 확대된다.
라. 각국은 무역을 통해 생산량이 증가하고 규모의 경제가 발생하기에 생산자잉여는 증가하고, 또한 규모의 경제로 인해 생산비용이 하락하면 가격도 하락하기에 소비자잉여도 증가한다.

03 헥셔-올린모형 정답 ②

(출제 포인트) 헥셔-올린정리는 노동풍부국은 노동집약재 생산에, 자본풍부국은 자본집약재 생산에 비교우위가 있다고 설명한다.

(정답)
- X재는 상대적으로 노동이 더 많이 투입되기에 노동집약재이고 Y재는 상대적으로 자본이 더 많이 투입되기에 자본집약재이다.
- 이때, X재의 가격이 상승하면 기업들은 X재를 더 많이 생산하려 하기에 상대적으로 노동에 대한 수요가 더 많이 증가하고 이로 인해 노동의 가격이 상승하여 상대임금 $\frac{w}{r}$는 상승한다.
- 반대로, Y재의 가격이 상승하면 기업들은 Y재를 더 많이 생산하려 하기에 상대적으로 자본에 대한 수요가 더 많이 증가하고 이로 인해 자본의 가격이 상승하여 상대임금 $\frac{w}{r}$는 하락한다.

04 필립스곡선 정답 ④

(출제 포인트) 긴축적인 재정정책을 실시하면, 단기적으로 물가상승률은 낮아지고 실업률은 상승한다.

(정답)
- 현재 실업률 3%, 물가상승률 3%를 지나는 단기 필립스곡선은 SPC_B이다.
- 이때, 정부가 재정지출을 축소할 때 균형점은 필립스곡선상에서 우하방으로 이동하기에 나타날 수 있는 단기 실업률과 단기 물가상승률은 각각 5%, 1%이다.

05 학파비교 정답 ④

(출제 포인트) 통화주의자들은 통화량증가율을 경제성장률에 맞추어 $k\%$로 유지해야 한다는 '준칙'에 따른 금융정책 실시를 주장하였는데, 이를 $k\%$ rule이라 한다.

(정답)
다. 케인즈학파는 낮은 소득과 높은 실업 등의 경기침체의 원인을 유효수요의 부족으로 보았다.
라. 통화주의자들은 케인즈학파의 무분별한 정부개입이 스태그플레이션을 야기했다고 비판했으며, 통화를 공급할 때에는 사전에 명시되고 공표된 준칙을 따라야 한다고 주장했다.

오답피하기

가. 케인즈학파는 경제가 내재적으로 불안정하기에 단기적으로는 경기 변동을 완화하는 안정화정책을 실시하고, 장기적으로는 총공급능력을 확충해야 한다고 주장하였다.

나. 통화주의자들에 따르면 장기적으로 화폐가 중립적일 때, 필립스곡선은 자연실업률 수준에서 수직선이기에 인플레이션과 실업률 간에 역의 관계가 성립하지 않는다.

06 외부효과 정답 ①

출제 포인트 $P = SMC$에서 사회적 최적산출량이 달성되고 $P = PMC$에서 시장 균형산출량이 결정된다.

정답

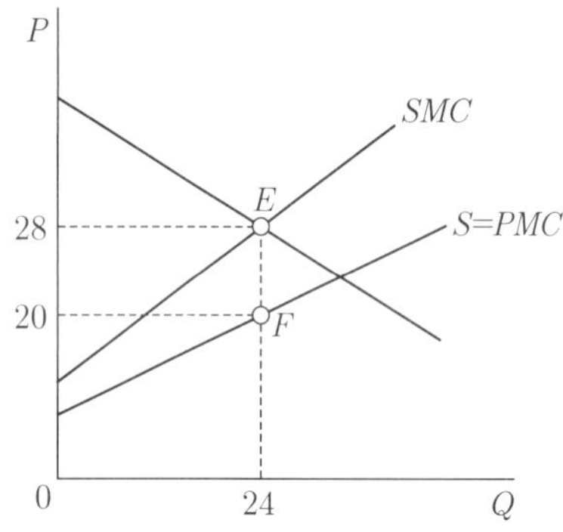

• 공급곡선은 $S = 2P - 16$, $P = \frac{1}{2}Q + 8$, 즉 사적 한계비용은 $PMC = \frac{1}{2}Q + 8$이고 환경오염물질을 처리하는 비용은 재화가격의 40%이기에 사회적 한계비용은 $SMC = \left(8 + \frac{1}{2}Q\right) \times 1.4 = \left(8 + \frac{1}{2}Q\right) \times \frac{7}{5} = \frac{56}{5} + \frac{7}{10}Q$이다.

• 수요곡선은 $D = 80 - 2P$, $P = 40 - \frac{1}{2}Q$이고 외부효과를 내부화한 경우 균형거래량과 균형가격은 $P = SMC$에서 이루어지기에 $40 - \frac{1}{2}Q = \frac{56}{5} + \frac{7}{10}Q$, $\frac{12}{10}Q = \frac{144}{5}$, $6Q = 144$, $Q = 24$, 균형가격은 $P = 28$이다.

07 통화정책 정답 ③

출제 포인트 정부지출감소는 IS곡선을 이동시키고 통화정책은 LM곡선을 이동시킨다.

정답

• 정부지출을 축소하면 IS곡선이 좌측 이동(①)하기에 국민소득이 일정하게 유지되도록 통화정책을 실시하려면 통화량을 증가시켜야 하고 LM곡선은 우측 이동(②)한다.

• 이때, 이자율이 하락(③)하기에 실질 화폐수요는 증가(⑤)하고, 정부지출 G가 감소하면 재정적자 $T - G$는 감소(④)한다.

08 구축효과 정답 ①

출제 포인트 확장재정정책에도 이자율이 상승하여 민간소비와 민간투자가 감소하는 것을 구축효과라 한다.

정답

• 구축효과는 IS곡선이 완만할수록, LM곡선이 가파를수록 커진다.

• 화폐수요의 소득탄력성이 클수록 LM곡선이 가파르기에 구축효과는 커진다.

• 화폐수요의 이자율탄력성이 작을수록 LM곡선이 가파르기에 구축효과는 커진다.

• 투자의 이자율탄력성이 클수록 IS곡선이 완만하기에 구축효과는 커진다.

09 2기간모형 정답 ①

출제 포인트 무차별곡선과 예산선이 접할 때 효용극대화가 달성된다.

정답

• 효용함수는 $U(C_1, C_2) = \sqrt{C_1} + \beta\sqrt{C_2}$이고 효용함수를 C_1에 대해 미분한 1기 소비의 한계효용은 $MU_{C_1} = \frac{1}{2}C_1^{-\frac{1}{2}} = \frac{1}{2\sqrt{C_1}}$, C_2에 대해 미분한 2기 소비의 한계효용은 $MU_{C_2} = \frac{1}{2}\beta C_2^{-\frac{1}{2}} = \frac{\beta}{2\sqrt{C_2}}$이기에 한계대체율은

$$MRS_{C_1C_2} = \frac{MU_{C_1}}{MU_{C_2}} = \frac{\frac{1}{2\sqrt{C_1}}}{\frac{\beta}{2\sqrt{C_2}}} = \frac{\sqrt{C_2}}{\beta\sqrt{C_1}} = \frac{1}{\beta}\sqrt{\frac{C_2}{C_1}}\text{이다.}$$

• 두 기간 소비모형에서 효용극대화 조건은 무차별곡선과 예산선이 서로 접하는 지점이기에 $MRS_{C_1C_2} = (1+r)$, $\frac{1}{\beta}\sqrt{\frac{C_2}{C_1}} = (1+r)$이다.

• 이때, 소비선택의 최적조건에서 1기의 소비와 2기의 소비의 크기가 같기에 $C_1 = C_2$를 대입하면 $\frac{1}{\beta} = (1+r)$, $\beta(1+r) = 1$이다.

10 먼델-플레밍모형 정답 ④

출제 포인트 고정환율제도하 자본이동이 완전한 경우, BP곡선은 수평선으로, 재정정책은 매우 효과적이나 금융정책은 전혀 효과가 없다. 변동환율제도하 자본이동이 완전한 경우, BP곡선은 수평선으로, 재정정책은 전혀 효과가 없지만 금융정책은 매우 효과적이다.

정답

고정환율제도하에서 확장적 통화정책을 실시하면 'LM곡선 우측 이동 → 이자율하락 → 외화의 유출 → 환율의 상승 압박 → 외화 매각 → 통화량감소 → LM곡선 좌측 이동'으로 환율과 균형국민소득은 불변이다.

오답피하기

① 변동환율제도하에서 확장적 재정정책을 실시하면 'IS곡선 우측 이동 → 이자율상승 → 외화의 유입 → 환율이 하락 → 순수출감소 → IS곡선 좌측 이동'으로 환율은 상승하고 균형국민소득은 불변이다.
② 변동환율제도하에서 확장적 통화정책을 실시하면 'LM곡선 우측 이동 → 이자율하락 → 외화의 유출 → 환율의 상승 → 순수출증가 → IS곡선 우측 이동'으로 환율은 하락하고 균형국민소득은 증가한다.
③ 고정환율제도하에서 확장적 재정정책을 실시하면 'IS곡선 우측 이동 → 이자율상승 → 외화의 유입 → 환율의 하락 압박 → 외화 매입 → 통화량증가 → LM곡선 우측 이동'으로 환율은 불변이고 균형국민소득은 증가한다.

15회 2015 공인회계사(1)

정답

p.52

01	③ 미시	02	② 미시	03	② 미시	04	② 국제	05	① 미시
06	④ 국제	07	② 거시	08	② 거시	09	④ 미시	10	② 국제

01 수요와 공급 정답 ③

출제 포인트 수요와 공급이 비탄력적일수록 곡선의 기울기는 가파르다.

정답

- 공급곡선의 기울기는 가격의 변화분을 거래량의 변화분으로 나눈 값이기에 공급곡선의 기울기가 가파를수록 원유 가격 하락폭에 비해 거래량은 소폭 감소한다(다).
- 수요곡선이 좌측으로 크게 이동할수록 가격 하락폭이 크다(나).

02 재화의 종류 정답 ②

출제 포인트 소득이 1% 변화할 때 수요량 변화율이 소득탄력성으로, $(+)$일 때 정상재, $(-)$일 때 열등재이다.

정답

- 가격이 하락할 때, 대체효과는 항상 $(-)$의 값을 가지기에 재화의 소비량은 증가한다.
- 두 재화의 가격이 동일하게 10% 하락할 때, X재 소비량은 변하지 않았기에 X재의 소득효과는 대체효과와 절댓값이 같은 $(+)$의 값을 가지고 Y재 소비량은 증가하였기에 Y재는 정상재이다.
- X재의 소득효과와 대체효과가 서로 상쇄되어 가격효과가 0이기에 X재는 정상재, 열등재 어느 것에도 해당하지 않고 Y재와 대체 혹은 보완관계를 가지지도 않는다.

03 비용함수 정답 ②

출제 포인트 등량곡선의 기울기$\left(\frac{1}{2}\right)$ > 등비용선의 기울기$\left(\frac{1}{3}\right)$이면 항상 노동만 투입한다.

정답

- 생산함수는 $Q = L + 2K$, $K = -\frac{1}{2}L + \frac{1}{2}Q$이기에 등량곡선은 기울기가 $\frac{1}{2}$인 우하향의 직선이고 $w = 1$, $r = 3$이기에 등비용선 기울기는 $\frac{w}{r} = \frac{1}{3}$이다.
- 기업의 비용극소화 조건은 등량곡선과 등비용선이 접하는 지점이고 등량곡선의 기울기가 등비용선의 기울기보다 가파르기에 기업은 노동만을 투입하여 $K = 0$이다.
- 이를 생산함수에 대입하면 $Q = L$이고 이를 다시 비용함수에 대입하면 $C = wL + rK = (1 \times Q) + (3 \times 0) = Q$이다.

04 이자율평가설 정답 ②

출제 포인트 금융시장에서 일물일가의 법칙을 전제로, 국가 간 완전자본이동이 보장될 때 국내투자수익률과 해외투자수익률이 동일해야 한다는 것이 유위험이자율평가설로, 환율변화율 = 국내이자율 − 해외이자율이다.

정답

유위험이자율평가설에 의하면 '환율변화율 = 국내 국채수익률 − 해외 국채수익률'이기에 환율상승률(원화 가치하락률)은 2%이다.

05 생산중단점 정답 ①

출제 포인트 완전경쟁기업의 경우, AVC곡선의 최저점은 생산하는 것과 생산을 하지 않는 것이 동일한 생산중단점이다. 따라서 단기에 평균가변비용이 최저가 되는 생산량이 생산중단점이 된다.

정답

- 완전경쟁시장에서 조업(생산)중단점은 평균가변비용곡선의 최저점이다.
- 아래의 표에서 확인할 수 있듯이 평균가변비용의 최저점은 생산량이 1일 때 10이기에 조업(생산)중단가격은 10이다.

생산량	0	1	2	3	4	5
총가변비용	0	10	30	60	100	150
평균가변비용	−	10	15	20	25	30

06 헥셔-올린모형 정답 ④

출제 포인트 헥셔-올린정리는 비교우위의 발생원인을 요소부존의 차이로 설명한다.

(정답)
헥셔-올린정리는 2국-2재화-2요소가 존재하고 생산요소의 국가간 이동은 불가능하며, 생산함수가 동일하고 선호가 동일하다고 가정한다.

(오답피하기)
① 헥셔-올린정리는 2국-2재화-2요소가 존재한다고 가정한다.
② 레온티에프(W. Leontief)의 역설은 자본풍부국으로 여겨지던 미국이 자본집약적 제품을 수출하지 않고 오히려 노동집약적 제품을 수출하는 현상을 일컫는다.
③ 헥셔-올린정리에 의하면 무역은 상대적으로 풍부한 생산요소를 사용하는 제품 간의 비교우위에 의해 발생한다.
⑤ 헥셔-올린 정리는 생산요소의 국가 간 이동은 불가능하다고 가정하며, 생산요소의 국가 간 이동이 불가능하더라도 교역을 통해 생산요소의 상대가격이 균등화된다.

07 GDP 정답 ②

(출제 포인트) 실제실업률이 자연실업률보다 높다면 실제GDP가 잠재GDP에 미달하는 경기침체이고, 낮다면 실제GDP가 잠재GDP를 초과하는 경기과열이다.

(정답)
2010년도 실제실업률이 자연실업률보다 크기에 실제GDP는 잠재GDP보다 작다. B국에서는 실제실업률이 자연실업률보다 작기에 확장 갭이 발생하고, B국의 잠재GDP는 실제GDP인 1,300조 원보다 작다.

(오답피하기)
① A국은 실제실업률과 자연실업률이 일치하기에 실제GDP와 잠재GDP가 일치한다. 따라서 A국의 잠재GDP는 900조 원이다. 2000년도 실제실업률이 자연실업률보다 높기에 침체 갭(recessionary gap)이 발생하였다.
③ B국에서는 실제실업률이 자연실업률보다 작기에 확장 갭이 발생한다.
④, ⑤ C국에서는 실제실업률이 자연실업률보다 크기에 침체 갭이 발생하고 C국의 잠재GDP는 실제GDP인 1,200조 원보다 크다.

08 생애주기가설 정답 ②

(출제 포인트) 소비는 현재의 (가처분)소득에 의해 결정된다고 보는 소비함수론이 케인즈의 절대소득가설이고, 소비는 생애 전체를 고려한 소득과 자산의 크기에 영향을 받는다는 것이 생애주기가설이다.

(정답)
- A: 절대소득가설에 의하면 소비는 항상 현재소득의 증가함수이기에 현재 추가적인 소득이 없다면 소비는 불변이다.
- B: 생애주기이론에 의하면 소비는 생애 전체의 소득을 고려하여 소비가 이루어지기에 차입제약이 없는 경우, 미래에 취업이 확정되어 소득이 증가할 예정이라면 현재 소비는 증가한다.
- C: 생애주기이론에서 차입제약이 있는 경우, 예정된 미래 소득으로부터 이전 가능한 현재의 소비가 일정 부분 감소하기에 차입제약이 없는 경우보다 소비는 덜 증가한다.

  즉, 소비 변화량의 크기는 $A \leq C \leq B$이다.

09 무차별곡선 정답 ④

(출제 포인트) 무차별곡선은 우하향의 형태로, 원점에서 멀어질수록 효용이 커지고 교차하지 않으며 원점에 대하여 볼록하다.
E점이 효용이 극대화되는 점(포화점)이라 가정한다.

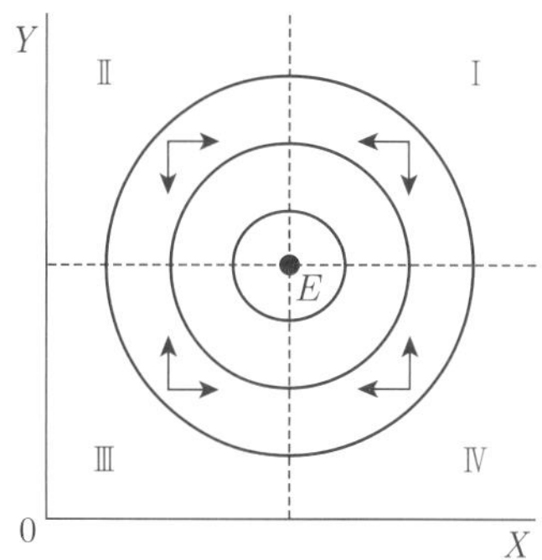

- 영역 Ⅲ은 일반적인 영역으로 X재와 Y재가 모두 재화인 경우이다.
- 영역 Ⅰ은 X재와 Y재가 모두 비재화인 경우이다.
- 영역 Ⅱ에서는 Y재가 비재화인 구간이고, 영역 Ⅳ에서는 반대로 X재가 비재화인 구간이다.

(정답)
한계효용이 (−)이고 비재화인 오염물질 Y재가 증가할 때, 동일한 효용이 유지되기 위해서는 한계효용이 (+)이고 재화인 공산품 X재의 양이 증가해야 한다. 그러므로 무차별곡선이 우상향의 형태로 도출된다.

10 IS-LM-BP 모형 정답 ②

(출제 포인트) $IS-LM-BP$모형에서 대체지급수단의 개발로 '화폐수요감소 → LM곡선 우측 이동 → 이자율하락 → 자본유출 → 외환수요 증가'이다.

(정답)
- 자본이동이 완전히 자유로운 소규모 개방경제에서 화폐수요가 감소하면 LM곡선은 우측 이동한다.
- 고정환율제에서 LM곡선이 우측 이동하면 이자율이 하락하고 이로 인해 외화가 유출되기에 환율은 상승압박을 받는다. 이에 중앙은행은 외화를 매각하여 시중의 통화량이 감소하기에 LM곡선은 다시 최초의 균형점까지 좌측 이동하고, 결과적으로 균형국민소득은 불변이다.
- 변동환율제에서 LM곡선이 우측 이동하면 이자율이 하락하고 이로 인해 외화가 유출되기에 환율은 상승한다. 환율이 상승하면 순수출은 증가하고 IS곡선은 우측 이동하여 균형국민소득은 증가한다.

16회 2015 공인회계사(2)

정답

p.55

01	④ 미시	02	① 미시	03	③ 국제	04	④ 거시	05	③ 거시
06	② 미시	07	① 미시	08	④ 거시	09	⑤ 거시	10	④ 거시

01 비용함수 정답 ④

출제 포인트 평균비용 $AC = \frac{TC}{Q}$이고, 한계비용 $MC = \frac{\Delta TC}{\Delta Q}$이다.

정답

$C = 1{,}000 + 10Q^2$을 Q에 대해 미분한 한계비용은 $MC = 20Q$이고 $Q = 10$이기에 한계비용은 200이고, 비용함수에 $Q = 10$을 대입했을 때 총비용은 2,000이기에 평균비용은 200이다.

오답피하기

① $C = 500 + 200Q$를 대해 미분한 한계비용은 $MC = 200$이나, 비용함수에 $Q = 10$을 대입했을 때 총비용은 2,500이기에 평균비용은 250이다.

② $C = 500 + 10Q^2$을 Q에 대해 미분한 한계비용은 $MC = 20Q$이고 $Q = 10$이기에 한계비용은 200이나, 비용함수에 $Q = 10$을 대입했을 때 총비용은 1,500이기에 평균비용은 150이다.

③ $C = 1{,}000 + 200Q$를 Q에 대해 미분한 한계비용은 $MC = 200$이나, 비용함수에 $Q = 10$을 대입했을 때 총비용은 3,000이기에 평균비용은 300이다.

⑤ 주어진 비용함수를 Q에 대해 미분한 한계비용은 $MC = 10Q$이고, 비용함수에 $Q = 10$을 대입했을 때 총비용은 3,000이기에 평균비용은 300이다.

02 효용극대화 정답 ①

출제 포인트 폐기물 처리장 규모(x)가 한 단위 커지면 보조금으로 인해 증가하는 효용의 크기는 1이나, 폐기물로 인해 감소하는 효용의 크기는 2이기에 주민들의 효용의 순증가분은 -1이다.

정답

- 효용함수는 $u = y - 2x$로 폐기물 처리장 규모의 한 단위당 정부가 주민 각자에게 1씩 보조해주면 일반재화 소비량(y)으로 인해 효용은 1만큼 증가하나 폐기물 처리장 규모(x)로 인해 효용은 2만큼 감소하기에 폐기물 처리장이 들어선다면 효용은 한 단위당 1만큼 감소한다.
- 소득을 보조해준다 하더라도 오히려 효용은 감소하기에 폐기물 처리장은 들어서지 않는다.
- 따라서 개별주민은 소득 100으로 가격이 1인 y를 100만큼 소비하기에, 주민들의 효용을 극대화하는 (x, y)조합은 $(0, 100)$이다.

03 무역이론 정답 ③

출제 포인트 양국의 국내상대가격비, 즉 기회비용 사잇값에서 양국이 이득을 볼 수 있는 교역조건이 성립한다.

정답

A국의 옷의 기회비용은 0.5이고 B국은 0.33이기에 기회비용이 더 낮은 B국이 옷에 비교우위가 있고 A국은 식료품에 비교우위가 있다. 이때, 각국이 비교우위에 있는 재화에 특화하여 교역을 하기 위한 조건은 각 제품의 기회비용의 사잇값이기에 A국은 교역조건을 고려하여 식료품만 생산하고 교역에 응한다.

〈기회비용〉

국가	옷	식료품
A	0.5	2
B	0.33	3

오답피하기

① A국의 옷 1단위 생산을 위해 필요한 노동은 2단위이고 식료품은 4단위로, 옷 1단위 생산을 위해 필요한 노동이 식료품보다 작고 A국에서 옷과 식료품은 완전대체재이기에 A국은 옷만 생산한다.

② B국에서 옷과 식료품은 완전보완재이기에 B국은 옷과 식료품을 각각 10단위 생산한다.

④ B국은 옷에 비교우위가 있기에 교역시 옷을 특화하여 수출하고 식료품을 수입한다.

⑤ 식료품의 교역가능조건은 양국의 식료품 1단위에 대한 옷의 기회비용의 사잇값인 $2 <$ 교역조건 < 3이기에 '식료품 1단위 = 옷 $\frac{7}{3}$단위'는 가능한 교역조건이다.

04 거시경제모형 정답 ④

출제 포인트 총수요와 총소득이 일치하는 점에서 균형국민소득이 결정되기에, $Y = C$(민간소비지출) $+ I$(민간총투자) $+ G$(정부지출) $+ X - M$(순수출)에서 $Y = \frac{1}{1-c(1-t)-i+m}(C_0 - cT_0 + I_0 + G_0 + X_0 - M_0)$이다. 투자승수는 $\frac{1}{1-c(1-t)-i+m}$이다.

정답

- 투자승수는 $\frac{1}{1-c+m}$이고 한계소비성향은 $c = 0.8$, 한계수입성향은 $m = 0.3$이기에 투자승수는 $\frac{1}{1-0.8+0.3} = 2$이고 투자가 50만큼 감소하기에 국민소득은 100만큼 감소한다.
- 순수출 $NX = 300 - 0.3Y$이기에 국민소득(Y)이 100 감소하면 순수출이 30만큼 증가한다.

05 국채 정답 ③

(출제 포인트) 회사채수익률 − 국채수익률 = 위험프리미엄이다.

(정답)

- 회사채의 신용위험이 증가하면 회사채에 대한 수요가 감소하기에 회사채의 가격은 하락하고, 위험에 대한 보상인 위험프리미엄은 증가한다.
- 이때, 회사채와 국채는 서로 대체관계이기에 회사채의 수요량이 감소하면 국채의 수요는 증가하고 이로 인해 국채가격은 상승한다.

06 시장 정답 ②

(출제 포인트) 완전경쟁산업의 수요곡선과 공급곡선이 교차하는 점에서 가격과 거래량이 결정되고, 수요곡선(MR곡선)과 MC곡선이 교차하는 점에서 완전경쟁기업의 생산량이 결정되는 단기 균형을 보인다.

(정답)

완전경쟁시장에서 기업은 초과이윤을 얻을 수도, 정상이윤을 얻을 수도, 손실을 볼 수도 있기에 항상 가격과 평균비용이 일치하는 것은 아니다.

(오답피하기)

① 완전경쟁시장에서 이윤극대화 조건은 $P = MC$이고 이때 P는 수평선으로 수요곡선, MC는 공급곡선의 역할을 하기에 기업은 수용적이다.

③ 독점시장의 장기 균형에서 $P = AR > MR = MC$가 성립하기에 가격은 한계비용보다 크다.

④, ⑤ 독점적 경쟁시장의 장기균형에서 $P = AR = AC > MR = MC$가 성립하기에 가격은 한계비용보다 크고 장기균형에서 초과이윤은 0이다.

07 완전경쟁시장 정답 ①

(출제 포인트) 완전경쟁시장의 장기 균형에서 개별기업은 장기 평균비용의 최소점에서 생산이 이루어진다.

(정답)

- 장기총비용 $C = 10Q + Q^2$을 Q로 나눈 장기 평균비용 $LAC = 10 + Q$이고 완전경쟁시장 장기 균형은 장기 평균비용곡선의 최저점에서 이루어지기에 $Q = 0$일 때 최소 장기 평균비용은 10이다.
- 이때, 각 기업은 정수 단위로 생산을 하기에 장기 균형에서 개별기업의 생산량은 1이다.

08 GDP디플레이터 정답 ④

(출제 포인트) 명목GDP를 실질GDP로 나눈 값을 GDP디플레이터 $\left[= \left(\frac{\text{명목}GDP}{\text{실질}GDP}\right) \times 100\right]$라 하고, 이는 대표적인 물가지수의 역할을 한다.

(정답)

2013년의 GDP디플레이터는 $\left(\frac{20}{20} \times 100 =\right)$100이고, 2014년의 GDP디플레이터는 $\left(\frac{22}{20} \times 100 =\right)$110이기에 2014년의 전년 대비 GDP디플레이터 상승률은 10%이다.

(오답피하기)

① 2013년의 명목GDP는 $(1 \times 10 + 2 \times 5 =)$20이다.

② 2013년의 실질GDP는 $(1 \times 10 + 2 \times 5 =)$20이다.

③ 2014년의 명목GDP는 $(2 \times 8 + 1 \times 6 =)$22이고, 2014년의 실질$GDP$는 $(1 \times 8 + 2 \times 6 =)$20이다.

⑤ 2013년과 2014년의 실질 GDP는 20으로 동일하기에 2014년의 실질GDP 성장률은 전년대비 0%이다.

09 성장회계 정답 ⑤

(출제 포인트) 경제성장의 요인을 요인별로 분석해 보는 것을 성장회계라 하고, $\frac{\Delta Y}{Y} = \frac{\Delta A}{A} + \alpha\frac{\Delta K}{K} + (1-\alpha)\frac{\Delta L}{L}$로 나타낸다.

(정답)

생산함수 $Y = AN^{0.7}K^{0.3}$을 증가율 형태로 나타내면 $\frac{\Delta Y}{Y} = \frac{\Delta A}{A} + 0.7\frac{\Delta N}{N} + 0.3\frac{\Delta K}{K}$이고 총생산증가율은 $\frac{\Delta Y}{Y} = 4\%$, 총요소생산성증가율은 $\frac{\Delta A}{A} = 1\%$, 노동증가율은 $\frac{\Delta N}{N} = 3\%$이기에 $4\% = 1\% + (0.7 \times 3\%) + \left(0.3 \times \frac{\Delta K}{K}\right)$, 자본증가율은 $\frac{\Delta K}{K} = 3\%$이다.

10 신용창조 정답 ④

(출제 포인트) 예금은행조직 밖에서 예금은행조직으로 최초로 들어온 예금을 본원적 예금이라 하고, 본원적 예금(W)이 신용창조과정을 거쳐 법정지준율의 역수인 신용승수$\left(\frac{1}{z}\right)$를 통해 몇 배에 해당하는 요구불예금을 창출하는 것을 예금은행의 예금통화창조라 한다.

(정답)

- 예금은 200이고 법정지준율은 10%이기에 지급준비금 60에서 법정지급준비금 20을 제외한 초과지급준비금은 40이다.
- 이때, 신용창조를 통한 총통화량의 증가분이 최대가 되기 위해서는 통화승수는 신용승수이어야 하고 법정지준율은 10%이기에 신용승수는 $\frac{1}{z_l} = \frac{1}{0.1} = 10$이다.
- 그러므로 초과지급준비금 40을 신규로 대출하는 경우 은행제도의 신용창조를 통한 총통화량의 증가분은 최대 $40 \times 10 = 400$이다.

17회 2014 공인회계사(1)

❯ 정답

p.58

01	② 미시	02	④ 미시	03	⑤ 미시	04	② 미시	05	④ 거시
06	③ 미시	07	① 미시	08	② 미시	09	④ 거시	10	④ 거시

01 수요의 가격탄력성 정답 ②

출제 포인트 아모로소－로빈슨 방정식 $MR=P\left(1-\frac{1}{\epsilon}\right)$에서 수요의 가격탄력성이 1일 때 독점기업의 한계수입은 0이다.

정답

나. 수요의 가격탄력성이 1보다 작을 때, 가격이 상승하면 총수입이 증가하기에 현재 이 기업이 이윤을 극대화하기 위해서는 가격을 인상해야 한다.

오답피하기

가, 다. 수요곡선이 우하향하는 직선일 때, 수요의 가격탄력성이 1보다 작을 때 가격이 상승하면 총수입은 증가한다. 현재 이 독점기업이 가격을 10% 올리면 총수입은 5% 증가하기에 현재 가격에서 수요는 가격에 대해 비탄력적이고 이 기업은 이윤을 극대화하지 못하고 있다.

라. 현재 비탄력적인 구간에서 가격을 20% 인상할 때 수요의 가격탄력성이 1보다 큰 구간으로 이동한다면 총수입이 얼마나 증가할지는 불분명하다.

02 효용함수 정답 ④

출제 포인트 소비자가 회원제 마트에 가입하기 위해 지불할 용의가 있는 최대금액은 30만 원에서 기존 효용과 같은 효용을 얻을 수 있는 비용을 뺀 나머지금액이다.

정답

- 효용함수는 $u(x, y)=x+2y$이기에 x재와 y는 서로 완전대체관계이다.
- 현재 소비자는 30만 원을 가지고 가격이 5천 원인 Y재만을 소비하기에 Y재의 소비량은 60단위이고 효용은 $u=0+2\times 60=120$이다.
- 이때, 소비자가 회원제 마트에 회원으로 가입하여 Y재보다 싼 가격인 2천 원으로 X재를 구입할 수 있다면 소비자는 X재만을 소비하고 기존의 효용 120과 동일한 효용을 누리기 위해 소비해야 하는 X재는 $u=120+2\times 0=120$에서 120단위이다.
- 가격이 2천 원인 X재 120단위를 소비하기 위해서는 24만 원이 필요하기에 기존에 보유한 30만 원과 24만 원의 차액인 6만 원이 회비로 낼 용의가 있는 최대금액이다.

03 한계비용 정답 ⑤

출제 포인트 총비용함수 $C=wL+rK$에서 임금 $w=100$, 임대료 $r=50$이기에 $C=100L+50K$이다.

정답

- 생산함수는 레온티에프형 함수인 $Y=\min\left[\frac{L}{2}, K\right]$로 생산자균형에서 $Y=\frac{L}{2}=K$이고 임금은 $w=100$, 임대료는 $r=50$이기에 비용함수는 $C=wL+rK=(100\times 2Y)+(50\times Y)=250Y$이다.
- 비용함수 $C=250Y$를 Y에 대해 미분한 한계비용은 $MC=250$이다.

04 비용곡선 정답 ②

출제 포인트 평균비용은 단기 총비용에서 원점으로 그은 직선의 기울기로 측정되고 한계비용은 총비용을 미분한 값으로 총비용곡선상 접선의 기울기로 구한다.

정답

- 기업 A의 총비용곡선에서 각 점의 기울기를 나타낸 한계비용곡선은 감소하다가 증가하기에 U자 형태이고, 원점에서 곡선상의 점까지의 기울기를 나타낸 평균비용곡선도 감소하다가 증가하기에 U자 형태이다.
- 기업 B의 총비용곡선에서 각 점의 기울기를 나타낸 한계비용곡선은 계속 증가하기에 우상향의 형태이고, 원점에서 곡선상의 점까지의 기울기를 나타낸 평균비용곡선은 감소하다가 증가하기에 U자 형태이다.

05 필립스곡선 정답 ④

출제 포인트 명목임금상승률과 실업률의 관계를 나타내는 곡선을 필립스곡선이라 한다. 현재는 명목임금상승률 대신 인플레이션율로 수정하여, 총수요곡선의 이동으로 인플레이션율과 실업률이 반비례[$\pi=-\alpha(U-U_N)$]인 필립스곡선을 도출할 수 있다.

정답

필립스곡선이 가파를수록 인플레이션율을 하락시켰을 때 실업률의 증가분이 작기에 희생률도 작다.

오답피하기

① 중동전쟁으로 원유가격이 급등하면 총공급곡선이 좌측 이동하기에 필립스곡선은 우측 이동한다.

② 기대부가 필립스곡선과 오쿤의 법칙을 활용하여 총공급곡선을 도출할 수 있다.

③ 기대물가상승률이 합리적 기대에 따라 결정되면, 정책무력성정리에 따라 필립스곡선은 자연실업률 수준에서 수직선이 되기에 예상된 통화정책은 실업률에 영향을 미치지 않는다.

⑤ 통화주의학파의 기대부가 필립스곡선에 따르면 정부의 빈번한 시장개입이 기대인플레이션을 발생시켜 필립스곡선이 상방으로 이동시켜 스태그플레이션을 발생시킨다.

06 재화의 종류 정답 ③

출제 포인트 혼잡한 도로는 소비가 경합적이고 혼잡하지 않은 도로는 소비가 비경합적이다. 또한 무료 도로는 배제가 불가능하나 유료 도로는 배제가 가능하다.

정답

- (가)는 비배제성과 경합성의 성격을 가지는 공유재로 혼잡한 무료 도로가 이에 해당한다.
- (나)는 배제성과 비경합성의 성격을 가지는 요금재로 혼잡하지 않은 유료 도로가 이에 해당한다.

07 정보경제학 정답 ①

출제 포인트 소비자들이 고품질 중고차를 최대 1,400만 원에, 저품질 중고차는 최대 800만 원에 구매할 의사가 있기에, 고품질 중고차가 차지하는 비율이 p일 때, 구매자의 지불용의금액은 $[p \times 1{,}400] + [(1-p) \times 800] = 600p + 800$이다.

정답

- 중고차 유형을 소유자들만 알고 있으며 소비자들은 위험 중립적인 경우 소비자들의 지불용의금액은 기대치로 결정된다.
- 고품질 중고차가 차지하는 비율이 $p = 0.2$일 때, 소비자의 지불용의금액은 $(0.2 \times 1{,}400) + (0.8 \times 800) = 920$이고 이는 고품질 중고차 소유자들이 판매할 의향이 있는 1,000만 원보다 작고 저품질 중고차 소유자들이 판매할 의향이 있는 600만 원보다 크기에 저품질 중고차만 거래된다.
- 고품질 중고차가 차지하는 비율이 $p = 0.5$일 때, 소비자의 지불용의금액은 $(0.5 \times 1{,}400) + (0.5 \times 800) = 1{,}100$만 원이고 이는 고품질 중고차 소유자들이 판매할 의향이 있는 1,000만 원보다 크고 저품질 중고차 소유자들이 판매할 의향이 있는 600만 원보다 크기에 저품질 중고차와 고품질 중고차는 모두 거래된다.

08 2기간모형 정답 ②

출제 포인트 예산선의 기울기는 예산제약식 $C_1 + \frac{C_2}{1+r} = Y$에서 $(1+r)$이고, 무차별곡선의 접선의 기울기는 효용함수 $U(C_1, C_2) = C_1C_2$에서 $MRS_{C_1C_2} = \frac{MU_{C_1}}{MU_{C_2}} = \frac{C_2}{C_1}$이기에 $(1+r) = \frac{C_2}{C_1}$일 때 소비자균형점이 달성된다.

정답

- 효용함수는 $C-D$형 함수인 $U(C_1, C_2) = C_1C_2$이기에 한계대체율은 $MRS_{C_1C_2} = \frac{C_2}{C_1}$이고 예산제약식은 $C_1 + \frac{C_2}{1+r} = Y$이다. 두 기간모형에서 효용극대화는 한계대체율과 예산제약식이 접하는 구간인 $(1+r) = \frac{C_2}{C_1}$이고 이를 예산제약식에 대입하면, $C_1 + \frac{(1+r)C_1}{1+r} = Y$, $2C_1 = Y$, $C_1 = 0.5Y$이다.
- 즉, 1기의 소비는 항상 소득의 절반이기에 1기 한계소비성향은 $\frac{1}{2}$이다.

09 성장회계 정답 ④

출제 포인트 경제성장의 요인을 요인별로 분석해 보는 것을 성장회계라 하고, $\frac{\Delta Y}{Y} = \frac{\Delta A}{A} + \alpha\frac{\Delta K}{K} + (1-\alpha)\frac{\Delta L}{L}$로 나타낸다. 이때 $\frac{\Delta A}{A}$를 총요소생산성증가율이라 한다.

정답

- 총생산함수 $Y = AN^{0.7}K^{0.3}$을 근사치로 변형하면, $\left(\frac{\Delta Y}{Y}\right) = \left(\frac{\Delta A}{A}\right) + 0.7\left(\frac{\Delta N}{N}\right) + 0.3\left(\frac{\Delta K}{K}\right)$이고,
- $\left(\frac{\Delta Y}{Y}\right) = 4\%$, $\left(\frac{\Delta N}{N}\right) = 3\%$, $\left(\frac{\Delta K}{K}\right) = 2\%$이기에 총요소생산성증가율은 $4\% = \left(\frac{\Delta A}{A}\right) + (0.7 \times 3\%) + (0.3 \times 2\%)$에서 $\left(\frac{\Delta A}{A}\right) = 1.3\%$이다.
- 총요소생산성의 성장기여도는 1.3%, 노동의 성장기여도는 2.1%, 자본의 성장기여도는 0.6%이기에 노동 > 총요소생산성 > 자본 순이다.

10 실업 정답 ④

출제 포인트 자연실업률하에서 노동시장이 균형으로 취업자수와 실업자수가 변하지 않는다. 따라서 자연실업률은 $u_N = \frac{U}{U+E} = \frac{U}{U+\frac{f}{s}U} = \frac{s}{s+f}$($s$: 실직률, f: 구직률)이다.

정답

균제상태에서의 실업률은 $u_n = \frac{s}{f+s}$이고 $s = 0.2$, $f = 0.8$이기에 장기균형상태에서의 실업률은 $u_n = \frac{s}{f+s} = \frac{0.2}{0.8+0.2} = 0.2$, 20%이다.

18회 2014 공인회계사(2)

정답 p.61

01	③ 미시	02	③ 미시	03	② 국제	04	① 거시	05	③ 거시
06	① 거시	07	④ 국제	08	① 거시	09	② 거시	10	③ 거시

01 이윤극대화 정답 ③

(출제 포인트) 총수입에서 총비용을 차감한 값인 이윤은 $MR = MC$, 그리고 MR기울기 $<$ MC기울기일 때 극대화된다.

(정답)
독점기업의 이윤극대화 제1조건은 $MR = MC$이고 제2조건은 'MR의 기울기 $<$ MC의 기울기'이기에 이윤극대화 생산량은 한계비용이 상승하고 한계수입 160과 일치하는 수준인 3이다.

02 독점적 경쟁시장 정답 ③

(출제 포인트) 독점적 경쟁은 $P > MC$인 구간에서 생산되기에 후생손실을 보인다.

(정답)
나. 독점적 경쟁시장의 이윤극대화 조건은 $P > MR = MC$이기에 단기 균형에서 가격이 한계비용보다 높다.
라. 독점적 경쟁시장은 장기에 진입과 퇴거가 자유롭고 $P = LAC$이기에 초과이윤이 발생하지 않는다.

(오답피하기)
가. 독점적 경쟁시장은 단기에 $P > MC$인 구간에서 생산한다.
다, 마. 독점적 경쟁시장은 장기에 정상이윤만을 획득하기에 항상 $P = LAC$가 성립한다.

03 자유무역 정답 ②

(출제 포인트) 밀의 국제시장가격이 A국의 국제 밀 시장 참여 여부에 영향을 받지 않는다면 A국은 소국이다.

(정답)
밀의 자유무역이 허용되면 밀의 국내가격은 국제시장가격과 같은 50으로 상승하고 국내 수요량은 20, 국내 생산량은 50이기에 초과생산량인 밀 30단위를 수출한다.

(오답피하기)
① 밀의 수출입이 금지되면 균형가격과 균형생산량은 공급곡선과 수요곡선이 일치하는 지점에서 이루어지기에 밀 생산량은 40단위이다.
③ A국은 소국이기에 밀의 자유무역이 허용되면 밀의 국내가격은 국제가격과 동일하게 상승한다.
④ 밀의 자유무역이 허용되면 국내가격이 상승하여 국내 수요량이 감소하기에 소비자잉여는 감소한다.
⑤ 밀의 자유무역이 허용되면, 소비자 잉여는 $300\left(= (20 \times 10) + \left(\frac{1}{2} \times 20 \times 10\right)\right)$만큼 감소하나 생산자 잉여는 $450\left(= (40 \times 10) + \left(\frac{1}{2} \times 10 \times 10\right)\right)$만큼 증가하기에 총잉여는 150만큼 증가한다.

04 총수요-총공급모형 정답 ①

(출제 포인트) 경기과열 상태에서는 노동력 부족이 발생하기에 점차 임금이 상승한다. 임금이 상승하면 단기총공급곡선이 왼쪽으로 이동하기에 결국에는 다시 잠재GDP로 복귀하게 된다.

(정답)
- A점은 현재 GDP가 잠재GDP보다 높기에 경기과열상태이다.
- 정부나 중앙은행이 어떠한 정책대응도 하지 않을 경우, 경기과열로 인해 임금이 상승하기에 AS곡선은 장기적으로 잠재GDP 수준에서 수직선인 LAS곡선상의 생산량 수준인 B점까지 좌측 이동한다.

05 명목이자율 정답 ③

(출제 포인트) 실질이자율에 기대인플레이션율을 더한 값이 명목이자율이라는 피셔의 방정식에서, 인플레이션이 발생하면 기대인플레이션율이 상승하여 명목이자율이 비례적으로 상승하는 효과를 뜻한다.

(정답)
가. 피셔효과에 의하면 '명목이자율 = 실질이자율 + 기대인플레이션율'이기에 기대인플레이션율이 상승하면 명목이자율은 상승한다.
다. 시간선호율이 상승하면 현재 소비가 증가하고 저축이 감소하기에 대부자금의 공급곡선이 좌측 이동하고 이로 인해 이자율은 상승한다.
라. 국채발행이 증가하면 채권공급이 증가하고 이로 인해 채권의 가격이 하락(= 이자율이 상승)한다.

(오답피하기)
나. 투자의 한계효율이 하락하면 투자의 기대수익률이 하락하기에 투자가 감소한다. 따라서 대부자금의 수요곡선이 좌측 이동하고 이로 인해 이자율은 하락한다.

06 국민소득결정모형 정답 ①

(출제 포인트) $Y = C + I + G + X - M$에서 $Y - C - G = I + X - M$이고, $Y - T - C$(민간저축) $+ T - G$(정부저축) $= I + X - M$, 즉, $SP + SG = I + X - M$이다. 따라서 $X - M = SP + SG - I = SN - I$이다.

(정답)

- 국민소득 항등식 $Y = C + I + G$를 변형하면 $(Y - T - C) + (T - G) = I$이다.
- $(Y - T - C) + (T - G) = I$에서 정부가 조세수입을 증가시키면 민간저축 $Y - T - C$는 감소하고 정부저축 $T - G$는 증가하지만 국민저축 $(Y - T - C) + (T - G)$는 불변이다.

07 환율 정답 ④

(출제 포인트) '실물단위'로 표시한 실질환율은 $\epsilon = \frac{e \times P_f}{P}$($\epsilon$: 실질환율, e: 명목환율, P_f: 해외물가, P: 국내물가)이기에, 이를 변형하면 실질환율변화율 = 명목환율변화율 + 해외물가상승률 − 국내물가상승률이다.

(정답)

- 외국의 재화 · 서비스 1단위와 교환 가능한 자국의 재화 · 서비스의 양인 실질환율 $\epsilon = \frac{e \times P_f}{P}$를 증가율 형태로 나타내면 $\frac{d\epsilon}{\epsilon} = \frac{de}{e} + \frac{dP_f}{P_f} - \frac{dP}{P}$이고 명목환율 증가율은 7%, 자국의 물가상승률은 2%, 외국의 물가상승률은 7%이기에 실질환율변화율은 $\frac{d\epsilon}{\epsilon} = \frac{de}{e} + \frac{dP_f}{P_f} - \frac{dP}{P} = 7\% + 7\% - 2\% = 12\%$이다.
- 이때, 실질환율의 상승은 수출재의 가격하락을 의미하기에 자국의 수출량은 증가한다.

08 솔로우(*Solow*) 성장모형 정답 ①

(출제 포인트) 솔로우(Solow) 성장모형에서 인구증가율이 상승하면 균제상태에서 경제성장률이 상승한다.

(정답)

인구증가율이 높아지더라도 새로운 균제상태에 도달하면 더 이상 1인당 소득이 변하지 않기에 1인당 소득증가율은 0이다.

(오답피하기)

② 1인당 소득수준은 총소득을 인구의 수로 나눈 값이기에 인구증가율이 상승하면 1인당 소득수준은 하락한다.

③ 솔로우 성장모형에서 총소득 공식을 증가율 형태로 나타내면 '총소득증가율 = 총요소생산성증가율 + α자본증가율 + β인구증가율'이기에 인구증가율이 상승하면 총소득증가율은 상승한다.

④, ⑤ 1인당 자본은 총자본을 인구의 수로 나눈 값이기에 인구 증가율이 상승하면 1인당 자본은 하락하고, 이로 인해 자본의 한계생산성은 증가한다.

09 *IS-LM* 모형 정답 ②

(출제 포인트) 투자의 이자율탄력성이 작아서 IS곡선이 급경사이고, 화폐수요의 이자율탄력성이 커서 LM곡선이 완만할수록 재정정책의 유효성은 커진다.

(정답)

가. 화폐수요의 이자율탄력성이 클수록 LM곡선이 완만하기에 재정정책의 효과는 커진다.

다. 한계소비성향이 클수록 승수효과가 크기에 재정정책의 효과는 커진다.

(오답피하기)

나. 소득세율이 높을수록 승수효과가 작아지기에 소득세율이 높을수록 재정정책의 효과는 작아진다.

라. 투자의 이자율탄력성이 클수록 IS곡선이 완만하기에 재정정책의 효과는 작아진다.

10 내생적 성장이론 정답 ③

(출제 포인트) AK 모형에 따르면 경제성장률이 sA이기에 저축률(s)이 상승하거나 총요소생산성(A)이 높아지면 경제성장률이 상승한다.

(정답)

내생적 성장이론(AK 모형)은 현실에서 개발도상국과 선진국의 소득수준이 수렴하지 않는 현상을 설명하기 위해 자본의 한계생산이 불변이라고 주장했다.

(오답피하기)

① AK모형에 따르면 경제성장률은 sA이기에 저축률의 상승은 경제성장률을 장기적으로 높일 수 있다.

② R&D모형에 따르면 지식은 비경합성의 특징을 가지기에 지식의 축적이 성장에 중요한 역할을 한다.

④ R&D모형에 따르면, 연구보조금정책을 통해 R&D 참여율을 높일 수 있고 이로 인해 성장을 촉진할 수 있다.

⑤ *R&D*모형에 따르면 연구부문의 고용비율이 높아지면 인적자본이 증가하기에 성장률이 장기적으로 높아질 수 있다.

19회 2013 공인회계사(1)

정답

p.64

01	④ 미시	02	③ 미시	03	③ 미시	04	④ 국제	05	① 국제
06	② 미시	07	④ 미시	08	① 거시	09	③ 거시	10	① 거시

01 효용함수 정답 ④

출제 포인트 효용함수가 $U(X, Y) = X^a Y^b$일 때 X재의 수요함수는 $X = \frac{a}{a+b} \cdot \frac{M}{P_X}$, Y재의 수요함수는 $Y = \frac{b}{a+b} \cdot \frac{M}{P_Y}$이다.

정답

- $\frac{a}{a+b}$는 X재 구입액이 소득에서 차지하는 비율로 $\frac{a}{a+b} = \frac{200}{300} = \frac{2}{3}$이고, $\frac{b}{a+b}$는 Y재 구입액이 소득에서 차지하는 비율로 $\frac{b}{a+b} = \frac{1}{3}$이다.
- 따라서 $a = 2b$, $\frac{b}{a} = \frac{1}{2}$이다.

(가) $\frac{b}{a} = \frac{1}{2}$이기에 옳다.

(다) $a = 2$, $b = 1$이면 $a + b = 3$이기에 옳다.

(라) $a = \frac{8}{3}$, $b = \frac{4}{3}$이면 $a + b = 4$이기에 옳다.

오답피하기

(나) $a = 2b$, $\frac{b}{a} = \frac{1}{2}$이기에 옳지 않다.

02 이윤극대화 정답 ③

출제 포인트 생산물시장이 완전경쟁이면 $P = MR$이기에 $MRP_L = MP_L \times MR = MP_L \times P = VMP_L$이고, 생산요소시장이 완전경쟁이면 개별기업은 주어진 임금으로 원하는 만큼 고용할 수 있기에 $MFC_L = W$이다. 따라서 이윤극대화 조건은 $VMP_L = MP_L \times P = MFC_L = W$이다.

정답

완전경쟁기업의 이윤극대화 고용량 조건은 $VMP_L = MP_L \times P = W$이고 임금 $W = 300$, 단기생산함수 $f(L) = 100L - L^2$을 L에 대해 미분한 노동의 한계생산량은 $MP_L = 100 - 2L$, 고용량은 35이기에 생산물 가격은 $P \times (100 - 70) = 300$, $P = 10$이다.

03 생산함수 정답 ③

출제 포인트 $q = \min\{3L_1, 2L_2\}$은 1차동차 레온티에프 생산함수이다.

정답

$q = \min\{3L_1, 2L_2\}$은 1차동차 레온티에프 생산함수이기에 규모에 대한 수익불변이다. 따라서 장기 평균비용곡선이 수평선의 형태로 도출된다.

오답피하기

① $q = \min\{3L_1, 2L_2\}$은 숙련노동(L_1)과 비숙련노동(L_2)을 완전 보완관계로 항상 2:3의 비율로 투입해야 한다. 따라서 한 요소가 고정된 투입비율을 넘어서면 한계생산물은 항상 0이 된다.

② 레온티에프 생산함수는 생산요소 간 대체가 불가능하기에 대체탄력성이 0이다.

④ 비숙련노동과 숙련노동 간의 대체가 불가능하기에 비숙련노동의 임금이 상승하더라도 숙련노동의 고용이 증가하지 않는다.

⑤ 장기평균비용곡선이 수평선이기에 규모에 대한 수익불변이다.

04 환율 정답 ④

출제 포인트 외환의 수요증가로 환율은 상승하여 국내통화가치는 하락하고, 외환의 공급증가로 환율은 하락하여 국내통화가치는 상승한다.

정답

기준금리가 인상되면 외화가 유입되어 외화의 공급이 증가하기에 환율이 하락(국내통화 가치가 상승)한다.

오답피하기

① 국내기업이 해외에 생산 공장을 설립하면 외화의 수요가 증가하기에 환율은 상승(국내통화 가치가 하락)한다.

② 외국인들이 국내주식을 매각하면 매각대금유출로 인해 외화의 수요가 증가하기에 환율은 상승(국내통화 가치가 하락)한다.

③ 수입자동차에 대한 관세가 인하되면 수입자동차에 대한 수입증가로 외화의 수요가 증가하기에 환율은 상승(국내통화 가치가 하락)한다.

⑤ 정부가 외국산 전투기를 대규모로 구매하면 외화의 수요가 증가하기에 환율은 상승(국내통화 가치가 하락)한다.

05 관세부과 정답 ①

출제 포인트 (대국)관세가 부과되면 수입량감소로 국제시장에서 초과공급이 발생하여 국제가격(수입가격)이 하락하여 교역조건은 개선되고, 단위당 t원의 관세가 부과되면 하락한 국제가격에서 t원만큼 상승하기에 국내가격이 t원보다 더 적게 상승한다.

정답

(가), (나) 관세부과로 인해 국내가격이 P^W에서 $P^{W*}+t$로 상승하면 소비자잉여는 사각형$acdh$의 면적만큼 감소하고, 생산자잉여는 사각형$abgh$의 면적만큼 증가한다.

오답피하기

(다) 단위당 관세액이 t이고, 관세부과 후의 수입량이 bc이기에 정부의 관세수입은 사각형$bclk$의 면적이다.

(라) 관세부과로 인한 소비자잉여 감소분인 사각형$acdh$ 중에서 생산자잉여 증가분인 사각형$abgh$나 정부의 관세수입인 사각형$bclk$로 이전되지 않은 부분이 삼각형bfg와 삼각형ced의 면적이다. 또한 정부의 관세수입인 사각형$bclk$ 중에서 소비자잉여 감소분에서 이전되지 않은 사각형$felk$의 면적은 관세부과로 인한 수입가격하락에 따른 이득이다. 따라서 경제적 순손실은 삼각형bfg와 삼각형 cde의 면적의 합에서 사각형$felk$의 면적을 뺀 것이다.

06 보조금의 귀착 정답 ②

출제 포인트 생산자든 소비자든 어느 일방에게 보조금을 지급해도 양자가 나누어 받게 되는 것을 보조금의 귀착이라 한다.

정답

(가) 생산보조금이 지급되면 소비자잉여와 생산자잉여가 모두 증가한다.

(라) 판매자에게 X재 단위당 보조금 10원을 지급하든, 구매자에게 X재 단위당 보조금 10원을 지급하든, 균형가격을 제외하면 균형거래량, 보조금 총액, 구매자 실제지불가격, 판매자 실제수취가격, 소비자잉여, 생산자잉여 등은 모두 같다.

오답피하기

(나) 생산보조금이 지급되면 소비자잉여와 생산자잉여가 모두 증가하나 증가분의 합이 정부의 생산보조금에 미달하기에 사회적 잉여는 감소한다.

(다) 수요곡선이 우하향하고 공급곡선이 우상향하기에 정부가 생산자에게 단위당 10원의 생산보조금을 지급하더라도 시장가격은 10원보다 덜 하락한다.

07 게임이론 정답 ④

출제 포인트 더 이상 파레토개선이 불가능한 배분상태, 즉 자원배분이 가장 효율적인 상태를 파레토효율성이라 한다.

정답

- 게임이 강우월전략균형을 가지기 위해서는 경기자 1의 보수의 경우 $a>e$, $c>g$이거나 $a<e$, $c<g$이고 경기자 2의 보수의 경우 $b>d$, $f>h$이거나 $b<d$, $f<h$이어야 하고 이를 만족시키는 선지는 ①, ④이다.
- ①의 경우 경기자 1의 강우월전략은 B_1이고 경기자 2의 강우월전략은 B_2이기에 강우월전략균형은 (B_1, B_2)이다. 이때, 보수는 (g, h)로 가장 높은 보수이기에 파레토 열등한 게임이 아니다.
- ④의 경우 경기자 1의 강우월전략은 B_1이고 경기자 2의 강우월전략은 B_2이기에 강우월전략균형은 (B_1, B_2)이다. 이때, 보수는 (g, h)로 가장 높은 보수가 아니기에 파레토 열등한 게임이다.

08 총수요-총공급모형 정답 ①

출제 포인트 실제GDP가 잠재GDP를 초과하는 상태에서는 노동력 부족이 발생하기에 점차 임금이 상승한다.

정답

- 경제가 잠재 실질GDP 수준에 있는 경우 최초의 장기 균형은 $LRAS$곡선과 $SRAS$곡선, AD곡선이 접하는 B이다.
- 이때, 정부가 확장적 재정정책을 수행한다면 AD곡선이 우측 이동하기에 AD곡선은 $AD_2 \rightarrow AD_3$로 이동하여 바뀐 단기 균형은 C이다.
- 단기 균형이 C에서 이루어지면 경기가 과열되어 임금이 상승하기에 생산량이 감소하여 $SRAS$곡선은 장기 균형이 $LRAS$곡선상에서 이루어질 때까지 좌측 이동한다. 그러므로 바뀐 장기 균형은 D이다.

09 PC곡선 정답 ③

출제 포인트 단기 필립스곡선은 $\pi=\pi^e$일 때, 장기 필립스곡선과 교차한다.

정답

장기 필립스곡선은 자연실업률 수준에서 수직선이기에 실제실업률과 자연실업률이 같고 기대인플레이션율과 실제인플레이션율이 같다. 이때, 단기 필립스곡선과 장기 필립스곡선은 기대인플레이션 수준에서 교차하기에 기대인플레이션율은 3%이다.

오답피하기

① 기대인플레이션율은 3%이고 B점의 인플레이션율은 5%이기에 실제인플레이션율이 더 높다.

②, ⑤ 자연실업률 5%에서 수직인 장기 필리스곡선상의 점인 A가 잠재 실질 GDP가 달성되고 있고 실제 실업률이 자연실업률보다 낮은 B점의 실질 GDP는 잠재 GDP보다 높다.

④ 필립스곡선은 $\pi=\pi^e-\alpha(U-U_n)$으로 Y의 절편이 $\pi^e+\alpha U_n$인 우하향은 곡선이기에 기대인플레이션율이 하락하면 단기필립스곡선 자체가 하방 이동한다.

10 개방경제일반균형 정답 ①

(출제 포인트) 변동환율제도하에서 자본이동이 완전한 경우, 재정정책은 전혀 효과가 없지만 금융정책은 매우 효과적이다.

(정답)

직불카드 도입에 따라 화폐수요가 감소하면 LM곡선이 우측 이동하기에 국민소득은 증가한다.

(오답피하기)

② 통화공급이 감소하면 LM곡선이 좌측 이동하기에 국민소득은 감소한다.

③, ④ 자본이동이 완전히 자유롭고 변동환율제도를 채택한 소규모 개방경제에서는 정부의 재정정책은 국민소득에 아무런 영향을 미칠 수 없다.

⑤ 국채가 공개시장에서 매각되면 통화량이 감소하기에 LM곡선이 좌측 이동하여 국민소득은 감소하고 순수출이 증가하면 IS곡선이 우측 이동하기에 국민소득에 아무런 영향을 미치지 않는다.

20회 2013 공인회계사(2)

정답 p.67

01	④ 미시	02	④ 미시	03	⑤ 미시	04	② 거시	05	① 거시
06	③ 미시	07	③ 거시	08	③ 거시	09	② 거시	10	④ 거시

01 수요의 가격탄력성 정답 ④

출제 포인트 우하향의 수요직선에서 중점은 단위탄력적이고, 중점 위는 탄력적이며, 중점 아래는 비탄력적으로 모든 점의 수요의 가격탄력도가 다른 경우이다.

정답

(나) 수요곡선이 우하향의 직선일 때, 똑같이 2원 하락하더라도 가격이 감소하면 가격탄력성은 감소하기에 $\epsilon_1 > \epsilon_2$이다.

(라) 수요곡선의 구체적인 형태와 값이 주어지지 않았기 때문에 정확한 수요의 가격탄력성을 구할 수 없다.

오답피하기

(가), (다) ϵ_1이 ϵ_2보다 크다.

02 비용함수 정답 ④

출제 포인트 총비용함수가 $C(q) = \frac{q^2}{4} + 16$이기에 총고정비용은 $TFC = 16$, 총가변비용은 $TVC = \frac{q^2}{4}$이다. 총가변비용을 q에 대해 미분하면 한계비용은 $MC = \frac{1}{2}q$이고, 총가변비용을 q로 나누면 평균가변비용은 $AVC = \frac{1}{4}q$이다.

정답

생산중단점은 AVC 최저점이고 단기비용함수 $C^S(q) = \frac{q^2}{4} + 16$을 q에 대해 미분한 한계비용은 $MC = \frac{1}{2}q$, 총가변비용을 q로 나눈 평균가변비용은 $AVC = \frac{1}{4}q$로 한계비용곡선이 평균가변비용곡선보다 더 가파른 원점을 지나는 직선이기에 생산물 시장가격이 0을 초과하는 한, 이 기업은 생산을 중단하지 않는다.

오답피하기

① 완전경쟁시장의 이윤극대화 조건은 $P = MC$이고 $MC = \frac{1}{2}q$이기에 시장가격이 5일 때 생산량은 $5 = \frac{1}{2}q$, $q = 10$이다. 이때, 총수입은 $TR = P \times q = 5 \times 10 = 50$이고, 총비용은 $C = \frac{q^2}{4} + 16 = 25 + 16 = 41$이기에 이윤은 $TR - TC = 50 - 41 = 9$이다.

② 한계비용은 $MC = \frac{1}{2}q$, 평균가변비용은 $AVC = \frac{1}{4}q$로 단기한계비용이 항상 단기평균가변비용보다 높다.

③ 노동의 단위당 가격이 상승하면 한계비용이 상승하여 공급곡선은 상방 이동하기에 단기생산량은 감소한다.

⑤ 완전경쟁시장의 균형생산량은 $P = MC$에서 결정되기에 단기한계비용곡선은 단기공급곡선의 역할을 한다.

03 노동여가모형 정답 ⑤

출제 포인트 소비자균형은 무차별곡선과 예산선이 접하는 점에서 이루어진다.

정답

- 노동자의 효용함수는 $C-D$형 함수인 $u(l, f) = l^2 f$이기에 한계대체율은 $MRS_{lf} = \frac{2f}{l}$이고, 노동자의 노동소득은 $w(24-l)$, 식료품의 가격이 P_f일 때 식료품 구입지출액은 $P_f \cdot f$이기에 노동자의 예산선은 $P_f \cdot f = w(24-l)$, $f = \frac{w}{P_f}(24-l)$이다.
- 여가-노동모형에서 효용극대화 조건은 한계대체율의 기울기와 예산제약식의 기울기가 접하기에 $\frac{2f}{l} = \frac{w}{P_f}$, $f = \frac{wl}{2P_f}$이고 이를 예산선에 대입하면 $\frac{wl}{2P_f} = \frac{w}{P_f}(24-l)$, $l = 48 - 2l$, $l = 16$이다.
- 8시간을 초과하는 노동시간에 대해서 매 시간당 현행 시간당 임금의 50%에 해당하는 초과수당을 추가로 지급하면, 새로운 균형은 노동시간이 8시간 이후 시간당 임금이 상승하여 E점보다 F점에서 이루어질 것이기에 여가시간이 감소하고 노동시간이 증가한다.

오답피하기

①, ②, ③ w와 P_f의 크기에 관계없이 여가시간은 항상 16시간이고 노동시간은 항상 8시간이다.

④ 노동소득에 대하여 일정률로 근로소득세를 부과하면 실질임금이 감소하나 w의 크기에 관계없이 여가시간은 항상 16시간이고 노동시간은 항상 8시간이다.

04 고용률 정답 ②

출제 포인트 '고용률 × 100 = 취업률 × 경제활동참가율'이다.

정답

'고용률 × 100 = 취업률 × 경제활동참가율'이고 취업률은 90% [= 100% − 실업률(10%)], 경제활동참가율은 50%이기에 고용률은 $\frac{90 \times 50}{100} = 45\%$이다.

05 물가지수 정답 ①

출제 포인트 소비자물가지수와 생산자물가지수는 모두 라스파이레스 방식으로 작성되는 데 비해, GDP디플레이터는 파셰 방식으로 작성된다.

정답

소비자물가지수는 라스파이레스 방식으로 작성되기에 $L_P = \frac{P_t \cdot Q_0}{P_0 \cdot Q_0}$이다. 이때, 과거에 비해 더 많은 사람들이 와인을 마시고 와인의 가격도 상승하였을 경우 소비자물가지수는 증가한 소비량 Q_t를 반영하지 못하기에 물가상승을 과소평가한다.

오답피하기

② 소비자물가지수 $L_P = \frac{P_t \cdot Q_0}{P_0 \cdot Q_0}$에서 커피 가격이 과거에 비해 상승함에 따라 차로 대체하는 사람이 늘었을 경우, 감소한 소비량 Q_t를 반영하지 못하기에 물가상승을 과대평가한다.

③ GDP는 주부의 가사노동이 제외되는 등 측정상 한계와 여가와 공해비용 등이 고려되지 않는 후생지표상 한계가 있다. 또한 GDP는 총량 개념으로 소득분배 상황을 정확히 파악할 수 없다.

④ 비정규직 근로자 등 불완전 취업자의 취업자 분류와 실망실업자의 비경제활동인구 분류는 공식 실업률을 체감 실업률보다 낮게 한다.

⑤ GDP 디플레이터는 수입품을 반영하지 못하기에 수입품을 대체할 국산품이 별로 없는 국가에서는 일반 국민의 생계비 척도로서 부적절하다.

06 가격효과 정답 ③

출제 포인트 재화의 가격변화에 따른 구입량의 변화를 가격효과라 하고 대체효과와 소득효과로 나누어진다. 동일한 실질소득 수준에서 상대가격의 변화에 따른 구입량의 변화를 대체효과라 하고 항상 음(−)이다. 동일한 상대가격 수준에서 실질소득의 변화에 따른 구입량의 변화를 소득효과라 하며, 정상재이면 음(−), 열등재이면 양(+)이다.

정답

(나) 소비자의 선호가 단조성과 강볼록성을 만족하면 무차별곡선은 원점에서 볼록한 우하향의 곡선이다. 이때, 가격이 하락하면 대체효과는 항상 (−)의 값을 가지기에 재화의 소비량은 증가하고 대체효과만을 반영한 보상수요곡선은 항상 우하향한다.

(라) 이자율이 상승할 경우, 현재소비의 상대가격이 상승하기에 현재소비는 감소하고 저축은 증가한다. 이때, 현재소비가 열등재이고 현재소득을 현재소비와 미래소비에 배분하는 저축자의 경우(차입자는 고려할 필요가 없다), 이자율의 상승으로 실질소득이 증가하면 현재소비는 감소하고 저축은 증가한다. 즉, 저축은 반드시 증가한다.

오답피하기

(가) 열등재의 경우에는 보상수요곡선이 통상적인 수요곡선보다 완만하기에 가격이 상승하면 보통수요보다 보상수요가 더 많이 감소한다.

(다) 효용함수가 레온티에프형 함수인 $U = \min(x_1, x_2)$인 경우, 두 재화는 완전보완관계이기에 대체효과는 발생하지 않는다.

07 승수 정답 ③

출제 포인트 수출승수는 $\frac{1}{1-c(1-t)-i+m}$이다.

정답

수출승수는 $\frac{1}{1-c(1-t)-i+m}$이고 한계소비성향은 $c = 0.8$, 비례세의 세율은 $t = 0.25$, 한계수입성향은 $m = 0.1$, 유발투자계수는 $i = 0.1$이기에 수출승수는

$$\frac{dY}{dX} = \frac{1}{1-c(1-t)-i+m} = \frac{1}{1-0.8(1-0.25)-0.1+0.1} = \frac{1}{0.4}$$

$= 2.5$로 수출 1단위가 외생적으로 증가하면 국민소득은 2.5단위 증가한다.

08 성장회계 정답 ③

출제 포인트 경제성장의 요인을 요인별로 분석해 보는 것을 성장회계라 하고, $\frac{\Delta Y}{Y} = \frac{\Delta A}{A} + \alpha\frac{\Delta K}{K} + (1-\alpha)\frac{\Delta L}{L}$로 나타낸다. 이때 $\frac{\Delta A}{A}$를 총요소생산성증가율이라 한다.

정답

생산함수 $Y = A\sqrt{KL}$을 L로 나눈 1인당 생산함수는 $y = A\sqrt{k} = Ak^{\frac{1}{2}}$으로 이를 증가율로 나타내면 $\frac{\Delta y}{y} = \frac{\Delta A}{A} + \frac{1}{2}\left(\frac{\Delta k}{k}\right)$이고 근로자 1인당 소득증가율은 $\frac{\Delta y}{y} = 3\%$, 1인당 자본증가율은 $\frac{\Delta k}{k} = 2\%$이기에 기술증가율은 $3\% = \frac{\Delta A}{A} + \left(\frac{1}{2} \times 2\%\right)$, $\frac{\Delta A}{A} = 2\%$이다.

09 경기안정화 정책 정답 ②

출제 포인트 경제안정화 정책이란 불경기에 확장적 재정·통화정책을 통해 위축된 경기를 회복하고, 반대로 경기가 과열되어 인플레이션 위험이 나타날 경우 긴축적 재정·통화정책을 써 경기를 냉각시키는 것을 말한다.

정답

자동안정화 장치는 정부의 개입 없이 시장에서 자율적으로 경기안정화가 이루어지기에 내부시차와 외부시차 중에서 내부시차를 줄이기 위해 만들어진 장치이다.

(오답피하기)
① 자동안정화장치란, 총생산과 연계되어 자동적으로 조정되도록 제도화된 조세 · 재정 정책을 의미한다.
③ 경제상황과 관계없이 소비성향, 투자성향 등이 일정하다는 가정하에서 이루어진 분석은 타당하지 않다는 것이 루카스 비판으로, 정책효과를 달성하기 위해서는 정책변화에 따른 경제구조 변화를 고려하여 정책을 수립하고 집행해야 한다고 주장한다.
④ 경기예측력이 제고된다면 재량적 정책으로 인한 희생비율이 감소하기에 재량적 정책의 정당성이 강화된다.
⑤ 통화주의는 스태그플레이션의 원인을 케인즈학파의 동태적 비일관성으로 인한 무분별한 정부 개입이라고 보았으며, 재량적 정책보다는 준칙이 효과적인 방법이라고 주장했다.

10 대부자금시장 정답 ④

(출제 포인트) 이자율의 증가함수인 민간저축($S_P = Y - T - C$)과 이자율과 무관한 정부저축($T - G$)의 합인 총저축($S_P + T - G$)이 대부자금의 공급으로, 이자율의 증가함수이기에 우상향의 형태이다. 일반적으로 기업은 자본설비를 위한 자금이 필요하기에 투자는 대부자금의 수요이고, 이자율의 감소함수이기에 우하향의 형태이다.

(정답)
리카르도 등가정리에 따르면 소비자들은 정부의 국채발행으로 인한 조세의 삭감을 미래의 조세 부담으로 받아들이기에 저축만 증가할 뿐 민간 소비는 불변이다. 이때, 국민소득 항등식 $Y = C + I + G$를 변형한 $Y - T - C + T - G = I$에서 정부저축 $T - G$가 감소하여도 민간저축 $Y - T - C$가 동일하게 증가하기에 국민저축과 투자는 불변이고 균형 이자율도 변하지 않는다.

21회 2012 공인회계사(1)

정답

p.70

01	④ 미시	02	④ 미시	03	④ 미시	04	① 미시	05	③ 미시
06	④ 국제	07	② 미시	08	③ 거시	09	② 미시	10	② 미시

01 한계대체율 정답 ④

출제 포인트 동일한 효용 수준을 유지하면서 X재 한 단위 추가 소비 시 감소하는 Y재 변화량을 한계대체율이라 하고, 무차별곡선상 접선의 기울기로 구한다.

정답

감자로 표시한 옥수수의 한계대체율은 $MRS_{옥수수\ 감자} = \frac{\Delta 감자}{\Delta 옥수수} = \frac{MU_{옥수수}}{MU_{감자}}$이고 옥수수의 한계효용은 $MU_{옥수수} = 2MU_{감자}$이기에 $MRS_{옥수수\ 감자} = \frac{MU_{옥수수}}{MU_{감자}} = 2$이다.

02 이윤극대화 정답 ④

출제 포인트 총수입에서 총비용을 차감한 값인 이윤은 $MR = MC$, 그리고 MR기울기 < MC기울기일 때 극대화된다.

정답

시장가격이 5일 때 총수입과, (고정비용이 없을 때) 한계비용을 통한 총비용에서 이윤을 얻을 수 있다.

생산량	1	2	3	4	5	6
총수입	5	10	15	20	25	30
한계비용	6	5	4	3	4	6
총비용	6	11	15	18	22	28
이윤	−1	−1	0	2	3	2

따라서 생산량이 5단위일 때 이윤극대화가 이루어지며, 총수입 $(25 = 5 \times 5$단위$)$ − 총비용$(22) = 3$의 이윤을 얻을 수 있다.
(완전경쟁기업은 $P = MC$에서 이윤극대화를 달성한다. 그런데 생산량이 2일 때는 한계비용이 체감하는 구간으로 손실극대화가 이루어지는 것을 주의해야 한다.)

03 가격소비곡선 정답 ④

출제 포인트 가격소비곡선은 탄력적일수록 우하향 형태이고 비탄력적일수록 우상향 형태이며 가격탄력도가 1일 때 수평이다.

정답 최초의 균형점 E_0와 가격하락 이후의 균형점 E_1을 연결한 가격소비곡선은 우상향이다. 가격소비곡선이 우상향할 때 X재 수요의 가격탄력성은 비탄력적이다.

오답피하기

①, ⑤ 가격이 하락하였을 때, 실질소득의 증가에 따른 소득효과를 나타낸 균형점의 이동은 E_2에서 E_1이고 X재의소비량은 변함없기에 소득효과는 0이다. 이때, 열등재인 기펜재는 소득효과가 (+)의 값을 가지기에 X재는 기펜재가 아니다.

② 소득효과가 0으로 가격효과와 대체효과가 일치한다. 따라서 가격효과를 이용해서 도출한 보통수요곡선과 대체효과만을 이용해서 도출한 보상수요곡선은 일치한다.

③ 소득이 증가할 때 X재 구입량이 전혀 변하지 않기에 엥겔곡선은 수직선으로 도출된다.

04 2기간모형 정답 ①

출제 포인트 무차별곡선과 예산선이 접할 때 효용극대화가 달성된다.

정답

- 영수의 한계대체율은 $MRS_{x_0 x_1} = \frac{MU_{x_0}}{MU_{x_1}} = \frac{x_1}{x_0}$이다(④).
- 예산선은 $x_0 + \frac{1}{1+r}x_1 = 210$이다(⑤).
- 소비자균형에서 $MRS = (1+r)$로, $\frac{x_1}{x_0} = (1+r)$이다. 이를 정리하면 $x_1 = (1+r)x_0$이고, 이를 예산선에 대입하면 $2x_0 = 210$이기에 현재의 소비량은 $x_0 = 105$이다(①). 현재소득 210 중 현재소비에 지출하는 금액이 105이므로 이자율에 관계없이 저축의 크기도 105이다(②, ③).

05 효용함수 정답 ③

출제 포인트 소득변화에 따른 소비자 균형점을 연결한 곡선이 소득소비곡선으로 그 형태는 수요의 소득탄력도에 따라 다르다. 즉, 사치재는 완만한 형태이고 필수재는 가파른 형태이며 소득탄력도가 1일 때 원점을 지나는 직선이다.

정답

가. 한계대체율은 $MRS_{XY} = \frac{MU_X}{MU_Y} = \frac{0.5X^{-0.5}}{0.5Y^{-0.5}} = \frac{Y^{0.5}}{X^{0.5}} = \sqrt{\frac{Y}{X}}$이고 X가 증가함에 따라 한계대체율은 체감하기에 무차별곡선은 원점에 대해 볼록한 형태이다.

나. 효용극대화의 조건은 $MRS_{XY}=\frac{P_X}{P_Y}$이기에 $\sqrt{\frac{Y}{X}}=\frac{P_X}{P_Y}$, $Y=\frac{P_X^2}{P_Y^2}X$ 이고 이를 예산제약식 $(P_X \cdot X+P_Y \cdot Y=M)$에 대입하면

$P_X \cdot X+P_Y \cdot \left(\frac{P_X^2}{P_Y^2}X\right)=M$, $P_X \cdot X\left(1+\frac{P_X}{P_Y}\right)=M$,

$X=\frac{M}{P_X\left(1+\frac{P_X}{P_Y}\right)}$이다. 이때, P_Y가 하락하면 X재의 수요가 감소하기에 두 재화는 대체관계에 있다.

마. 소득탄력성은 1이기에 소득소비곡선은 원점을 지나는 직선이다.

오답피하기

다. X재 수요함수는 $X=\frac{M}{P_X\left(1+\frac{P_X}{P_Y}\right)}$로 소득 M의 지수가 1이기에 X재의 소득탄력성이 1이다.

라. X재 수요함수는 $X=\frac{M}{P_X\left(1+\frac{P_X}{P_Y}\right)}$로 P_X가 상승하면 X재의 수요는 감소하기에 가격소비곡선은 우하향하는 곡선이다.

06 무역 정답 ④

출제 포인트 산업 간 무역은 비교우위에 의해 두 나라가 서로 다른 산업에서 생산되는 재화를 수출하지만, 산업 내 무역은 주로 규모의 경제와 독점적 경쟁에 의해 두 나라가 동일 산업에서 생산되는 재화를 수출한다.

정답

산업 내 무역이 이루어질 때 규모의 경제가 발생하기에 무역의 이익을 받는다.

오답피하기

①, ② 산업 간 무역은 리카르도의 비교우위에 따른 국가 간 노동생산성의 차이나 헥셔–오린 정리에 따른 국가 간 생산요소 부존도의 차이로 발생할 수 있다.

③, ⑤ 산업 내 무역은 유럽과 미국의 자동차 무역과 같이 선진국간의 무역에서 동일한 산업의 제품의 차별성과 독점적 경쟁으로 인해 발생한다. 이때, 독점적 경쟁시장의 장기균형은 LAC가 하락할 때 이루어지기에 규모의 경제가 발생한다.

07 가격탄력성 정답 ②

출제 포인트 가격변화시 판매수입의 증감여부는 수요의 가격탄력성에 달려 있다.

정답

- 수요의 가격탄력성이 1보다 클 때, 가격이 상승하면 판매액은 감소한다.
- 수요의 가격탄력성이 1일 때, 가격이 상승해도 판매액은 불변이다.
- 수요의 가격탄력성이 1보다 작을 때, 가격이 상승하면 판매액은 증가한다.
- 그러므로 단기에는 수요의 가격탄력성은 1보다 작고 장기에는 1이다.

08 IS–LM모형 정답 ③

출제 포인트 투자의 이자율탄력성이 커서 IS곡선이 완만하고, 화폐수요의 이자율탄력성이 작아 LM곡선이 급경사일수록 통화정책의 유효성은 커진다.

정답

가. 한계소비성향이 클수록 IS곡선이 완만하기에 통화정책의 효과는 커진다.

나. 투자의 이자율탄력성이 클수록 IS곡선이 완만하기에 통화정책의 효과는 커진다.

라. 국민소득이 증가하면 화폐수요의 증가로 이자율이 상승하고 그에 따라 투자증가분이 일부 상쇄된다. 이때, 화폐수요의 소득탄력성이 크다면 국민소득이 증가할 때 화폐수요가 크게 증가하여 이자율상승이 크게 나타난다. 즉, 최초의 투자증가분이 크게 상쇄된다. 그러므로 통화정책이 효과적이려면 화폐수요의 소득탄력성이 작아야 한다.

오답피하기

다. 화폐수요의 이자율탄력성이 클수록 LM곡선이 완만하기에 통화정책의 효과는 작아진다.

09 생산함수 정답 ②

출제 포인트 $Q(K,L)=\sqrt{3KL}$은 1차동차 $C-D$생산함수이다.

정답

$Q(K,L)=\sqrt{3KL}$은 1차동차 $C-D$생산함수이기에 규모에 대한 수익불변이다.

오답피하기

① $Q(K,L)=\sqrt{3KL}$은 1차동차 $C-D$생산함수이기에 수확체감의 법칙이 성립한다.

③ 생산함수가 동차함수이면 확장경로는 원점을 통과하는 직선의 형태이다. 즉, $MRTS_{LK}=\frac{K}{L}=\frac{w}{r}$에서 $K=\frac{w}{r}\cdot L$이다.

④ $MC=\frac{w}{MP_L}$에서 $Q(K,L)=\sqrt{3KL}$은 수확체감의 법칙이 성립하기에 한계비용은 체증한다. 따라서 단기 한계비용(SMC)곡선은 우상향한다.

⑤ 한계기술대체율은 $MRTS_{LK}=\frac{K}{L}$으로 원점에 대해 볼록한 우하향의 곡선이기에 한계기술대체율체감의 법칙이 적용된다.

10 생산가능곡선 정답 ②

출제 포인트 생산 측면의 파레토효율성은 두 등량곡선이 접하는 점에서 충족되고, 이러한 점들을 재화공간으로 옮겨놓은 것이 생산가능곡선이다. 따라서 생산가능곡선상의 모든 점은 생산이 파레토효율적으로 이루어지는 점들이다.

정답

- A, B, C점은 모두 두 등량곡선이 접하는 점들로 생산이 파레토효율적이며, H, G, F점도 모두 생산가능곡선상의 점들로 생산이 파레토효율적이다.
- A점에서 C점으로 이동할수록 X재 생산량이 증가하고 Y재 생산량이 감소하기에 $A \rightarrow H$, $B \rightarrow G$, $C \rightarrow F$로 대응된다.
- D점의 X재 생산량은 A점과 같고 Y재 생산량은 B점과 같기에 J점에 해당된다. 또한 E점의 X재 생산량은 B점과 같고, Y재 생산량은 C점과 같기에 I점에 해당된다.

22회 2012 공인회계사(2)

정답 p.73

01	③ 미시	02	① 미시	03	② 미시	04	④ 미시	05	① 국제
06	④ 국제	07	④ 거시	08	② 국제	09	② 거시	10	① 거시

01 게임이론 정답 ③

출제 포인트 상대방의 전략을 주어진 것으로 보고 경기자는 자신에게 가장 유리한 전략을 선택하였을 때 도달하는 균형을 내쉬균형이라 한다.

정답

구분		B전자	
		증산	감산
A전자	증산	(파산, 파산)	☆(이득, 손해)★
	감산	☆(손해, 이득)★	(유지, 유지)

- 각 기업이 받는 보수들의 선호도는 '파산 < 손해 < 유지 < 이득'이다.
- 상대방의 전략이 주어졌을 때, 더 나은 보수를 받기 위해서 각 기업이 선택하는 전략을 표기(A전자:☆, B전자:★)하면 위의 표와 같기에 내쉬균형은 (증산, 감산), (감산, 증산)이다.

02 독점기업의 3급 가격차별 정답 ①

출제 포인트 기업이 수출하려면 해외에서 판매할 때의 한계수입이 국내에서 판매할 때의 한계수입보다 커야 한다.

정답

- 국내수요함수는 $D=11{,}500-P$, $P=11{,}500-Q$이고 한계수입은 $MR=11{,}500-2Q$, 비용함수 $TC=Q^2$을 Q에 대해 미분한 한계비용은 $MC=2Q$이다.
- 독점기업의 이윤극대화 생산량 조건은 $MR=MC$이기에 $11{,}500-2Q=2Q$, 생산량은 $Q=2{,}875$이고 이를 수요함수에 대입하면 $P=8{,}625$, 한계수입곡선에 대입하면 생산량이 $Q=2{,}875$일 때 한계수입은 $MR(=MC)=5{,}750$이다.
- 외국수요함수는 $P=5{,}000-Q$, 한계수입은 $MR=5{,}000-2Q$이다.
- 이때, 이 기업이 수출을 하게 된다면 외국의 생산량 Q가 증가하기에 한계수입은 5,000보다 작아진다.
- 수출을 하지 않은 경우 한계수입은 5,750이나 수출을 하게 된다면 한계수입은 5,000보다 작기에 이 기업은 수출을 하지 않는다.

오답피하기

②, ③, ④, ⑤ 수출을 하지 않기에 가격탄력성은 나타나지 않는다.

03 이윤극대화 정답 ②

출제 포인트 불량률이 높아지는 것은 한계비용이 상승하는 것과 동일하다.

정답

불량품은 기업에게 비용으로 인식되기에 불량품이 증가하면 한계비용은 증가하고 한계비용곡선은 상방 이동한다. 이때, 생산량이 증가하면 불량품이 증가하기에 한계비용도 증가하고 이로 인해 이윤극대화 생산량은 감소한다.

04 정보경제학 정답 ④

출제 포인트 당사자들 간 정보수준의 차이가 존재하는 상황을 비대칭정보라 하고, 감춰진 특성과 감춰진 행동으로 구분된다.

정답

중고차시장에서 차량의 성능을 알지 못하는 구매자들이 평균적인 품질을 기준으로 가격을 지불하려고 할 경우 좋은 차를 가진 판매자는 차를 팔 수 없거나, 굳이 팔려고 하면 자기 차의 품질에 해당하는 가격보다 더 낮은 가격을 받을 수밖에 없다. 그러므로 정보를 많이 갖고 있는 사람이 정보를 덜 가진 사람에 비해 항상 피해규모가 작은 것은 아니다.

오답피하기

① 정보를 덜 갖고 있는 사람이 계약 등의 행위를 할 때, 상대방의 감춰진 특성 때문에 계약이전의 선택의 문제인 역선택이 발생한다.
②, ③ 중고차 시장에서 정보를 덜 가진 구매자가 품질이 낮은 차량을 구매하는 역선택 문제 등이 발생하여 정보가 없는 사람에게 피해를 줄 수 있고 이로 인해 거래가 위축될 수 있다.
⑤ 사고 운전자에 대한 보험료 할증은 비대칭 정보로 인한 감춰진 행동인 도덕적 해이를 방지할 수 있는 방법이다.

05 해외진출 전략 정답 ①

출제 포인트 생산량을 증가시킬 때 장기평균비용이 낮아지는 것을 규모의 경제라 한다.

정답

국내 생산의 규모의 경제가 발생하는 경우, 해외직접투자를 통하여 A국에서 생산하는 것보다 국내에서 생산하는 것이 생산비용이 더 작다. 그러므로 해외직접투자보다 수출을 하는 것이 더 유리하다.

오답피하기

② 기업이 생산하는 재화에 대한 A국의 수입관세가 높을수록 A국의 X재 가격이 상승하기에 수출량이 감소한다. 그러므로 해외직접투자를 통해 A국에서 생산하여 판매하는 것이 더 유리하다.

③ 생산기술을 외국의 기업에게 이전할 때 거래비용이 발생한다면 로열티가 일부 상쇄되기에 거래비용이 클수록 해외직접투자가 더 유리하다.

④ 외국이 정치적으로 불안정하다면 해외직접투자를 했을 때 예상치 못한 손해가 발생할 수 있기에 해외직접투자를 억제하게 된다.

⑤ 외국의 임금이 국내의 임금보다 낮다면, 해외에서 직접 상품을 생산하는 것이 더 비용이 낮기에 해외직접투자가 촉진된다.

06 헥셔-올린모형 정답 ④

출제 포인트 헥셔－올린정리는 노동풍부국은 노동집약재 생산에, 자본풍부국은 자본집약재 생산에 비교우위가 있다고 설명한다.

정답

헥셔－올린모형에 의하면 국제무역이 발생할 때 각국은 상대적으로 풍부한 생산요소를 투입하는 재화에 있어서 비교우위를 가지기에 X재를 수출하는 국가는 노동풍부국이다. 이때, X재를 수출하면 노동의 상대가격이 상승하기에 X재의 상대가격이 상승한다.

오답피하기

①, ⑤ 노동집약적인 X재를 수출하면 노동에 대한 수요가 증가하기에 노동의 상대가격(실질임금)은 상승한다.

②, ③ 노동의 상대가격이 상승하면 반대로 자본의 상대가격이 하락하기에 X재와 Y재의 투입에 필요한 자본의 수요는 증가하고 더 자본집약적으로 생산된다.

07 물가지수 정답 ④

출제 포인트 당해연도의 생산물에 당해연도의 가격을 곱하여 계산한 것이 명목GDP이고, 당해연도의 생산물에 기준연도의 가격을 곱하여 계산한 것이 실질GDP이며, 명목GDP를 실질GDP로 나눈 값이 GDP디플레이터이다.

정답

GDP에 포함되는 모든 재화와 서비스는 GDP디플레이터에 포함된다.

오답피하기

① 생산자물가지수에는 거래액이 국내시장에서 거래되는 상품거래 총액의 일정 이상인 일부 품목만 포함된다. 또한 생산자물가지수에는 원자재뿐만 아니라 소비재와 서비스도 포함된다.

② 소비자물가지수는 가계소비지출에서 차지하는 비중이 일정 이상인 일부 품목만 포함된다.

③, ⑤ 소비자물가지수와 생산자물가지수는 모두 라스파이레스방식으로 작성되는 데 비해, GDP디플레이터는 파셰방식으로 작성된다.

08 순수출 정답 ②

출제 포인트 물가하락이 수출품가격하락을 가져와 수출증가와 수입감소에 의한 순수출증가를 초래하여 총수요(국민소득)를 증가시키는데, 이를 경상수지효과라 한다.

정답

환율이 일정할 때, 기존에 1,000원이던 수출재가 물가의 하락으로 인해 500원까지 하락하면 수출재의 가격이 하락하기에 수출이 증가하여 순수출은 증가한다.

오답피하기

① 우리나라의 국민소득이 증가하면 수입재에 대한 소비가 증가하기에 순수출은 감소한다.

③ 환율이 1,000원/달러에서 500원/달러로 하락하면 기존에 1달러에 수출되던 1,000원의 제품은 2달러로 수출되기에 수출이 감소하여 순수출은 감소한다.

④ 우리나라 상품가격이 다른 나라 상품가격보다 비싸지면 수출이 감소하기에 순수출이 감소한다.

⑤ 다른 나라의 국민소득이 감소하면 국내 수출이 감소하기에 순수출도 감소한다.

09 거시경제모형 정답 ②

출제 포인트 한계소비성향은 $c=0.7$, 비례세의 세율은 $t=0.2$, 한계수입성향은 $m=0.06$이기에 정부지출승수($=$투자승수)는 $\frac{dY}{dG}=\frac{1}{1-c(1-t)+m}=\frac{1}{1-0.7(1-0.2)+0.06}=2$이고, 조세승수는 $\frac{dY}{dT}=\frac{(-c)}{1-c(1-t)+m}=\frac{-0.7}{1-0.7(1-0.2)+0.06}=-1.4$이다.

정답

가. 수입 $M=M_0+0.06Y$에서 수입 M은 국민소득의 증가함수이고, 수출승수는 $\frac{1}{1-c(1-t)+m}$이기에 한계소비성향이 증가하면 승수가 증가하여 균형국민소득도 증가한다.

다. 정부지출승수와 투자승수는 2이고, 조세승수는 -1.4이다.

라. 해외부문이 존재하지 않을 때, 수출승수 $\frac{1}{1-c(1-t)+m}$에서 한계수입성향 $m=0$이 되기에 분모의 크기가 감소하여 투자승수는 커진다.

오답피하기

나. 균형재정승수는 정부지출승수와 조세승수의 합이고 정부지출승수가 2, 조세승수가 -1.4이기에 균형재정승수는 0.6이다.

10 이자율정책 정답 ①

출제 포인트 중앙은행이 이자율을 금융정책의 목표로 사용한다는 것은 이자율을 항상 일정하게 유지한다는 의미이다.

정답

금융당국이 인플레이션에 비례하여 목표이자율을 설정한다면, 이자율은 목표이자율 수준에서 고정되기에 금융시장에서 균형을 나타내는 LM곡선은 목표이자율 수준에서 수평이다.

23회 2011 공인회계사(1)

정답

p.76

01	① 미시	02	③ 미시	03	④ 미시	04	② 미시	05	④ 국제
06	③ 미시	07	② 미시	08	① 미시	09	① 거시	10	① 거시

01 효용극대화 정답 ①

출제 포인트 효용함수가 $U=\min[2x_1,\ x_2,\ 3x_3]$이면 소비자균형에서 $2x_1=x_2=3x_3$, 예산제약식 $x_1+2x_2+3x_3=70$이 동시에 성립해야 한다.

정답

- 효용함수가 $U=\min(2x_1,\ x_2,\ 3x_3)$이기에 $2x_1=x_2=3x_3$이고 예산제약식은 $x_1+2x_2+3x_3=70$이다.
- $2x_1=x_2=3x_3$에서 $x_2=2x_1,\ x_3=\frac{2}{3}x_1$이기에

  예산제약식은 $x_1+(2\times 2x_1)+\left(3\times\frac{2}{3}x_1\right)=70$,

  $x_1=10$이고 $x_2=20,\ x_3=\frac{20}{3}$이다.

02 묶어팔기 정답 ③

출제 포인트 결합판매는 소비자들이 서로 다른 수요를 갖고 있으나 가격차별이 곤란할 때 이윤극대화를 위한 전략이다.

정답

구분	최대지불용의금액		
	디지털카메라	스마트폰	결합판매
소비자 1	125	90	215
소비자 2	50	110	160

디지털카메라와 스마트폰을 결합하여 160에 판매하면 소비자 2의 잉여는 0, 소비자 1의 잉여는 55이다.

오답피하기

① 개별적으로 판매할 때, 디지털카메라의 가격이 50이라면 소비자 1, 2가 모두 구매하여 기업이 얻는 이윤은 100이지만 가격이 125라면 소비자 1이 구매하여 기업이 얻는 이윤은 125이기에 디지털카메라에 대한 소비자잉여는 0이다. 스마트폰의 가격이 90이라면 소비자 1, 2가 모두 구매하고 소비자 2의 최대지불용의금액은 110이기에 소비자 1의 잉여는 0, 소비자 2의 잉여는 20이다. 즉, 개별판매시 소비자잉여는 20이기에 결합판매시 소비자잉여보다 작다.

②, ④ 개별판매시 디지털카메라의 이윤은 125이고 스마트폰의 이윤은 180이기에 총이윤은 305이고, 결합판매시 이윤은 320이다.

03 게임이론 정답 ④

출제 포인트 상대방의 전략을 주어진 것으로 보고 경기자는 자신에게 가장 유리한 전략을 선택하였을 때 도달하는 균형을 내쉬균형이라 한다.

정답

경기자 1은 경기자 2에 선택에 관계없이 항상 전략 C를 선택하는 것이 보수가 높고, 경기자 2도 마찬가지로 전략 C를 선택하는 것이 보수가 높기에 내쉬균형은 $(-5,\ -5)$이다. 이때, 담합을 통해 가장 효율적인 전략은 $(-2,\ -2)$이지만 둘 중 한 경기자가 배반하면 더 높은 보수인 (-1)을 얻기에 담합은 이루어지지 않을 가능성이 크다. 하지만 게임을 반복할 경우 배반행위에 대한 제재가 가능해지기에 균형은 $(-2,\ -2)$로 달라질 수 있다.

오답피하기

① 경기자 1은 경기자 2의 선택에 관계없이 항상 전략 C를 선택하는 것이 보수가 높고, 경기자 2도 마찬가지로 전략 C를 선택하는 것이 보수가 높기에 전략 C는 두 경기자에게 우월전략이다.

② 우월전략균형은 내쉬균형에 포함되기에 유일한 내쉬균형은 우월전략균형인 $(-5,\ -5)$이다.

③, ⑤ 우월전략균형은 $(-5,\ -5)$이지만 모두 전략 D를 선택하면 $(-2,\ -2)$로 보수가 증가하기에 개인의 합리적 선택 혹은 암묵적 담합이 효율성을 보장하지 않는다는 것을 보여준다.

04 기대효용이론 정답 ②

출제 포인트 불확실성하에서 기대효용과 동일한 효용을 주는 확실한 현금의 크기를 확실성등가라 한다.

정답

- 영화가 성공할 확률은 0.5이고 영화에 출연하는 대가는 1,600만 원, 영화가 성공할 경우 추가금액은 2,000만 원, 실패할 경우 0원이기에 A씨의 기대소득은 $E(m)=(0.5\times 1{,}600)+(0.5\times 3{,}600)=2{,}600$만 원이고 기대효용함수는 $U(m)=\sqrt{m}$이기에 기대효용은 $E(U)=(0.5\times\sqrt{1{,}600})+(0.5\times\sqrt{3{,}600})=50$이다.
- A씨가 동료 영화배우 B씨에게 이 출연계약을 이전하기 위해서는 최소한 기대효용인 50만큼의 효용을 얻을 수 있는 금액을 받아야 하고 기대효용함수는 $U(m)=\sqrt{m}$이기에 50만큼의 효용을 얻을 수 있는 확실한 금액인 확실성등가(CE)가 2,500만 원이다.

05 헥셔-올린모형 정답 ④

출제 포인트 비교우위의 발생원인을 요소부존의 차이로 설명하는 헥셔-올린정리는, 노동풍부국은 노동집약재 생산에, 자본풍부국은 자본집약재 생산에 비교우위가 있다고 설명한다.

정답

A국의 요소집약도는 $\left(\frac{K}{L}\right)^A = \frac{30}{25} = 1.2$, B국의 요소집약도는 $\left(\frac{K}{L}\right)^B = \frac{55}{50} = 1.1$로 A국이 더 크고, 자유무역시 각국에서 풍부한 생산요소의 가격이 증가하기에 A국에서는 상대적으로 자본의 가격이 상승하고 노동의 자본에 대한 상대요소가격이 하락한다.

오답피하기

① A국의 요소집약도는 $\left(\frac{K}{L}\right)^A = \frac{30}{25} = 1.2$, B국의 요소집약도는 $\left(\frac{K}{L}\right)^B = \frac{55}{50} = 1.1$로 A국이 더 크기에 A국은 B국에 비해 자본이 상대적으로 풍부한 국가이다.
② A국은 B국에 비해 자본이 상대적으로 풍부한 국가이고 반대로 B국은 A국에 비해 노동이 상대적으로 풍부한 국가이기에 A국은 자본집약적 재화인 자동차에, B국은 노동집약적 재화인 의류에 비교우위가 있다.
③ 양국이 비교우위에 있는 재화에 특화하여 무역을 하면 양국은 무역 이전보다 더 많은 이익을 창출할 수 있다.
⑤ 헥셔 – 오린 모형에 의하면, 무역을 할 때 각국의 한 재화에 대한 기회비용 혹은 상대가격은 동일해진다.

06 보조금 정답 ③

출제 포인트 보조금지급에 따른 사중적 손실의 크기는 '단위당 보조금액 × 거래량의 증가분'이다.

정답

- 시장수요함수인 $Q_D = 50 - 0.5P$와 시장공급함수인 $Q_S = 2P$를 연립하면 $50 - 0.5P = 2P$, $2.5P = 50$, 균형가격 $P = 20$, 균형거래량 $Q = 40$이다.
- 소비자에게 단위당 10의 구매보조금을 지급하면 시장수요함수는 $Q_D = 50 - 0.5[P - (+10)]$으로 상방 이동한다.
- 바뀐 시장수요함수와 시장공급함수를 연립하면 $55 - 0.5P = 2P$, $2.5P = 55$, 바뀐 균형가격은 $P = 22$, 바뀐 균형거래량은 $Q = 44$이다.
- 보조금정책으로 인한 시장의 자중손실은 $\frac{\text{보조금} \times \text{균형거래량 변화분}}{2}$이기에 $\frac{10 \times 4}{2} = 20$이다.

07 독점 정답 ②

출제 포인트 독점기업은 $MR = MC$에서 생산량을 결정하고, $MR = MC$의 위에 있는 수요곡선상의 점에서 가격이 결정된다. 즉, $P = AR > MR = MC$이다.

정답

독점기업이 이윤극대화인 $MR = MC$에서 생산량을 결정할 때보다 $P = AC$에서 결정할 때 생산량이 더 많다.

오답피하기

① 독점기업이 이윤극대화인 $MR = MC$에서 생산량을 결정할 때, $P > MC$인 구간에서 생산되기에 자원배분이 비효율적이고 후생손실을 보인다.
③ 한계비용과 일치하는 가격을 책정하는 경우 $P < AC$이기에 독점기업에게 손실이 발생한다.
④ 독점기업이 이윤극대화인 $MR = MC$에서 생산량을 결정할 때보다 한계비용이 하락하면 MR이 우하향하기에 새로운 $MR = MC$에서 생산량을 증가시킨다.
⑤ 독점기업은 평균비용곡선이 우하향하는 수준에서 생산량을 결정하기에 규모의 경제가 발생한다.

08 시장실패 정답 ①

출제 포인트 코즈정리는 거래비용 없이 협상을 할 수 있다면, 외부효과로 인해 초래되는 비효율성을 시장에서 스스로 해결할 수 있다는 원리이나, 과도한 협상비용이나 협상능력의 차이 등으로 문제해결에 어려움이 있다.

정답

재산권이 확립되어 있더라도 거래비용이 너무 크면 자발적인 협상은 이루어지지 않기에 시장실패를 해결할 수 없다.

오답피하기

② 양의 외부효과를 초래하는 재화의 경우 재화의 과소생산이 이루어지기에 외부한계편익만큼의 피구적 보조금을 지급하여 생산을 유도하는 것이 바람직하다.
③ 공공재의 경우 비경합성과 비배제성의 특징이 있기에 무임승차의 유인이 존재하고 이로 인해 사회적으로 바람직한 수준보다 작게 생산되는 경향이 있다.
④ 외부효과 유발기업과 피해(이익)기업을 합병하여 외부효과를 내부화함으로써 외부효과로 인한 시장실패를 교정할 수 있다.
⑤ 불완전한 지식과 정보, 정책적 효과가 발생하는 시차 문제, 공익을 도외시한 관료 개인의 이익 추구 등으로 정부실패가 나타날 수 있다.

09 GDP 정답 ①

출제 포인트 부가가치는 생산물의 가치에서 중간투입물을 차감한 값이다.

정답

- 배추회사의 부가가치는 생산물의 가치(150)에서 중간투입물(0)을 차감한 150이다(②).
- 배추회사의 이윤은 부가가치(150)에서 임금(100)을 차감한 50이다(④).
- 김치회사의 부가가치는 생산물의 가치(500)에서 중간투입물(150)을 차감한 350이다(③).
- 김치회사의 이윤은 부가가치(350)에서 임금(250)을 차감한 100이다(④).

- 이 국가의 GDP는 배추회사의 부가가치(150)와 김치회사의 부가가치(350)의 합인 500이다.
- 이 국가의 임금은 배추회사의 임금(100)과 김치회사의 임금(250)의 합인 350이다.
- 따라서 노동소득분배율은 GDP(500)에서 임금(350)이 차지하는 비율로 70%이다(①).

10 총수요곡선 정답 ①

(출제 포인트) 소비승수, 투자승수는 $\frac{1}{1-c(1-t)-i+m}$이고, 조세승수는 $\frac{(-c)}{1-c(1-t)-i+m}$이다.

(정답)

가. 소비승수는 $\frac{1}{1-c(1-t)-i+m}$이고 한계소비성향 c는 0.5이기에 소비승수는 $\frac{1}{1-0.5}=2$이다. 독립적 소비지출을 500억 원 증가시키면 소비승수가 2이기에 총수요는 1,000억 원 증가한다.

나. 투자승수는 $\frac{1}{1-c(1-t)-i+m}$이고 한계저축성향이 0.25이기에 한계소비성향 c는 0.75이고 소비지출승수는 $\frac{1}{1-0.75}=4$이다. 투자지출을 200억 원 증가시키면 투자승수가 4이기에 총수요는 800억 원 증가한다.

다. 감세승수는 $\frac{c}{1-c(1-t)-i+m}$이고 한계소비성향 c는 0.6이기에 감세승수는 $\frac{0.6}{1-0.6}=1.5$이다. 세금을 500억 원 감소시키면 감세승수가 1.5이기에 총수요는 750억 원 증가한다.

그러므로 총수요곡선을 가장 큰 폭으로 변화시키는 순서는 가 > 나 > 다이다.

24회 2011 공인회계사(2)

정답 p.79

01	① 미시	02	⑤ 미시	03	② 국제	04	③ 국제	05	② 거시
06	③ 거시	07	① 거시	08	③ 거시	09	② 국제	10	③ 거시

01 꾸르노모형 정답 ①

(출제 포인트) 꾸르노경쟁 기업 1과 2의 이윤을 극대화하는 균형생산량은 $MR_1 = MC_1$, $MR_2 = MC_2$에서 달성된다.

(정답)

- 시장의 생산량은 기업 1과 2의 생산량의 합이기에 시장수요함수 $p = 10 - q$는 $p = 10 - q_1 - q_2$이다.
- 기업 1의 총이윤은 $TR_1 = 10q_1 - q_1^2 - q_2q_1$, 총이윤을 q_1로 미분한 한계이윤은 $MR_1 = 10 - 2q_1 - q_2$이고 기업 2의 총이윤은 $TR_2 = 10q_2 - q_2^2 - q_2\ q_1$, 총이윤을 q_2로 미분한 한계이윤은 $MR_2 = 10 - q_1 - 2q_2$이다.
- 꾸르노경쟁의 이윤극대화 조건은 $MR_1 = MC_1$, $MR_2 = MC_2$이고 기업 1의 비용함수를 q_1로 미분한 한계비용은 $MC_1 = 3$, 기업 2의 비용함수를 q_2로 미분한 한계비용은 $MC_2 = 2$이기에 이를 연립하면
$10 - 2q_1 - q_2 = 3$
$10 - q_1 - 2q_2 = 2$, $q_1 = 2$, $q_2 = 3$으로 시장생산량은 5이다(①, ②).
- 만약 기업 1이 독점기업이면 독점기업의 이윤극대화 조건은 $MR = MC$이고 $MR = 10 - 2q$, $MC = 3$이기에 시장생산량 $q = 3.5$이다(③).
- 두 기업이 완전경쟁기업으로 행동 혹은 베르뜨랑경쟁을 한다면 두 기업은 가격하락 경쟁을 하고, 완정경쟁기업의 이윤극대화조건은 $P = MC$이고 기업 2의 한계비용은 상대적으로 낮은 2이기에 시장가격은 $p = 2$가 되어 시장생산량은 8이다(④, ⑤).

02 여가-노동모형 정답 ⑤

(출제 포인트) 효용함수는 $u(l, c) = lc$이다. 예산선은 8시간 이하 노동시간일 때, $c = 10L = 10(16-l) = 160 - 10l$이고, 8시간 초과 노동시간일 때, $c = 10 \times 8 + (10 + \alpha)(L-8) = 80 + (10 + \alpha)(8-l) = 160 + 8\alpha - l(10 + \alpha)$이다. 소비자 균형은 무차별곡선과 예산선이 접할 때 성립한다.

(정답)

- 소득을 모두 식료품 구입에 지출하기에 예산선은 $c = (10 \times 8) + [2 \times (10 + \alpha)]$이다.
- 여가와 소득 모형에서 효용극대화의 조건은 무차별곡선의 기울기와 예산선의 기울기가 일치하는 $MRS_{lc} = (10 + \alpha)$이고 효용함수가 1차 $C-D$형 함수인 $u(l, c) = lc$이기에 $MRS_{lc} = \frac{c}{l}$이고 $\frac{c}{l} = (10 + \alpha)$, $c = l(10 + \alpha)$이다.
- 노동은 $L = 10$이기에 여가는 $l = 6$이고, 식료품 구입비용은 $c = l(10 + \alpha) = 60 + 6\alpha$이므로 이를 예산선 $c = (10 \times 8) + [2 \times (10 + \alpha)]$와 연립하면 $\alpha = 10$이다.

03 대국관세 정답 ②

(출제 포인트) 관세가 부과되면 수입량감소로 국제시장에서 초과공급이 발생하여 국제가격(수입가격)이 하락하여 교역조건은 개선되고, 단위당 T원의 관세가 부과되면 하락한 국제가격에서 T원만큼 상승하기에 국내가격이 T원보다 더 적게 상승한다.

(정답)

대국이 수입재에 관세를 부과할 때, 국제가격이 하락하기에 관세부과 후 소비자가 지불하는 가격은 관세부과 이전 국제시장가격에서 관세의 크기보다는 적게 상승한다.

(오답피하기)

①, ③ 국내가격이 상승하면 국내 소비량이 감소하기에 소비자잉여는 감소하고, 전체 생산량이 증가하기에 생산자잉여는 증가한다.
④ 대국에 관세를 부과할 때, 사회후생의 증감 여부는 총잉여의 감소분과 관세수입의 상대적 크기 차이에 따라 다르다.
⑤ 대국이 수입재에 관세를 부과할 때, 소비자의 잉여는 감소하고 생산자의 잉여는 증가하나 소비자의 잉여가 더 큰 폭으로 감소하기에 소비자 잉여와 생산자 잉여의 합은 항상 감소한다.

04 교역조건 정답 ③

(출제 포인트) 수출상품 1단위와 교환되는 수입상품의 수량을 교역조건이라 한다.

(정답)

경제성장이 극단적으로 수출산업에 치우친 경우, 생산량증가에 따라 발생되는 이익보다 교역조건 악화에 따라 발생하는 손실이 더 큰 궁핍화 성장이 발생할 수 있다.

(오답피하기)

① 교역조건은 $N = \frac{P_X}{P_M} \times 100$ 혹은 $N = \frac{Q_M}{Q_X} \times 100$이다.

② A국의 수출재에 대해 A국의 한계소비성향이 B국의 한계소비성향보다 작은 경우, A국이 B국으로부터 원조를 받으면 A국의 소득이 증가하기에 수출새의 국내수요는 약긴 증가하니 B국의 소득은 감소하기에 수입재의 국내수요가 크게 감소한다. 이때, B국의 A국으로부터의 수입재에 대한 수요가 크게 감소하면 A국의 수출재 가격이 하락하기에 A국의 교역조건은 악화된다.

④ 대국의 경우 수입재에 대해 관세를 부과하면 국제가격(수입가격)이 하락하여 교역조건이 개선되고, 총잉여의 감소분보다 관세수입이 더 큰 경우 사회후생이 증가한다.

⑤ 소국이 수입재에 관세를 부과하더라도 국제경제에 미치는 영향이 미미하기에 교역조건은 불변이고, 사회후생은 감소한다.

05 총수요-총공급모형 정답 ②

출제 포인트 소비감소, 투자감소, 정부지출감소, 수출감소, 수입증가, 조세증가로 IS곡선은 좌측으로 이동하여 AD곡선은 좌측으로 이동한다.

정답

신용경색이 발생하면 대출이 제대로 이루어지지 않기에 투자가 감소하고 부동산가격이 하락하면 민간의 실질 자산이 감소하여 소비가 감소한다. 투자와 소비가 감소하면 AD곡선이 좌측 이동하여 물가수준이 하락하고 국민소득이 감소한다.

오답피하기

①, ④ 신용경색이 발생하면 대출이 제대로 이루어지지 않기에 투자가 감소하고 부동산가격이 하락하면 민간의 실질 자산이 감소하여 소비가 감소한다.

③, ⑤ 국민소득이 감소하면 고용량도 줄어든다.

06 GDP 정답 ③

출제 포인트 '일정기간 한 나라 안에서 새로이 생산된 모든 최종생산물의 시장가치'를 국내총생산(GDP)이라 한다.

정답

귀속임대료란 자기소유주택에 소유주가 직접 거주함으로써 향유하게 되는 주거서비스의 가치로 GDP에 포함된다.

오답피하기

①, ⑤ '$GNI = GDP +$ 교역조건변화에 따른 실질무역손익 $+$ 해외순수취요소소득'에서 감가상각된 자본재를 대체하는데 사용되는 자본재의 가치는 '교역조건변화에 따른 실질무역손익'에 포함되고 GDP가 증가하더라도 교역조건이 크게 악화되거나 해외순수취요소소득이 크게 감소하면 GNI는 감소할 수도 있다.

② 중고차의 판매 대금은 GDP에 포함되지 않지만 중개회사의 중개료는 GDP에 포함된다.

④ 전업 주부의 활동은 GDP에 포함되지 않기에 전업 주부의 경제활동참가는 GDP 증가를 가져올 수 있다.

07 재정정책 정답 ①

출제 포인트 재정정책은 결정 전 국회동의 등이 필요하기에 내부시차는 길지만, 외부시차는 짧다.

정답

가. 정부지출증가로 IS곡선이 우측 이동하면, 국내금리가 국제금리보다 커져 외국자본유입(자본수지 개선)으로 환율이 하락하기에 IS곡선이 좌측 이동한다(경상수지 악화). BP곡선이 좌측 이동하나 수평선이기에 재정정책은 전혀 효과가 없다.

나. 지속적인 재정적자로 미래의 조세부담증가가 예견되면 사람들이 미래의 조세납부를 위해 저축을 증가시키게 된다. 저축이 증가하면 그만큼 소비가 감소하기에 재정정책의 효과를 감소시킬 수 있다.

오답피하기

다. 공급측면의 경제학(supply-side economics)은 근로소득세율 인하로 세후실질임금이 상승하기에 노동시간이 증가할 것이라고 주장한다.

라. 재정정책은 내부시차가 길고 외부시차가 짧지만, 금융정책은 반대이다.

08 GDP 갭 정답 ③

출제 포인트 실제실업률이 자연실업률보다 높다면 실제GDP가 잠재GDP에 미달하는 경기침체이고, 낮다면 실제GDP가 잠재GDP를 초과하는 경기과열이다.

정답

2010년도 실제실업률이 자연실업률보다 크기에 실제GDP는 잠재GDP보다 작다.

오답피하기

① 2000년도 실제실업률이 자연실업률보다 높기에 침체 갭(recessionary gap)이 발생하였다.

②, ④ 2005년도 실제실업률이 자연실업률보다 낮기에 확장 갭(expansionary gap)이 발생하였고 경기과열 상태로 인플레이션 상승 압력이 발생하였다.

⑤ 2010년도에는 실제 GDP가 잠재 GDP보다 작기에 디플레이션갭을 없애기 위해서는 확장적 통화정책을 통해 국민소득을 증가시켜야 한다.

09 환율 정답 ②

출제 포인트 일물일가의 법칙을 전제로, 양국의 구매력인 화폐가치가 같도록 환율이 결정되어야 한다는 이론이 절대적 구매력평가설로, $P = e \cdot P_f$이다.

정답

- 구매력평가설이 성립하면 실질환율은 1이 되고 달러의 가치와 해당 국가의 화폐의 가치는 일치하게 된다.

• 영국과 스위스의 경우 빅맥가격은 각각 1.9파운드, 6.3스위스프랑이지만 실제 환율에 미국의 빅맥가격인 3달러를 곱한 값은 각각 1.8파운드, 3.9스위스프랑으로 현재 영국과 스위스 화폐의 가치가 달러의 가치보다 높다.
• 구매력평가설이 성립하기 위해서는 영국과 스위스 화폐의 가치가 하락해야 하기에 환율은 상승해야 한다.

10 *IS-LM*곡선 정답 ③

(출제 포인트) *IS*곡선 상방은 생산물 시장이 초과공급이기에 저축이 투자를 초과하고, *IS*곡선 하방은 생산물시장이 초과수요이기에 투자가 저축을 초과한다. 한편, *LM*곡선 상방은 화폐시장이 초과공급이기에 화폐공급이 화폐수요를 초과하고, *LM*곡선 하방은 화폐시장이 초과수요이기에 화폐수요가 화폐공급을 초과한다.

(정답)

*C*점은 *LM*곡선 상방이기에 화폐시장이 초과공급인 점이고 이자율이 상승하면 *C*점은 더 상방으로 이동하기에 화폐의 초과공급량은 증가한다.

(오답피하기)

① *A*점은 *LM*곡선 하방이기에 화폐수요가 화폐공급을 초과하는 화폐시장의 초과수요 상태이다.
② *B*점은 *IS*곡선 하방이기에 투자가 저축을 초과하는 생산물시장의 초과수요 상태이다.
④ *D*점은 *IS*곡선 상방이기에 생산물시장이 초과공급인 점이고 국민소득만 감소하면 *IS*점과 가까워지기에 생산물의 초과공급량이 축소된다.
⑤ *IS*곡선과 *LM*곡선이 일치하는 균형점 *E*점에서는 생산물시장의 균형과 화폐시장의 균형, 대부자금 시장의 균형이 달성된다.

MEMO

Part 2
감정평가사

01회 2022 감정평가사(1)

정답

p.84

01	② 미시	02	① 미시	03	④ 미시	04	② 미시	05	③ 미시
06	④ 국제	07	④ 거시	08	③ 국제	09	② 거시	10	② 거시

01 시장균형 정답 ②

출제 포인트 시장균형은 수요곡선과 공급곡선이 교차하는 지점에서 발생한다.

정답

수요곡선의 X절편과 Y절편은 모두 500으로 수요곡선은 $Q = -P+500$이고 공급곡선은 $P=150$에서 수평선이기에 $P=150$을 수요곡선에 대입하면 균형거래량은 $Q=-150+500=350$, 균형가격은 $P=150$이다.

02 외부성 정답 ①

출제 포인트 소비의 외부경제시 외부한계편익이 발생하여 사적 한계편익보다 사회적 한계편익이 크고, 시장균형거래량이 사회적 최적거래량보다 적다.

정답

ㄱ, ㄴ. 소비의 긍정적 외부성이 존재할 때, 외부한계편익이 발생하기에 사회적 한계편익이 사적 한계편익보다 크다.

ㄷ, ㄹ. 생산의 부정적 외부성이 존재할 때, 외부한계비용이 발생하기에 사적 한계비용이 사회적 한계비용보다 작다.

03 손익분기점 정답 ④

출제 포인트 AC곡선의 최저점은 초과이윤도 없고 손실도 없는 손익분기점이고, AVC곡선의 최저점은 생산하는 것과 생산을 하지 않는 것이 동일한 생산중단점이다.

정답

가격이 평균가변비용곡선의 최저점과 동일하기에 총수입으로 가변비용만을 충당하며 고정비용을 충당하고 있지 못하다.

오답피하기

① 가격이 평균비용곡선의 상방에 위치하고 있기에 초과이윤이 발생하여 총수입이 총비용보다 크다.

② 가격이 평균비용곡선의 최저점과 동일할 때, 정상이윤이 발생하기에 손익분기점이다.

③ 가격이 평균가변비용곡선의 상방에 위치하고 있기에 총수입으로 가변비용을 모두 충당하고 있다.

⑤ 가격이 평균가변비용곡선의 하방에 위치하고 있기에, 가변비용도 충당이 되지 않아 단기에도 조업을 중단한다.

04 탄력성 정답 ②

출제 포인트 A점에서 수요의 가격 탄력성은 기울기 역수와 $\frac{Y}{X}$의 곱으로 구할 수 있다.

정답

- 수요함수 $P=30-2Q$를 Q에 대해 미분하면 $\frac{dP}{dQ}=-2$이고, $P=10$일 때, 수요량은 $Q=10$이기에 수요의 가격탄력성은 $\varepsilon = -\frac{dQ}{dP}\times\frac{P}{Q}=\frac{1}{2}\times\frac{10}{10}=0.5$이다.
- 이때, 수요의 가격탄력성이 1보다 작기에 가격을 인상해야 총수입이 증가한다.

05 꾸르노 모형 정답 ③

출제 포인트 두 기업이 모두 추종자라고 가정하는 꾸르노모형은 완전경쟁의 $\frac{2}{3}$만큼 생산한다.

정답

- $P=120-2(Q_A+Q_B)$
  $TR_A = PQ_A = 120Q_A - 2Q_A^2 - 2Q_AQ_B$
  Q_A에 대해 미분 → $MR_A = 120-4Q_A-2Q_B$
  한계비용 $MC_A = 40$
  $MR_A = MC_A$, $120-4Q_A-2Q_B=40$
  ⇒ 반응곡선 $Q_A = 20-\frac{1}{2}Q_B$
- $TR_B = PQ_B = 120Q_B - 2Q_AQ_B - 2Q_B^2$
  Q_B에 대해 미분 → $MR_B = 120-2Q_A-4Q_B$
  한계비용 $MC_B = 20$
  $MR_B = MC_B$, $120-2Q_A-4Q_B=20$
  반응 곡선 ⇒ $Q_B = 25-\frac{1}{2}Q_A$
- 반응 곡선 $Q_A = 20-\frac{1}{2}Q_B$와 $Q_B=25-\frac{1}{2}Q_A$를 연립하면 두 기업의 생산량은 $Q_A=10$, $Q_B=20$으로 총 생산량은 $Q=30$이고, 이를 다시 시장수요함수에 대입하면 균형가격은 $P=60$이다.

06 경상수지 정답 ④

출제 포인트 지출 GDP는 $Y=C$(민간소비지출), I(민간총투자), G(정부지출), $X-M$(순수출)의 합이다. 이 때 Y는 국내총생산이고 $C+I+G$는 국내외에서 생산된 재화에 대한 총지출액이며 $X-M$은 경상수지이다.

정답
GDP항등식 $Y=C+I+G+(X-M)$에서 $(X-M)=S^P+(T-G)-I$, $(X-M)=150+(50-70)-50$, $(X-M)=80$이기에 경상수지는 80이다.

07 수출승수 정답 ④

출제 포인트 소비/투자/정부지출/수출승수는 $\frac{1}{1-c(1-t)-i+m}$이고, 조세승수는 $\frac{-c}{1-c(1-t)-i+m}$이며, 수입승수는 $\frac{-1}{1-c(1-t)-i+m}$이다.

정답
- 한계소비성향은 $c=0.7$, 한계수입성향은 $m=0.2$으로 수출승수는 $\frac{dY}{dX}=\frac{1}{1-c+m}=\frac{1}{1-0.7+0.2}=2$이기에 수출이 100만큼 늘어나면 균형국민소득 Y는 200만큼 증가한다.
- 한계수입성향은 $m=0.2$으로 균형국민소득 Y가 200만큼 증가하면 수입은 $0.2\times200=40$만큼 증가하기에 경상수지 변화분은 60이다.

08 먼델 · 플레밍 모형 정답 ③

출제 포인트 변동환율제도하 자본이동이 완전한 경우, BP곡선은 수평선으로, 재정정책은 전혀 효과가 없지만 금융정책은 매우 효과적이다.

정답
긴축 통화정책을 실시하면 LM곡선이 좌측 이동하여 이자율이 상승하고 이로 인해 자본이 유입(ㄹ)되어 환율이 하락(ㄷ)하기에 순수출이 감소(ㄴ)하여 IS곡선은 수평선인 BP곡선상의 균형까지 좌측 이동한다. 즉, 이자율은 불변이고 생산량은 감소(ㄱ)한다.

09 실물경기변동이론 정답 ②

출제 포인트 새케인즈학파는 가격변수가 비신축적으로 시장청산이 곤란하다는 것을 미시기초하에 입증하여, 합리적 기대 속에 가격변수가 경직적이면 안정화정책이 효과가 있음을 주장한다.

정답
새케인즈학파는 합리적 기대 속에서 가격변수가 비신축적으로 시장청산이 곤란하기에 단기적으로 총공급곡선은 우상향한다고 주장하였다.

오답피하기
① 새케인즈학파는 경직성을 이유로 시장구조가 불완전경쟁을 가정한다.
③ 새케인즈학파는 총수요 충격에 의해 경기변동이 발생한다고 주장한다.
④, ⑤ 새케인즈학파의 실물경기변동이론에 다르면 실질임금의 경직성 등의 비신축적 가격변수로 인해 시장청산이 발생하지 않으며 이로 인해 불경기에는 비용 최소화가 달성되지 않는다.

10 q이론 정답 ②

출제 포인트 $q=\frac{\text{주식시장에서 평가된 기업의 시장가치}}{\text{실물자본의 대체비용}}$으로 q값이 1보다 크면 투자가 증가하고, 1보다 작으면 투자가 감소한다.

정답
$q<1$이면 투자가 감소하기에 자본스톡이 감소한다.

오답피하기
①, ③ 법인세가 감소하거나 자본의 한계생산물이 증가하면 기업의 이윤이 증가하여 주가가 상승하기에 토빈 q는 증가한다.
④ 자본재의 실질가격이 하락하면 실물자본의 대체비용이 감소하기에 토빈 q는 증가한다.
⑤ 설치된 자본의 시장가치가 하락하면 주가가 하락하기에 토빈 q는 감소한다.

02회 2022 감정평가사(2)

정답

p.87

01	③ 미시	02	④ 미시	03	① 미시	04	③ 미시	05	① 국제
06	③ 거시	07	⑤ 거시	08	④ 거시	09	① 거시	10	⑤ 거시

01 레온티에프형 생산함수 정답 ③

출제 포인트 레온티에프형 생산함수 $Q = \min[L,\ 2K]$에서 $Q = L = 2K$이다.

정답
생산함수 $Q = \min[L,\ 2K]$에서 $Q = L = 2K$이기에 최소비용으로 생산량 $Q = 110$을 달성하기 위한 노동의 최소투입은 110단위, 자본의 최소투입은 55 단위이다.

02 노동시장 균형 정답 ④

출제 포인트 기업의 노동수요는 한계생산물가치$(VMP_L = MP_L \times P)$와 명목임금(w)이 같아지는 수준, 즉 한계생산성(MP_L)과 실질임금$\left(\frac{w}{P}\right)$이 같아지는 수준에서 결정된다.

정답
- 생산함수 $Q = \sqrt{L}$를 L에 대해 미분한 한계생산물은 $MP_L = \frac{1}{2\sqrt{L}}$, 한계생산물가치는 $VMP_L = MP_L \times P$, $MP_L \times P = \frac{5}{2\sqrt{L}}$이고 $VMP_L = w$에서 임금률 $w = 0.5$이기에 $\frac{5}{2\sqrt{L}} = \frac{1}{2}$, 노동투입량은 $L = 25$이다.
- $L = 25$를 다시 생산함수에 대입하면 산출량은 $Q = 5$이다.

03 가격차별 정답 ①

출제 포인트 각 단위의 재화에 대하여 소비자들이 지불할 용의가 있는 최대금액을 설정하는 것이 제1급 가격차별이고, 재화구입량에 따라 각각 다른 가격을 설정하는 것이 제2급 가격차별이며, 시장을 몇 개로 분할하여 각 시장에서 서로 다른 가격을 설정하는 것이 제3급 가격차별이다.

정답
ㄱ, ㄴ. 독점기업이 가격차별을 실시하면 시장구조가 완전경쟁시장과 동일해지기에 생산량이 증가한다. 이때, 가격차별이전의 소비자잉여가 모두 생산자잉여로 귀속되기에 독점기업의 이윤은 증가한다.

오답피하기
ㄷ. 소비자잉여가 모두 독점기업에게 이전되기에 소비자잉여가 0이 된다.
ㄹ. 생산량이 완전경쟁일 때와 같아지므로 총잉여도 완전경쟁일 때와 동일하다.

04 보상수요곡선 정답 ③

출제 포인트 정상재는 통상수요곡선이 보상수요곡선보다 완만하고, 열등재는 통상수요곡선이 보상수요곡선보다 급경사이며, 기펜재는 통상수요곡선이 우상향한다.

정답
ㄱ. 정상재는 통상수요곡선이 보상수요곡선보다 완만하다.
ㄷ. 기펜재는 통상수요곡선이 우상향하며, 보상수요곡선은 우하향한다.

오답피하기
ㄴ. 열등재는 보상수요곡선이 통상수요곡선보다 완만하며 우하향한다.

05 교역 정답 ①

출제 포인트 국내가격이 국제가격보다 높은 경우, 교역 이후 국내가격은 국제가격 수준으로 하락한다.

정답
국내가격이 국제가격보다 높은 경우 교역이후 국내가격이 국제가격 수준으로 하락하기에 생산자 잉여는 감소한다.

오답피하기
② 국내가격이 하락하기에 소비자 잉여는 증가한다.
④, ⑤ 소비자잉여 증가분이 생산자잉여 감소분보다 크기에 총잉여는 증가한다.

06 경제지표 정답 ③

출제 포인트 15세 이상 인구 중에서 취업자가 차지하는 비중을 고용률이라 하여, 고용시장의 현실을 지표에 보다 잘 반영한다.

정답
- 경제활동인구 60만 명에서 실업자는 6만 명이기에 취업자는 54만 명이다. 실망실업자 10만 명 중 9만 명이 일자리를 구했다면 취업자는 63만 명이 된다. 이때, 고용률은 취업자가 생산가능인구에서 차지하는 비율이기에 $\frac{63}{100} \times\ = 63\%$이다.

• 실업자 6만 명에서 실망실업자 10만 명이 구직활동을 재개하여 9만 명이 일자리를 구했다면 실업자는 7만 명이 되고 경제활동인구는 10만 멍 증가한 70만 명이 된다. 이때, 실업률은 실업자가 경제활동인구에서 차지하는 비율이기에 $\frac{7}{70}\times 100=10\%$이다.

07 멘델-토빈 효과 정답 ⑤

출제 포인트 기대인플레이션율 상승분이 모두 명목이자율 상승으로 반영되지 못하여 실질이자율이 하락하는 효과를 멘델 – 토빈효과라 하고, 멘델 – 토빈효과로 실질이자율이 하락하면 소비와 투자가 증가하므로 총수요가 증가하게 된다.

정답

• 기대인플레이션이 상승하면 IS 곡선이 상방 이동하여 명목이자율과 생산량은 증가한다.
• 그런데, 멘델 – 토빈 효과에 의해 기대인플레이션율의 상승분이 모두 명목이자율의 상승분에 반영되지 못하기에 피셔의 방정식 '명목이자율 = 기대인플레이션율 + 실질이자율'에서 실질이자율은 하락하게 된다.

08 황금률 정답 ④

출제 포인트 1인당 소비가 극대화되는 상태를 자본축적의 황금률이라 하고 $f'(k)=n+d$에서 달성된다.

정답

1인당 생산함수가 $y=5k^{0.4}$의 양변에 총인구 L을 곱한 총생산함수는 $Y=5K^{0.4}L^{0.6}$이고 황금률에서 자본소득 분배율이 저축률과 일치하기에 저축률은 0.4이다.

09 항상소득가설 정답 ①

출제 포인트 실제소득은 자신의 자산으로부터 매기 예상되는 평균수입인 항상소득과 일시적 소득인 임시소득으로 구성되는데 소비는 항상소득의 일정비율이라는 것이 프리드만의 항상소득가설이다.

정답

항상소득가설에 의하면 소비는 항상소득에 의해 결정되기에 현재소득이 일시적으로 항상소득보다 작게 되어도 소비의 감소분은 매우 작고 이에 따라 평균소비성향$\left(\frac{C}{Y}\right)$은 일시적으로 증가한다.

오답피하기

②, ⑤ 항상소득가설과 생애주기가설에서는 차입제약이 없는 것으로 가정한다.
③ 케인즈의 절대소득가설에 소비는 현재 가처분소득에 의해서만 결정되기에 이자율에 의한 소비의 기간별 대체효과를 반영하고 있지 않다.
④ 랜덤워크가설에서는 합리적 기대를 가정하기에 소비자가 근시안적으로 소비를 결정하지 않는다.

10 총생산함수 정답 ⑤

출제 포인트 총생산함수 $Y=AL^{\alpha}K^{\beta}$를 증가율 형태로 바꾸면 $\frac{\Delta Y}{Y}=\frac{\Delta A}{A}+\alpha\left(\frac{\Delta L}{L}\right)+\beta\left(\frac{\Delta K}{K}\right)$이다.

정답

• 총생산함수 $Y=AL^{0.6}K^{0.4}$를 증가율 형태로 바꾼 $\frac{\Delta Y}{Y}=\frac{\Delta A}{A}+0.6\left(\frac{\Delta L}{L}\right)+0.4\left(\frac{\Delta K}{K}\right)$에서 $\frac{\Delta Y}{Y}=5\%+(0.6\times(-2\%))+(0.4\times 5\%)$, 총생산량 증가율은 $\frac{\Delta Y}{Y}=5.8\%$이다.
• 노동량 1단위당 생산량 증가율을 증가율 형태로 바꾸면 $\frac{\Delta y}{y}=\frac{\Delta Y}{Y}-\frac{\Delta L}{L}$이기에 1인당 생산량 증가율은 $5.8\%-(-2\%)$, $\frac{\Delta y}{y}=7.8\%$이다.

03회 2021 감정평가사(1)

정답

p. 90

01	③ 미시	02	④ 미시	03	② 미시	04	④ 미시	05	④ 미시
06	② 거시	07	④ 거시	08	④ 거시	09	④ 거시	10	② 거시

01 무차별곡선 정답 ③

출제 포인트 소비자에게 동일한 효용을 주는 두 재화의 조합을 나타낸 곡선이 무차별곡선이다. 무차별곡선은 우하향의 형태로, 원점에서 멀어질수록 효용이 커지고 교차하지 않으며 원점에 대하여 볼록하다.

정답
무차별곡선이 원점에 대해 오목하면 무차별곡선의 우하방으로 이동할수록 접선 기울기가 커지기에 한계대체율은 체증한다.

오답피하기
① 무차별곡선은 소비자에게 동일한 효용을 주는 두 재화의 조합을 나타낸 곡선이다.
② 무차별곡선의 기울기는 한계대체율이며 이는 두 재화의 교환비율이다.
④ 완전대체재의 두 재화의 교환비율은 일정하기에 무차별곡선은 직선의 형태이다.
⑤ 소비자의 효용극대화 조건은 무차별곡선과 예산선이 접하는 지점이다.

02 후생경제이론 정답 ④

출제 포인트 완전성과 이행성, 비제한성, 파레토원칙, 독립성, 비독재성 등을 사회후생함수가 갖추어야 할 조건으로 제시하며, 모든 조건을 동시에 만족하는 이상적인 사회후생함수는 존재하지 않는다는 것이 애로우의 불가능성 정리이다.

정답
파레토원칙은 모든 개인이 A보다 B를 선호하면 사회 전체에서도 A보다 B를 선호해야한다는 원칙으로 과반수제와는 무관하다.

오답피하기
① 차선의 이론에 의하면 모든 파레토효율성 조건이 충족되지 않는 상태에서 그 중 더 많은 효율성 조건을 충족한다 해서 사회적으로 더 바람직한 상태가 되는 것은 아니기에 부분적 해결책이 최적은 아닐 수 있음을 보여준다.
② 롤스의 사회후생함수는 $W=\min[U^A,\ U^B]$로 사회무차별곡선은 L자 형태로 도출된다.
③ 파레토효율성은 더 이상 파레토개선이 불가능한 배분상태, 즉 자원배분이 가장 효율적인 상태이기에 완전경쟁의 상황에서 충족된다.
⑤ 사회후생이 소득분배와 관계없이 각 개인의 효용의 합으로 결정된다는 것이 공리주의(최대다수 최대행복) 사회후생함수이다.

03 수요곡선 정답 ②

출제 포인트 어떤 재화의 수요량과 이에 영향을 주는 그 재화의 가격과의 함수관계를 수요함수라 하고, $DX=f(PX)$로 표현한다.

정답
기펜재는 소득효과는 $(+)$의 값을, 대체효과는 $(-)$의 값을 가지고 소득효과의 절댓값이 대체효과의 절댓값보다 크기에 수요곡선은 우상향한다.

오답피하기
① 수요곡선이 우하향할 경우, 가격이 증가하면 수요량이 감소하기에 수요의 법칙이 성립한다.
③ 시장의 수요곡선은 개별 수요곡선의 수평합이기에 사적 재화의 시장수요는 개별수요의 수평합이다.
④ 한계편익 체감법칙이 성립하는 재화의 수요곡선은 한계편익곡선 PMB로 나타낼 수 있기에 우하향하는 수요곡선의 높이는 한계편익이다.
⑤ 소비자의 소득이 증가하면 수요 자체가 증가하기에 수요곡선은 우측 이동한다.

04 탄력성 정답 ④

출제 포인트 수요의 가격탄력성은 가격의 변화율(%)에 대한 수요량의 변화율(%)로, 가격이 1% 변화할 때 수요량의 변화율로 나타낼 수 있다. 따라서 가격이 1% 변화할 때, 수요량의 변화율이 수요의 가격탄력성이다.

정답
공급의 가격탄력성은 공급곡선상의 한 점에서 수직선의 X의 절편과 공급곡선의 X의 절편까지의 거리를 공급곡선상의 한 점에서 수직선의 X의 절편과 원점까지의 거리로 나눈 값이기에 우상향 직선의 공급곡선의 Y축 절편이 0보다 크면 가격탄력성은 무조건 1보다 크다.

오답피하기
① 수요곡선이 수직이면 가격탄력성은 0이다.
② 우하향하는 직선의 수요곡선의 중점의 가격탄력성은 1이고 수요량이 증가함에 따라 탄력성은 감소한다.
③ 가격탄력성이 1보다 크면 탄력적이다.
⑤ 수요의 교차 탄력성이 0보다 크면 두 상품은 대체재 관계이다.

05 종량세 정답 ④

출제 포인트 생산자에게 부과될 때 생산자가 소비자로부터 받고자 하는 가격이 단위당 조세(T원)만큼 상승하고, 소비자에게 부과될 때 소비자가 생산자에게 지불할 용의가 있는 금액이 단위당 조세(T원)만큼 하락한다.

정답
소비자에게 단위당 2원의 물품세를 부과하면 수요곡선은 $P=8$로 하방 이동하고, 이로 인해 균형생산량은 $Q=10$에서 $Q=8$로, 균형가격은 $P=10$에서 $P=8$로 하락하기에 자중손실은 아래 그림에서 확인할 수 있듯이 삼각형 B의 면적인 $\frac{2\times 2}{2}=2$이다.

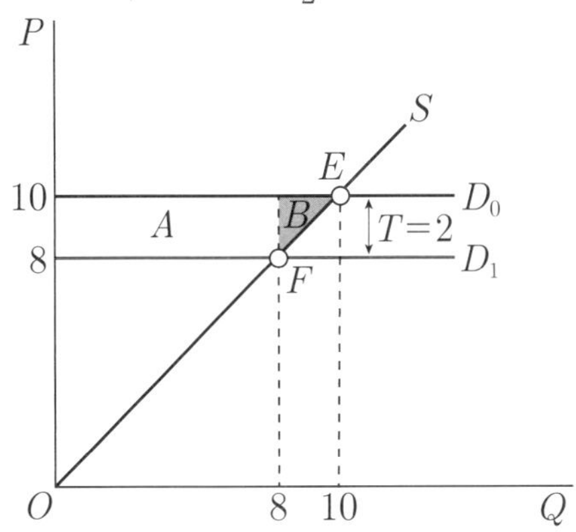

오답피하기
① 조세의 귀착이 발생하기에 그 누구에게 부과하든지 관계없이 결과는 달라지지 않는다.
② 수요곡선은 $P=10$으로 수평선이기에 소비자잉여는 0으로 불변이다.
③ 공급곡선은 $Q_S=P$이고 물품세부과로 인해 균형생산량은 $Q=10$에서 $Q=8$로, 균형가격은 $P=10$에서 $P=8$로 하락하였기에 생산자잉여의 감소분은 위 그림에서 확인할 수 있듯이 삼각형 $A+B$의 면적인 18이다.
⑤ 조세수입은 물품세와 조세부과 후 생산량을 곱한 값이기에 $2\times 8=16$이다.

(a) 소비자에게 조세가 부과될 때 (b) 생산자에게 조세가 부과될 때

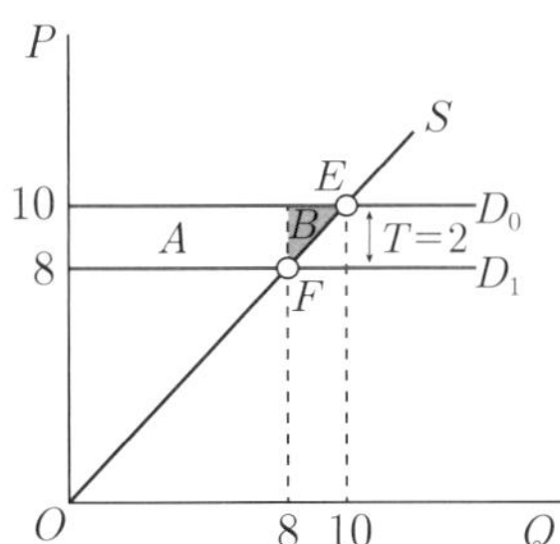

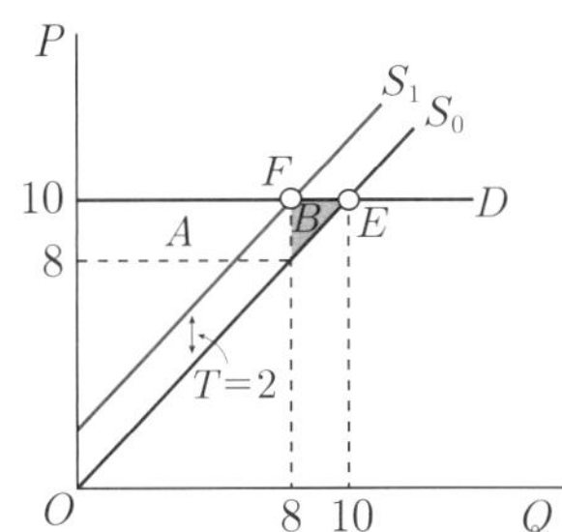

06 균형재정승수 정답 ②

출제 포인트 정부지출과 조세가 동액만큼 증가할 때의 승수를 균형재정승수라 하고, 정액세의 경우 1이지만, 비례세의 경우 1보다 작다.

정답

- IS곡선은 $Y=100+0.5(Y-T)-0.5r+G$로 이를 r에 대해 정리하면 $0.5r=100-0.5T+G-0.5Y$, $r=200-T+2G-Y$이다.
- LM곡선은 $\frac{M}{P}=-r+Y$로 이를 r에 대해 정리하면 $r=Y-\frac{M}{P}$이다.
- 이때, IS곡선과 LM곡선을 연립하면 $200-T+2G-Y=Y-\frac{M}{P}$, $2Y=200-T+2G+\frac{M}{P}$, $Y=100-0.5T+G+0.5\frac{M}{P}$이다.
- 정부지출승수는 위의 식을 G에 대해 미분한 $\frac{dY}{dG}=1$이고, 조세승수는 T에 대해 미분한 $\frac{dY}{dT}=-0.5$이기에 균형재정승수는 0.5이다.

07 통화정책 정답 ④

출제 포인트 중앙은행이 금융정책수단을 이용하여 경제성장, 물가안정, 완전고용, 국제수지균형 등의 정책목표를 달성하려는 정책을 금융정책이라 한다. 금융정책은 재정정책과 함께 총수요관리정책이다.

정답
물가안정목표제는 중앙은행이 중기적으로 달성해야 할 물가상승률 목표치를 미리 제시하고 이에 맞추어 통화정책을 수행하는 통화정책 운영체제로 고용증진과 무관하다.

오답피하기
① 국채를 매입하면 통화량은 증가하고, 매각하면 통화량은 감소한다.
② 금융통화위원회(monetary policy board)는 통화신용정책 수립 및 한국은행 운영에 관한 최고 의사결정기구로서 7명의 위원으로 구성된다.
③, ⑤ 재할인율이나 법정지급준비율을 인하하면 통화량은 증가한다.

08 화폐 정답 ④

출제 포인트 교환매개 수단, 가치척도 수단, 가치저장 수단 등은 화폐의 기능이다.

정답
소득과 지출의 시간이 불일치할 때 가치의 저장수단이 필요하고 이때 화폐가 그 기능을 수행한다.

오답피하기
①, ⑤ 상품화폐(commodity money)는 곡물, 종이 등 교환의 매개역할을 하는 재화로 곡물 등은 변질되어 내재적 가치가 변동될 수 있다.
② 준화폐(near money)는 정기예금, 국채 등 쉽게 화폐로 전환될 수 있는 것으로 정기예금 등 일부는 $M2$에 포함된다.
③ 명령화폐(fiat money) 혹은 법화(legal tender)는 지폐처럼 내재적 가치는 없지만 법률에 의해 교환성이 보증된 화폐를 의미한다.

09 일반균형 정답 ④

(출제 포인트) C(민간소비지출), I(민간총투자), G(정부지출), $X-M$(순수출)의 합인 총수요가 C(소비지출), S(저축), T(조세)의 합인 총소득과 같을 때, I(민간총투자) $+ G$(정부지출) $+ X$(수출) $= S$(저축) $+ T$(조세) $+ M$(수입)이 이루어진다. 따라서 주입[투자(I) + 정부지출(G) + 수출(X)]과 누출[저축(S) + 조세(T) + 수입(M)]이 일치할 때 균형국민소득이 결정된다.

(정답)

민간저축이 증가하면 대부자금의 공급곡선이 우측 이동하기에 이자율이 하락하나 정부저축의 증감과는 무관하다.

(오답피하기)

① 국민소득 항등식 $Y=C+I+G$를 정리하면 $(Y-T-C)+(T-G)=I$, $S=I$이기에 폐쇄경제에서 총저축은 투자와 같다.
② 민간저축이 증가하면 이자율이 하락하기에 투자가 증가한다.
③ 국민소득 항등식 $Y=C+I+G$를 정리한 $(Y-T-C)+(T-G)=I$에서 민간저축 $(Y-T-C)$와 정부저축 $(T-G)$의 합은 총저축 S이다. 즉, $S=I$이다.
⑤ 정부저축이 감소하면 대부자금의 공급곡선이 좌측 이동하기에 이자율은 상승한다.

10 화폐 중립성 정답 ②

(출제 포인트) 모든 실질변수가 통화량과 무관하게 실물부문에 의해 결정되기에 통화량변화에도 물가 등 명목변수만 영향을 줄 뿐 실질변수는 불변인 것을 화폐의 중립성이라 한다.

(정답)

화폐의 중립성에 의하면 실질GDP, 실업률 등의 실질변수는 통화량과 무관하다.

(오답피하기)

①, ③, ⑤ 화폐의 중립성에 의하면 실질 경제성장률, 실질이자율 등 실질변수는 통화량과 무관하기에 고전적 이분법이 적용된다.
④ 화폐의 중립성은 통화량변화에도 물가 등 명목변수만 영향을 줄 뿐 실질변수는 불변이기에, 통화정책으로 물가지수를 관리할 수 있다.

04회 2021 감정평가사(2)

정답 p.93

01	④ 미시	02	① 미시	03	③ 미시	04	④ 미시	05	② 미시
06	① 거시	07	④ 거시	08	④ 거시	09	① 거시	10	④ 거시

01 생산가능곡선 정답 ④

출제 포인트 주어진 자원과 기술하, 두 재화의 최대 생산조합점들을 연결한 곡선을 생산가능곡선이라 한다.

정답

생산가능곡선상의 한 점에서는 한 재화의 생산을 늘리기 위해서는 다른 재화의 생산을 줄여야하기에 파레토개선이 불가능하다.

오답피하기

① 생산가능곡선이 원점에 대해 오목한 경우, 기회비용 체증의 법칙이 성립하기에 X축 상품 생산이 늘어나면 기울기는 더 커진다.
② 생산기술이 향상되면 동일한 생산요소 투입량 대비 생산가능한 재화의 양이 증가하기에 생산가능곡선이 원점에서 더 멀어진다.
③ 생산가능곡선이 원점에 대해 오목한 경우, 기회비용 체증의 법칙이 성립한다.
⑤ 생산가능곡선의 기울기는 한계변환율과 동일하다.

02 네트워크 외부성 정답 ①

출제 포인트 타인들이 구입할수록 구입량이 증가하는 것을 편승효과(밴드웨건 효과)라 하고, 반대로 구입량이 감소하는 것을 속물효과(스노브효과)라 한다.

정답

ㄱ. 시장수요곡선은 (+)의 네트워크가 존재하는 경우에는 개별수요곡선을 수평으로 합한 것보다 완만한 형태로 도출되고, (−)의 네트워크효과가 있는 경우에는 개별수요곡선을 수평으로 합한 것보다 더 급경사로 도출된다.
ㄴ. 타인들이 구입할수록 구입량이 증가하는 것을 편승효과(밴드웨건 효과)라 하고, 반대로 구입량이 감소하는 것을 속물효과(스노브효과)라 한다.

오답피하기

ㄷ. 열등재의 경우 대체효과는 (−)의 값을, 소득효과는 (+)의 값을 가지기에 대체효과의 절대적 크기가 소득효과보다 크면 수요곡선은 우하향한다.
ㄹ. 소득이 증가할 때 소비가 증가하면 소득소비곡선은 우상향하기에 정상재이다.

03 생산이론 정답 ③

출제 포인트 주어진 등비용선 수준에서 총생산물이 극대가 되는 것을 생산자균형이라 하고, 등량곡선과 등비용선이 접하는 점에서 결국, 한계생산물균등의 법칙에 따라 달성된다.

정답

ㄱ. 장기에는 고정비용이 0이 되기에 모든 생산요소는 가변적이다.
ㄴ. 한계생산 체감의 법칙은 생산요소를 투입함에 따라 한계생산이 감소하는 현상을 의미한다.
ㄷ. 등량곡선의 기울기는 한계기술대체율과 동일하기에 등량곡선이 원점에 대해 볼록하면 한계기술대체율은 감소한다.

오답피하기

ㄹ. 한 재화를 최소비용으로 생산한다고 해서 이윤이 극대화되는 것은 아니기에 비용극소화는 이윤극대화의 필요조건이지만 충분조건은 아니다.

04 후생경제이론 정답 ④

출제 포인트 시장구조가 완전경쟁적이고 외부성 등의 시장실패요인이 존재하지 않는다면 일반경쟁균형의 자원배분은 파레토효율적이라는 것이 후생경제학의 제1정리로, '보이지 않는 손'의 역할을 증명한 것이다.

정답

후생경제학의 제1정리는 '보이지 않는 손'의 역할을 증명한 것이다.

오답피하기

① 파레토효율적인 상태는 파레토개선이 불가능한 상태를 뜻한다.
② 제2정리는 모든 사람의 선호가 볼록성을 가지면 파레토효율적인 배분은 일반경쟁균형이 된다는 것이다.
③ 제1정리가 성립하기 위해서는 시장구조가 완전경쟁적이고 외부성 · 공공재 등의 시장실패 요인이 존재하지 않아야 한다.
⑤ 제1정리는 완전경쟁시장하에서 개인이 사익을 추구하는 과정에서 공익이 달성됨을 보여준다.

05 생산자균형 정답 ②

출제 포인트 생산자균형은 등량곡선과 등비용선이 접하는 점에서 등량곡선의 기울기인 한계기술대체율과 등비용선의 기울기가 일치함으로써 달성된다.

(정답)

- 생산함수 $Q=\min\left[\frac{L}{2}, K\right]$는 레온티에프형 함수로 생산자균형에서 $Q=\frac{L}{2}=K$이고 노동의 가격은 $w=2$, 자본의 가격은 $r=3$이기에 비용함수는 $C=wL+rK=(2\times 2Q)+(3\times Q)=7Q$이다.
- 이때, 총비용 $C=7Q$를 Q로 나눈 평균비용은 $AC=7$이다.

06 화폐수요 정답 ①

(출제 포인트) 일정시점에서 개인들이 보유하고자 하는 화폐의 양을 화폐수요라 한다. 화폐의 교환매개 기능을 강조하고 화폐수요가 이자율과 무관한 것으로 본 고전학파의 화폐수량설에서 시작하여 화폐의 가치저장 기능이 있음을 강조한 케인즈는 화폐수요가 이자율에 매우 민감함을 주장한다.

(정답)

이자율이 상승하면 현금의 기회비용이 커지기에 현금통화 수요량은 감소한다.

(오답피하기)

② 물가가 상승하면 화폐의 구매력이 감소하기에 거래적 동기의 현금통화 수요는 증가한다.

③ 요구불예금은 $M1$에 포함되기에 요구불예금 수요가 증가하면 $M1$ 수요는 증가한다.

④ 실질 국내총생산이 증가하면 거래량이 증가하기에 $M1$ 수요는 증가한다.

⑤ 신용카드 보급기술이 발전하면 화폐 대신에 신용카드를 사용하는 비중이 증가하기에 현금통화 수요는 감소한다.

07 소비자물가지수 정답 ④

(출제 포인트) 소비자가 일상 소비생활에서 구입하는 재화와 서비스의 가격변동을 측정하는 소비자물가지수는, 통계청이 소비자 구입가격을 조사하여 작성하고, 소비재를 대상으로 수입품가격, 주택임대료는 포함하나 주택가격 등은 제외된다.

(정답)

소비자물가지수는 라스파이레스 방식으로 작성되기에 생계비 변화를 과대평가하나 생계비를 더 왜곡한다고 볼 수는 없다.

(오답피하기)

① 소비자물가지수는 기준연도와 동일한 양의 재화와 서비스를 구입하는 데 드는 비용의 변화를 보여주기에 기준연도에는 100이다.

②, ③ 소비자물가지수는 라스파이레스 방식으로 작성되기에 가격의 변화나 품질의 변화로 다른 상품으로 대체하는 것을 반영하지 못해 생계비 측정을 왜곡할 수 있다.

⑤ 소비자가 일상 소비생활에서 구입하는 재화와 서비스의 가격변동을 측정한다.

08 필립스곡선 정답 ④

(출제 포인트) 명목임금상승률과 실업률의 관계를 나타내는 곡선을 필립스곡선이라 한다. 현재는 명목임금상승률 대신 인플레이션율로 수정하여, 총수요곡선의 이동으로 인플레이션율과 실업률이 반비례[$\pi=-\alpha(U-U_N)$]인 필립스곡선을 도출할 수 있다.

(정답)

- 중앙은행이 물가를 완전하게 통제할 수 있고 민간의 기대가 합리적으로 형성되기에 중앙은행이 0%의 인플레이션율을 유지하는 준칙적 통화정책을 사용하면 인플레이션율과 기대인플레이션율은 $\pi=\pi_e=0\%$이고 이를 필립스곡선에 대입하면 $u=u_n=3\%$이다.
- 중앙은행이 인플레이션율을 최적 수준인 1%로 유지할 때, 합리적 기대가 형성되기에 기대인플레이션율도 동일하게 1%이다. $\pi=\pi_e=1\%$를 필립스곡선에 대입하면 $u=u_n=3\%$이다.

09 투자승수 정답 ①

(출제 포인트) 소비/투자/정부지출/수출승수는 $\frac{1}{1-c(1-t)-i+m}$이고, 조세승수는 $\frac{-c}{1-c(1-t)-i+m}$이며, 수입승수는 $\frac{-1}{1-c(1-t)-i+m}$이다.

(정답)

ㄱ. 총공급곡선이 수직선일 때, 독립투자가 증가하여도 생산량은 불변이기에 투자승수는 감소한다.

ㄴ. 이자율상승에 따라 투자가 감소하면 독립투자 증가분의 일부가 상쇄되기에 투자승수는 감소한다.

(오답피하기)

ㄷ, ㄹ. 정부지출, 세금, 수출, 수입 등의 외생적 변화는 투자승수와 무관하다.

10 국민소득 정답 ④

(출제 포인트) GDP를 생산, 분배, 지출의 어느 측면에서 측정해도 그 값이 사후적으로 같다는 것을 국민소득 3면등가의 법칙이라 한다. 즉, 생산측면에서 최종생산물의 시장가치 또는 부가가치와 고정자본소모의 합으로 측정되는 국내총생산과, 분배측면에서 지대, 임금, 이자, 이윤, 고정자본소모, 순간접세의 합으로 측정되는 국내총소득 및 지출측면에서 민간소비지출, 민간총투자, 정부지출, 순수출의 합으로 측정되는 국내총지출은 사후적으로 같다.

(정답)

- 甲의 부가가치는 매출액 400에서 중간투입액 0을 차감한 400(②)이고 乙의 부가가치는 매출액 900에서 중간투입액 400을 차감한 500이다. 이때, 부가가치는 모두 요소소득으로 분배되기에 甲과 乙의 이윤은 모두 50(③)이고 요소소득으로 지출하는 금액은 부가가치와 동일한 각각 400(①), 500으로 A국의 총지출은 900이다(⑤).
- A국의 국내총생산은 두 기업의 매출액 합계에서 두 기업의 중간투입 합계액(④)을 뺀 900이다.

05회 2020 감정평가사(1)

정답 p.96

01	④ 미시	02	④ 미시	03	④ 미시	04	③ 미시	05	① 미시
06	② 미시	07	④ 거시	08	④ 거시	09	④ 거시	10	① 거시

01 수요의 가격탄력성 정답 ④

출제 포인트 우하향의 수요직선에서 중점은 단위탄력적이고, 중점 위는 탄력적이며, 중점 아래는 비탄력적으로 모든 점의 수요의 가격탄력도가 다르다.

정답

수요의 가격탄력성은 $\varepsilon=-\frac{dQ}{dP}\times\frac{P}{Q}$이고 수요함수 $Q=10-2P$를 P에 대해 미분하면 $\frac{dQ}{dP}=-2$이기에 $\varepsilon=-\frac{dQ}{dP}\times\frac{P}{Q}=2\times\frac{P}{10-2P}=1$, $\frac{P}{5-P}=1$, $P=2.5$이다.

02 비용곡선 정답 ④

출제 포인트 생산량과 무관하게 지출해야 하는 비용인 총고정비용과 생산량에 따라 변화하는 비용인 총가변비용의 합이 단기 총비용이다.

정답

총비용함수 $TC=100+Q^2$을 Q로 나눈 평균비용은 $AC=\frac{100}{Q}+Q$이고 Q에 대해 미분한 한계비용은 $MC=2Q$이기에 각각 $Q=10$을 대입하면 평균비용은 20, 한계비용은 20으로 동일하다.

오답피하기

① 총비용은 총가변비용과 총고정비용의 합이기에 총가변비용은 $TVC=Q^2$이고 이를 Q로 나눈 평균가변비용은 $AVC=Q$이기에 평균가변비용곡선은 원점을 통과하는 기울기가 1인 우상향의 직선이다.

② 총고정비용 100을 Q로 나눈 평균고정비용은 $AFC=\frac{100}{Q}$이기에 평균고정비용곡선은 직각쌍곡선이다.

③ 총비용함수 $TC=100+Q^2$을 Q에 대해 미분한 한계비용은 $MC=2Q$이기에 한계비용곡선은 원점을 지나는 우상향의 직선이다.

⑤ 총비용함수 $TC=100+Q^2$을 Q로 나눈 평균비용은 $AC=\frac{100}{Q}+Q$이기에 생산량이 10일 때 평균비용은 20으로 최소이다.

03 여가소득모형 정답 ④

출제 포인트 소비자균형은 무차별곡선과 예산선이 접하는 점에서 이루어진다.

정답

- 한계대체율은 $MRS_{LY}=\frac{MU_L}{MU_Y}$이고 효용함수 $U=L^{\frac{1}{2}}+Y^{\frac{1}{2}}$을 L, Y에 대해 미분하면 $MU_L=\frac{1}{2}L^{-\frac{1}{2}}=\frac{1}{2\sqrt{L}}$, $MU_Y=\frac{1}{2}Y^{-\frac{1}{2}}=\frac{1}{2\sqrt{Y}}$이기에 여가와 복합재 간의 한계대체율은 $MRS_{LY}=\frac{MU_L}{MU_Y}=\sqrt{\frac{Y}{L}}$이다.
- 여가-노동 모형의 효용극대화조건은 한계대체율과 예산선의 기울기가 일치하는 지점이고 시간당 임금은 3이기에 $\sqrt{\frac{Y}{L}}=3$, $\sqrt{Y}=3\sqrt{L}$, $Y=9L$이고, 복합재 Y의 가격이 1이기에 $Y=3(24-L)$이다. 이 두 식을 연립하면 $9L=72-3L$, $12L=72$, $L=6$이다.
- 이때, 시간당 임금이 5로 증가하면 $Y=25L$, $Y=5(24-L)$이기에 $25L=120-5L$, $30L=120$, $L=4$이다. 즉, 여가시간은 2만큼 감소한다.

04 보조금 정답 ③

출제 포인트 사회적 최적 수준 생산량은 $P=SMC$에서 달성된다.

정답

- 사적 한계편익인 역수요함수 $P=PMB=1{,}200-Q$와 외부한계편익 $EMB=60-\frac{1}{20}Q$를 합한 사회적 한계편익 $SMB=1{,}260-\frac{21}{20}Q$와 사적 한계비용인 역공급함수 $P=PMC=440+Q$를 연립하면 $1{,}260-\frac{21}{20}Q=440+Q$, $\frac{41}{20}Q=820$, 사회적 균형생산량은 $Q=400$이다.
- 단위당 최적 보조금의 크기는 최적 생산량 수준에서 외부한계편익의 크기만큼이기에 $Q=400$을 외부한계편익함수에 대입하면 단위당 최적 보조금은 $EMB=40$이다.

05 비용극소화 정답 ①

출제 포인트 생산자균형은 등량곡선과 등비용선이 접하는 점에서 등량곡선의 기울기인 한계기술대체율과 등비용선의 기울기가 일치함으로써 달성된다.

정답

- 비용최소화 조건은 등량곡선과 등비용선이 접하는 지점이고 생산함수는 $Q=4L+8K$, $K=-\frac{1}{2}L+\frac{1}{8}Q$로 등량곡선의 기울기는 $\frac{1}{2}$, 등비용선의 기울기는 $\frac{w}{r}=\frac{3}{5}$으로 등비용선의 기울기가 더 크기에 생산자는 항상 자본만 투입한다.
- 그러므로 $L=0$, $Q=120$이기에 $120=8K$, $K=15$이다.

06 완전경쟁시장 정답 ②

출제 포인트 완전경쟁기업은 $P=MC$인 점에서 생산을 하기에 AVC 곡선의 최저점을 상회하는 MC곡선이 완전경쟁기업의 단기 공급곡선이다.

정답

ㄱ. 가격은 $P=50$으로 평균비용 $AC=55$보다 작기에 손실이 발생하고 있다.

ㄷ. 가격이 평균가변비용보다는 높기 때문에 가변비용을 모두 회수하고 단위당 일정액의 고정비용도 회수하고 있는 상태이다.

오답피하기

ㄴ. 가격이 평균가변비용보다는 높기에 단기에는 손실이 발생하더라도 생산을 지속하는 것이 낫다.

ㄹ. 단위당 일정액의 고정비용을 회수하고 있는 상태이다.

07 효율성임금 정답 ④

출제 포인트 기업은 시장의 균형임금보다 높은 효율성임금을 지급함으로써 역선택, 도덕적 해이 등을 방지할 수 있게 되어 이윤이 증가한다는 것이 효율성임금이론이다.

정답

기업이 임금을 낮출 경우, 다른 기업에서도 높은 임금을 받을 수 있는 노동자가 이탈할 확률이 높다.

오답피하기

① 효율성임금이론에 의하면 높은 임금을 지급할수록 노동자의 생산성이 높아진다.

②, ③, ⑤ 효율성 임금이론에 따르면 효율성 임금은 균형임금보다 높게 설정되기에 노동자의 근로의욕이 상승하여 이직률을 낮추고 노동자의 도덕적 해이를 방지할 수 있다.

08 성장회계 정답 ④

출제 포인트 경제성장의 요인을 요인별로 분석해 보는 것을 성장회계라 하고, $Y=AK^{\alpha}L^{1-\alpha}$에서 $\frac{\Delta Y}{Y}=\frac{\Delta A}{A}+\alpha\frac{\Delta K}{K}+(1-\alpha)\frac{\Delta L}{L}$로 나타낸다. 이때 $\frac{\Delta A}{A}$를 총요소생산성증가율이라 한다.

정답

총생산함수 $Q=AL^{0.75}K^{0.25}$는 1차 $C-D$형 함수로 규모수익불변이기에 노동량과 자본량이 각각 10%씩 증가하면 생산량은 10% 증가한다. 이때, 추가적으로 총요소생산성이 10% 증가하면 생산량도 추가적으로 10% 증가하기에 총 20% 증가한다.

오답피하기

①, ②, ⑤ 총생산함수 $Q=AL^{0.75}K^{0.25}$는 1차 $C-D$형 함수로 생산함수에서 L의 지수 값이 생산의 노동탄력성(노동소득분배율), K의 지수 값이 생산의 자본탄력성(자본소득분배율)이기에 노동탄력성(노동소득분배율)이 0.75, 자본탄력성(자본소득분배율)이 0.25이다.

③ A는 총요소생산성이다.

09 소비이론 정답 ④

출제 포인트 합리적 기대하 항상소득이 결정되면 그에 따라 소비가 결정된다는 것이 랜덤워크가설로, 예상된 정책은 소비에 영향을 미치지 못하나 예상하지 못한 정책은 소비에 영향을 미칠 수 있음을 설명한다. 즉, 예상된 정부정책은 소비에 아무런 영향을 미칠 수 없음을 시사한다.

정답

랜덤워크가설에 의하면 예상하지 못한 충격이 없다면 t기의 소비는 $(t-1)$기 소비와 동일하나 예상치 못한 충격이 발생하면 t기의 소비는 $(t-1)$기의 소비에서 벗어나기에 소비함수는 $C_t=C_{t-1}+\varepsilon_t$이다. 이때, 예상치 못한 충격은 합리적 기대하에서도 예측이 불가능하기에 t기의 소비 변화를 정확히 예측하는 것은 불가능하다.

오답피하기

① 생애주기가설과 항상소득가설에 의하면 장기 소비함수는 원점을 통과하는 직선이기에 장기에 평균소비성향은 일정하다.

② 항상소득가설에 의하면 임시소득이 증가하더라도 소비는 거의 증가하지 않기에 단기적으로 평균소비성향이 낮아진다.

③ 케인즈에 의하면 소비는 처분가능소득에 의해 결정될 뿐이며 이자율의 영향은 받지 않는다.

⑤ 피셔의 기간 간 소비선택이론에 따르면 이자율의 변화는 대체효과와 소득효과를 통해 소비에 영향을 미친다.

10 테일러준칙 정답 ①

출제 포인트 테일러준칙에 따르면 중앙은행은 실제인플레이션율이 인플레이션 목표치보다 높은 경우 금리를 올리고 반대의 경우 금리를 내리며, 또한 실제성장률이 잠재성장률보다 높으면 금리를 올리고 반대의 경우에는 금리를 내린다.

정답

- 테일러준칙에 의하면 실제인플레이션율이 중앙은행의 목표치를 상회하거나 실제GDP가 잠재GDP를 초과할 경우 정책금리를 인상해야 한다.
- 인플레이션 갭이 확대된다는 것은 경기과열로 인플레이션이 심각해지고 있음을 의미한다. 경기가 과열되면 실제GDP가 잠재GDP를 초과하기에 산출량 갭(GDP 갭)이 확대된다는 것은 실제GDP가 잠재GDP를 초과하는 정도가 커지는 것으로 해석된다.
- 테일러준칙에 의하면 두 요인 모두 정책금리를 상향 조정해야 하는 요인이 된다.

06회 2020 감정평가사(2)

정답 p.99

01	④ 미시	02	② 미시	03	② 미시	04	② 미시	05	① 미시
06	③ 거시	07	② 거시	08	④ 국제	09	④ 국제	10	③ 거시

01 이윤극대화 정답 ④

(출제 포인트) 모든 시장에서 이윤극대화조건은 $MR=MC$이다.

(정답)

- 1차 판매전략에서 독점기업의 이윤극대화조건은 $MR=MC$이고 역수요함수는 $P=90-2Q$, 한계수입은 $MR=90-4Q$, 한계비용은 $MC=10$이기에 $90-4Q=10$, $Q=20$이고 이를 다시 수요함수에 대입하면 $P=50$이다.
- 이때, 1차 판매에서 20단위가 판매되었기에 2차 판매전략에서 수요량은 시장 전체 수요량에서 20만큼을 빼주어야 하기에 수요곡선은 $P=90-2Q$, $Q=45-\frac{1}{2}P$에서 $Q=25-\frac{1}{2}P$, $P=50-2Q$로 이동한다.
- 2차 판매전략의 이윤극대화조건 $MR=MC$에서 한계수입은 $MR=50-4Q$, 한계비용은 $MC=10$이기에 $50-4Q=10$, $Q=10$이고 이를 다시 바뀐 수요함수에 대입하면 $P=30$이다.

02 효용극대화 정답 ②

(출제 포인트) 효용함수가 $U(X, Y)=X^aY^b$일 때 X재의 수요함수는 $X=\frac{a}{a+b}\cdot\frac{M}{P_X}$, Y재의 수요함수는 $Y=\frac{b}{a+b}\cdot\frac{M}{P_Y}$이다.

(정답)

- 효용함수 $U=XY$는 $C-D$형 함수로 이때 $X=\frac{a}{a+b}\cdot\frac{M}{P_X}$, $Y=\frac{b}{a+b}\cdot\frac{M}{P_Y}$이 성립하기에 X재 수요함수는 $X=\frac{M}{2P_X}$, Y재 수요함수는 $Y=\frac{M}{2P_Y}$이다.
- 그러므로 X재의 가격만 하락하면 X재 구입량은 증가하나 Y재 구입량은 불변이다.

03 최고가격제 정답 ②

(출제 포인트) 수요자보호를 위해 균형가격보다 낮게 설정하는 최고가격제하, 초과수요로 인한 암시장이 발생할 수 있다. 최고가격제로 거래량이 줄고 사회적 잉여도 감소한다.

(정답)

- 수요함수 $Q_D=500-4P$와 공급함수 $Q_S=-100+2P$를 연립하면 $500-4P=-100+2P$, $6P=600$, 균형가격은 $P=100$이고 이를 다시 공급함수에 대입하면 균형거래량은 $Q=100$이다.
  이때, 소비자잉여는 $\triangle(A+B+C)$의 면적이기에
  $1,250\left(=\frac{1}{2}\times100\times25\right)$, 생산자잉여는 $\triangle(D+E+F)$의 면적이기에 $2,500\left(=\frac{1}{2}\times100\times50\right)$이다.
- 가격상한제 실시 후 $P=80$을 수요함수와 공급함수에 대입하면 수요량은 180, 공급량은 60이기에 120단위의 초과수요가 발생한다.
- 이때 공급량이 60이기에 거래량은 60단위이고,
  이때 소비자잉여는 아래 그림에서 확인할 수 있듯이
  $(A+B+D)$의 면적인 $2,250\left(=\frac{1}{2}\times15\times60+30\times60\right)$이고
  생산자잉여는 $\triangle F$의 면적인 $900\left(=\frac{1}{2}\times60\times30\right)$이다.
  즉, 가격상한제가 시행되면 소비자잉여는 1,000만큼 증가하나 생산자잉여는 1,600만큼 감소한다.

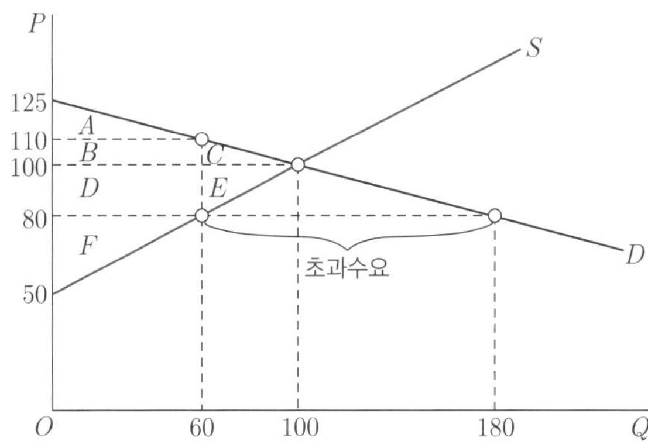

04 완전경쟁시장 정답 ②

출제 포인트 완전경쟁은 $P = AR = MR = MC$이다.

정답

• $w = 4$이기에 단기 총비용함수 $STC = 100 + \frac{wq^2}{200}$을 q에 대해 미분한 단기 한계비용 $SMC = \frac{1}{25}q$이다.

• 완전경쟁기업의 이윤극대화 조건은 $P = MC$이기에 $1 = \frac{1}{25}q$, 단기 공급량은 $q = 25$이다.

05 레온티에프형 효용함수 정답 ①

출제 포인트 레온티에프형 효용함수 $U = \min\left\{\frac{X}{a}, \frac{Y}{b}\right\}$는 $\frac{X}{a} = \frac{Y}{b}$일 때 소비자균형이다.

정답

• 효용함수가 $U = \min\{X, Y\}$이기에 소비자균형에서는 항상 $X = Y$가 성립한다. 이를 예산제약식 $10X + 10Y = 1{,}800$에 대입하면 $20X = 1{,}800$, $X = 90$이다. 소비자균형에서는 $X = Y$가 성립하기에 Y재 구입량도 마찬가지로 90이 된다.

• X재 가격이 8로 하락한 이후에는 예산제약식이 $8X + 10Y = 1{,}800$으로 바뀌게 된다. 예산제약식에 소비자균형 조건 $X = Y$를 대입하면 $18X = 1{,}800$, $X = 100$이다. 소비자균형에서는 $X = Y$가 성립하기에 Y재 구입량도 마찬가지로 100이 된다. 따라서 X재 가격이 8로 하락하면 X재 소비와 Y재 소비는 모두 증가한다(ㄹ).

• 레온티에프 효용함수일 때는 무차별곡선이 L자 형태이다. 무차별곡선이 L자 형태일 때는 대체효과가 0이기에(ㄱ) X재 가격하락에 따른 구입량의 변화는 모두 소득효과에 의한 구입량 변화이다. 따라서 X재와 Y재 소비량의 증가분 10은 모두 소득효과이다(ㄴ).

• 또한 무차별곡선이 꺾어진 점에서는 기울기가 정의되지 않기에 한계대체율 또한 정의되지 않는다(ㄷ).

06 황금률 정답 ③

출제 포인트 1인당 소비가 극대화되는 상태를 자본축적의 황금률이라 하고 $MP_K = n + d + g$에서 달성되며, 황금률에서는 자본소득분배율과 저축률이 같아진다.

정답

솔로우모형의 황금률 균제상태 조건은 $MP_K = n + d + g$이고 인구증가율은 n, 감가상각률은 d, 기술진보율은 g에서 인구증가와 기술진보가 없다면 황금률 조건은 $MP_K = d$이다.

07 유동성함정 정답 ②

출제 포인트 유동성함정하 화폐수요의 이자율탄력성이 무한대로 재정정책의 효과가 극대화된다.

정답

ㄴ, ㄹ. 유동성함정 구간에서는 화폐수요의 이자율탄력성이 무한대이기에 LM곡선은 수평선이다.

오답피하기

ㄱ. 유동성함정 구간에서는 LM곡선은 수평선이나 다른 조건이 주어져 있지 않다면 IS곡선의 형태는 알 수 없다.

ㄷ. 유동성함정 구간에서는 LM곡선이 수평선이고 이로 인해 구축효과가 발생하지 않기에 재정정책의 승수효과는 상쇄되지 않는다.

08 환율 정답 ④

출제 포인트 '실물단위'로 표시한 실질환율은 $\varepsilon = \frac{e \times P_f}{P}$($\varepsilon$: 실질환율, e: 명목환율, P_f: 해외물가, P: 국내물가)이다.

정답

일물일가의 법칙이 성립하면 구매력평가가 성립하기에 원화의 명목환율은 구매력평가 환율과 동일하다.

오답피하기

① 빅맥의 원화가격은 2015년 5,000원에서 2020년 5,400원으로 상승했기에 원화가격 상승률은 $8\%\left(= \frac{5{,}400 - 5{,}000}{5{,}000} \times 100\right)$이다.

② 2015년 빅맥의 원화가격은 5,000원, 달러가격은 5달러이기에 빅맥 1달러당 원화가격은 1,000원이고, 2020년 빅맥의 원화가격은 5,400원, 달러가격은 6달러이기에 빅맥 1달러당 원화가격이 900원이다. 즉, 빅맥 1달러당 원화가격 상승률은 $-10\%\left(= \frac{900 - 1{,}000}{1{,}000} \times 100\right)$이다.

③ 일물일가의 법칙이 성립하면 실질환율은 항상 1이기에 두 기간 사이에 실질환율은 불변이다.

⑤ 일물일가의 법칙이 성립하기에 원화의 가치는 불변이다.

09 환율 정답 ④

출제 포인트 구매력평가설이 성립하면 '환율변화율 = 국내물가상승률 − 해외물가상승률'이고, 이자율평가설이 성립하면 '환율변화율 = 국내이자율 − 해외이자율'이다.

정답

ㄱ. 구매력평가설('환율변화율 = 국내물가상승률 − 해외물가상승률')과 이자율평가설('환율변화율 = 국내이자율 − 해외이자율')이 성립하면, '국내(명목)이자율 − 국내물가상승률 = 해외(명목)이자율 − 해외물가상승률'이기에 양국의 실질이자율은 동일하다.

ㄷ. 이자율평가설이 성립하면 '환율변화율 = 국내이자율 − 해외이자율'이기에 환율변화율 = 3% − 2% = 1%이다. 따라서 원/달러 환율은 1, 010원이 될 것으로 예상된다.

ㄴ. 구매력평가설이 성립하면 '환율변화율 = 국내물가상승률 − 해외물가상승률'이기에 1% = 한국물가상승률 − 2%, 한국물가상승률 $= 3\%$이다.

10 스태그플레이션 정답 ③

(출제 포인트) 총공급감소에 의한 물가상승을 비용인상 인플레이션이라 하고, 물가상승과 경기침체의 스태그플레이션이 나타난다. 예상된 정책의 경우 단기에도 실업률에는 아무런 영향을 미칠 수 없으며, 물가상승만 초래한다. 이를 정책무력성 정리라 한다.

(정답)

정책무력성 정리란 사람들이 합리적으로 기대를 형성하는 경우에는 예상된 정책은 단기적으로도 효과를 나타낼 수 없음을 설명하는 정리이다. 그러므로 정책무력성 정리는 공급충격에 의한 스태그플레이션과는 무관하다.

(오답피하기)

① 양(+)의 총수요충격이 발생하면 실질GDP가 증가하고 물가가 상승하는 반면 음(−)의 총수요충격이 발생하면 실질GDP가 감소하고 물가가 하락한다. 그러므로 총수요충격으로 경기변동이 발생할 때 물가는 경기순행적으로 움직인다.

② 양(+)의 총공급충격이 발생하면 실질GDP가 증가하고 물가가 하락하는 반면 음(−)의 총공급충격이 발생하면 실질GDP가 감소하고 물가가 상승한다. 그러므로 총공급충격으로 경기변동이 발생할 때 물가는 경기역행적으로 움직임을 보이게 된다.

④ 음(−)의 총공급충격이 발생하여 총공급곡선이 왼쪽으로 이동하면 실질GDP가 감소하고 물가가 상승하게 되는데, 임금이 하방경직적이면 실업이 존재하더라도 임금이 하락하지 않기에 경기침체가 상당기간 지속될 수 있다. 다시 말해, 거시경제의 불균형이 지속될 수 있다.

⑤ 기술진보로 인한 총공급 충격이 발생하면 노동수요가 증가하여 노동수요곡선이 우측 이동하기에 자연실업률 수준을 하락시킬 수 있다.

07회 2019 감정평가사(1)

정답

p.102

01	④ 미시	02	④ 미시	03	③ 미시	04	② 미시	05	② 미시
06	④ 국제	07	③ 거시	08	③ 국제	09	④ 거시	10	④ 거시

01 가격탄력성 정답 ④

출제 포인트 공급곡선이 원점을 지나는 우상향의 직선일 때 모든 점에서 공급의 가격탄력성은 1이다.

정답

ㄷ. 상품의 저장에 드는 비용이 클수록 저장된 상품의 양이 감소하기에 가격의 변화에 탄력적으로 대응하지 못한다.

ㄹ. 공급곡선이 원점을 지나는 우상향의 직선일 때 가격탄력성은 항상 1이다.

오답피하기

ㄱ. 대체재를 쉽게 찾을 수 있을수록 가격이 상승하면 다른 상품으로 대체하기 쉽기에 수요의 가격탄력성은 커진다.

ㄴ. 수요곡선이 수직선일 때 가격탄력성은 항상 0, 직각쌍곡선일 때 항상 1, 우하향하는 직선일 때 가격이 높을수록 가격탄력성은 커진다.

02 레온티에프형 효용함수 정답 ④

출제 포인트 레온티에프형 효용함수 $U = \min\left\{\frac{X}{a}, \frac{Y}{b}\right\}$는 $\frac{X}{a} = \frac{Y}{b}$일 때 소비자균형이다.

정답

- 효용함수 $U = \min\{X + 2Y, 2X + Y\}$는 레온티에프형 효용함수로 소비자균형에서 $2X + Y = X + 2Y$, $X = Y$선상에서 꺾어진 형태이다.
- 이때, $2X + Y > X + 2Y$, $X > Y$이면 효용함수는 $U = X + 2Y$, $Y = -\frac{1}{2}X + \frac{1}{2}U$이기에 무차별곡선은 기울기가 $\frac{1}{2}$인 우하향의 직선이고 $2X + Y < X + 2Y$, $X < Y$이면 효용함수는 $U = 2X + Y$, $Y = -2X + U$이기에 무차별곡선의 기울기가 2인 우하향의 직선이다.

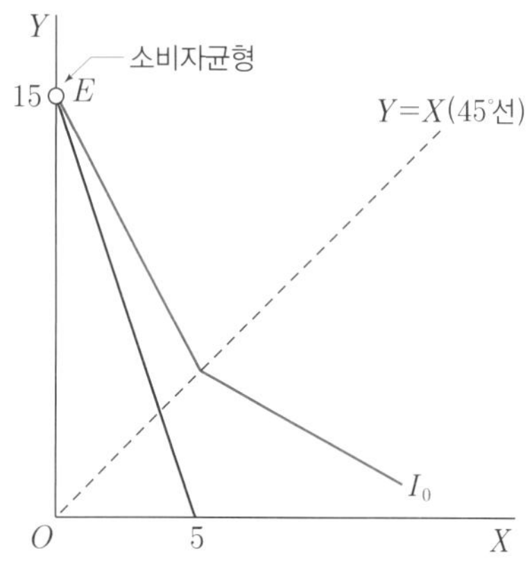

- 효용극대화는 무차별곡선과 예산선이 접하는 지점에서 이루어지고 X재 가격은 30, Y재 가격은 10원이기에 $\frac{P_X}{P_Y} = 3$이고 무차별곡선이 예산선보다 완만하기에 소비자는 그림과 같이 Y재만 구입한다. 즉, Y재 소비량은 15단위이다.

03 현시선호이론 정답 ③

출제 포인트 재화묶음 Q_0가 Q_1보다 직접 현시선호되면 Q_1이 Q_0보다 직접 현시선호될 수 없다는 것이 약공리로, 재화묶음이 2개인 경우 소비행위의 일관성을 보장한다.

정답

- 제1기 가격 $P_1 = (3, 6)$일 때 $Q_1 = (3, 5)$를 구입하였고, 제2기 가격 $P_2 = (P_X, P_Y)$일 때 $Q_2 = (6, 3)$을 구입하였기에 $P_1Q_1 = (3 \times 3) + (6 \times 5) = 39$이고, $P_1Q_2 = (3 \times 6) + (6 \times 3) = 36$이다. 이는 제1기에 Q_2를 구입할 수 있었음에도 불구하고 Q_1을 구입하였음을 의미한다.
- 제1기에 재화묶음 Q_1과 Q_2를 둘 다 구입할 수 있을 때 Q_1을 구입하였기에 제2기에 가격체계가 변경되어 구입하는 재화묶음이 Q_1에서 Q_2로 바뀐 경우 소비자선호가 약공리를 충족하려면 제2기에는 Q_1이 구입불가능해야 한다. 즉, $P_2Q_1 > P_2Q_2$이 성립해야 한다.
- $P_2Q_1 = (P_X \times 3) + (P_Y \times 5) = 3P_X + 5P_Y$이고, $P_2Q_2 = (P_X \times 6) + (P_Y \times 3) = 6P_X + 3P_Y$이기에 $P_2Q_1 > P_2Q_2$로 두면 $3P_X + 5P_Y > 6P_X + 3P_Y$, $2P_Y > 3P_X$이다. 그러므로 $3P_X < 2P_Y$가 성립해야 약공리가 충족된다.

04 한계생산량 정답 ②

출제 포인트 가변요소를 한 단위 추가 투입시 총생산물의 증가분을 한계생산량이라 한다.

정답

- 생산함수는 레온티에프형 함수인 $Q = \min\{L, 3K\}$이고 $L = 10$, $K = 5$이기에 $Q = \min\{L, 3K\} = L$이다.
- 이때, 노동이 1단위 증가하면 생산량은 1단위 증가하기에 $MP_L = 1$이고, 자본이 1단위 더 증가하더라도 생산량은 불변이기에 $MP_K = 0$이다.

05 기술진보 정답 ②

출제 포인트 생산자가 동일한 양의 재화를 생산할 수 있는 L과 K의 조합을 연결한 곡선이 등량곡선으로 기술진보가 이루어지면 등량곡선은 원점에 가까워진다.

정답

ㄱ, ㄷ. 기술진보의 유형에 관계없이 기술진보가 일어나면 생산에 필요한 비용이 감소하기에 평균비용곡선과 한계비용곡선이 모두 하방 이동한다.

오답피하기

ㄴ. 기술진보가 일어나면 생산에 필요한 비용이 감소하기에 등량곡선은 원점에 가까워진다.

ㄹ. 중립적 기술진보가 이루어지면 노동과 자본의 한계생산물이 동일한 비율로 증가한다.

06 이자율평가설 정답 ④

출제 포인트 금융시장에서 일물일가의 법칙을 전제로, 국가 간 완전자본 이동이 보장될 때 국내투자수익률과 해외투자수익률이 동일해야 한다는 것이 이자율평가설로, 환율변화율 = 국내이자율 − 해외이자율이다. 또한 해외투자의 예상수익률 = 해외이자율 + 환율의 예상상승률이다.

정답

- 무위험 이자율평가설에 따르면 '환율변화율 = 국내이자율 − 해외이자율'이기에 환율변화율 $= 5 - 2.5 = 2.5$이다. 즉, 선물환율은 1,200원 $\times\ 2.5\% = 1{,}230$원이다.
- 유위험 이자율평가설에 따르면 '국내환율 × 국내이자율 = 선물환율 × 해외이자율'이기에 선물환율 = (국내환율 × 국내이자율)/해외이자율 = (1,200원 × 5%)/2.5% = 1,230원이다.

07 총수요곡선 정답 ③

출제 포인트 소비증가, 투자증가, 정부지출증가, 수출증가, 수입감소, 조세감소로 IS곡선은 우측으로 이동하고, 통화량증가, 화폐수요감소로 LM곡선은 우측으로 이동하여 AD곡선은 우측으로 이동한다.

정답

ㄴ. 국내이자율이 하락하면 투자가 증가하기에 총수요는 증가한다.

ㄷ. 무역 상대국의 소득이 증가하면 상대국의 수출재소비가 증가하여 순수출이 증가하기에 총수요는 증가한다.

오답피하기

ㄱ, ㄹ. 정부지출이 감소하거나 소득세가 인상되면 총수요는 감소한다.

08 환율 정답 ③

출제 포인트 '실물단위'로 표시한 실질환율은 $\varepsilon = \frac{e \times P_f}{P}$ (ε: 실질환율, e: 명목환율, P_f: 해외물가, P: 국내물가)이기에, 이를 변형하면 실질환율변화율 = 명목환율변화율 + 해외물가상승률 − 국내물가상승률이다.

정답

실질환율$\left(\varepsilon = \frac{e \times P_f}{P}\right)$을 증가율 형태로 변형하면 '실질환율변화율 = 명목환율변화율 + 해외물가상승률 − 국내물가상승률'이고 명목환율변화율은 $5\%\left(= \frac{1{,}260 - 1{,}200}{1{,}200}\right) \times 100$이기에 실질환율변화율은 $5\% + 6\% - 4\% = 7\%$이다.

09 국민소득결정모형 정답 ④

출제 포인트 국내총소득(GDI) = GDP + 교역조건 변화에 따른 실질무역손익, 국민총소득(GNI) = GDI + 국외순수취 요소소득, 처분가능소득 = GNI − 감가상각 − 사내유보이윤이다.

정답

국내총생산(1,000)과 교역조건 변화에 따른 실질무역 손익(50)을 합한 국내총소득(GDI)은 1,050이고, 국내총소득(1,050)에 국외순수취 요소소득(20)을 합한 국민총소득(GNI)은 1,070이기에 국민총소득(GNI)에서 감가상각(10)과 가계에 지급되지 않고 기업에 남아 있는 사내유보이윤(10)을 뺀 처분가능소득은 1,050이다.

10 국민소득결정모형 정답 ④

출제 포인트 $Y = C + I + G + X - M$에서 $Y - C - G = I + X - M$이고, $Y - T - C$(민간저축) $+ T - G$(정부저축) $= I + X - M$, 즉, $S_P + S_G = I + X - M$이다.

정답

- 국민소득 항등식은 $Y = C + I + G + X - M$이고 정부재정은 균형으로 $G = T$이기에
- $Y = 150 + 0.5(Y - 0.2Y) + 200 + 0.2Y + 100 - 50$
  $Y = 150 + 0.4Y + 200 + 0.2Y + 100 - 50$
  $0.4Y = 400$, $Y = 1{,}000$이다.
- 이때, 국민소득 항등식을 변형하면
  $Y - T - C$(민간저축) $+ T - G$(정부저축) $= I + X - M$이기에
  민간저축은 $Y - T - C = 1{,}000 - 200 - 550 = 250$이다.

08회 2019 감정평가사(2)

정답

p.105

01	④ 미시	02	② 미시	03	④ 미시	04	② 미시	05	① 미시
06	④ 미시	07	④ 거시	08	③ 거시	09	① 거시	10	③ 거시

01 독점시장 정답 ④

출제 포인트 독점기업은 $MR = MC$에서 생산량을 결정하고, $MR = MC$의 위에 있는 수요곡선상의 점에서 가격이 결정된다. 즉, $P = AR > MR = MC$이다.

정답

- 독점시장의 이윤극대화 조건은 $MR = MC$이고 수요곡선은 $P = 500 - 2Q$, 한계수입은 $MR = 500 - 4Q$, 한계비용은 $MC = 100$이기에 $MR = MC$, $500 - 4Q = 100$, $Q = 100$이다.
- 이때, 이윤극대화 생산량이 20단위 증가하였기에 $Q = 120$을 $MR = MC$에 대입하면 $MC = 500 - 480 = 20$이다. 즉, 한계비용은 80만큼 하락하였다.

02 시장점유율 극대화 정답 ②

출제 포인트 완전경쟁시장하 손실을 보지 않는 범위 내에서 시장점유율을 극대화하려면 균형가격은 평균비용과 동일해진다.

정답

- 기업 B는 손실을 보지 않는 범위 내에서 시장점유율을 극대화하려 하기에 기업A가 설정하는 가격보다 낮은 가격을 설정한다. 이때, 기업 A와 B는 동일한 재화를 생산하기에 기업 A의 판매량은 0이 되고 이로 인해 기업 A는 기업 B가 설정한 가격으로 가격을 낮춘다.
- 결국 두 기업은 이윤이 0이 되는 수준까지 가격을 낮추기에 균형에서 두 기업의 이윤은 모두 0이다.

오답피하기

①, ④, ⑤ 균형가격은 평균비용과 동일한 c로 낮아지기에 두 기업의 생산량은 동일하다.

③ 두 기업의 이윤은 모두 0이다.

03 비용곡선 정답 ④

출제 포인트 평균비용은 단기 총비용에서 원점으로 그은 직선의 기울기로 측정되고 한계비용은 총비용을 미분한 값으로 총비용곡선상 접선의 기울기로 구한다.

정답

ㄴ. 고정비용은 생산량과 무관하게 항상 일정한 상수의 값을 가지기에 비용함수를 Q에 대해 미분한 한계비용곡선에 영향을 주지 않는다.

ㄹ. 평균비용곡선은 평균가변비용곡선과 평균고정비용곡선의 합으로 평균가변비용곡선은 U자 형태, 평균고정비용곡선은 직각쌍곡선이기에 평균비용곡선은 최저점이 평균가변비용곡선의 최저점보다 우측에 위치한 U자 형태이다.
즉, 생산량이 증가할 때 평균비용이 증가하면 평균가변비용도 증가한다.

오답피하기

ㄱ. 평균비용은 원점에서 총비용곡선상의 각 점까지의 기울기이다.

ㄷ. 평균비용은 평균가변비용과 평균고정비용의 합이고 평균고정비용은 생산량이 증가함에 따라 감소하기에 생산량이 증가함에 따라 평균비용과 평균가변비용곡선 간의 차이는 작아진다.

04 보상수요곡선 정답 ②

출제 포인트 대체효과만을 고려한 수요곡선을 보상수요곡선이라 한다.

정답

기펜재의 소득효과는 절댓값이 대체효과보다 크고 (+)의 값을 가지지만 보상수요곡선은 재화의 종류에 관계없이 대체효과만을 반영하고 대체효과는 항상 (−)의 값을 가지기에 항상 우하향한다.

오답피하기

① 통상적인 수요곡선은 가격효과에서 도출된 수요곡선이고, 보상수요곡선은 대체효과만을 고려하여 도출된 수요곡선이다.

③ 보상수요곡선상의 모든 점은 소비자의 효용이 동일하다. 따라서 소비자가 교환을 통해 얻는 이득의 크기인 소비자잉여(consumer surplus)는 통상적인 수요곡선이 아니라 보상수요곡선을 통해 보다 정확한 측정이 가능하다.

④ 무차별곡선이 L자 형태이면 대체효과가 0이기에 보상수요곡선이 수직선으로 도출된다.

⑤ 통상적 수요는 대체효과와 소득효과의 합인 가격효과를 반영한 수요이기에 소득효과가 0이면 보상수요와 통상적 수요는 일치한다.

05 경제적 지대 정답 ①

출제 포인트 요소공급자의 소득 중 이전수입을 초과하는 부분을 경제적 지대라 하고, 요소공급곡선 상방의 면적으로 측정되며 요소공급자의 잉여에 해당한다.

정답

ㄱ. 경제적 지대(economic rent)는 총수입에서 생산요소의 공급자가 받고자 하는 최소한의 금액인 이전수입(transfer earning)을 뺀 값으로 공급이 제한된 생산요소가 추가적으로 얻는 보수를 의미한다.

ㄴ. 요소공급이 독점적일수록 경제적 지대는 증가한다. 즉, 유명 연예인이나 운동선수는 그 수가 제한적이기에 높은 소득을 받는다.

오답피하기

ㄷ. 생산요소의 공급자가 받고자 하는 최소한의 금액은 이전수입이다.

ㄹ. 비용불변산업은 요소공급곡선이 수평선이기에 경제적 지대는 0이다.

06 2기간모형 정답 ④

출제 포인트 이자율상승시 차입자의 저축은 대체효과(이자율↑ → 현재소비의 기회비용↑ → 현재소비↓ → 저축↑)와 소득효과(이자율↑ → 실질소득↓ → 현재소비↓ → 저축↑)에 따라 증가한다.

정답

ㄱ. 대체효과는 항상 (−)의 값을 가지기에 실질이자율이 상승하면 현재소비의 기회비용은 증가하고 현재소비는 감소(저축은 증가)하기에 미래소비는 증가한다. 이때, 대부자의 경우 실질이자율이 증가하면 실질소득이 증가하기에 현재소비와 미래소비는 모두 증가한다.

ㄷ. 대체효과는 항상 (−)의 값을 가지기에 실질이자율이 상승하면 현재소비의 기회비용은 증가하고 현재소비는 감소(저축은 증가)한다. 이때, 차입자의 경우 실질이자율이 증가하면 실질소득이 감소하기에 현재소비는 감소한다.

ㄹ. 차입제약에 구속된 소비자는 미래소득이 증가하여도 미래소득을 현재소비에 사용할 수 없기에 현재소비는 변하지 않는다.

오답피하기

ㄴ. 대체효과는 항상 (−)의 값을 가지기에 실질이자율이 하락하면 현재소비의 기회비용은 감소하고(현재소비는 증가) 저축은 감소하기에 미래소비는 감소한다. 이때, 대부자의 경우 실질이자율이 감소하면 실질소득이 감소하기에 현재소비와 미래소비는 모두 감소(저축은 증가)한다. 따라서 실질이자율이 하락하면, 현재 대부자인 소비자는 대체효과에 의해 현재저축이 감소하고 소득효과에 의해 현재저축이 증가하기에 현재저축의 증감 여부는 불분명하다.

07 성장회계 정답 ④

출제 포인트 경제성장의 요인을 요인별로 분석해 보는 것을 성장회계라 하고, $Y=AK^{\alpha}L^{1-\alpha}$에서 $\frac{\Delta Y}{Y}=\frac{\Delta A}{A}+\alpha\frac{\Delta K}{K}+(1-\alpha)\frac{\Delta L}{L}$로 나타낸다.

정답

ㄱ. 총생산함수 $Y=AK^{0.4}L^{0.6}$은 1차 $C-D$형 함수이기에 생산의 자본탄력성은 0.4, 노동탄력성은 0.6으로 일정하다.

ㄴ. 총생산함수 $Y=AK^{0.4}L^{0.6}$을 L에 대해 미분한 노동의 한계생산은 $MP_L=0.6K^{0.4}L^{-0.4}=0.6A\left(\frac{K}{L}\right)^{0.4}$, $MP_L=0.6Ak^{0.4}$이고 이를 증가율로 나타내면 $\frac{\Delta A}{A}+0.4\left(\frac{\Delta k}{k}\right)$이기에 A가 3%증가하면, 노동의 한계생산도 3%증가한다.

ㄹ. 총생산함수를 1인당 생산함수로 바꾼 $y=Ak^{0.4}$를 증가율로 나타내면 $\frac{\Delta y}{y}=\frac{\Delta A}{A}+0.4\left(\frac{\Delta k}{k}\right)$이다. 이때, 인구가 2% 감소하면 1인당 자본량은 2% 증가하기에 1인당 자본량 증가율은 $\frac{\Delta k}{k}=2\%$, A가 2% 증가하면 $\frac{\Delta A}{A}=2\%$이기에 1인당 생산량 증가율은 $\frac{\Delta y}{y}=2\%+(0.4\times2\%)=2.8\%$이다.

오답피하기

ㄷ. 노동의 한계생산은 $MP_L=0.6AK^{0.4}L^{-0.4}=0.6A\left(\frac{K}{L}\right)^{0.4}$, $MP_L=0.6Ak^{0.4}$이고, 이를 증가율로 나타내면 $\frac{\Delta A}{A}+0.4\left(\frac{\Delta k}{k}\right)$이기에 1인당 자본량이 2% 증가하면 노동의 한계생산은 $0.4\times2\%=0.8\%$ 증가한다.

08 물가지수 정답 ③

출제 포인트 기준시점의 물가를 100으로 하여 비교시점의 물가변동 정도를 백분율로 표시한 것이 물가지수로, 화폐의 구매력(화폐의 구매력 $=\frac{1}{\text{물가지수}}\times100$)을 측정하고 경기판단지표로 활용된다.

정답

2018년의 물가지수는 120으로 2000년의 물가지수 40의 3배이기에 2000년 연봉 1,000만 원을 2018년 기준으로 환산하면 3,000만 원이다.

09 세후 실질이자율 정답 ①

출제 포인트 세후 명목이자율은 명목이자소득에서 명목이자소득에 부과된 세금을 뺀 금액이다.

정답

- 피셔방정식에 따르면 '명목이자율 = 인플레이션율 + 실질이자율'이기에 甲국의 세전 명목이자율은 4%, 乙국의 세전 명목이자율은 12%이다.
- 이때, 명목이자소득에 대해 각각 25%의 세금이 부과되면 甲국과 乙국의 세후 명목이자율은 각각 3%, 9%이다.
- 이를 다시 피셔방정식에 대입하면 양국의 세후 실질이자율은 각각 3%, 1%이다.

10 리카르도 등가정리 정답 ③

(출제 포인트) 정부지출재원을 국채를 통하든 조세를 통하든 국민소득은 전혀 증가하지 않는다는 것을 리카르도 등가정리라 한다. 즉, 국채를 미래조세를 통해 상환해야 할 부채로 인식하기에 소비를 줄이고 저축을 늘리면 국채발행도 조세처럼 소비감소를 유발한다.

(정답)

ㄷ. 리카르도의 등가정리는 정부지출이 일정하게 유지된다는 전제하에서 재원조달에 대해서만 초점을 맞춘다. 그리고 정부가 국채를 발행하여 재원을 조달하면 만기에는 국채를 상환할 것이기에 장기적으로 정부는 균형재정을 유지하는 것으로 가정한다.

ㄹ. 리카르도 등가정리에 의하면 경제주체는 '합리적 기대'에 따라 행동하기에 정부의 국채발행으로 인한 감세를 미래의 부채로 인식하기에 소비는 증가하지 않고 오히려 저축을 증가시킨다.

(오답피하기)

ㄱ. 유동성 제약이 있는 경우 현재 소비자는 저축과 차입이 자유롭지 않게 되기에 리카르도 등가정리는 성립하지 않는다.

ㄴ. 리카르도 등가정리가 성립하기 위해서는 경제활동인구증가율이 0이 되어야 한다.

09회 2018 감정평가사(1)

정답 p.108

01	④ 미시	02	④ 미시	03	③ 미시	04	① 미시	05	① 미시
06	④ 거시	07	④ 거시	08	② 미시	09	① 거시	10	④ 거시

01 가격차별 정답 ④

출제 포인트 각 단위의 재화에 대하여 소비자들이 지불할 용의가 있는 최대금액을 가격으로 설정하는 것이 제1급 가격차별이고, 재화구입량에 따라 각각 다른 가격을 설정하는 것이 제2급 가격차별이며, 시장을 몇 개로 분할하여 각 시장에서 서로 다른 가격을 설정하는 것이 제3급 가격차별이다.

정답

주간 근무자보다 야간 근무자에게 더 높은 수당을 지급하는 것은 근무여건의 차이에 따라 서로 다른 임금을 지급하는 것인 보상격차의 사례이다.

오답피하기

① 시간을 나누어 각 시간별 다른 가격을 설정하는 것은 제3급 가격차별에 해당한다.

② 소비자들을 몇 개의 그룹으로 나누어 다른 가격을 부과하는 것은 제3급 가격차별에 해당한다.

③, ⑤ 시장을 분할하여 각 시장에서 서로 다른 가격을 설정하는 3급 가격차별에 해당한다.

02 완전경쟁시장 정답 ④

출제 포인트 완전경쟁에서 P가 고정된 상수이기에 $TR(=PQ)$은 원점을 지나는 직선이고, $AR\left(=\frac{TR}{Q}=\frac{PQ}{Q}=P\right)$은 수평선이며, $MR\left(=\frac{\Delta TR}{\Delta Q}=\frac{P\Delta Q}{\Delta Q}=P\right)$은 수평선이다.

즉, P(고정된 상수) $=AR=MR$이다.

정답

완전경쟁시장에서 장기 균형은 장기 평균비용의 최저점에서 이루어진다.

오답피하기

①, ②, ③, ⑤ 완전경쟁시장의 이윤극대화 조건은 $P=MC$이고 장기균형은 장기평균비용의 최저점에서 이루어지기에 장기에는 $P=MR=LAC=LMC$가 성립하고, 개별기업의 이윤은 0이다.

03 레온티에프형 효용함수 정답 ③

출제 포인트 레온티에프형 효용함수 $U=\min\left\{\frac{X}{a}, \frac{Y}{b}\right\}$는 $\frac{X}{a}=\frac{Y}{b}$일 때 소비자균형이다.

정답

ㄱ, ㄴ. 생산함수 $Q=\min\{L, K\}$는 레온티에프형 함수로 생산요소들은 서로 완전보완관계이기에 대체탄력성이 0이다.

오답피하기

ㄷ. 생산함수 $Q=\min\{L, K\}$는 레온티에프형 함수로 생산자균형에서는 $Q=L=K$이기에 비용함수 $C=wL+rK$는 $C=wQ+rQ=(w+r)Q$이다.

04 2기간모형 정답 ①

출제 포인트 예산선의 기울기와 무차별곡선의 접선의 기울기의 절댓값이 같을 때 소비자균형점은 달성된다.

정답

- 효용함수가 $C-D$형 함수인 $U(C_1, C_2)=C_1C_2^2$이기에 현재소비와 미래소비 간의 한계대체율은 $MRS_{C_1C_2}=\frac{C_2}{2C_1}$이고 2기간모형에서 예산선의 기울기는 $1+r$이다.
- 소비자균형의 조건은 무차별곡선과 예산선이 접하는 $MRS_{C_1C_2}=(1+r)$이기에 $\frac{C_2}{2C_1}=1.1$, $C_2=2.2C_1$이다.
- 이때, 두 기간 모형의 예산제약식은 $Y_1+\frac{Y_2}{1+r}=C_1+\frac{C_2}{1+r}$이고 1기 소득은 $Y_1=3{,}000$, 2기 소득은 $Y_2=3{,}300$, 이자율은 $r=0.1$이기에 $3{,}000+\frac{3{,}300}{1.1}=C_1+\frac{C_2}{1.1}$, $1.1C_1+C_2=6{,}600$이고 $C_2=2.2C_1$이기에 $3.3C_1=6{,}600$, $C_1=2{,}000$이다.
- 즉, 현재소득은 $Y=3{,}000$이고 현재소비는 $C_1=2{,}000$이기에 1기 저축은 1,000이다.

05 생산함수 정답 ①

출제 포인트 모든 요소투입량이 k배 증가하면 생산량이 k배보다 크게 증가하는 것을 규모에 대한 수익체증이라 한다.

정답

- 생산함수 $Q=2L^2+2K^2$에서 L과 K를 모두 t배하면 $2(tL)^2+2(tK)^2=t^2(2L^2+2K^2)=t^2Q$로 생산물은 t^2배 증가하기에 규모 수익 체증이다.
- 생산함수 $Q=2L^2+2K^2$을 L에 대해 미분하면 노동의 한계생산물은 $MP_L=4L$이다.

06 경제성장이론 정답 ④

출제 포인트 요소대체가 가능한 1차동차 생산함수와 요소가격의 신축적 조정을 가정하는 솔로우모형은 경제의 안정적 성장을 설명하였다.

정답

솔로우모형의 균제상태 조건은 자본증가율$\left(\frac{sf(k)}{k}\right)$과 인구증가율$(n)$이 동일할 때인 $\frac{sf(k)}{k}=n$이다.

오답피하기

① 내생적 성장이론모형에서는 기술진보율이 내생적인 요인에 의해 결정되는 것으로 설명한다. 또한 가장 대표적인 내생적 성장이론모형인 AK모형에서의 경제성장률은 sA이기에 경제성장률은 저축률(s)과 총요소생산성(A)의 곱으로 결정된다. 즉, 내생적 성장이론의 경제성장률이 항상 기술진보율과 일치하지는 않는다.

② 솔로우모형에서의 자본축적의 황금률은 1인당 소비가 극대가 되는 균제상태이다.

③ 솔로우모형에서는 인구증가율이 감소하면 1인당 자본량 $\frac{K}{L}$이 증가하기에 1인당 소득은 증가한다.

⑤ 내생적 성장이론에 따르면 경제성장률은 각국의 내생적 요인에 의해 결정되기에 수렴가설은 성립하지 않는다.

07 성장회계 정답 ④

출제 포인트 경제성장의 요인을 요인별로 분석해 보는 것을 성장회계라 하고, $Y=AK^{\alpha}L^{1-\alpha}$에서 $\frac{\Delta Y}{Y}=\frac{\Delta A}{A}+\alpha\frac{\Delta K}{K}+(1-\alpha)\frac{\Delta L}{L}$로 나타낸다. 이때 $\frac{\Delta A}{A}$를 총요소생산성증가율이라 한다.

정답

ㄱ, ㄴ. 생산함수 $Y=AL^{\frac{2}{3}}K^{\frac{1}{3}}$은 1차동차 함수이기에 규모에 대한 수익 불변이고, L의 지수 값이 $\frac{2}{3}$이기에 노동소득분배율은 $\frac{2}{3}$이다.

ㄷ. 생산함수 $Y=AL^{\frac{2}{3}}K^{\frac{1}{3}}$을 증가율 형태로 나타낸 $\frac{\Delta Y}{Y}=\frac{\Delta A}{A}+\frac{2}{3}\times\frac{\Delta L}{L}+\frac{1}{3}\times\frac{\Delta K}{K}$에서 L, K, A가 각각 3%증가했기에 경제성장률은 $3\%+2\%+1\%=6\%$이다.

08 기대효용이론 정답 ②

출제 포인트 위험기피자는 효용함수가 아래로 오목하고, 위험중립자는 효용함수가 직선의 형태이며 위험애호자는 효용함수가 아래로 볼록하다.

정답

- 수익률표준편차는 위험으로 인식되고, 위험은 위험기피자에게 효용이 0보다 작은 비재화이기에 위험이 커질 때 동일한 효용이 유지되려면 기대수익이 증가해야 한다. 즉, 무차별곡선은 우상향의 형태이다.
- 수익률표준편차는 위험으로 인식되고, 위험은 위험애호자에게 효용이 0보다 큰 재화이기에 위험이 커질 때 동일한 효용이 유지되려면 기대수익이 감소해야 한다. 즉, 무차별곡선은 우하향의 형태이다.
- 위험중립자의 효용은 위험의 크기에 관계없이 오로지 기대수익에 의해서만 결정되기에 위험중립자에게 있어서는 위험은 중립재이다. 즉, 위험중립자의 무차별곡선은 수평선의 형태이다.

09 AD-AS모형 정답 ①

출제 포인트 노동자의 과도한 임금인상, 기업의 이윤인상, 석유파동 등 공급충격으로 총공급감소에 의한 물가상승을 비용인상 인플레이션이라 한다.

정답

확장적 통화정책을 실시하면 LM곡선이 오른쪽으로 이동하여 총수요곡선이 우측으로 이동하기에 국민소득은 증가한다.

오답피하기

②, ③ 음(−)의 총공급충격이 발생하면 단기 총공급곡선이 왼쪽으로 이동하기에 물가가 상승하고 국민소득이 감소하기에 스태그플레이션이 발생한다.

④, ⑤ 확장적 재정 혹은 통화정책을 실시하면 AD곡선이 우측 이동하기에 물가는 상승하고 국민소득은 증가한다. 반대로 긴축적 재정 혹은 통화정책을 실시하면 AD곡선이 좌측 이동하기에 물가는 하락하고 국민소득은 감소한다. 즉, 물가 하락과 국민소득 증가를 동시에 달성할 수 없다.

10 경기안정화 정책 정답 ④

출제 포인트 정부지출증가가 이자율을 상승시켜 민간투자를 감소시키는 효과를 구축효과라 하고, 투자의 이자율탄력성이 클수록, 화폐수요의 이자율탄력성이 작을수록 구축효과는 커진다.

정답

정액세가 존재할 때 정부지출승수는 $\frac{1}{1-c}$이고 비례세가 존재할 때 정부지출승수는 $\frac{1}{1-c(1-t)}$로 비례세가 있을 때의 정부지출승수가 더 작기에 정액세일 경우에 정부지출의 국민소득 증대효과는 크게 나타난다.

오답피하기

① 구축효과는 재정지출이 증가할 때, IS곡선이 우측 이동하여 이자율의 상승으로 인한 민간소비와 투자의 감소로 인해 발생하기에 이자율이 상승하지 않으면 구축효과는 발생하지 않는다.

② 구축효과는 LM곡선의 기울기가 클 때 크게 나타나고 투자의 이자율탄력성이 탄력적일수록 IS곡선의 기울기는 작기에 구축효과는 더 크게 나타난다.

③ 한계소비성향이 클수록 정부지출승수가 커지기에 재정지출의 효과는 크게 나타난다.

⑤ 소득이 증가할 때 수입재 수요가 크게 증가하면 국내 제품의 수요가 적게 증가하기에 국민소득 증대효과는 작게 나타난다.

10회 2018 감정평가사(2)

정답

p.111

01	④ 미시	02	② 미시	03	② 미시	04	③ 미시	05	④ 미시
06	① 거시	07	④ 거시	08	③ 거시	09	④ 미시	10	① 국제

01 노동시장 정답 ④

출제 포인트 최저임금으로 노동의 초과공급, 즉, 실업이 발생할 수 있다.

정답

인구감소로 노동자시장에 참여하는 사람들의 수가 감소하면 노동공급이 감소하고, 균형임금보다 높은 임금에서 최저임금제가 실시되면 노동시장에서 초과공급이 발생한다.

02 탄력성 정답 ②

출제 포인트 수요곡선이 수직선일 때는 가격변화율과 판매수입변화율이 같은 경우(정량구매)이고, 직각쌍곡선일 때는 가격변화에도 판매수입이 불변(정액구매)이다.

정답

- 항상 같은 금액을 지불하는 휘발유의 소비자들은 정액구매를 하고, 항상 같은 양을 구입하는 경유의 소비자들은 정량구매를 한다.
- 정액구매를 하는 경우 가격탄력성은 단위탄력적인 1로 수요함수는 우하향하는 직각쌍곡선이기에 휘발유의 공급이 감소하면 휘발유의 균형가격은 상승한다.
- 정량구매를 하는 경우 가격탄력성은 완전비탄력적인 0으로 수요함수는 수직선이기에 경유의 공급이 증가하면 경유의 균형가격은 하락한다.

03 비용곡선 정답 ②

출제 포인트 한계비용이 평균비용보다 크면 평균비용은 증가하고, 한계비용이 평균비용보다 작으면 평균비용은 감소한다.

정답

평균비용곡선은 U자 형태이고 한계비용곡선은 평균비용곡선의 최저점을 지나 우상향하기에 총평균비용이 하락할 때 한계비용은 총평균비용보다 작다.

오답피하기

① 원점과 총비용곡선상의 한 점까지 연결한 직선의 기울기인 총평균비용곡선은 감소하다가 증가하기에 U자 모양을 가진다.

③ 생산량이 0일 때, 총고정비용이 0 이상의 상수이기에 총고정비용을 생산량으로 나눈 평균고정비용은 직각쌍곡선의 모양을 가진다.

④ 총평균비용은 총평균가변비용과 총평균고정비용의 합이고 총평균비용곡선은 U자 형태, 총평균고정비용은 직각쌍곡선으로 총평균가변비용은 최저점이 총평균비용의 최저점보다 왼쪽에 있는 U자 형태이다. 이때, 한계비용곡선은 총평균가변비용의 최저점과 총평균비용의 최저점을 지나 우상향한다.

⑤ 한계비용과 한계생산은 반비례의 관계를 갖기에 한계생산이 체감할 때 총비용곡선의 기울기인 한계비용은 증가한다.

04 여가소득모형 정답 ③

출제 포인트 소비자균형은 무차별곡선과 예산선이 접하는 '$MRS_{XY}=$ 예산선의 기울기'일 때 성립한다.

정답

- 효용함수는 $C-D$형 함수인 $U=\sqrt{LF}$이기에 한계대체율은 $MRS_{LF}=\frac{MU_L}{MU_F}=\frac{F}{L}$이고, 소비자는 유일한 소득원인 노동을 통해 얻은 소득을 모두 가격이 2,500원인 식품을 구입하는 데 사용하기에 예산제약은 $2{,}500F=10{,}000(24-L)$, $F=4(24-L)$이다.
- 소비자균형에서는 무차별곡선과 예산선이 접하기에 $\frac{F}{L}=4$이고 이를 예산제약식 $F=4(24-L)$과 연립하면 풀면 $L=12$, $F=48$이다.

05 무차별곡선 정답 ④

출제 포인트 레온티에프형 효용함수는 $X+2Y>2X+Y$인 경우와 $X+2Y=2X+Y$인 경우, 그리고 $X+2Y<2X+Y$인 경우로 나누어 놓고 각 경우의 무차별함수를 구하면 된다.

정답

- 효용함수는 레온티에프형 함수인 $U=\min\{X+2Y, 2X+Y\}$이고 소비자균형에서 $X+2Y=2X+Y$, $Y=X$이기에 무차별곡선은 $Y=X$에서 꺾어진 형태로 도출된다.
- $X+2Y>2X+Y$, $Y>X$이면 $U=2X+Y$이고 $X+2Y<2X+Y$, $Y<X$이면 $U=X+2Y$이기에 45°선 위쪽에서는 기울기가 2인 직선이고, 45°선 아래쪽에서는 기울기가 $\frac{1}{2}$인 직선의 형태이다.

06 GDP 정답 ①

출제 포인트 '일정기간 한 나라 안에서 새로이 생산된 모든 최종생산물의 시장가치'를 국내총생산(GDP)이라 하고, 부가가치의 합으로 계산할 수 있다.

정답

ㄱ. 주택의 신축은 GDP에 포함된다.

오답피하기

ㄴ. 정부의 이전지출은 구매력 이전이기에 GDP에 포함되지 않는다.

ㄷ. GDP는 일정기간 한 나라 안에서 새로이 생산된 모든 최종생산물의 시장가치이기에 외국산 자동차의 수입은 포함되지 않는다.

07 경제정책 정답 ④

출제 포인트 정책을 결정하기까지 시간을 내부시차라 하고, 정책결정 이후 효과가 나타나기까지 시간을 외부시차라 한다. 재정정책은 결정 전 국회동의 등이 필요하기에 내부시차는 길지만, 외부시차는 짧다.

정답

ㄴ. 경기가 변동할 때, 누진세나 실업보험 등의 제도를 통해 유연하게 조세수입 또는 정부지출이 대응하여 충격을 줄여주는 자동안정화 장치는 의사결정과 집행절차가 없기에 내부시차를 줄여준다.

ㄷ. 루카스에 따르면 '소비성향, 투자성향 등이 경제상황과 관계없이 일정하다는 가정하에서 이루어진 분석은 타당하지 않다', 즉 정책이 변하면 경제주체의 기대도 바뀌게 되는 것을 고려해야 한다고 주장하였다.

오답피하기

ㄱ. 외부시차는 정부가 정책을 시행할 때, 실제로 효과를 나타낼 때까지 걸리는 시간을 말한다.

ㄹ. 시간적 불일치성 문제가 있는 경우, 자유재량적 정책은 일관성을 상실하게 되기에 준칙에 입각한 정책이 바람직하다.

08 피셔효과 정답 ③

출제 포인트 피셔효과란 실질이자율에 기대인플레이션율을 더한 값이 명목이자율이라는 피셔의 방정식에서, 인플레이션이 발생하면 기대인플레이션율이 상승하여 명목이자율이 비례적으로 상승하는 것을 뜻한다.

정답

ㄱ. 피셔효과에 의하면 '실질이자율 = 명목이자율 − 인플레이션율'이고, 명목이자율이 6%, 인플레이션율이 2%이기에 실질이자율은 4%가 된다.

ㄷ. 화폐수량방정식 $MV = PY$를 증가율로 나타낸 $\frac{dM}{M} + \frac{dV}{V} = \frac{dP}{P} + \frac{dY}{Y}$에서 유통속도는 일정하기에 $\frac{dV}{V} = 0$, 인플레이션율은 $\frac{dP}{P} = 2\%$, 통화증가율은 $\frac{dM}{M} = 5\%$이기에 실질경제성장률이 3%이다. 따라서 '명목경제성장률 = 물가상승률 + 실질경제성장률'이기에 명목경제성장률은 5%이다.

오답피하기

ㄴ. 실질경제성장률은 3%이다.

09 기대수익률 정답 ④

출제 포인트 기대수익률은 수익능력을 평균적으로 계산한 기댓값이다.

정답

- 기업 A에 x, 기업 B에 $(100-x)$를 투자할 때 성공시의 기대수익은 $(0.3 \times x) + (-0.1 \times (100-x)) = 0.4x - 10$이고 실패시의 기대수익은 $(0 \times x) + (0.1 \times (100-x)) = -0.1x + 10$이다.
- 이때, 기대수익은 동일하기에 $0.4x - 10 = -0.1x + 10$, $x = 40$이다.

10 국제수지표 정답 ①

출제 포인트 일정기간 일국거주자와 비거주자 간 경제적 거래를 분류·집계한 국제수지표는 경상수지, 자본·금융계정, 오차 및 누락으로 구성된다.

정답

배당금지불은 금융계정이 아니라 경상수지(본원소득수지)에 포함된다.

오답피하기

②, ③ 한국 기업의 베트남 기업에 대한 50% 이상의 주식지분매입과 외국 금융기관의 한국 국채매입은 금융계정에 포함된다.

④ 한국 금융기관의 외화자금 차입은 금융계정의 기타투자에 포함된다.

⑤ 한국은행의 미국 재무성 채권 매입은 증권투자에 포함된다.

11회 2017 감정평가사(1)

정답

p.114

01	④ 미시	02	③ 미시	03	① 미시	04	③ 미시	05	② 국제
06	② 거시	07	③ 거시	08	② 국제	09	① 거시	10	④ 거시

01 내쉬균형 정답 ④

출제 포인트 상대방의 전략을 주어진 것으로 보고 경기자는 자신에게 가장 유리한 전략을 선택하였을 때 도달하는 균형을 내쉬균형이라 한다.

정답

구분		B		
		전략 1	전략 2	전략 3
A	전략 1	(7, 7)	(5, 8)	☆(4, 9)★
	전략 2	(8, 5)	☆(6, 6)★	(3, 4)
	전략 3	☆(9, 4)★	(4, 3)	(0, 0)

상대방의 주어진 전략에서 각 기업이 가장 유리한 전략을 표기(기업 A: ☆, 기업 B: ★)하면 위의 표와 같기에 내쉬균형은 (9, 4), (6, 6), (4, 9)이다.

02 독점시장 정답 ③

출제 포인트 독점기업은 $MR = MC$에서 생산량을 결정하고, $MR = MC$의 위에 있는 수요곡선상의 점에서 가격이 결정된다. 즉, $P = AR > MR = MC$이다.

정답

독점기업이 직면하는 수요곡선은 우하향하기에 한계수입곡선 MR도 우하향하고, MC곡선은 우상향한다. 이때, 독점기업의 이윤극대화 조건은 $MR = MC$이기에 현재 생산량에서 한계수입이 한계비용보다 높은 상태라면 이윤극대화를 위하여 가격을 하락하여야 한다.

오답피하기

① 독점기업의 이윤극대화를 위한 생산량의 조건은 $MR = MC$이고, $MR = MC$의 위에 있는 수요곡선상의 점에서 가격을 결정하기에 이윤극대화 가격은 한계비용보다 높다.

② 독점시장은 진입장벽이 존재하기에 독점기업이 가격설정자가 되어 장단기에 이윤을 볼 수 있지만, 초기에 막대한 고정비용이 소요되나 추가생산에 따른 한계비용이 작아 생산증가에 따라 평균비용이 감소하는 자연독점과 같은 경우 초기에는 손실을 볼 수도 있다.

④ $AR = \frac{TR}{Q} = \frac{PQ}{Q} = P$이기에 가격은 평균수입과 같다.

⑤ 총수입에서 총비용을 차감한 값인 이윤은 $MR = MC$, 그리고 MR 기울기 $<$ MC기울기일 때 극대화된다.

03 완전경쟁시장 정답 ①

출제 포인트 완전경쟁기업은 $P = MC$인 점에서 생산하기에 AVC곡선의 최저점을 상회하는 MC곡선이 완전경쟁기업의 단기공급곡선이다.

정답

총비용함수 $STC = a + \frac{q^2}{100}$을 q에 대해 미분한 한계비용은 $MC = \frac{1}{50}q$이고 완전경쟁시장의 이윤극대화 조건은 $P = MC$이기에 공급곡선은 $P = \frac{1}{50}q$, $q = 50P$이다.

04 효용극대화 정답 ③

출제 포인트 클럽가입 이후의 효용이 클럽가입 이전의 효용보다 크거나 같다면 乙은 클럽에 가입할 것이다.

정답

- 乙의 효용함수는 $U = 12x + 10y$, X재 가격은 15, 소득은 1,500이고 乙은 효용극대화를 위해 X재만 소비하기에 을은 X재 100단위를 소비하고 이때의 효용은 1,200이다.
- 효용함수는 $U = 12x + 10y$이기에 X재와 Y재는 완전대체재이고 乙이 클럽에 가입하면 Y재의 가격은 10으로 X재의 가격 15보다 작기에 乙은 Y재만 소비한다.
- 이때, 효용함수는 $U = 12x + 10y$이기에 효용이 이전의 1,200과 같기 위해서는 을은 Y재를 120단위를 소비해야 하고 이를 위해 필요한 소득은 1,200이다.
- 즉, 乙이 클럽에 가입하기 위해 지불할 용의가 있는 최대금액은 300이다.

05 구매력평가설 정답 ②

출제 포인트 일물일가의 법칙을 전제로, 양국의 구매력인 화폐가치가 같도록 환율이 결정되어야 한다는 이론이 구매력평가설로, $P = e \cdot P_f$이다.

정답

- 영국의 빅맥가격이 2파운드이고 미국의 빅맥가격이 3달러이기에 구매력평가환율은 1파운드 = 1.5달러이다. 그런데 현재 시장환율이 1파운드 = 2달러이기에 파운드가 구매력평가에 비해 약 33% 고평가된 상태이다.

- 한국의 빅맥가격이 3,000원이고, 미국의 빅맥가격이 3달러이기에 구매력평가환율은 1달러 = 1,000원이다. 그런데 현재 시장환율이 1달러 = 1,100원이기에 원화는 구매력평가에 비해 10% 저평가된 상태이다(①).
- 인도네시아의 구매력평가환율은 1달러 = 6,667루피아, 현재 시장환율은 1달러 = 8,000루피아이기에 루피아는 약 16.7% 저평가된 상태이다(③).
- 멕시코의 구매력평가환율은 1달러 = 133페소, 현재 시장환율은 1달러 = 120페소이기에 페소화는 약 11.1% 고평가된 상태이다(④).

06 소비자물가지수 정답 ②

출제 포인트 소비자가 일상 소비생활에서 구입하는 재화와 서비스의 가격변동을 측정하는 소비자물가지수는 통계청이 소비자 구입가격을 조사하여 작성하고, 소비재를 대상으로 수입품가격, 주택임대료는 포함하나 주택가격 등은 제외된다.

정답

소비자물가지수에서 차지하는 식료품비의 가중치가 40%, 교육비의 가중치가 20%, 주거비의 가중치가 20%이고, 각각의 상승률이 10%, 10%, 5%이기에 소비자물가 상승률은 (0.4 × 10%) + (0.2 × 10%) + (0.2 × 5%) = 7%이다.

07 필립스곡선 정답 ③

출제 포인트 인플레이션율과 실업률이 반비례로 '상충관계'임을 보여주는 필립스곡선상의 점들은 물가안정과 고용안정을 동시에 달성할 수 없음을 뜻한다.

정답

필립스곡선과 단기 총공급곡선은 동일한 속성을 나타내기에 물가변화에 신축적 대응이 가능할수록 총공급곡선과 필립스곡선은 수직의 형태에 가까워진다.

오답피하기

① 필립스는 영국의 자료를 분석하여 실업률과 명목임금상승률이 역의 관계를 보여주는 우하향의 필립스곡선을 도출하였다.

② 1970년대 석유파동으로 인해 실업률과 인플레이션율이 모두 높아지는 스태그플레이션이 나타났는데, 이는 필립스곡선이 오른쪽으로 이동하였기 때문이다.

④ 프리드먼과 펠프스의 자연실업률가설에 의하면 장기에는 기대인플레이션율과 실제인플레이션율이 일치하여 필립스곡선이 수직선이기에 장기에는 실업률과 인플레이션 간에는 상충관계가 존재하지 않는다.

⑤ 자연실업률가설에 의하면 장기에 필립스곡선은 자연실업률 수준에서 수직선이다.

08 환율 정답 ②

출제 포인트 외화의 국외 유출인 외화의 수요와 외화의 국내 유입인 외화의 공급에 의해 환율이 결정된다. 자국민의 해외관광, 조기유학, 수입, 차관 상환, 자국민의 해외투자 등은 외화의 수요요인이고, 외국인의 국내관광, 국내유학, 수출, 차관 도입, 외국인의 국내 투자 등은 외화의 공급 요인이다.

정답

미국인의 국내주식에 대한 투자가 증가하면 자본이 유입되기에 외환의 공급이 증가하여 환율은 하락한다.

오답피하기

①, ⑤ 재미교포의 국내송금이 감소하거나 관광수입이 감소하면 외환의 공급이 감소하기에 환율은 상승한다.

③, ④ 미국산 수입품에 대한 국내수요가 증가하거나 미국의 기준금리가 상승하면 자본이 유출되기에 외환의 수요가 증가하여 환율은 상승한다.

09 리카르도 등가정리 정답 ①

출제 포인트 정부지출재원을 국채를 통하든 조세를 통하든 국민소득은 전혀 증가하지 않는다는 것을 리카르도 등가정리라 한다.

정답

ㄱ, ㄷ. 리카르도 등가정리에 의하면 합리적인 경제주체들은 미래소득과 현재소득을 모두 포함한 평생소득에 의존하기에 공채발행을 통한 조세삭감을 미래의 조세부담증가로 인식하고, 이로 인해 민간저축만 증가할 뿐 소비에 영향을 주지 않는다.

오답피하기

ㄴ. 소비자가 차입제약에 놓여있거나 근시안적 의사결정을 내리는 경우, 경제활동인구증가율이 0보다 큰 경우에는 리카르도의 등가정리가 성립하지 않는다.

ㄹ. 리카르도의 등가정리는 정부지출 확대정책이 어떠한 경우에도 경제에 영향을 미치지 않는다는 것이 아니라 확대적인 재정정책을 실시할 때 재원조달 방식을 조세에서 국채로 바꾸더라도 정책의 효과가 달라지지 않는다는 것이다.

10 피셔방정식 정답 ④

출제 포인트 실질이자율에 기대인플레이션율을 더한 값이 명목이자율이라는 피셔의 방정식에서 인플레이션이 발생하면 기대인플레이션율이 상승하여 명목이자율이 비례적으로 상승한다.

정답

- 피셔효과에 의하면 '명목이자율 = 실질이자율 + 물가상승률'이고 명목이자율은 5%, 실질이자율은 3%이면 물가상승률은 2%이다.
- 화폐교환방정식 $MV = PY$를 증가율 형태로 나타내면 $\frac{dM}{M} + \frac{dV}{V} = \frac{dP}{P} + \frac{dY}{Y}$이고 유통속도는 일정하기에 $\frac{dV}{V} = 0$, 실질경제성장률은 $\frac{dY}{Y} = 2\%$, 물가상승률은 $\frac{dP}{P} = 2\%$이기에 $\frac{dM}{M} + 0\% = 2\% + 2\%$ 통화증가율은 $\frac{dM}{M} = 4\%$이다.

12회 2017 감정평가사(2)

정답 p.117

01	① 미시	02	③ 미시	03	③ 미시	04	④ 미시	05	④ 미시
06	③ 거시	07	③ 거시	08	① 국제	09	③ 거시	10	③ 거시

01 효용극대화 정답 ①

출제 포인트 예산선의 기울기가 무차별곡선의 기울기보다 크다면 Y재만 소비하고, 예산선의 기울기가 무차별곡선의 기울기보다 작다면 X재만 소비한다.

정답

- 효용함수는 $U=X+Y$, $Y=-X+U$로 무차별곡선은 기울기가 1인 우하향의 직선이고 예산선의 기울기는 $P_X=20$, $P_Y=15$, $\frac{P_X}{P_Y}=\frac{4}{3}$이기에 무차별곡선의 기울기는 예산선의 기울기보다 작다. 소비자의 효용은 무차별곡선과 예산선이 접하는 지점에서 이루어지기에 소비자는 소득 600을 전부를 Y재 구입에 지출하여 Y재 구입량은 40이다.
- 이때, 두 재화의 가격이 $P_X=20$, $P_Y=25$로 바뀌면 예산선의 기울기는 $\frac{P_X}{P_Y}=\frac{4}{5}$로 무차별곡선의 기울기보다 작아지기에 소비자는 소득 600을 전부를 X재 구입에 지출하여 X재 구입량은 30이다.
- 즉, X재 구입량은 30단위 증가하고 Y재 구입량은 40단위 감소함을 알 수 있다.

02 완전경쟁시장 정답 ③

출제 포인트 완전경쟁시장하 개별기업은 '장기 균형가격 $=LAC$ 최소점'에서 장기 균형을 달성한다.

정답

- 완전경쟁시장에서는 장기에 장기 평균비용곡선의 최저점에서 균형이 이루어진다.
- 장기 평균비용곡선의 최저점을 구하기 위해 장기 비용함수 $C=0.5q^2+8$을 q로 나눈 $LAC=0.5q+\frac{8}{q}$을 q에 대해 미분하여 0으로 두면 $\frac{dLAC}{dq}=0.5-\frac{8}{q^2}=0$이다. 개별기업의 균형생산량은 $q=4$이고 이를 평균비용곡선에 대입하면 균형가격은 $p=4$이다.
- 균형가격 $p=4$를 시장수요함수 $Q_D=1{,}000-10P$에 대입하면 시장의 생산량은 960이고 개별기업의 생산량은 4이기에 기업의 수는 $\frac{960}{4}=240$이다.

03 탄력성 정답 ③

출제 포인트 소득이 1% 변화할 때 수요량 변화율이 소득탄력성으로, (+)일 때 정상재, (−)일 때 열등재이다. 다른 재화의 가격이 1% 변화할 때, 본 재화의 수요량 변화율이 교차탄력성으로, (+)일 때 대체재, (−)일 때 보완재이다.

정답

ㄱ. 사과수요의 소득탄력성이 0보다 크기에 사과는 정상재이다.

ㄹ. 사과수요의 가격탄력성이 1보다 크면 가격의 상승률보다 판매량의 감소율이 더 크기에 가격이 상승하면 총수입은 감소한다.

오답피하기

ㄴ, ㄷ. 사과수요의 배 가격에 대한 교차탄력성이 0보다 작기에 사과는 배와 보완재이고, 사과수요의 감귤 가격에 대한 교차탄력성은 0보다 크기에 사과는 감귤과 대체재이다.

04 이윤극대화 정답 ④

출제 포인트 판매자의 총수입은 수요의 가격탄력성이 1일 때 극대화된다.

정답

- 수요함수는 $P=80-0.5Q$로 우하향인 직선이고, 중점에서 수요의 가격탄력성은 1이다.
- 판매자의 총수입은 수요의 가격탄력성이 1일 때 극대가 되기에 가격이 40일 때 판매수입이 극대화 된다.

05 외부효과 정답 ④

출제 포인트 아무런 제약 없이 염소를 목초지에 방목하는 경우 염소의 수는 이윤이 0이 되는 수준에서 결정된다.

정답

- 개별 주민들이 아무런 제한없이 각자 염소를 목초지에 방목하면 염소의 수는 이윤이 0이 되는 수준에서 결정된다.
- '이윤 = 총수입 − 총비용'이고 총수입은 $TR=200X-10X^2$, 염소 한 마리에 소요되는 비용은 20이기에 총비용은 $TC=20X$이므로 $\pi=180X-10X^2=0$, $180-10X=0$, $X_1=18$이다.
- 이윤이 극대화 되는 염소의 수를 구하기 위해 이윤함수 $\pi=180X-10X^2$을 X에 대해 미분한 후 0으로 두면 $\frac{d\pi}{dX}=180-20X=0$, $X_2=9$이다.

06 실업 정답 ③

출제 포인트 마찰적 실업과 구조적 실업만 존재할 때의 실업률을 자연실업률이라 하고, 통상적으로 완전고용을 보인다.

정답
자연실업률은 마찰적 실업과 구조적 실업만 있을 때의 실업률이다.

오답피하기
①, ④ 실업자가 구직을 단념하면 실업자가 아니라 비경제활동인구로 분류되기에 실업률이 낮아지게 된다.
② 지난 4주일 동안 구직활동을 하였으나 수입을 목적으로 일을 하지 않은 사람을 실업자라 한다.
⑤ 경기침체로 발생하는 실업을 경기적 실업이라 한다.

07 경기변동이론 정답 ③

출제 포인트 생산성변화 등 공급측면의 충격과 정부지출변화 등 IS곡선에 영향을 미치는 충격으로 경기변동이 발생한다는 것이 키들랜드와 프레스콧 등의 실물경기변동이론이다.

정답
실물경기변동론자들은 경기변동을 경기가 악화되거나 개선되더라도 항상 최적화(균형)를 이룬다고 보았다.

오답피하기
① 실물경기변동론자들은 통화정책이 명목변수에만 영향을 미칠 뿐 실질변수에는 영향을 미치지 못한다는 화폐의 중립성이 성립하기에 화폐적인 충격은 경기변동의 요인이 될 수 없다고 본다.
② 실물경기변동이론에서는 가격과 임금이 신축적이라고 전제한다.
④ 새케인즈학파에 의하면 경기변동은 공급충격이 아니라 주로 수요충격에 의해 발생한다.
⑤ 가격의 비동조성은 새케인즈학파의 이론이다.

08 먼델-플레밍모형 정답 ①

출제 포인트 국제이자율상승은 국내이자율의 상대적 하락과 같기에 외국으로 자본유출이 이루어져 환율상승압력이 발생한다.

정답
- 자본이동이 완전히 자유롭고 고정환율제하에서 해외이자율이 상승할 경우 소국의 BP곡선은 국제이자율 수준에서 수평선이기에 BP곡선은 상방 이동한다.
- 또한, 해외이자율상승으로 인해 외화가 유출되기에 환율의 상승압력을 받고 이로 인해 중앙은행은 외화를 매각하기에 통화량이 감소하여 LM곡선은 좌측 이동한다.
- 그러므로 환율은 불변이고, 생산량은 감소한다.

09 통화량 정답 ③

출제 포인트 중앙은행을 통해 시중에 나온 현금을 본원통화라 하고, 재정수지 적자, 예금은행의 차입, 국제수지 흑자, 중앙은행의 유가증권 구입 등으로 본원통화가 공급된다.

정답
중앙은행이 시중은행으로부터 채권을 매입하면, 시장에 화폐를 지급하여 채권을 구매하는 것과 같은 개념이기에 시중의 통화량은 증가한다.

오답피하기
①, ④ 통화승수 $m=\dfrac{1}{c+z(1-c)}$이고 은행의 법정지급준비율(z)을 100%로 규제하면 $z=1$이 되기에 통화승수는 1이 되고 본원통화와 본원통화에 통화승수를 곱한 통화량은 동일하다.
② 중앙은행이 통화안정증권을 발행하여 시장에 매각하면, 시장에 통화안정증권을 판매하여 화폐를 받는 것과 같은 개념이기에 시중의 통화량은 감소한다.
⑤ 정부의 중앙은행차입이 증가하면 본원통화가 증가하기에 통화량은 증가한다.

10 효율성임금 정답 ③

출제 포인트 기업은 시장의 균형임금보다 높은 효율성임금을 지급함으로써 역선택, 도덕적 해이 등을 방지할 수 있게 되어 이윤이 증가한다는 것이 효율성임금이론이다.

정답
ㄱ. 효율성임금이론에 의하면 기업은 균형임금보다 높은 수준에서 효율성임금을 설정하기에 근로자의 근로의욕이 상승되기에 노동자의 생산성을 높일 수 있고 도덕적 해이를 방지할 수 있다.
ㄷ. 효율성임금을 지급하면 노동자들이 쉽게 그만두지 않기 때문에 이직과 관련된 비용도 줄일 수 있다.

오답피하기
ㄴ. 기업이 효율성임금을 지급하면 노동자들의 근무태만(도덕적 해이)은 감소한다.

13회 2016 감정평가사(1)

정답 p.120

01	① 미시	02	① 미시	03	① 미시	04	② 미시	05	④ 미시
06	③ 거시	07	④ 거시	08	④ 거시	09	① 거시	10	② 거시

01 조세부과 정답 ①

출제 포인트 공급곡선이 수직선일 때는 모든 점이 완전비탄력적이다.

정답

탄력성과 조세부담은 비례하고 공급곡선은 $Q_S = 300$로 완전비탄력적이기에 조세부담은 모두 생산자가 부담하고 균형생산량은 변하지 않는다. 즉, 자중손실은 0이다.

02 소비자 이론 정답 ①

출제 포인트 동일한 효용수준을 유지하면서 X재 한 단위 추가소비시 감소하는 Y재 변화량을 한계대체율이라 하고, 무차별곡선상 접선의 기울기로 구한다.

정답

효용함수는 $C-D$형 함수인 $U = 2XY$이기에 $MRS_{XY} = \frac{MU_X}{MU_Y} = \frac{Y}{X}$이고 한계대체율이 체감한다.

오답피하기

② 효용함수는 1차 $C-D$형 함수인 $U = \sqrt{XY} = X^{\frac{1}{2}}Y^{\frac{1}{2}}$이고 X의 지수가 1보다 작은 0.5이기에 X재의 한계효용은 체감한다.

③ 효용함수가 레온티에프형 함수인 $U = \min(X, Y)$이면 두 재화의 관계는 완전보완재이기에 두 재화 간의 교차탄력성이 $(-)$이다.

④ 소비자균형은 무차별곡선과 예산선이 접하는 지점에서 형성된다. 효용함수가 $U = X + Y$이면 무차별곡선의 기울기는 1이고 X재 가격이 Y재 가격보다 클 때 예산선의 기울기는 1보다 크기에 소비자는 Y재만 구입한다.

⑤ 효용함수가 $U = \min(X, Y)$로 레온티에프형 함수인 경우, 소득소비곡선과 가격소비곡선은 모두 원점을 지나는 기울기가 1인 우상향의 직선이다.

03 비용곡선 정답 ①

출제 포인트 생산량을 한 단위 추가시 총비용의 증가분을 한계비용이라 하고, 총비용을 미분한 값으로 총비용곡선상 접선의 기울기로 구한다.

정답

총비용은 총고정비용과 총가변비용의 합이기에 총비용함수 $C = 25 + 5Q$는 총고정비용 $TFC = 25$, 총가변비용 $TVC = 5Q$의 합이다. 총가변비용을 Q에 대해 미분한 한계비용은 $MC = 5$이고, Q로 나눈 평균가변비용은 $AVC = 5$로 서로 같다.

오답피하기

② 총고정비용 $TFC = 25$를 Q로 나누면 평균고정비용 $AFC = \frac{25}{Q}$이기에 생산량이 증가하면 평균고정비용은 감소한다.

③, ④ 한계비용과 평균가변비용이 5로 일정하기에 한계비용곡선과 평균가변비용곡선은 모두 수평선이다. 평균고정비용은 감소하기에 평균비용도 감소한다.

⑤ 한계비용은 5로 일정하고 평균비용은 $AC = \frac{25}{Q} + 5$이기에 평균비용은 항상 한계비용보다 크다.

04 다공장독점 정답 ②

출제 포인트 다공장 독점기업의 이윤극대화 조건은 $MR_A = MR_B = MC$이다.

정답

- 시장 A의 수요함수가 $Q_A = a_1 - b_1P_A$, $Q_B = a_2 - b_2P_B$, $P_A = \frac{a_1}{b_1} - \frac{1}{b_1}Q_A$이기에 한계수입은 $MR_A = \frac{a_1}{b_1} - \frac{2}{b_1}Q_A$이고,
  시장 B의 수요함수가 $Q_A = a_1 - b_1P_A$, $Q_B = a_2 - b_2P_B$, $P_B = \frac{a_2}{b_2} - \frac{1}{b_2}Q_B$이기에 한계수입은 $MR_B = \frac{a_2}{b_2} - \frac{2}{b_2}Q_B$이다.
- 독점기업의 이윤극대화 조건은 $MR = MC$이고 한계비용은 $MC = 0$이기에 $MR_A = \frac{a_1}{b_1} - \frac{2}{b_1}Q_A = 0$, $\frac{2}{b_1}Q_A = \frac{a_1}{b_1}$, $Q_A = \frac{a_1}{2}$이고
  이를 다시 시장 A의 수요함수에 대입하면 균형가격은
  $P_A = \frac{a_1}{b_1} - \frac{1}{b_1} \cdot \frac{a_1}{2} = \frac{a_1}{2b_1}$이다.
- 시장 B에서의 이윤극대화 가격을 동일한 방법으로 계산하면 균형가격은 $P_B = \frac{a_2}{2b_2}$이다.
- 그러므로, 두 시장의 가격이 같아지게 되는 조건은 $\frac{a_1}{2b_1} = \frac{a_2}{2b_2}$, $a_1b_2 = a_2b_1$이다.

05 이윤극대화 정답 ④

(출제 포인트) 완전경쟁기업의 생산은 장기 평균비용곡선의 최소점에서 이루어진다.

(정답)

- 비용함수 $C=Q^3-4Q^2+8Q$를 Q로 나눈 평균비용곡선은 $AC=Q^2-4Q+8$이고 완전경쟁시장의 생산은 장기 평균비용곡선의 최소점에서 이루어지기에 장기 평균비용을 Q에 대해 미분하고 0으로 두면 $2Q-4=0$, 장기 균형생산량은 $Q=2$이다.
- 장기 균형생산량 $Q=2$를 다시 장기 평균비용곡선에 대입하면 시장가격은 $P=4$이다.

06 총수요곡선 정답 ③

(출제 포인트) 생산물시장과 화폐시장 등 수요측면을 고려하여 물가와 국민소득의 관계를 나타내는 곡선을 AD곡선이라 한다.

(정답)

- IS곡선은 $Y=C+I+G=(2+0.5Y)+(2-r)+3$, $r=7-0.5Y$이고 LM곡선은 $\frac{M^d}{P}=\frac{M^s}{P}$, $4+0.5Y-r=\frac{3}{P}$, $r=\left(4-\frac{3}{P}\right)+0.5Y$이다.
- 생산물시장과 화폐시장 등 수요측면을 고려하여 물가와 국민소득의 관계를 나타내는 곡선을 AD곡선이라 하고 IS곡선과 LM곡선을 연립하여 구할 수 있기에 총수요곡선은 $7-0.5Y=\left(4-\frac{3}{P}\right)+0.5Y$, $Y=3+\frac{3}{P}$이다.

07 실물경기변동이론 정답 ④

(출제 포인트) 생산성변화 등 공급측면의 충격과 정부지출 변화 등 IS곡선에 영향을 미치는 충격으로 경기변동이 발생한다는 것이 키들랜드와 프레스콧 등의 실물경기변동이론이다.

(정답)

ㄷ. 실물경기변동론자들은 통화정책이 명목변수에만 영향을 미칠 뿐 실질변수에는 영향을 미치지 못한다는 화폐의 중립성이 성립하기에 화폐적인 충격은 경기변동의 요인이 될 수 없다고 본다.

ㄹ. 실물적 경기변동론자들은 경기변동이 발생해도 항상 최적화(균형)를 이룬다고 보기에, 경기변동은 시간에 따른 균형의 변화로 나타난다고 주장한다.

(오답피하기)

ㄱ. 실물경기변동이론에서는 임금, 재화가격을 비롯한 모든 가격변수가 신축적이라고 본다.

ㄴ. 실물적 경기변동론자들은 경기변동이 발생할 때, 경기가 악화되거나 개선되더라도 항상 최적화(균형)를 이룬다고 보았다.

08 통화승수 정답 ④

(출제 포인트) 본원통화가 1단위 공급되었을 때 통화량이 얼마나 증가하였는지를 보여주는 배수를 통화승수라 하고, $m=\frac{\text{통화량}}{\text{본원통화}}=\frac{k+1}{k+z}$이다.

(정답)

통화승수는 $m=\frac{k+1}{k+z}$이고 현금－예금비율은 $k=0.2$, 지급준비율은 $z=0.1$이기에 통화승수는 $\frac{0.2+1}{0.2+0.1}=4$이다.

09 희생비율 정답 ①

(출제 포인트) 물가를 $1\%p$를 낮추기 위해 희생해야 하는 GDP의 하락률을 희생비율이라 하고, GDP 갭과 실업률 사이의 상관관계를 나타내는 법칙을 오쿤의 법칙이라고 한다.

(정답)

필립스곡선인 $\pi=\pi^e-0.4(u-u_n)$에서 실제실업률(u)이 5% 포인트 상승하면 인플레이션율(π)이 2% 포인트 하락한다. 즉, $-0.4(u-u_n)$에서 $-0.4\times0.05=-0.02$이다. 따라서 실제인플레이션율을 2% 포인트 낮추기 위해 추가로 감수해야 하는 실업률은 5.0% 포인트이다.

10 솔로우(Solow) 경제성장 정답 ②

(출제 포인트) 1인당 소비가 극대화되는 상태를 자본축적의 황금률이라 하고 '자본소득분배율 = 저축률'일 때 달성된다.

(정답)

- 황금률의 달성 조건은 $MP_K=n+d+g$이고 감가상각률은 0.2, 인구증가율과 기술진보율은 모두 0, 1인당 생산함수 $y=2k^{\frac{1}{2}}$을 k에 대해 미분한 $MP_K=k^{-\frac{1}{2}}=\frac{1}{\sqrt{k}}$이기에 $\frac{1}{\sqrt{k}}=0.2$, $k=25$이다.
- 1인당 생산함수 $y=2k^{\frac{1}{2}}$에 L을 곱한 경제 전체의 총생산함수는 $Y=2K^{\frac{1}{2}}L^{\frac{1}{2}}$이고 노동소득분배율이 0.5, 자본소득분배율이 0.5이고 $k=25$를 1인당 생산함수에 대입하면 1인당 생산량 $y=10$이다. 이때, 황금률에서는 노동소득분배율과 소비율이 동일하기에 황금률에서의 1인당 소비는 5이다.

14회 2016 감정평가사(2)

정답

p.123

01	④ 미시	02	① 미시	03	④ 미시	04	② 미시	05	② 미시
06	① 미시	07	④ 거시	08	② 거시	09	④ 거시	10	② 국제

01 효용극대화 정답 ④

(출제 포인트) 한계효용균등의 법칙$\left(\frac{MU_X}{P_X}=\frac{MU_Y}{P_Y}\right)$에 따라 효용극대화를 추구한다.

(정답)

- 현재 $\frac{20}{60}=\frac{MU_X}{P_X}>\frac{MU_Y}{P_Y}=\frac{20}{100}$이고 무차별곡선은 우하향하고 원점에 대하여 볼록하기에 한계효용은 체감한다.
- 가격당 한계효용이 일치할 때 효용은 극대화되고 한계효용은 체감하기에 X재 소비량은 증가시키고 Y재의 소비량은 감소시켜야 한다.

02 효용극대화 정답 ①

(출제 포인트) 한계효용균등의 법칙$\left(\frac{MU_X}{P_X}=\frac{MU_Y}{P_Y}\right)$에 따라 효용극대화를 추구한다.

(정답)

효용이 극대화되는 소비자균형의 조건은 무차별곡선과 예산선이 접하는 $MRS_{XY}=\frac{P_X}{P_Y}$이고 X재 가격이 2,000원, Y재 가격이 8,000원이기에 한계대체율은 상대가격 $\left(\frac{P_X}{P_Y}\right)$과 동일한 0.25이다.

03 독점적 경쟁 정답 ④

(출제 포인트) 제품차별화를 통한 어느 정도의 시장지배력을 갖고 비가격경쟁을 보이며, 다수의 기업이 존재하고, 진입과 퇴거가 대체로 자유로운 것 등은 독점적 경쟁의 특징이다.

(정답)

ㄴ, ㄹ. 독점적 경쟁기업은 장기 균형에서 $P=LAC>MR=LMC$이기에 한계수입이 가격보다 낮은 수준에서 산출량을 결정하고 장기적 이윤은 0이다.

ㄷ. 개별소비자의 수요곡선이 우하향하기에 이를 수평으로 합한 시장 전체의 수요곡선도 우하향한다.

(오답피하기)

ㄱ. 독점적 경쟁기업의 이윤극대화 조건은 $MR=MC$이기에 한계수입과 한계비용이 일치하는 수준에서 산출량을 결정한다.

04 독점 정답 ②

(출제 포인트) 독점기업은 $MR=MC$에서 생산량을 결정하고, $MR=MC$의 위에 있는 수요곡선상의 점에서 가격이 결정된다. 즉, $P=AR>MR=MC$이다.

(정답)

완전경쟁기업이 직면하는 수요곡선은 수평선이기에 한계수입곡선도 수평선이고, 독점시장에서 개별 소비자의 수요곡선이 우하향하기에 이를 수평으로 합한 시장전체의 수요곡선도 우하향한다.

(오답피하기)

①, ③ 완전경쟁기업의 이윤극대화 조건은 $P=MR=MC$이기에 가격과 한계수입, 한계비용은 일치하지만, 독점기업의 이윤극대화 조건은 $P>MR=MC$이기에 한계수입과 한계비용보다 가격이 더 크다.

④ 독점시장은 진입장벽이 존재하기에 독점기업은 가격설정자가 되어 양(+)의 경제적 이윤을 얻을 수 있지만, 완전경쟁시장은 진입과 퇴거가 자유롭기에 완전경쟁기업의 경제적 이윤이 0이다.

⑤ 독점기업은 시장지배력을 가지고 있기에 독점기업이 직면하는 수요곡선은 우하향하고 완전경쟁기업이 직면하는 수요곡선은 수평선이다.

05 탄력성 정답 ②

(출제 포인트) P절편이 음(−)인 우상향의 공급곡선은 모든 점의 탄력성이 0과 1 사이의 값을 갖는다.

(정답)

- 공급함수는 $Q=100+2P$, $P=-50+\frac{1}{2}Q$로 Y의 절편이 -50인 우상향의 직선이다.
- p절편이 음(−)인 우상향의 공급곡선은 모든 점의 탄력성이 0과 1 사이의 값을 갖는다. 따라서 공급곡선이 Y의 절편이 -50인 우상향의 직선일 때 가격탄력성은 항상 0과 1 사이의 값을 갖는다.

06 레온티에프형 효용함수 정답 ①

출제 포인트 레온티에프형 효용함수 $U=\min\left(\frac{X}{a},\ \frac{Y}{b}\right)$는 $\frac{X}{a}=\frac{Y}{b}$일 때 소비자균형이다.

정답

- 효용함수는 레온티에프형 함수인 $U=\min(X,\ Y)$이기에 소비자균형에서 $X=Y$이고 예산제약식은 $P_X \cdot X+P_Y \cdot Y=M$이다.
- 효용극대화는 무차별곡선과 예산제약식이 접하는 수준에서 결정되기에 $X=Y$를 예산제약식에 대입하면 $P_X \cdot X+P_Y \cdot Y=M$, $X(P_X+P_Y)=M$, X재 수요함수는 $X=\frac{M}{P_X+P_Y}$이고 $M=1{,}000$, $P_Y=10$을 대입하면 $Q_X=\frac{1{,}000}{10+P_X}$이다.

07 경제활동참가율 정답 ④

출제 포인트 경제활동인구 중에서 실업자가 차지하는 비중을 실업률이라 하고, 15세이상인구 중에서 경제활동인구가 차지하는 비중을 경제활동참가율이라 한다.

정답

- 실업률은 실업자를 실업자와 취업자의 합인 경제활동인구로 나눈 값이기에 실업률이 5%, 취업자 수는 285만 명일 때, 실업자 수는 $u=\frac{U}{285+U}=0.05$, $U=15$만 명이고 경제활동인구는 300만 명이다.
- 생산가능인구가 500만 명이고, 경제활동인구가 300만 명이기에 생산가능인구 중 경제활동인구가 차지하는 비율인 경제활동참가율은 60%이다.

08 균형국민소득 정답 ②

출제 포인트 폐쇄경제에서 GDP는 C(민간소비지출), I(민간총투자), G(정부지출)의 합과 같다.

정답

- GDP항등식은 $Y=C+I+G$이고 국민소득은 $Y=5{,}000$, 정부지출은 $G=1{,}000$, 소비는 $C=3{,}000-50r$, 투자는 $I=2{,}000-150r$이기에 $5{,}000=(3{,}000-50r)+(2{,}000-150r)+1{,}000$, 균형이자율 $r=5$이다.
- $r=5$를 투자함수 $I=2{,}000-150r$에 대입하면 투자는 $I=1{,}250$이고 폐쇄경제에는 국내총저축과 총투자가 일치하기에 총저축도 1,250이다.

09 솔로우 성장모형 정답 ④

출제 포인트 총생산함수가 $Y=K^{\frac{1}{2}}L^{\frac{1}{2}}$일 때, 1차동차의 콥-더글라스 생산함수로 규모에 대한 수익불변이다.

정답

ㄱ. 생산함수 $Y=K^{\frac{1}{2}}L^{\frac{1}{2}}$은 1차 $C-D$형 함수이기에 규모에 대한 수익불변이다.

ㄴ. 생산함수 $Y=K^{\frac{1}{2}}L^{\frac{1}{2}}$을 L로 나눈 1인당 생산함수는 $y=\sqrt{k}$이기에 1인당 자본량(k)이 증가하면 1인당 국민소득이 증가한다.

ㄷ. 1인당 자본량은 $k=\frac{K}{L}$이기에 자본량이 일정할 때 인구가 증가하면 1인당 자본량은 감소하고, 1인당 국민소득(y)도 감소한다.

10 개방경제 정답 ②

출제 포인트 GDP는 C(민간소비지출), I(민간총투자), G(정부지출), $X-M$(순수출)의 합과 같다.

정답

개방경제의 GDP항등식은 $Y=C+I+G+X-M$이고 $Y=100$, $C=0.7Y=70$, 투자는 $I=30-2r=30-10=20$, 정부부문은 고려하지 않기에 $G=0$으로 순수출은 $100=70+20+0+X-M$, $X-M=10$이다.

15회 2015 감정평가사(1)

정답 p.126

01	③ 미시	02	④ 미시	03	① 미시	04	④ 미시	05	③ 미시
06	③ 거시	07	② 거시	08	④ 거시	09	② 국제	10	① 국제

01 탄력성 정답 ③

(출제 포인트) 조세의 분담 정도와 조세 수입은 탄력성에 반비례하며, 이로 인한 후생손실은 탄력성에 비례한다.

(정답)
조세 부과시 부담과 탄력성은 비례하고 수요곡선은 수평선으로 완전탄력적이기에 소비자의 조세 부담분은 0이고 생산자는 모든 조세를 부담한다. 즉, 생산자잉여는 감소한다.

(오답피하기)
① 모든 세금은 생산자가 부담한다.
② 공급곡선이 상방 이동하기에 균형거래량은 감소한다.
④ 소비자잉여는 불변이다.
⑤ 조세의 크기와 바뀐 균형거래량은 곱한 크기의 조세수입이 발생한다.

02 재화의 종류 정답 ④

(출제 포인트) 용도가 비슷하여 대체가 가능한 것이 소비측면의 대체재이고, 함께 사용하여 만족이 증가하는 것이 소비측면의 보완재이다.

(정답)
베이글과 베이컨은 서로 대체재이기에 베이글의 원료인 밀가루 가격이 급등하면 베이글의 공급곡선은 좌측 이동하여 수요량은 감소하고, 베이컨의 수요는 증가한다. 베이컨의 수요가 증가하면 수요곡선은 우측 이동하기에 베이컨 시장의 총잉여는 증가한다.

(오답피하기)
① 베이글의 공급곡선은 좌측 이동하기에 가격은 상승한다.
②, ③ 베이글과 크림치즈는 서로 보완재이기에 베이글의 수요량감소로 인해 크림치즈의 수요는 감소하고, 이로 인해 수요곡선이 좌측 이동하기에 크림치즈의 거래량과 생산자잉여는 감소한다.
⑤ 베이컨의 수요량이 증가하기에 판매수입도 증가한다.

03 기펜재 정답 ①

(출제 포인트) 가격이 상승할 때 수요량이 증가하는 재화를 기펜재라고 하고, 기펜재는 통상수요곡선이 우상향한다.

(정답)
ㄱ, ㄴ. 기펜재는 대체효과보다 소득효과가 더 큰 열등재로, 가격이 상승하면 수요량이 증가하기에 수요곡선은 우상향한다.

(오답피하기)
ㄷ. 과시적 소비는 베블렌효과를 의미하며, 기펜재와는 아무런 관계가 없다.
ㄹ. 기펜재는 대체효과보다 소득효과가 더 크다.

04 소득-여가결정모형 정답 ④

(출제 포인트) 동일한 실질소득 수준에서 상대가격의 변화에 따른 구입량의 변화를 대체효과라 한다. 동일한 상대가격 수준에서 실질소득의 변화에 따른 구입량의 변화를 소득효과라 한다.

(정답)
소득과 여가가 모두 정상재인 경우, 임금이 하락하면 대체효과에 의해서는 노동공급이 감소하고 소득효과에 의해서는 노동공급이 증가하기에 소득효과가 대체효과보다 크면 노동공급이 증가한다.

(오답피하기)
①, ② 임금이 상승하면, 여가의 상대가격이 상승하고 대체효과에 의해 여가의 소비는 감소하고 노동의 공급은 증가한다. 이때, 여가가 정상재인 경우 임금상승으로 인해 실질소득이 증가하면 여가의 소비는 증가하고 노동의 공급은 감소한다.
③ 소득과 여가가 모두 정상재인 경우, 임금이 하락하면 대체효과에 의해서는 노동공급이 감소하고 소득효과에 의해서는 노동공급이 증가하기에 대체효과가 소득효과보다 크면 노동공급이 감소한다.
⑤ 시간당 임금의 변화에 따라 노동의 공급과 여가의 소비가 결정된다.

05 꾸르노모형 정답 ③

(출제 포인트) 두 기업이 모두 추종자라고 가정하는 꾸르노모형은 완전경쟁의 $\frac{2}{3}$만큼 생산한다.

(정답)
- 꾸르노경쟁에서 각 기업은 완전경쟁시장의 균형생산량의 $\frac{1}{3}$만큼 생산하고 완전경쟁시장의 이윤극대화 생산량조건은 $P=MC$이기에 $-0.5Q+4{,}000=1{,}000$, 완전경쟁시장 균형생산량은 $Q=6{,}000$이다.
- 그러므로 주유소 A, B의 균형판매량은 각각 $\frac{6{,}000}{3}=2{,}000$이다.

06 소비이론 정답 ③

출제 포인트 실제소득은 자신의 자산으로부터 매기에 예상되는 평균수입인 항상소득과 일시적 소득인 임시소득으로 구성되는데 소비는 항상소득의 일정비율의 함수라는 것이 프리드만의 항상소득가설이다.

정답
항상소득가설에 의하면 소비는 항상소득의 일정비율이기에 임시소득의 증가는 저축으로 이어질 뿐 소비에 영향을 미치지 않는다.

오답피하기
① 절대소득가설에 의하면 소비는 가처분소득에 의해 결정되기에 이자율의 영향을 전혀 받지 않는다. 즉, 소비의 이자율탄력성은 0이다.
② 상대소득가설에 의하면 장기에 소득이 증가할 때 소비를 증가시키면 다른 사람과 소비수준을 비슷하게 유지하는 것이 가능하여 APC와 MPC는 일치하기에 장기소비함수는 원점을 통과하는 직선의 형태이다.
④ 생애주기가설에 의하면 사람들은 청년기, 중년기, 장년기의 일생에 걸친 소득을 염두에 두고 소비를 결정한다.
⑤ 절대소득가설에 의하면 평균소비성향이 한계소비성향보다 크다.

07 희생비율 정답 ②

출제 포인트 희생비율 $= \frac{\text{실질}GDP\text{감소율}}{\text{인플레이션하락률}}$이다.

정답
- 오쿤의 법칙에 의하면 실업률이 1%포인트 증가하면 실질GDP가 2%포인트 감소하기에 중앙은행이 화폐공급증가율을 낮춰 실업률이 4%포인트 상승하면 실질GDP는 8%포인트 감소한다.
- 희생비율 $= \frac{\text{실질}GDP\text{감소율}}{\text{인플레이션하락률}}$이고 인플레이션율은 2%포인트 하락하고 실질$GDP$가 8%포인트 감소했기에 희생비율은 4이다.

08 경기지수 정답 ④

출제 포인트 경기동향을 알기 위한 지수를 경기지수라 하고, 선행, 동행, 후행지수를 이용하여 경기상황을 판단하는 대표적인 경기지수로 경기종합지수, 기업가의 경기상황판단을 조사하여 작성되는 기업경기실사지수, 소비자의 주관적인 인식과 판단을 조사하여 작성되는 소비자동향지수 등이 있다.

정답
- 동행종합지수는 현재의 경기상황을 나타내는 지표로 광공업생산지수, 서비스업생산지수(도소매업 제외), 건설기성액, 소매판매액지수, 내수출하지수, 수입액, 비농림어업취업자수 등 7개 지표로 구성되어 있다.
- 선행종합지수는 비교적 가까운 장래의 경기동향을 예측하는 데 활용되며 재고순환지표, 경제심리지수, 기계류내수출하지수(선박 제외), 건설수주액, 수출입물가비율, 코스피, 장단기금리차 등 7개의 지표로 구성되어 있다.
- 후행종합지수는 경기변동을 사후에 확인하는 데 활용되며 생산자제품재고지수, 소비자물가지수변화율(서비스업), 소비재수입액, 취업자수, CP유통수익률 등 5개 항목으로 구성되어 있다.

09 교역조건 정답 ②

출제 포인트 양국의 국내상대가격비, 즉, 기회비용 사잇값에서 양국이 이득을 볼 수 있는 교역조건이 성립한다.

정답
- 甲국이 X재를 1단위 생산하는 데 필요한 생산비는 5이고 Y재를 1단위 생산하는 데 필요한 생산비는 10이기에 X재 생산의 기회비용은 0.5이다.
- 乙국이 X재를 1단위 생산하는 데 필요한 생산비는 8이고 Y재를 1단위 생산하는 데 필요한 생산비는 13이기에 X재 생산의 기회비용은 $\frac{8}{13}$이다.
- 두 나라 모두 이익을 얻을 수 있는 교역조건은 양국의 X재 생산의 기회비용의 사잇값인 '$0.5 < X1 < \frac{8}{13}$'이다.

10 국제수지표 정답 ①

출제 포인트 일정기간 일국거주자와 비거주자 간 경제적 거래를 분류 · 집계한 국제수지표는 경상수지, 자본 · 금융계정, 오차 및 누락으로 구성된다.

정답
외국인의 국내주식 구입은 경상수지가 아니라 자본 · 금융계정의 금융계정(증권투자)에 포함되는 거래이다.

오답피하기
②, ④ 해외교포의 국내송금과 정부 간 무상원조는 경상수지 중 이전소득수지로 분류된다.
③ 재화의 수출입은 경상수지의 상품수지로 분류된다.
⑤ 외국인의 국내관광 지출은 서비스수지로 분류된다.

16회 2015 감정평가사(2)

정답

p.129

01	④ 미시	02	④ 미시	03	① 미시	04	③ 미시	05	④ 미시
06	② 미시	07	① 미시	08	④ 거시	09	④ 거시	10	④ 국제

01 효용극대화 정답 ④

출제 포인트 효용함수가 $U=X^{\alpha}Y^{\beta}$이면 X재의 수요함수는 $X=\frac{\alpha}{\alpha+\beta}\cdot\frac{M}{P_X}$이고, Y재의 수요함수는 $Y=\frac{\beta}{\alpha+\beta}\cdot\frac{M}{P_Y}$이다.

정답

효용함수가 1차 $C-D$형 함수인 $U=XY$이기에 $X=\frac{M}{2P_X}$, $Y=\frac{M}{2P_Y}$이 성립하고 $P_X=1$, $P_Y=2$, $M=100$이기에 X재 소비량은 50단위, Y재 소비량은 25단위이다.

02 무차별곡선 정답 ④

출제 포인트 공리주의 사회후생함수($W=U^A+U^B$)의 사회무차별곡선은 기울기가 -1인 우하향의 직선으로 도출된다.

정답

효용함수는 $U=X+Y$, $Y=-X+U$로 무차별곡선은 기울기가 1인 우하향의 직선이기에 한계대체율은 1로 일정하다.

오답피하기

①, ③ 무차별곡선은 원점에서 멀어질수록 효용이 커지기에 원점에 멀리 있는 무차별곡선은 가까이 있는 무차별곡선보다 선호되고 서로 교차하지 않는다.

② 무차별곡선은 기울기가 1인 우하향의 직선이다.

⑤ 효용함수가 $U(x, y)=x+y$이기에 무차별곡선은 우하향의 직선이다.

03 이윤극대화 정답 ①

출제 포인트 주어진 총비용으로 구입가능한 생산요소의 조합을 나타낸 직선이 등비용선이다. 등비용선은 $TC=wL+rK$이다.

정답

- 생산함수가 $Q=K^{\frac{1}{2}}L^{\frac{1}{4}}$으로 이윤함수 $\pi=TR-TC$에서 $TR=P\times Q$, $TC=wL+rK$이기에 $\pi=4Q-(L+2K)=4K^{\frac{1}{2}}L^{\frac{1}{4}}-L-2K$이다.
- 이윤이 극대화되는 요소투입량을 구하기 위해 이윤함수를 L과 K에 대해 미분한 후에 0으로 두면 각각 다음과 같다.
- $\frac{d\pi}{dL}=K^{\frac{1}{2}}L^{-\frac{3}{4}}-1=0\rightarrow K^{\frac{1}{2}}L^{-\frac{3}{4}}=1$ ……①
- $\frac{d\pi}{dK}=2K^{-\frac{1}{2}}L^{\frac{1}{4}}-2=0\rightarrow K^{-\frac{1}{2}}L^{\frac{1}{4}}=1$ ……②

위의 식 ①을 ②로 나누면 $K=L$의 관계가 도출된다.
$K=L$을 위의 식 ①과 ②에 대입하면 $K=1$, $L=1$이다.

04 수요독점 정답 ③

출제 포인트 생산요소시장이 수요독점이면 고용량은 $MRP_L=MFC_L$에서 결정되고, 임금은 평균요소비용과 일치한다.

정답

노동시장에서 수요독점자의 균형고용량 조건은 $MRP_L=MFC_L$이고 노동공급곡선은 $w=800+10L$, 노동공급곡선과 Y절편은 같고 기울기는 두 배인 한계요소비용은 $MFC_L=800+20L$, $MRP_L=2{,}000-10L$이기에 $800+20L=2{,}000-10L$, 균형고용량은 $L=40$이고 이를 다시 노동공급곡선에 대입하면 균형임금은 $w=1{,}200$이다.

05 탄력성 정답 ④

출제 포인트 우하향의 수요직선에서 중점은 단위 탄력적이고, 중점 위는 탄력적이며, 중점 아래는 비탄력적으로 모든 점의 수요의 가격탄력성이 다르다.

정답

독점기업의 이윤극대화 조건은 $MR=MC$이고 아모로소-로빈슨공식에 의하면 $MR=P\left(1-\frac{1}{\varepsilon}\right)$이기에 한계비용이 양(+)의 값을 갖는 독점기업의 단기 균형에서 수요의 가격탄력성은 1보다 크다.

06 이윤극대화 정답 ②

출제 포인트 제품 한 단위당 세금을 부과하는 종량세는 생산자에게 부과될 때 생산자가 소비자로부터 받고자 하는 가격이 단위당 조세(T원)만큼 상승하고, 소비자에게 부과될 때 소비자가 생산자에게 지불할 용의가 있는 금액이 단위당 조세(T원)만큼 하락한다.

(정답)

- 독점기업의 이윤극대화 조건은 $MR = MC$이고 총비용함수를 Q에 대해 미분한 한계비용은 $MC = 2Q$이다.
- 이때, 정부가 단위당 200원의 조세를 부과하면 한계비용은 200원 상승하기에 한계비용은 $MC + T = 200 + 2Q$가 된다.
- 바뀐 한계비용과 한계수입 $MR = 1{,}200 - 2Q$를 연립하면 $1{,}200 - 2Q = 200 + 2Q$, $4Q = 1{,}000$, 이윤극대화 생산량은 $Q = 250$이다.

07 순현재가치 정답 ①

(출제 포인트) 투자로부터 얻는 수입의 현재가치(PV)와 투자비용(C)을 비교하여 투자여부를 결정하는 이론이 현재가치법으로 고전학파의 투자결정이론이다.

(정답)

- 이자율이 20%이고, 투자안의 1년 뒤의 수익이 120원, 2년 뒤의 수익이 144원이기에 투자안의 현재가치는 $PV = \frac{120}{(1+0.2)} + \frac{144}{(1+0.2)^2}$ $= 100 + 100 = 200$원이다.
- 투자비용이 250원이고, 투자안의 현재가치가 200원이기에 현재가치에서 투자비용을 차감한 순현재가치는 -50원이다.

08 지급준비금 정답 ④

(출제 포인트) 법정지급준비율이 5%이고 요구불예금이 5,000만 원일 때 법정지급준비금은 $5{,}000 \times 0.05 = 250$만 원이다.

(정답)

실제지급준비금 1,000만 원 중 법정지급준비금은 '요구불예금 5,000만 원 × 법정지급준비율 5%' = 250만 원이기에 초과지급준비금은 750만 원이다.

09 성장회계 정답 ④

(출제 포인트) 경제성장의 요인을 요인별로 분석해 보는 것을 성장회계라 하고, $Y = AK^{\alpha}L^{1-\alpha}$에서 $\frac{\Delta Y}{Y} = \frac{\Delta A}{A} + \alpha\frac{\Delta K}{K} + (1-\alpha)\frac{\Delta L}{L}$로 나타낸다. 이때 $\frac{\Delta A}{A}$를 총요소생산성증가율이라 한다.

(정답)

총생산함수 $Y = AK^{\frac{1}{3}}L^{\frac{2}{3}}$을 L로 나눈 1인당 생산함수는 $y = Ak^{\frac{1}{3}}$이고 이를 증가율로 나타내면 $\frac{\Delta y}{y} = \frac{\Delta A}{A} + \frac{1}{3}\left(\frac{\Delta k}{k}\right) \rightarrow 10\% = 7\% + \frac{1}{3}\left(\frac{\Delta k}{k}\right)$이기에 노동자 1인당 자본량 증가율은 $\frac{\Delta k}{k} = 9\%$이다.

10 환율 정답 ④

(출제 포인트) 일물일가의 법칙을 전제로, 양국의 구매력인 화폐가치가 같도록 환율이 결정되어야 한다는 이론이 구매력평가설로, $P = e \cdot P_f$이다. 이를 변형하면 환율상승률 = 국내물가상승률 − 해외물가상승률이다.

(정답)

실질환율$\left(\varepsilon = \frac{e \times P_f}{P}\right)$을 증가율 형태로 바꾸어 나타내면 $\frac{d\varepsilon}{\varepsilon} = \frac{de}{e} + \frac{dP_f}{P_f} - \frac{dP}{P}$이고 2014년은 2013년에 비해 명목환율은 10%, 한국의 물가지수는 5%, 미국의 물가지수는 2% 상승했기에 실질환율 변화율은 $\frac{d\varepsilon}{\varepsilon} = 10\% + 2\% - 5\% = 7\%$이다.

17회 2014 감정평가사(1)

정답

p. 132

01	③ 미시	02	② 미시	03	④ 미시	04	② 미시	05	③ 미시
06	① 미시	07	② 거시	08	① 거시	09	④ 거시	10	③ 거시

01 탄력성 정답 ③

출제 포인트 다른 재화의 가격이 1% 변화할 때, 본 재화의 수요량 변화율이 교차탄력성이다.

정답

- 사과수요의 가격탄력성이 0.4이기에 사과가격이 5% 하락하면 사과수요량이 2% 증가하고 사과수요의 배가격에 대한 교차탄력성이 0.2이기에 배가격이 5% 하락하면 사과수요량이 1% 감소한다.
- 즉, 사과수요량은 1% 증가한다.

02 보조금 정답 ②

출제 포인트 단위당 S원의 보조금을 지급하면 공급곡선이 S원만큼 하방으로 이동하기에 공급곡선 식이 $P=-(40+S)+2Q$로 바뀐다.

정답

- 정부가 책정하는 가격상한 $P=100$을 수요함수에 대입하면 수요량은 $Q=100$이다.
- 정부가 생산자에게 보조금을 지급하면 공급곡선은 하방 이동하고 보조금을 a로 둘 때, 공급곡선은 $P=-40-a+2Q$가 된다.
- 이때, 정부가 책정한 상한가격 $P=100$과 이때의 수요량 $Q=100$을 공급곡선 $P=-40-a+2Q$에 대입하면 보조금 $a=60$이다.

03 슈타켈버그모형 정답 ④

출제 포인트 선도자란 자신이 임의의 생산량을 선택하였을 때 추종자가 어떤 반응을 보일지 미리 예상하고 자신에게 가장 유리한 생산량을 선택하는 기업이다.

정답

- 기업 A가 선도자이고 기업 B는 추종자이기에, 기업 A가 전략 15, 20, 30을 선택하면 기업 B는 보수가 가장 높은 전략 20(375, 500), 전략 20(400, 400), 전략 15(450, 225)를 선택한다.
- 이때, 기업 A가 전략 30을 선택하는 경우 보수가 (450, 225)로 가장 높기에 생산량균형은 (전략 30, 전략 15)이다.

04 독점 정답 ②

출제 포인트 독점기업은 $MR=MC$에서 생산량을 결정하고, $MR=MC$의 위에 있는 수요곡선상의 점에서 가격이 결정된다.

정답

- 독점기업의 이윤극대화 생산량 조건은 $MR=MC$이고 수요함수는 $Q=10-P$, $MR=10-2Q$, 한계비용은 $MC=0$이기에 $10-2Q=0$, 이윤극대화 생산량은 $Q=5$이다.
- 이윤극대화 생산량 $Q=5$를 수요함수 $Q=10-P$에 대입하면 균형가격은 $P=5$이다.
- 이때, 독점기업이 이윤극대화를 할 때 발생하는 자중손실의 크기는 아래 그림에서 표시한 면적과 같기에 $\frac{5\times5}{2}=12.5$이다.

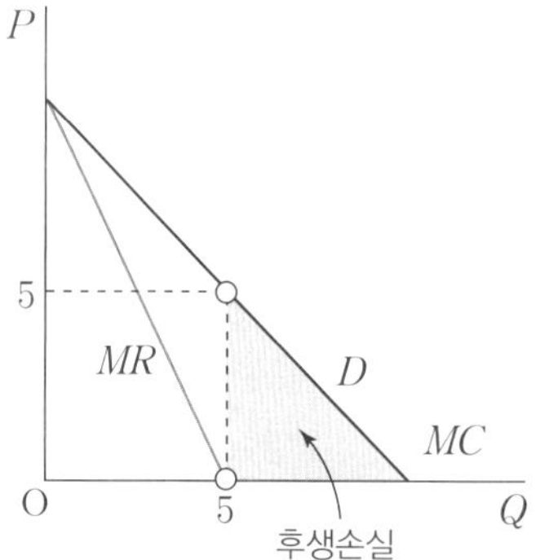

05 노동시장 정답 ③

출제 포인트 개인의 노동공급곡선은 여가가 정상재일 경우 소득효과에 의해 후방으로 굴절하는 형태로 도출된다.

정답

ㄱ, ㄴ. 임금이 상승하면 대체효과에 의해 노동의 공급은 증가하나 여가가 정상재인 경우, 소득효과에 의해 노동의 공급은 감소하기에 노동의 공급 증감 여부는 대체효과와 소득효과의 상대적 크기 차이에 따라 다르다.

ㄷ. 여가가 정상재인 경우 노동공급곡선은 후방굴절형 곡선이 되기에 시간당 임금에 근로소득세를 부과하여 임금이 감소하면 노동공급이 증가할 수도 있고 감소할 수도 있다.

오답피하기

ㄹ. 비근로소득이 생기는 경우 실질소득만 증가하고 상대가격은 변화하지 않기에 소득효과만 발생할 뿐 대체효과는 발생하지 않는다. 이때, 여가가 정상재인 경우 비근로소득이 생겨 실질소득이 증가하는 경우 여가의 소비는 증가하고 노동의 공급은 감소한다.

06 기대효용이론 정답 ①

출제 포인트 불확실한 자산을 확실한 자산으로 교환하기 위하여 지불할 용의가 있는 금액을 위험프리미엄이라 하고, 위험프리미엄$(\pi)=$기대소득$(E(w))-$확실성등가(CE)로 계산한다.

정답

- 자전거의 가치는 100만 원, 도난확률은 0.5, 효용함수는 $U=\sqrt{Y}$이기에 자전거의 기대가치는 100만 원$\times 0.5=$50만 원이고 기대효용은 $\sqrt{100\text{만 원}}\times 0.5=500$이다(②).
- 효용함수는 $U=\sqrt{Y}$이고 기대효용은 500이기에 불확실한 상태에서의 확실성등가는 $\sqrt{CE}=500$, $CE=250{,}000$이다.
- 이때, 위험한 기회를 다른 사람에게 전가할 때 지급할 최대 추가보상액인 위험프리미엄은 기대치에서 확실성등가를 제외한 값이기에 50만 원$-$25만 원$=$25만 원이다(①).
- 공정한 보험료는 최초의 가치 100만 원과 기대치 50만 원의 차액이기에 50만 원이다(③).
- 손실액 전액을 보상해 주는 보험에 대해 지불할 용의가 있는 금액인 최대 보험료는 최초의 가치 100만 원과 위험프리미엄 25만 원의 차액이기에 75만 원이다(④).

07 성장회계 정답 ②

출제 포인트 경제성장의 요인을 요인별로 분석해 보는 것을 성장회계라 하고, $\frac{\Delta Y}{Y}=\frac{\Delta A}{A}+0.7\left(\frac{\Delta K}{K}\right)+0.3\left(\frac{\Delta L}{L}\right)$로 나타낸다.

정답

- 생산함수 $Y=AK^{0.7}L^{0.3}$을 증가율 형태로 바꾸어 나타내면 $\frac{\Delta Y}{Y}=\frac{\Delta A}{A}+0.7\left(\frac{\Delta K}{K}\right)+0.3\left(\frac{\Delta L}{L}\right)$이고 $\frac{\Delta A}{A}=2\%$, $\frac{\Delta K}{K}=10\%$, $\frac{\Delta L}{L}=5\%$이기에 GDP 증가율은 $\frac{\Delta Y}{Y}=10.5\%$이다.
- 이때, 1인당 소득의 증가율은 GDP 증가율 10.5%에서 인구증가율 5%를 차감한 값이기에 5.5%이다.

08 AD-AS곡선 정답 ①

출제 포인트 케인즈학파는 합리적 기대 속에 가격변수가 경식석이년 안정화정책이 효과가 있음을 주장한다.

정답

물가가 하방경직적일 때 총공급곡선은 우상향하기에 총수요의 변화는 단기적으로 실질GDP에 영향을 미친다.

오답피하기

②, ④ 장기에 총공급곡선은 자연산출량 수준에서 수직선이기에 통화정책과 재정정책은 단기에만 영향을 미칠 뿐 장기에는 실질GDP에 영향을 미치지 못한다.

③ 고전학파는 장기와 단기 구분 없이 실질 변수의 균형치는 통화량과 관계없이 결정되기에 단기와 장기 모두에 있어 고전적 이분성(classical dichotomy)이 성립한다고 주장했다.

⑤ 물가와 임금은 단기에 경직성이 성립할 수 있으나 장기에는 모두 신축적이다.

09 AD-AS곡선 정답 ④

출제 포인트 새고전학파는 예상된 정책의 경우 단기에도 실업률에는 아무런 영향을 미칠 수 없으며, 물가만 변동한다.

정답

- 물가 예상이 합리적으로 형성되고 통화량감소가 미리 예측된다면, 합리적 기대하 예상된 긴축통화정책으로 총공급곡선은 자연산출량 수준에서 수직선이고 AD곡선은 좌측 이동한다.
- 총공급곡선이 수직선일 때 AD곡선이 좌측 이동하면 물가는 즉시 감소하고 실질GDP는 원래 수준을 유지한다.

10 필립스곡선 정답 ③

출제 포인트 통화량증가율을 일정하게 유지한다고 사전 공표하고 이를 집행하면 경제주체들이 정확하게 예상할 것이고, 실제실업률이 자연실업률과 같아지게 될 것이다.

정답

단기 필립스곡선 $\pi_t=\pi^e-0.5(u_t-u^n)$에서 기대인플레이션율과 실제인플레이션율이 일치하면 필립스곡선은 자연실업률 u^n수준에서 수직선이 된다. 즉, $\pi_t=\pi^e$인 경우 $u_t=u^n$이기에 통화량증가율을 일정하게 유지한다고 공표한 다음 그대로 지켜서 기대인플레이션률과 실제인플레이션율을 일치시키는 준칙을 지켜야 한다.

18회 2014 감정평가사(2)

정답

p.135

01	② 미시	02	① 미시	03	② 미시	04	④ 미시	05	② 미시
06	① 거시	07	④ 거시	08	③ 거시	09	④ 거시	10	② 거시

01 수요곡선 정답 ②

출제 포인트 우하향의 수요직선에서 중점은 단위탄력적이고, 중점 위는 탄력적이며, 중점 아래는 비탄력적으로 모든 점의 수요의 가격탄력성이 다르다.

정답

ㄱ. 가격축과 수량축 절편은 모두 100이고 수요곡선은 우하향의 직선이기에 수요함수는 $P=100-Q$이고 가격이 30원이면 수요량은 70단위이다.

ㄷ. 독점기업은 수요의 가격탄력성이 1보다 큰 구간에서 생산하고, 수요함수는 $P=100-Q$로 가격과 생산량이 모두 50일 때 수요의 가격탄력성은 1이기에 독점기업이 이윤극대화 생산량을 설정할 때 가격은 50원 이상이다.

오답피하기

ㄴ. 수요곡선이 우하향의 직선인 경우 수요곡선의 중점에서 가격탄력성은 단위탄력적인 1이고 수요량이 증가함에 따라 탄력성은 감소한다.

ㄹ. X재는 정상재이기에 소득이 증가하면 수요곡선이 우측 이동한다.

02 효용극대화 정답 ①

출제 포인트 효용함수가 $U=X^{\alpha}Y^{\beta}$이면 X재의 수요함수는 $X=\frac{\alpha}{(\alpha+\beta)}\cdot\frac{M}{P_X}$이고, Y재의 수요함수는 $Y=\frac{\beta}{(\alpha+\beta)}\cdot\frac{M}{P_Y}$이다.

정답

- 효용함수가 $C-D$형 함수인 $U=X^6Y^4$일 때, $X=\frac{\alpha}{\alpha+\beta}\cdot\frac{M}{P_X}$, $Y=\frac{\beta}{\alpha+\beta}\cdot\frac{M}{P_Y}$이기에 X재의 수요함수는 $X=\frac{6}{10}\cdot\frac{M}{P_X}$, Y재의 수요함수는 $Y=\frac{4}{10}\cdot\frac{M}{P_Y}$이다.
- 이때, $P_X=3$, $P_Y=4$, $M=100$이기에 $X=20$, $Y=10$이다.

03 손익분기점 정답 ②

출제 포인트 AC곡선의 최저점은 초과이윤도 없고 손실도 없는 손익분기점이고, AVC곡선의 최저점은 생산하는 것과 생산을 하지 않는 것이 동일한 생산중단점이다.

정답

- 생산함수는 1차 $C-D$형 함수인 $Q=\sqrt{LK}$이고 $K=2$이기에 생산량은 $Q=\sqrt{2L}$이고 총비용은 $C=wL+rK$에서 노동과 자본의 가격은 각각 1이기에 $C=L+2$이다.
- 이때, $Q=\sqrt{2L}$에서 $L=\frac{1}{2}Q^2$이기에 $C=L+K=\frac{1}{2}Q^2+2$, 평균비용곡선은 $AC=\frac{1}{2}Q+\frac{2}{Q}$이고 평균비용곡선의 최저점이 손익분기점이기에 비용함수를 Q에 대해 미분하여 0으로 두면 $\frac{dAC}{dQ}=\frac{1}{2}-\frac{2}{Q^2}=0$, 손익분기점에서의 생산량은 $Q=2$이고 이를 다시 평균비용곡선에 대입하면 손익분기점은 $AC=2$이다.

04 외부성 정답 ④

출제 포인트 생산과정에서 제3자에게 의도하지 않은 이득을 주지만 대가를 받지 않아 사적 비용이 사회적 비용보다 커서 과소생산이 되는 것을 생산의 외부경제라 한다.

정답

ㄱ, ㄴ. 甲이 과실나무를 증가시킬 때 乙의 꿀 생산이 증가하고, 乙이 꿀벌의 수를 증가시킬 때 甲의 과수원 수확이 증가하여 서로 추가적 외부 한계편익을 주기에 甲과 乙은 서로 긍정적 외부효과를 주고 있다. 이때, 외부효과는 거래비용이 존재하지 않을 때 甲과 乙의 거래에 의해 사회적 최적 생산량을 합의할 수 있다.

ㄹ. 외부효과가 발생하는 경우, 甲이 乙의 양봉장을 인수하는 방법을 통해 외부효과를 내부화함으로써 사회적 최적 생산량을 달성할 수 있다.

오답피하기

ㄷ. 긍정적 외부효과가 발생하는 경우 추가적인 외부 한계편익이 발생하기에 과소생산이 되고 시장실패에 대한 교정이 필요하다.

05 3급 가격차별 정답 ②

출제 포인트 두 시장이 존재하는 3급 가격차별의 이윤극대화 조건은 $MR_A = MR_B = MC$이다.

정답

- 3급 가격차별의 이윤극대화 조건은 $MR_A = MR_B = MC$이고 시장 A에서의 수요함수는 $P_A = 20 - Q_A$, 한계수입은 $MR_A = 20 - 2Q_A$, 시장 B에서의 수요함수는 $P_B = 10 - 0.5Q_B$, 한계수입은 $MR_B = 10 - Q_B$, 한계비용은 $MC = 5$로 일정하기에 $20 - 2Q_A = 5$, $Q_A = 7.5$, $10 - Q_B = 5$, $Q_B = 5$이다.
- $Q_A = 7.5$를 시장 A의 수요함수에 대입하면 $P_A = 12.5$, $Q_B = 5$를 시장 B의 수요함수에 대입하면 $P_B = 7.5$이다.

06 솔로우모형 정답 ①

출제 포인트 저축률이 상승(저축함수의 상방 이동)하면 단기적으로 경제성장률이 증가하나 장기적으로 경제성장률은 본래수준으로 복귀하기에 수준효과만 있을 뿐 성장효과를 갖지 못한다.

정답

솔로우모형에서 저축률이 상승하면 저축이 증가하고 그에 따라 투자가 늘어나 1인당 자본량이 증가하고 1인당 소득도 점차 증가하나 자본의 한계생산물은 체감하기에 새로운 균제상태에 도달하면 경제성장률이 최초의 균제상태에서와 같아진다.

07 총공급곡선 정답 ④

출제 포인트 합리적 기대 속에 가격변수가 매우 신축적으로 시장청산이 가능하다는 것이 새고전학파의 기본가정이다. 루카스 총공급함수는 $Y = Y_N + \alpha(P - P^e)$로, 물가예상이 정확하면 단기 총공급곡선이 수직선이고, 물가예상이 부정확하면 단기 총공급곡선이 우상향이다.

정답

루카스의 불완전정보모형에서는 재화가격에 대한 정보불완전성 때문에 단기 총공급곡선이 우상향한다.

오답피하기

①, ③ 새케인즈학파는 합리적 기대는 인정하였으나 가격의 경직성, 실질임금의 경직성, 명목임금의 경직성 등의 이유로 단기에 총공급곡선은 우상향한다고 주장하였다.

② 실물적 균형경기변동이론에 의하면 생산성변화 등 공급측면의 충격과 정부지출 변화 등 IS곡선에 영향을 미치는 충격으로 경기변동이 발생한다.

⑤ 가격설정이 완전신축적인 경우 루카스 총공급곡선은 직선이다.

08 교환방정식 정답 ③

출제 포인트 고전학파의 화폐수량설 $MV = PY$는 통화량과 물가가 정비례하다는 물가이론으로 볼 수 있다. 고전학파의 화폐수량설을 변형한 $M = \frac{1}{V}PY$에서 PY(명목국민소득)만큼의 거래를 위해 일정비율 $\left(\frac{1}{V}\right)$만큼의 화폐수요가 필요하다는 화폐수요로 해석할 수 있다.

정답

화폐수요함수 $\frac{M}{P} = 500 + 0.2Y - 1{,}000i$에서 $Y = 1{,}000$, $i = 0.1$이기에 $\frac{M}{P} = 600$이고 $MV = PY$에서 $V = \frac{PY}{M}$이고 $\frac{P}{M} = \frac{1}{\frac{M}{P}} = \frac{1}{600}$, $Y = 1{,}000$이기에 화폐유통속도 V는 물가에 관계없이 $V = \frac{10}{6}$이다.

09 투자이론 정답 ④

출제 포인트 자본의 한계생산물가치(VMP_K)와 자본의 사용자비용(C)이 일치하는 수준에서 적정자본량이 결정되고 투자가 이루어진다는 이론이 신고전학파이론이다.

정답

신고전학파의 투자이론에 따르면 $VMP_K = C = (r + d)P_K$이기에 감가상각률 d를 고려하지 않는다면 자본재 1단위에 대한 투자의 기회비용은 자본재의 매매가격이 아니라 rP_K이다.

오답피하기

① 실질이자율이 상승하면 자본의 사용자비용(c)이 증가하여 기업의 투자는 감소한다.

② 실질이자율이 하락하면 자본재 구입량이 증가하고 자본의 한계생산물은 체감하기에 자본의 한계생산은 하락한다.

③ 경제 전체의 기술이 진보하여 자본의 한계생산성이 높아지면 자본의 한계생산물가치(VMP_K)곡선이 우측 이동하고 이로 인해 기업들의 적정자본량이 증가하기에 기업의 투자수요는 증가한다.

⑤ 자본의 한계생산이 높아지면 투자가 증가하여 대부자금의 수요가 증가하기에 이자율은 상승한다.

10 실업률 정답 ②

출제 포인트 경제활동인구 중에서 실업자가 차지하는 비중을 실업률이라 하고, 15세 이상 인구 중에서 경제활동인구가 차지하는 비중을 경제활동참가율이라 한다.

정답

실업률은 $\frac{\text{실업자}}{\text{경제활동인구}(=\text{취업자}+\text{실업자})} \times 100$, 경제활동참가율은 $\frac{\text{경제활동인구}}{\text{15세 이상 인구}} \times 100$이기에 실업자를 비경제활동인구로 분류하면, 실업률의 경우 분모의 감소율보다 분자의 감소율이 더 크기에 낮아지고, 경제활동참가율의 경우도 분자의 크기가 감소하기에 낮아진다.

19회 2013 감정평가사(1)

정답 p.138

01	④ 미시	02	② 미시	03	④ 미시	04	① 미시	05	④ 미시
06	③ 거시	07	④ 거시	08	① 거시	09	② 미시	10	④ 미시

01 기대효용 정답 ④

(출제 포인트) 위험선호자란 불확실성이 내포된 자산을 동일액수의 확실한 자산보다 더 선호하는 사람으로 기대효용이 기대치의 효용보다 더 크기에 효용함수가 아래로 볼록하다.

(정답)
위험선호자의 효용함수는 아래쪽에서 볼록한 형태이기에 확실성등가가 기대소득보다 크다. 즉, 기대소득에서 확실성등가를 뺀 위험프리미엄은 음(－)의 값을 갖는다.

02 이윤극대화 정답 ②

(출제 포인트) 레온티에프형 생산함수 $Q=\min\{aL, bK\}$하 생산자균형점에서 $Q=aL=bK$가 성립한다.

(정답)
- 생산함수의 양변을 제곱하면 $Q^2=\min\{L, 3K\}$인 레온티에프형 함수이고 생산자균형점에서 $Q^2=L=3K$이기에 비용 $C=wL+rK$는 $(4\times Q^2)+\left(6\times\frac{1}{3}Q^2\right)=6Q^2$이다.
- 비용함수를 Q에 대해 미분한 한계비용은 $MC=12Q$이고 완전경쟁시장 이윤극대화 조건은 $P=MC$이기에 $P=12Q$, 공급함수는 $Q=\frac{1}{12}P$이다.

03 한계수입 정답 ④

(출제 포인트) 아모로소－로빈슨 방정식은 $MR=P\left(1-\frac{1}{\epsilon}\right)\left(=\frac{dTR}{dQ}=P+\frac{QdP}{dQ}\right)$이다.

(정답)
아모로소－로빈슨 방정식에 의하면 $MR=P\left(1-\frac{1}{\varepsilon}\right)$이고 균형가격은 $P=100$, $P=100$을 수요함수 $P=400-Q$에 대입한 균형생산량은 $Q=300$, 수요의 가격탄력성은 $-(-1)\times\frac{100}{300}=\frac{1}{3}$이기에 한계수입은 $MR=P\left(1-\frac{1}{\varepsilon}\right)=100(1-3)=-200$이다.

04 소비자이론 정답 ①

(출제 포인트) 롤스의 사회후생함수($W=\min\{U^A, U^B\}$)의 사회무차별곡선은 L자 형태로 도출되고, 완전보완재이기에 대체효과가 0이다.

(정답)
우하향의 수요직선에서 중점의 가격탄력성은 단위탄력적인 1이고 수요량이 증가할수록 가격탄력성은 감소한다.

(오답피하기)
② 효용함수가 $U=X+Y$인 경우 재화소비량을 각각 t배 증가하면 효용도 t배 증가하기에 1차동차 함수이다.
③ 효용함수가 레온티에프형 함수인 $U=\min\{X, Y\}$에서 두 재화는 완전보완관계이기에 대체효과는 0이다.
④ 기펜재는 소득이 증가할 때 소비가 감소하는 재화이기에 기펜재의 가격이 상승하면 실질소득이 감소하여 기펜재의 소비가 증가하고 이로 인해 정상재에 대한 수요는 감소한다.
⑤ 효용함수 $U=X+2Y$의 기울기는 $\frac{1}{2}$로 두 재화의 가격이 동일할 때 예산선의 기울기 1보다 작기에 효용극대화를 위해 Y재만을 소비한다.

05 외부효과 정답 ④

(출제 포인트) 사회적 최적생산량은 $P=SMC$에서 결정되고, 시장 균형생산량은 $P=PMC$에서 결정된다.

(정답)
- 생산량 한 단위당 30의 추가적인 사회적 비용이 발생하기에 추가적 외부 한계비용은 $EMC=30$이다.
- 정부개입이 없는 경우 $P=PMC$에서 균형생산량이 이루어지기에 $100-Q=40+0.5Q$, 균형생산량은 $Q=40$이기에, 생산량 수준인 40으로 규제하면 아무런 효과가 없다(①, ⑤).
- 사회적 후생을 극대화하는 생산량을 위한 조건은 $P=PMC+EMC$이기에 $100-Q=70+0.5Q$, 사회적 최적 생산량은 $Q=20$이다(②).
- 균형생산량을 사회적 최적 수준으로 감소시키려면 단위당 30의 조세를 부과하여 공급곡선(PMC)을 상방으로 이동시켜 PMC와 SMC가 일치해야 한다(③).
- 생산량 수준을 사회적 최적 생산량인 20단위로 규제하는 생산량 쿼터제도 피구적 조세와 같은 효과를 가져온다(④).

06 통화승수 정답 ③

출제 포인트 IS곡선이 급경사이고, LM곡선이 완만할수록 재정정책의 유효성은 커지고, IS곡선이 완만하고, LM곡선이 급경사일수록 금융정책의 유효성은 커진다.

정답

ㄷ, ㄹ. 통화승수 $m=\frac{k+1}{k+z}$에서 지급준비율(z)과 현금/예금 보유비율(k)이 이자율의 감소함수일 때, 이자율이 상승하면 지급준비율과 현금보유비율이 감소하기에 통화승수가 커지고 통화공급은 이자율의 증가함수가 된다. 이때, LM곡선은 통화공급이 외생적일 때보다 더 완만한 형태로 도출되고 재정정책의 효과는 커지고 통화정책의 효과는 작아진다.

오답피하기

ㄱ. 통화공급은 이자율의 증가함수이면 통화공급의 크기는 이자율의 크기에 의해 결정되기에 내생적으로 결정된다.

ㄴ. 통화정책의 효과는 작아진다.

07 생산함수 정답 ④

출제 포인트 솔로우(Solow)모형의 생산함수 $Y=AL^{1-\theta}K^{\theta}$에서 L의 지수값인 $(1-\theta)$는 노동소득분배율, K의 지수값인 θ는 자본소득분배율을 나타낸다.

정답

1차 $C-D$형 생산함수 $Y=AL^{1-\theta}K^{\theta}$에서 L의 지수값인 $(1-\theta)$는 노동소득분배율, K의 지수값인 θ는 자본소득분배율을 나타내기에 총요소생산성이 증가해도 θ는 변하지 않아 노동소득분배율과 자본소득분배율은 불변이다.

오답피하기

①, ② 1차 $C-D$형 생산함수 $Y=AL^{1-\theta}K^{\theta}$에서 L의 지수값인 $(1-\theta)$는 노동소득분배율, K의 지수값인 θ는 자본소득분배율이다.

③ 생산함수 $Y=AL^{1-\theta}K^{\theta}$는 1차 $C-D$형 함수이기에 규모에 대한 수익 불변이다.

⑤ 총생산함수 $Y=AL^{1-\theta}K^{\theta}$에서 노동과 자본의 투입량이 고정되어 있을 때 총생산량 Y는 총요소생산성 A에 의해 결정된다.

08 균형국민소득 정답 ①

출제 포인트 국민소득항등식 $Y=C+I+G+(X-M)$을 정리하면 $S_P+(T-G)=I+(X-M)$과 같이 나타낼 수 있다.

정답

- 국민소득항등식 $Y=C+I+G+(X-M)$을 정리하면 $Y-T-C+T-G=S_P+(T-G)=I+(X-M)$이다.
- $Y-T-C+T-G=S_P+(T-G)=I+(X-M)$에서 재정적자의 증가, 즉 정부저축 $T-G$가 감소할 경우 민간저축 $Y-T-C$에 변화가 없는 경우 투자 I와 순수출 $X-M$의 합계는 감소한다. 이때 민간저축과 정부저축의 합은 국민저축이기에 국민저축 또한 감소한다.

09 생산요소시장 정답 ②

출제 포인트 생산물시장이 완전경쟁이고, 생산요소시장이 완전경쟁이면 $VMP_L=MRP_L=MFC_L=w$의 관계가 성립한다. 이때 w는 명목임금이기에 $VMP_L=P\times MP_L=w$, $MP_L=\frac{w}{P}$(실질임금)가 성립한다.

정답

총생산함수 $Y=20\sqrt{L}$을 L에 대해 미분한 노동의 한계생산은 $MP_L=10L^{-\frac{1}{2}}=\frac{10}{\sqrt{L}}$이고 상품시장과 노동시장이 완전경쟁시장일 때 균형고용량을 위한 조건은 $VMP_L=W$이기에 $w=\frac{10}{\sqrt{L}}$, $\frac{10}{\sqrt{L}}=\sqrt{L}$, 균형노동량은 $L^*=10$이다.

10 기대수익률 정답 ④

출제 포인트 기대수익률은 수익능력을 평균적으로 계산한 기댓값이다.

정답

- X 투자안의 기대수익은 $(0.1\times0)+(0.9\times10)=9$만 원이고, Y 투자안의 기대수익은 $(0.1\times300)+(0.9\times(-30))=3$만 원이기에 甲은 X 투자안을 선택한다.
- 이때, X 투자안을 선택하면 0.1의 확률로 수익은 0, 0.9의 확률로 수익은 10만 원이 되고 乙의 이익 운용수수료는 10%이기에 乙의 기대운용수수료는 $(0.9\times10)\times0.1=0.9$만 원이다.
- Y 투자안을 선택하면 0.1의 확률로 수익은 300만 원, 0.9의 확률로 수익은 -30만 원이 되고 乙의 이익운용수수료는 10%이나 손실이 발생할 때에는 운용수수료를 받지 않기에 乙의 기대운용수수료는 $(0.1\times300)\times0.1=3$만 원이다.
- 그러므로 乙은 Y 투자안을 선택한다.

20회 2013 감정평가사(2)

정답 p.141

01	② 미시	02	① 미시	03	② 미시	04	② 미시	05	④ 미시
06	③ 국제	07	④ 거시	08	④ 거시	09	① 국제	10	② 국제

01 대체재 정답 ②

출제 포인트 석탄수요가 감소하면 석탄가격이 하락하기에 석탄공급량도 감소한다.

정답
석탄보다 발전비용 측면에서 저렴한 셰일가스를 채굴할 수 있는 기술이 개발되어 공급되면 셰일가스의 공급량이 증가하기에 대체재인 석탄의 수요는 감소하여 가격이 하락하고 생산량은 감소한다.

02 공공재 정답 ①

출제 포인트 개별수요곡선을 수직으로 합하여 도출하는 공공재의 시장수요곡선하에서 소비자들은 동일한 양을 서로 다른 편익으로 소비한다.

정답
- 공공재의 시장수요곡선은 개별수요곡선의 수직합이고 $P_A=10-Q_A$, $P_B=30-3Q_B$, $P_C=10-2Q_C$이기에 공공재의 시장수요곡선은 $P=50-6Q$이다.
- 공공재의 사회적 최적 공급량 결정조건은 $P=MC$이기에 $50-6Q=20$, $Q=5$이다.

03 조세부과 정답 ②

출제 포인트 생산자든 소비자든 어느 일방에게 조세를 부과해도 양자가 분담하게 되는 것을 조세의 귀착이라 한다. 분담정도와 조세수입은 탄력성에 반비례하며, 이로 인한 후생손실인 초과부담 또는 사중적 손실은 탄력성에 비례한다.

정답
- 조세를 부과할 때, 조세의 부담분은 곡선의 기울기와 비례하고 시장수요곡선과 시장공급곡선의 기울기가 1로 동일하기에 소비자의 단위당 조세부담분은 물품세 100의 절반인 50이다.
- 조세를 부과할 때 조세의 귀착이 발생하기에, 정부가 단위당 100의 물품세를 공급자에게 부과해도 소비자에게 부과한 것과 같은 결과를 가져온다.
- 정부가 단위당 100의 물품세를 공급자에게 부과했을 때, 공급곡선은 $Q=P-100$으로 상방 이동하고 이를 시장공급곡선 $Q=200-P$와 연립하면 $P-100=200-P$, 균형가격은 $P=150$, 균형생산량은 $Q=50$이다.
- 소비자가 부담하는 조세의 크기는 '소비자의 단위당 조세부담분 × 균형생산량'이기에 $50\times50=2{,}500$이다.

04 생산자균형 정답 ②

출제 포인트 주어진 등비용선 수준에서 총생산물이 극대가 되는 것을 생산자균형이라 하고, 등량곡선과 등비용선이 접하는 점에서 결국, 한계생산물균등의 법칙에 따라 달성된다.

정답
생산함수 $Q=\sqrt{KL}$은 1차 $C-D$형 함수이기에 한계기술대체율은 $MRTS_{LK}=\dfrac{K}{L}$이고 비용극소화 조건은 $MRTS_{LK}=\dfrac{K}{L}=\dfrac{w}{r}$이기에 최적 상태에서 노동 1단위 자본 투입량은 $\dfrac{w}{r}$이다.

오답피하기
①, ③ 생산함수 $Q=\sqrt{KL}$는 1차 $C-D$형 함수이기에 대체탄력성은 항상 1이다.
④ 생산자균형에서 $\dfrac{K}{L}=\dfrac{w}{r}$, $K=L\dfrac{w}{r}$이기에 최적 상태에서 노동과 자본의 투입량은 각 요소의 가격(w, r)과 기업이 목표로 하는 생산량(Q_0)에 의해 결정된다.
⑤ 생산함수 $Q=\sqrt{KL}$는 1차 $C-D$형 함수이기에 노동소득분배율과 자본소득분배율은 모두 50%로 일정하다.

05 독점 정답 ④

출제 포인트 AVC곡선의 최저점은 생산하는 것과 생산을 하지 않는 것이 동일한 생산중단점이다. 따라서 단기에 평균가변비용이 최저가 되는 생산량이 생산중단점이 된다.

정답
평균가변비용 $=8{,}000$원 $<$ 상품가격 $=1$만 원 $<$ 평균총비용 $=1$만 $2{,}000$원이기에 독점기업은 단기에는 생산을 지속하는 것이 유리하다. 이때, 생산을 중단하면 총고정비용만큼의 손실이 발생하고 평균고정비용 = 평균총비용 − 평균가변비용 $=4{,}000$원이고 $8{,}000$개의 상품을 판매하고 있기에 총고정비용은 $3{,}200$만 원이다.

오답피하기
①, ② 총수입은 $P\times Q$이고 $P=1$만 원, $Q=8{,}000$이기에 총수입은 $8{,}000$만 원이고, 총비용은 $AC\times Q$이고 $AC=1$만$2{,}000$원, $Q=8{,}000$이기에 총비용은 $9{,}600$만 원이다.
③ 손실 = 총수입 − 총비용 $=8{,}000$만 원 $-9{,}600$만 원 $=-1{,}600$만 원이기에 상품 단위당 손실은 $\dfrac{1{,}600\text{만 원}}{8{,}000}=2{,}000$원이다.
⑤ 상품가격이 평균가변비용보다 크고 평균총비용보다 작기에 단기에는 생산을 계속하고 장기에 중단하는 것이 손실을 최소화한다.

06 관세부과 정답 ③

출제 포인트 소국에 단위당 T원의 관세가 부과되면 국내가격이 T원만큼 상승한다. 따라서 국내생산증가, 국내소비감소, 국제수지개선 및 재정수입증가의 효과가 발생한다. 그리고 소비자잉여감소, 생산자잉여증가, 재정수입증가이나 사회적 후생 손실이 발생한다.

정답

소국에게 관세를 부과하면 국내가격은 관세만큼 상승하기에 국내소비는 감소한다.

오답피하기

①, ② 관세부과로 인해 국내가격이 상승하면 소비자잉여는 감소하고 생산자잉여는 증가한다.

④ 관세부과로 인해 국내가격이 상승하면 생산자의 생산량은 증가한다.

⑤ 관세를 부과하면 사회적 총잉여는 감소한다.

07 필립스곡선 정답 ④

출제 포인트 적응적 기대하 단기 필립스곡선과 합리적 기대하 예상치 못한 정책이 시행되었을 때의 단기 필립스곡선은 우하향의 형태이다.

정답

ㄷ. 합리적 기대하에서 예상치 못한 통화정책이 실시되면 단기 필립스곡선은 우하향의 곡선이 된다. 가령, 확장 통화정책이 실시되면 실업률은 줄고 인플레이션율은 늘기에 우하향의 곡선상에서 좌상방으로 이동한다.

ㄹ. 적응적 기대하에서 단기에 필립스곡선은 우하향한다. 가령, 긴축 통화정책이 실시되면 실업률은 늘고 인플레이션율은 줄기에 우하향의 곡선상에서 우하방으로 이동한다.

오답피하기

ㄱ. 원유가격이 상승하면 총공급곡선이 좌측 이동하여 물가는 상승하고 산출량은 감소하기에 단기 필립스곡선이 우상방으로 이동한다.

ㄴ. 단기 필립스곡선은 $\pi = \pi^e - a(u - u_N)$로 Y절편이 $\pi^e + au_N$인 우하향의 곡선이기에 기대인플레이션율 π^e가 상승하면 단기 필립스곡선이 상방 이동한다.

08 유동성함정 정답 ④

출제 포인트 유동성함정하 화폐수요의 이자율탄력성이 무한대로 재정정책의 효과가 극대화된다.

정답

유동성함정하에서는 화폐수요의 이자율탄력성이 무한대로 LM곡선이 수평선이기에 확장적 재정정책을 실시하여 IS곡선이 우측 이동하여도 이자율은 상승하지 않는다.

오답피하기

① 유동성함정하에서는 화폐수요의 이자율탄력성이 무한대이기에 LM곡선이 수평선이다.

②, ③ 현재 이자율이 매우 낮아 채권가격이 매우 높은 경우, 개인들은 이자율이 다시 상승하여 채권가격이 하락할 것을 예상하여 화폐를 보유하려 하기에 유동성함정이 발생할 수 있다.

⑤ 유동성함정하에서는 LM곡선이 수평선이기에 확장적 통화정책을 실시하여도 이자율과 총수요는 불변이다.

09 개방경제 정답 ①

출제 포인트 외화의 수요와 공급에 의해 결정되는 변동환율제도는 국제수지 불균형시 환율변동에 의해 자동적으로 조정된다.

정답

- 국가 간 자본이동이 완전히 자유롭고 변동환율제를 채택하는 소규모 개방경제에서 확장적인 통화정책을 시행하면 LM곡선이 우측 이동하기에 이자율은 하락하고 이로 인해 자본은 유출된다(ㄷ).
- 자본이 유출되면 외화 수요가 증가하여 환율이 상승하고 이로 인해 수출재의 가격이 하락하여 순수출은 증가하기에 경상수지는 개선된다(ㄴ).
- 순수출이 증가하면 IS곡선은 우측 이동하고 결과적으로 국민소득은 증가한다(ㄱ).

10 구매력평가설 정답 ②

출제 포인트 일물일가의 법칙을 전제로, 양국의 구매력인 화폐가치가 같도록 환율이 결정되어야 한다는 이론이 구매력평가설로, $P = e \cdot P_f$이다. 이를 변형하면 환율상승률 = 국내물가상승률 − 해외물가상승률이다.

정답

구매력평가설이 성립하면 실질환율은 1이기에 외국의 물가가 상승하여도 자국의 실질순수출은 불변이다.

오답피하기

① 구매력평가설이 성립하면 실질환율은 항상 1이다.

③ 구매력평가설이 성립하면 $p = e \cdot P_f$를 증가율로 변환하면 '명목환율변화율 = 국내물가상승률 − 해외물가상승률'이다.

④ 구매력평가설이 성립하면 명목환율은 $\varepsilon = \frac{P}{P_f}$이기에 양국 물가수준의 상대적 비율이 명목환율에 영향을 준다.

⑤ 구매력평가설이 성립하면 국가 간 일물일가의 법칙이 성립하기에 재정거래는 발생하지 않는다.

21회 2012 감정평가사(1)

정답

p.144

01	① 미시	02	④ 미시	03	② 미시	04	① 미시	05	③ 미시
06	③ 국제	07	① 거시	08	④ 거시	09	③ 거시	10	② 거시

01 비용극소화 정답 ①

출제 포인트 생산자균형은 등량곡선과 등비용선이 접하는 점에서 등량곡선의 기울기인 한계기술대체율과 등비용선의 기울기가 일치함으로써 달성된다.

정답

노동과 자본의 한계생산은 체감하고 $\frac{MP_L}{w} = \frac{3}{5} = \frac{9}{15} > \frac{MP_K}{r} = \frac{1}{15}$에서 이윤극대화를 하기 위해서는 단위당 한계생산이 동일해야 하기에 노동의 투입량은 늘리고 자본의 투입량은 줄여야 한다.

02 수요의 가격탄력성 정답 ④

출제 포인트 수요의 가격탄력성은 기울기 역수$\left(-\frac{\Delta Q}{\Delta P}\right)$와 $\frac{P}{Q}$의 곱으로 구할 수 있다.

정답

- 독점시장의 이윤극대화 조건은 $MR = MC$이고 시장수요는 $Q = 100 - P$, 한계수입은 $MR = 100 - 2Q$, 비용함수 $C = 20Q$를 Q에 대해 미분한 한계비용은 $MC = 20$이기에 $100 - 2Q = 20$, 균형생산량은 $Q = 40$이고 이를 다시 수요곡선에 대입하면 균형가격은 $P = 60$이다.
- 수요의 가격탄력성은 $-\frac{\Delta Q}{\Delta P} = 1$과 $\frac{P}{Q} = 1.5$의 곱이기에 균형에서 수요의 가격탄력성은 1.5이다.

03 이윤 정답 ②

출제 포인트 가격과 평균비용이 일치하면 기업의 이윤이 0이다.

정답

'이윤 = 총매출(TR) − 총비용(TC)'이고, 기업의 생산량은 $Q = 100$, 총비용은 $C = 60$이기에 $TR - TC = P \times Q - 60 = P \times 100 - 60 = 0$, $P = 0.6$이다.

04 생산이론 정답 ①

출제 포인트 가변요소를 한 단위 추가투입시 총생산물의 증가분을 한계생산물이라 한다.

정답

규모의 경제는 노동투입과 자본투입이 증가할 때 한계생산량이 증가하는 경우에 발생하나, 문제의 표에서는 이를 확인할 수 없다.

오답피하기

② $(L, K) = (2, 2)$일 때 $Q = 20$이고, $(L, K) = (4, 4)$일 때 $Q = 40$으로 생산요소들의 투입이 각각 2배 증가했을 때 생산량도 2배 증가했기에 규모수익 불변이다.

③ 노동투입이 4이고 자본투입이 1에서 4로 증가함에 따라 각 총생산은 20, 35, 38, 40으로 자본에 대한 한계생산은 15, 3, 2로 체감한다.

④ 노동과 자본투입량의 조합이 (1, 4), (2, 2), (4, 1)일 때의 생산량이 모두 20으로 동일하고 이 점들을 연결하여 등량곡선을 그리면 원점에 대해 볼록한 형태이기에 노동에 대한 자본의 한계대체율은 체감한다.

⑤ 자본투입이 2이고 노동투입이 2에서 4로 증가함에 따라 각 총 생산은 20, 28, 35로 노동에 대한 한계생산은 8, 7로 체감한다.

05 노동시장 정답 ③

출제 포인트 임금상승시 노동자의 노동공급 증감여부는 대체효과와 소득효과의 상대적 크기에 의하여 결정된다.

정답

시간당 임금에 대해 근로소득세율이 상승할 경우, 실질소득은 감소하고 여가가 정상재인 경우 소득효과에 따라 여가는 감소하고 노동공급은 증가한다. 이때 근로소득세율의 상승은 임금의 감소와 같은 효과를 가지고 대체효과에 따라 여가의 소비는 증가하고 노동의 공급은 감소한다. 즉, 노동공급의 증감 여부는 소득효과와 대체효과의 상대적 크기 차이에 따라 다르다.

오답피하기

① 한 시간의 여가를 위해서는 한 시간의 임금을 포기해야 하기에 시간당 임금은 여가 한 시간의 기회비용이다.

② 여가가 정상재인 경우, 소득효과에 따라 임금이 상승하면 실질소득이 증가하기에 여가는 증가하고 노동공급은 감소한다.

④ 비근로소득이 증가하면 대체효과는 발생하지 않으나 소득효과에 따라 실질소득 증가로 인해 여가소비가 증가하기에 노동공급이 감소한다.

⑤ 시간당 임금이 상승할 경우, 노동공급의 기회비용이 상승하기에 대체효과에 의해 여가의 소비가 감소하고 노동의 공급은 증가한다.

06 국제무역론 정답 ③

출제 포인트 헥셔-올린정리는 비교우위의 발생원인을 요소부존의 차이로 설명하고, 스톨퍼-새뮤엘슨정리는 어떤 재화의 상대가격이 상승하면 그 재화에 집약적으로 사용되는 생산요소소득이 증가하고 다른 생산요소소득은 감소한다고 설명한다.

정답

ㄱ. 요소가격 균등화정리에 따르면 각국이 비교우위에 따라 교역한다면 국가 간 요소이동이 불가능하더라도 완전한 자유무역이 생산요소의 가격을 균등화시킨다.

ㄷ. 스톨퍼-새뮤엘슨정리에 의하면 자유무역이 이루어지면 각국에서 풍부한 생산요소의 소득이 증가하고, 희소한 생산요소의 소득이 감소하기에 자본풍부국인 A국 노동자의 실질소득은 감소하고 노동풍부국인 B국 노동자의 실질소득은 증가한다.

오답피하기

ㄴ. 스톨퍼-새뮤엘슨정리에 의하면 자유무역이 이루어지면 노동풍부국인 B국의 자본가의 실질소득은 감소한다.

07 국민소득 정답 ①

출제 포인트 GDP는 C(민간소비지출), I(민간총투자), G(정부지출), $X-M$(순수출)의 합과 같다.

정답

ㄱ. 개방경제의 GDP항등식은 $Y=C+I+G+(X-M)$이기에 $Y>C+I+G$이면 순수출 $(X-M)$은 반드시 양$(+)$이 된다.

오답피하기

ㄴ. GDP항등식 $Y=C+I+G+(X-M)$을 변형하면 $Y-T-C+T-G=S=I+(X-M)$이기에 '민간투자$(I)>$민간저축(S)'인 경우에 순수출 $X-M$은 반드시 음$(-)$이 된다.

ㄷ. $Y-T-C+T-G=S=I+(X-M)$에서 정부의 세금수입이 지출보다 커서 $(T-G)$가 양$(+)$의 값을 갖더라도 민간저축 $Y-T-C$가 현저히 작아 민간투자가 민간저축보다 큰 경우, 순수출 $(X-M)$은 음$(-)$이 될 수도 있다.

08 IS-LM모형 정답 ④

출제 포인트 물가하락이 화폐구매력증가를 가져와 실질부증가에 의한 소비증가를 초래하여 총수요(국민소득)를 증가시키는데, 이를 실질잔고효과, 피구효과 또는 부의 효과라 한다.

정답

피구효과란 물가가 하락하면 실질자산이 증가하여 민간소비가 증가하는 효과로 IS곡선이 우측 이동하여 국민소득이 증가한다.

오답피하기

① $IS-LM$모형은 물가가 외생적으로 주어져 있다고 가정하는 수요예측모형으로 IS곡선과 LM곡선에서 총공급곡선이 아닌 총수요곡선이 도출된다.

② $IS-LM$모형에서 확장적 재정정책을 실시하면 IS곡선이 우측 이동하여 이자율이 상승하고 이로 인해 구축효과가 발생한다.

③ IS곡선의 하방(왼쪽)은 생산물시장이 초과수요, LM곡선의 하방(오른쪽)은 화폐시장이 초과수요 상태이다.

⑤ $IS-LM$모형은 물가가 외생적으로 주어져 있다고 가정한다.

09 화폐수량설 정답 ③

출제 포인트 고전학파의 화폐수량설에서 V는 제도상 일정하고 Y는 완전고용국민소득에서 일정하기에, $MV=PY$에서 통화량과 물가가 정비례한다.

정답

고전학파의 화폐수량설에 따르면 $MV=PY$에서 실질국민소득 Y는 완전고용산출량 수준에서 주어진 값이고, 유통속도 V 또한 일정하기에 통화량 M이 증가하면 비례적으로 물가가 상승한다.

오답피하기

①, ② 고전학파의 화폐수량설에서 유통속도 V는 사회적인 지불관습에 의해 일정하다.

④ $MV=PY$에서 통화량이 증가하면 물가도 비례적으로 상승하기에 명목GDP인 PY도 증가한다.

10 국내총생산과 국민총소득 정답 ②

출제 포인트 일정기간 한 나라 국민이 생산요소를 국내외에 제공한 대가로 벌어들인 소득을 국민총소득(GNI)이라 하고, 명목$GNI=$ 명목$GDI+$ 해외순수취요소소득이다.

정답

ㄱ. 폐쇄경제의 경우 해외부문이 없기에 명목$GNI=$명목GDP이다.

ㄷ. GDP는 일정기간 일국에서 새로이 생산된 모든 최종생산물의 시장가치이기에 외국인이 벌어들인 근로소득일지라도 국내에서 벌어들였다면 GDP에 포함된다.

오답피하기

ㄴ. '명목$GDI=$ 명목GDP'이기에 명목$GNI=$ 명목$GDI+$ 해외순수취요소소득'이고, '명목$GDI=$ 명목GDP'이기에 '명목$GNI=$ 명목$GDP+$ 해외순수취요소소득'이다. 따라서 한국인이 해외에서 벌어들인 요소소득(국외수취요소소득)이 외국인이 우리나라에서 벌어들인 요소소득(국외지급요소소득)보다 크면 명목GNI가 명목GDP보다 크다.

ㄹ. 한국인이 벌어들인 이자수입일지라도 해외에서 벌어들였다면 한국의 GDP에 포함되지 않는다.

22회 2012 감정평가사(2)

정답 p.147

01	② 미시	02	② 미시	03	① 미시	04	② 미시	05	④ 미시
06	③ 거시	07	② 거시	08	④ 거시	09	① 거시	10	② 거시

01 생산함수 정답 ②

(출제 포인트) 모든 요소투입량이 k배 증가하면 생산량이 k배 증가하는 것을 규모에 대한 수익불변이라 한다.

(정답)

- 생산함수 $Q = LK$에서 모든 요소투입량이 K배 증가하면 생산량은 t^2배 증가하기에 규모에 대한 수익은 체증한다(①).
- 생산함수 $Q = LK$는 $C-D$형 함수이고, 노동투입량 L의 지수가 1이기에 노동의 한계생산은 불변이다(②).
- 총비용은 $TC = wL + rK$이고 노동과 자본의 가격은 각각 1원이기에 자본의 양이 단기적으로 1로 고정되어 있는 경우 총비용은 $TC = L + 1$이다. 이때, 생산함수 $Q = LK$에서 $K = 1$로 $Q = L$이기에 $TC = Q + 1$이고 100개를 생산하는 데 드는 총비용은 101원이다(③).
- 생산함수 $Q = LK$에서 $K = 1$로 $Q = L$이기에 $TC = Q + 1$이고 총비용함수를 Q로 나눈 총평균비용은 $AC = 1 + \frac{1}{Q}$이기에 생산량 Q가 늘어나면 총평균비용은 하락한다(④). 또한 Q로 나눈 한계비용은 $MC = 1$이기에 한계비용은 불변이다(⑤).

02 조세부과 정답 ②

(출제 포인트) 조세의 귀착시 분담 정도는 탄력성에 반비례한다.

(정답)

조세부담의 귀착은 수요자와 공급자의 협상능력이 아니라 수요 및 공급의 가격탄력성의 상대적인 크기에 의해 결정된다.

(오답피하기)

① 조세는 생산자에게 부과나 소비자에게 부과와 관계없이 경제적 순손실은 같다.

③, ④ 탄력성과 조세부담은 반비례하기에 수요의 가격탄력성이 클수록 소비자의 조세부담은 감소하고 생산자의 조세부담은 증가한다. 즉, 수요의 가격탄력성이 공급의 가격탄력성보다 클수록 생산자의 조세부담분은 커진다.

⑤ 수요의 가격탄력성이 0일 때, 조세를 부과해도 균형거래량은 불변이기에 사회후생은 감소하지 않는다.

03 수요와 공급 정답 ①

(출제 포인트) 소득감소는 열등재인 선풍기의 수요증가요인이며, 대체재의 가격하락은 선풍기의 수요감소요인이다.

(정답)

대체재인 에어컨의 생산기술이 발전하면 선풍기의 수요는 감소하기에 선풍기의 수요곡선은 좌측 이동하고 균형가격은 하락한다.

(오답피하기)

②, ③ 대체재인 에어컨 가격이 상승하거나 여름 날씨가 무척 더워진다는 예보가 있다면 선풍기의 수요가 증가하기에 선풍기의 수요곡선은 우측 이동하고 균형가격은 상승한다.

④ 선풍기에 대한 물품세가 인상되면 선풍기의 상대가격이 상승하여 실질소득이 감소하고, 선풍기는 열등재로 소득효과가 (+)의 값을 가지기에 선풍기의 수요는 증가하여 균형가격은 상승한다.

⑤ 소득이 하락하면 수요곡선 자체가 좌측 이동하기에 균형가격은 하락한다.

04 기대효용이론 정답 ②

(출제 포인트) 불확실성이 내포된 자산보다 동일액수의 확실한 자산을 더 선호하는 사람을 위험기피자라 한다.

(정답)

동전을 던질 때, 앞면이 $\frac{1}{2}$이기에 게임의 기대치는

$-500 = \left\{\left(\frac{1}{2} \times 9{,}000\right) + \left(\frac{1}{2} \times (-10{,}000)\right)\right\}$으로 (−)의 값을 가지기에 위험기피자인 甲과 위험중립자인 丙은 이 게임에 참가하지 않는다. 이때, 도박에 참가하는 대가로 500원을 준다하더라도 기대치는 0이기에 위험기피자인 甲은 게임에 참가하지 않는다.

(오답피하기)

①, ③ 게임의 기대치가 (−)의 값을 가지기에 위험기피자인 甲과 위험중립자인 丙은 이 게임에 참가하지 않는다.

④ 게임의 기대치가 (−)의 값을 가지지만 乙은 위험애호자이기에 乙의 게임참가 여부는 乙의 기대효용의 크기에 따라 다르다.

⑤ 게임의 금액이 바뀐 경우 기대치는 $+500\left(=\left(\frac{1}{2} \times 10{,}000\right) + \left(\frac{1}{2} \times (-9{,}000)\right)\right)$이 되기에 을과 병은 게임에 참가하나 갑의 효용함수를 알 수 없기에 갑의 참가여부는 알 수 없다.

05 탄력성 정답 ④

출제 포인트 완전보완재의 경우 무차별곡선은 'ㄴ자형'이고 두 재화가 완전보완재이면 가격소비곡선과 소득소비곡선이 모두 원점을 통과하는 우상향의 직선이다.

정답

- 효용함수는 레온티에프형 함수인 $U = \min\{X, Y\}$로 소비자균형에서 $X = Y$이고 X재와 Y재는 완전보완관계로 교차탄력성은 0보다 작다.
- 레온티에프형 효용함수인 $U = \min\{X, Y\}$의 무차별곡선은 원점을 지나는 직선인 $X = Y$에서 직각의 형태이고, 이때 가격소비곡선과 소득소비곡선은 원점을 지나는 45도의 직선이다.
- 소득소비곡선이 원점을 지나는 우상향의 직선일 때 수요의 소득탄력성은 1이고, 가격소비곡선이 원점을 지나는 우상향의 직선일 때 수요의 가격탄력성은 0과 1 사이의 값이다.

06 실물경기변동이론 정답 ③

출제 포인트 공급측면의 충격과 정부지출 변화 등 IS곡선에 영향을 미치는 충격으로 경기변동이 발생한다는 것이 실물경기변동이론이다.

정답

경기호황기에는 노동의 생산성이 높아지고, 경기불황기에는 생산성이 낮아지기에 노동의 생산성은 경기순응적이다.

오답피하기

① 실물경기변동이론은 초기에는 주로 생산성충격(기술진보)에 주목했으나 이후 IS곡선에 영향을 미치는 충격도 인정한다.

②, ④, ⑤ 실물경기변동이론에 따르면 어떠한 경기상태에서도 균형(최적화)은 항상 달성되기에 노동시장은 항상 균형을 이루고 불경기에도 생산의 효율성은 달성된다.

07 GDP 정답 ②

출제 포인트 IS곡선과 LM곡선이 만날 때, 생산물시장과 화폐시장은 동시에 균형을 이룬다.

정답

- 생산물시장의 균형을 나타내는 IS곡선은 다음과 같다.

$$Y = C + I + G$$
$$= (20 + 0.5Y) + (30 - 50r) + 10$$
$$0.5Y = 60 - 50r$$
$$Y = 120 - 100r$$

- 화폐시장의 균형을 나타내는 LM곡선은 다음과 같다.

$$\frac{M^d}{P} = 0.01Y - r$$
$$\frac{M^S}{P} = \frac{20}{P}$$
$$0.01Y - r = \frac{20}{P}$$

- 이때, $Y = 100$이기에 이를 IS곡선에 대입하면 $r = 0.2$이고 이를 다시 LM곡선에 대입하면 $1 - 0.2 = \frac{20}{P}$, $P = 25$이다.

08 실질이자율 정답 ④

출제 포인트 화폐의 구매력은 물가상승률로 나타낼 수 있는 물가지수의 역수이기에 인플레이션이 발생하면 화폐의 구매력이 하락한다.

정답

인플레이션이 발생하여 물가가 상승하면 현금의 구매력은 하락하기에 현금보유의 실질수익률은 인플레이션율의 마이너스 값이다.

09 실업 정답 ①

출제 포인트 경기침체로 발생하는 실업을 경기적 실업, 산업구조변화로 발생하는 실업을 구조적 실업, 노동시장의 정보불완전성으로 이직과정에서 발생하는 실업을 마찰적 실업이라 한다.

정답

ㄱ. 노동시장의 정보불완전성으로 이직과정에서 발생하는 실업을 마찰적 실업이라 하고 마찰적 실업과 구조적 실업의 합은 자연적 실업이다.

오답피하기

ㄴ, ㄷ. 기업이 생산성을 제고하기 위해 시장균형임금보다 높은 수준의 임금을 지불하거나 노동조합의 존재로 인해 조합원의 임금이 생산성보다 높게 설정되면 비자발적 실업이 발생하기에 마찰적 실업의 원인으로 보기는 어렵다.

10 필립스곡선 정답 ②

출제 포인트 자연실업률가설에 따르면 정부가 총수요확대정책을 실시한 경우에 단기적으로 기업과 노동자가 이를 정확하게 인식하지 못하기 때문에 실업률을 낮출 수 있다.

정답

단기 필립스곡선이 우하향할 때, 장기 총공급곡선은 우상향하기에 소득세를 인하하면 민간소비가 증가하여 AD곡선이 우측 이동하고 국민소득이 증가하여 실업률은 하락한다.

오답피하기

①, ③, ④, ⑤ 정부지출감소, 통화량감소, 기준금리 혹은 법인세를 인상하면 AD곡선이 좌측 이동하기에 실업률은 증가한다.

23회 2011 감정평가사(1)

정답

p.150

01	② 거시	02	① 미시	03	② 국제	04	② 미시	05	④ 미시
06	② 거시	07	① 미시	08	③ 미시	09	④ 거시	10	④ 거시

01 GDP디플레이터 정답 ②

출제 포인트 명목GDP를 실질GDP로 나눈 값이 GDP디플레이터이기에 명목GDP를 GDP디플레이터로 나누어주면 실질GDP를 구할 수 있다.

정답

- GDP디플레이터는 해당연도의 명목GDP를 실질GDP로 나눈 값이기에 실질GDP는 명목GDP를 GDP디플레이터로 나눈 값이다.
- 2009년의 명목GDP는 9,600, GDP디플레이터는 120이기에 2009년의 실질GDP는 $\frac{9,600}{120} \times 100 = 8,000$이고 2010년의 명목$GDP$는 10,500, GDP디플레이터는 125이기에 2010년의 실질GDP는 $\frac{10,500}{125} \times 100 = 8,400$으로 2010년의 실질$GDP$는 2009년에 비해 5% 증가하였다.

02 효용함수 정답 ①

출제 포인트 선형의 효용함수 $U = X + Y$에서 한계대체율은 $MRS_{XY} = 1$이다.

정답

무차별곡선의 기울기가 예산선의 기울기보다 작다면 소비자는 Y재만 소비하고, 효용함수는 $U = X + Y$로 무차별곡선의 기울기는 1이고 X재의 가격이 Y재의 가격보다 높을 때 예산선의 기울기는 1보다 크기에 소비자는 Y재만을 소비한다.

오답피하기

② 효용함수가 레온티에프형 함수이기에 소비자균형에서 $X = Y$이다.

③ 동일한 효용수준을 유지하면서 X재 한 단위 추가소비시 감소하는 Y재 변화량을 한계대체율이라 하고, 무차별곡선상 접선의 기울기와 동일하다.

④ 효용함수 $U = (X + Y)^2$에서 양변에 제곱근을 씌우면 $\sqrt{U} = X + Y$, $Y = -X + \sqrt{U}$이기에 무차별곡선은 기울기가 1인 우하향의 직선이다.

⑤ 무차별곡선이 원점으로부터 멀수록 효용이 높아지기에 무차별곡선이 교차하는 경우 선호체계를 파악할 수 없다.

03 구매력평가설 정답 ②

출제 포인트 일물일가의 법칙을 전제로, 양국의 구매력인 화폐가치가 같도록 환율이 결정되어야 한다는 이론이 구매력평가설로, $P = e \cdot P_f$이다.

정답

절대적 구매력평가설에 의하면 명목환율은 $e = \frac{P}{P_f}$이다. 즉, 명목환율은 양국의 물가수준의 비율이다.

오답피하기

①, ③ 절대적 구매력평가설에 의하면 $P = e \cdot P_f$가 성립하고 실질환율 $\varepsilon = \frac{e \times P_f}{P}$은 1이 되기에 일물일가의 법칙이 성립된다.

④ 비교역재가 존재하면 일물일가의 법칙이 성립하지 않을 가능성이 크기에 구매력평가설의 현실설명력을 떨어뜨리는 요인이 된다.

⑤ 구매력 평가설은 국가 간 일물일가의 법칙에 근거를 두고 있기에 무역장벽이 높은 경우 구매력 평가설을 적용하기 어렵다.

04 기대효용이론 정답 ②

출제 포인트 불확실한 자산을 확실한 자산으로 교환하기 위하여 지불할 용의가 있는 금액을 위험프리미엄이라 하고, 위험프리미엄(π) = 기대소득($E(w)$) − 확실성등가(CE)로 계산한다.

정답

위험프리미엄 = 기대치 − 확실성등가이고 복권상금의 기대치는 500, 복권을 팔 용의가 있는 최소금액인 확실성등가는 450이기에 위험프리미엄은 50이다.

오답피하기

① 폰 − 노이만 모겐스턴 효용함수는 각각의 소득이나 재산에 대해 구체적인 효용수준을 나타내는 수치를 대응시키기에 기수성을 갖는다. 그러나 더 선호되는 쪽에 더 큰 숫자만 배정한다면 상관없기에 서수적인 효용의 성격도 동시에 갖고 있다.

③, ④ 위험기피자는 확실성등가가 기대치보다 작기에 기대치가 0인 복권을 구입하지 않고 위험선호자는 확실성등가가 기대치보다 크기에 기대치가 0인 보험에 가입하지 않는다.

⑤ 폰 노이만 − 모겐스턴 효용함수에서 자산 M의 지수가 1보다 크면 위험선호자, 1이면 위험중립자, 1보다 작으면 위험기피자이다.

05 효용극대화 정답 ④

출제 포인트 한계효용균등의 법칙$\left(\frac{MU_X}{P_X}=\frac{MU_Y}{P_Y}\right)$에 따라 효용극대화를 추구한다.

정답

- 소비자의 효용극대화 조건은 $MRS_{XY}=\frac{P_X}{P_Y}$이고 한계대체율은 $MRS_{XY}=\frac{MU_X}{MU_Y}=-\frac{1}{2}X^{-\frac{1}{2}}=-\frac{1}{2\sqrt{X}}$, 예산선의 기울기는 $\frac{P_X}{P_Y}=\frac{3}{2}$이기에 $-\frac{1}{2\sqrt{X}}=\frac{3}{2}$, $\sqrt{X}=-\frac{1}{3}$이다.
- $X\geq0$이기에 $\sqrt{X}=-\frac{1}{3}$이 성립할 수 없고 X재 소비량은 0이고 이를 예산제약식에 대입하면 Y재에 대한 수요량은 5이다.

06 경제성장모형 정답 ②

출제 포인트 생산함수가 $Y=AK$로 주어질 때, A가 0보다 큰 상수이기에 생산량은 자본량에 의해서만 결정된다.

정답

ㄱ. 생산함수 $Y=AK$를 K에 대해 미분한 자본의 한계생산물은 $MP_K=A$로 일정하다.

ㄴ, ㄹ. 생산함수는 $Y=AK$이기에 자본량이 증가하는 만큼 생산량은 증가한다.

오답피하기

ㄷ. 생산함수는 $Y=AK$로 생산량은 자본량에 의해서만 결정되기에 노동량이 증가할 때 생산량은 증가하지 않는다.

07 생산함수 정답 ①

출제 포인트 콥-더글라스 생산함수 $Q=AL^{\alpha}K^{\beta}$는 1차동차 함수 여부와 관계없이 대체탄력성은 항상 1이다.

정답

생산함수 $Q=5L^{0.4}K^{0.6}$을 L에 대해 미분한 노동의 한계생산물은 $MP_L=0.4\times5L^{-0.6}K^{0.6}=2\left(\frac{K}{L}\right)^{0.6}$이기에 $L=K$일 경우, 노동의 한계생산물은 2로 일정하다.

오답피하기

②, ③, ④, ⑤ 생산함수는 $Q=5L^{0.4}K^{0.6}$로 $C-D$형 함수이기에 대체탄력성은 항상 1이고 등량곡선은 원점에 대해 볼록한 형태로, 우하방의 점으로 이동할수록 한계기술대체율은 감소하며 규모에 대한 수익불변이다.

08 내쉬균형 정답 ③

출제 포인트 상대방의 전략을 주어진 것으로 보고 경기자는 사신에게 가장 유리한 전략을 선택하였을 때 도달하는 균형을 내쉬균형이라 한다.

정답

甲 5만 원, 乙 6만 원: 甲과 乙은 모두 5만 원을 받는다. 만약 甲이 현 상태를 개선하기 위해 요구금액을 변경하면 현재보다 악화되거나 변하지 않고, 乙의 경우도 마찬가지이기에 현 상태는 내쉬균형이다(결국, 두 사람 모두 5만 원 이상의 금액을 제시하는 것이 내쉬균형이 된다).

오답피하기

① 甲 2만 원, 乙 9만 원: 甲은 2만 원을 받는다. 따라서 만약 甲이 3만 원을 제시하면 3만 원을 받을 수 있기에 현 상태는 내쉬균형이 아니다.

② 甲 4만 원, 乙 6만 원: 甲은 4만 원을 받는다. 따라서 만약 甲이 5만 원을 제시하면 5만 원을 받을 수 있기에 현 상태는 내쉬균형이 아니다.

④ 甲 8만 원, 乙 2만 원: 乙은 2만 원을 받는다. 따라서 만약 乙이 3만 원을 제시하면 3만 원을 받을 수 있기에 현 상태는 내쉬균형이 아니다.

09 신용승수 정답 ④

출제 포인트 본원적 예금이 신용창조과정을 거쳐 법정지급준비율의 역수인 신용승수$\left(\frac{1}{z}\right)$를 통해 몇 배에 해당하는 요구불예금을 창출하는 것을 예금은행의 예금통화창조라 한다.

정답

- 현재 예금은 4,000억 원이고 법정지급준비율은 10%이기에 은행이 현재 지급준비금 1,000억 원을 법정지급준비금 수준인 400억 원까지 줄인다면 차액인 600억 원을 대출로 활용할 수 있다.
- 이때 통화승수는 신용승수인 $\frac{1}{z}=10$이기에 통화량 증가액은 600억 원 $\times10=6{,}000$억 원이다.

10 필립스곡선 정답 ④

출제 포인트 자연실업률가설에서는 장기에 노동자들이 물가상승을 인식하여 노동자의 기대인플레이션이 상승하면 명목임금인상을 요구하여 실업률이 낮이지지 않기에 필립스곡선은 수직선으로 도출된다.

정답

ㄷ. 적응적 기대가설하에서 필립스곡선은 단기에 우하향하기에 정부가 확장을 위한 재량적 안정화정책을 실시하면 단기적으로 실업은 감소하고 물가는 상승한다.

ㄹ. 자연실업률가설에 의하면 장기에는 기대인플레이션과 실제인플레이션이 일치하기에 필립스곡선은 자연실업률 수준에서 수직선이다.

오답피하기

ㄱ. 합리적 기대하에서 예상이 정확하기에 기대인플레이션과 실제인플레이션율이 일치하고 단기에도 필립스곡선이 수직선이다.

ㄴ. 자연실업률가설에 의하면 장기에 필립스곡선은 자연실업률 수준에서 수직선이기에 재량적인 통화정책은 자연실업률에 아무런 영향을 미칠 수 없다.

24회 2011 감정평가사(2)

정답 p.153

01	④ 미시	02	① 거시	03	② 거시	04	③ 미시	05	③ 거시
06	④ 거시	07	④ 거시	08	④ 미시	09	② 미시	10	④ 미시

01 시장실패 정답 ④

출제 포인트 재산권 설정을 통해 당사자 간 자발적인 협상으로 외부효과를 내부화하는 방안이 코즈정리이다.

정답
코즈정리에 의하면 공유지의 재산권을 명확히 설정함으로써 외부효과(시장실패)문제를 해결할 수 있다.

오답피하기
① 시장의 가격기구가 효율적인 자원배분을 가져오지 못하는 것을 시장실패라 한다.
② 외부효과 등의 시장실패가 발생하는 경우 피구적 조세나 보조금 등의 정부개입은 사회후생을 증대시키는데 도움을 줄 수 있다.
③ 시장의 가격기구를 통하지 않고 제3자에게 의도하지 않은 이득이나 손해를 주지만 대가를 받지도 지불하지도 않는 것을 외부효과라 한다.
⑤ 개인 소유권이 없는 자원은 가격이 성립하지 않기에 시장실패가 발생할 수 있다.

02 피셔방정식 정답 ①

출제 포인트 '명목이자율 = 실질이자율 + 기대인플레이션율'이다.

정답
피셔효과에 의하면 '명목이자율 = 실질이자율 + 기대인플레이션율'의 관계가 성립하고 기대인플레이션율이 상승하면 명목이자율은 비례적으로 상승한다.

오답피하기
② 피셔효과에서 명목이자율은 실질이자율에 기대인플레이션율을 더한 값이다.
③, ④ 통화량이 증가하면 기대인플레이션율이 상승하여 명목이자율은 비례적으로 상승한다.
⑤ 피셔효과에 의하면 이자율과 소득은 무관하다.

03 *IS*곡선 정답 ②

출제 포인트 생산물시장의 균형이 이루어지는 이자율과 국민소득의 조합을 *IS*곡선이라 한다.

정답
*IS*곡선의 상방은 생산물시장에서 초과공급, 하방은 초과수요가 존재하는 영역이다.

오답피하기
① *IS*곡선은 생산물시장의 균형이 이루어지는 이자율과 국민소득의 조합을 나타낸 곡선이다.
③, ④ 소비증가, 투자증가, 정부지출증가, 수출증가로 *IS*곡선은 우측 이동하고, 조세증가, 수입증가, 저축증가로 *IS*곡선은 좌측 이동한다.
⑤ 투자의 이자율탄력성(b), 한계소비성향(c)이 클수록, 한계저축성향(s), 세율(t), 한계수입성향(m)이 작을수록 *IS*곡선이 완만(탄력적)해진다.

04 비용곡선 정답 ③

출제 포인트 한계비용이 평균비용보다 크면 평균비용은 증가하고, 한계비용이 평균비용보다 작으면 평균비용은 감소한다.

정답
평균총비용곡선은 U자 형태이고 한계비용곡선은 평균비용곡선의 최저점을 지나 우상향하기에 한계비용이 평균총비용보다 작을 때 평균총비용은 감소한다.

오답피하기
① 한계비용과 한계생산물은 역의 관계가 성립하기에 한계비용이 증가할 때 한계생산물은 체감한다.
② 평균총비용은 평균가변비용과 평균고정비용의 합이고 평균총비용곡선과 평균가변비용곡선은 U자 형태, 평균고정비용곡선은 직각쌍곡선이기에 평균가변비용곡선의 최저점은 평균총비용곡선의 최저점보다 좌측에 위치한다.
④ 평균총비용곡선은 U자 형태이고 한계비용곡선은 평균비용곡선의 최저점을 지나 우상향한다.
⑤ 평균고정비용곡선은 우하향의 직각쌍곡선이기에 생산량이 증가함에 따라 평균고정비용은 감소한다.

05 학파별 비교 정답 ③

출제 포인트 자본주의의 안정성을 전제로 공급측면 경제학은 고전학파 → 통화주의 → 새고전학파로 이어지고, 자본주의의 불안정성을 전제로 수요측면 경제학은 케인즈 → 케인즈학파 → 새케인즈학파로 이어진다.

정답

ㄱ. 프리드만 등의 통화주의는 스태그플레이션을 설명하면서 케인즈학파의 무치별적인 정부의 시장개입을 비판하였고 통화량을 일정률로 증가시키는 통화준칙을 주장했다.

ㄷ. 새케인즈학파는 합리적 기대를 인정하였지만, 제품이나 서비스의 판매가격을 조정할 때 소요되는 비용인 메뉴비용 등의 경직성이 존재하기에 총공급곡선은 단기에 우상향하고 총수요관리정책은 효과가 있다고 주장했다.

ㄹ. 실물적 균형경기변동이론은 초기에는 주로 생산성충격(기술진보)에 주목했으나 이후 IS곡선에 영향을 미치는 충격도 인정한다.

오답피하기

ㄴ. 새고전학파의 정책무력성정리에 의하면 단기에도 총공급곡선은 수직선이기에 예상된 정부정책은 효과가 없다고 주장했다.

ㅁ. 케인즈학파는 총공급의 변동이 아닌 총수요의 변동이 경기변동의 가장 중요한 원인이라고 주장했다.

06 총수요곡선 정답 ④

출제 포인트 소비증가, 투자증가, 정부지출증가, 수출증가, 수입감소, 조세감소로 IS곡선은 우측으로 이동하고, 통화량증가, 화폐수요감소로 LM곡선은 우측으로 이동하여 총수요곡선은 우측으로 이동한다.

정답

통화공급이 증가하면 LM곡선이 우측 이동하여 국민소득이 증가하기에 총수요곡선도 우측 이동한다.

오답피하기

①, ② 독립투자나 정부지출이 증가하면 IS곡선이 우측 이동하여 국민소득이 증가하기에 총수요곡선도 우측 이동한다.

③ 조세가 증가하면 IS곡선이 좌측 이동하여 국민소득이 감소하기에 총수요곡선도 좌측 이동한다.

⑤ 기술이 진보하면 기업의 생산량이 증가하기에 총공급곡선은 우측 이동한다.

07 대부자금설 정답 ④

출제 포인트 이자율의 증가함수인 민간저축$(S_p = Y - T - C)$과 이자율과 무관한 정부저축$(T - G)$의 합인 총저축$(S_p + T - G)$이 대부자금의 공급으로, 이자율의 증가함수이기에 우상향의 형태이다. 일반적으로 기업은 자본설비를 위한 자금이 필요하기에 투자는 대부자금의 수요이고, 이자율의 감소함수이기에 우하향의 형태이다.

정답

이자소득세를 인하하면 세후 실질이자율이 증가하기에 저축이 증가하여 대부자금 공급곡선이 우측 이동하고, 투자세액공제제도를 도입하면 투자가 증가하여 대부자금 수요곡선이 우측 이동하여 균형거래량은 증가하나 두 곡선의 이동폭에 따라 균형이자율은 달라지기에 균형이자율은 등락이 불분명하다.

08 외부효과 정답 ④

출제 포인트 시장의 가격기구를 통하지 않고 제3자에게 의도하지 않은 이득이나 손해를 주지만 대가를 받지도 지불하지도 않는 것을 (실질적) 외부성이라 한다.

정답

부정적 외부효과가 발생했을 때 피구적 조세인 교정적 조세(corrective taxation)가 부과되면 사회적 최적생산량을 달성할 수 있기에 경제적 효율을 향상시키면서 더불어 정부의 조세수입도 증대시킨다.

오답피하기

①, ② 생산의 외부불경제가 존재하면 추가적인 외부적 한계비용이 발생하기에 사회적 최적생산량은 시장균형생산량보다 적지만, 소비의 외부경제가 존재하는 경우 추가적인 외부적 한계편익이 발생하기에 사회적 최적소비량은 시장균형소비량보다 많다.

③ 외부효과가 시장기구 내로 내부화되면 시장기구에 의해 외부성 문제가 해결된다.

⑤ 오염배출권 거래재에서는 정부의 오염배출권의 가격설정 없이 시장의 자율적 거래를 통해서 오염배출권의 가격이 설정된다.

09 독점 정답 ②

출제 포인트 아모로소－로빈슨 방정식은 $MR = P\left(1-\frac{1}{\epsilon}\right)\left(= \frac{dTR}{dQ} = P + \frac{QdP}{dQ}\right)$이다.

정답

- 아모로소－로빈슨 방정식에 의하면 $MR = P\left(1-\frac{1}{\varepsilon}\right)$이고 독점기업의 이윤극대화 조건은 $MR = MC$이기에 균형에서는 $MR = MC = P\left(1-\frac{1}{\varepsilon}\right)$, $P = \frac{MC}{1-\frac{1}{\varepsilon}}$이다.
- 독점기업의 한계비용은 생산량과 관계없이 10으로 일정하고 현재 A, B 두 시장의 수요의 가격탄력성은 각각 2와 3이기에 두 시장에서 독점기업이 설정하는 가격은 각각 20, 15이다.

10 대체탄력성 정답 ④

출제 포인트 완전대체관계인 선형의 생산함수의 대체탄력성은 무한대이다.

정답

생산함수 $Q = 2L + 3K$는 기울기가 $\frac{2}{3}$인 우하향의 직선이고 대체탄력성은 생산함수의 기울기의 곡률과 반비례하기에 무한대이다.

Part 3 보험계리사

01회 2022 보험계리사(1)

정답 p.158

01	② 거시	02	④ 미시	03	③ 미시	04	③ 미시	05	① 미시
06	④ 미시	07	④ 거시	08	④ 거시	09	② 거시	10	① 거시

01 화폐수량설 정답 ②

출제 포인트 피셔의 교환방정식($MV=PT$: M 통화량, V 유통속도, P 물가, T 거래량)을 변형한 $MV=PY$(Y 실질국민소득)에서 V는 제도상 일정하고 Y는 고전학파의 경우 완전고용국민소득에서 일정하기에, 고전학파의 화폐수량설 $MV=PY$는 통화량과 물가가 정비례하다는 물가이론으로 볼 수 있다.

정답

화폐수량설 $MV=PY$를 증가율로 나타낸 $\frac{\Delta M}{M}+\frac{\Delta V}{V}=\frac{\Delta P}{P}+\frac{\Delta Y}{Y}$에서 $\frac{\Delta M}{M}>\frac{\Delta P}{P}$이면 $\frac{\Delta V}{V}<\frac{\Delta Y}{Y}$이기에 산출량이 증가하거나 화폐유통속도가 감소한 것으로 볼 수 있다.

02 소비자균형 정답 ④

출제 포인트 소비자균형은 무차별곡선과 예산선이 접하는 점에서 무차별곡선의 기울기인 한계대체율과 예산선의 기울기가 일치함으로써 달성된다. 즉, $MRS_{XY}=(-)\frac{\Delta Y}{\Delta X}=(-)\frac{P_X}{P_Y}$이다.

정답

- X재 가격은 4, Y재 가격은 3으로 예산선의 기울기는 $\frac{P_X}{P_Y}=\frac{4}{3}$이고, 갑의 X재와 Y재에 대한 소비는 각각 8단위, 6단위로 소비교환비율은 $\frac{\Delta Y}{\Delta X}=\frac{8}{6}=\frac{4}{3}$이며, 이때 한계효용이 각각 12, 9로 한계대체율은 $MRS_{XY}=\frac{MU_X}{MU_Y}=\frac{12}{9}=\frac{4}{3}$이기에 소비자의 현재 소비점에서 소비자균형조건 $MRS_{XY}=\frac{P_X}{P_Y}$가 충족된다.
- 즉, 현재 효용을 극대화하고 있다.

03 아모로소 · 로빈슨 방정식 정답 ③

출제 포인트 이윤극대화조건이 $MR=MC$이고, 수요곡선과 평균수입곡선이 $P=AR$이며, 아모로소 – 로빈슨 방정식이 $MR=P\left(1-\frac{1}{\epsilon}\right)=\frac{dTR}{dQ}=P+\frac{QdP}{dQ}$)라는 점은 모든 시장에서 공통적이다.

정답

- 독점기업 A가 직면한 수요함수는 $Q=10P^{-3}$이기에 수요의 가격탄력성은 3이다.
  비용함수 $c(Q)=2Q$를 Q에 대해 미분한 한계비용은 $MC=2$이다.
- 아모로소 – 로빈슨 공식 $MR=P\left(1-\frac{1}{\varepsilon}\right)$에서 이윤극대화 조건은 $MR=MC$, $P\left(1-\frac{1}{\varepsilon}\right)=MC$이고 수요의 가격탄력성은 $\varepsilon=3$, 한계비용은 $MC=2$이기에 이윤을 극대화하는 가격은 $P=3$이다. 이를 다시 시장수요곡선에 대입하면 이윤극대화 생산량은 $Q=10\times3^{-3}$이다.

04 가격차별 정답 ③

출제 포인트 각 단위의 재화에 대하여 소비자들이 지불할 용의가 있는 최대금액을 설정하는 것이 제1급 가격차별이고, 재화구입량에 따라 각각 다른 가격을 설정하는 것이 제2급 가격차별이며, 시장을 몇 개로 분할하여 각 시장에서 서로 다른 가격을 설정하는 것이 제3급 가격차별이다.

정답

첫 번째 시장의 수요곡선 $Q_1=100-P_1$과 두 번째 시장의 수요곡선 $Q_2=100-2P_2$를 합한 시장수요곡선은 $Q=200-3P$, $P=\frac{200}{3}-\frac{1}{3}Q$에서 한계수입은 $MR=\frac{200}{3}-\frac{2}{3}Q$이고 이윤극대화 조건 $MR=MC$에서 $\frac{200}{3}-\frac{2}{3}Q=20$, $\frac{2}{3}Q=\frac{140}{3}$, 이윤극대화 생산량은 $Q=70$이기에 통합 공급할 때의 공급량과 분리 공급할 때의 두 시장의 공급량의 합은 동일하다.

오답피하기

①, ② 첫 번째 시장의 수요곡선 $P_1=100-Q_1$에서 한계수입은 $MR_1=100-2Q_1$, 두 번째 시장의 수요곡선 $P_2=50-\frac{1}{2}Q_2$에서 한계수입은 $MR_2=50-Q_2$이고 이윤극대화 조건 $MR=MC$에서 $MR_1=MC$, $100-2Q_1=20$, 첫 번째 시장의 이윤극대화 생산량은 $Q_1=40$, $MR_2=MC$, $50-Q_2=20$, 두 번째 시장의 이윤극대화 생산량은 $Q_2=30$이다. 이를 다시 각 시장의 수요함수에 대입하면 $P_1=60$, $P_2=35$이다.

④ 통합시장의 이윤극대화 생산량 $Q=70$을 시장수요함수에 대입하면 $P=\frac{130}{3}=43.3$이다.

05 평균생산량 정답 ①

(출제 포인트) 한계생산량은 총생산함수 접선의 기울기로 측정되고, 평균생산량은 총생산함수에서 원점으로 연결하는 직선의 기울기로 측정된다.

(정답)

- 한계생산량은 생산곡선의 접선의 기울기이고 평균생산량은 원점과 생산곡선의 한 점을 지나는 직선의 기울기이기에 한계생산량과 평균생산량이 같은 점은 그림의 A점이다.
- 이때, 노동 투입량을 10보다 늘리거나 줄이면 원점과 생산곡선의 한 점을 지나는 직선의 기울기가 감소하기에 평균생산량은 감소한다.

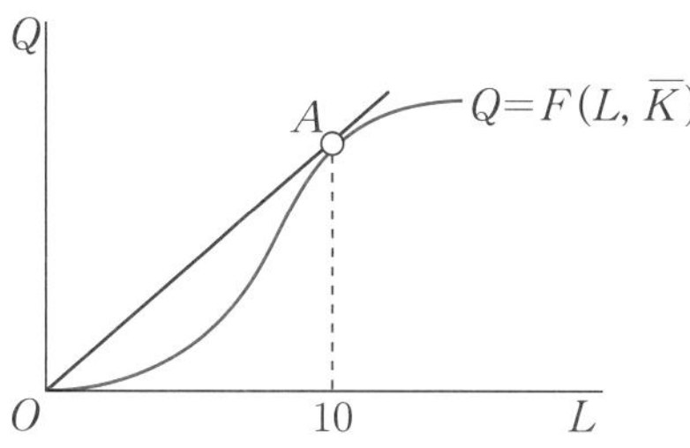

06 한계생산량 정답 ④

(출제 포인트) 가변요소를 한 단위 추가 투입 시 총생산물의 증가분을 한계생산물이라 하고, 총생산물을 미분한 값으로 총생산물 곡선상 접선의 기울기로 구한다.

(정답)

노동 투입량이 2일 때 총생산량은 320이고 노동 투입량이 3일 때 총생산량은 420이기에 한계생산량은 100이다.

(오답피하기)

① 노동 투입량이 1 증가함에 따라 총생산량이 180만큼 증가했기에 한계생산량은 180이다.
② 노동 투입량이 1에서 2로 1 증가할 때, 한계생산량이 140이기에 $180+140=320$이다.
③ 총생산량이 320이고 노동 투입량은 2이기에 평균생산량은 160이다.

07 경제지표 정답 ④

(출제 포인트) 15세 이상 인구 중에서 취업자가 차지하는 비중인 고용률을 변형하면, '고용률 × 100 = (100 − 실업률) × 경제활동참가율'으로, 실업률을 구할 수 있다.

(정답)

실업률은 경제활동인구에서 실업자가 차지하는 비율이고 실업자 수가 일정할 때 경제활동인구가 감소하였기에 실업률은 상승한다.

(오답피하기)

① 생산가능인구는 비경제활동인구와 경제활동인구의 합이고 생산가능인구의 크기는 변화가 없을 때, 비경제활동인구가 증가하면 경제활동인구는 동일한 크기만큼 감소하기에 경제활동참가율은 감소한다.
② 경제활동인구는 취업자와 실업자의 합이고 경제활동인구가 감소할 때 취업자 수도 동일한 크기만큼 감소하기에 실업자의 수는 불변이다.
③ 고용률은 생산가능인구에서 취업자가 차지하는 비율이기에 취업자 수가 감소하면 고용률도 감소한다.

08 국내총생산 정답 ④

(출제 포인트) GDP는 C(민간소비지출), I(민간총투자), G(정부지출), $X-M$(순수출)의 합과 같다.

(정답)

- 재정수지 $T-G=2{,}000$에서 $T=10{,}000$이기에 재정지출 $G=8{,}000$이다.
- $Y=C+I+G$에서 $C=80{,}000$, $I=15{,}000$, $G=8{,}000$이기에 $GDP=Y=80{,}000+15{,}000+8{,}000=103{,}000$이다.
- 민간저축은 $S=Y-T-C$이기에 $S=103{,}000-10{,}000-80{,}000=13{,}000$이다.

09 이표채권 정답 ②

(출제 포인트) 경상수익률은 이윤이자를 채권구입값으로 나눈 값이다.

(정답)

액면가 100만 원인 이표채권이 만기에 한 번 8만 원을 지급받기에 표면이자율은 8%이고 이표이자를 채권구입가격으로 나눈 경상수익률은 $\frac{8}{90}\times 100=8.9\%$이기에 옳지 않은 설명이다.

(오답피하기)

①, ④ 현재 이표채권의 가격은 90만 원, 액면가는 100만 원, 이자는 8만 원이기에 이표채권을 90만 원에 구입하여 만기에는 108만 원을 지급받는다. 즉, 만기수익률은 $\frac{18}{90}\times 100=20\%$이며 채권의 가격이 하락할수록 만기수익률은 증가하기에 만기수익률과 채권의 가격은 역(−)의 관계에 있다.
③ 경상수익률은 $\frac{8}{90}\times 100=8.9\%$이다.

10 Solow모형 정답 ①

(출제 포인트) Solow모형에서, 감가상각시 $sf(k)=(n+d)k$이다. 기술진보시 $sf(k)=(n+g)k$이다.

(정답)

ㄱ, ㄴ. 총생산함수 $Q=L^{0.5}K^{0.5}$에서 1인당 생산함수는 $y=f(k)=k^{0.5}=\sqrt{k}$이고 감가상각률은 $d=0.1$, 저축률은 $s=0.1$이기에 $sf(k)=dk$, $0.1\times\sqrt{k}=0.1\times k$, $\sqrt{k}=1$, 1인당 자본은 $k=1$이고 이를 다시 1인당 생산함수에 대입하면 1인당 소득은 $y=1$이다. 이때, 저축률은 10%로 1인당 저축은 0.1이기에 1인당 소비는 0.9이다.

(오답피하기)

ㄷ, ㄹ. 저축률이 20%일 때, $sf(k)=dk$, $0.2\times\sqrt{k}=0.1\times k$, $\sqrt{k}=2$, 1인당 자본은 $k=4$이고 이를 다시 1인당 생산함수에 대입하면 1인당 소득은 $y=2$이다. 이때, 저축률은 20%으로 1인당 저축은 0.4이기에 1인당 소비는 1.6이다.

02회 2022 보험계리사(2)

정답 p.161

01	④ 미시	02	③ 미시	03	④ 미시	04	① 미시	05	② 미시
06	④ 미시	07	② 미시	08	③ 미시	09	③ 거시	10	② 거시

01 공급곡선 정답 ④

출제 포인트 어떤 재화의 공급량과 이에 영향을 주는 그 재화의 가격과의 함수관계를 공급함수라 하고, $SX = f(PX)$로 표현한다.

정답

ㄱ. 가격이 10보다 낮은 경우 두 기업 모두 생산량이 0보다 작아지기에 공급하지 못한다.

ㄴ. 가격이 15인 경우 A는 5개, B는 0개를 생산하기에 시장 공급량은 5이다.

ㄷ. 가격이 15보다 높은 경우 두 기업 모두 생산량이 0보다 크기에 두 기업 모두 공급한다.

02 기대효용 정답 ③

출제 포인트 불확실성하에서 예상되는 효용의 기대치를 기대효용이라 하며 $E(U) = p \cdot U(w_1) + (1-p) \cdot U(w_2)$로 계산한다.

정답

을이 내기를 거절했을 때 을의 효용은 $U_{을} = \sqrt{36} = 6$이다.

오답피하기

① 을의 효용함수 $U_{을} = \sqrt{M_{을}}$는 아래로 오목한 형태이기에 을은 위험기피자이다.

②, ④ 을의 내기를 수락할 때 기대효용은 $E(U) = \left(\frac{2}{3} \times \sqrt{36+13}\right) + \left(\frac{1}{3} \times \sqrt{36-11}\right) = \left(\frac{2}{3} \times 7\right) + \left(\frac{1}{3} \times 5\right) = \frac{19}{3}$으로 거절했을 때보다 크기에 을은 내기를 수락한다.

03 정상이윤 정답 ④

출제 포인트 $P = AC$일 때 정상이윤만을 획득하기에 이윤은 0이 된다.

정답

- 완전경쟁시장의 생산량 결정 조건은 $P = MC$이기에 $12 = 2Q$, 생산량은 $Q = 6$이다.
- 기업의 이윤이 0일 때, $P = AC$이기에 평균비용은 12이고 생산량은 $Q = 6$이기에 평균가변비용은 $AVC = 6$이다.
- 이때, 평균비용은 평균가변비용과 평균고정비용의 합이기에 평균고정비용은 $AFC = 6$이고 생산량은 $Q = 6$이기에 총고정비용은 $TFC = 36$이다.

04 베르뜨랑 모형 정답 ①

출제 포인트 각 기업이 상대방의 가격을 주어진 것으로 보고 자신의 가격을 결정하는 베르뜨랑모형은 치열한 가격경쟁으로 균형상태에서 가격과 한계비용이 일치한다.

정답

- 베르뜨랑 모형의 생산량 결정 조건은 $P = MC$이기에 $20 = 56 - 2Q$, $2Q = 36$, 생산량은 $Q = 18$, $P = 20$이다.
- 이때, 베르뜨랑 모형에서 두 기업의 가격이 동일할 때 생산량의 절반씩 생산하기에 기업 A의 생산량은 $Q = 9$이다.

05 조세 정답 ②

출제 포인트 생산자에게 부과될 때 생산자가 소비자로부터 받고자 하는 가격이 단위당 조세(T원)만큼 상승하고, 소비자에게 부과될 때 소비자가 생산자에게 지불할 용의가 있는 금액이 단위당 조세(T원)만큼 하락한다.

정답

수요함수는 $P = \frac{100}{3} - \frac{1}{3}Q$, 공급함수는 $P = \frac{1}{2}Q$로 수요함수의 기울기가 공급함수의 기울기보다 작기에 수요의 가격탄력성은 공급의 가격탄력성보다 크다. 이때, 탄력성과 조세에 대한 부담은 반비례하기에 과세로 인한 수요자의 조세 부담이 공급자의 조세 부담보다 작다.

오답피하기

①, ③, ④ 수요자와 공급자 누구에게라도 조세를 부과하면 조세의 귀착이 발생하기에 균형거래량이 감소하고 수요자가 내는 가격은 상승, 공급자가 받는 가격은 하락한다.

06 내쉬균형 정답 ④

출제 포인트 상대방의 전략을 주어진 것으로 보고 경기자는 자신에게 가장 유리한 전략을 선택하였을 때 도달하는 균형을 내쉬균형이라 하고, 우월전략균형은 내쉬균형에 포함된다.

정답

$2 < \alpha < 4$일 때, 기업 B의 우월전략은 고가요금제이기에 기업 A는 상대적으로 보상이 더 높은 고가요금제를 선택한다. 이때, 파레토 효율은 두 기업 모두 저가요금제를 선택하는 것이기에 내쉬균형이 파레토 효율적이지 않다.

오답피하기

① $0<\alpha<2$일 때, 기업 B의 선택에 따라 기업 A가 선택하는 요금제가 달라지기에 기업 A에게 우월전략이 존재하지 않는다.

② $0<\alpha<2$일 때, $(5, 2)$와 $(2, 5)$의 내쉬균형이 존재한다.

③ $2<\alpha<4$일 때, 고가요금제를 선택하는 것이 기업 B의 보상이 상대적으로 더 크기에 기업 B의 우월전략은 고가요금제이다.

07 조세 정답 ②

출제 포인트 누진세(progressive tax)란 소득이 증가할수록 평균세율이 높아지는 조세를 말하고 역진세(regressive tax)란 소득이 증가할수록 평균세율이 낮아지는 조세를 말한다.

정답

- 누진세는 소득이 증가함에 따라 평균세율이 높아지고 평균세율이 증가하기 위해서는 한계세율이 평균세율보다 높아야 한다.
- 역진세는 소득이 증가함에 따라 평균세율이 낮아지고 평균세율이 낮아지기 위해서는 한계세율이 평균세율보다 낮아야 한다.

08 롤스의 사회후생함수 정답 ③

출제 포인트 사회후생이 가장 가난한 계층의 후생에 의해 결정된다는 것이 롤스(최소극대화) 사회후생함수이다. 즉, $W=\min[U^A, U^B]$이다.

정답

ㄷ. 롤스의 사회후생함수는 $W=\min[U^A, U^B]$으로 레온티에프 함수와 같은 형태이다.

ㄹ. 롤스는 최소극대화에 기반한 사회후생함수를 제시하였기에 평등주의적 가치관을 담고 있다.

오답피하기

ㄱ. 롤스는 가난한 계층의 후생이 극대화되어야 한다고 주장하기에 개임의 분배와 상관없지 않다.

ㄴ. 롤스의 사회후생함수는 개인효용의 합이 아닌 더 낮은 효용의 크기에 의해 결정된다.

09 통화승수 정답 ③

출제 포인트 H(본원통화), Z(지급준비금), C(현금통화), D(예금통화), M(통화량)에서 $M=C+D$, $H=C+Z$일 때, $c=\frac{C}{M}=$ 현금/통화량 비율, $z=\frac{Z}{D}=$ 지급준비율, $k=\frac{C}{D}=$ 현금/예금 비율이다. 현금/통화량비율 시 $m=\frac{1}{c+z(1-c)}$이고, 현금/예금비율 시 $m=\frac{k+1}{k+z}$이다.

정답

현금통화비율은 $c=0.2$, 지급준비율은 $z=0.25$으로 통화승수는 $m=\frac{2}{c+z(1-c)}=\frac{1}{0.2+0.25(1-0.2)}=2.5$이기에 본원통화가 10조 원 증가하면 통화량은 25조 원 증가한다.

10 이자율 평가설 정답 ②

출제 포인트 환율변화율 = 국내이자율 − 해외이자율이다. 또한 해외투자의 예상수익률 = 해외이자율 + 환율의 예상상승률이다.

정답

- '해외투자의 예상수익률 = 해외이자율 + 환율의 예상상승률'이고 우리나라 국채 명목이자율이 3%, 미국 국채의 명목이자율이 2%일 때, 투자자가 미국 국채에 투자하기로 결정하였다는 것은 환율의 예상상승률이 1%보다 크다는 것을 의미한다.
- 이때, 환율의 예상상승률이 1%보다 클 때 국내 통화는 1% 이상 평가절하된다.

03회 2021 보험계리사(1)

정답

p.164

01	② 미시	02	④ 미시	03	③ 미시	04	① 미시	05	④ 미시
06	② 거시	07	④ 거시	08	③ 거시	09	③ 거시	10	④ 거시

01 가격탄력성 정답 ②

출제 포인트 수요의 가격탄력성은 가격의 변화율(%)에 대한 수요량의 변화율(%)로, 가격이 1% 변화할 때 수요량의 변화율로 나타낼 수 있다. 따라서 가격이 1% 변화할 때, 수요량의 변화율이 수요의 가격탄력성이다.

정답

ㄴ. 한계수입과 가격탄력성 간에는 $MR = P\left(1-\frac{1}{\varepsilon}\right)$의 관계가 성립하기에 수요의 가격탄력성이 1이면 한계수입은 0이다.

ㄷ. 수요의 가격탄력성이 1보다 클 때 가격이 하락하면 판매수입이 증가하고 수요의 가격탄력성이 1보다 작을 때 가격이 상승하면 판매수입이 증가하기에 수요의 가격탄력성이 1일 때 판매수입이 극대화된다.

오답피하기

ㄱ. 수요곡선이 우하향하는 직선일 때, 수요곡선의 중점에서 수요의 가격탄력성이 1이기에 시장수요곡선이 $Q = 100 - P$일 때 수요량이 50이면 수요의 가격탄력성은 1이다.

ㄹ. 수요의 가격탄력성이 1보다 클 때, 가격이 상승하면 판매수입은 감소한다.

02 효용극대화 정답 ④

출제 포인트 $\frac{MU_X}{P_X} = \frac{MU_Y}{P_Y}$로, 두 재화 1원어치의 한계효용이 동일하여 더 이상의 총효용이 증가될 여지가 없어 총효용이 극대화되는 조건을 한계효용균등의 법칙이라 한다.

정답

효용함수 $U(X, Y) = X^{0.3}Y^{0.7}$는 1차 $C-D$형 함수로 X재 수요함수는 $X = \frac{0.3M}{P_X}$, Y재 수요함수는 $Y = \frac{0.7M}{P_Y}$이 성립하여 두 재화의 수요함수에는 다른 재화의 변수가 포함되지 않기에 두 재화 간의 교차탄력성은 0이다. 즉, X재 가격이 상승하여도 Y재의 수요량은 불변이다.

오답피하기

① X재의 수요함수는 $X = \frac{0.3M}{P_X}$이기에 X재의 가격이 상승하면 X재의 수요량은 감소한다.

② Y재의 수요함수는 $Y = \frac{0.7M}{P_Y}$로 $C-D$형 함수로 수요곡선은 직각쌍곡선이기에 Y재 수요는 Y재 가격에 대해 단위탄력적이다.

③ X재의 수요함수 $X = \frac{0.3M}{P_X}$에서 M의 지수 1은 수요의 소득탄력성을 의미한다.

03 가격탄력성 정답 ③

출제 포인트 수요의 가격탄력성은 가격의 변화율(%)에 대한 수요량의 변화율(%)로, 가격이 1% 변화할 때 수요량의 변화율로 나타낼 수 있다. 따라서 가격이 1% 변화할 때, 수요량의 변화율이 수요의 가격탄력성이다.

정답

- X재의 가격이 10% 상승할 때 X재의 매출액은 전혀 증가하지 않았다는 것은 소비자가 X재를 정액구매한다는 것을 의미하기에 X재의 수요의 가격탄력성은 단위탄력적인 1이다.
- Y재의 가격 P가 10% 상승할 때 Y재의 매출액 $P \times Q$가 6% 증가하였다는 것은 이를 증가율의 형태로 변환시켰을 때 수요량 Q가 4% 감소하였다는 것을 의미하기에 Y재의 수요의 가격탄력성은 비탄력적인 0.4이다.

04 비용이론 정답 ①

출제 포인트 가장 효율적인 시설규모를 최적시설규모라 하고 LAC 최소점에서의 시설규모이다. 단위당 생산비가 가장 적게 드는 생산량을 최적산출량이라 하고 SAC 최소점에서의 산출량이다.

정답

총가변비용 $TVC = 20Q^2 - 15Q$를 Q로 나눈 평균가변비용은 $AVC = 20Q - 15$이기에 평균가변비용을 최소화하는 생산량은 $Q = 0$이다.

오답피하기

② 총비용함수 $TC = 20Q^2 - 15Q + 4{,}500$에서 총고정비용은 $TFC = 4{,}500$이다.

③ 총비용함수 $TC = 20Q^2 - 15Q + 4{,}500$을 Q에 대해 미분한 한계비용은 $MC = 40Q - 15$이기에 한계비용곡선은 우상향하는 직선이다.

④ 총비용함수 $TC = 20Q^2 - 15Q + 4{,}500$을 Q로 나눈 평균비용은 $AC = 20Q - 15 + \frac{4{,}500}{Q}$이고 평균비용의 최저점을 구하기 위해 평균비용을 Q에 대해 미분한 뒤 0으로 두면 $\frac{dAC}{dQ} = 20 - \frac{4{,}500}{Q^2} = 0$, $\frac{4{,}500}{Q^2} = 20$, $Q^2 = 225$, 평균비용을 최소화하는 생산량은 $Q = 15$이다.

05 독점 정답 ④

(출제 포인트) 독점기업은 $MR = MC$에서 생산량을 결정하고, $MR = MC$의 위에 있는 수요곡선상의 점에서 가격이 결정된다. 즉, $P = AR > MR = MC$이다.

(정답)

- 유보가격은 구매자가 어떤 상품에 대하여 지불할 용의가 있는 최고 가격을 의미한다.
  사회적으로 최적인 생산량이 결정되는 이윤극대화 조건은 $P = MC$이고 수요자들의 유보가격이 모두 한계비용 12보다 크기에 8명의 사진을 모두 제작하는 것이 사회적으로 최적이다(②).
- 독점기업의 이윤극대화 조건은 $MR = MC$이다.
- 아래의 표에서 확인할 수 있듯이 여섯 번째 소비자인 F부터 사진을 제작하면 한계수입이 한계비용보다 낮기에 甲은 E까지 5명의 사진을 제작(①)하고, E의 유보가격은 34를 가격으로 책정(③)한다.
- 이때, 소비자 A의 잉여는 $50-34=16$, B의 잉여는 $46-34=12$, C의 잉여는 $42-34=8$, D의 잉여는 $38-34=4$, E의 잉여는 $34-34=0$이기에 총 소비자잉여는 40(④)이다.

수요자	A	B	C	D	E	F	G	H
유보가격	50	46	42	38	34	30	26	22
총수입	50	92	126	152	170	180	182	176
한계수입	50	42	34	26	18	10	2	−6

06 통화승수 정답 ②

(출제 포인트) H(본원통화), Z(지급준비금), C(현금통화), D(예금통화), M(통화량)에서 $M = C + D$, $H = C + Z$일 때, $c = \frac{C}{M}$ = 현금/통화량비율, $z = \frac{Z}{D}$ = 지급준비율, $k = \frac{C}{D}$ = 현금/예금비율이다.

현금/통화량비율 시 $m = \frac{1}{c+z(1-c)}$이고, 현금/예금비율 시 $m = \frac{k+1}{k+z}$이다.

(정답)

현금예금비율은 $k = 0.6$, 지급준비율은 $z = 0.2$이기에 통화승수는 $m = \frac{k+1}{k+z} = \frac{0.6+1}{0.6+0.2} = 2$이다.

07 통화량/이자 목표제 정답 ④

(출제 포인트) 이자율을 유지하기 위해서는 통화량이 변동하고 통화량을 유지하기 위해서는 이자율이 변동하기에 화폐수요함수가 외부충격으로 변동하면 통화량과 이자율 목표를 동시에 달성하기 어렵다.

(정답)

외부충격으로 화폐수요가 증가할 때, (LM곡선의 좌측 이동으로) 통화량을 일정하게 유지하면 이자율이 상승하고, 이자율을 일정하게 유지하려면 (LM곡선의 우측 이동을 위해) 통화량을 증가시켜 주어야 한다. 따라서 외부충격으로 화폐수요함수가 변동하는 경우 통화량과 이자율 목표를 동시에 달성하기 어렵다.

(오답피하기)

① 화폐수요함수가 명목국민소득만의 함수라면 이자율의 영향을 받지 않기에 화폐수요곡선은 수직선이다. 즉, 중앙은행은 통화량을 통해 이자율을 조정할 수 없다.

② 화폐수요가 이자율에 민감할수록 LM곡선은 완만해지기에 통화량 조절을 통한 경기안정화 정책의 유효성은 낮아진다.

③ 중앙은행은 기준금리를 통해 명목이자율에 영향을 줄 수 있으나 장기적으로 실질이자율을 통제하는 것은 불가능하다.

08 인플레이션갭 정답 ③

(출제 포인트) 완전고용국민소득수준에서 총수요가 총공급을 초과할 때 발생하는 인플레이션갭은 인플레이션을 없애기 위해 감소시켜야 하는 유효수요의 크기로 측정된다.

(정답)

- 국민소득 항등식 $Y = C + I + G + NX$에서 $Y = 3{,}000 + 0.5(Y-2{,}000) + 1{,}500 + 2{,}500 + 200$, $Y = 6{,}200 + 0.5Y$, 균형국민소득은 $Y = 12{,}400$이다. 이때, 잠재생산량은 $Y = 12{,}000$이기에 현재 400만큼의 초과 생산량이 있다.
- 한계소비성향은 $c = 0.5$로 정부지출승수는 $\frac{dY}{dG} = \frac{1}{1-c} = 2$이기에 국민소득을 400만큼 감소시켜 총생산 갭을 제거하기 위해서는 정부지출을 200만큼 감소시켜야 한다.

09 피셔효과 정답 ③

(출제 포인트) 실질이자율에 기대인플레이션율을 더한 값이 명목이자율이라는 피셔의 방정식에서, 인플레이션이 발생하면 기대인플레이션율이 상승하여 명목이자율이 비례적으로 상승하는 효과를 뜻한다.

(정답)

- 화폐수요함수 $\frac{M^d}{P} = 5{,}000 - 5{,}000i$와 화폐공급함수 $\frac{M^s}{P} = \frac{8{,}000}{2} = 4{,}000$을 연립하면 $5{,}000 - 5{,}000i = 4{,}000$, 명목이자율은 $i = 0.2$이다.
- 피셔효과에 의하면 '명목이자율 = 기대인플레이션율 + 실질이자율'이고 명목이자율은 0.2, 기대인플레이션율은 0.1이기에 실질이자율은 0.1, 10%이다.

10 통화승수 정답 ④

출제 포인트 H(본원통화), Z(지급준비금), C(현금통화), D(예금통화), M(통화량)에서 $M=C+D$, $H=C+Z$일 때, $c=\frac{C}{M}=$ 현금/통화량비율, $z=\frac{Z}{D}=$ 지급준비율, $k=\frac{C}{D}=$ 현금/예금비율이다. 현금/통화량비율 시 $m=\frac{1}{c+z(1-c)}$이고, 현금/예금비율 시 $m=\frac{k+1}{k+z}$이다.

정답

- 지급준비율의 함수 $0.4-2r$에서 실질이자율은 $r=0.1$이기에 지급준비율은 $z=0.4-(2\times0.1)=0.2$이다.
- 통화승수는 $m=\frac{k+1}{k+z}$이고 현금/예금비율은 $k=0.2$, 지급준비율은 $z=0.2$이기에 통화승수는 $m=\frac{k+1}{k+z}=\frac{0.2+1}{0.2+0.2}=3$이고 본원통화 100과 통화승수 3을 곱한 통화공급량은 300이다.
- 화폐수요함수 $L(Y, r)=0.5Y-10r$과 통화공급량 300을 연립하면 $0.5Y-(10\times0.1)=300$, $0.5Y=301$, 균형소득수준은 $Y=602$이다.

04회 2021 보험계리사(2)

정답 p.167

01	③ 미시	02	③ 거시	03	① 미시	04	③ 미시	05	④ 미시
06	③ 거시	07	④ 거시	08	① 거시	09	④ 거시	10	② 거시

01 노동시장균형 정답 ③

출제 포인트 생산물시장은 완전경쟁적이고 노동시장에서 수요독점인 기업의 이윤극대화 조건은 $VMP_L = MFC_L$이다.

정답
- 노동의 한계생산물가치는 $VMP_L = 38 - 4L$이고, 노동공급곡선 $w = 2 + L$과 Y 절편은 같고 기울기는 두배인 한계요소가격은 $MFC_L = 2 + 2L$이기에 $38 - 4L = 2 + 2L$, $6L = 36$에서 균형고용량은 $L = 6$이다.
- 노동시장에서 수요독점기업은 임금을 노동공급곡선상에서 결정하기에 $L = 6$을 노동공급곡선에 대입하면 균형임금은 $w = 8$이다.

02 무역이론 정답 ③

출제 포인트 소국개방경제의 수입국의 국제가격이 상승하면 국내생산증가, 국내소비감소, 국제수지개선 효과가 발생한다. 그리고 소비자잉여감소, 생산자잉여증가이나 총잉여감소가 발생한다.

정답
- 포도주의 국제가격이 상승하면 소국의 수입가격 상승으로 국내생산량은 증가(④)하기에 생산자잉여는 증가(②)하고 국내소비량은 감소하기에 소비자잉여는 감소(①)한다.
- 그런데 생산자잉여의 증가분이 소비자잉여의 감소분보다 작기에 총잉여는 감소(③)한다.

03 종량세 정답 ①

출제 포인트 종량세가 부과될 때, 후생손실은 단위당 조세 $\times \frac{1}{2} \times$ (거래량의 변화분)으로 계산할 수 있다.

정답
- 종량세의 크기를 T라고 가정할 때, 후생손실은 단위당 조세 $\times \frac{1}{2} \times$ (거래량의 변화분)이기에, 후생손실 $= 135 = T \times \frac{1}{2} \times$ (거래량의 변화분)이다.
- 최초거래량은 수요곡선 $Q^D = 400 - 2P$와 공급곡선 $Q^S = 100 + 3P$가 만날 때, $P = 60$에서 $Q = 280$이다.
- 종량세를 소비자에게 부과하면, 수요곡선은 $Q^D = 400 - 2P$에서 $Q^D = 400 - 2(P - (-T))$로 평행이동한다.
- 평행이동한 수요곡선 $Q^D = 400 - 2(P - (-T))$와 공급곡선 $Q^S = 100 + 3P$가 만날 때, $P = \frac{300 - 2T}{5}$에서 $Q = \frac{1{,}400 - 6T}{5}$이다.
- 따라서 $135 = T \times \frac{1}{2} \times \left(280 - \frac{1{,}400 - 6T}{5}\right)$이다. 즉, $\frac{3}{5}T^2 = 135$에서 $T = 15$이다.

04 여가-소득모형 정답 ③

출제 포인트 여가와 소득모형에서 효용극대화 조건은 $MRS_{RC} = -\frac{\Delta C}{\Delta R} = \frac{MU_R}{MU_C} = -w$이다.

정답
- 효용함수 $U(R, C) = R^{\frac{1}{2}}C^{\frac{1}{2}}$은 1차 $C-D$형 함수이기에 한계대체율은 $MRS_{RC} = \frac{C}{R}$이다.
- 여가와 소득모형에서 효용극대화 조건은 $MRS_{RC} = -\frac{\Delta C}{\Delta R} = \frac{MU_R}{MU_C} = -w$이기에 $\frac{C}{R} = w$이다.
- 노동자의 총가용시간은 24시간이고, 예산제약식은 $C = w(24 - R)$이다.
- $\frac{C}{R} = w$와 $C = w(24 - R)$을 연립하면 $wR = w(24 - R)$에서 여가시간은 $R = 12$이다. 즉, 노동시간은 항상 12시간이기에 노동공급곡선은 수직선이다.

오답피하기

① 비근로소득이 0이라면 노동시간은 항상 12시간이기에 노동공급곡선은 수직선이다.

②, ④ 정부의 정액 소득지원 등의 비근로소득이 존재하고 비근로소득을 S라고 가정하면 예산제약식은 $C = w(24 - R) + S$이고, $\frac{C}{R} = w$와 연립하면 $wR = w(24 - R) + S$, $R = (24 - R) + \frac{S}{w}$, $R = 12 + \frac{S}{2w}$이다. 따라서 비근로소득이 증가할 때 여가시간이 증가하기에 노동공급은 감소한다.

05 효용극대화 정답 ④

출제 포인트 효용함수 $U(X, Y) = lnX + Y$에서 X재의 한계효용은 $MU_X = \frac{1}{X}$, Y재의 한계효용은 $MU_Y = 1$이기에 한계대체율은 $MRS_{XY} = \frac{MU_X}{MU_Y} = \frac{1}{X}$이다. 즉, 한계대체율은 X재 소비량에 의해서만 결정된다.

정답

X재 수요함수 $X = \frac{P_Y}{P_X}$를 P_X에 대해 미분하면 $\frac{dX}{dP_X} = -\frac{P_Y}{P_X^2}$이기에 X재 수요의 가격탄력성 $\varepsilon_X = -\frac{dX}{dP_X} \cdot \frac{P_X}{X} = \frac{P_Y}{P_X^2} \cdot \frac{P_X}{\frac{P_Y}{P_X}} = 1$이다.

즉, X재 수요의 가격탄력성은 1이기에 가격소비곡선은 수평선이다.

오답피하기

①, ② 효용함수 $U(X, Y) = lnX + Y$에서 한계대체율은 $MRS_{XY} = \frac{MU_X}{MU_Y} = \frac{1}{X}$이고, 예산선 $P_X \cdot X + P_Y \cdot Y = M$에서 기울기는 $\frac{P_X}{P_Y}$이기에, 효용극대화는 $MRS_{XY} = \frac{P_X}{P_Y}$, $\frac{1}{X} = \frac{P_X}{P_Y}$, $X = \frac{P_Y}{P_X}$에서 달성된다. 즉, Y재의 가격이 상승하면 X재의 수요량은 증가하고, X재의 수요량은 소득과는 무관하다.

③ X재의 수요곡선 $X = \frac{P_Y}{P_X}$와 예산선 $P_X \cdot X + P_Y \cdot Y = M$을 연립하면 $P_Y + P_Y \cdot Y = M$이기에 Y재의 수요함수는 $Y = \frac{M - P_Y}{P_Y}$이다. 즉, 소득이 증가하면 Y재 수요량이 증가한다.

06 솔로우모형 정답 ③

출제 포인트 자본증가율$\left(\frac{sf(k)}{k}\right)$과 인구증가율$(n)$이 동일할 때, $\frac{sf(k)}{k} = n$에서 자본과 노동이 모두 완전고용되면서 경제성장이 이루어진다. 이를 솔로우모형의 기본방정식이라 한다. 이때 자본증가율이 가변적이기에 균형은 자동적으로 충족되고 모형은 안정적이다.

정답

- 솔로우모형의 균제상태 조건은 $\frac{sf(k)}{k} = n$이고 총생산함수 $Y = 2L^{\frac{1}{2}}K^{\frac{1}{2}}$을 L로 나눈 1인당 생산함수는 $y = 2\sqrt{k}$, 감가상각률은 $d = 0.05$, 인구증가율은 $n = 0.05$, 저축률은 $s = 0.2$이기에 $0.2 \times 2\sqrt{k} = (0.05 + 0.05)k$, 1인당 자본은 $k = 16$이다.
- 이때, 1인당 자본 $k = 16$을 1인당 생산함수에 대입하면 $y = 8$이기에 자본 1단위당 산출량은 $\frac{Y}{K} = \frac{\frac{Y}{L}}{\frac{K}{L}} = \frac{y}{k} = 0.5$이다.

07 실업률 정답 ④

출제 포인트 자연실업률하에서 노동시장이 균형으로 취업자수와 실업자 수가 변하지 않는다.

따라서 자연실업률은 $u_N = \frac{U}{U+E} = \frac{U}{U + \frac{f}{s}U} = \frac{s}{s+f}$($s$: 실직률, f: 구직률)이다.

정답

구직률은 $f = 0.2$, 실직률은 $s = 0.04$이기에 균형실업률은 $u_N = \frac{s}{s+f} = \frac{0.04}{0.2+0.04} \times 100 = 16.7\%$이다.

08 만기수익률 정답 ①

출제 포인트 만기수익률은 보유기간이 만료되는 경우의 채권수익률을 말한다.

$$만기수익률 = \frac{연평균투자수입}{평균투자} = \frac{연이자 + \frac{원금 - 채권현재가격}{만기까지\ 연도}}{\frac{원금 + 채권현재가격}{2}}$$

정답

95원에 구입한 액면가 100원인 무이표 1년 만기 채권은 만기에 100원을 받기에, 만기수익률은 수익 5원을 구입가격인 95원으로 나눈 $\frac{5}{95} \times 100 = 5.26\%$이다.

오답피하기

② 100원에 구입한 연이자 5원인 무한 만기 채권의 만기수익률은(연이자 5원은 액면가가 100, 이표이자율이 5%라 가정하면)

$$\frac{5 + \frac{100-100}{\infty}}{\frac{100+100}{2}} \times 100 = 5\%이다.$$

③ 100원에 구입한 액면가 100원, 연이자 5원인 1년 만기 채권의 만기수익률은

$$\frac{5 + \frac{100-100}{1}}{\frac{100+100}{2}} \times 100 = 5\%이다.$$

④ 100원에 구입한 액면가 100원, 연이자 5원인 2년 만기 채권의 만기수익률은

$$\frac{5 + \frac{100-100}{2}}{\frac{100+100}{2}} \times 100 = 5\%이다.$$

09 채권시장 정답 ④

(출제 포인트) 기대인플레이션이 상승하면 투자자는 채권 대신 실물자산을 소유하려 하기에 채권에 대한 수요가 감소한다.

(정답)

기대인플레이션이 상승하면 투자자는 채권 대신 실물자산을 소유하려 하기에 채권에 대한 수요가 감소하여 채권가격과 채권거래량은 감소한다.

10 승수 정답 ②

(출제 포인트) 소비/투자/정부지출/수출승수는 $\frac{1}{1-c(1-t)-i+m}$이고, 조세승수는 $\frac{-c}{1-c(1-t)-i+m}$이며, 수입승수는 $\frac{-1}{1-c(1-t)-i+m}$이다.

(정답)

한계소비성향은 $\alpha=0.8$이고, 조세함수는 $T=\overline{T}$로 정액세만 존재하기에 정부지출승수와 조세승수를 합한 균형재정승수는 1이다.

(오답피하기)

① 한계소비성향은 $\alpha=0.8$이기에 정부지출승수는 $\frac{1}{1-c}=\frac{1}{1-0.8}=\frac{1}{0.2}=5$이다.

③, ④ 화폐수요함수 $l^d=v+\gamma Y_d-\eta r$은 우하향하고 화폐공급함수 $l^s=\overline{l^s}$는 수직선이기에 통화량을 늘리면 화폐공급함수가 우측으로 이동하여 이자율은 하락한다. 이때, 투자함수 $I=b-\beta r$에서 $\beta=0$으로 투자는 독립투자만이 존재하기에 이자율이 하락하여도 투자는 불변이다. 따라서 생산도 불변이다.

05회 2020 보험계리사(1)

정답

p.170

01	③ 미시	02	② 미시	03	② 미시	04	③ 국제	05	① 미시
06	③ 미시	07	① 거시	08	② 거시	09	② 국제	10	④ 거시

01 효용극대화 정답 ③

출제 포인트 한계효용균등의 법칙$\left(\frac{MU_X}{P_X}=\frac{MU_Y}{P_Y}\right)$에 따라 효용극대화를 추구한다.

정답

<각 재화 1원어치의 한계효용>

수량	$\frac{MU_X}{P_X}$	$\frac{MU_Y}{P_Y}$
1	6	10
2	4	8
3	2	6
4	1	4
5	$\frac{1}{3}$	2
6	0.2	1

- 각 재화의 1원당 한계효용은 위의 표와 같기에 한계효용균등의 법칙이 성립하는 소비자 균형은 (1, 3), (2, 4), (3, 5), (4, 6)이다.
- 이때, 14의 예산을 전부 활용하여 구입할 수 있는 균형은 (3, 5)이기에 甲이 얻을 수 있는 최대의 소비자잉여는 X재 3개의 총잉여인 $18+12+6=36$과 Y재 5개의 총잉여인 $10+8+6+4+2=30$의 합인 66에서 지출 14를 뺀 52이다.

02 탄력성 정답 ②

출제 포인트 수요의 가격탄력성은 $-\frac{\Delta Q}{\Delta P}\cdot\frac{P}{Q}$이고, 공급의 가격탄력성은 $\frac{\Delta Q}{\Delta P}\cdot\frac{P}{Q}$이다.

정답

- 수요곡선 $Q^d=150-P$와 공급곡선 $Q^s=P$를 연립하면 $150-P=P$, 균형가격은 $P=75$, 균형거래량은 $Q=75$이다.
- 수요의 가격탄력성은 $-\frac{\Delta Q}{\Delta P}\cdot\frac{P}{Q}$이고 수요함수를 P에 대해 미분하면 $\frac{dQ}{dP}=-1$, 공급함수를 P에 대해 미분하면 $\frac{dQ}{dP}=1$이기에 균형에서 수요의 가격탄력성과 공급의 가격탄력성이 모두 1이다.

03 이윤극대화 정답 ②

출제 포인트 완전경쟁시장의 장기 균형에서는 개별기업은 장기 평균비용곡선 최저점에서 생산하기에 $P=MR=MC=AC$가 성립한다.

정답

- 완전경쟁시장의 이윤극대화 조건은 $P=MC$이고 총비용함수를 Q에 대해 미분한 한계비용은 $MC=100+20Q$, 시장가격은 $P=900$이기에 $900=100+20Q$, 균형거래량은 $Q=40$이다.
- 이때, 총수입은 $TR=P\times Q=900\times 40=36{,}000$이고 총비용은 $TC=10{,}000+100\times 40+10\times 40\times 40=30{,}000$이기에 총수입에서 총비용을 뺀 이윤은 6,000이다.

04 교역조건 정답 ③

출제 포인트 재화 1단위 생산의 기회비용이 작은 국가가 그 재화 생산에 비교우위가 있다.

정답

- 생산가능곡선의 기울기는 각국의 자동차 생산의 기회비용을 의미하기에 A국의 자동차 생산의 기회비용은 반도체 40개, B국의 자동차 생산의 기회비용은 반도체 15개로 B국의 자동차 생산의 기회비용이 더 작기에 B국은 자동차 생산에 비교우위가 있고 반대로 A국은 반도체 생산에 비교우위가 있다.
- 이때, 무역이 이루어지기 위한 조건은 자동차 생산의 기회비용 사잇값이기에 B국 자동차 1대와 교환되는 A국 반도체의 개수는 15개와 40개 사이에서 결정된다.

05 외부효과 정답 ①

출제 포인트 $P=SMC$에서 사회적 최적산출량이 달성되고 $P=PMC$에서 시장 균형산출량이 결정된다.

정답

- 수요곡선(한계편익곡선) $P=14-0.1Q$와 사적 한계비용곡선 $MC=0.1Q+2$를 연립하면 $14-0.1Q=0.1Q+2$, $0.2Q=12$, 피구세 부과 전 균형생산량은 $Q=60$이다.
- 이때, 단위당 2의 피구세가 부과되면 사적 한계비용이 단위당 조세액만큼 상방으로 이동하기에 사회적 한계비용은 $SMC=0.1Q+4$이고 이를 다시 수요곡선과 연립하면 $14-0.1Q=0.1Q+4$, $0.2Q=10$, 사회적 최적생산량은 $Q=50$이다.

• 시장기구에 의한 생산량이 60, 사회적 최적생산량이 50이기에 과잉생산량은 10이고 이로 인한 사회적인 후생손실은 $10\left(=\frac{1}{2}\times 2\times 10\right)$이다.

06 기펜재 정답 ③

(출제 포인트) 가격이 상승할 때 수요량이 증가하는 재화를 기펜재라고 하고, 기펜재는 통상수요곡선이 우상향한다.

(정답)
ㄴ, ㄷ. 기펜재는 열등재의 한 종류로 대체효과보다 소득효과가 더 크다.

07 황금률 정답 ①

(출제 포인트) 1인당 소비가 극대화되는 상태를 자본축적의 황금률이라 하고 $MP_K=n+d+g$에서 달성되며, 황금률에서는 자본소득분배율과 저축률이 같아진다.

(정답)
기술진보가 있는 경우 황금률 균제상태에서는 $MP_K=n+d+g$가 성립하고 효율적 노동 1단위당 한계생산은 $MP_K=0.14$, 인구증가율은 $n=0.02$, 감가상각률은 $d=0.04$이기에 기술진보율(=노동효율성증가율)은 $MP_K=n+d+g$ → $0.14=0.02+0.04+g$, $g=0.08$이다.

08 *IS-MP*모형 정답 ②

(출제 포인트) 최근 들어 통화량보다는 금리 위주의 통화정책이 보편화됨에 따라 기존의 통화량 중심의 $IS-LM$모형의 대안적 모형으로 떠오르고 있는 것이 $IS-MP$모형이다. $IS-MP$모형에서는 LM곡선 대신 중앙은행의 통화정책(monetary policy)을 의미하는 MP곡선이 사용된다.

(정답)
ㄱ. 단기 총공급곡선 $\pi=\pi^e+\delta(Y-Y^*)$은 Y절편이 $\pi^e-\delta Y^*$이기에 기대인플레이션율이 하락하면 단기 총공급곡선이 우측 이동한다.
ㄹ. MP곡선은 중앙은행의 통화정책(monetary policy)을 나타내는 곡선으로 명목금리가 0보다 클 때는 MP곡선이 $r=\overline{r}+\lambda\pi$이기에 인플레이션율이 상승하면 실질이자율이 상승한다. 이는 인플레이션율이 상승하면 중앙은행이 실질이자율을 상승시켜 경기과열에 대응하기 때문이다.
• 명목금리가 0일 때는 $r=-\pi$이기에 인플레이션율이 하락하면 실질이자율이 상승한다.
• 실질이자율이 상승하면 기업의 투자 위축으로 총수요가 감소하기에 균형국민소득이 감소한다.

09 무역수지 정답 ②

(출제 포인트) $Y=C+I+G+X-M$에서 $Y-T-C$(민간저축)$+T-G$(정부저축)$=I+X-M$, 즉 $S_P+S_G=I+X-M$이기에 $X-M=S_P+S_G-I=S_N-I$이다.

(정답)
정부지출이 증가하면 총수요가 증가하기에 균형국민소득이 증가하고 이로 인해 수입이 증가하여 무역수지는 악화된다.

(오답피하기)
①, ④ 세금이 증가하면 처분가능소득이 감소하여 민간소비가 감소하고, 투자세액 감면이 종료되면 기업의 투자가 감소하기에 균형국민소득이 감소하고 이로 인해 수입이 감소하기에 무역수지는 개선된다.
③ 해외금리가 상승하면 자본이 유출되기에 환율이 상승하고 이로 인해 수출이 증가하여 무역수지는 개선된다.

10 총수요 총공급모형 정답 ④

(출제 포인트) 부정적인 수요충격이 발생하면 AD곡선이 왼쪽으로 이동한다.

(정답)
그림에서, 부정적 수요충격이 발생하면 총수요곡선이 좌측 이동하여 단기에 물가와 국민소득은 하락한다. 이때, 확장적 통화정책을 실시하면 총수요곡선은 다시 우측 이동하기에 이전 수준과 동일한 물가와 생산으로 돌아갈 수 있다.

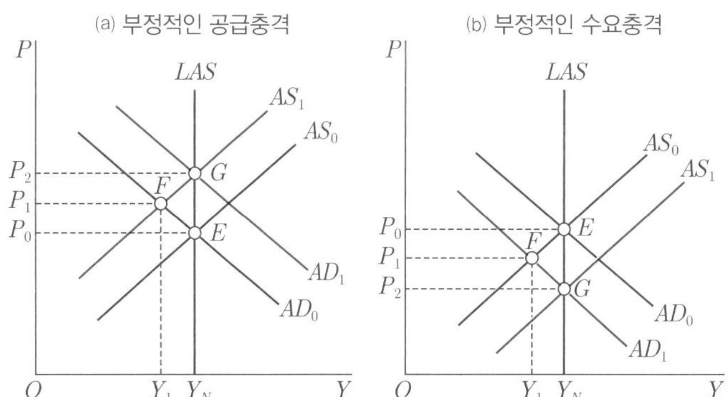

(오답피하기)
① 그림에서, 부정적 공급충격이 발생하면 단기적으로 총공급곡선이 좌측 이동하여 물가가 상승하고 국민소득은 감소한다. 이때, 경기가 침체되면 임금이 하락하기에 총공급곡선은 다시 우측 이동하여 장기적으로 원래의 균형수준으로 돌아온다.
② 그림에서, 부정적 공급충격이 발생하면 단기적으로 총공급곡선이 좌측 이동하여 물가가 상승하고 국민소득은 감소한다. 이때, 확장적 재정정책을 실시하면 단기적으로 총수요곡선이 우측 이동하기에 국민소득은 증가하나 물가가 더욱 상승하기에 충격 이전의 동일한 물가수준은 달성할 수 없다.
③ 그림에서, 부정적 수요충격이 발생하면 총수요곡선이 좌측 이동하여 단기에 물가와 국민소득은 하락한다. 이때, 정부의 개입이 없을 경우 침체된 경기로 인해 임금이 하락하고 이로 인해 총공급곡선이 다시 우측 이동하여 물가는 하락하고 국민소득은 증가한다. 즉, 충격 이전 수준보다 물가는 더욱 하락한다.

06회 2020 보험계리사(2)

정답

p.173

01	① 미시	02	④ 미시	03	② 미시	04	④ 미시	05	① 미시
06	④ 거시	07	③ 거시	08	④ 국제	09	③ 거시	10	④ 거시

01 조세의 귀착 정답 ①

출제 포인트 생산자든 소비자든 어느 일방에게 조세를 부과해도 양자가 분담하게 되는 것을 조세의 귀착이라 한다. 분담 정도와 조세 수입은 탄력성에 반비례하며, 이로 인한 후생손실인 초과부담 또는 사중적 손실은 탄력성에 비례한다.

정답

- 수요함수 $P=100-Q$와 공급함수 $P=Q$를 연립하면 $100-Q=Q$, 균형거래량은 $Q=50$, 균형가격은 $P=50$이다.
- 이때, 소비자에게 단위당 10의 조세가 부과되면 수요곡선은 $P=90-Q$로 단위당 조세액만큼 하방 이동한다. 바뀐 수요곡선과 공급곡선을 연립하면 $90-Q=Q$, 균형거래량은 $Q=45$, 균형가격은 $P=45$이다.
- 조세부과 후 거래량은 45이고 조세는 10이기에 조세수입총액은 450이다. 이때, 조세의 부담은 곡선의 기울기와 비례하기에 소비자에게 귀착되는 세금의 총액은 225이다.

02 한계수입 정답 ④

출제 포인트 한 단위를 추가로 판매할 때 총수입의 증가분을 한계수입이라 한다.

정답

2단위를 판매할 때 총수입은 $TR=P\times Q=9\times 2=18$이고 3단위를 판매할 때 총수입은 $TR=P\times Q=8\times 3=24$이기에 한계수입은 6이다.

03 게임이론 정답 ②

출제 포인트 내쉬균형조합 중에서 신빙성이 없는 위협이 포함된 내쉬균형을 제외하고 찾아낸 조합이 완전균형이다.

정답

- 기업 A가 X를 선택하면 기업 B는 더 큰 이윤을 얻을 수 있는 Y를 선택하기에 각 기업의 이윤(A기업, B기업)은 (300, 400)이고 기업 A가 Y를 선택하면 기업 B는 X를 선택하기에 두 기업의 이윤은 (400, 300)이다.
- 이때, 기업 A는 X를 선택하면 이윤이 300, Y를 선택하면 이윤이 400이 될 것으로 추론하기에 이윤이 더 큰 Y를 선택한다. 즉, 기업 A는 Y, 기업 B는 X를 선택하는 것이 완전균형(perfect equilibrium)이다.

04 재화의 종류 정답 ④

출제 포인트 한 개인의 소비가 타인의 소비가능성을 감소시키지 않는 비경합성과 대가를 지불해야 소비할 수 있는 배제성을 특성으로 하는 재화를 요금재(클럽재)라 한다. 케이블 TV가 그 예이다.

정답

- 유선방송과 같이 소비는 비경합적이나 배제가 가능한 재화를 클럽재(club goods)라고 한다.
- 바다 속 물고기와 같이 소비는 경합적이나 배제가 불가능한 재화는 공유자원(common resources)이다.

05 레온티에프형 효용함수 정답 ①

출제 포인트 레온티에프형 효용함수 $U=\min\left(\frac{X}{a}, \frac{Y}{b}\right)$는 $\frac{X}{a}=\frac{Y}{b}$일 때 소비자 균형이다.

정답

효용함수 $U(X, Y)=\min(X, Y)$는 레온티에프형 함수이기에 X재와 Y재는 서로 완전보완관계이다. 즉, X재의 가격이 상승하면 X재의 소비량이 감소하기에 Y재의 소비량도 감소한다.

오답피하기

②, ③ X재와 Y재는 완전보완관계이기에 어느 한 재화의 소비량만 증가시켜도 효용은 불변이다.

④ 소비자 균형에서의 X재와 Y재의 소비량이 같기에 소득이 증가해도 같은 양의 X재와 Y재를 소비한다.

06 경기변동이론 정답 ④

출제 포인트 총체적인 경제활동수준이 주기적으로 상승과 하강을 반복하는 현상을 경기변동이라 하는데, 모든 변수의 총체적 현상이고, 동시발생의 공행성을 보이며, 지속성을 특징으로 한다.

정답

케인즈는 대공황과 같은 경기침체가 발생하면 실업문제를 해소하기 위해 정부의 적극적인 정책이 필요하다고 주장하였으나 경기변동의 주기와 관련한 연구결과를 발표한 적은 없다.

오답피하기

①, ② 경기변동은 주기적으로 확장국면과 수축국면이 반복되는 현상으로 경제성장과 더불어 경기변동이 이루어지기에 통상적으로 확장국면이 수축국면보다 길게 나타난다.

③ 루카스는 화폐적 균형경기변동이론을 통해 경기변동 과정에서 여러 경제변수들이 한꺼번에 변하는 현상인 공행성(co-movement)을 설명하였다.

07 투자이론 정답 ③

출제 포인트 $q = \frac{\text{주식시장에서 평가된 기업의 시장가치}}{\text{실물자본의 대체비용}}$로 q값이 1보다 크면 투자가 증가하고, 1보다 작으면 투자가 감소한다.

정답

토빈의 q는 주식시장에서 평가된 기업의 시장가치를 기업이 보유한 실물자본의 대체비용으로 나눈 값이기에 투자시 요구되는 실질수익률과 물가상승률의 비율과는 무관하다.

오답피하기

①, ② 토빈의 q는 $q = \frac{\text{주식시장에서 평가된 기업의 시장가치}}{\text{실물자본의 대체비용}}$로 q값이 1보다 크면 투자가 증가하고, 1보다 작으면 투자가 감소한다.

④ 주식시장에서 평가되는 기업의 주식가치와 부채의 합을 자본재시장에서 평가되는 기업의 자본가치로 나눈 값으로도 계산될 수 있다.

08 먼델-플레밍모형 정답 ④

출제 포인트 고정환율제도하 자본이동이 완전한 경우, BP곡선은 수평선으로, 재정정책은 매우 효과적이나 금융정책은 전혀 효과가 없다. 변동환율제도하 자본이동이 완전한 경우, BP곡선은 수평선으로, 재정정책은 전혀 효과가 없지만 금융정책은 매우 효과적이다.

정답

완전자본이동하의 소규모 개방경제의 변동환율제하에서 수입할당과 관세 등의 무역정책을 실시하면 순수출의 변화로 IS곡선이 이동하기에 총수요에는 영향을 미치지 않는다.

오답피하기

① 자본이동이 완전한 소국 개방경제의 경우 국내이자율과 해외이자율이 차이를 보이면 급속한 자본의 유출입이 발생하기에 국내이자율과 해외이자율은 항상 일치한다.

②, ③ 자본이동이 완전히 자유로운 경우 변동환율제도하에서는 재정정책은 효과가 없으나 통화정책은 효과적이다.

09 리카르도 등가정리 정답 ③

출제 포인트 정부지출재원을 국채를 통하든 조세를 통하든 국민소득은 전혀 증가하지 않는다는 것을 리카르도 등가정리라 한다.

정답

정부가 장래의 정부구매를 축소하기 위해 조세를 삭감하면 경제주체들은 조세의 삭감을 미래의 부채로 인식하지 않기에 민간소비는 증가한다.

오답피하기

①, ②, ④ 리카르도 등가정리에 의하면 정부의 부채를 통한 조세의 삭감을 합리적 경제주체들은 미래의 부채의 증가로 인식하기에 민간소비는 증가하지 않고 저축만 증가한다.

10 솔로우(Solow) 성장모형 정답 ④

출제 포인트 자본주의의 불안정성을 전제한 $H-D$모형과 달리, 요소대체가 가능한 1차동차 생산함수와 요소가격의 신축적 조정을 가정하는 솔로우모형은 경제의 안정적 성장을 설명하였다.

정답

솔로우모형에서 인구증가율이 하락하면 총소득을 인구로 나눈 균제상태의 1인당 소득(y)은 증가한다.

오답피하기

① 솔로우모형에 의하면 저축은 소득의 일정비율로 저축과 투자는 항상 균형을 이룬다.

② 솔로우모형은 요소대체가 가능한 1차동차 생산함수를 가정하기에 규모에 대한 수익불변이다.

③ 솔로우모형에서 저축률이 상승하면 투자의 상승으로 1인당 자본량과 1인당 소득은 점차 증가한다.

07회 2019 보험계리사(1)

정답

p.176

01	③ 미시	02	② 미시	03	③ 미시	04	③ 미시	05	② 국제
06	① 미시	07	② 거시	08	③ 거시	09	④ 거시	10	③ 거시

01 수요의 소득탄력성 정답 ③

출제 포인트 소득이 1% 변화할 때 수요량의 변화율이 수요의 소득탄력성으로 $\frac{\Delta Q_X}{\Delta M} \cdot \frac{M}{Q_X}$이다.

정답
수요곡선 $Q_d = \frac{B}{2P}$는 $C-D$형 함수이기에 소득 B의 지수가 수요의 소득탄력성이다. 즉, X재 수요의 소득탄력성은 1이다.

02 효용극대화 정답 ②

출제 포인트 한계효용균등의 법칙$\left(\frac{MU_X}{P_X} = \frac{MU_Y}{P_Y}\right)$에 따라 효용극대화를 추구한다.

정답
X재의 1원당 한계효용은 $\frac{MU_X}{P_X} = \frac{100}{10} = 10$, Y재의 1원당 한계효용은 $\frac{MU_Y}{P_Y} = \frac{20}{2} = 10$으로 동일하기에 예산 1원이 추가적으로 증가할 때 소비자의 효용 증가분은 10이다.

03 재화의 종류 정답 ③

출제 포인트 가격이 상승할 때 수요량이 증가하는 재화를 기펜재라고 하고, 기펜재는 통상수요곡선이 우상향한다.

정답
열등재의 한 종류인 기펜재의 경우, 가격이 하락하면 수요량이 감소한다.

오답피하기
①, ② 정상재의 경우, 소득이 1% 변화할 때 수요량 변화율인 소득탄력성이 항상 0보다 크고, 사치재의 경우, 소득탄력성은 항상 1보다 크다.
④ 정상재의 경우 소득효과는 항상 (−)의 값을 가지기에 가격이 상승하면 수요량은 감소한다.

04 조세부과 정답 ③

출제 포인트 생산자든 소비자든 어느 일방에게 조세를 부과해도 양자가 분담하게 되는 것을 조세의 귀착이라 한다. 분담 정도와 조세 수입은 탄력성에 반비례하며, 이로 인한 후생손실인 초과부담 또는 사중적 손실은 탄력성에 비례한다.

정답
ㄱ. 소비자에게 조세를 부과하면 균형가격은 상승한다.
ㄷ. 수요자와 공급자 누구에게 조세를 부과하든지 관계없이 조세의 귀착이 발생하기에 일방에게 조세를 부과해도 양자가 분담하게 된다.

오답피하기
ㄴ. 보조금을 지급하면 거래량이 사회적인 최적수준을 초과하기에 사회적인 후생손실이 발생한다.

05 수출보조금 정답 ②

출제 포인트 수출보조금 지급시 국내소비감소, 국내생산증가, 국제수지 개선 효과가 발생한다. 그리고 소비자잉여감소, 생산자잉여증가이나 보조금지급으로 사회적 후생손실이 발생한다.

정답
국내수요함수 $Q_d = 2{,}000 - P$와 국내공급함수 $Q_s = P$를 연립하면 국내가격은 $P = 1{,}000$이다. 이때, 국제가격은 1,200으로 국내가격보다 높기에 대외무역시 A국은 X재를 수출한다. 그러므로 대외무역을 중지하면 X재의 국내생산은 감소한다.

오답피하기
① 국제가격이 국내가격보다 높기에 A국은 X재의 수출국이다.
③ 보조금을 지급하여 공급곡선이 우측 이동하여도 A국은 소국 개방경제이기에 국제가격은 불변이다. 즉, 국제가격이 불변이기에 국내소비 또한 불변이다.
④ 보조금지급 이후에 생산자잉여는 증가하나 보조금총액을 모두 충당하지 못하기에 후생손실이 발생한다.

06 재화의 종류 정답 ①

출제 포인트 한 개인의 소비가 타인의 소비가능성을 감소시키는 경합성과 대가를 지불하지 않아도 소비할 수 있는 비배제성을 특성으로 하는 재화를 공유자원이라 한다. 공해상의 물고기가 그 예이다.

정답
- A는 경합성과 배제성을 특징으로 하기에 사적 재화이고 그 예로는 유료 이동통신이 있다.
- B는 비경합성과 배제성을 특징으로 하기에 비순수공공재(요금재)이고 그 예로는 막히지 않는 유료 도로가 있다.
- C는 경합성과 비배제성을 특징으로 하기에 공유자원이고 그 예로는 공해상의 어류가 있다.
- D는 비경합성과 비배제성을 특징으로 하기에 순수공공재이고 그 예로는 국방서비스가 있다.

07 물가지수 정답 ②

출제 포인트 소비자물가지수, 생산자물가지수 등은 라스파이레스 방식(LP)을 사용하고 GDP디플레이터 등은 파셰 방식(PP)을 사용한다.

정답
- GDP디플레이터는 명목GDP를 실질GDP로 나눈 값이고 2018년의 명목$GDP_{2018} = (1,005 \times 50) + (600 \times 30) = 68,250$이고 실질 $GDP_{2018} = (1,000 \times 50) + (500 \times 30) = 65,000$이기에 2018년의 GDP디플레이터는 $105\left(=\dfrac{68,250}{65,000} \times 100\right)$이다. 이때, 기준연도인 2017년에는 GDP디플레이터가 100이기에 물가상승률은 $5\%\left(=\dfrac{105-100}{100} \times 100\right)$이다.
- 소비자물가지수는 라스파이레스 방식으로 작성되기에 2018년의 소비자물가지수는 $\dfrac{(1,005 \times 20)+(600 \times 40)}{(1,000 \times 20)+(500 \times 40)} \times 100 = \dfrac{44,100}{40,000} \times 100 = 110.25$이다.
  이때, 기준연도인 2017년에는 소비자 물가지수가 100이기에 물가상승률은 $10.25\%\left(=\dfrac{110.25-100}{100} \times 100\right)$이다.

08 물가지수 정답 ③

출제 포인트 소비자가 일상 소비생활에서 구입하는 재화와 서비스의 가격변동을 측정하는 소비자물가지수는, 통계청이 소비자 구입가격을 조사하여 작성하고, 소비재를 대상으로 수입품가격, 주택임대료는 포함하나 주택가격 등은 제외된다.

정답
소득수준의 변화는 소비자물가지수와는 아무런 관계가 없다.

오답피하기
①, ④ 소비자물가지수는 기준연도 재화묶음을 기준으로 물가지수를 작성하기에 신규상품의 등장으로 인한 가격하락 효과를 제대로 반영하지 못할 뿐만 아니라 소비자의 대체가능성을 반영하지 못한다.
② 소비자물가지수는 재화의 품질개선으로 인한 가격하락 효과를 제대로 반영하지 못한다.

09 실업 정답 ④

출제 포인트 경제활동인구 중에서 실업자가 차지하는 비중을 실업률이라 하고, 15세 이상 인구 중에서 경제활동인구가 차지하는 비중을 경제활동참가율이라 한다.

정답
- 생산가능인구 3,000만 명 중 경제활동참가율이 60%이기에 경제활동인구는 1,800만 명이고 실업자를 경제활동인구로 나눈 실업률이 3%이기에 실업자 수는 54만 명이다.
- 경제활동인구는 실업자와 취업자의 합이고 경제활동인구는 1,800만 명, 실업자는 54만 명이기에 취업자는 1,746만 명이다.

10 균형국민소득 정답 ③

출제 포인트 $Y = C + I + G$를 변형해 $S_p(=Y-T-C) + S_G (=T-G) = I$와 같이 민간저축과 정부저축으로 나타낼 수 있다.

정답
- 국민소득 항등식은 $Y = C + I + G$이기에 $Y = C + I + G = (100 + 0.6Y) + (300 - 20r) + 100$, $Y = 1,250 - 50r$이고 $Y = 1,000$을 대입하면 이자율은 $r = 5\%$이다.
- 소비함수 $C = 100 + 0.6Y$에서 $Y = 1,000$이기에 민간소비는 $C = 700$이고 민간저축은 $S = (Y-T) - C = (1,000-110) - 700 = 190$이다.

08회 2019 보험계리사(2)

정답

p.179

01	② 미시	02	③ 미시	03	③ 미시	04	① 미시	05	① 미시
06	③ 미시	07	④ 거시	08	④ 거시	09	③ 거시	10	② 거시

01 최저가격제 정답 ②

(출제 포인트) 공급자 보호를 위해 균형가격보다 높게 설정하는 최저가격제하, 초과공급으로 인한 암시장이 발생할 수 있다. 최저가격제로 거래량이 줄고 사회적 잉여도 감소한다.

(정답)

- 수요함수 $Q_d = 10{,}000 - P$와 공급함수 $Q_s = -2{,}000 + P$를 연립하면 $10{,}000 - P = -2{,}000 + P$, 균형가격은 $P = 6{,}000$, 균형거래량은 $Q = 4{,}000$이다.
- 이때, 정부가 설정한 최저가격 8,000을 각각 수요곡선과 공급곡선에 대입하면 수요량은 2,000, 공급량은 6,000이다.
- 수요량이 공급량보다 더 적기에 실제 거래량은 최저가격제 실시 전 균형거래량보다 2,000 감소한 2,000이고 초과공급량은 4,000이다.

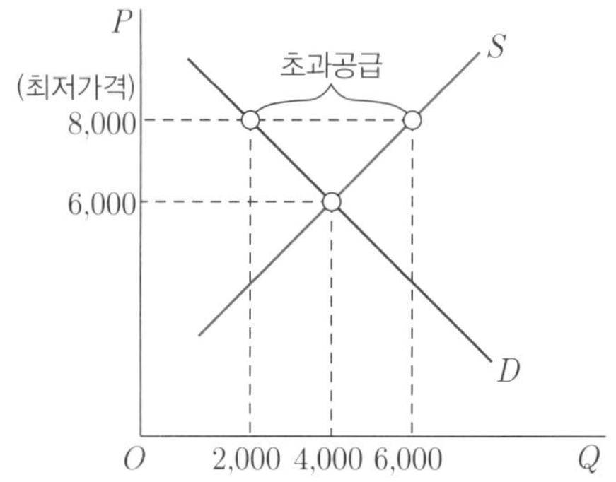

02 무차별곡선 정답 ③

(출제 포인트) 소비자에게 동일한 효용을 주는 두 재화의 조합을 나타낸 곡선이 무차별곡선이다. 무차별곡선은 우하향의 형태로, 원점에서 멀어질수록 효용이 커지고 교차하지 않으며 원점에 대하여 볼록하다.

(정답)

효용함수 $U(X, Y) = XY$는 $C-D$형 함수이기에 무차별곡선은 $MRS_{XY} = \frac{MU_X}{MU_Y} = \frac{Y}{X}$로 원점에 대해 볼록한 형태이다.

(오답피하기)

① 무차별곡선은 원점에서 멀어질수록 효용이 커지고 교차하지 않는다.
② 무차별곡선은 소비자에게 동일한 효용을 주는 두 재화의 조합을 나타낸 곡선이다.
④ 효용함수 $U(X, Y) = XY$를 X에 대해 미분한 X재의 한계효용은 $MU_X = Y$이기에 X재와 관계없이 일정하다.

03 이윤극대화 정답 ③

(출제 포인트) 생산함수의 양변을 제곱하면 $Q^2 = L$이기에 비용함수 $C = wL = wQ^2$이다.

(정답)

임금이 상승하면 한계비용이 상승하기에 이윤극대화 생산량이 감소하고 이로 인해 노동수요가 감소하기에 총임금(wL)은 감소한다.

(오답피하기)

① 생산함수 $Q = \sqrt{L}$의 양변을 제곱하면 $Q^2 = L$이기에 비용함수 $C = wL = wQ^2$으로 총비용은 생산량의 제곱에 비례한다.
② 비용함수 $C = wL = wQ^2$을 Q에 대해 미분한 한계비용은 $MC = 2wQ$이기에 생산량이 증가하면 한계비용은 증가한다.
④ 재화가격이 상승하면 이윤극대화 생산량이 증가하고 이로 인해 고용량도 증가하기에 총임금은 증가한다.

04 독점적 경쟁시장 정답 ①

(출제 포인트) 제품차별화를 통한 어느 정도의 시장지배력을 갖고 비가격경쟁을 보이며, 다수의 기업이 존재하고, 진입과 퇴거가 대체로 자유로운 것 등은 독점적 경쟁의 특징이다.

(정답)

독점적 경쟁시장에서 기업이 직면하는 수요곡선은 우하향하기에 기업은 가격수용자가 아니라 가격설정자로 행동한다.

(오답피하기)

② 독점적 경쟁시장의 장기균형에서는 $P = LAC$가 성립하기에 기업들은 정상이윤만을 얻는다.
③ 독점적 경쟁시장의 이윤극대화 조건은 $P = LAC > MR = LMC$로 평균비용곡선 최소점의 좌측에서 생산하기에 생산량 수준이 최적수준에 미달하는 초과설비가 존재한다.
④ 제품차별화를 통한 다양한 재화의 생산이 이루어지기에 소비자의 후생이 증가하나, 제품차별화가 포장, 디자인 등에서의 차이이기에 재화의 대체성이 높다.

05 공유지의 비극 정답 ①

(출제 포인트) 소비가 경합적이나 비배제성으로 공유자원이 과다하게 이용되는 현상을 공유지의 비극이라 한다.

(정답)
공유자원의 비극은 개인의 소비가 다른 개인의 소비에 영향을 미치는 경합성과 비용을 지불하지 않은 개인을 배제할 수 없는 비배제성 때문에 발생한다.

(오답피하기)
② 공유자원의 비극 등으로 소비의 외부불경제가 발생한다.
③ 마을 공동소유 목초지의 경우 사회적으로는 마을 전체의 이득이 극대가 되는 수준까지 가축을 방목하는 것이 바람직하나, 개인적인 차원에서 보면 추가적인 방목에 따른 이득이 0보다 크다면 가축방목을 늘리는 것이 바람직하다. 즉, 마을 주민들이 과다하게 방목하는 가축의 수를 늘리게 되어 목초지가 척박한 땅으로 변하는 현상이 나타난다.
④ 코즈정리에 의하면 공유자원에 대해 소유권이 적절하게 부여되면 공유지의 비극은 해결될 수 있다.

06 생산함수 정답 ③

(출제 포인트) 주어진 생산함수에서 K의 지수값인 α는 생산의 자본탄력성이면서 자본소득분배율을 의미하고, L의 지수값인 β는 생산의 노동탄력성이면서 노동소득분배율을 의미한다.

(정답)
생산함수 $F(L, K) = AK^{\alpha}L^{1-\alpha}$는 1차 $C-D$형 함수이기에 자본소득분배율은 K의 지수인 α, 노동소득분배율은 L의 지수인 $(1-\alpha)$이다.

(오답피하기)
① 총생산함수 $F(L, K) = AK^{\alpha}L^{1-\alpha}$를 L로 나눈 평균생산물($=1$인당 생산량)은 $AP_L = \frac{Q}{L} = \frac{AK^{\alpha}L^{1-\alpha}}{L} = A\left(\frac{K}{L}\right)^{\alpha} = Ak^{\alpha}$이기에 1인당 자본재가 2배로 증가하면 평균생산물($=1$인당 생산량)은 2배보다 작게 증가한다.
② 자본 및 노동에 대한 대가는 각각의 한계생산성에 의해 결정된다.
④ 생산함수 $F(L, K) = AK^{\alpha}L^{1-\alpha}$는 1차 $C-D$형 함수이기에 규모수익 불변이다.

07 통화량 정답 ④

(출제 포인트) 중앙은행을 통해 시중에 나온 현금을 본원통화라 하고, 재정수지 적자, 예금은행의 차입, 국제수지 흑자, 중앙은행의 유가증권 구입 등으로 본원통화가 공급된다.

(정답)
중앙은행이 공개시장운영을 통해 채권시장에서 채권을 매입하면 본원통화가 증가하면서 통화 공급이 증가한다.

(오답피하기)
① 중앙은행의 은행에 대한 대출금리가 상승하면 은행들의 중앙은행으로부터의 차입이 감소하기에 본원통화가 감소하여 통화공급은 감소한다.
②, ③ 지급준비율이 인상되거나 현금통화비율이 상승하면 통화승수가 작아지기에 통화공급은 감소한다.

08 *IS*곡선 정답 ④

(출제 포인트) 생산물시장의 균형이 이루어지는 이자율과 국민소득의 조합을 *IS*곡선이라 한다.

(정답)
투자가 기업가의 동물적 본능에 의해서만 이루어진다면 투자의 이자율 탄력성이 0이 되기에 *IS*곡선은 수평선이 아니라 수직선이다.

(오답피하기)
① *IS*곡선은 생산물시장의 균형이 이루어지는 이자율과 국민소득의 조합이다.
② 소비증가, 투자증가, 정부지출증가, 수출증가로 *IS*곡선은 우측 이동하고, 조세증가, 수입증가, 저축증가로 *IS*곡선은 좌측 이동한다.
③ 투자의 이자율탄력성(b), 한계소비성향(c)이 클수록, 한계저축성향(s), 세율(t), 한계수입성향(m)이 작을수록 *IS*곡선은 완만해진다.

09 유동성함정 정답 ③

(출제 포인트) 현재 이자율이 매우 낮고 채권가격이 매우 높아 이후 이자율이 상승하고 채권가격이 하락할 것으로 예상하여, 자산을 전부 화폐로 보유하고 있는 상태를 유동성함정이라 한다. 유동성함정하 화폐수요의 이자율탄력성이 무한대로 재정정책의 효과가 극대화된다.

(정답)
유동성함정에서는 *LM*곡선이 수평선으로 구축효과가 발생하지 않기에 재정정책이 통화정책보다 더 효과적이다.

(오답피하기)
①, ② 이자율이 매우 낮아(채권가격이 매우 높아) 모든 사람들이 이자율의 상승(채권가격의 하락)을 예상한다. 이때, 사람들은 자산을 모두 화폐로 보유하고자 하기에 화폐수요곡선이 수평선이 되는 유동성함정이 나타난다.
④ 유동성함정에서는 *LM*곡선이 수평선이기에 *LM*곡선이 우측 이동하더라도 아무런 효과가 없다.

10 *AD-AS*모형 정답 ②

(출제 포인트) 생산물시장과 화폐시장을 고려한 총수요곡선과 총생산함수와 노동시장을 고려한 총공급곡선이 만나는 점에서 거시경제 일반균형이 결정된다.

(정답)
ㄴ. 물가가 상승하면 실질통화량이 감소하여 총수요곡선상에서 좌상방의 점으로 이동하기에 총수요량이 감소한다.

(오답피하기)
ㄱ. 일반적으로 총공급곡선은 단기에는 우상향하고 장기에는 수직선이다.
ㄷ. 총수요곡선은 물가수준과 경제 전체 생산물에 대한 수요의 관계를 나타내는 곡선으로 개별재화의 수요곡선과는 무관하다.

09회 2018 보험계리사(1)

정답 p.182

01	④ 미시	02	① 미시	03	④ 미시	04	③ 거시	05	③ 미시
06	② 거시	07	① 거시	08	① 거시	09	④ 거시	10	① 거시

01 수요의 가격탄력성 정답 ④

출제 포인트 수요의 가격탄력성은 $-\frac{\Delta Q}{\Delta P} \cdot \frac{P}{Q}$이다.

정답

- 수요함수는 $Q_d = 5,000 - 2P$이기에 $P = 2,000$일 때 수요량은 $Q = 1,000$이고 소비자의 지출액은 $2,000 \times 1,000 = 2,000,000$이다.
- 수요의 가격탄력성은 $-\frac{\Delta Q}{\Delta P} \cdot \frac{P}{Q}$. 수요함수를 P에 대해 미분하면 $\frac{dQ}{dP} = -2$이고 $P = 2,000$, $Q = 1,000$이기에 수요의 가격탄력성은 $\varepsilon = -\frac{dQ}{dP} \times \frac{P}{Q} = 2 \times \frac{2,000}{1,000} = 4$이다.

02 조세부과 정답 ①

출제 포인트 정부의 조세수입은 단위당 조세 × 고용량이다.

정답

- 노동수요 $L_d = 19,000 - w$와 노동공급 $L_s = -4,000 + w$를 연립하면 균형임금은 $w = 11,500$이고 균형고용량은 $L = 7,500$이다.
- 이때, 조세의 부담분과 곡선의 기울기는 비례하고 노동수요곡선과 노동공급곡선의 기울기는 1로 동일하기에 시장에서 결정되는 균형임금은 500만큼 상승한 12,000, 근로자가 받는 세후 임금은 11,000이고 이를 각각 노동수요곡선이나 노동공급곡선에 대입하면 균형 고용량은 7,000이다.
- 근로시간당 부과되는 조세는 1,000이고 균형고용량은 7,000이기에 정부의 조세수입은 7,000,000이다.

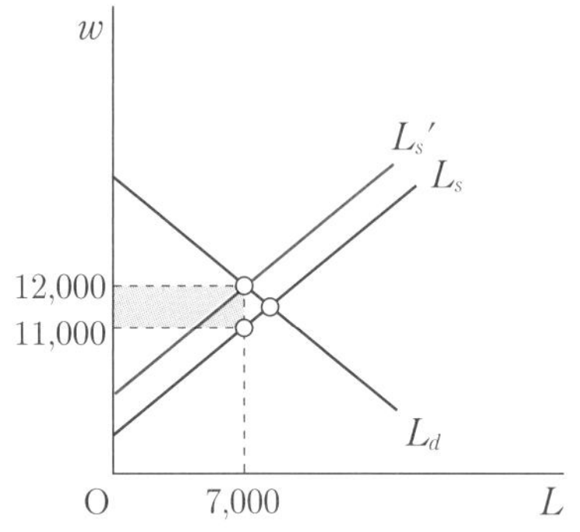

03 조세규제 정답 ④

출제 포인트 물품세는 종량세의 일종으로 종량세의 경우는 일부가 소비자에게 전가되나 정액세와 이윤세의 경우는 전혀 소비자에게 전가되지 않는다.

정답

ㄷ, ㄹ. 물품세를 부과하면 기업의 입장에서 보면 단위당 생산비가 상승하기에 한계비용곡선과 평균비용곡선은 상방으로 이동하기에 생산량이 감소하고 가격이 상승하게 된다.

오답피하기

ㄱ, ㄴ. 정액세는 생산량과 무관하게 일정한 금액이 부과되는 조세이기에 정액세가 부과되더라도 한계비용, 평균가변비용, 생산량은 변화하지 않는다.

04 근로장려세제 정답 ③

출제 포인트 근로장려세제란 소득이 일정 수준에 미달하는 근로소득자를 대상으로 (−)의 한계세율을 적용하여 근로소득이 증가할 때마다 스스로 번 소득의 일정 비율에 해당하는 보조금을 지급하는 제도이다.

정답

근로장려세제는 소득이 일정 수준에 미달하는 근로자 계층을 위한 임금보조제도로 근로소득이 있는 사람들만을 대상으로 하기에 실업자는 수혜대상에 포함되지 않는다.

오답피하기

① 최저임금제를 실시하면 고용주들이 지불해야 하는 금액이 증가하나 EITC는 지불해야 하는 금액은 변하지 않기에 저임금 근로자를 해고할 유인을 제공하지 않는다.

② 근로장려세제란 소득이 일정 수준에 미달하는 근로소득자를 대상으로 (−)의 한계세율을 적용하여 근로소득이 증가할 때마다 스스로 번 소득의 일정 비율에 해당하는 보조금을 지급하는 제도이다.

④ 한계세율이 −20%라면 근로소득이 1,000원 증가할 때마다 200원의 보조금을 지급하는 제도이기에 확대 실시하면 정부가 부담해야 하는 금액이 커진다.

05 내쉬균형 정답 ③

출제 포인트 상대방의 전략을 주어진 것으로 보고 경기자는 자신에게 가장 유리한 전략을 선택하였을 때 도달하는 균형을 내쉬균형이라 한다.

정답

구분		B	
		회피	직진
A	회피	(10, 10)	☆(5, 20)★
	직진	☆(20, 5)★	(0, 0)

상대방의 전략이 주어져 있을 때 각 기업의 전략을 표기(A:☆, B:★)하면 위의 표와 같기에 내쉬균형은 (직진, 회피)와 (회피, 직진)으로 2개이다.

06 경제성장률 정답 ②

출제 포인트 당해연도의 생산물에 기준연도의 가격을 곱하여 계산한 것이 실질GDP이다. 경제성장률은 실질GDP증가율로 측정되는데, $\frac{\text{실질}GDP_{2016}-\text{실질}GDP_{2015}}{\text{실질}GDP_{2015}} \times 100$으로 나타낼 수 있다.

정답

2015년의 실질GDP는 $(100 \times 20)+(120 \times 10)+(80 \times 20)=4{,}800$, 2016년의 실질$GDP$는 $(100 \times 22)+(120 \times 12)+(80 \times 22)=5{,}400$이기에 2016년의 경제성장률은 $12.5\%\left(=\frac{5{,}400-4{,}800}{4{,}800} \times 100\right)$이다.

07 마샬 k 정답 ①

출제 포인트 화폐의 수요$\left(\frac{M^D}{P}=kY-hr\right)$에서 마샬 k는 화폐수요의 소득탄력성을 의미한다.

정답

- 개인의 화폐수요는 $M_t^d=k_tY_t$이기에 개인 1의 화폐수요는 $M_1^d=0.4 \times 20=8$, 개인 2의 화폐수요는 $M_2^d=0.4 \times 40=16$, 개인 3의 화폐수요는 $M_3^d=0.2 \times 60=12$이고 경제 전체의 화폐수요 $M^d=8+16+12=36$이다.
- 이때, 경제 전체의 화폐수요는 $M^d=kY$, 경제 전체의 소득은 $Y=20+40+60=120$이기에 마샬 k는 $36=k \times 120$, $k=0.3$이다.

08 필립스곡선 정답 ①

출제 포인트 통화주의(프리드먼과 펠프스)가 제시한 기대부가 필립스곡선[$\pi=\pi^e-\alpha(U-U_N)$]에서 단기에는 인플레이션을 정확하게 예상하지 못하기에 우하향의 형태이다. 인플레이션을 정확하게 예상하는 장기에는 $\pi=\pi^e$이기에 장기 필립스곡선은 수직선으로 도출된다.

정답

총공급곡선은 장기에 자연산출량 수준에서 수직선이기에 확장적 통화정책으로 AD곡선이 우측 이동하여도 실질국민소득은 불변이다.

오답피하기

②, ③, ④ 장기에는 인플레이션이 정확하게 예상되기에 필립스곡선은 $\pi=\pi^e-\alpha(U-U_N)$하 자연실업률 수준에서 수직선이고, 실업률은 자연실업률과, 실제인플레이션은 기대인플레이션과 같게 된다.

09 GDP 정답 ④

출제 포인트 재고 발생은 재고투자로 집계된다.

정답

GDP는 그해 생산된 재화의 최종가치이기에 2017년에 생산된 에어컨이 2018년에 판매되더라도 2017년의 GDP에 포함된다.

오답피하기

① 2017년에 생산된 에어컨 중 판매되지 않은 것은 2017년 재고투자로 집계된다.

②, ③ 2017년에 판매되지 않았던 에어컨이 2018년에 가계에 판매되면 2018년에는 재고투자가 감소하고 그만큼 민간소비지출이 증가한다.

10 물가지수 정답 ①

출제 포인트 소비자물가지수, 생산자물가지수 등은 라스파이레스 방식(L_P)을 사용하고 GDP디플레이터 등은 파셰 방식(P_P)을 사용한다.

정답

ㄱ. 소비자물가지수는 라스파이레스 방식을 사용하고 기준연도 거래량을 가중치로 사용하여 계산하기에 물가변화에 따른 소비자의 대체가능성을 배제하여 생계비상승 등을 과대평가하는 경향이 있다.

오답피하기

ㄴ. GDP디플레이터는 매년 변화하는 가중치를 사용하여 물가변화를 측정하는 파셰방식을 사용한다.

ㄷ. GDP에는 수입품이 포함되지 않기에 GDP디플레이터에는 수입품가격이 포함되지 않는다.

10회 2018 보험계리사(2)

정답 p.185

01	④ 미시	02	③ 미시	03	④ 미시	04	③ 미시	05	③ 미시
06	② 거시	07	③ 미시	08	② 거시	09	④ 거시	10	② 거시

01 레온티에프형 효용함수 정답 ④

(출제 포인트) 레온티에프형 효용함수 $U=\min\left(\frac{X}{a}, \frac{Y}{b}\right)$는 $\frac{X}{a}=\frac{Y}{b}$일 때 소비자균형이다.

(정답)
효용함수는 $U=\min(X, 2Y)$이고 소비자균형에서 $X=2Y$, 예산제약식은 $X+2Y=10$이기에 $4Y=10$, $Y=2.5$이고 효용을 극대화하는 X재의 수요량은 $X=5$이다.

02 최저임금제 정답 ③

(출제 포인트) 근로자 보호를 위해 균형임금보다 높게 임금을 설정하는 것을 최저임금제라 하고, 근로자 보호라는 의도와는 다르게 고용량이 감소하는 문제가 발생할 수 있다.

(정답)
최저임금이 상승하면 기업의 부담이 증가하기에 노동수요량이 감소하여 실업이 발생한다. 이때, 노동수요의 임금탄력성이 작을수록 임금상승에 따른 노동수요량이 작기에 실업 발생 효과가 작아진다.

(오답피하기)
① 최저임금이 시장균형임금 이하로 설정될 경우 시장균형이 변하지 않기에 실효성이 없다.
② 최저임금이 실시되면 노동의 가격이 상승하기에 생산요소 간 상대가격을 왜곡할 수 있다.
④ 최저임금으로 임금이 상승할 때 노동공급이 탄력적일수록 노동공급량이 큰 폭으로 증가하기에 최저임금제 시행에 따른 실업발생효과가 커진다.

03 독점시장 정답 ④

(출제 포인트) 종량세와 매출액에 일정 비율 세금을 부과하는 경우는 일부가 소비자에게 전가되나 정액세와 이윤세의 경우는 전혀 소비자에게 전가되지 않는다.

(정답)
이윤세가 부과되어도 한계비용은 변하지 않고 독점기업은 $MR=MC$에서 이윤극대화 생산량을 결정하고 가격은 $P>MR=MC$로 이윤극대화 생산량에서 수요곡선상의 점에서 결정되기에 생산량은 불변이고 가격 또한 불변이다.

04 조세부과 정답 ③

(출제 포인트) 생산자든 소비자든 어느 일방에게 조세를 부과해도 양자가 분담하게 되는 것을 조세의 귀착이라 한다. 분담정도와 조세수입은 탄력성에 반비례하며, 이로 인한 후생손실인 초과부담 또는 사중적 손실은 탄력성에 비례한다.

(정답)
단위당 조세액은 4, 균형수량의 감소분은 300이기에 경제적 손실은 $4\times 300\times\frac{1}{2}=600$이다.

05 무차별곡선 정답 ③

(출제 포인트) 소비자에게 동일한 효용을 주는 두 재화의 조합을 나타낸 곡선이 무차별곡선이다. 원점에서 멀어질수록 효용이 커지고 교차하지 않는다.

(정답)
감자 섭취로는 효용이 증가하기에 감자는 재화(goods), 고기 섭취로는 효용이 감소하기에 고기는 비재화(bads)이고 고기 섭취량이 증가할 때 동일한 효용이 유지되려면 감자의 섭취량이 늘어나야 하기에 개인 A의 무차별곡선은 그림과 같이 우상향한다.

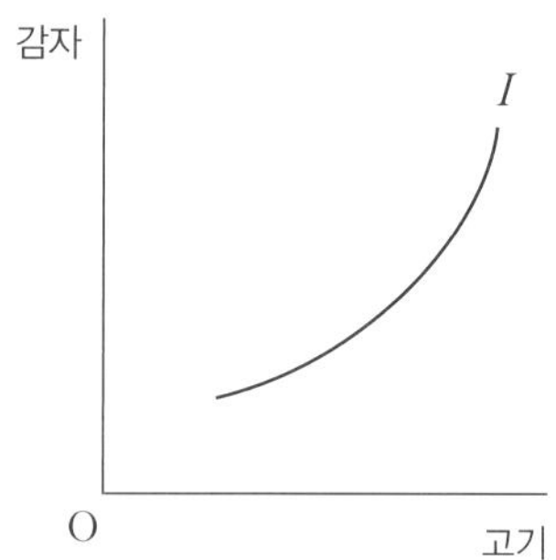

06 완전경쟁시장 정답 ②

(출제 포인트) 생산물시장의 균형은 총수요$(C+I+G)$와 총공급(Y)이 일치하는 점에서 결정된다. 화폐시장의 균형은 화폐의 수요(L)와 공급(M)이 일치하는 점에서 결정된다.

정답

IS곡선 $Y = C + I + G$, $Y = (3 + 0.5Y) + (2 - r) + 5$, $Y = 20 - 2r$과 통화량을 0.4만큼 더 증가시킨 LM곡선인 $9.4 = r + 0.5Y$, $Y = 18.8 + 2r$을 연립하면 $20 - 2r = 18.8 + 2r$, $4r = 1.2$ 균형이자율은 $r = 0.3$이다.

07 투자이론 정답 ③

출제 포인트 재고유지비용보다는 재고소진에 따른 비용이 더 크기 때문에 수요증가 가능성이 커질수록 기업은 미리 생산을 늘려 재고소진에 대비한다는 것이 재고소진 기피모형이다.

정답

재고소진 기피모형에 의하면, 기업은 부족한 재고를 비용으로 인식하기에 수요증가 가능성이 커질수록 재고보유 동기는 증가한다.

오답피하기

① 현재가치이론에 의하면, 투자로부터 얻는 수입의 현재가치가 투자비용의 현재가치보다 클 때 투자가 실행되고 반대로 작을 때 투자는 실행되지 않는다.

② 토빈의 q이론에 의하면, q는 주식시장에서 평가된 기업의 가치를 기업의 총실물자본의 구입가격으로 나눈 값으로 1보다 크면 투자가 증가하고, 1보다 작으면 투자가 감소한다.

④ 가속도원리는 유발투자를 가정하기에 산출량이 증가하면 투자가 급속히 증가한다.

08 거시경제이론 정답 ②

출제 포인트 물가하락이 화폐구매력증가를 가져와 실질부증가에 의한 소비증가를 초래하여 총수요(국민소득)를 증가시키는데, 이를 실질잔고효과, 피구효과 또는 부의 효과라 한다.

정답

실질잔고효과는 물가가 하락할 때, 민간의 실질부$\left(\frac{\text{부}}{\text{물가}}\right)$가 증가하여 그에 따라 민간소비가 증가하는 효과로 기대인플레이션과는 관계가 없다.

오답피하기

① 화폐의 중립성에 의하면 통화량증가는 명목변수에만 영향을 미칠 뿐 실질변수에는 영향을 미치지 못하기에 명목통화량의 증가는 실질국민소득에 영향을 미치지 못한다.

③ 기대가 추가된 기대부가 필립스곡선은 $\pi = \pi^e - \alpha(U - U_N)$으로 Y절편이 $\pi^e + \alpha U_N$인 우하향의 곡선이기에 기대인플레이션율이 상승하면 필립스곡선은 상방 이동한다.

④ 리카르도 동등(Ricardian equivalence)정리가 성립하면, 개인은 국채 발행으로 인한 정액세의 감소를 미래의 조세 부담으로 인식하기에 민간저축만 증가할 뿐 총수요를 증가시키지 못한다.

09 완전경쟁시장 정답 ④

출제 포인트 $Y = C + I + G$를 변형해 $S_p(= Y - T - C) + S_G (= T - G) = I$와 같이 민간저축과 정부저축으로 나타낼 수 있다.

정답

국민저축은 민간저축과 정부저축의 합이고 민간저축은 $Y - T - C = 12 - 3 - 7 = 2$, 정부저축은 $T - G = -1$이기에 국민저축은 1이다.

10 솔로우모형 정답 ②

출제 포인트 자본축적의 황금률이란 1인당 소비가 극대가 되는 균제상태를 말한다. 생산함수 $Y = K^{0.5}(E \times L)^{0.5}$에서 K의 지수인 0.5는 자본소득분배율로 자본축적의 황금률에서 저축률과 같다.

정답

- 주어진 생산함수를 효율노동 EL로 나누어주면 $\frac{Y}{EL} = \frac{K^{0.5}(EL)^{0.5}}{EL} = \left(\frac{K}{EL}\right)^{0.5}$이다.
- 효율노동 1단위당 생산량은 $y = \frac{Y}{EL}$, 효율노동 1단위당 자본량은 $k = \frac{K}{EL}$일 때, 1인당 생산함수는 $y = k^{0.5} = \sqrt{k}$가 된다.
- 균제상태의 1인당 자본량을 구하기 위해 $sf(k) = (n + d + g)k$로 두면 $0.2\sqrt{k} = (0.05 + 0.1 + 0.05)k$이기에 $k = 1$이다.
- 효율노동 1인당 생산함수를 k에 대해 미분하면 $MP_K = 0.5k^{-0.5} = \frac{1}{2\sqrt{k}}$이다.
- 기술진보가 있을 때 황금률의 1인당 자본량을 구하기 위해 $MP_K = n + d + g$로 두면 $\frac{1}{2\sqrt{k}} = (0.05 + 0.1 + 0.05)$, $\sqrt{k} = \frac{5}{2}$, $k = \frac{25}{4}$이다.
- 균제상태의 1인당 자본량이 1이고, 황금률에서의 1인당 자본량이 $\frac{25}{4}$이기에 현재는 과소자본상태이다. 그러므로 황금률 수준으로 가기 위해서는 저축률을 자본소득분배율과 동일한 50%로 높여야 한다.

오답피하기

③, ④ 황금률 수준으로 가기 위해서는 저축률을 높여야 하는데, 저축률을 높이면 현재의 소비는 줄어들지만 황금률에 도달하면 효율노동 1인당 소비가 현재 균제상태보다 높아지게 된다.

- 현재의 균제상태에서 효율노동 1단위당 자본량은 $k = 1$이기에 효율노동 1단위당 생산량 $y = 1$이다.
- 저축률이 20%이기에 현재 균제상태에서 효율노동 1단위당 저축은 0.2, 소비는 0.8이다.
- 황금률에서는 1인당 자본량이 $k = \frac{25}{4}$이기에 효율노동 1단위당 생산량 $y = \frac{5}{2} = 2.5$이다.
- 저축률이 50%이기에 황금률에서는 효율노동 1단위당 저축과 소비가 모두 1.25이다.

11회 2017 보험계리사(1)

정답 p.188

01	③ 거시	02	① 거시	03	② 국제	04	② 거시	05	③ 미시
06	④ 미시	07	④ 국제	08	① 미시	09	④ 미시	10	② 미시

01 통화승수 정답 ③

(출제 포인트) 본원통화가 1단위 공급되었을 때 통화량이 얼마나 증가하였는지를 보여주는 배수를 통화승수라 하고, 현금/통화량비율시 $m = \frac{1}{c+z(1-c)}$이다.

(정답)

통화승수는 $m = \frac{1}{c+z(1-c)}$이고 현금통화비율은 $c = \frac{1}{6}$, 지급준비율은 $z = \frac{1}{10}$이기에 $m = \frac{1}{\frac{1}{6}+\frac{1}{10}\left(1-\frac{1}{6}\right)} = 4$이다.

02 소비함수론 정답 ①

(출제 포인트) 개인의 소비는 자신의 소득에 의해서만 결정된다는 소비의 독립성과 소비지출이 소득수준에 따라 자유롭게 변한다는 소비의 가역성을 전제로, 소비는 현재의 가처분소득에 의해 결정($C = C_0 + cY_d$)된다고 보는 소비함수론이 케인즈의 절대소득가설이다.

(정답)

케인즈의 절대소득가설 $C = C_0 + cY_d$에 따르면 소비함수는 Y절편이 양수인 우상향의 직선이기에 소비함수의 기울기인 한계소비성향은 c로 일정하고 원점과 소비함수상의 한 점 간의 기울기인 평균소비성향은 한계소비성향보다 크다.

(오답피하기)

② 상대소득가설에 의하면 개인의 소비는 자신의 소득 외 동류집단 소비행위의 영향을 받는다는 소비의 상호의존성과 소득증가로 소비가 일단 증가하면 소득이 감소해도 소비를 줄이기가 어렵다는 소비의 비가역성을 전제로 한다.

③ 생애주기가설에 의하면 개인의 소비는 자신의 청년기, 중년기, 장년기의 전 생애의 총자원에 의존한다.

④ 프리드만의 항상소득가설에 따르면 현재소득은 자신의 자산으로부터 매기 예상되는 평균수입인 항상소득과 일시소득의 합이고, 소비는 항상소득의 일정 비율이다.

03 이자율평가설 정답 ②

(출제 포인트) 금융시장에서 일물일가의 법칙을 전제로, 국가 간 완전자본이동이 보장될 때 국내투자수익률과 해외투자수익률이 동일해야 한다는 것이 이자율평가설로, 환율변화율 = 국내이자율 − 해외이자율이고, 해외투자의 예상수익률 = 해외이자율 + 환율의 예상상승률이다.

(정답)

해외투자의 예상수익률 = 해외이자율 + 환율의 예상상승률이고 현재 1년 만기 달러화 예금의 이자율은 2%, 환율의 예상상승률은 1%이기에 예금의 연간 기대수익률은 3%이다.

04 실물경기변동이론 정답 ②

(출제 포인트) 생산성변화 등 공급측면의 충격과 정부지출변화 등 IS곡선에 영향을 미치는 충격으로 경기변동이 발생한다는 것이 실물적 균형경기변동이론이다.

(정답)

실물경기변동이론에서는 불경기에도 불구하고 경제주체는 최적화를 추구하기에 가계는 효용을 극대화한다.

(오답피하기)

①, ③, ④ 실물경기변동이론에 따르면 상품가격과 임금 모두 완전신축적이고 총공급충격을 경기변동의 원인으로 보며 완전경쟁시장을 가정한다.

05 탄력성 정답 ③

(출제 포인트) 수요곡선이 직각쌍곡선일 때는 모든 점이 단위탄력적으로 가격변화에도 수요가 변하지 않는 정액구매를 한다. 수요곡선이 수직선일 때는 완전비탄력적으로 가격변화율과 수익변화율이 같은 정량구매를 한다.

(정답)

- A재 가격이 5% 상승할 때 A재의 매출액은 전혀 변화하지 않았기에 A재를 구매하는 소비자들은 정액구매를 하고, B재의 가격이 10% 상승할 때 B재의 매출액은 동일하게 10% 증가하였기에 B재를 구매하는 소비자들은 정량구매를 한다.
- 정액구매를 할 시 수요의 가격탄력성은 단위탄력적인 1이고 정량구매를 할 시 수요의 가격탄력성은 완전비탄력적인 0이다.

06 생산함수 정답 ④

출제 포인트 생산함수가 $Q=AL^{\alpha}K^{1-\alpha}$인 경우, L 위의 지수값은 생산의 노동탄력성, K 위의 지수값은 생산의 자본탄력성을 나타낸다.

정답

- 기업의 생산함수는 $Q=AK^{\alpha}L^{\beta}(\alpha+\beta=1)$로 1차 $C-D$형 함수이기에 규모수익불변(②)이고 α는 생산의 자본탄력성이자 자본소득분배율, β는 생산의 노동탄력성이자 노동소득분배율이다(③). 이때, 자본이 1% 증가할 때 생산량은 α% 증가한다(①).
- 생산함수는 $Q=AK^{\alpha}L^{\beta}$를 L에 대해 미분한 노동의 한계생산은 $MP_L=\beta AK^{\alpha}L^{\beta-1}$이고 L로 나눈 노동의 평균생산은 $AP_L=\frac{AK^{\alpha}L^{\beta}}{L}=AK^{\alpha}L^{\beta-1}$이기에 $\frac{\text{노동의 평균생산}}{\text{노동의 한계생산}}=\frac{AP_L}{MP_L}=\frac{AK^{\alpha}L^{\beta-1}}{\beta AK^{\alpha}L^{\beta-1}}=\frac{1}{\beta}$이다(④).

07 무역정책론 정답 ④

출제 포인트 관세부과시 소비자잉여감소, 생산자잉여증가, 재정수입증가이나 사회적 후생은 감소 또는 증가일 수 있다. 수출보조금 지급시 국내소비감소, 국내생산증가, 국제수지개선의 효과가 발생한다. 그리고 소비자잉여감소, 생산자잉여증가이나 보조금지급으로 사회적 후생손실이 발생한다.

정답

수입관세를 부과하면 정부는 수입량과 관세를 곱한 관세수입을 발생하나 수출보조금을 지급하면 정부는 수출량과 보조금을 곱한 만큼의 재정지출이 증가하기에 정부수입을 감소시킨다.

오답피하기

① 소규모 개방경제모형의 경우, 수입관세가 부과되면 국내가격이 관세만큼 상승하기에 국내생산량이 증가한다.

②, ③ 소규모 개방경제모형의 경우, 수입관세부과와 수출보조금 지원은 모두 관세나 보조금의 크기만큼 국내가격을 상승시키기에 국내생산자잉여를 증가시키고 소비자잉여를 감소시킨다.

08 한계수입생산 정답 ①

출제 포인트 생산요소를 한 단위 추가 투입시 총수입의 증가분을 한계수입생산(MRP_L)이라 한다.

정답

아래의 표에서 확인할 수 있듯이, 노동공급이 6에서 7로 증가할 때 한계노동비용은 22이다.

노동공급	5	6	7	8	9	10
총노동비용	30	48	70	96	126	160
한계노동비용	—	18	22	26	30	34

오답피하기

②, ④ 이윤극대화 조건은 한계요소(노동)비용과 한계수입생산이 일치하는 $MFC_L=MRP_L$이고 노동공급이 8일 때 한계요소(노동)비용과 한계수입생산이 26으로 일치한다.

③ 노동공급의 임금탄력성은 $\frac{\text{노동공급 변화율}}{\text{임금 변화율}}$이고 노동공급이 6에서 7로 약 16.7% 증가할 때 임금은 $\frac{48}{6}=8$에서 $\frac{70}{7}=10$으로 25% 증가하기에 임금탄력성은 약 0.67이다.

09 효용극대화 정답 ④

출제 포인트 B유형의 직원만 자발적으로 자격증을 취득하기 위해서는, ㉠(자격증을 취득한 A유형 직원의 효용) < (자격증을 따지 않았을 때의 효용)과 ㉡(자격증을 취득한 B유형 직원의 효용) > (자격증을 따지 않았을 때의 효용)을 만족하는 c를 찾아야 한다.

정답

- B유형의 직원만 자발적으로 자격증을 취득하기 위해서는 A유형의 직원의 미취득시 효용이 취득시 효용보다 커야 하고, B유형의 직원의 취득시 효용이 미취득시 효용보다 커야 한다.
- 즉, B유형의 직원만 자발적으로 자격증을 취득하기 위한 조건은 $20>24-2c$, $c>2$이고 $20<24-c$, $c<4$로 $2<c<4$이다.

근로자 수	미취득시 효용	자격증 취득시 효용
A유형	20	$24-2c$
B유형	20	$24-c$

10 가격소비곡선 정답 ②

출제 포인트 가격변화에 따른 소비자 균형점을 연결한 곡선이 가격소비곡선으로 그 형태는 수요의 가격탄력도에 따라 다르다. 즉, 탄력적일수록 우하향 형태이고 비탄력적일수록 우상향 형태이며 가격탄력도가 1일 때 수평이다.

정답

재화 x_1과 x_2가 보완재인 경우 x_1의 가격이 하락하여 x_1의 구입량이 증가하면 x_2의 구입량도 증가하기에 가격–소비곡선은 우상향한다.

12회 2017 보험계리사(2)

정답

p.191

01	① 거시	02	④ 거시	03	② 거시	04	③ 거시	05	③ 미시
06	② 국제	07	③ 미시	08	② 미시	09	③ 미시	10	③ 미시

01 GDP디플레이터 정답 ①

출제 포인트 명목GDP를 실질GDP로 나눈 값이 GDP디플레이터이다.

정답

GDP디플레이터는 $\frac{명목GDP_{2014}}{실질GDP_{2014}} \times 100$이고 2014년의 명목$GDP$는 240, 실질$GDP$는 200이기에 2014년의 GDP디플레이터는 $\frac{240}{200} \times 100 = 120$이다.

02 거시경제모형 정답 ④

출제 포인트 소비증가, 투자증가, 정부지출증가, 수출증가, 수입감소, 조세감소로 IS곡선은 우측으로 이동하고, 통화량증가, 화폐수요감소로 LM곡선은 우측으로 이동하여 AD곡선은 우측으로 이동한다.

정답

정부지출과 조세는 IS곡선과 AS곡선이 아닌 IS곡선과 AD곡선의 이동변수이다.

오답피하기

① 생산물시장의 균형이 이루어지는 이자율과 국민소득의 조합을 IS곡선이라 한다.

② 화폐시장의 균형이 이루어지는 이자율과 국민소득의 조합을 LM곡선이라 한다.

③ 생산물시장과 화폐시장 등 수요측면을 고려하여 물가와 국민소득의 관계를 나타내는 곡선을 AD곡선이라 하기에 IS곡선과 LM곡선의 교차점에서 총수요의 크기가 결정된다.

03 화폐시장 정답 ②

출제 포인트 마샬 k(화폐수요의 소득탄력성)는 유통속도$\left(V = \frac{1}{k}\right)$의 역수이다.

정답

마샬 k는 유통속도의 역수이기에 마샬 k가 커지면 유통속도가 감소한다.

오답피하기

① 본원통화는 현금통화와 지급준비금의 합, 지급준비금은 시재금과 지급준비예치금의 합, 현금통화와 시재금의 합은 화폐발행액 이기에
본원통화 = 현금통화 + 지급준비금
= 현금통화 + 시재금 + 지급준비예치금
= 화폐발행액 + 지급준비예치금이다.

③ 부분지급준비제도하에서 은행은 지급준비금 외의 예치금을 대출에 활용하기에 통화승수 $m = \frac{통화량}{본원통화}$은 1보다 크다.

④ 통화승수는 $m = \frac{1}{c + z(1-c)}$이기에 이자율이 상승하여 현금통화비율 c와 지급준비율 z가 낮아지면 통화공급량이 증가하기에 통화공급곡선은 우상향이고 이를 통화공급의 내생성이라 한다.

04 국민소득결정모형 정답 ③

출제 포인트 IS곡선과 LM곡선이 일치하는 점에서 균형국민소득이 결정된다.

정답

- IS곡선은 $Y = C + I + G = (2 + 0.5Y) + (5 - r) + 3$, $r = 10 - 0.5Y$이고 이를 LM곡선 $r = 2 + 0.5Y$와 연립하면 $10 - 0.5Y = 2 + 0.5Y$이기에 균형국민소득은 $Y = 8$이고 균형이자율은 $r = 6$이다.
- 정부지출의 증대를 통하여 균형국민소득을 현재보다 2만큼 더 증가시킨다면 새로운 균형국민소득은 10이고 이를 LM곡선에 새로운 균형이자율은 $r = 7$이다.

05 탄력성 정답 ③

출제 포인트 공급곡선이 수직선일 때는 모든 점이 완전비탄력적이다.

정답

조세의 부담분과 탄력성은 반비례하고 공급곡선이 완전비탄력적이기에 양도소득세액을 20% 인상한다면 매도자가 인상분 모두를 부담한다.

06 관세부과 정답 ②

(출제 포인트) 소국은 관세가 부과되더라도 국제가격이 변하지 않아 단위당 500원의 관세가 부과되면 국내가격이 500원만큼 상승한다.

(정답)

- 관세부과 후의 경제적 순손실은 아래의 그림에서 확인할 수 있듯이 관세부과 후의 국내생산량의 증가분과 국내수요량의 감소분의 합과 관세의 곱을 2로 나눈 것과 같다.
- 공급곡선의 기울기가 2이고 수요곡선의 기울기도 2이기에 500의 관세가 부과되면 국내생산량의 증가분과 국내수요량의 감소분은 각각 250이기에 경제적 순손실은 $\frac{500 \times (250+250)}{2} = 125{,}000$이다.

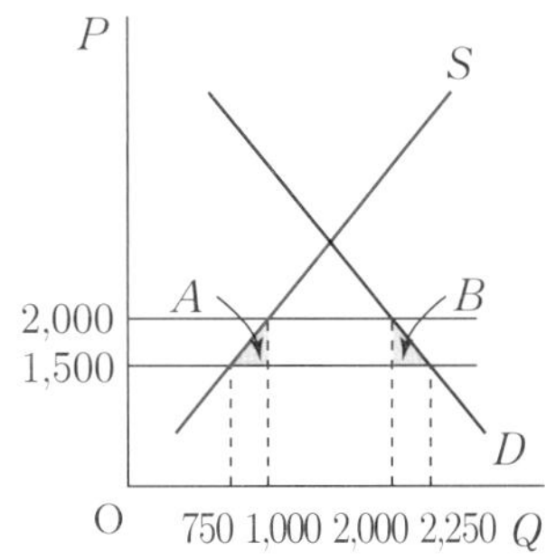

07 유량과 저량 정답 ③

(출제 포인트) 완전경쟁시장에서 한계생산물가치가 임금과 같을 때, 즉 $VMP_L = w$에서 이윤이 극대화된다.

(정답)

이윤극대화의 조건은 $VMP_L = w$이고 $P = 10{,}000$, $w = 80{,}000$이기에 이윤이 극대화될 때의 한계생산은 8이다.

근로자수	1	2	3	4
MP_L	10	8	5	4
VMP_L	100,000	80,000	50,000	40,000

(오답피하기)

① 근로자 수가 1에서 2로 증가할 때 케이크 생산량이 8단위 늘어나기에 노동의 한계생산은 $MP_L = 8$이다.

② 한계생산물가치는 $VMP_L = P \times MP_L$이고 근로자 수가 2에서 3으로 증가할 때 노동의 한계생산은 $MP_L = 5$이기에 한계생산물가치는 $VMP_L = P \times MP_L = 10{,}000 \times 5 = 50{,}000$이다.

④ 근로자 수가 2일 때, 케이크 생산량은 18이기에 노동의 평균생산은 9이다.

08 2기간모형 정답 ②

(출제 포인트) 이자율이 상승하면 예산선의 기울기가 커지기에 저축자의 소비가능영역은 커지나 차입자의 소비가능영역은 작아진다.

(정답)

- 이자율이 상승하면 저축자의 소비가능영역이 커지기에 이자율상승 이후 여전히 저축자의 경우 효용수준은 반드시 증가한다.
- 이자율이 상승하면 차입자의 소비가능영역이 작아지기에 이자율상승 이후 여전히 차입자의 경우 효용수준은 반드시 감소한다.

09 기대효용이론 정답 ③

(출제 포인트) 기대점수는 (각 성적) × (성적을 받을 확률)을 더해 구한다.

(정답)

- 학생이 언어검증시험에서 각 점수를 받을 확률은 $\frac{1}{5}$이기에 기대점수는 $\left(\frac{1}{5} \times 10\right) + \left(\frac{1}{5} \times 11\right) + \left(\frac{1}{5} \times 12\right) + \left(\frac{1}{5} \times 13\right) + \left(\frac{1}{5} \times 14\right) = 12$이다.
- 즉, 첫 시험에서 기대점수인 12점 이상의 성적을 받아야 더 이상 시험을 보지 않는다.

10 효용극대화 정답 ③

(출제 포인트) 효용함수가 $u = x_1 x_2$이기에 두 재화의 수요함수는 각각 $x_1 = \frac{M}{2p_1}$, $x_2 = \frac{M}{2p_2}$이다.

(정답)

- 효용함수는 $u = x_1 x_2$이고 $x_1 = \frac{M}{2p_1}$, $x_2 = \frac{M}{2p_2}$이기에 효용함수는 $U = \frac{M^2}{4p_1 p_2}$이고 효용함수에 $(p_1, p_2) = (1, 1)$, $M = 100$을 대입하면 지역 A에서 근무할 경우 효용은 $U = \frac{100 \times 100}{4 \times 1 \times 1} = 2{,}500$이다.
- 이때, 지역 B에서 근무할 경우 두 재화의 가격은 $(p_{B_1}, p_{B_2}) = (1, 4)$로 변하기에, 두 지역에서 효용수준이 2,500으로 동일하기 위해서 지역 B에서는 $U = \frac{M^2}{4 \times 1 \times 4} = 2{,}500$, $M = 200$만큼의 임금을 받아야 한다.

13회 2016 보험계리사(1)

정답

p.194

01	② 미시	02	① 미시	03	③ 미시	04	③ 미시	05	④ 거시
06	④ 미시	07	① 거시	08	③ 거시	09	④ 거시	10	③ 거시

01 가격소비곡선 정답 ②

(출제 포인트) 가격변화에 따른 소비자 균형점을 연결한 곡선이 가격소비곡선이다.

(정답)
가격소비곡선은 가격변화와 재화구입량의 관계를 나타내기에 가격소비곡선으로부터 수요곡선이 도출된다.

(오답피하기)
① 소비자에게 동일한 효용을 주는 두 재화의 조합을 나타낸 곡선이 무차별곡선이다.
③ 소득변화에 따른 재화구입량 변화를 연결한 곡선인 엥겔곡선은 소득소비곡선에서 도출된다.
④ 인구의 누적점유율과 소득의 누적점유율 간의 관계를 보여주는 곡선이 로렌츠곡선으로, 대각선일수록 소득분배가 균등함을 의미한다.

02 조세부과 정답 ①

(출제 포인트) 조세분담 정도와 조세수입은 탄력성에 반비례하며, 이로 인한 후생손실은 탄력성에 비례한다.

(정답)
수요곡선의 기울기는 1, 공급곡선의 기울기는 0.5이고 조세분담 정도는 곡선의 기울기에 비례하기에 단위당 3의 세금을 부과하는 경우 소비자가 부담하는 몫은 단위당 2이고 공급자가 부담하는 몫은 단위당 1이다.

03 독점시장 정답 ③

(출제 포인트) 러너의 독점도는 $dm = \frac{P-MC}{P}$이고,
$MR = P\left(1 + \frac{Q}{P} \cdot \frac{dP}{dQ}\right) = P\left(1 - \frac{1}{\epsilon_d}\right)$이다.

(정답)
ㄱ. 아모로소 - 로빈슨 공식에 따르면 $MR = P\left(1 - \frac{1}{\epsilon_d}\right)$이고 독점의 이윤극대화 조건은 $MR = MC$이다. 따라서 수요가 가격에 더 탄력적일수록 한계비용이 커지기에 이윤극대화생산량에서 가격 대비 한계비용의 비율이 커진다.
ㄴ. 러너의 독점도 $dm = \frac{P-MC}{P}$는 $P = MC$인 완전경쟁에서 0으로 그 값이 작을수록 독점력이 작고, 그 값이 클수록 독점력이 크다.

04 비용곡선 정답 ③

(출제 포인트) 한계비용곡선의 최저점은 평균비용곡선의 최저점보다 왼쪽에 위치한다.

(정답)
일반적으로 평균비용곡선은 U자 형태이고 한계비용곡선은 평균비용곡선의 최저점을 지나 우상향하기에 한계비용곡선의 최저점은 평균비용곡선의 최저점보다 왼쪽에 위치한다.

(오답피하기)
① 평균생산물은 한계생산물과 교차하는 지점에서 극대화되고 한계생산물은 처음에 증가하다가 궁극적으로 감소하기에 평균생산물 또한 처음에 증가하다가 궁극적으로 감소한다. 이때, $AC = \frac{w}{AP_L}$와 $MC = \frac{w}{MP_L}$의 관계가 성립하기에 평균비용곡선과 한계비용곡선은 처음에는 감소하다가 궁극적으로 증가하는 U자 모양을 가지고 평균가변비용곡선도 마찬가지로 U자 모양을 가진다.
② 일반적으로 평균비용곡선은 U자 형태이고 한계비용곡선은 평균비용곡선의 최저점을 지나 우상향한다.
④ 단기 평균비용은 평균가변비용과 평균고정비용의 합이기에 평균비용곡선과 평균가변비용곡선 간의 수직거리는 평균고정비용의 크기이다.

05 실업이론 정답 ④

출제 포인트 예상치 못한 인플레이션(제공임금상승), 실업보험의 축소(유보임금하락), 직업정보의 증대로 탐색기간이 줄고(제공임금 좌측 이동 + 유보임금 좌측 이동) 실업률이 하락한다. 노동자의 예상 인플레이션 상승(유보임금상승)으로 탐색기간이 길어지면 실업률이 상승한다.

정답

최저임금이 인상되면 기업의 노동수요는 감소하나 노동자의 노동공급은 증가하기에 오히려 실업률이 증가한다.

오답피하기

① 실업급여가 축소된다면 비근로소득이 감소되고 탐색기간이 줄기에 실업률이 하락할 가능성이 높다.

②, ③ 구직활동지원 강화와 훈련프로그램 강화로 탐색기간이 줄어 실업률이 하락할 가능성이 높다.

06 탄력성 정답 ④

출제 포인트 가격이 1% 변화할 때, 수요량(공급량)의 변화율이 수요(공급)의 가격탄력성이다.

정답

총판매수입 $TR = P \times Q$를 증가율로 나타내면 총판매수입변화율 = 가격변화율 + 판매량변화율이고 공급의 가격탄력성이 0.5, 수요의 가격탄력성은 -0.5로 수요의 증가로 가격이 1% 상승할 때 판매량은 0.5% 증가하기에 매출액의 증가율은 $1\% + 0.5\% = 1.5\%$이다.

07 *IS*-*LM*곡선 정답 ①

출제 포인트 소비증가, 투자증가, 정부지출증가, 수출증가로 IS곡선은 우측으로 이동하고, 조세증가, 수입증가, 저축증가로 IS곡선은 좌측으로 이동한다. 통화량증가로 LM곡선은 우측으로 이동하고, (거래적 동기)화폐수요증가, 물가상승으로 LM곡선은 좌측으로 이동한다.

정답

균형재정승수는 개방경제, 폐쇄경제와 관계없이 항상 0보다 크고 1보다 작거나 같기에 정부지출과 조세를 동일한 금액으로 감소시키면 IS곡선이 좌측 이동하여 국민소득은 감소한다.

오답피하기

② 조세를 감소시키면 IS곡선이 우측 이동하고 통화량을 증가시키면 LM곡선도 우측 이동하기에 국민소득이 증가한다.

③ 정부지출이 증가하면 IS곡선이 우측 이동하기에 국민소득이 증가한다.

④ 통화량이 증가하면 LM곡선이 우측 이동하기에 국민소득이 증가한다.

08 피구효과 정답 ③

출제 포인트 물가하락이 화폐구매력증가를 가져와 실질부증가에 의한 소비증가를 초래하여 총수요(국민소득)를 증가시키는데, 이를 실질잔고효과, 피구효과 또는 부의 효과라 한다.

정답

유동성함정하 화폐수요의 이자율탄력성은 무한대이고 이로 인해 LM곡선은 수평선이다.

오답피하기

① 유동성함정하 화폐수요의 이자율탄력성은 무한대이고 이로 인해 LM곡선은 수평선이다.

②, ④ 고전학파는 유동성함정에 빠져있더라도 통화량이 증가하면 민간의 실질소득이 증가하는 부의 효과에 의해 민간소비가 증가하고 이로 인해 IS곡선이 우측 이동하여 궁극적으로 국민소득의 증가를 가져오는 효과가 있다고 주장하였다.

09 성장이론 정답 ④

출제 포인트 $H-D$모형이나 솔로우모형과 달리 자본에 대한 수확불변을 가정하는 내생적 성장이론(AK모형)은 정부의 감세정책 등으로 저축률이 높아지면 지속적인 경제성장이 가능함을 보여준다.

정답

ㄱ. 솔로우모형은 1차 $C-D$형 함수를 가정하고 한계생산물 체감법칙이 성립하기에 상대적으로 선진국보다 개발도상국의 경제성장률이 더 높아 절대적 수렴가설이 성립한다고 가정한다.

ㄴ. 내생적 성장이론은 $Y = AK$모형과 한계생산물 불변을 가정하여 국가 간에 경제성장률이 지속적으로 차이가 나는 이유를 설명하고자 한다.

ㄷ. 솔로우모형에서 저축률이 상승하면 실제 투자액이 증가하기에 1인당 국민소득은 증가하고, 1인당 국민소득은 $\frac{\text{전체 소득}}{\text{인구}}$이기에 인구 증가율이 하락하면 단기적으로 1인당 국민소득을 증가시킨다.

10 정부부채 비율 정답 ③

출제 포인트 GDP대비 정부부채 비율은 $\frac{\text{정부부채}}{GDP} \times 100(\%)$로 나타낸다.

정답

- 2010년의 세입이 1,000억 원, 세출이 1,100억 원이기에 2010년 말의 정부부채는 2009년 말의 1,900억 원에서 100억 원 증가한 2,000억 원이다.
- 2010년의 GDP는 8,000억 원이기에 2010년 말의 정부부채 비율은 25%이다.

14회 2016 보험계리사(2)

정답

p.197

01	① 미시	02	④ 미시	03	② 미시	04	④ 미시	05	② 미시
06	④ 미시	07	③ 거시	08	① 거시	09	② 거시	10	④ 거시

01 일반균형 정답 ①

출제 포인트 모든 생산물시장과 생산요소시장이 동시에 균형을 이루는 상태를 일반균형이라 하고, 모든 소비자가 효용극대화, 모든 기업이 이윤극대화, 모든 시장에서 수요량과 공급량이 일치하는 조건을 충족한다.

정답

- $W=5$일 때, 수요함수 $Q=380-2P$와 공급함수 $Q=3P-45$를 연립하면 $380-2P=3P-45$, $5P=425$, 균형가격은 $P=85$, 균형거래량은 $Q=210$이다.
- $W=7$로 증가했을 때, 수요함수 $Q=380-2P$와 공급함수 $Q=3P-55$를 연립하면 $380-2P=3P-55$, $5P=435$, 균형가격은 $P=87$, 균형거래량은 $Q=206$이다.
- 그러므로 시장균형량은 4단위 감소한다.

02 등량곡선 정답 ④

출제 포인트 두 생산요소가 완전보완적일 경우 등량곡선은 L자형이고, 두 생산요소가 완전대체적일 경우 우하향의 직선 형태이다.

정답

제품 한 단위를 생산하기 위해서는 반드시 X 한 단위와 Z 두 단위가 투입되어야 하기에 X재와 Z재는 서로 완전보완관계에 있으며 등량곡선의 모양은 L자 모양이다.

03 노동수요곡선 정답 ②

출제 포인트 생산물시장이 완전경쟁이면, 가격과 한계수입이 일치하기에 한계생산물가치(VMP_L)곡선이 개별기업의 노동수요곡선이 되고, 개별기업의 한계생산물가치(VMP_L)곡선의 수평적 합으로 시장 전체의 노동수요곡선이 도출된다.

정답

재화시장과 생산요소시장이 모두 완전경쟁일 때 노동수요곡선은 한계생산물가치인 VMP_L이고 생산함수인 $Q=120L-L^2$을 L에 대해 미분한 한계생산물은 $MP_L=120-2L$이고, 재화가격은 $P=10$이기에 $VMP_L=MP_L\times P=1{,}200-20L$로 노동수요곡선의 기울기는 -20이다.

04 공공재 정답 ④

출제 포인트 개인의 소비가 타인의 소비가능성을 감소시키지 않는 비경합성과 대가를 지불하지 않아도 소비할 수 있는 비배제성을 특성으로 하는 재화를 공공재라 한다. 국방, 치안, 공중파방송 등이 그 예이다.

정답

ㄱ, ㄴ. 공공재는 한 개인의 소비가 다른 개인의 소비에 영향을 미치지 않는 비경합성과 비용을 부담하지 않는 사람의 배제가 불가능한 비배제성(배제불가성)의 특성을 갖기에 시장기구에 의해서는 공급이 이루어지기 어렵다. 따라서 대부분의 공공재는 정부가 공급을 담당한다.

ㄷ. 공공부문이 생산 또는 공급하는 재화나 서비스라 해서 모두 공공재인 것은 아니다.

05 누진세 정답 ②

출제 포인트 과세대상금액이 증가할수록 세율이 증가하여 세액이 누진적으로 증가하는 세제를 누진세라 하고, 소득재분배기능을 갖고 있다.

정답

누진세제가 실시되면 상대적으로 소득이 높은 고소득층에게 높은 조세가 부과되기에 사회적 손실이 발생하여 경제적 효율성을 떨어트린다.

오답피하기

①, ③ 누진세제가 실시되면 고소득층이 높은 조세를 부담하고 저소득층은 상대적으로 낮은 조세를 부담하기에 경제적 불평등이 감소하고 과세의 공평성이 실현된다.

④ 고소득층은 저소득층보다 토지, 건물 등의 자산을 더 많이 보유하고 있기에 도로, 지하철과 같은 공공서비스로부터 얻는 편익도 저소득층보다 고소득층이 더 크다고 볼 수 있다. 그러므로 편익원칙의 측면에서 보더라도 고소득층이 저소득층보다 세금을 더 많이 내도록 하는 누진세가 정당성을 가질 수 있다.

06 생산함수 정답 ④

출제 포인트 이윤함수는 총수입에서 총비용을 차감한 $\pi=TR-TC$이다. 이윤은 $MR=MC$일 때, 즉, $\frac{d\pi}{dx}=MR-MC=0$일 때 극대화된다.

정답

• 생산요소의 투입량인 x가 $0 \le x \le 1$인 경우, 생산량은 $q=0$이기에 총수입은 0이고, 생산요소의 단위당 가격이 1이기에 이윤은 0 혹은 $(-)$값을 가진다.

• $x>1$일 때, 생산함수는 $q=\sqrt{x}-1$이고 생산요소의 단위당 가격이 1이기에 기업의 이윤함수는 $\pi=TR-TC=pq-TC=p\sqrt{x}-p-x$이고 이윤극대화 요소투입량을 구하기 위해 x에 대해 미분한 후 0으로 두면 $\frac{d\pi}{dx}=\frac{p}{2\sqrt{x}}-1=0$, $\sqrt{x}=\frac{1}{2}p$, $x=\frac{1}{4}p^2$이다.

• 이윤극대화 요소투입량 $x=\frac{1}{4}p^2$을 이윤함수에 대입하면 $\pi=\frac{1}{2}p^2-p-\frac{1}{4}p^2=\frac{1}{4}p^2-p$이고 기업이 양의 이윤을 얻을 수 있는 제품의 시장가격의 범위를 구하기 위해 $\pi>0$으로 두면 $\frac{1}{4}p^2-p>0$, $p>4$이다.

07 $AD-AS$모형 정답 ③

출제 포인트 인구증가, 생산성향상, 기술진보 등으로 AS곡선은 우측으로 이동한다.

정답

정부지출의 증가는 단기 AS곡선이 아닌 AD곡선을 우측 이동시킨다.

오답피하기

① 일반적으로 단기에는 유휴설비가 존재하여 주어진 물가수준에서 원하는 만큼 생산이 가능하기에 총공급곡선은 우상향이나, 장기에는 가격변수가 신축적이기에 총공급곡선은 자연산출량 수준에서 수직선이 된다.

② 통화량이 증가하면 LM곡선이 우측 이동하기에 AD곡선을 오른쪽으로 이동시킨다.

④ 장기에는 총공급곡선이 자연산출량 수준에서 수직선이기에 확장적 재정정책을 실시하더라도 국민소득이 전혀 증가하지 않고 물가만 뛰는 화폐중립성과 완전한 구축효과가 발생한다.

08 필립스곡선 정답 ①

출제 포인트 명목임금상승률과 실업률의 관계를 나타내는 곡선을 필립스곡선이라 한다.

정답

필립스는 실질임금이 아닌 명목임금상승률과 실업률 간의 반비례 관계를 나타내는 필립스곡선을 제시하였다.

오답피하기

② 통화주의(프리드만과 펠프스)는 적응적 기대를 반영한 기대부가 필립스곡선 $\pi=\pi^e-\alpha(U-U_N)$을 제시하였고, 단기에는 인플레이션을 정확하게 예상하지 못하기에 필립스곡선은 우하향의 형태이나 장기에는 인플레이션을 정확하게 예상하여 $\pi=\pi^e$이기에 필립스곡선은 수직선으로 도출된다.

③ 케인즈학파는 스태그플레이션의 원인을 총공급감소로 인해 물가상승과 경기침체가 발생한 것으로 보았으나, 통화주의는 정부의 빈번한 시장개입이 기대인플레이션을 발생시켜 단기 필립스곡선 자체가 상방으로 이동한 결과로 본다.

④ 통화주의(프리드만과 펠프스)는 노동자들이 물가상승을 인식하여 노동자의 기대인플레이션이 상승하면 명목임금인상을 요구하기에 실업률이 낮아지지 않는다는 자연실업률가설을 제시하였다.

09 경기변동론 정답 ②

출제 포인트 총체적인 경제활동수준이 주기적으로 상승과 하강을 반복하는 현상을 경기변동이라 하는데, 모든 변수의 총체적 현상이고, 동시발생의 공행성을 보이며, 지속성을 특징으로 한다.

정답

ㄴ. 일반적으로 경기변동은 호황, 후퇴, 불황, 회복의 4단계 또는 확장, 수축의 2단계가 반복되는 현상을 의미한다.

ㄷ. 기준순환일이란 한 나라의 경기순환변동 과정에서 국면이 전환되는 시점(정점 · 저점)을 의미한다.

오답피하기

ㄱ. 경기가 호황일 때에는 투자는 증가하고 실업은 감소하기에 투자는 경기순응적이고 실업은 경기역행적이다.

10 이자율 정답 ④

출제 포인트 모든 실질변수(실질국민소득, 실질임금, 실질이자율, 고용량 등)는 통화량과 무관하게 실물부문에 의해 결정된다. 따라서 통화량변화에도 명목변수만 영향을 줄 뿐 실질변수는 불변으로 GDP 및 총수요 구성요소도 불변이다.

정답

화폐의 중립성이 성립하면 통화량증가는 명목변수에만 영향을 미칠 뿐 실질변수에는 영향을 미치지 않기에 실질이자율은 불변이다.

오답피하기

① 통화량의 증가는 단기적으로 소득수준과 물가수준이 일정하다면 통화의 가치를 낮추어 단기 이자율을 하락시키는데, 이를 유동성효과라고 한다.

②, ③ 통화량이 증가하면 LM곡선이 우측 이동하기에 AD곡선도 우측 이동하여 장기적으로 물가가 상승한다. 이때, 피셔의 방정식에 따르면 '명목이자율 = 기대인플레이션 + 실질이자율'이고 기대인플레이션이 상승하면 동일한 크기로 명목이자율이 상승하고 실질이자율은 불변이다.

15회 2015 보험계리사(1)

정답

p.200

01	② 미시	02	④ 미시	03	① 미시	04	③ 거시	05	② 거시
06	④ 국제	07	① 거시	08	④ 미시	09	④ 미시	10	④ 미시

01 유량과 저량 정답 ②

출제 포인트 일정기간에 걸쳐 측정되는 변수를 유량이라 하고, 일정시점에서 측정할 수 있는 변수를 저량이라 한다.

정답

ㄱ, ㄷ. 소득은 일정기간 동안 벌어들인 수입이고 소비는 일정기간 동안 재화나 서비스구입에 지출한 금액이기에 유량이다.

오답피하기

ㄴ. 자산은 일정시점에서 개인이 보유한 부(wealth)를 의미하기에 저량이다.

02 비용함수 정답 ④

출제 포인트 U자 형태의 한계비용곡선은 평균비용곡선의 최소점을 통과한다.

정답

단기에 평균비용곡선은 U자 형태의 곡선이고 한계비용곡선은 평균비용곡선의 최저점을 지나 우상향하기에 한계비용이 최소일 때 평균비용은 우하향한다.

오답피하기

① 매몰비용은 이미 지출되어 회수 불가능한 광고 등의 비용으로 단기에 대표적인 고정비용이다.
② 생산자균형에서 비용최소화와 이에 따른 최대생산량의 원칙은 등량곡선과 등비용선이 접하는 구간에서 이루어지고, 이때 한계생산물균등의 법칙이 성립한다.
③ 장기 평균비용곡선은 단기 평균비용곡선의 포락선이기에 항상 단기평균비용은 장기 평균비용보다 같거나 크다.

03 독점시장 정답 ①

출제 포인트 시장구조가 불완전경쟁일 때는 공급곡선이 존재하지 않는다.

정답

시장이 완전경쟁시장일 경우, 균형생산량과 가격은 $P=MC$에서 이루어지기에 한계비용곡선이 공급곡선의 역할을 수행하지만, 시장이 독점시장일 경우 우하향의 수요곡선상에서 가장 유리한 생산점을 선택할 수 있으므로 독점기업의 공급곡선은 존재하지 않는다.

오답피하기

② 독점기업의 이윤극대화 조건은 $MR=MC$이고 균형가격은 항상 $P>MR=MC$에서 결정되기에 독점기업의 판매가격은 항상 한계비용보다 높다.
③ 독점기업은 단기적으로 초과이윤을 획득할 수도 있고, 정상이윤만 얻는 경우도 있으며, 손실을 볼 수도 있다.
④ 해외시장에서 국내시장보다 낮은 가격으로 재화를 판매하는 덤핑(dumping)은 분리된 시장에서 서로 다른 가격을 설정하는 것이기에 제3급 가격차별에 해당한다.

04 통화승수 정답 ③

출제 포인트 본원통화가 1단위 공급되었을 때 통화량이 얼마나 증가하였는지를 보여주는 배수를 통화승수라 하고, $m=\frac{1}{c+z(1-c)}$이다.

정답

통화승수는 $m=\frac{1}{c+z(1-c)}$이고 현금에 비해 요구불예금의 비중이 커지면 현금통화비율인 c가 작아지기에 통화승수는 커진다.

오답피하기

① 현금선호비율이 높을수록 요구불예금의 비중이 작아지기에 현금통화비율인 c가 커져 통화승수가 작아진다.
② 지급준비율인 z가 높아지면 통화승수가 작아진다.
④ 지급준비율이 100%이면 $z=1$이기에 통화승수는 1이 된다.

05 본원통화 정답 ②

출제 포인트 중앙은행을 통해 시중에 나온 현금을 본원통화라 한다.

본원통화 = 현금통화 + 지급준비금
　　　　= 현금통화 + 시재금 + 지급준비예치금
　　　　= 화폐발행액 + 지급준비예치금

정답

본원통화는 중앙은행의 발권창구를 통해 공급된 화폐를 의미하는데 일부는 민간이, 나머지는 은행이 보유하게 된다. 본원통화는 민간이 보유한 현금통화와 은행이 보유한 지급준비금의 합으로 구성된다.

오답피하기

①, ③, ④ 채권이나 요구불예금은 본원통화에 해당하지 않는다.

06 헥셔-올린정리 정답 ④

(출제 포인트) 비교우위의 발생원인을 요소부존의 차이로 설명하는 헥셔-올린정리는, 노동풍부국은 노동집약재 생산에, 자본풍부국은 자본집약재 생산에 비교우위가 있다고 설명한다.

(정답)
헥셔-올린정리에 의하면 비교우위는 양국 간 요소부존도의 차이에 의해 결정된다.

(오답피하기)
① 헥셔-올린정리는 양국의 선호는 동일하다고 가정한다.
② 비교우위에 의해 무역이 이루어지면, 양국은 비교우위에 있는 재화에 특화하기 때문에 산업구조는 유사해지지 않는다.
③ 헥셔-올린정리에 의하면 양국 간 생산요소의 이동은 불가능하다.

07 통화정책 정답 ①

(출제 포인트) 각 연도별 물가상승률과 실질GDP, 잠재GDP를 주어진 식에 대입하여 정책이자율을 구한다.

(정답)
전년도 물가상승률은 $\pi=0.04$, 실질GDP와 잠재GDP는 같은 $\frac{(Y-Y^*)}{Y^*}=0$이기에 전년도 중앙은행의 정책이자율은 $r=0.05$이고 금년도 물가상승률은 $\pi=0.06$, $\frac{(Y-Y^*)}{Y^*}=0.04$이기에 중앙은행의 정책이자율은 $r=0.06$이다. 즉, 중앙은행은 전년도보다 정책이자율을 1%포인트 인상한다.

08 대체탄력성 정답 ④

(출제 포인트) 대체탄력성은 한계기술대체율의 변화율($\%$)에 대한 요소집약도의 변화율($\%$)로, 한계기술대체율이 1% 변화할 때 요소집약도의 변화율로 나타낼 수 있다.

(정답)
ㄷ. 대체탄력성은 요소가격비율의 상대적 변화가 요소집약도에 미치는 영향의 정도를 나타낸다.
ㄹ. 일반적으로 등량곡선의 곡률과 대체탄력성은 반비례의 관계를 가진다.

(오답피하기)
ㄱ. 레온티에프 생산함수의 경우, 각 재화는 서로 완전보완재이기에 대체탄력성은 0이다.
ㄴ. 콥-더글라스 생산함수의 경우, 대체탄력성은 항상 1이다.

09 자원배분의 효율성 정답 ④

(출제 포인트) 시장구조가 완전경쟁적이고 외부성 등의 시장실패요인이 존재하지 않는다면 일반경쟁균형의 자원배분은 파레토효율적이라는 것이 후생경제학의 제1정리이다.

(정답)
ㄱ. 독점기업의 이윤극대화 조건은 $P>MR=MC$로 효율적으로 자원이 배분되는 완전경쟁시장에 비해 과소생산되기에 자원배분의 효율성이 감소한다.
ㄴ. 긍정적 외부효과가 발생하면 과소생산이 발생하고 부정적 외부효과가 발생하면 과다생산이 발생하기에 자원배분의 효율성을 감소시킨다.
ㄷ. 농산물 가격 지지정책은 농산물의 시장가격을 특정 최소수준 이하로 하락하는 것을 막기에 농산물의 과잉생산을 초래하여 자원배분의 효율성을 감소시킨다.

10 가격효과 정답 ④

(출제 포인트) 재화의 가격변화에 따른 구입량의 변화를 가격효과라 하고 대체효과와 소득효과로 나누어진다. 동일한 실질소득 수준에서 상대가격의 변화에 따른 구입량의 변화를 대체효과라 하고 항상 음(−)이다. 동일한 상대가격 수준에서 실질소득의 변화에 따른 구입량의 변화를 소득효과라 하며, 정상재이면 음(−), 열등재이면 양(+)이다.

(정답)
- 바나나의 가격이 하락하는 경우, 바나나의 상대가격은 하락하고 대체효과는 항상 (−)의 값을 가지기에 바나나의 수요량은 증가한다.
- 이때, 바나나가 열등재인 경우 바나나의 소득효과는 (+)의 값을 가지기에 가격하락에 따른 실질소득증가로 인해 바나나의 수요량은 감소한다.
- 즉, 바나나의 수요량은 소득효과와 대체효과의 상대적 크기의 차이에 의해 결정되기에 주어진 정보만으로는 알 수 없다.

16회 2015 보험계리사(2)

정답

p.203

01	③ 미시	02	① 미시	03	③ 미시	04	① 거시	05	④ 거시
06	④ 미시	07	② 거시	08	③ 거시	09	① 국제	10	② 미시

01 공급의 가격탄력성 정답 ③

출제 포인트 y절편이 양(+)인 우상향의 공급직선에서 y절편으로갈수록 탄력도는 무한대에 가까워진다. 따라서 모든 점의 공급의 가격 탄력도가 다른 경우이다.

정답

- 공급곡선은 $Q_S = aP + b$, $P = -\frac{b}{a} + \frac{1}{a}Q_S$이고 $a > 0$, $b < 0$이기에 공급곡선은 Y절편이 0보다 큰 우상향의 직선이다.
- 공급의 가격탄력성은 $\frac{\text{원점기울기}}{\text{곡선기울기}}$로 표기할 수 있기에 Y절편이 0보다 큰 우상향의 직선인 공급곡선의 가격탄력성은 항상 1보다 크고, 원점에서 멀어질수록 원점에서 공급곡선상의 한점까지의 기울기인 원점 기울기가 작아지기에 공급의 가격탄력성은 작아진다.

02 현시선호이론 정답 ①

출제 포인트 효용측정이 불가능하다는 전제하에 소비자의 객관적 구매행위, 즉 관찰된 소비행위인 현시선호를 통해 우하향의 수요곡선을 도출하는 이론이 현시선호이론이다.

정답

현시선호이론은 실제로는 측정할 수 없는 효용이나 무차별곡선(ㄱ)의 개념을 사용하지 않고 실제로 시장에서 관찰된 구매행태로부터 수요곡선(ㄴ)을 도출해 내는 이론이다.

03 완전경쟁시장 정답 ③

출제 포인트 생산자잉여는 총수입－총가변비용이고, 이윤은 총수입－(총가변비용＋총고정비용)이다.

정답

단기에는 고정비용이 존재하기에 생산자잉여는 '총수입－총가변비용'이고 이윤은 '총수입－총비용'으로 생산자잉여와 이윤은 일치하지 않을 수도 있으나, 장기에는 고정비용이 존재하지 않기에 생산자잉여와 이윤이 모두 '총수입－총비용'으로 생산자잉여와 이윤이 일치한다.

오답피하기

①, ② 완전경쟁시장에서는 기업의 진입과 퇴거가 자유롭기에 단기 균형과 장기 균형의 기업의 수는 일반적으로 다르고 단기에 개별기업은 초과이윤을 얻을 수 있지만 장기에는 정상이윤만을 얻는다.

④ 완전경쟁시장은 단기와 장기 모두 이윤극대화 조건은 $P = MC$이기에 사회적 잉여가 극대화되는 효율적인 시장형태이다.

04 승수 정답 ①

출제 포인트 폐쇄경제에서 정부지출승수와 투자승수는 $\frac{dY}{dG} = \frac{dY}{dI} = \frac{1}{1-c}$($c$: 한계소비성향)이고, 조세승수는 $\frac{dY}{dT} = \frac{-c}{1-c}$($c$: 한계소비성향)이다.

정답

정부지출승수와 투자승수는 $\frac{1}{1-c}$이고 한계소비성향은 $c = 0.5$이기에 정부지출승수는 $\frac{1}{1-c} = \frac{1}{1-0.5} = 2$이고 정부지출이 200억 원 증가하면 국민소득이 400억 원 증가한다.

오답피하기

② 조세승수는 $\frac{-c}{1-c}$이고 한계소비성향은 $c = 0.5$이기에 조세승수는 $\frac{-c}{1-c} = \frac{-0.5}{1-0.5} = -1$이고 조세가 200억 원 감면되면 국민소득이 200억 원 증가한다.

③ 투자승수는 2이기에 투자가 150억 원 증가하면 국민소득은 300억 원 증가한다.

05 AD-AS모형 정답 ④

출제 포인트 소비증가, 투자증가, 정부지출증가, 수출증가, 수입감소, 조세감소로 IS곡선은 오른쪽으로 이동하고, 통화량증가, 화폐수요감소로 LM곡선은 오른쪽으로 이동하여 AD곡선은 오른쪽으로 이동한다. 인구증가, 생산성향상, 기술진보 등으로 AS곡선은 오른쪽으로 이동한다.

정답

확장적인 통화정책은 AD곡선을 우측 이동시키고 단기에 AS곡선은 우상향하기에 균형산출량을 늘릴 수 있지만, 장기에 AS곡선은 자연산출량 수준에서 수직선이기에 AD곡선이 우측 이동하더라도 균형산출량은 증가하지 않는다.

오답피하기

① 단기 산출량이 자연산출량을 상회하는 경우 경기가 과열되기에 물가상승으로 이어진다.

② 정부지출이 감소하면 AD곡선은 좌측 이동하기에 물가하락을 초래한다.
③ 단기 산출량이 자연산출량을 하회하는 경우 경기가 침체되어 유효수요부족이 예상되기에 기대물가를 낮추는 조정이 발생한다.

06 수요의 가격탄력성 정답 ④

출제 포인트 우하향의 수요직선에서 탄력적 구간은 가격이 하락, 비탄력적 구간은 가격이 상승하면 판매수입이 증가하며, 중점에서 판매수입이 극대화된다.

정답
수요곡선은 일반적으로 우하향하고, 가격탄력성이 1보다 큰 재화의 경우, 재화가격이 상승하면 재화가격의 상승률보다 재화의 수요량감소율이 더 크기에 재화에 대한 지출액은 감소한다.

오답피하기
① 수요의 가격탄력성은 재화가격의 변화율에 따른 재화수요량의 변화율의 크기를 나타낸다.
② 대체효과와 소득효과는 가격탄력성의 크기를 결정하는 요인이 아니다.
③ 수요곡선이 수평선이거나 수직선이면 수요의 가격탄력성이 일정하나, 수요곡선이 우하향의 직선인 경우에는 수요곡선상에서 우하방으로 이동할수록 수요의 가격탄력성은 점점 작아진다.

07 국민소득결정론 정답 ②

출제 포인트 폐쇄경제에서 정부지출승수는 $\frac{dY}{dG}=\frac{1}{1-c}$($c$: 한계소비성향)이다.

정답
- 정부지출승수는 $\frac{1}{1-c}$이고 한계소비성향은 $c=0.8$이기에 정부지출승수는 $\frac{dY}{dG}=\frac{1}{1-c}=\frac{1}{1-0.8}=5$이다.
- LM곡선이 수평인 경우, 구축효과는 발생하지 않고 승수효과만 발생하기에 정부지출을 2,000억 원 증가시키는 경우 균형국민소득의 증가분은 2,000억 원 $\times$ 5 = 1조 원이다.

08 통화정책 정답 ③

출제 포인트 IS곡선이 완만할수록, LM곡선이 급경사일수록 통화정책의 유효성은 커진다.

정답
- 통화정책은 IS곡선이 완만하고 LM곡선이 가파를수록 더 효과적이고 ㄴ의 경우 LM곡선의 기울기는 $\frac{1}{400}$으로 ㄱ의 $\frac{1}{4,000}$보다 더 가파르기에 ㄴ의 경제상태가 더 효과적이다.
- 한계저축성향과 한계소비성향의 합은 1이고 한계소비성향이 클수록 IS곡선의 기울기는 완만하기에 한계저축성향이 증가하면 통화정책의 유과성은 하락한다(ⓐ).
- 일반적으로 화폐수요의 이자율탄력성이 작을수록 LM곡선이 가파르고, 투자의 이자율탄력성이 클수록 IS곡선이 완만하기에 통화정책이 효과적이다(ⓑ, ⓒ).

09 무역정책론 정답 ①

출제 포인트 단위당 T원의 관세가 부과되면 소국의 경우 국내가격이 T원만큼 상승하고, 대국의 경우 국내가격이 T원보다 더 적게 상승한다. 관세와 수량할당(쿼터제)의 경제적 효과는 동일하고, 관세수입이 수량할당시 수입업자의 초과이윤으로 귀속된다는 차이점이 있다.

정답
수요가 탄력적인 제품일수록 관세부과로 인해 가격상승에 비해 수입량은 큰 폭으로 감소하기에 수요가 탄력적인 재화일수록 정부의 관세수입(단위당 관세액) $\times$ (관세부과 후의 수입량)은 작아진다.

오답피하기
② 수요가 완전비탄력적인 제품일지라도 공급곡선이 우상향하는 경우, 관세를 부과하면 수입량이 감소하여 무역수지는 개선될 수 있다.
③ 수입쿼터제를 시행하면 수입허가권을 가진 수입업자가 동일한 효과를 가지는 관세부과시 정부의 관세수입만큼의 이득을 얻게 되고 소비자잉여는 감소한다.
④ 매우 높은 관세를 부과하거나 수출보조금을 지급하는 경우, 기존의 수입을 중단하거나 수출하지 않던 제품을 수출할 수 있기에 비교우위의 패턴을 변경할 수 있다.

10 독점적 경쟁시장 정답 ②

출제 포인트 제품차별화를 통한 어느 정도의 시장지배력을 갖고 비가격경쟁을 보이며, 다수의 기업이 존재하고, 진입과 퇴거가 대체로 자유로운 것 등은 독점적 경쟁의 특징이다.

정답
독점적 경쟁기업의 이윤극대화 생산량은 $P=AR=LAC>MR=LMC$에서 결정되기에 장기 균형에서 평균비용은 한계비용보다 크다.

오답피하기
① 독점적 경쟁시장에서 기업은 특성이 비슷한 제품을 생산하기에 한 기업이 가격을 인상하면 소비자들은 다른 기업들의 제품을 소비한다.
③ 개별소비자의 수요곡선이 우하향하기에 이를 수평으로 합한 시장전체의 수요곡선도 우하향한다. 다수의 대체재가 존재하기에 수요곡선은 독점의 경우보다 훨씬 완만하다.
④ 독점적 경쟁시장에서 기업은 특성이 비슷한 제품을 생산하고 제품차별화를 통해 경쟁을 하기에 진입과 퇴거가 자유로워 정상이윤만을 획득한다.

17회 2014 보험계리사(1)

정답 p.206

01	② 미시	02	③ 미시	03	① 미시	04	④ 미시	05	③ 미시
06	③ 거시	07	① 거시	08	④ 거시	09	④ 거시	10	④ 국제

01 2기간모형 정답 ②

출제 포인트 예산선의 기울기와 무차별곡선의 접선의 기울기의 절댓값이 같을 때 소비자균형점은 달성된다.

정답

- 효용함수가 1차 $C-D$형 함수인 $U(C_1, C_2) = C_1^{\frac{1}{2}}C_2^{\frac{1}{2}}$이기에 현재 소비와 미래소비 간의 한계대체율은 $MRS_{C_1C_2} = \frac{C_2}{C_1}$이고 예산제약식 $C_1 + \frac{C_2}{1+r} = Y$(①)의 기울기는 $(1+r)$이다.
- 소비자균형의 조건은 $MRS = (1+r)$이기에 $\frac{C_2}{C_1} = (1+r)$, $C_2 = (1+r)C_1$이고 이를 예산제약식에 대입하면 $2C_1 = Y$, $C_1 = \frac{1}{2}Y$(③), $C_2 = (1+r)\frac{1}{2}Y$이다. 따라서 이자율이 상승하면 두 번째 기의 소비 C_2는 증가한다(④).
- 이때, $r > 0$이기에 2기 소비는 1기 소비보다 크다(②).

02 공급곡선 정답 ③

출제 포인트 공급곡선이 원점을 지나는 우상향의 직선이면 공급곡선상의 모든 점에서 공급의 가격탄력성은 1이다.

정답

- 원점을 지나는 공급곡선상의 모든 점에서 공급의 가격탄력성은 1이기에 수요의 증가로 가격이 1% 상승하기 위해서는 수요량도 1% 증가해야 한다.
- 판매액(매출액)은 '수요량 × 가격'이고 이를 변화율로 변형하면 '수요량 증가율 + 가격상승율 = 판매액 증가율'이기에 판매액증가율은 2%이다.

03 한계생산물체감 정답 ①

출제 포인트 생산요소시장이 완전경쟁이면 한계요소비용 $MFC_L = MC \times MP_L = w$로 나타낼 수 있다.

정답

한계비용과 한계생산물 간에는 $MC = \frac{w}{MP_L}$의 관계가 성립하기에, 한계생산물이 체감하는 현상이 발생하면 생산량이 증가할 때 MP_L은 감소하기에 한계비용곡선 MC는 증가하여 우상향의 곡선이 된다.

04 가격차별 정답 ④

출제 포인트 시장을 몇 개로 분할하여 각 시장에서 서로 다른 가격을 설정하는 것이 제3차 가격차별이다.

정답

수요의 가격탄력성이 더 높은 소비자들은 가격이 높을 때 소비량을 급격히 줄이기에 가격차별을 실시하는 기업은 더 낮은 가격을 설정한다.

오답피하기

① 제1차 가격차별의 경우 독점기업은 완전경쟁시장의 이윤극대화 조건인 $P = MC$에서 생산하기에 가격차별을 하지 않은 경우에 비해 생산량을 늘릴 수 있다.
② 각 단위의 재화에 대하여 소비자들이 지불할 용의가 있는 최대금액을 가격으로 설정하는 것이 제1차 가격차별이다.
③ 재화구입량에 따라 각각 다른 가격을 설정하는 것이 제2차 가격차별이다.

05 완전경쟁시장 정답 ③

출제 포인트 완전경쟁기업의 경우, AVC곡선의 최저점은 생산하는 것과 생산을 하지 않는 것이 동일한 생산중단점이다. 따라서 단기에 평균가변비용이 최저가 되는 생산량이 생산중단점이 된다.

정답

- 총비용함수는 $C = 10 + Q + 4Q^2$이기에 총가변비용함수는 $TVC = Q + 4Q^2$이고 평균가변비용은 $AVC = \frac{TVC}{Q} = 1 + 4Q$, 평균비용은 $AC = \frac{10}{Q} + 1 + 4Q$이다.
- 평균가변비용은 Y의 절편은 1이고 기울기가 4인 우상향의 직선이기에 평균가변비용의 최저점은 1이다.
- 평균비용의 최저점을 구하기 위해 평균비용을 Q에 대해 미분하여 0으로 두면 $-\frac{10}{Q^2} + 4 = 0$, $\frac{10}{Q^2} = 4$, $Q = \frac{\sqrt{10}}{2}$이고 이를 다시 평균비용에 대입하면 평균비용의 최저점은 $1 + 4\sqrt{10}$이다.

• AVC최저점$<P<AC$최저점인 경우 기업은 단기에 진입하고 장기에 퇴거하기에 $P=2$인 경우 장기적으로 일부 기업은 시장에서 탈퇴한다.

오답피하기

① 완전경쟁시장의 이윤극대화 조건은 $P=MC$이고 비용함수인 $C=10+Q+4Q^2$를 미분한 한계비용은 $MC=1+8Q$이기에 공급곡선은 $P=1+8Q$이다.

② 공급곡선은 $P=1+8Q$이기에 총수입은 $TR=Q+8Q^2$이고 총비용함수는 $C=10+Q+4Q^2$이기에 이윤은 $TR-TC=Q+8Q^2-10-Q-4Q^2=4Q^2-10$이다. 따라서 가격이 $P=1$인 경우 $Q=0$이 되어 이윤은 -10이 된다.

④ $P=MC$이기에 공급곡선 $P=1+8Q$에 $Q=10$을 대입하면 $P=81$이다.

06 실질GDP 정답 ③

출제 포인트 2007년도 실질GDP는 2007년도 생산량에 기준연도인 2006년의 가격을 곱해서 계산한다.

정답

실질$GDP_{2007}=(2\times150)+(2\times200)=700$이다.

07 총수요곡선 정답 ①

출제 포인트 소비증가, 투자증가, 정부지출증가, 수출증가, 수입감소, 조세감소로 IS곡선은 오른쪽으로 이동하고, 통화량증가, 화폐수요감소로 LM곡선은 오른쪽으로 이동하기에 AD곡선은 오른쪽으로 이동한다.

정답

주식시장의 활황으로 심리적 부가 상승하면 소비의 욕구가 증가하기에 소비를 증가시켜 총수요곡선을 우측 이동시킨다.

08 고용보호제도 정답 ④

출제 포인트 고용보호제도는 고용경직성을 높인다.

정답

노동자를 해고하는 데 제한이 크다면, 신규채용이 감소하기에 청년실업 해소에 도움이 되기 어렵다.

오답피하기

① 노동자를 해고하는 데 제한이 크기에 고용안정이 보장되어 노동자의 이직률이 낮아진다.

②, ③ 고용보호제도는 고용경직성을 높여 기업이 신규채용을 기피하게 된다. 따라서 경제 전체에 실업률은 상승할 수도 있다.

09 교환방정식 정답 ④

출제 포인트 교환방정식$(MV=PY)$을 증가율 형태로 나타내면 $\frac{\Delta M}{M}+\frac{\Delta V}{V}=\frac{\Delta P}{P}+\frac{\Delta Y}{Y}$이다.

정답

유통속도가 일정하면 $\frac{\Delta V}{V}=0$이기에, $\frac{\Delta M}{M}+\frac{\Delta V}{V}=\frac{\Delta P}{P}+\frac{\Delta Y}{Y}$에서 인플레이션율을 $\frac{\Delta P}{P}=3\%$로 유지하려면 통화증가율 $\frac{\Delta M}{M}$과 경제성장률 $\frac{\Delta Y}{Y}$의 차가 3%를 유지해야 한다.

오답피하기

①, ③ 고전학파는 화폐수량설 $MV=PY$를 변형한 $\frac{\Delta M}{M}+\frac{\Delta V}{V}=\frac{\Delta P}{P}+\frac{\Delta Y}{Y}$에서, 화폐유통속도 V는 일정하고 장기적으로 총공급 Y는 완전고용국민소득에서 일정하기에 통화증가율과 인플레이션율은 같다. 따라서 통화증가율이 증가하면 인플레이션율도 증가한다.

② 통화량 M과 유통속도 V가 일정할 때 $\frac{\Delta P}{P}+\frac{\Delta Y}{Y}=0$이기에 경제성장률 $\frac{\Delta Y}{Y}$가 증가하면 인플레이션율 $\frac{\Delta P}{P}$는 하락한다.

10 환율변동 정답 ④

출제 포인트 외환수요가 감소하거나 외환공급이 증가하면 환율이 하락한다.

정답

법정지급준비율이 인하되면 통화승수가 상승하여 통화량공급이 증가하기에 LM곡선이 우측 이동하고 이로 인해 이자율이 하락하여 외자가 유출되기에 외화수요가 증가하고 환율이 상승한다.

오답피하기

①, ③ 해외기업의 국내투자가 확대되거나 해외거주자가 국내부동산을 매입하면 외자가 유입이 되기에 외화공급이 증가하고 환율이 하락한다.

② 외국제품의 수입이 감소하면 외화수요가 감소하기에 환율이 하락한다.

18회 2014 보험계리사(2)

정답 p.209

01	② 미시	02	④ 미시	03	② 미시	04	① 미시	05	② 미시
06	③ 미시	07	④ 거시	08	③ 거시	09	③ 거시	10	③ 국제

01 수요의 가격탄력성 정답 ②

(출제 포인트) 수요의 가격탄력성은 사치재의 성격이 강할수록, 대체재가 많을수록, 소비에서 차지하는 비중이 클수록, 재화의 분류범위가 좁을수록, 측정기간이 길수록 탄력적이다.

(정답)

소비자가 꼭 필요하다고 생각할수록 가격의 변화에도 수요의 변화는 적기에 수요의 가격탄력성은 감소한다.

(오답피하기)

①, ③, ④ 대체재가 많을수록, 재화의 분류범위가 좁을수록, 측정기간이 길수록 탄력적이다.

02 기대효용이론 정답 ④

(출제 포인트) 위험기피자란 불확실성이 내포된 자산보다 동일 액수의 확실한 자산을 더 선호하는 사람으로 기대효용보다 기대치의 효용이 더 크기에 효용함수가 아래로 오목하다.

(정답)

- 월급노동자의 기대소득은 $(0.9 \times 130) + (0.1 \times 80) = 125$이고 사업소득자의 기대소득은 $(0.3 \times 300) + (0.7 \times 50) = 125$로 동일하다(①, ②).
- 이때, 사업소득자의 실패 확률은 70%로 월급노동자의 10%보다 더 높기에 이 사람이 위험기피자라면 월급노동자를 선택하고 이 사람의 효용함수는 소득에 대해 오목하다.

03 노동수요곡선 정답 ②

(출제 포인트) 생산물시장이 완전경쟁이면, 가격과 한계수입이 일치하기에 한계생산물가치(VMP_L)곡선이 개별기업의 노동수요곡선이 되고, 개별기업 한계생산물가치(VMP_L)곡선의 수평적 합으로 시장전체의 노동수요곡선이 도출된다.

(정답)

노동수요곡선은 $VMP_L = MP_L \times P$이기에 가격 P가 증가하면 노동수요곡선이 우측 이동하여 노동수요가 증가한다.

(오답피하기)

①, ③, ④ 재화가격이 상승하더라도 노동의 한계생산물과 노동공급은 아무런 영향을 받지 않는다.

04 완전가격차별 정답 ①

(출제 포인트) 각 단위의 재화에 대하여 소비자들이 지불할 용의가 있는 최대금액을 가격으로 설정하는 것이 제1급 가격차별, 즉 완전가격차별이다.

(정답)

독점기업이 제1급 가격차별을 시행할 때, 완전경쟁시장의 이윤극대화 조건인 $P = MC$ 수준에서 공급량이 결정되고 소비자잉여에 해당하는 면적은 모두 생산자잉여로 귀속되기에 소비자잉여는 0이다.

05 공유자원의 비극 정답 ②

(출제 포인트) 소비가 경합적이나 비배제성으로 공유자원이 과다하게 이용되는 현상을 공유지의 비극이라 한다.

(정답)

공유지의 비극은 한 개인의 소비가 다른 개인의 소비에 영향을 미치는 경합성과 비용을 지불하지 않는 소비자를 제외할 수 없는 비배제성의 특징 때문에 나타나기에 공유자원을 개방하면 경합성의 특징상 공유지의 비극을 해결할 수 없다.

(오답피하기)

①, ④ 공유자원 사용에 대한 과세나 규제 등의 정부개입으로 공유자원의 비극을 해결할 수 있다.

③ 코우즈의 정리에 따르면 공유자원의 재산권을 설정하는 방식으로 공유자원의 비극을 해결할 수 있다.

06 오염배출권 정답 ③

(출제 포인트) 오염감축비용이 높은 기업은 오염배출권을 구입하고 오염감축비용이 낮은 기업은 오염배출권을 매각하여 상대적으로 적은 비용으로 오염을 감소시키는 방법인 오염배출권제도로, 시장유인을 사용한다는 점에서 간접규제라 한다.

(정답)

피구세를 실시하기 위해서는 외부효과를 발생시키는 기업들의 한계편익과 한계비용 등 시장수요를 정부가 정확히 알고 있어야 하나, 오염배출권을 실시하면 정부는 일정량의 오염물질배출권을 할당하고 시장에서 기업들 간의 거래에 의해서 오염배출을 규제할 수 있기에 정부가 시장수요를 정확히 알 수 없는 경우에 더 효율적이다.

07 IS-LM모형 정답 ④

출제 포인트 정부지출증가의 확장재정정책을 실시하면 IS곡선은 우측으로 이동하여, 이자율은 상승하고 국민소득은 증가하나, 이자율상승에 의한 민간투자감소로 구축효과가 발생한다.

정답
정부가 재정지출을 확대할 경우 IS곡선이 우측 이동하여 국민소득이 증가하기에 거래적 동기의 통화수요가 증가한다.

오답피하기
①, ②, ③ 정부가 재정지출을 확대할 경우 IS곡선이 우측 이동하기에 이자율이 상승하고 국민소득이 증가한다. 이자율이 상승하면 민간투자가 감소하고, 국민소득이 증가하면 민간소비가 증가한다.

08 공급충격 정답 ③

출제 포인트 노동자의 과도한 임금인상, 기업의 이윤인상, 석유파동 등 공급충격으로 총공급감소에 의한 물가상승을 비용인상 인플레이션이라 한다.

정답
총공급에 대한 부정적인 충격이 발생하는 경우 AS곡선이 좌측 이동하기에 물가는 상승하고 산출량은 감소한다. 이때, 중앙은행이 통화량공급을 확대할 경우, AD곡선이 우측 이동하기에 산출량이 증가하여 충격 이전의 수준으로 되돌아갈 수 있지만 물가는 더욱 상승하여 물가수준은 되돌아가지 않는다.

09 국민소득결정모형 정답 ③

출제 포인트 총수요와 총공급이 일치할 때 균형국민소득이 결정된다.

정답
- $Y = C + I + G = 2 + 0.7(Y - 0.2Y) + 2 + 40 = 44 + 0.56Y$, $0.44Y = 44$, 균형소득은 $Y = 100$이다.
- 균형소득은 $Y = 100$이고 $T = 0.2Y$이기에 조세는 $T = 20$이고, 정부지출은 $G = 40$이기에 정부의 재정수지는 20만큼 적자(①)이고, 가처분소득은 80(②)이다.
- 정부지출승수는 $\frac{1}{1-c(1-t)}$이고 $c = 0.7$(④), $t = 0.2$이기에 정부지출승수는 $\frac{1}{1-c(1-t)} = \frac{1}{1-0.7(1-0.2)} = \frac{1}{0.44} = 2.27$이고 정부지출이 1 증가하면 소득은 2.27만큼(③) 증가한다.

10 양적완화정책 정답 ③

출제 포인트 외국의 확대재정정책으로 해외이자율이 상승하면 자본유출이 이루어지고, 외국의 확대금융정책으로 해외이자율이 하락하면 자본유입이 이루어진다.

정답
미국의 양적완화정책이 축소되면 미국의 통화량이 감소하기에 이자율이 상승한다. 미국의 이자율이 상승하면 국내에서 미국으로의 자본이 유출되고 이에 따라 국내의 환율이 급격한 상승압박을 받게 되기에 중앙은행은 보유한 외화를 매각하여 환율을 안정시키고자 한다. 이때, 중앙은행이 외화를 매각하면 통화량이 감소하기에 국내통화정책의 안정성에 기여한다고 보기 어렵다.

오답피하기
① 미국이 양적완화정책을 축소하면 미국의 이자율상승에 따른 자본의 유출로 인해 환율이 상승하기에 수출재의 가격이 하락하여 우리나라의 대미 수출이 증가할 수 있다.
② 중앙은행의 외환 매각으로 통화량이 감소하면 이자율이 상승하여 국내경기가 위축될 수 있다.
④ 미국의 양적완화정책의 축소로 인해 미국이자율이 상승하면 외국인들은 국내시장에서 주식을 매각하여 이를 미국에 투자할 것이기에 국내주가가 하락할 수 있다.

19회 2013 보험계리사(1)

정답 p.212

01	③ 미시	02	④ 미시	03	③ 국제	04	② 미시	05	① 미시
06	③ 미시	07	③ 미시	08	③ 거시	09	② 거시	10	① 미시

01 수요량변동과 수요변동 정답 ③

출제 포인트 수요량의 변화는 수요곡선상의 한 점에서 다른 점의 이동으로 나타나고, 수요의 변화는 수요곡선 자체의 이동으로 나타난다.

정답

가격은 수요곡선상 점의 이동요인이기에 자동차가격을 인하하면 자동차 수요곡선상의 우하방의 점으로 이동한다.

오답피하기

①, ④ 모든 외국산 자동차에 더 높은 수입관세의 부과와 대중교통요금의 인상은, 수요곡선의 이동요인인 대체재의 가격상승이기에 수요곡선은 우상향으로 이동한다.

② 휘발유에 부과하는 개별소비세의 인하는, 수요곡선의 이동요인인 보완재의 가격하락이기에 수요곡선은 우상향으로 이동한다.

02 생산요소시장 정답 ④

출제 포인트 한계수입생산은 $MRP_L = MP_L \times MR$, 한계생산물가치는 $VMP_L = MP_L \times P$이다.

정답

불완전경쟁시장에서는 $P > MR$이기에 $VMP_L > MRP_L$가 성립된다.

오답피하기

① 생산물시장이 불완전경쟁이면 $P > MR$이기에 $VMP_L > MRP_L$의 관계가 성립한다. 따라서 독점시장에서 노동에 대한 단기수요곡선은 MRP_L이다.

② 생산물시장이 완전경쟁이면 $P = MR$이기에 $VMP_L = MRP_L$의 관계가 성립한다. 따라서 완전경쟁시장에서 노동에 대한 단기수요곡선은 VMP_L이다.

③ 요소수요의 가격탄력성은 측정기간이 길수록 탄력적이므로 임금 하락시 노동에 대한 수요는 단기보다 장기에서 더 크게 나타난다.

03 무역이론 정답 ③

출제 포인트 기회비용 사잇값에서 양국이 이득을 볼 수 있는 교역조건이 성립한다.

정답

두 국가 사이에 무역이 발생하기 위한 조건은 각국의 X재 기회비용의 사잇값인 $0.33 \leq \left(\frac{P_X}{P_Y}\right) \leq 0.5$이기에 X재와 Y재의 국제 가격비가 $\frac{2}{5}$인 경우, 두 국가 사이에는 무역이 발생한다.

각국의 기회비용	X	Y
A국	0.5	2
B국	$\frac{1}{3} = 0.33$	3

오답피하기

① A국에서는 X재와 Y재 생산에 필요한 노동투입량은 각 30, 60이고 B국은 각 30, 90이기에 Y재 생산의 절대우위는 A국이 갖지만 X재 생산의 절대우위는 필요한 노동투입량이 같기에 어느 국가도 갖지 못한다.

② B국에서는 Y재 1단위를 생산하기 위한 노동투입량으로 X재 3단위를 생산할 수 있기에 X재 1단위 생산을 위한 기회비용은 Y재 $\frac{1}{3}$단위이다.

④ X재 생산의 기회비용은 A국은 $\frac{1}{2}$이고 B국은 $\frac{1}{3}$로 B국이 더 작다.

04 레온티에프형 효용함수 정답 ②

출제 포인트 레온티에프형 효용함수 $U = \min\left(\frac{X}{a}, \frac{Y}{b}\right)$는 $\frac{X}{a} = \frac{Y}{b}$일 때 소비자균형이다.

정답

효용함수는 $U = \min\left(X, \frac{1}{3}Y\right)$이기에 소비자균형에서 $X = \frac{1}{3}Y$, $Y = 3X$이고 이를 예산제약식 $4X + 2Y = 100$에 대입하면 $10X = 100$, $X = 10$, $Y = 30$이다.

05 효용극대화 정답 ①

출제 포인트 주어진 예산선 수준에서 총효용이 극대가 되는 것을 소비자균형이라 하고, 무차별곡선과 예산선이 접하는 점에서 한계효용균등의 법칙에 따라 달성된다.

(정답)

- 소비자가 2010년도에 선택한 소비조합이 A이고, 2011년도에 재화들의 상대가격이 변하했음에도 여전히 소비조합 A를 소비할 수 있기 위해서는 아래의 그림처럼 2011년 X재의 상대가격이 하락하여 예산선이 완만해진 경우이다.
- 이때, 새로운 균형점 C는 기존의 무차별곡선보다 바깥에 위치해 있기에 2010년도에 비하여 이 소비자의 효용은 2011년도에 증가하였고 2011년에는 소비자가 A점에서 소비하지 않는다.

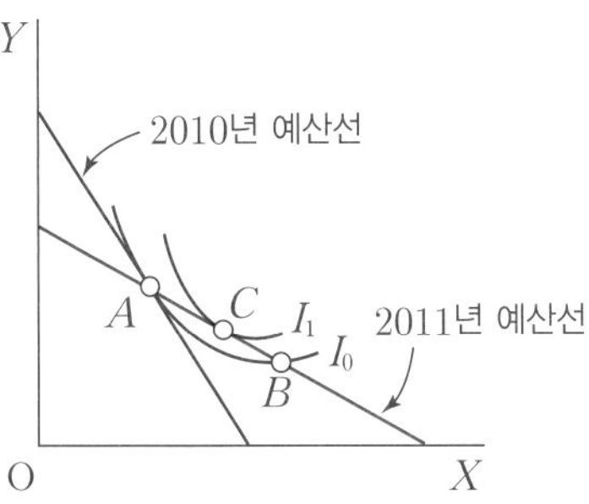

06 내쉬균형 정답 ③

(출제 포인트) 상대방의 전략을 주어진 것으로 보고 경기자는 자신에게 가장 유리한 전략을 선택하였을 때 도달하는 균형을 내쉬균형이라 한다.

(정답)

구분		기업 B	
		b_1	b_2
기업 A	a_1	☆(3, 2)★	(0, 0)
	a_2	☆(3, 2)★	☆(3, 2)★

상대방의 전략이 주어졌을 때 기업 A, B의 가장 유리한 전략을 표기(A:☆, B:★)하면 위의 표와 같기에 내쉬균형은 $\{a_2, b_1\}$, $\{a_1, b_1\}$, $\{a_2, b_2\}$이다.

07 꾸르노모형 정답 ③

(출제 포인트) 두 기업이 모두 추종자라고 가정하는 꾸르노모형은 완전경쟁의 $\frac{2}{3}$만큼 생산한다.

(정답)

- 꾸르노모형에서 각 기업은 완전경쟁의 $\frac{1}{3}$만큼씩을 생산하고 완전경쟁시장의 이윤극대화 조건은 $P=MC$로 균형생산량은 $120-Q=30$, $Q=90$이기에 꾸르노모형 전체의 생산량은 60단위이다.
- $Q=60$을 시장수요함수에 대입하면 꾸르노모형에서의 시장가격은 $P=60$이다.

08 자연실업률 정답 ③

(출제 포인트) 실업률이 자연실업률보다 낮은 경우 경기가 과열된 상태이기에 물가상승압력이 발생한다.

(정답)

실업률과 자연실업률의 차이인 실업률 갭이 (+)라는 것은 경기침체를 의미하기에 인플레이션 상승압력이 높은 것으로 해석될 수 없다.

(오답피하기)

① 자연실업률하에서 노동시장이 균형으로 취업자 수와 실업자 수가 변하지 않기에 실업률이 자연실업률을 중심으로 변동한다는 가정하에서 자연실업률을 장기적인 평균실업률에 의해 측정할 수 있다.
② 실업보험제도가 시행되면 비근로소득이 발생하고, 평균수명이 길어져서 경제활동인구 중 노년층의 비중이 높아지면 취업자의 비중이 낮아지기에 자연실업률이 높아질 가능성이 크다.
④ 자연실업률은 마찰적 실업과 구조적 실업의 합이고, 통상적으로 완전고용을 보인다.

09 새케인즈학파이론 정답 ②

(출제 포인트) 임금의 경직성은 최저임금제, 노동조합, 효율성임금(실질임금 한 단위당 근로의욕이 최대가 되는 임금) 등에 의해 발생할 수 있다.

(정답)

내부자-외부자이론에 따르면, 경제활동인구 중 내부자인 노동조합원의 비율이 증가할 때 임금은 더 경직적으로 변하기에 실업률이 상승할 가능성이 높다.

(오답피하기)

① 통상적으로 임금이 균형임금보다 높게 설정되어 있는 경우 비자발적인 실업이 존재한다.
③ 효율임금이론에 따르면 기업은 도덕적 해이 방지를 통해 이윤을 극대화하기 위해 실질임금을 균형임금보다 높게 설정하고, 이 효율임금은 경직성을 가지기에 비자발적 실업이 발생한다.
④ 숙련노동자는 임금이 높기에 최저임금제도의 영향을 받지 않고 따라서 비숙련노동자가 최저임금제도의 영향을 크게 받아 숙련도가 낮은 단순노동자들에게 있어서 비자발적 실업이 발생한다.

10 코즈정리 정답 ①

(출제 포인트) 재산권 설정을 통해 당사자 간 자발적인 협상으로 외부효과를 내부화하는 방안이 코즈정리이다.

(정답)

코즈정리에 의하면 이해당사자들 간에 협상(의사소통)을 통해 외부효과 문제가 해결될 수 있다.

(오답피하기)

② 이해당사자의 수가 많을수록 협상을 하기 어렵기에 적용되기 어렵다.
③, ④ 코즈정리는 외부경제와 외부불경제 모두 적용될 수 있다.

20회 2013 보험계리사(2)

정답

p.215

01	② 미시	02	② 거시	03	③ 국제	04	① 미시	05	④ 미시
06	④ 미시	07	② 거시	08	① 거시	09	④ 미시	10	③ 미시

01 수요량변동과 수요변동 정답 ②

(출제 포인트) 생산자균형은 $MRTS_{LK}=\frac{MP_L}{MP_K}=\frac{w}{r}$에서 달성된다.

(정답)

- 생산함수가 $Q=3L^{\frac{2}{3}}K^{\frac{1}{3}}$로 1차 $C-D$형 함수이기에 $MRTS_{LK}=\frac{2K}{L}$이고 $r=20$, $w=40$이기에 생산자균형 조건은 $\frac{MP_L}{MP_K}=\frac{w}{r}$이다.
- 따라서 $\frac{2K}{L}=\frac{40}{20}$, $L=K$이고 총비용은 $TC=600$이기에 비용제약선은 $40L+20K=600$, $2L+K=30$이다.
- $L=K$와 $2L+K=30$을 연립하면 노동투입량은 $L=10$, 자본투입량 $K=10$이고 이를 다시 생산함수에 대입하면 $Q=3\times10^{\frac{2}{3}}\times10^{\frac{1}{3}}=30$이다.

02 실업률 정답 ②

(출제 포인트) 경제활동인구 = 취업자 + 실업자이고, 실업률 $=\frac{\text{실업자 수}}{\text{경제활동인구}}\times100$이다.

(정답)

- 현재 실업률이 5%, 실업자 수가 120만 명이고 실업률 $=\frac{\text{실업자 수}}{\text{경제활동인구}}\times100$이기에 경제활동인구는 2,400만 명이다.
- 이때, '실업자 수 + 취업자 수 = 경제활동인구'이기에 취업자는 2,280만 명이다.

03 환율변동 정답 ③

(출제 포인트) 환율하락시 달러 가치하락으로 '환율은 달러가치'라고 볼 수 있고, 환율하락시 원화표시 수입가격의 하락으로 '환율은 수입가격'이라고 볼 수 있다.

(정답)

환율이 하락하면 국내화폐의 가치는 상승하기에 원화로 표시한 수입상품가격은 하락한다.

(오답피하기)

① 환율이 하락하면 동일한 원화를 표기하기 위한 달러의 크기가 상승하기에 달러로 표시한 수출상품가격은 상승한다.
② 환율이 하락하면 동일한 달러를 표기하기 위한 원화의 크기가 감소하기에 달러로 표시한 외환채무를 지고 있는 기업의 원화표시 원리금상환부담은 감소한다.
④ 환율이 하락해도 국내재화의 원화표시 가격은 변하지 않기에 원화로 표시한 수출상품가격은 불변이다.

04 완전대체재 정답 ①

(출제 포인트) 용도가 비슷하여 대체가 가능한 것이 소비측면의 대체재(사이다와 콜라)이고, 함께 사용하여 만족이 증가하는 것이 소비측면의 보완재(자동차와 휘발유)이다.

(정답)

항상 사과 1개와 배 2개를 교환할 의사가 있다면 사과와 배는 완전대체재이다.

05 생산함수 정답 ④

(출제 포인트) 선형의 생산함수에서 생산자균형은 X축이나 Y축에서 이루어진다.

(정답)

- 생산함수는 $Q=2K+L$, $K=-\frac{1}{2}L+\frac{1}{2}Q$이기에 등량곡선은 기울기가 $\frac{1}{2}$인 우하향의 직선이고, 등비용선의 기울기가 $\frac{w}{r}=\frac{1}{3}$인 우하향의 직선이다.
- 등량곡선의 기울기가 등비용선의 기울기보다 더 가파를 경우, 기업은 생산을 위해 노동만 투입하기에 $K=0$이고 생산함수는 $Q=L$이 된다.
- 이때, 노동의 가격은 $w=1$이기에 10개를 생산하기 위한 최소비용은 10이다.

06 교차탄력성 정답 ④

출제 포인트 다른 재화의 가격이 1% 변화할 때, 본 재화의 수요량변화율이 교차탄력성으로, $(+)$일 때 대체재, $(-)$일 때 보완재이다.

정답

- 어린이 승객에 대한 보조안전의자 사용을 의무화하면 어린이를 동반한 부모들의 항공료 부담이 커지기에 일부는 자동차여행을 선택한다.
- 일반적으로 자동차의 교통사고 사망률이 비행기보다 크기에, 부모들의 자동차여행이 증가하면 전체 어린이 교통사고 사망률은 높아질 가능성이 있다.
- 즉, 자동차여행 수요의 항공여행 가격에 대한 교차탄력성이 클수록 항공기 여행의 부담증가에 따른 부모들의 자동차여행의 증가율이 크기에 어린이 전체 교통사고 사망률을 오히려 늘릴 수 있다.

07 *IS*-*LM*곡선 정답 ②

출제 포인트 *IS*곡선은 개방경제에서 실질환율의 영향을 받게 된다.

정답

실질환율의 변화는 수출입을 변화시켜 순수출에 영향을 미치기에 폐쇄경제에 비해 개방경제에서 *IS*곡선에 더 큰 영향을 미친다.

오답피하기

① 개방경제에서는 국민소득이 증가하면 수입이 증가하여 유효수요증가분을 일부 상쇄하기에 폐쇄경제에서보다 균형국민소득이 더 적게 증가하여 *IS*곡선은 개방경제에서 폐쇄경제보다 더 가파르게 나타난다.

③ 개방경제의 변동환율제도에서는 국제수지 불균형이 발생하여도 환율의 변화로 자동으로 조절되기에 국채 따위의 매입이나 매각 등의 통화정책을 실시하지 않아도 된다. 즉, *LM*곡선은 폐쇄경제에서의 *LM*곡선과 같다.

④ 고정환율제도하에서 국제수지 적자가 발생하면 외환수요증가로 인해 환율이 상승압력을 받게 되기에 중앙은행은 외환을 매각하여 환율을 고정하고자 한다. 외환의 매각으로 인해 통화량이 감소하고 *LM*곡선이 좌측 이동한다.

08 구축효과 정답 ①

출제 포인트 정부지출증가가 이자율을 상승시켜 민간투자를 감소시키는 효과를 구축효과라 하고, 투자의 이자율탄력성이 클수록, 화폐수요의 이자율탄력성이 작을수록 구축효과는 커진다.

정답

ㄱ. 구축효과는 확장적 재정정책을 실시할 때, 이자율의 상승으로 인해 민간투자와 민간소비가 감소하기에 발생한다.

ㄴ. 구축효과는 확장적 재정정책을 실시할 재원을 마련하기 위해 국채공급을 증가시키면 가계가 쓸 수 있는 돈이 줄어 소비가 감소한다고 볼 수 있다.

오답피하기

ㄷ. 확장적 재정정책을 국채발행으로 하는 경우, 국채공급의 증가로 인해 국채가격이 하락하고, 국채가격과 국채수익률은 반비례의 관계를 갖고 국채수익률과 시장이자율은 정비례의 관계를 갖기에 시장이자율은 상승하고 이로 인해 투자는 감소한다.

ㄹ. *LM*곡선이 수직선인 경우, 구축효과와 승수효과는 일치하기에 승수효과는 전부 상쇄되어 확장적 재정정책은 국민소득에 영향을 주지 못한다.

09 로렌츠곡선 정답 ④

출제 포인트 인구의 누적점유율과 소득의 누적점유율 간의 관계를 보여주는 곡선이 로렌츠곡선으로, 대각선일수록 소득분배가 균등함을 의미한다.

정답

로렌츠곡선은 소득분배상태의 변화에 따라 서로 교차할 수도 있기에 소득분배의 개선 혹은 악화여부를 판단하기 어려울 수도 있다.

오답피하기

① 로렌츠곡선은 인구의 누적점유율과 소득의 누적점유율 간의 관계를 보여주는 곡선이다.

② 로렌츠곡선은 대각선일수록 균등한 소득분배를 나타낸다.

③ 로렌츠곡선은 절대적인 수치를 매기는 것이 아닌 순서를 매기는 방식인 서수적 평가방법을 사용한다.

10 공공재 정답 ③

출제 포인트 개인의 소비가 타인의 소비가능성을 감소시키지 않는 비경합성과 대가를 지불하지 않아도 소비할 수 있는 비배제성을 특성으로 하는 재화를 공공재라 한다.

정답

공공재는 한 개인의 소비가 다른 개인이 소비할 수 있는 양에 영향을 미치지 않는 비경합성을 가질 뿐만 아니라 생산비를 부담하지 않은 개인의 소비배제가 불가능한 비배제성도 가진다.

오답피하기

① 개인의 소비가 타인의 소비가능성을 감소시키지 않는 비경합성을 특성으로 한다.

② 대가를 지불하지 않아도 소비할 수 있는 비배제성을 특성으로 한다.

④ 공공재의 시장수요곡선은 개별수요곡선의 수직 합이다.

21회 2012 보험계리사(1)

정답 p.218

01	④ 거시	02	② 미시	03	④ 미시	04	④ 미시	05	④ 거시
06	① 거시	07	③ 미시	08	④ 거시	09	③ 거시	10	③ 거시

01 성장회계 정답 ④

출제 포인트 경제성장을 요인별로 분석해 보는 것을 성장회계라 하고, $\frac{\Delta Y}{Y}=\frac{\Delta A}{A}+\alpha\frac{\Delta K}{K}+\beta\frac{\Delta L}{L}$로 나타낸다. 이때 $\frac{\Delta A}{A}$를 총요소생산성증가율이라 한다.

정답
총생산함수 $Y=AK^{\alpha}L^{\beta}$를 L에 대해 미분한 노동의 한계생산물은 $MP_L=\beta AK^{\alpha}L^{\beta-1}$이고 노동수요곡선은 $VMP_L=P\times MP_L$이기에 총요소생산성 A가 증가하면 노동수요곡선은 우측으로 이동한다.

오답피하기
① 총생산함수 $Y=AK^{\alpha}L^{\beta}$는 $\alpha+\beta=1$이기에 1차동차 함수이고 규모에 대한 수익이 불변이다.
② 총생산함수 $Y=AK^{\alpha}L^{\beta}$에서 α는 총생산에서 자본이 차지하는 비중인 자본소득분배율이다.
③ 총요소생산성은 경제의 기술수준을 반영하기에 총요소생산성증가율은 기술진보율에 의해 결정된다.

02 생산함수 정답 ②

출제 포인트 단기란 고정요소가 존재하는 기간으로 시장 진입과 퇴거가 불가능한 짧은 기간을 의미하고, 장기란 모든 생산요소가 가변요소로 시장 진입과 퇴거가 가능한 긴 기간을 뜻한다.

정답
단기에는 고정투입요소가 존재하지만 장기에는 고정투입요소가 존재하지 않는다.

오답피하기
①, ④ 가변요소와 고정요소가 공존하는 기간이 단기, 모든 요소가 가변요소인 기간이 장기이다.
③ 단기와 장기의 구분은 특정한 기간이 정해져 있는 것이 아니라 기업별로 모두 다르다.

03 쌍방독점 정답 ④

출제 포인트 생산요소의 수요와 공급이 모두 독점인 경우를 쌍방독점이라 하고, 공급독점자는 $MR=MC$인 점에서 요소공급량을 결정하려 하고 수요독점자는 $MRP_L=MFC_L$에서 요소수요량을 결정하려 한다.

정답
노동시장에 쌍방독점이 존재할 때, 임금은 두 당사자의 협상에 따라 완전경쟁 노동시장에서 결정되는 임금보다 더 높은 수준으로 결정될 수도 있고, 더 낮은 수준으로 결정될 수도 있으나 $MRP_L=MFC_L$에서 고용량이 결정되기에 고용량은 항상 완전경쟁일 때보다 더 적은 수준으로 결정된다.

오답피하기
① 임금 및 고용량은 수요독점자와 공급독점자의 협상에 의해 결정된다.
② 수요독점자는 $MRP_L=MFC_L$에서 요소수요량을 결정하려 한다.
③ 공급독점자는 $MR=MC$인 점에서 요소공급량을 결정하려 한다.

04 무차별곡선 정답 ④

출제 포인트 무차별곡선은 원점에서 멀어질수록 효용이 커지고 교차하지 않는다.

정답
중립재는 한계효용이 0이기에 무차별곡선은 Y재의 소비량에 의해서만 결정되고 X축과 평행한 수평선이 된다.

05 화폐시장 정답 ④

출제 포인트 거래적 동기와 예비적 동기의 화폐수요는 소득의 증가함수이고, 투기적 동기의 화폐수요는 이자율의 감소함수이다.

정답
은행조직에 의한 예금화폐공급을 포함할 경우 이자율이 상승하면 통화공급이 증가하기에 d는 양수가 된다.

오답피하기
① 거래적 동기에 의한 화폐수요가 존재하는 경우, 소득이 증가할 때 화폐수요는 증가하기에 a는 양수이다.
② 투기적 동기에 의한 화폐수요는 이자율의 감소함수이기에 b는 음수이다.
③ 물가는 화폐시장이 아닌 총수요-총공급에 의해 결정된다.

06 유동성함정 정답 ①

출제 포인트 현재 이자율이 매우 낮고 채권가격이 매우 높아 이후 이자율이 상승하고 채권가격이 하락할 것으로 예상하여, 자산을 전부 화폐로 보유하고 있는 상태를 유동성함정이라 한다. 유동성함정하 화폐수요의 이자율탄력성이 무한대로 재정정책의 효과가 극대화된다.

정답

현재 이자율이 매우 낮아 채권가격이 더 이상 상승할 수 없을 정도로 높은 경우, 개인들은 이자율이 다시 상승하여 채권가격이 하락할 것을 예상하기에 채권가격은 더 이상 상승하지 않고(ㄱ) 채권구매를 위한 화폐수요량만 증가(ㄴ)하는 유동성함정에 빠지게 된다(ㄷ). 이때, 화폐수요의 이자율 탄력도는 무한대가 되고 이로 인해 LM 곡선(ㄹ)은 수평선이 된다.

07 완전경쟁시장 정답 ③

출제 포인트 완전경쟁에서 P가 고정된 상수이기에 $TR(=PQ)$은 원점을 지나는 직선이고, $AR=\left(\frac{TR}{Q}=\frac{PQ}{Q}=P\right)$은 수평선이며, $MR\left(=\frac{\Delta TR}{\Delta Q}=\frac{P\Delta Q}{\Delta Q}=P\right)$은 수평선이다. 즉, $P=AR=MR$이다.

정답

완전경쟁시장에서 특정 기업이 인식하는 수요곡선이 수평선이기에 $P=AR=MR$이다.

오답피하기

① , ② 완전경쟁시장에서 특정 기업이 인식하는 수요곡선이 수평선이기에 $P=AR=MR$이다.

④ 완전경쟁시장에서 특정 기업이 인식하는 수요곡선이 수평선이기에 수요는 완전탄력적이다.

08 소비이론 정답 ④

출제 포인트 소비와 소비에 영향을 미치는 요인들의 관계를 분석하는 이론이 소비함수론으로, 총수요에서 차지하는 비중이 크지만, 다른 변수에 비해 매우 안정적이다.

정답

생애주기가설은 일생 동안 소득의 변화는 크지만 생애전체의 소득을 고려하여 소비는 일정하게 유지한다고 가정하고, 항상소득가설은 소비는 자신의 자산으로부터 매기 예상되는 평균수입인 항상소득의 일정비율이라고 가정하기에 이 두 가설은 흡사하다고 볼 수 있다.

오답피하기

① 항상소득가설에 의하면 임시소득의 증가는 저축의 증가로 이어지기에 임시소득의 증가는 임시소비의 증가로 이어지지 않는다.

②, ③ 케인즈의 절대소득가설에 따르면 소비는 현재소득의 증가함수이기에 미래 전망적 소비자가 아니라 현재 전망적 소비자를 가정하고 개별 경제주체의 의사결정에 대한 분석이 아니라 직관적인 관찰에서 제시된 이론이기에 미시경제적 기초가 취약하다.

09 보몰 - 토빈의 재고이론 정답 ③

출제 포인트 화폐를 일종의 재고로 보고 화폐보유의 총비용이 극소화되도록 화폐수요의 크기를 결정하는 것이 보몰의 재고이론으로, 거래적 동기의 화폐수요는 소득의 증가함수이고, 이자율의 감소함수이기에 보몰의 화폐수요함수는 $M^D=P\sqrt{\left(\frac{bY}{2r}\right)}$($b$: 거래비용)이다.

정답

丙. 화폐를 무위험자산으로 보고 채권과 화폐를 나누어 자산을 선택하는 모형은 보몰-토빈모형의 화폐재고관리모형이 아닌 토빈의 자산선택모형이다.

오답피하기

甲. 보몰-토빈모형에 따르면 거래적 동기의 화폐수요는 소득의 증가함수이다.

乙, 丁. 보몰 - 토빈모형에 따르면 $M_d=P\sqrt{\frac{bY}{2r}}$이기에 소득이 4배가 되면 화폐수요는 2배 증가하고 이자율이 상승하면 화폐수요가 감소한다.

10 경기변동론 정답 ③

출제 포인트 총체적인 경제활동수준이 주기적으로 상승과 하강을 반복하는 현상을 경기변동이라 하는데, 모든 변수의 총체적 현상이고, 동시발생의 공행성을 보이며, 지속성을 특징으로 한다.

정답

ㄷ. 투자는 동물적 감각 등 변동요인이 다양하기에 매우 불안정적이고 경기변동의 주요 원인으로 지목된다.

ㄹ. 기간 간 고른 소비가 어려운, 즉 차입이 어려운 저소득계층이 늘어나면, 저소득층의 소득이 줄고 이에 따라 소비 또한 감소하기에 경기는 더욱 악화될 수 있다.

ㅁ. 실물적 경기변동이론은 경기변동을 경제주체의 최적화행위로 인해 잠재GDP 및 자연실업률 자체가 변하는 것으로 설명한다.

오답피하기

ㄱ. 고용 없는 성장이란 GDP가 증가하더라도 고용이 증가하지 않는 현상을 의미한다.

ㄴ. 총수요가 증가하여 경기가 성장하면 총수요곡선이 우측 이동하여 물가와 국민소득이 모두 증가하기에 총수요의 변동이 경기변동의 요인이라 보는 견해에 따르면, 물가는 경기와 같은 방향으로 움직인다는 경기순행성이 지지된다.

22회 2012 보험계리사(2)

정답

p.221

01	② 미시	02	③ 미시	03	④ 미시	04	① 미시	05	① 거시
06	③ 미시	07	① 국제	08	④ 거시	09	② 거시	10	③ 미시

01 1차동차생산함수 정답 ②

(출제 포인트) 1차동차 생산함수는 노동투입량과 자본투입량 모두 t배 증가했을 때 생산량도 t배 증가한다.

(정답)
생산함수가 1차동차 함수이고 1차동차 생산함수는 노동투입량과 자본투입량이 2배 증가했을 때 생산량도 2배 증가하기에 N_3가 N_1의 2배이면, Q_3는 Q_1의 2배이다.

(오답피하기)
① 생산함수가 1차동차 함수이고 1차동차 생산함수는 노동투입량과 자본투입량이 2배 증가했을 때 생산량도 2배 증가하기에 N_2가 N_1의 2배라면 K_2도 K_1의 2배이다.
③, ④ 생산함수가 1차동차 함수일 때 생산량이 2배 증가하기 위해서는 자본투입량과 노동투입량이 모두 2배 증가하여야 하기에 두 요소 중 하나가 고정되어 있다면, 한 요소의 투입량이 2배로 증가하더라도 생산량은 2배 증가하지 않는다.

02 시장지배적 지위의 남용 정답 ③

(출제 포인트) 시장지배적 지위에 있는 사업자가 가격이나 거래조건을 남용하는 경우 거래상대방이나 소비자는 이에 따르지 않을 수 없고, 이러한 행위는 일반적인 사업자의 행위보다 더 중대한 폐해를 초래할 수 있다.

(정답)
협회를 통한 사업자 간 동일 가격의 결정은 담합이다.

(오답피하기)
① 상품의 생산량과 판매량을 부당하게 감소시키거나 증가시키는 행위는 시장지배적 지위남용이다.
② 다른 사업자의 사업활동을 직·간접적으로 부당하게 방해하는 행위는 시장지배적 지위남용이다.
④ 신규사업자의 시장에 대한 자유로운 진입을 부당하게 방해하는 행위는 시장지배적 지위남용이다.

03 노동시장 정답 ④

(출제 포인트) 생산물시장이 완전경쟁이고, 생산요소시장이 완전경쟁이면 $VMP_L = MRP_L = MFC_L = w$의 관계가 성립한다.

(정답)
개별기업은 명목임금과 노동의 한계생산물가치가 일치하는 수준까지 노동을 고용하기에 노동의 적정고용조건은 $w = MP_L \times P = VMP_L$이다.

(오답피하기)
① 총생산함수인 $Y = AK^{\alpha}L^{\beta}$는 1차 $C-D$함수이고, $0 < \alpha < 1$이기에 노동의 한계생산물이 체감한다. 그러므로 노동수요곡선 $VMP_L = MP_L \times P$는 우하향한다.
② 노동시장과 상품시장이 완전경쟁시장일 때, 개별기업의 균형고용량 달성 조건은 $VMP_L = w$, $\frac{w}{P} = MP_L$이기에 실질임금인 $\left(\frac{w}{P}\right)$가 상승하면, 노동 1단위당 생산량인 한계생산 MP_L은 증가한다.
③ $0 < \alpha < 1$로 노동의 한계생산물이 체감하기에 고용노동량이 증가하면 노동의 한계생산은 감소한다.

04 독점시장 정답 ①

(출제 포인트) 독점기업은 $MR = MC$에서 생산량을 결정하고, $MR = MC$의 위에 있는 수요곡선상의 점에서 가격이 결정된다. 즉, $P = AR > MR = MC$이다.

(정답)
- 독점기업의 이윤극대화 조건은 $MR = MC$이고 AC곡선은 최저점에서 MC곡선과 교차하기에, 한계수입 MR, 한계비용 MC, 평균비용 AC가 일치하는 지점은 아래의 그림과 같다.
- 이때, 독점기업은 $MR = MC$에서의 생산량수준에서 수요곡선 D상의 점에서 가격을 설정하기에 시장가격은 $P > AC$이기에 독점기업은 양(+)의 경제적 이윤을 얻는다.

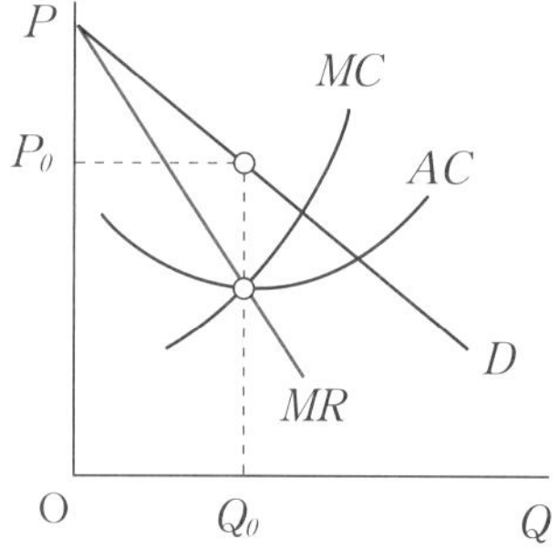

05 솔로우모형 정답 ①

(출제 포인트) 요소대체가 가능한 1차동차 생산함수와 요소가격의 신축적 조정을 가정하는 솔로우모형은 경제의 안정적 성장을 설명하였다.

(정답)
황금률 자본량은 1인당 소득이 아닌 소비가 극대가 되는 균제상태를 의미한다.

(오답피하기)
② 저축률 s가 상승하면 1인당 실제투자 $sf(k)$ 또한 증가하기에 균제상태에서의 1인당 소득을 늘려준다.
③ 솔로우모형은 규모수익 불변의 1차동차 생산함수를 가정하기에 자본과 노동의 투입량을 모두 k배 늘리면 생산량도 k배 증가한다.
④ 인구증가를 고려한 균제상태에서 경제성장률과 자본증가율은 인구증가율과 일치하기에 1인당 자본증가율과 1인당 경제성장률은 불변이다.

06 공공재 정답 ③

(출제 포인트) 공공재의 시장수요곡선은 개별수요곡선의 수직 합으로 구한다.

(정답)
공공재 시장에서는 $P = MR = MC$가 성립하고, 9단위의 공공재가 공급될 때 사회적인 한계편익[지불의사 금액인 단위가격(甲, 丁 = 2, 乙, 丙 = 3)]과 한계비용이 10으로 일치하기에 공공재의 적정공급량은 9단위이다.

07 무역이론 정답 ①

(출제 포인트) 재화 1단위 생산의 기회비용이 작은 국가가 그 재화생산에 비교우위가 있다.

(정답)
ㄱ. A국에서는 감자 1자루를 생산하는 데 필요한 노동은 5, 스마트폰 1대를 생산하는 데 필요한 노동은 10으로 B국의 각각 10, 15보다 적기에 A국은 두 재화생산에 있어 모두 절대우위를 갖는다.
ㄷ. A국의 감자 생산의 기회비용은 스마트폰 0.5로 B국의 0.67보다 작기에 A국은 감자 생산에 비교우위를 갖고 스마트폰 생산에 비교열위를 갖는다.

<각 재화 생산의 기회비용>

구분	A국	B국
감자	스마트폰 0.5	스마트폰 0.67
스마트폰	감자 2.0	감자 1.5

<각 재화 생산에 필요한 노동량>

구분	A국	B국
감자	스마트폰 5	스마트폰 10
스마트폰	감자 10	감자 15

08 기대수익률 정답 ④

(출제 포인트) 기대수익률은 $\frac{\text{예상수익} - \text{투자액}}{\text{투자액}} \times 100$이다.

(정답)
기대수익률을 유위험 방식으로 전환하면 '해외채권 수익률(6%) + 환율 변화율(10%)'이기에 기대수익률은 16%이다.

09 화폐공급 정답 ②

(출제 포인트) 현금누출과 초과지급준비금이 없을 때, 통화승수는 신용승수$\left(\frac{1}{z_l}\right)$로 법정지급준비율에 의해서만 결정된다.

(정답)
ㄱ. 요구불예금만 존재하기에 현금통화비율 c는 0, 법정지급준비금만 보유하기에 실제지급준비율 z는 0.05이고 통화승수$\left(= \frac{1}{c + z(1-c)}\right)$는 20이기에 본원통화가 100만큼 공급되면 통화량은 통화승수인 20배 만큼 증가하여 2,000이다.
ㄹ. 현금통화비율, 초과지급준비율이 모두 0일 때 통화승수는 법정지급준비율에 의해서만 결정되기에 통화량은 중앙은행에 의해 완전히 통제될 수 있다.

(오답피하기)
ㄴ. 통화승수는 은행의 지급준비율이 낮을수록, 민간의 현금통화비율이 낮을수록 커진다.
ㄷ. 지급준비율이 높아짐에 따라 통화승수가 감소하여 화폐공급이 줄어든다.

10 효용극대화 정답 ③

(출제 포인트) 한계효용균등의 법칙$\left(\frac{MU_X}{P_X} = \frac{MU_Y}{P_Y}\right)$에 따라 효용극대화를 추구한다.

(정답)
- 오징어 한 마리를 더 먹는 것과 꽃게 두 마리를 더 먹는 것이 동일한 수준의 효용증가를 가져오기에 $MU_{오징어} = 2MU_{꽃게}$이다.
- 한계대체율은 $MRS_{오징어\ 꽃게} = \frac{MU_{오징어}}{MU_{꽃게}}$로 2이고, $\frac{P_{오징어}}{P_{꽃게}} = \frac{2,000}{3,000} = \frac{2}{3}$보다 크기에 꽃게 소비를 줄이고 오징어를 더 많이 소비해야 甲의 효용이 증가한다.

23회 2011 보험계리사(1)

정답

p.224

01	② 미시	02	① 거시	03	③ 거시	04	④ 국제	05	① 거시
06	① 거시	07	④ 미시	08	① 미시	09	③ 거시	10	④ 거시

01 독점시장 정답 ②

(출제 포인트) 독점기업은 $MR=MC$에서 생산량을 결정하고, $MR=MC$의 위에 있는 수요곡선상의 점에서 가격이 결정된다. 즉, $P=AR>MR=MC$이다.

(정답)

- 독점기업의 이윤극대화 조건은 $MR=MC$이고 수요함수는 $P=10{,}000-2Q$, 한계수입은 $MR=10{,}000-4Q$이고, 비용함수를 미분한 한계비용은 $MC=2{,}000$이기에 $10{,}000-4Q=2{,}000$, $Q=2{,}000$, 이를 수요함수에 대입한 시장가격은 $P=6{,}000$이다.
- 이때, 소비자잉여는 아래 그림에서 ΔA의 면적이기에 4,000,000 $\left(=\frac{1}{2}\times 2{,}000\times 4{,}000\right)$이고 독점에 따른 사회적인 후생손실은 ΔB의 면적이기에 4,000,000$\left(=\frac{1}{2}\times 2{,}000\times 4{,}000\right)$이다.

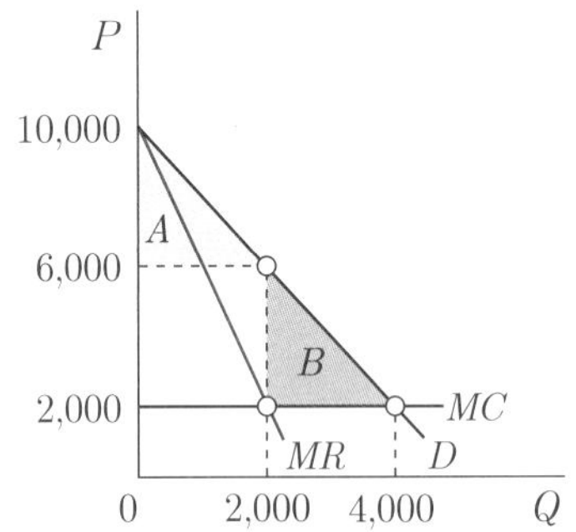

02 국내총생산 정답 ①

(출제 포인트) '일정기간 한 나라 안에서 새로이 생산된 모든 최종생산물의 시장가치'를 국내총생산(GDP)이라 한다.

(정답)

GDP는 일정기간 동안 한 나라 안에서 생산된 '모든 생산물'의 시장가치가 아니라 '모든 최종생산물'의 시장가치이다.

(오답피하기)

② 국민소득 3면 등가의 법칙에 의하면 일정기간 일국에서 새로이 생산된 부가가치의 합계는 소득의 합계와 일치하고, 이는 지출의 합계와 일치하게 되기에 3가지 방법으로 국내총생산(GDP)을 집계할 수 있다.

③ 전업주부의 가사서비스는 가치를 측정하기 어렵기에 GDP에 포함되지 않는다.

④ 당해연도의 생산물에 당해연도의 가격을 곱하여 계산한 것이 명목 GDP이고, 당해연도의 생산물에 기준연도의 가격을 곱하여 계산한 것이 실질GDP이기에 기준연도의 명목GDP와 실질GDP는 항상 같다.

03 IS-LM곡선 정답 ③

(출제 포인트) 투자의 이자율탄력성(b), 한계소비성향(c)이 클수록, 한계저축성향(s), 세율(t), 한계수입성향(m)이 작을수록 IS곡선이 완만해지고, 마샬 k(화폐수요의 소득탄력성)가 작을수록, 유통속도 $\left(V=\frac{1}{k}\right)$가 클수록, 화폐수요의 이자율탄력성($h$)이 클수록 LM곡선이 완만해진다.

(정답)

물가가 하락하면 실질통화량 $\frac{M}{P}$은 증가하기에 LM곡선은 우측으로 이동한다.

(오답피하기)

① 생산물시장의 균형이 이루어지는 이자율 r과 국민소득 Y의 조합이 IS곡선이다.

② IS곡선의 기울기는 투자의 이자율탄력성과 한계소비성향이 클수록 완만하다.

④ LM곡선의 기울기는 화폐수요의 소득탄력성이 클수록, 유통속도 $\left(V=\frac{1}{k}\right)$가 작을수록, 화폐수요의 이자율탄력성이 작을수록 가파르다.

04 환율 정답 ④

(출제 포인트) 환율상승은 자국 화폐가치하락으로 원화의 평가절하이고, 환율상승시 달러가치상승으로 '환율은 달러가치'라고 볼 수 있다.

(정답)

환율이 상승하면 순수출이 증가하여 경상수지가 개선되고, 경상수지와 자본수지는 균형을 이루기에 자본수지는 악화된다.

(오답피하기)

①, ② 환율이 상승하면 수출량이 증가하고, 수입량이 감소하기에 경상수지가 개선된다.

③ 환율이 상승하면 원화의 가치는 하락하고 이에 따라 원화의 구매력이 감소하기에 우리나라 국민의 해외여행이 감소한다.

05 거시경제 일반균형 정답 ①

(출제 포인트) 총수요곡선과 총공급곡선이 만나는 점에서 거시경제 일반균형인 균형국민소득과 물가가 결정된다.

(정답)

부동산 가격이 하락하면 부동산의 가치가 하락하기에 가계의 자산가치가 감소하고 이로 인해 소비가 감소하기에 총수요곡선이 좌측 이동한다.

(오답피하기)

② 임금이 낮아져 생산이 증가하면 총공급곡선이 우측 이동하기에 국민소득은 증가하여 원래의 수준을 회복할 수 있지만 물가는 하락하여 회복할 수 없다.

③ 민간소비의 감소는 장기 총공급곡선에 아무런 영향을 미치지 않는다.

④ 총수요의 감소로 인해 국민소득이 감소하여 부동산에 대한 수요도 감소하는 것이 일반적이다.

06 통화정책 정답 ①

(출제 포인트) 각 연도별 인플레이션율과 잠재총생산 대비 경기침체 갭을 주어진 식에 대입하여 정책이자율을 구한다.

(정답)

- 전기의 인플레이션율은 $\pi = 0.04$, 잠재총생산 대비 경기침체 갭은 $\frac{Y^* - Y}{Y^*} = 0$이기에 이를 통화정책 반응함수에 대입하면 $r = 0.02 + 0.5(0.04 - 0.02) - (0.5 \times 0) = 0.03$ 전기 이자율은 3%이다.
- 이번 기의 인플레이션율은 $\pi = 0.03$, 잠재총생산 대비 경기침체 갭은 $\frac{Y^* - Y}{Y^*} = 0.01$이기에 이를 통화정책 반응함수에 대입하면 $r = 0.02 + 0.5(0.03 - 0.02) - (0.5 \times 0.01) = 0.02$ 이번 기 이자율은 2%이다.
- 즉, 이자율을 3%에서 2%로 $1\%p$만큼 내려야한다.

07 한계대체율 정답 ④

(출제 포인트) 한계대체율은 한계효용의 비율로 표시할 수 있고, $MRS_{XY} = (-)\frac{\Delta Y}{\Delta X} = \frac{MU_X}{MU_Y}$이다.

(정답)

- 한계대체율은 $MRS_{XY} = \frac{MU_X}{MU_Y}$이고 $MU_X = Y + 2$, $MU_Y = X + 1$이기에 한계대체율은 $MRS_{XY} = \frac{Y+2}{X+1}$이다.
- $X = 10$, 한계대체율은 2이기에 $MRS_{XY} = \frac{Y+2}{10+1} = 2$, $Y = 20$이다.

08 비용곡선 정답 ①

(출제 포인트) 단기 비용곡선은 수확체감의 법칙에 따라 도출되고, 장기 비용곡선은 규모에 대한 수익에 따라 도출된다.

(정답)

- 단기에 한계생산물과 한계비용은 반비례$\left(MC = \frac{w}{MP_L}\right)$하기에 MC곡선이 우상향하는 것은 수확이 체감(한계생산물 체감)하기 때문이다.
- 장기 평균비용곡선이 우상향한다는 것은 생산량이 증가함에 따라 비용이 증가한다는 것을 의미하고 이는 규모에 대한 보수(규모수익 체감)가 감소하기 때문이다.

09 유동성함정 정답 ③

(출제 포인트) 현재 이자율이 매우 낮고 채권가격이 매우 높아 이후 이자율이 상승하고 채권가격이 하락할 것으로 예상하여, 자산을 전부 화폐로 보유하고 있는 상태를 유동성함정이라 한다. 유동성함정하 화폐수요의 이자율탄력성이 무한대로 재정정책의 효과가 극대화된다.

(정답)

- 유동성함정시 화폐수요의 이자율탄력성이 무한대이기에 LM곡선은 수평선이다.
- LM곡선이 수평선일 때, 물가가 변화하여 LM곡선이 이동하여도 국민소득은 불변이기에 AD곡선은 수직선의 형태이다.

10 IS-LM곡선 정답 ④

(출제 포인트) IS곡선의 하방은 균형보다 이자율이 낮기에 투자 과다로 생산물시장이 초과수요 상태이고, LM곡선의 상방은 균형보다 이자율이 높기에 투기적 화폐수요가 적어 화폐시장이 초과공급 상태이다.

(정답)

- 아래 그림의 A점에서 최초의 균형이 이루어지고 있을 때, 통화공급 증가로 LM곡선이 LM_0에서 LM_1으로 이동하면 A점은 LM곡선 상방의 점이기에 화폐시장은 초과공급 상태이다.
- 이때, 화폐시장의 조정속도가 생산물시장의 조정속도보다 빠르기에 이자율은 A점에서 B점으로 급격히 하락한다.
- B점은 IS곡선 하방의 점이고 생산물시장이 초과수요인 상태이기에 생산이 증가하여 국민소득은 서서히 증가하고 이로 인해 화폐수요 또한 증가하여 이자율도 점차 상승한다.
- 그 결과, 새로운 균형은 C점에서 이루어지게 된다.

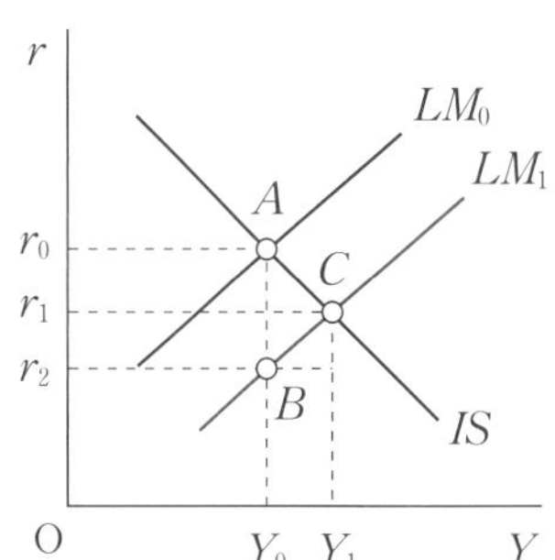

24회 2011 보험계리사(2)

정답 p.227

01	③ 미시	02	③ 미시	03	③ 국제	04	③ 미시	05	④ 미시
06	③ 거시	07	④ 미시	08	② 미시	09	④ 미시	10	① 거시

01 한계생산량 정답 ③

출제 포인트 가변요소를 한 단위 추가 투입시 총생산물의 증가분을 한계생산량이라 한다.

정답

- 10명의 노동자가 생산할 때의 평균생산물이 21이면 총생산물은 210이고, 11명의 노동자가 생산할 때의 평균생산물이 20이면 총생산물은 220이다.
- 노동자 수가 11명으로 증가할 때 생산량이 10단위 증가하기에 11번째 노동자의 한계생산물은 10단위이다.

02 기대효용이론 정답 ③

출제 포인트 위험기피자란 불확실성이 내포된 자산보다 동일 액수의 확실한 자산을 더 선호하는 사람으로 기대효용보다 기대치의 효용이 더 크기에 효용함수가 아래로 오목하다.

정답

- 근로자의 효용함수는 $U(W)=\sqrt{W}$이기에 위험기피자(④)이고 산업재해사고를 당하지 않을 때의 소득은 100만 원, 산업재해를 당할 때의 소득은 25만 원, 사고를 당할 확률은 0.2이기에 기대소득은 (100만 원 × 0.8) + (25만 원 × 0.2) = 85만 원(①)이고 기대효용은 $(\sqrt{1{,}000{,}000}\times 0.8)+(\sqrt{250{,}000}\times 0.2)=900$(②)이다.
- 근로자의 기대효용은 900이고 효용함수는 $U(W)=\sqrt{W}$이기에 확실성등가는 900 × 900 = 81만 원이고 최대보험료는 기존의 소득과 확실성등가의 차액인 19만 원이기에 보험료가 3만 원일 때 근로자는 보험에 가입한다(③).

03 무역수지 정답 ③

출제 포인트 $Y=C+I+G+X-M$에서 $Y-T-C$(민간저축) + $T-G$(정부저축) $=I+X-M$, 즉 $S_P+S_G=I+X-M$이기에 $X-M=S_P+S_G-I=S_N-I$이다.

정답

ㄱ. $X-M>0$인 경우, 무역수지는 흑자이고 순수출은 0보다 크다.

ㄴ. GDP항등식은 $Y=C+I+G+(X-M)$이고 무역수지가 흑자인 경우 $(X-M)>0$이기에 국민소득 Y는 국내지출$(C+I+G)$보다 크다.

ㄹ, ㅁ. 무역수지의 적자는 순수출이 0보다 작다는 것을 의미하고 이 경우, 순자본유출은 0보다 작다.

오답피하기

ㄷ. GDP항등식 $Y=C+I+G+(X-M)$을 변환하면 $Y-T-C+T-G=S=I+(X-M)$이고 무역수지 흑자의 경우 $(X-M)>0$이기에 국민저축 S가 국내투자 I보다 크다.

04 생산함수 정답 ③

출제 포인트 선형생산함수는 등량곡선이 우하향하는 직선의 형태로 1차동차 함수이다.

정답

등량곡선이 우하향의 직선일 때 생산자균형에서 기업은 노동만 고용하거나 자본만 고용한다.

오답피하기

① 생산함수 $Y=\sqrt{K+L}$을 노동과 자본을 모두 t배만큼 증가시키면 $\sqrt{tL+tK}=\sqrt{t}\cdot\sqrt{L+K}=t^{0.5}\sqrt{L+K}=t^{0.5}Y$이기에 생산함수 $Y=\sqrt{K+L}$은 0.5차 동차함수이고 규모에 대한 수익체감을 나타낸다.

②, ④ 생산함수 $Y=\sqrt{K+L}$을 제곱하면 $Y^2=K+L$로 우하향의 직선이고 자본과 노동은 완전대체관계이다.

05 정보경제학 정답 ④

출제 포인트 감춰진 행동으로 거래 이후에 정보가 부족한 측이 볼 때 상대방이 바람직하지 않은 행동을 하는 현상을 도덕적 해이라 한다.

정답

- 예금자보호제도를 실시하면 개인들은 도산할 위험이 크더라도 자신은 손해를 보지 않기에 높은 이자를 지급하는 은행에 예금을 하려하고 은행은 높은 이자를 지급하기 위해 위험이 큰 사업에 대출을 늘게 된다.
- 즉, 예금자보호제도가 시행되면 도덕적 해이의 위험에 노출된다.

오답피하기

① 예금자보호제도로 인해 은행이 도산하더라도 예금자는 손해를 보지 않는다.

② 예금자는 정보의 비대칭성 때문에 역선택을 할 수 있다.

③ 최종대부자 기능은 시중에 유동성이 부족할 때 은행과 금융시장에 돈을 공급해 주는 사후적 위기해결 기능을 말한다.

06 화폐수량설 정답 ③

출제 포인트 교환방정식 $MV=PY$를 증가율로 나타낸 식 $\left(\frac{\Delta M}{M}+\frac{\Delta V}{V}=\frac{\Delta P}{P}+\frac{\Delta Y}{Y}\right)$으로 바꿀 수 있다.

정답

- 교환방정식은 $MV=PY$이고 명목 GDP인 $PY=20{,}000$, $M=8{,}000$이기에 최초의 유통속도는 $V=2.5$이다.
- 교환방정식 $MV=PY$를 증가율로 나타낸 식은 $\left(\frac{\Delta M}{M}+\frac{\Delta V}{V}=\frac{\Delta P}{P}+\frac{\Delta Y}{Y}\right)$이고 물가상승률 $\left(\frac{\Delta P}{P}\right)=20\%$, 통화증가율 $\left(\frac{\Delta M}{M}\right)=10\%$, 실질$GDP$ 증가율 $\left(\frac{\Delta Y}{Y}\right)=10\%$이기에 바뀐 유통속도 증가율은 $\left(\frac{\Delta V}{V}\right)=20\%$이다.
- 최초의 유통속도는 2.5, 유통속도증가율은 20%이기에 바뀐 유통속도는 $2.5\times1.2=3.0$이다.

07 생산가능곡선 정답 ④

출제 포인트 생산가능곡선 내부 점에서 곡선상으로의 이동은 수요와 투자증가의 총수요증가와 관련되고, 곡선 바깥으로의 이동은 경제성장 등의 총공급증가와 연결된다.

정답

X재의 가격이 상승하여 재화의 상대가격이 변동되면 X재는 더 많이 생산되기에 더 많은 자원이 X재 생산에 투입되고 생산점이 생산가능곡선상의 우하방의 점으로 이동하게 된다.

오답피하기

① 실업이 감소하면 생산점은 생산가능곡선 내부의 한 점에서 곡선상으로 이동한다.

②, ③ 자본량이 증가하거나 기술이 진보하면 생산가능곡선 자체가 바깥쪽으로 이동한다.

08 탄력성 정답 ②

출제 포인트 수요의 가격탄력성은 $-\frac{\Delta Q}{\Delta P}\cdot\frac{P}{Q}$, 공급의 가격탄력성은 $\frac{\Delta Q}{\Delta P}\cdot\frac{P}{Q}$이다.

정답

수요의 가격탄력성과 공급의 가격탄력성은 $\frac{\text{원점기울기}}{\text{곡선기울기}}$로 구할 수 있기에 수요의 가격탄력성은 $\frac{8}{2}=4$, 공급의 가격탄력성은 $\frac{1.5}{1}=\frac{3}{2}$이다.

09 공공재 정답 ④

출제 포인트 공공재의 시장수요곡선은 개별수요곡선의 수직 합으로 구한다.

정답

- 시장의 공공재 수요함수는 개인의 공공재 수요함수의 수직 합이고 甲의 공공재 수요함수는 $P=150-\frac{1}{3}Q$, 乙은 $P=160-\frac{1}{2}Q$이기에 시장전체의 공공재 수요함수는 $P=310-\frac{5}{6}Q$이다.
- 공공재의 사회적으로 바람직한 공급량을 위한 조건은$P=MC$이기에 $310-\frac{5}{6}Q=30+\frac{1}{3}Q$, $\frac{7}{6}Q=280$, $Q=240$이다.

10 필립스곡선 정답 ①

출제 포인트 인플레이션을 정확하게 예상하는 장기에는 실제실업률이 자연실업률과 일치하기에 장기 필립스곡선은 수직선으로 도출된다.

정답

필립스곡선 $\pi=\pi^e+3.2-0.8u$를 정리하면 $\pi=\pi^e-0.8(u-4)$이고 장기에는 필립스곡선은 자연실업률 수준에서 수직선이기에 자연실업률은 4%이다.

오답피하기

② 필립스곡선 $\pi=\pi^e+3.2-0.8u$에서 Y절편은 $\pi^e+3.2$이기에 기대인플레이션 π^e가 상승하면 필립스곡선 자체가 우상방이동한다.

③ 장기 필립스곡선은 자연실업률 수준에서 수직선이기에 기대인플레이션율의 상승은 장기 필립스곡선에 영향을 미치지 않는다.

④ 필립스곡선 $\pi=\pi^e+3.2-0.8u$에 $\pi^e=3.5$, $u=5.0$을 대입하면 $\pi=2.7\%$이고, $\pi^e=3.5$, $u=4.0$을 대입하면 $\pi=3.5\%$이기에 인플레이션율이 0.8% 포인트 상승하는 것을 감수해야 한다.

Part 4 노무사

01회 2022 노무사(1)

정답 p.232

01	① 미시	02	③ 미시	03	③ 미시	04	④ 미시	05	① 미시
06	② 미시	07	④ 미시	08	① 미시	09	⑤ 미시	10	② 미시

01 대체효과 정답 ①

(출제 포인트) 동일한 실질소득 수준에서 상대가격의 변화에 따른 구입량의 변화를 대체효과라 하고 항상 음(−)이다.

(정답)
X재 가격이 상승하면 대체관계에 있는 Y재의 수요가 증가하여 Y재의 수요곡선은 우측 이동하고 이로 인해 Y재 균형가격은 상승한다.

02 규모수익 정답 ③

(출제 포인트) 모든 요소투입량이 k배 증가하면 생산량이 k배 증가하는 것을 규모에 대한 수익불변(CRS)이라 한다. 모든 요소투입량이 k배 증가하면 생산량이 k배보다 크게 증가하는 것을 규모에 대한 수익체증(IRS)이라 한다. 모든 요소투입량이 k배 증가하면 생산량이 k배 보다 작게 증가하는 것을 규모에 대한 수익체감(DRS)이라 한다.

(정답)
ㄱ. 선형함수로 규모수익불변이다.
ㄴ. 0.5차 동차함수로 규모수익체감이다.
ㄷ. 2차 $C-D$함수로 규모수익체증이다.
ㄹ. 1차 $C-D$함수로 규모수익불변이다.
ㅁ. L과 K가 N배 증가함에 따라 생산량은 N배 미만으로 증가하기에 규모수익체감이다.

03 독점기업 정답 ③

(출제 포인트) 원료의 독점, 규모의 경제, 특허권 등에 의한 진입장벽으로 발생하는 독점은, 시장지배력을 갖고 있어 가격설정자로 행동하며 가격차별이 가능하다.

(정답)
독점기업이 가격차별을 하는 경우, 가령 병원에서 저소득층에게 싸게, 고소득층에게 일반요금을 설정하면 사회적 후생은 증가할 수 있다.

(오답피하기)
① 독점기업의 가격은 완전경쟁시장보다 높게 설정되기에 소비자잉여는 유지되지 않는다.
② 독점기업의 가격은 $P > MC$에서 설정된다.
④ 가격차별을 하는 경우 수요의 가격탄력성이 더 낮은 소비자들에게 더 높은 가격을 부과한다.
⑤ 이부가격제는 소비자들의 수요 행태가 동일할 때 가장 효과적이다.

04 생산자잉여 정답 ④

(출제 포인트) 실제 받은 금액에서 생산자의 최소요구금액을 뺀 값을 생산자 잉여라 한다.

(정답)
- 경쟁시장에서 생산량 결정 조건은 $P = MC$이기에 $30 = 10 + 4q$, $4q = 20$, 생산량은 $q = 5$이다.
- 생산자 잉여는 그림에서 볼 수 있듯이 수요곡선 $D = AR = MR = P$의 하방, 공급곡선 MC의 상방 면적이기에 $\frac{20 \times 5}{2} = 50$이다.

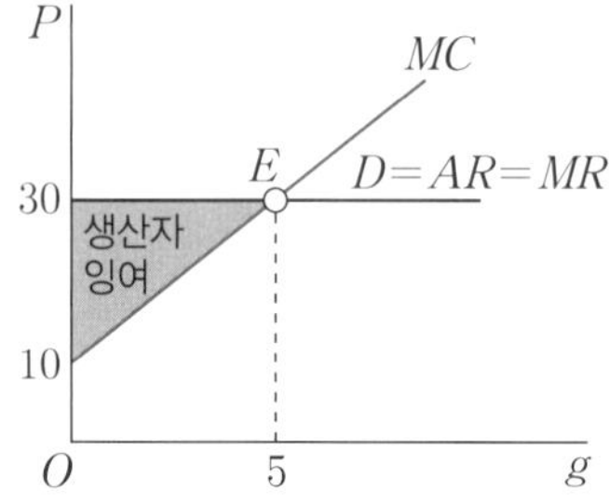

05 내쉬균형 정답 ①

(출제 포인트) 상대방의 전략을 주어진 것으로 보고 경기자는 자신에게 가장 유리한 전략을 선택하였을 때 도달하는 균형을 내쉬균형이라 하고, 우월전략균형은 내쉬균형에 포함된다.

(정답)
B가 광고함을 선택하면 A는 광고함을, 광고 안함을 선택하면 A는 광고 안함을 선택하고 A가 광고함을 선택하면 B는 광고함을, 광고 안함을 선택하면 광고함을 선택하기에 내쉬균형의 보수조합은 A와 B가 광고함을 선택한 (6, 4)이다.

(오답피하기)
② B의 선택에 따라 더 높은 보수를 받는 A의 선택이 다르기에 A의 우월전략은 존재하지 않는다.
③ 기업 B는 기업 A의 전략에 관계없이 광고를 할 때의 보수가 더 크기에 광고를 하는 것이 우월전략이다.
④ A의 우월전략은 존재하지 않는다.
⑤ 내쉬균형에서 두 기업의 보수의 조합은 (6, 4)이지만 두 기업이 모두 광고를 하지 않는다면 보수의 조합이 (10, 4)로 바뀌기에 기업 B의 보수는 불변이나 기업 A의 보수가 증가한다. 따라서 내쉬균형은 파레토 효율적이지 않다.

06 보조금의 귀착 정답 ②

(출제 포인트) 물품세 인하로 그 혜택은 양자가 모두 받는다.

(정답)
물품세 인하로 그 혜택은 양자가 모두 받기에 조세 인하 혜택의 일정 부분은 생산자에게 귀착된다.

(오답피하기)
① 물품세 인하로 그 혜택은 양자가 모두 받기에 소비자의 부담은 100원보다 적게 줄어든다.
③ 조세 인하로 공급곡선이 하방으로 이동하기에 X재 가격이 하락하고 소비량은 증가한다.
④ 물품세가 인하되면 조세부과에 따른 후생손실의 일부가 없어지기에 후생손실이 조세인하 전보다 감소하게 된다.
⑤ 중립세는 경제주체에 영향을 미치지 않는 비왜곡적인 조세이다. 그런데 X재에 물품세가 부과되면 실제 소비자들이 지불하는 가격은 상승, 공급자들이 받는 가격은 하락하기에 경제주체들에게 영향을 준다. 즉, X재에 부과되는 물품세는 중립세가 아니다.

07 피구세 정답 ④

(출제 포인트) 외부불경제가 발생하면 재화단위당 외부한계비용만큼 피구세를 부과하고 외부경제가 발생하면 외부한계편익만큼 피구적 보조금을 지급하는 방법이 있다.

(정답)
ㄱ, ㄴ, ㄷ 탄소세는 일종의 피구세로 탄소세를 부과하면 공급곡선이 상방 이동하여 가격이 상승하고 생산량이 감소하기에 생산의 외부불경제로 인한 과잉생산 문제가 해소되어 자원배분의 효율성이 높아진다.

(오답피하기)
ㄹ. 태양광발전과 풍력발전은 탄소를 배출하지 않기에 X재에 해당되지 않는다.

08 로렌츠곡선 정답 ①

(출제 포인트) 인구의 누적점유율과 소득의 누적점유율 간의 관계를 보여주는 곡선이 로렌츠 곡선으로, 대각선일수록 소득분배가 균등함을 의미한다.

(정답)
지니계수는 대각선과 로렌츠 곡선이 이루는 면적을 대각선 아래의 삼각형 면적으로 나눈 값으로 로렌츠곡선이 대각선에 접근할수록 지니계수는 작아진다.

(오답피하기)
② 지니계수는 0과 1 사이의 값을 가지며, 그 값이 작을수록 로렌츠곡선이 대각선에 근접하기에 분배상태가 더 평등한 것으로 본다.
③ 인구의 누적점유율과 소득의 누적점유율 간의 관계를 보여주는 곡선이 로렌츠 곡선으로, 대각선일수록 소득분배가 균등함을 의미한다.
④, ⑤ 최하위 40%의 소득점유율을 최상위 20%의 소득점유율로 나눈 값이 십분위분배율로, 0과 2사이의 값이고 그 값이 클수록 소득분배가 균등함을 의미한다.

09 공공재 정답 ⑤

(출제 포인트) 개인의 소비가 타인의 소비가능성을 감소시키지 않는 비경합성과 대가를 지불하지 않아도 소비할 수 있는 비배제성을 특성으로 하는 재화를 공공재라 한다.

(정답)
아파트 입구에 설치된 $CCTV$는 소비가 비경합적이고 배제가 불가능한 공공재이다.

10 소비자물가지수 정답 ②

(출제 포인트) 소비자가 일상 소비생활에서 구입하는 재화와 서비스의 가격변동을 측정하는 소비자물가지수는, 통계청이 소비자 구입가격을 조사하여 작성하고, 소비재를 대상으로 수입품가격, 주택임대료는 포함하나 주택가격 등은 제외된다.

(정답)
소비자물가지수는 소비자가 구입하는 모든 재화와 서비스를 대상으로 측정되는 것은 아니다. 월평균 소비지출액에서 차지하는 비중이 $\frac{1}{10,000}$ 이상인 약 500개의 품목을 조사해서 작성한다.

(오답피하기)
① 소비자물가지수는 주로 도시가계가 구입하는 재화의 평균적인 가격을 측정하여 작성하기에 농촌지역의 물가 동향을 파악하는 지표로는 적합하지 않다.
③, ④ 명목GDP를 실질GDP로 나누어 측정하는 GDP디플레이터는 비교연도 거래량을 가중치로 사용하여 계산하는 파셰 방식으로 측정되기에 수입상품의 가격동향을 반영하지 못한다.
⑤ 기업상호간 거래되는 재화와 서비스의 가격변동을 측정하는 생산자물가지수는, 한국은행이 생산자 판매가격을 조사하여 작성하고, 원자재, 자본재, 소비재를 대상으로 수입품가격, 주택임대료, 주택가격 등은 제외된다.

02회 2022 노무사(2)

정답 p.235

01	③ 거시	02	③ 거시	03	⑤ 거시	04	④ 거시	05	⑤ 거시
06	⑤ 거시	07	② 거시	08	④ 거시	09	⑤ 거시	10	② 미시

01 비교우위론 정답 ③

(출제 포인트) 각국이 상대적으로 생산비가 낮은 재화생산에 특화하여 무역을 하면 두 나라가 모두 교역 이전보다 더 많은 재화를 소비할 수 있다는 것이 리카르도의 비교우위론이다.

(정답)
표에서 볼 수 있듯이 B국의 자동차 생산의 기회비용은 옷 3벌이다.

< 각 재화 생산의 기회비용 >

구분	A국	B국
자동차	2	3
옷	0.5	0.33

(오답피하기)
①, ②, ⑤ 표에서 볼 수 있듯이 A국의 자동차 생산의 기회비용은 옷 2벌로 3벌인 B국보다 낮기에 A국은 자동차 생산에 비교우위가 있고 B국의 옷 생산의 기회비용은 자동차 0.33대로 0.5대인 A국보다 낮기에 B국은 옷 생산에 비교우위가 있다. 이때, 비교우위론에 따르면 각국이 상대적으로 기회비용이 낮은 재화생산에 특화하여 무역을 하면 두 나라가 모두 더 많은 재화를 소비할 수 있기에 상호이익이다.
④ B국의 자동차와 옷 생산에 필요한 노동의 양이 모두 A국보다 적기에 B국이 A국에 비해 자동차와 옷 생산에 있어 절대우위에 있다.

02 *GDP* 디플레이터 정답 ③

(출제 포인트) 당해연도의 생산물에 당해연도의 가격을 곱하여 계산한 것이 명목*GDP*이고, 당해년도의 생산물에 기준연도의 가격을 곱하여 계산한 것이 실질*GDP*이며, 명목*GDP*를 실질*GDP*로 나눈 값이 *GDP* 디플레이터이다.

(정답)
- 기준연도에는 명목*GDP*와 실질*GDP*가 동일하기에 2020년 실질*GDP*는 2,000조 원이다.
- *GDP* 디플레이터는 명목*GDP*를 실질*GDP*로 나눈 값으로 2021년 명목*GDP*는 2,200조 원, *GDP* 디플레이터는 105인 경우, 2021년 실질*GDP*는 약 $\frac{2,200}{105} \times 100 \fallingdotseq 2,095$조 원이다.
- 따라서, 2021년의 실질경제성장률은 4.8%이다.

03 총공급곡선 정답 ⑤

(출제 포인트) 일반적으로 장기 총공급곡선은 수직선이다.

(정답)
자연실업률이 상승하면 생산량이 감소하기에 장기 총공급곡선은 좌측 이동한다.

04 인플레이션 비용 정답 ④

(출제 포인트) 인플레이션 비용이란 인플레이션 비용으로 인한 물가 상승이 화폐 보유자들의 자산 가치를 하락시키는 현상을 말한다.

(정답)
인플레이션이 발생하면 화폐의 구매력이 변하여 가치척도의 기준이 불안정해지기에 경제주체들이 어떤 판단이나 의사결정을 하기가 어려워진다.

05 통화량 정답 ⑤

(출제 포인트) 일정시점에서 시중에 유통되고 있는 화폐의 양을 통화량이라 한다.

(정답)
중앙은행의 재할인율이 인상되면 일반은행의 중앙은행으로부터의 차입이 감소하기에 통화량이 감소한다.

(오답피하기)
①, ③ 통화공급방정식 $M^S = \frac{1}{c+z(1-c)} \times H$에서 본원통화량이 증가하거나 통화승수가 증가하면 통화량은 증가한다.
②, ④ 은행의 지급준비율이 인하되거나 초과지급준비금이 감소하면 통화승수가 증가하기에 통화량은 증가한다.

06 재고투자 정답 ⑤

출제 포인트 원자재 및 중간재, 최종재로 창고에 보관중인 재화를 재고투자라 한다.

정답

원자재 및 중간재, 최종재로 창고에 보관중인 재화를 재고투자라 하기에 재고변동 또한 투자에 포함된다.

오답피하기

① "일정기간 한 나라 국민이 새로이 생산한 모든 최종생산물의 시장가치"를 국민총생산(GNP)라 하고, $GNP = GDP +$ 해외순수취요소소득($=$ 해외수취요소소득 $-$ 해외지급요소소득)의 관계이다.

② 당해연도의 생산물에 당해연도의 가격을 곱하여 계산한 것이 명목국내총생산이기에 생산량의 변화와 함께 가격변화에도 영향을 받는다.

③, ④ "일정기간 한 나라 안에서 새로이 생산된 모든 최종생산물의 시장가치"를 국내총생산(GDP)이라하며 한 나라에서 일정기간 창출되는 부가가치의 총합과 동일하다.

07 정부지출승수 정답 ②

출제 포인트 소비/투자/정부지출/수출승수는 $\frac{1}{1-c(1-t)-i+m}$이고, 조세승수는 $\frac{-c}{1-c(1-t)-i+m}$이며, 수입승수는 $\frac{-1}{1-c(1-t)-i+m}$이다.

정답

- 국민소득 항등식 $Y = C + I + G$에서 $Y = 100 + 0.5(Y - 100) + 300 + 100$, $0.5Y = 450$, $Y = 900$이다.
- 한계소비성향은 $c = 0.5$이기에 정부지출승수는 $\frac{1}{1-0.5} = 2$이다.
- 완전고용하에서 GDP는 $Y_f = 1{,}200$으로 현재 GDP와의 GDP 갭은 $1{,}200 - 900 = 300$이기에 정부지출을 150만큼 증가시켜야 완전고용의 GDP를 회복할 수 있다.

08 피셔방정식 정답 ④

출제 포인트 실질이자율에 기대인플레이션율을 더한 값이 명목이자율이라는 피셔의 방정식에서, 인플레이션이 발생하면 기대인플레이션율이 상승하여 명목이자율이 비례적으로 상승하는 효과를 뜻한다.

정답

- 피셔 방정식에 의하면 '명목이자율 $=$ 기대인플레이션율 $+$ 실질이자율'으로 실질이자율이 5%, 인플레이션율이 3%이기에 명목이자율은 8%이다.
- 이자소득세율이 20%이기에 세후 명목이자율은 6.4%이다.

09 경제지표 정답 ⑤

출제 포인트 생산가능인구 중에서 취업자가 차지하는 비중을 취업률이라 한다.

정답

취업률은 경제활동인구에서 취업자가 차지하는 비중으로 2021년 경제활동인구는 1,900명으로 100만큼 감소하고 취업자 수는 2021년 1,000명으로 100만큼 감소하였으나 분자의 감소율이 더 크기에 취업률 또한 감소한다.

오답피하기

① 생산가능인구는 비경제활동인구와 경제활동인구의 합으로 생산가능인구가 일정할 때 2021년 비경제활동인구가 2,100명으로 증가했기에 경제활동인구가 감소하여 경제활동참가율도 감소한다.

②, ④ 경제활동인구는 취업자 수와 실업자 수의 합으로 2020년 실업자 수는 900명이고 2021년 또한 900명으로 일정하다. 이때, 경제활동인구는 1,900명으로 감소하였고 실업률은 경제활동인구에서 실업자 수가 차지하는 비중이기에 실업률은 증가하였다.

③ 고용률은 생산가능인구에서 취업자가 차지하는 비중으로 생산가능인구가 일정할 때, 취업자 수는 감소하였기에 고용률은 감소한다.

10 완전경쟁 노동시장 정답 ②

출제 포인트 생산물시장이 완전경쟁이면, 가격과 한계수입이 일치하기에 한계생산물가치($VMPL$)곡선이 개별기업의 노동수요곡선이 되고, 개별기업 한계생산물가치($VMPL$)곡선의 수평적 합으로 시장전체의 노동수요곡선이 도출된다.

정답

- 생산함수 $Q = -4L^2 + 100L$을 L에 대해 미분한 한계생산은 $MP_L = 100 - 8L$로 한계생산물가치는 $VMP_L = MP_L \times P = 5{,}000 - 400L$이고 이는 노동수요곡선이 된다.
- 임금이 1,000일 때 노동수요량은 $1{,}000 = 5{,}000 - 400L$, $400L = 4{,}000$, $L = 10$이고 임금이 3,000일 때 노동수요량은 $3{,}000 = 5{,}000 - 400L$, $400L = 2{,}000$, $L = 5$로 5만큼 감소한다.
- 노동수요곡선의 기울기가 -400이기에 임금의 증가분 2,000을 -400으로 나눈 -5로 계산할 수 있다.

03회 2021 노무사(1)

정답

p.238

01	① 미시	02	③ 미시	03	② 미시	04	① 미시	05	③ 미시
06	⑤ 거시	07	③ 거시	08	③ 거시	09	③ 거시	10	④ 거시

01 가격탄력성 정답 ①

(출제 포인트) 수요의 가격탄력성은 가격의 변화율(%)에 대한 수요량의 변화율(%)로, 가격이 1% 변화할 때 수요량의 변화율로 나타낼 수 있다. 따라서 가격이 1% 변화할 때, 수요량의 변화율이 수요의 가격탄력성이다.

(정답)

수요의 가격탄력성은 상품 가격이 변화할 때 상품 수요의 변화가 아니라 수요량의 변화율을 나타낸 것이다.

(오답피하기)

② 수요곡선이 수직선이면 가격탄력성은 항상 0으로 일정하다.

③ 수요곡선이 $Q=\frac{5}{P}$의 $C-D$형 함수인 경우, 수요곡선은 직각쌍곡선으로 수요의 가격탄력성은 항상 1이다.

④ 정상재인 경우 수요의 가격탄력성이 1보다 클 때, 가격이 하락할 때 가격의 하락율보다 수요량의 증가율이 더 크기에 기업의 총수입은 증가한다.

⑤ 생활필수품은 필수재로 수요의 가격탄력성이 0과 1사이지만 사치재의 가격탄력성은 1보다 크다.

02 기펜재 정답 ③

(출제 포인트) 기펜재란 열등재 중에서도 소득효과의 크기가 대체효과보다 더 커서 가격이 상승하면 오히려 수요량이 증가하는 재화를 말한다.

(정답)

기펜재의 소득효과는 (+)의 값을 가지기에 가격상승시 재화의 소비량을 증가시킨다.

(오답피하기)

① 기펜재의 대체효과와 소득효과를 더한 가격효과는 (+)의 값을 가지기에 가격이 하락하면 재화의 소비량은 감소한다.

② 기펜재의 소득효과는 (+)의 값을 가지고 대체효과는 (−)의 값을 가지나 소득효과의 절댓값이 대체효과의 절댓값보다 크기에 가격효과는 (+)의 값을 가진다.

④ 기펜재는 열등재의 일부이다. 즉, 모든 기펜재는 열등재이지만 기펜재가 아닌 열등재도 존재한다.

⑤ 대체효과는 재화의 종류에 관계없이 항상 (−)의 값을 가지기에 가격이 하락하면 대체효과에 의해 재화의 소비량은 증가한다.

03 시장실패 정답 ②

(출제 포인트) 시장의 가격기구가 효율적인 자원배분을 가져오지 못하는 것을 시장실패라 한다.

(정답)

시장실패는 피구세와 정부의 개입으로 일부 해결할 수 있으나 과도한 정부의 개입은 오히려 시장실패를 야기할 수 있다.

(오답피하기)

① 순수공공재는 비경합성과 비배제성을 특징으로 갖는다.

③ 긍정적 외부효과는 과소생산을 야기하기에 시장실패를 유발한다.

④ 완전경쟁시장은 자원배분의 효율성은 보장하나 분배의 공평성을 보장해주는 것은 아니다.

⑤ 과도한 정부의 개입은 오히려 시장실패를 야기하기에 시장실패는 정부의 시장개입에 대한 필요조건은 되나 충분조건까지 되는 것은 아니다.

04 지니계수 정답 ①

(출제 포인트) 대각선과 로렌츠곡선이 이루는 면적을 대각선 아래의 삼각형 면적으로 나눈 값이 지니계수로, 로렌츠곡선이 나타내는 소득분배 상태를 하나의 숫자로 표현하여 0과 1 사이의 값이고 그 값이 작을수록 소득분배가 균등함을 의미한다.

(정답)

ㄱ. 지니계수는 0과 1 사이의 값이고 그 값이 작을수록 소득분배가 균등함을 의미한다.

(오답피하기)

ㄴ. 지니계수는 45도 대각선과 로렌츠곡선 사이의 면적을 45도 대각선 아래의 삼각형 면적으로 나눈 값이다.

ㄷ. 지니계수는 0과 1 사이의 값을 가진다.

ㄹ. 지니계수의 값이 작을수록 소득분배가 균등함을 의미한다.

05 독점 정답 ③

(출제 포인트) 독점기업은 $MR=MC$에서 생산량을 결정하고, $MR=MC$의 위에 있는 수요곡선상의 점에서 가격이 결정된다. 즉, $P=AR>MR=MC$이다.

(정답)

독점기업은 생산량 결정 지점에서 $P=AR>MR=MC$가 성립하기에 한계수입은 항상 가격보다 낮다.

오답피하기

① 독점기업은 시장의 유일한 공급자로 가격설정자이기에 독점기업이 직면하는 수요곡선은 우하향한다.
② 독점기업은 이윤극대화 조건인 $MR = MC$의 위에 있는 수요곡선 상의 점에서 가격을 결정하기에 공급곡선은 존재하지 않는다.
④ 독점기업의 이윤극대화 조건은 한계수입과 한계비용이 일치하는 지점이다.
⑤ 독점기업은 생산량 결정 지점에서 $P = AR > MR = MC$이 성립하기에 한계수입곡선은 항상 수요곡선의 아래쪽에 위치한다.

06 솔로우모형 정답 ⑤

출제 포인트 자본증가율$\left(\frac{sf(k)}{k}\right)$과 인구증가율$(n)$이 동일할 때, $\frac{sf(k)}{k} = n$에서 자본과 노동이 모두 완전고용되면서 경제성장이 이루어진다. 이를 솔로우모형의 기본방정식이라 한다. 이때 자본증가율이 가변적이기에 균형은 자동적으로 충족되고 모형은 안정적이다.

정답

솔로우모형의 균제상태 조건은 $sf(k) = (n+d)k$이기에
$0.05 \times 4\sqrt{k} = (0.02 + 0.02)k$, $20\sqrt{k} = 4k$이기에
1인당 자본량은 $k = 25$이다.

07 승수 정답 ③

출제 포인트 소비/투자/정부지출/수출승수는 $\frac{1}{1-c(1-t)-i+m}$이고, 감세승수는 $\frac{c}{1-c(1-t)-i+m}$이며, 수입승수는 $\frac{-1}{1-c(1-t)-i+m}$이다.

정답

정부지출승수는 $\frac{dY}{dG} = \frac{1}{1-MPC}$, 감세승수는 $\frac{dY}{dT} = \frac{MPC}{1-MPC}$로 정부지출승수가 더 크기에 조세삭감 효과가 정부지출 효과보다 작다.

08 일반균형 정답 ③

출제 포인트 생산물시장과 화폐시장을 고려한 총수요곡선과 총생산함수와 노동시장을 고려한 총공급곡선이 만나는 점에서 거시경제 일반균형이 결정된다.

정답

$P^e = 5$일 때, 총수요곡선 $Y_d = -P + 5$와 총공급곡선 $Y_s = (P-5) + 6$을 연립하면 $-P + 5 = P + 1$, 균형물가수준은 $P = 2$이고 이를 다시 총공급곡선 대입하면 균형국민소득은 $Y = 3$이다.

09 먼델-플레밍모형 정답 ③

출제 포인트 고정환율제도하 자본이동이 완전한 경우, BP곡선은 수평선으로, 재정정책은 매우 효과적이나 금융정책은 전혀 효과가 없다.

정답

국가 간 자본의 이동이 자유롭고 고정환율제도를 채택한 소규모 개방경제에서 정부지출을 감소하면 IS곡선이 좌측 이동(①)하여 이자율이 하락하기에 자본이 유출되어 환율상승 압박을 받는다. 이때, 중앙은행은 환율상승 압박(④)을 막기 위해 외화를 매각하기에 통화량이 감소(③)하고 LM곡선이 좌측 이동(②)한다. 그러므로 이자율은 불변이나 균형국민소득은 감소(⑤)한다.

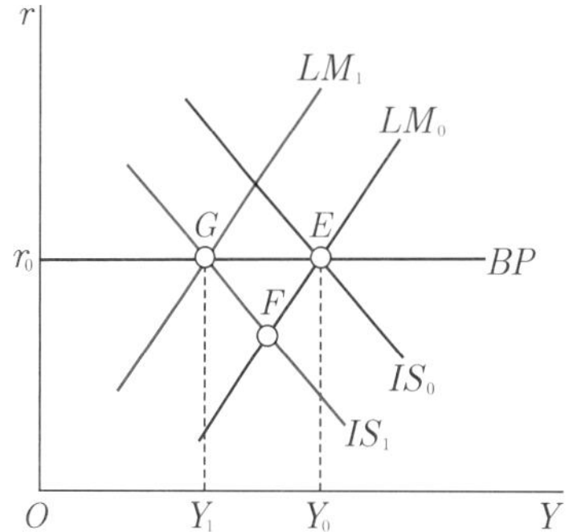

10 IS-LM 정답 ④

출제 포인트 소비증가, 투자증가, 정부지출증가, 수출증가로 IS곡선은 우측으로 이동하고, 조세증가, 수입증가, 저축증가로 IS곡선은 좌측으로 이동한다. 통화량증가로 LM곡선은 우측으로 이동하고, (거래적 동기) 화폐수요증가, 물가상승으로 LM곡선은 좌측으로 이동한다.

정답

ㄴ, ㄹ. 중앙은행이 통화량을 감소시키면 LM곡선이 좌측 이동하기에 이자율이 상승하고 이로 인해 구축효과가 발생하여 균형국민소득은 감소한다.

오답피하기

ㄱ, ㄷ. LM곡선은 좌측 이동하고 IS곡선은 이동하지 않는다.

04회 2021 노무사(2)

정답 p.241

01	⑤ 미시	02	⑤ 미시	03	④ 미시	04	② 미시	05	④ 미시
06	① 거시	07	③ 거시	08	⑤ 거시	09	⑤ 거시	10	① 거시

01 이윤극대화 정답 ⑤

(출제 포인트) 총수입에서 총비용을 차감한 값인 이윤은 $MR = MC$, 그리고 MR기울기 < MC기울기일 때 극대화된다.

(정답)

- 완전경쟁시장의 이윤극대화 조건은 $P = MC$이고 총비용함수 $TC(Q) = 4Q^2 + 2Q + 10$을 Q에 대해 미분한 한계비용은 $MC = 8Q + 2$이다. 시장가격은 $P = 42$이기에 $42 = 8Q + 2$에서 이윤극대화 생산량은 $Q = 5$이다.
- 가격은 $P = 42$, 이윤극대화 생산량은 $Q = 5$이기에 총수입은 $TR = 42 \times 5 = 210$이고, $Q = 5$를 비용함수에 대입한 총비용은 $TC = 120$이기에 이윤은 90이다.

02 탄력성 정답 ⑤

(출제 포인트) 수요함수가 $Q = AP^{-\alpha}$(A: 상수)일 때 수요의 가격탄력성은 α이다.

(정답)

수요함수 $Q = 4P^{-2}Y^{0.4}$는 $C-D$형 함수이기에 수요의 가격탄력성은 P의 지수의 절댓값인 2이다.

(오답피하기)

① 수요의 가격탄력성은 2로 1보다 크기에 가격이 상승하면 총수입은 감소한다.
② 소득탄력성은 Y의 지수의 절댓값인 0.4이기에 소득이 2% 감소하면 수요량은 0.8% 감소한다.
③ 소득탄력성은 0.4이다.
④ 수요함수 $Q = 4P^{-2}Y^{0.4}$는 $C-D$형 함수이기에 수요의 가격탄력성은 2로 불변이다.

03 이윤극대화 정답 ④

(출제 포인트) 총수입에서 총비용을 차감한 값인 이윤은 $MR = MC$, 그리고 MR기울기 < MC기울기일 때 극대화된다.

(정답)

단기에 평균가변비용곡선의 최저점에서 총수입은 평균가변비용과 일치한다. 즉, 총수입에서 총비용을 차감한 이윤이 고정비용과 일치하기에 가변비용곡선의 최저점이 조업중단점이 된다.

(오답피하기)

① 완전경쟁기업이 직면하는 수요곡선은 수평선이기에 한계수입곡선도 수평선이다.
② 완전경쟁시장에서 단기에 기업은 손실을 볼 수도, 이윤을 볼 수도 있다.
③ 완전경쟁기업이 직면하는 수요곡선은 수평선이기에 수요의 가격탄력성은 무한대이다.
⑤ 완전경쟁시장의 이윤극대화 조건은 $P = AR = MR = MC$이기에 평균수입과 한계비용은 일치한다.

04 효용극대화 정답 ②

(출제 포인트) 효용극대화는 한계효용균등의 법칙$\left(\frac{MU_X}{P_X} = \frac{MU_Y}{P_Y}\right)$에 따라 달성된다.

(정답)

효용극대화 조건은 $MRS_{XY} = \frac{MU_X}{MU_Y} = \frac{P_X}{P_Y}$이고 $P_X = 2P_Y$에서 재화의 상대가격은 $\frac{P_X}{P_Y} = 2$이기에 $MU_X = 2MU_Y$이다.

(오답피하기)

① 효용함수 $U = 4X^{\frac{1}{2}}Y^{\frac{1}{2}}$는 1차 $C-D$형 함수로 X재와 Y재의 수요함수는 $X = \frac{M}{2P_X}$, $Y = \frac{M}{2P_Y}$이 성립하여 소득탄력성은 1이기에 X재와 Y재는 모두 정상재이다.
③ 효용함수 $U = 4X^{\frac{1}{2}}Y^{\frac{1}{2}}$는 1차 $C-D$형 함수로 한계대체율은 $MRS_{XY} = \frac{Y}{X}$, $P_X = 2P_Y$에서 재화의 상대가격은 $\frac{P_X}{P_Y} = 2$이기에 $\frac{Y}{X} = 2$, $Y = 2X$이다.
④ 한계대체율은 $MRS_{XY} = \frac{Y}{X}$로 원점에 대해 볼록한 우하향의 형태이기에 한계대체율은 체감한다.
⑤ X재와 Y재의 수요함수는 각각 $X = \frac{M}{2P_X}$, $Y = \frac{M}{2P_Y}$으로 각 수요함수에는 다른 재화의 변수가 포함되어 있지 않기에 두 재화 간의 교차탄력성이 0이다. 즉, Y재 가격이 상승하여도 X재 소비는 불변이다.

05 피구세 정답 ④

(출제 포인트) 외부불경제가 발생하면 재화단위당 외부한계비용만큼 피구세를 부과하고 외부경제가 발생하면 외부한계편익만큼 피구적 보조금을 지급하는 방법이 있다.

(정답)

- 시장수요곡선 $Q=20-P$, $P=20-Q$와 사회적 한계비용곡선 $SMC=10+Q$를 연립하면 $20-Q=10+Q$, $2Q=10$, 사회적 최적 생산량은 $Q=5$이다.
- 사회적 한계비용은 사적 한계비용과 외부한계비용의 합이기에 외부한계비용곡선은 $EMC=SMC-PMC=10+Q-6-Q=4$이다.
- 생산의 외부불경제가 발생하면 외부한계비용만큼 피구세를 부과하기에 사회적 최적 생산량을 달성하기 위하여 부과해야 하는 생산단위당 세금은 4이다.

06 대부자금 정답 ①

(출제 포인트) 대부자금의 수요와 공급이 만나는 점에서 대부자금시장의 균형($S_P+T-G=I$)이 이루어지면 총저축과 총투자가 일치하기에 생산물시장도 균형($S_P+T=I+G$)이 달성된다.

(정답)

재정적자가 발생하면 대부자금시장에서 공급곡선인 저축이 감소하기에 대부자금시장의 공급곡선이 좌측 이동하여 대부자금공급량은 감소한다.

(오답피하기)

② 대부자금의 공급곡선이 좌측 이동하여 이자율은 상승한다.
③ 공공저축 ($T-G$)는 감소한다.
④ 저축(공급)곡선은 좌측 이동한다.
⑤ 투자(수요)곡선은 이동하지 않는다.

07 일반균형 정답 ③

(출제 포인트) 소비증가, 투자증가, 정부지출증가, 수출증가, 수입감소, 조세감소로 IS곡선은 우측으로 이동하고, 통화량증가, 화폐수요감소로 LM곡선은 우측으로 이동하여 AD곡선은 우측으로 이동한다. 인구증가, 생산성향상, 기술진보 등으로 AS곡선은 우측으로 이동한다.

(정답)

ㄴ, ㄷ. 장기에 총공급곡선이 자연산출량수준에서 수직선이기에 균형국민소득은 불변이고 고전파의 이분법이 적용된다.

(오답피하기)

ㄱ. 단기에 총수요곡선은 우하향하고 총공급곡선은 우상향하기에 정부지출증가로 AD곡선이 우측 이동하면 균형국민소득은 증가한다.
ㄹ. 장기에 총공급곡선은 자연산출량수준에서 수직선이기에 장기 균형국민소득은 잠재산출량수준에서 결정된다.

08 학파별 고찰 정답 ⑤

(출제 포인트) 케인즈학파는 경기침체의 원인을 유효수요의 부족으로 보았다.

(정답)

ㄱ. 고전학파는 통화량은 명목변수에만 영향을 미칠 뿐 실질변수에는 영향을 미치지 않는다는 화폐의 중립성이 성립하기에 화폐가 베일(Veil)에 불과하다고 주장하였다.
ㄴ. 새고전학파의 실물경기변동이론은 임금과 가격이 신축적이라고 전제하였다.
ㄹ. 새케인즈학파는 메뉴 비용 등의 경직성으로 인해 총공급곡선이 단기에는 우상향이라고 주장하였다.

(오답피하기)

ㄷ. 케인즈학파는 경기침체의 원인을 유효수요의 부족으로 보았다.

09 자연실업률 정답 ⑤

(출제 포인트) 자연실업률하에서 노동시장이 균형으로 취업자 수와 실업자 수가 변하지 않는다. 따라서 자연실업률은 $u_N=\frac{U}{U+E}=\frac{U}{U+\frac{f}{s}U}=\frac{s}{s+f}$($s$: 실직률, f: 구직률)이다.

(정답)

균제상태에서 실업률인 자연실업률은 $u_N=\frac{U}{U+E}=\frac{U}{U+\frac{f}{s}U}=\frac{s}{s+f}$이고 실직률은 $s=0.02$, 구직률은 $f=0.18$이기에 자연실업률은 $u=\frac{s}{f+s}=\frac{0.02}{0.18+0.02}=0.1$이다. 이때, 경제활동인구는 1,000만 명이기에 실업자 수는 100만 명이다.

10 고용통계 정답 ①

(출제 포인트) 지난 1주일 동안 수입을 목적으로 1시간 이상 일을 한 사람을 취업자라 하고, 지난 4주일 동안 구직활동을 하였으나 수입을 목적으로 일을 하지 않은 사람을 실업자라 하며, 일할 의사와 능력이 있는 사람으로 취업자와 실업자의 합을 경제활동인구라 한다. 일할 의사가 없는 전업주부, 일할 능력이 없는 환자, 실망실업자, 취업준비생 등을 비경제활동인구라 하고, 15세 이상 인구 중에서 군인, 교도소 수감자 등을 제외한 사람으로 경제활동인구와 비경제활동인구의 합을 생산가능인구(15세 이상 인구라 표현)라 한다.

(정답)

보수를 받지 않더라도 가족이 경영하는 사업체에서 1주일에 18시간 이상 일하는 경우 취업자로 분류된다.

오답피하기

② 실업자가 구직활동을 포기하면 비경제활동인구로 분류되기에 경제활동참가율은 하락한다.
③ 질병으로 입원하여 근로가 불가능한 상태에서 구직활동을 하는 것은 실업자로 분류되지 않는다.
④ 지난 1주일 동안 수입을 목적으로 1시간 이상 일을 한 사람은 취업자로 분류된다.
⑤ 실업률은 실업자 수를 경제활동인구로 나눈 값이다.

05회 2020 노무사(1)

정답

p.244

01	④ 국제	02	④ 미시	03	③ 미시	04	④ 미시	05	④ 미시
06	③ 미시	07	① 거시	08	③ 거시	09	① 거시	10	④ 거시

01 무역 정답 ④

출제 포인트 국제무역이 이루어지면 사회적 후생은 증가하지만, 수입품과 동일한 제품을 생산하는 국내생산자의 후생은 감소한다.

정답

국제무역이 발생하면 수입품의 국내가격은 국제무역 전보다 하락하기에 국내생산자의 후생은 감소한다.

오답피하기

①, ②, ③, ⑤ 국제무역이 발생하면 경쟁이 촉진되기에 사회적 후생이 증가하고 보다 다양한 소비기회가 제공되며 생산요소의 상대가격이 낮은 제품의 특화로 인해 규모의 경제가 발생할 수 있다.

02 독점시장 정답 ④

출제 포인트 독점에서 $MR\left(=\frac{dTR}{dQ}=P+\frac{QdP}{dQ}\right)$은 수요곡선과 절편이 동일하고, 기울기는 수요곡선의 2배이다.

정답

- 독점기업의 이윤극대화 조건은 $MR=MC$이고 수요곡선은 $P=-Q+20$, 한계수입은 $MR=-2Q+20$, 총비용곡선을 Q에 대해 미분한 한계비용은 $MC=2$이기에 $-2Q+20=2$, 균형생산량은 $Q=9$이고 이를 다시 수요곡선에 대입하면 독점기업이 설정하는 가격은 $P=11$이다.
- 이때, 사회적으로 효율적인 균형생산의 조건은 $P=MC$이기에 $-Q+20=2$, 사회적 최적 생산량은 $Q=18$, 사회적 최적 균형가격은 $P=2$이다.
- 독점기업의 이윤극대화시 사중손실은 그림에서 확인할 수 있듯이 $\frac{9\times9}{2}=\frac{81}{2}$이다.

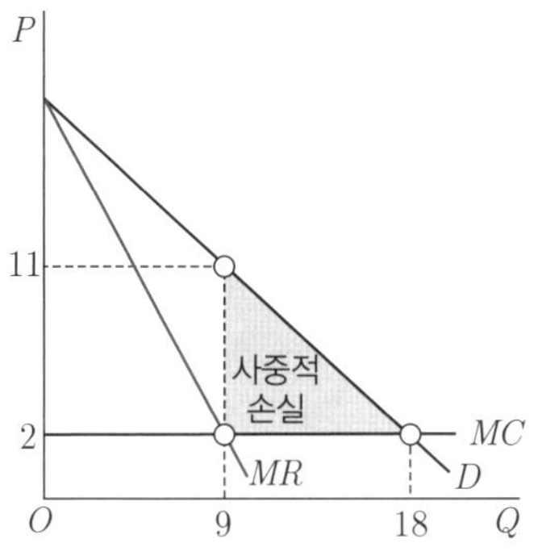

03 효용극대화 정답 ③

출제 포인트 한계효용균등의 법칙$\left(\frac{MU_X}{P_X}=\frac{MU_Y}{P_Y}\right)$에 따라 효용극대화를 추구한다.

정답

가격 변화에 따른 소비자 균형점을 연결한 곡선이 가격소비곡선이다.

오답피하기

①, ② 두 재화의 시장 가격비율과 무차별곡선의 접선의 기울기가 같아질 때, X재 1원당 한계효용과 Y재 1원당 한계효용이 일치하여 소비자의 효용은 극대화된다.

④ 예산선의 기울기는 두 재화의 상대가격에 의해 결정되기에 한계효용과 무관하다.

⑤ 예산제약에 의하면 소비할 수 있는 상품의 양은 소비자의 예산범위를 넘을 수 없다.

04 공급의 가격탄력성 정답 ④

출제 포인트 공급의 가격탄력성은 가격의 변화율(%)에 대한 공급량의 변화율(%)로, 가격이 1% 변화할 때 공급량의 변화율로 나타낼 수 있다. 따라서 가격이 1% 변화할 때, 공급량의 변화율이 공급의 가격탄력성이다.

정답

공급의 가격탄력성은 $\eta=\frac{dQ}{dP}\times\frac{P}{Q}$이고 공급함수를 P에 대해 미분하면 $\frac{dQ}{dP}=1$이기에 $\eta=\frac{dQ}{dP}\times\frac{P}{Q}=1\times\frac{P}{P-6}=\frac{P}{P-6}$이다.

05 가격효과 정답 ④

출제 포인트 재화의 가격변화에 따른 구입량의 변화를 가격효과라 하고 대체효과와 소득효과로 나누어진다. 동일한 실질소득 수준에서 상대가격의 변화에 따른 구입량의 변화를 대체효과라 하고 항상 음(−)이다. 동일한 상대가격 수준에서 실질소득의 변화에 따른 구입량의 변화를 소득효과라 하며, 정상재이면 음(−), 열등재이면 양(+)이다.

정답
대체효과는 항상 (−)의 값을 가지기에 가격이 상승하면 재화의 상대가격의 상승으로 수요는 감소한다. 이때, 열등재의 경우 소득효과는 (+)의 값을 가지기에 가격이 상승하면 실질소득감소로 인해 X재의 소비는 증가한다. 즉, 열등재의 경우 대체효과가 소득효과보다 작으면 가격상승에 따라 수요량은 증가한다.

오답피하기
①, ② 정상재의 경우 대체효과와 소득효과 모두 (−)의 값을 가지기에 가격이 상승하면 항상 수요량은 감소한다.
③ 열등재의 경우 가격상승시 대체효과에 의해 수요량이 감소하고 소득효과에 의해 수요량이 증가하기에 대체효과가 소득효과보다 크면 수요량은 감소한다.
⑤ 기펜재의 경우, (+)의 값을 가지는 소득효과가 (−)의 값을 지는 대체효과보다 크기에 가격효과는 (+)의 값을 가지고 수요의 법칙이 성립하지 않는다.

06 공리주의 정답 ③

출제 포인트 사회후생이 소득분배와 관계없이 각 개인의 효용의 합으로 결정된다는 것이 공리주의(최대다수 최대행복) 사회후생함수이다. 즉, $W = U^A + U^B$이다.

정답
공리주의자들에 의하면 사회후생은 사회구성원들의 효용의 합으로 결정된다.

오답피하기
① 최상층우대 사회후생함수에 의하면 사회구성원 중 효용이 큰 사람에 의해 사회후생이 결정된다.
② 롤스 사회후생함수에 의하면 가장 가난한 계층의 후생에 의해 사회후생이 결정된다.
④ 내쉬(평등주의)의 사회후생함수에 의하면 사회후생함수는 사회구성원들의 효용의 곱으로 결정된다.

07 *AD–AS*모형 정답 ①

출제 포인트 현재 이자율이 매우 낮고 채권가격이 매우 높아 이후 이자율이 상승하고 채권가격이 하락할 것으로 예상하여, 자산을 전부 화폐로 보유하고 있는 상태를 유동성함정이라 한다. 유동성함정하 화폐수요의 이자율탄력성이 무한대로 재정정책의 효과가 극대화된다.

정답
통화정책을 실시하면 이자율이 변화하기에 민간소비와 투자에 영향을 미쳐 국민소득을 변화시킨다.

오답피하기
② 유동성함정에 빠진 경우, LM곡선은 수평선이기에 통화정책은 효과가 없다.
③ 화폐의 중립성(neutrality of money)에 의하면 통화정책은 명목변수에만 영향을 미칠 뿐 실질변수에는 아무런 영향을 미치지 않는다.
④ 확장적인 재정정책과 통화정책은 모두 경기팽창 효과가 있으나 국민소득의 구성에 미치는 효과는 다르다. 즉, 확장적인 재정정책을 실시하면 이자율이 상승하기에 민간투자와 민간소비가 감소하는 반면 확장적인 통화정책을 실시하면 이자율이 하락하기에 민간투자와 민간소비가 오히려 증가한다.
⑤ 확장재정정책에도 이자율이 상승하여 민간소비와 민간투자가 감소하는 것을 구축효과라 한다.

08 *GDP* 정답 ③

출제 포인트 일정기간 한 나라 안에서 새로이 생산된 모든 최종생산물의 시장가치를 국내총생산(GDP)이라 하고, 일정기간 한 나라 국민이 생산요소를 국내외에 제공한 대가로 벌어들인 소득을 국민총소득(GNI)이라 한다.

정답
국내총생산(GDP)은 특정 시점이 아니라 일정기간 동안 한 나라 안에서 생산된 부가가치의 합이다.

오답피하기
① 일정기간 한 나라 안에서 새로이 생산된 모든 최종생산물의 시장가치를 국내총생산(GDP)이라 하고, 일정기간 한 나라 국민이 생산요소를 국내외에 제공한 대가로 벌어들인 소득을 국민총소득(GNI)이라 한다.
② 국민소득 3면등가의 법칙에 의하면 GDP를 생산, 분배, 지출의 어느 측면에서 측정해도 그 값은 사후적으로 같다.
④, ⑤ 국내총생산(GDP), 국민총생산(GNP), 국내총소득(GDI), 국민총소득(GNI)의 관계를 정리하면 다음과 같다.

$GNP = GDP +$ 국외순수취 요소소득
$GDI = GDP +$ 교역조건 변화에 따른 실질무역손익
$GNI = GDP +$ 교역조건 변화에 따른 실질무역손익 $+$ 국외순수취 요소소득

09 소비함수론 정답 ①

출제 포인트 실제소득은 자신의 자산으로부터 매기 예상되는 평균수입인 항상소득과 일시적 소득인 임시소득으로 구성되는데, 소비는 항상소득의 일정비율이라는 것이 프리드만의 항상소득가설이다.

정답
항상소득이론에 의하면 소비는 주로 항상소득에 의해 결정되기에 항상소득이 증가하면 소비는 크게 증가하나 일시소득이 증가하면 소비는 상대적으로 작게 증가한다. 즉, 일시소득의 한계소비성향은 항상소득의 한계소비성향보다 작다.

오답피하기
② 생애주기이론에 의하면 소비는 청년기, 중년기, 장년기, 노년기의 일생의 소득에 의해 결정되기에 미래소득의 영향을 받는다고 볼 수 있다.
③ 절대소득가설에 의하면 소비는 현재 가처분소득의 증가함수이다.
④ 한계소비성향과 한계저축성향의 합은 항상 1이다.

⑤ 절대소득가설에 다르면 현재소비는 현재소득의 함수이기에 한시적 소득세 감면의 소비 진작 효과는 항상소득이론보다 크게 나타난다.

10 화폐공급이론 정답 ④

(출제 포인트) 중앙은행을 통해 시중에 나온 현금을 본원통화라 하고, 재정수지 적자, 예금은행의 차입, 국제수지 흑자, 중앙은행의 유가증권 구입 등으로 본원통화가 공급된다. '본원통화 = 현금통화 + 지급준비금 = 현금통화 + 시재금 + 지급준비예치금 = 화폐발행액 + 지급준비예치금'이다.

(정답)

통화승수는 $m = \frac{\text{통화량}}{\text{본원통화}}$, $m = \frac{k+1}{k+z}$이고 z는 법정지급준비율과 초과지급준비율의 합이기에 법정지급준비율은 통화승수에 영향을 미친다.

(오답피하기)

① 사람들이 은행에 현금을 예금하면 그 중 일부가 대출되고, 대출된 현금의 일부가 다시 은행에 예금되고 대출되는 과정을 통해 예금통화창조가 이루어진다. 예금통화는 예금은행에 의해 창조되며, 중앙은행과는 무관하다.

② 본원통화는 중앙은행의 창구를 통해 민간에 공급된 돈으로 민간보유현금과 은행의 지급준비금의 합이다.

③ 중앙은행이 민간에 국채를 매각하는 것은 민간에 국채를 판매하는 것과 같은 개념이기에 통화량은 감소한다.

⑤ 중앙은행이 재할인율을 인하하면 예금은행들의 차입 증가로 본원통화가 증가하기에 경제주체들은 발표를 경기침체를 완화하겠다는 신호로 받아들인다.

06회 2020 노무사(2)

정답

p.247

01	② 거시	02	③ 미시	03	④ 거시	04	② 거시	05	① 거시
06	④ 미시	07	② 미시	08	⑤ 거시	09	④ 거시	10	④ 거시

01 물가지수 정답 ②

(출제 포인트) 명목GDP를 실질GDP로 나누어 측정하는 GDP디플레이터는, 한국은행이 사후적으로 작성하고, GDP에 포함되는 모든 재화와 서비스를 대상으로 한다.

(정답)
GDP디플레이터는 명목GDP를 실질GDP로 나눈 값으로 일종의 물가지수이다.

(오답피하기)
①, ③, ⑤ 소비자물가지수는 라스파이에스 방식으로 측정되기에 물가변화로 인한 수요량의 변화가 반영되지 않아, 생계비의 변화를 과대평가하고 재화의 품질변화를 반영하지 못한다.
④ 소비자물가지수에는 수입품 가격이 반영되는 데 비해, GDP디플레이터에는 수입품 가격이 반영되지 않는다.

02 총공급곡선 정답 ③

(출제 포인트) 고전학파는 명목임금이 신축적이기에 항상 완전고용이 달성가능하고, 물가가 변해도 균형고용량이 불변이기에 총생산량도 불변으로 총공급곡선(AS)은 수직선으로 도출된다고 본다.

(정답)
화폐의 중립성(neutrality of money)은 물가가 상승하면 명목임금이 비례적으로 상승하기에 실질임금은 불변이고 이로 인해 고용량이 증가하지 않기에 경제의 총생산도 변하지 않는다. 즉, 총공급곡선은 수직선이다.

(오답피하기)
① 노동자 오인모형에 대한 설명이다.
②, ⑤ 비신축적 가격모형에 대한 설명이다.
④ 불완전정보모형에 대한 설명이다.

03 국민소득결정모형 정답 ④

(출제 포인트) GDP는 C(민간소비지출), I(민간총투자), G(정부지출), $X-M$(순수출)의 합과 같다.

(정답)
- $AE = C + I + G + X_n = 300 + 0.8(Y-500) + 300 + 500 + 400 = 1{,}100 + 0.8Y$
- 정부지출승수는 $\frac{dY}{dG} = \frac{1}{1-c}$, 조세승수는 $\frac{dY}{dT} = \frac{-c}{1-c}$이기에 균형재정승수는 $\frac{1-c}{1-c} = 1$이다. 즉, 정부지출과 조세징수액을 각각 100씩 증가시키면 균형국민소득은 100 증가한다.

(오답피하기)
① 국민소득항등식에 의하면 $Y = C + I + G + Xn$이기에 $Y = 1{,}100 + 0.8Y$, $Y = 5{,}500$이다.
②, ⑤ 정부지출승수와 투자승수는 $\frac{dY}{dG} = \frac{1}{1-c}$이고 한계소비성향은 $c = 0.8$이기에 정부지출승수는 5이다. 즉 정부지출이 10 증가하면 균형국민소득은 50 증가한다.
③ 조세승수는 $\frac{dY}{dT} = \frac{-c}{1-c}$이고 한계소비성향은 $c = 0.8$이기에 조세승수는 -4이다. 즉, 조세징수액이 10 감소하면 균형국민소득은 40 증가한다.

04 인플레이션 정답 ②

(출제 포인트) 예상치 못한 인플레이션이 발생하면 채권자가 불리해지고 채무자는 유리해지는 부와 소득의 재분배가 이루어지고, 경제의 불확실성이 증대된다.

(정답)
피셔의 가설에 따르면 인플레이션의 상승이 예상되면 명목이자율이 비례적으로 상승하기에 실질이자율은 불변이다. 즉, 사회적 비용은 미미하다.

(오답피하기)
① 예상치 못한 인플레이션이 발생하면 실질이자율이 하락하기에 채권자는 손해를 보고 채무자는 이득을 보게 된다.
③ 예상치 못한 인플레이션이 발생하면 미래의 경제상황에 대한 불확실성이 커지기에 사람들은 장기 계약보다는 단기 계약을 더 선호한다.
④ 인플레이션 조세(inflation tax)는 정부가 화폐공급량을 늘림에 따라 민간이 보유한 화폐의 구매력이 떨어지는 현상을 의미한다.
⑤ 총공급의 감소로 인해 물가와 GDP가 감소하는 현상을 스태그플레이션이라고 한다.

05 실업 정답 ①

(출제 포인트) 경기침체로 발생하는 실업을 경기적 실업, 산업구조변화로 발생하는 실업을 구조적 실업, 노동시장의 정보불완전성으로 이직 과정에서 발생하는 실업을 마찰적 실업이라 한다.

(정답)
실업보험제도가 시행되면 직업탐색 기간의 상승으로 인한 마찰적 실업의 증가로 자연실업률은 증가한다.

(오답피하기)
② 경기침체로 발생하는 실업을 경기적 실업이라 한다.
③ 효율성임금은 균형가격보다 높게 설정되기에 근로자의 생산성이 향상되나, 노동의 초과공급이 발생하기에 실업을 야기할 수 있다.
④ 최저임금은 균형가격보다 높게 설정되기에 노동의 초과공급이 발생하여 구조적 실업을 야기할 수 있다.
⑤ 내부자 – 외부자가설에 의하면 내부자들의 임금은 균형임금보다 높게 책정되어 내부자가 임금을 높게 유지하려는 경우 기업은 외부자들의 노동수요를 줄이기에 실업이 발생할 수 있다.

06 이윤극대화 정답 ④

(출제 포인트) 생산물이 완전경쟁시장이고, 생산요소시장이 수요독점이면 고용량은 $VMP_L = MFC_L$에서 결정되고, 임금은 평균요소비용과 일치한다.

(정답)
- 생산물가격이 200이고, 생산함수 $Q = 4L + 100$을 L에 대해 미분한 노동의 한계생산은 $MP_L = 4$이기에 한계생산가치는 $VMP_L = P \times MP_L = 200 \times 4 = 800$이다.
- 생산물이 완전경쟁시장이기에 $VMP_L = MRP_L$이다. 따라서 한계수입생산도 800이다.
- 이때, 노동공급곡선은 $W = 5L$이기에 총요소비용 $TFC = wL = 5L^2$이고 이를 L에 대해 미분한 한계요소비용은 $MFC_L = 10L$이다.
- 이윤극대화 조건은 $VMP_L = MFC_L$이기에 $800 = 10L$, $L = 80$이고 이를 다시 한계요소비용에 대입하면 한계요소비용은 800이다.

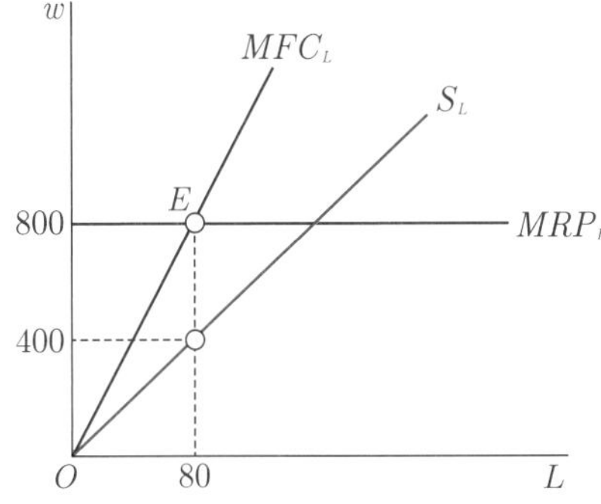

07 여가소득모형 정답 ②

(출제 포인트) 임금상승시 노동자의 노동공급 증감여부는 대체효과와 소득효과의 상대적 크기에 의하여 결정된다.

(정답)
대체효과에 따르면, 임금률이 하락하면 여가의 상대가격 하락으로 인해 여가의 소비는 증가하고 노동의 공급은 감소한다. 이때, 여가가 정상재인 경우 임금률하락으로 인한 실질소득감소로 여가의 소비는 감소하고 노동의 공급은 증가한다. 즉, 소득효과가 대체효과보다 크면 노동공급은 증가한다.

(오답피하기)
①, ④ 여가가 정상재일 때 임금이 상승하면 대체효과에 의해 노동공급이 증가하나 소득효과에 의해서는 노동공급이 감소한다. 따라서 대체효과가 소득효과보다 크면 노동공급은 증가하나, 소득효과가 대체효과보다 크면 노동공급은 감소한다.
③ 여가가 정상재일 때 임금이 하락하면 대체효과에 의해 노동공급은 감소한다.
⑤ 여가가 열등재일 때 임금이 상승하면 대체효과에 의해 노동공급은 증가하고, 소득효과에 의해 여가의 소비가 감소하여 노동공급이 증가한다.

08 생산함수 정답 ⑤

(출제 포인트) $Y = AK^{\alpha}L^{1-\alpha}$에서 α는 자본소득분배율, β는 노동소득분배율을 나타낸다.

(정답)
생산함수 $Y = AK^{\alpha}L^{1-\alpha}$는 1차 $C-D$형 함수이고 자본소득분배율은 K의 지수인 α, 노동소득분배율은 L의 지수인 $(1-\alpha)$이기에 자본소득에 대한 노동소득의 비율은 $\frac{1-\alpha}{\alpha}$이다.

09 임금격차 정답 ④

(출제 포인트) 노동시장에 대한 정보가 완전하고 차별이 없더라도 인적자본의 차이, 작업조건의 차이, 개인의 능력과 노력의 차이에 의해 임금격차가 발생할 수 있다.

(정답)
임금격차는 차별이 없더라도 인적 자본의 차이 등으로 발생할 수 있다.

10 실업 정답 ④

출제 포인트 경제활동참가율 $= \frac{\text{경제활동인구}}{\text{생산가능인구}} \times 100 = \frac{80}{100} \times 100 =$ 80%, 고용률 $= \frac{\text{취업자 수}}{\text{생산가능인구}} \times 100 = \frac{40}{100} \times 100 = 40\%$, 실업률 $= \frac{\text{실업자 수}}{\text{경제활동인구}} \times 100 = \frac{40}{80} \times 100 = 50\%$이다.

정답

- 15세 이상의 생산가능인구(100)는 비경제활동인구(20)와 경제활동인구의 합이기에 경제활동인구는 80이다. 따라서 경제활동참가율(%)은 80%이다.
- 고용률은 취업자 수를 15세 이상의 생산가능인구(100)로 나눈 값이고 취업자와 실업자 수의 합이 경제활동인구(80)이기에 고용률은 40%이다.
- 실업률은 실업자 수(40)를 경제활동인구(80)로 나눈 값이기에 실업률은 50%이다.

07회 2019 노무사(1)

정답 p.250

01	④ 거시	02	④ 거시	03	① 거시	04	④ 거시	05	② 거시
06	④ 거시	07	③ 거시	08	② 거시	09	① 국제	10	① 미시

01 국민소득 정답 ④

출제 포인트 일정기간 한 나라 국민이 생산요소를 국내외에 제공한 대가로 벌어들인 소득을 국민총소득(GNI)이라 하고, 실질GNI = 실질GDP + 교역조건 변화에 따른 실질무역손익 + 실질국외순수취요소소득이다.

정답
A국의 실질GNI는 실질GDP 1,500조 원에 교역조건 변화에 따른 실질무역손익 60조 원과 실질국외순수취요소소득 10조 원을 합한 1,570조 원이다.

02 인플레이션 정답 ④

출제 포인트 예상된 인플레이션이 발생해도 구두창비용, 메뉴비용 등이 발생하고 조세부담이 증가하며, 경상수지가 악화된다.

정답
인플레이션이 예상되면 기업들은 인플레이션율에 맞추어 자신이 생산하는 재화의 가격을 조정하려고 할 것이기에 가격조정비용인 메뉴비용(menu cost)이 발생한다.

오답피하기
① 총공급감소에 의한 물가상승을 비용인상 인플레이션이라 하고, 물가상승과 경기침체의 스태그플레이션이 나타난다.
② 명목임금의 하방경직성이 있는 경우, 디플레이션으로 물가가 하락하면 명목임금의 구매력은 상승하기에 실질임금이 상승한다.
③ 총수요증가에 의한 물가상승을 수요견인 인플레이션이라 하고, 호경기 때 나타난다.
⑤ 디플레이션은 기업의 장부에 기입된 명목부채의 실질금액을 상승시키기에 실질 상환부담을 증가시킨다.

03 통화정책 정답 ①

출제 포인트 중앙은행을 통해 시중에 나온 현금을 본원통화라 하고, 재정수지 적자, 예금은행의 차입, 국제수지 흑자, 중앙은행의 유가증권 구입 등으로 본원통화가 공급된다.

정답
- 중앙은행이 공개시장조작을 통하여 국채를 매입하는 것은 시장의 국채를 중앙은행이 구매하는 것과 같기에 통화량은 증가한다.
- 법정지급준비율을 인하하면 통화승수가 커지기에 통화량은 증가한다.
- 재할인율을 인하하면 예금은행의 중앙은행으로부터의 차입이 늘어나 본원통화가 증가한다. 이때, 본원통화가 증가하면 통화량이 증가한다.

04 총수요곡선 정답 ④

출제 포인트 생산물시장과 화폐시장 등 수요측면을 고려하여 물가와 국민소득의 관계를 나타내는 곡선을 AD곡선이라 한다.

정답
ㄱ. 물가가 하락하면 자산의 구매력이 상승하여 소비가 증가하고 이로 인해 국민소득이 증가하는 것을 자산효과 또는 피구효과라 한다.
ㄴ. 물가가 하락하면 실질통화량 $\frac{M}{P}$의 증가로 이자율이 하락하면 투자가 증가하여 국민소득이 증가하는 것을 이자율효과라 한다.
ㄷ. 물가가 하락하면 수출품가격이 하락하여 수출증가와 수입감소로 인해 순수출증가를 초래하여 국민소득을 증가시키는 것을 환율효과 또는 경상수지효과라 한다.

05 총공급곡선 정답 ②

출제 포인트 인구증가, 생산성향상, 기술진보 등으로 AS곡선은 우측으로 이동한다.

정답
인적 자본이 증가하면 생산성이 증가하기에 장기 총공급곡선은 우측이동한다.

오답피하기
① 유가가 상승하면 생산비용이 상승하기에 총공급곡선은 좌측 이동한다.
③ 생산성이 증가하면 단기 총공급곡선은 우측 이동한다.
④ 물가가 하락하면 실질임금이 상승하여 노동시장에서 일시적으로 초과공급이 발생하나, 가격변수의 신축성으로 즉시 명목임금이 하락하여 실질임금이 바로 균형을 회복하여 균형고용량은 변화가 없다.
⑤ 고용주가 부담하는 의료보험료가 상승하면 노동수요가 감소하여 고용량이 감소하기에 단기 총공급곡선은 좌측 이동한다.

06 필립스곡선 정답 ④

(출제 포인트) 명목임금상승률과 실업률의 관계를 나타내는 곡선을 필립스곡선이라 한다. 현재는 명목임금상승률 대신 인플레이션율로 수정하여, 총수요곡선의 이동으로 인플레이션율과 실업률이 반비례[$\pi = -\alpha(U - U_N)$]인 필립스곡선을 도출할 수 있다.

(정답)
프리드만의 자연실업률가설에 의하면 장기에는 필립스곡선은 자연실업률 수준에서 수직선이다.

(오답피하기)
① 단기 필립스곡선은 우하향하기에 총수요확장정책을 실시하면 물가는 상승하나 실업률은 감소한다.
② 물가를 1%를 낮추기 위해 희생해야 하는 GDP의 하락률을 희생비율이라 하고, GDP 갭과 실업률 사이의 상관관계를 나타내는 법칙을 오쿤의 법칙이라고 한다. 단기 필립스곡선은 우하향의 형태이기에 희생률의 개념이 성립한다.
③ 필립스곡선은 명목임금상승률(인플레이션율)과 실업률 간의 관계를 나타내는 곡선이다.
⑤ 예상 인플레인션율의 상승은 단기 필립스 곡선의 우측 이동요인이다.

07 성장회계 정답 ③

(출제 포인트) 경제성장의 요인을 요인별로 분석해 보는 것을 성장회계라 하고, $Y = AK^{\alpha}L^{1-\alpha}$에서 $\frac{\Delta Y}{Y} = \frac{\Delta A}{A} + \alpha\frac{\Delta K}{K} + (1-\alpha)\frac{\Delta L}{L}$로 나타낸다. 이때 $\frac{\Delta A}{A}$를 총요소생산성증가율이라 한다.

(정답)
총생산함수 $Y = AK^{\frac{1}{3}}L^{\frac{2}{3}}$는 1차 $C-D$형 함수이기에 규모에 대한 수익불변이다.

(오답피하기)
① 총생산함수 $Y = AK^{\frac{1}{3}}L^{\frac{2}{3}}$는 1차 $C-D$형 함수이고 L의 지수 값이 노동탄력성이기에 노동탄력성은 $\frac{2}{3}$이다.
② 총요소생산성은 기술수준 등에 의해 결정된다.
④ $Y = AK^{\alpha}L^{1-\alpha}$를 증가량 형태로 변환하면 $\frac{\Delta Y}{Y} = \frac{\Delta A}{A} + \alpha\frac{\Delta K}{K} + (1-\alpha)\frac{\Delta L}{L}$이다.
⑤ 총생산함수 $Y = AK^{\frac{1}{3}}L^{\frac{2}{3}}$는 1차 $C-D$형 함수이기에 노동소득분배는 노동 L의 지수인 $\frac{2}{3}$이다.

08 개방경제일반균형 정답 ②

(출제 포인트) 변동환율제도하, 자본이동이 완전한 경우, 재정정책은 전혀 효과가 없지만 금융정책은 매우 효과적이다.

(정답)
자본이동 및 무역거래가 완전히 자유로운 소규모 개방경제인 경우, 고정환율제하에서 재정정책은 효과적이나 통화정책은 효과가 없다.

(오답피하기)
①, ⑤ 고정환율제도하에서는 확장적 통화정책은 효과가 없고 재정정책은 매우 효과적이다.
③, ④ 변동환율제도하에서는 재정정책은 효과가 없지만 통화정책은 효과적이다.

09 국제수지표 정답 ①

(출제 포인트) 일정기간 일국거주자와 비거주자 간 경제적 거래를 분류 · 집계한 국제수지표는 경상수지, 자본 · 금융 계정 및 오차 및 누락으로 구성된다.

(정답)
경상수지는 상품수지(54억 달러), 서비스수지(−17억 달러), 본원소득수지(3억 달러), 이전소득수지(−5억 달러)를 합한 것이기에 35억 달러 흑자이다. 직접투자와 증권투자는 경상수지가 아니라 금융계정에 포함된다.

10 게임이론 정답 ①

(출제 포인트) 상대방의 전략을 주어진 것으로 보고 경기자는 자신에게 가장 유리한 전략을 선택하였을 때 도달하는 균형을 내쉬균형이라 한다.

(정답)
두 나라 모두 상대방의 전략에 관계없이 무관세를 선택할 때의 보수가 더 크기에 두 나라의 우월전략은 모두 무관세이다.

(오답피하기)
② 두 나라의 우월전략은 모두 무관세이다.
③ (무관세, 무관세)가 우월전략균형(내쉬균형)이 되며, 내쉬균형에서 보수의 조합은 (300, 250)이다.
④ 내쉬균형인 (무관세, 무관세)에서 다른 어떤 점으로 옮겨가더라도 최소한 한 나라의 보수가 감소하기에 파레토개선이 불가능하다. 그러므로 내쉬균형은 파레토효율적이다.
⑤ 우월전략균형은 내쉬균형에 포함관계에 있다.

08회 2019 노무사(2)

정답 p.253

01	④ 미시	02	④ 미시	03	④ 미시	04	② 미시	05	④ 미시
06	④ 미시	07	② 미시	08	③ 미시	09	① 미시	10	③ 미시

01 수요곡선 정답 ④

(출제 포인트) 시장수요곡선은 개별수요곡선의 수평 합이다.

(정답)
시장수요량은 각 개인의 수요량을 합한 것이고 A의 수요함수는 $q_A = 10-2P$, B의 수요함수는 $q_B = 15-3P$이기에 시장수요함수는 $Q = 25-5P$이다.

02 수요곡선 정답 ④

(출제 포인트) 수요량의 변화는 수요곡선상의 한 점에서 다른 점의 이동으로 나타나고, 수요의 변화는 수요곡선 자체의 이동으로 나타난다.

(정답)
설탕의 가격이 상승하면 설탕의 수요가 감소하기에 보완재인 커피의 수요가 감소하여 수요곡선은 좌측 이동한다.

(오답피하기)
① 커피의 가격이 하락하면 커피 수요곡선이 아니라 커피 수요곡선상에서 우하방의 점으로 이동한다.
②, ③ 정상재의 경우 소득이 증가하면 커피 수요가 증가하여 수요곡선은 우측 이동하고, 커피에 대한 선호가 증가하더라도 커피 수요곡선은 우측 이동한다.
⑤ 대체재인 홍차의 가격이 상승하면 커피의 수요가 증가하기에 수요곡선은 우측 이동한다.

03 공급의 가격탄력성 정답 ④

(출제 포인트) 공급의 가격탄력성은 가격의 변화율(%)에 대한 공급량의 변화율(%)로, 가격이 1% 변화할 때 공급량의 변화율로 나타낼 수 있다. 따라서 가격이 1% 변화할 때, 공급량의 변화율이 공급의 가격탄력성이다.

(정답)
공급의 가격탄력성은 $\varepsilon = \frac{dQ}{dP} \times \frac{P}{Q}$이고 공급함수 $Q = 10P-4$를 P에 대해 미분하면 $\frac{dQ}{dP} = 10$이기에 $\varepsilon = \frac{dQ}{dP} \times \frac{P}{Q} = 10 \times \frac{P}{10P-4}$ $= 1.25$ 공급의 가격탄력성은 1.25이다.

04 비용곡선 정답 ②

(출제 포인트) 총고정비용에서 원점으로 그은 직선의 기울기로 측정되는 평균고정비용은 직각쌍곡선의 형태이고, 총가변비용에서 원점으로 그은 직선의 기울기로 측정되는 평균가변비용은 U자 형태이며, 단기 총비용에서 원점으로 그은 직선의 기울기로 측정되는 평균비용곡선은 U자 형태이다.

(정답)
평균비용곡선은 U자 형태이고 한계비용곡선은 평균비용곡선의 최저점을 지나 우상향하기에 평균비용곡선이 상승할 때 한계비용곡선은 평균비용곡선의 위에 있다.

(오답피하기)
① 평균비용은 평균고정비용과 평균가변비용의 합이기에 평균비용곡선은 평균가변비용곡선의 위에 위치한다.
③ 평균비용과 한계비용이 일치할 때 평균비용은 최소이다. 한계비용은 총비용곡선의 기울기이고 평균비용은 원점에서 총비용곡선까지의 기울기이기에 원점을 지나는 직선이 총비용곡선과 접하는 점에서 평균비용과 한계비용이 일치하여 평균비용은 최소이다.
④ 평균가변비용도 평균비용과 마찬가지로 한계비용이 일치할 때 평균가변비용은 최소이기에 원점을 지나는 직선이 총가변비용곡선과 접하는 점에서 평균가변비용은 최소이다.
⑤ 한계비용곡선은 총비용곡선의 기울기와 일치한다.

05 외부효과 정답 ④

(출제 포인트) 재화의 생산과정에서 제3자에게 의도하지 않은 피해를 주지만 대가를 지불하지 않아 사적 비용이 사회적 비용보다 작아서 과다생산이 되는 것을 생산의 외부불경제라 한다.

(정답)
ㄴ. 외부효과는 조세 혹은 보조금을 통해 시장기구 내로 내부화시킬 수 있다.
ㄷ. 코즈정리에 의하면 거래비용이 없다면 당사자 간의 자발적인 협상을 통해서 외부성 문제를 해결할 수 있다.

(오답피하기)
ㄱ. 생산 측면에서 부(－)의 외부효과가 존재하면 추가적 외부한계비용이 발생하기에 균형생산량은 사회적 최적 생산량보다 많다.

06 조세부과 정답 ④

출제 포인트 조세의 귀착시 분담 정도는 탄력성에 반비례한다.

정답

조세를 부과할 때 소비자와 공급자의 부담은 탄력성에 반비례하기에 수요의 가격탄력성이 공급의 가격탄력성보다 클 경우 수요자보다 공급자의 조세부담이 크다.

오답피하기

①, ② 공급자에게 종량세를 부과하면 공급곡선이 상방 이동하기에 균형가격은 상승하고 수요자에게 종량세를 부과하면 수요곡선이 하방 이동하기에 균형가격은 하락한다.

③, ⑤ 종량세를 부과하면 조세의 귀착이 발생하기에 누구에게 종량세를 부과하든 정부의 조세수입과 경제적 순손실은 같다.

07 무차별곡선 정답 ②

출제 포인트 한계효용균등의 법칙$\left(\frac{MU_X}{P_X}=\frac{MU_Y}{P_Y}\right)$에 따라 효용극대화를 추구한다.

정답

$\frac{MU_Y}{MU_X}>\frac{P_Y}{P_X}$에서 $\frac{MU_X}{P_X}<\frac{MU_Y}{P_Y}$이기에 Y재 1원의 한계효용$\left(\frac{MU_Y}{P_Y}\right)$이 X재 1원의 한계효용$\left(\frac{MU_X}{P_X}\right)$보다 크다. 이때, 무차별곡선이 원점에 대해 볼록한 것은 한계효용 체감법칙을 의미하기에 X재 소비를 줄이고, Y재 소비를 늘려야 한다.

오답피하기

①, ④ 동일한 효용 수준을 유지하면서 X재 한 단위 추가 소비시 감소하는 Y재 변화량을 한계대체율이라 하고, 무차별곡선상 접선의 기울기로 구한다.

③ 주어진 소득으로 구입가능한 두 재의 조합을 나타낸 직선이 예산선이다. 예산선의 기울기는 두 재화의 상대가격이고 절편은 한 재화의 최대 구입가능한 수량을 의미한다.

⑤ 효용극대화는 무차별곡선과 예산제약선이 접할 때 달성된다.

08 독점시장 정답 ③

출제 포인트 독점은 $P>MC$인 구간에서 생산되기에 자원배분이 비효율적이고 후생손실을 보인다.

정답

독점기업의 이윤극대화 조건은 $MR=MC$이고 이때, $P>MR=MC$가 성립하고 사회적으로 바람직한 생산량을 위한 조건은 $P=MC$이기에 독점기업은 사회적으로 바람직한 생산량보다 적게 생산하여 자원배분의 비효율성을 초래한다.

09 가격효과 정답 ①

출제 포인트 재화의 가격변화에 따른 구입량의 변화를 가격효과라 하고 대체효과와 소득효과로 나누어진다. 동일한 실질소득 수준에서 상대가격의 변화에 따른 구입량의 변화를 대체효과라 하고 항상 음(−)이다. 동일한 상대가격 수준에서 실질소득의 변화에 따른 구입량의 변화를 소득효과라 하며, 정상재이면 음(−), 열등재이면 양(+)이다.

정답

- 정상재의 경우 소득효과는 (−)의 값을 가지기에 X재의 가격이 하락하면 실질소득이 증가하여 X재와 Y재의 소비는 증가한다(ㄱ).
- 이때, 대체효과는 항상 (−)의 값을 가지기에 Y재의 상대가격이 상승(X재의 상대가격이 하락)하여 X재의 소비는 증가하고 Y재의 소비는 감소한다(ㄴ).

10 소득분배이론 정답 ③

출제 포인트 대각선과 로렌츠곡선이 이루는 면적을 대각선 아래의 삼각형 면적으로 나눈 값이 지니계수로, 로렌츠곡선이 나타내는 소득분배상태를 하나의 숫자로 표현하여 0과 1 사이의 값이고 그 값이 작을수록 소득분배가 균등함을 의미한다.

정답

ㄴ. 로렌츠곡선이 대각선일 경우 완전히 평등한 소득분배상태를 나타내기에 로렌츠곡선이 대각선에 가까울수록 더 평등한 분배상태를 나타낸다.

ㄷ. 십분위분배율은 0과 2 사이의 값을 가지고 그 값이 클수록 소득분배가 평등하고 지니계수는 0과 1 사이의 값을 가지고 그 값이 작을수록 소득분배가 평등하기에 지니계수 값이 커질수록 십분위분배율은 작아진다.

오답피하기

ㄱ. 지니계수는 0과 1 사이의 값을 가지며, 그 값이 작을수록 소득분배가 평등하다.

ㄹ. 로렌츠곡선이 대각선과 일치할 때는 소득분배가 완전히 균등하기에 지니계수는 0이다.

09회 2018 노무사(1)

정답 p.256

01	④ 거시	02	④ 거시	03	② 국제	04	② 거시	05	① 거시
06	④ 미시	07	④ 미시	08	③ 미시	09	② 미시	10	① 거시

01 소비이론 정답 ④

출제 포인트 절대소득가설은 개인의 소비는 자신의 소득에 의해서만 결정된다는 소비의 독립성과 소비지출이 소득수준에 따라 자유롭게 변한다는 소비의 가역성을 전제로 한다.

정답
케인즈의 절대소득가설에 의하면 소비는 미래 예상소득이나 항상소득이 아니라 현재의 가처분소득에 의해 결정된다.

오답피하기
① 항상소득가설에 의하면 호황기나 불황기에 일시적으로 소득이 변화하면 소비는 소폭 변화한다.
② 생애주기가설에 의하면 소비는 일생 동안의 소득에 의해 결정된다.
③ 한계저축성향과 한계소비성향의 합은 항상 1이고, 평균소비성향과 평균저축성향의 합도 항상 1이다.
⑤ 케인즈의 절대소득가설에 따르면 소비는 현재소득의 함수이다.

02 화폐발행이득 정답 ④

출제 포인트 정부가 화폐를 발행할 때 얻는 수익을 화폐주조차익(시뇨리지)이라고 하는데 화폐공급이 증가하면 인플레이션이 발생한다.

정답
ㄱ. 화폐발행이득(주조차익)은 정부가 화폐를 발행할 때, 추가적으로 얻게 되는 화폐 생산비용과 화폐의 가치의 차익(재정수입)을 의미한다.
ㄴ, ㄷ. 정부가 화폐를 발행하여 재원을 조달하면 인플레이션이 발생하고, 이로 인해 화폐의 구매력이 감소하게 되어 조세를 부과하는 것과 동일한 효과가 발생하기에 인플레이션 조세라고도 한다.

03 무역이론 정답 ②

출제 포인트 재화 1단위 생산의 기회비용이 작은 국가가 그 재화 생산에 비교우위가 있다.

정답
쌀 생산의 기회비용이 낮은 B국은 쌀 생산에 비교우위를 가지고, 옷 생산의 기회비용이 낮은 A국은 옷 생산에 비교우위를 가지기에 A국은 쌀을 수입하고 옷을 수출한다.

오답피하기
① A국 노동자는 동일한 기간에 각각 쌀 5섬과 옷 5벌을 생산하지만, B국 노동자는 각각 쌀 4섬과 옷 2벌을 생산하기에 A국의 노동생산성이 B국보다 더 크다.
③ A국은 동일한 기간에 생산할 수 있는 쌀과 옷의 양이 동일하기에 A국의 쌀 1섬 생산의 기회비용은 옷 1벌이다.
④, ⑤ B국은 동일한 기간에 옷 2벌을 생산하는 대신 쌀을 생산하면 쌀 4섬을 생산할 수 있기에, B국의 옷 1벌 생산의 기회비용은 쌀 2섬이고 쌀 1섬 생산의 기회비용은 옷 0.5벌로 A국보다 작다.

구분	A국	B국
쌀	1	0.5
옷	1	2

04 리카르도 등가정리 정답 ②

출제 포인트 정부지출재원을 국채를 통하든 조세를 통하든 국민소득은 전혀 증가하지 않는다는 것을 리카르도 등가정리라 한다.

정답
리카도의 대등정리에 의하면 민간은 정부의 국채발행을 미래의 조세부담으로 인식하기에 오히려 민간저축이 증가하여 민간의 순자산은 증가하지 않는다.

오답피하기
① 리카도의 대등정리에 의하면 국채발행은 민간의 저축을 늘릴 뿐 민간의 순자산을 증가시키지 않기에 조세징수보다 더 효과적인 재원조달방식이라고 할 수 없다.
③, ④ 리카도의 대등정리에 의하면 정부가 국채를 발행하고 조세를 감면하면 정부저축이 감소하나 민간이 미래의 조세 증대를 예견하고 저축을 증가시키기에 경제 전체의 총저축과 이자율은 변하지 않는다.
⑤ 재원조달방식의 중립성이 성립되지 않아 재정정책이 통화정책보다 효과적이라고 보는 것은 케인즈학파의 주장이다.

05 인플레이션 정답 ①

출제 포인트 예상치 못한 인플레이션이 발생하면 채권자가 불리해지고 채무자는 유리해지는 부와 소득의 재분배가 이루어지고, 경제의 불확실성이 증대된다.

정답
피셔가설에 따르면 '명목이자율 = 물가상승률 + 실질이자율'에서 실질이자율은 고정되어 있기에 물가가 상승하는 만큼 명목이자율이 상승한다. 즉, 예상된 인플레이션이 금융거래에 미리 반영됨을 의미한다.

오답피하기
② 새케인즈학파는 새고전학파와 달리 예상된 인플레이션이라 할지라도 메뉴비용, 구두창비용 등의 사회적 비용과 경직성이 발생한다고 주장하였다.
③ 실제 물가상승률이 예상된 물가상승률보다 더 큰 경우, 한 단위당 화폐의 구매력이 하락하기에 채권자가 받아야 되는 화폐단위의 가치가 하락하여 채권자는 손해를 보고 반대로 채무자는 이득을 본다.
④ 실제 물가상승률이 예상된 물가상승률보다 더 큰 경우, 한 단위당 화폐의 구매력이 하락하기에 고정된 명목임금의 가치가 하락하여 노동자는 손해를 보고 반대로 기업은 이득을 보게 된다.
⑤ 불확실성이 커지면 경제주체들은 장기계약을 기피한다.

06 수요의 탄력성 정답 ④

출제 포인트 수요곡선이 수평선일 때는 모든 점이 완전탄력적이고, 수직선일 때는 모든 점이 완전비탄력적이며, 직각쌍곡선일 때는 모든 점이 단위탄력적이다.

정답
수요곡선이 수직선일 때, 모든 점의 수요의 가격탄력성은 완전비탄력적인 '0'이다.

오답피하기
① 수요의 소득탄력성은 $\frac{\text{수요량변화율}}{\text{소득변화율}}$이고 열등재인 기펜재는 소득이 증가하면 구입량이 감소하기에 수요의 소득탄력성은 (−) 값이다.
② 두 재화가 서로 대체재의 관계에 있다면 한 재화의 가격이 상승할 때 다른 재화의 구입량이 증가하기에 교차탄력성은 (+) 값이다.
③ 우하향하는 직선의 수요곡선의 경우, 수요의 가격탄력성은 우하방의 점으로 이동할수록 비탄력적으로 변하기에 수요곡선상에서 위치한 두 점에서 수요의 가격탄력성은 동일하지 않다.
⑤ 수요의 가격탄력성이 1이라면 소비자들은 정액구매를 하기에 판매총액은 불변이다.

07 보조금 정답 ④

출제 포인트 생산자든 소비자든 어느 일방에게 보조금을 지급해도 양자가 나누어 받게 되는 것을 보조금의 귀착이라 한다. 혜택 정도는 탄력성에 반비례하며, 정부 보조금과 후생손실은 탄력성에 비례한다.

정답
- 수요곡선 $Q_d = 100 - P$와 공급곡선 $Q_s = P$를 연립하면 균형거래량은 $Q = 50$, 균형가격은 $P = 50$이다.
- 이때, 보조금을 지급하면 수요곡선은 우상방으로 이동하기에 $Q = 100 - [P - (+2)]$, $Q = 102 - P$로 이동한다.
- 바뀐 수요곡선 $Q_d = 102 - P$와 공급곡선 $Q_s = P$를 연립하면 균형거래량은 $Q = 51$(②), 균형가격은 $P = 51$이고 정부의 보조금 지급액은 단위당 보조금(2) × 바뀐거래량(51) = 102이다(①).
- 생산자가 받는 가격은 균형가격인 $P = 51$이고 기존의 균형가격은 $P = 50$이기에 생산자가 받는 보조금의 수혜규모는 1이다. 소비자가 실제 지불하는 금액은 균형가격인 $P = 51$에서 개당 보조금인 2를 제외한 49이고 기존의 균형가격은 $P = 50$이기에 소비자가 받는 보조금의 수혜규모는 1이다(③).
- 보조금으로 인한 경제적 순손실은 '보조금 × $\frac{\text{증가한 거래량}}{2}$'이고 보조금은 2, 증가한 거래량은 1이기에 경제적 순손실은 1이다(④).

08 생산함수 정답 ③

출제 포인트 가변요소를 한 단위 추가 투입시 총생산물의 증가분을 한계생산물이라 하고, 총생산물을 미분한 값으로 총생산물곡선상 접선의 기울기로 구한다.

정답
- 생산함수인 $Q = 12L^{0.5}K^{0.5}$를 Q에 대해 미분한 노동의 한계생산은 $MP_L = \frac{dQ}{dL} = 6L^{-0.5}K^{0.5} = 6\left(\frac{K}{L}\right)^{0.5} = 6\sqrt{\frac{K}{L}}$이고 $L = 4$, $K = 9$이기에 $MP_L = 9$이다.
- 생산함수인 $Q = 12L^{0.5}K^{0.5}$를 L로 나눈 노동의 평균생산은 $AP_L = \frac{Q}{L} = \frac{12L^{0.5}K^{0.5}}{L} = 12\left(\frac{K}{L}\right)^{0.5} = 12\sqrt{\frac{K}{L}}$이고 $L = 4$, $K = 9$이기에 $AP_L = 18$이다.

09 꾸르노모형 정답 ②

출제 포인트 두 기업이 모두 추종자라고 가정하는 꾸르노모형은 완전경쟁의 $\frac{2}{3}$만큼 생산한다.

정답
- 시장 전체의 생산량은 기업 1과 기업 2의 생산량을 합한 것이기에 시장의 수요함수는 $P = 18 - Q$이다.
- 고정비용 없이 한 단위당 생산비용은 6일 때, 총비용은 $TC = 6Q$이기에 한계비용은 $MC = 6$이다.
- 꾸르노모형은 완전경쟁의 $\frac{2}{3}$만큼 생산하고 완전경쟁의 이윤극대화 조건은 $P = MC$이기에 $18 - Q = 6$, $Q = 12$, 꾸르노모형 시장생산량은 8이다.
- 시장생산량 8을 수요곡선에 대입하면 균형가격은 $P = 10$이고, 두 기업의 비용구조는 동일하기에 기업 1의 균형생산량은 시장생산량의 절반인 4이다.

10 실업 정답 ①

(출제 포인트) 지난 1주일 동안 수입을 목적으로 1시간 이상 일을 한 사람을 취업자라 하고, 지난 4주일 동안 구직활동을 하였으나 수입을 목적으로 일을 하지 않은 사람을 실업자라 한다.

(정답)

가족이 경영하는 사업체에서 일주일에 18시간 이상 일하는 경우는 월급을 받지 않더라도 취업자로 분류하기에 부모가 경영하는 가게에서 무급으로 하루 5시간씩 주 5일 배달 일을 도와주는 아들은 취업자이다.

(오답피하기)

② 일주일에 수입을 목적으로 한 시간 이상 일하는 사람은 모두 취업자이기에 유급 파트타임 노동일지라도 취업자로 분류된다.

③ 고용률은 $\frac{\text{취업자}}{\text{생산가능인구}} \times 100$이기에 고교 졸업생 중 취업자가 줄고 비경제활동인구인 대학진학자가 증가하면 고용률은 낮아진다.

④ 실업률은 $\frac{\text{실업자}}{\text{경제활동인구}} \times 100$이고, 취업률은 $\frac{\text{취업자}}{\text{경제활동인구}} \times 100$이기에 실업률은 '(100% − 취업률)'이다.

⑤ 취업률은 경제활동인구 중 취업자가 차지하는 비중이기에 실업자의 수가 증가하면 취업률은 감소한다.

10회 2018 노무사(2)

정답 p.259

01	④ 거시	02	② 거시	03	④ 거시	04	④ 국제	05	② 미시
06	① 미시	07	④ 미시	08	④ 미시	09	③ 미시	10	③ 미시

01 국민저축 정답 ④

(출제 포인트) $Y=C+I+G+X-M$에서 $Y-C-G=I+X-M$이고, $Y-T-C+T-G=I+X-M$, 즉, $S_P+S_G=I+X-M$이다.

(정답)
$Y=C+I+G+NX$이고 $C=8,000$, $I=2,000$, $G=2,000$, $X=5,000$, $M=4,000$이기에 $Y=8,000+2,000+2,000+(5,000-4,000)=13,000$, 국민소득은 $Y=13,000$이다. 국민저축은 $Y-C-G$이기에 $13,000-8,000-2,000=3,000$, 국민저축은 3,000이다.

02 통화승수 정답 ②

(출제 포인트) 본원통화가 1단위 공급되었을 때 통화량이 얼마나 증가하였는지를 보여주는 배수를 통화승수라 하고, $m=\frac{통화량}{본원통화}$이다.

(정답)
통화승수는 $m=\frac{1}{c+z(1-c)}$이고 이자율상승으로 요구불예금이 증가하면 현금통화비율인 c가 작아지기에 통화승수는 커진다.

(오답피하기)
① 통화승수 $m=\frac{1}{c+z(1-c)}$에서 법정지급준비율을 낮추면 지급준비율인 z가 작아지기에 통화승수는 커진다.
③ 통화승수 $m=\frac{1}{c+z(1-c)}$에서 현금보유량이 증가하면 현금통화비율인 c가 커지기에 통화승수는 작아진다.
④ 통화승수 $m=\frac{1}{c+z(1-c)}$에서 지급준비금을 더 많이 보유할수록 지급준비율인 z가 커지기에 통화승수는 작아진다.
⑤ 화폐공급에 내생성이 없다면 화폐공급은 이자율과 무관하기에 화폐공급곡선은 수직선이다.

03 물가지수 정답 ④

(출제 포인트) 기준시점의 물가를 100으로 하여 비교시점의 물가변동 정도를 백분율로 표시한 것이 물가지수로, 화폐의 구매력$\left(=\frac{1}{물가지수}\times 100\right)$을 측정하고 경기판단지표로 활용된다.

(정답)
물가지수는 동일한 상품묶음을 구입할 때 기준연도보다 비교연도에 얼마나 더 많은 금액이 소요되는지를 계산한 것이고 구입량이 많은 상품일수록 해당 상품의 가격변화가 물가지수에 미치는 영향이 더 크기에 모든 상품의 가중치를 동일하게 반영하지 못한다.

(오답피하기)
① 소비자물가지수는 일상 소비생활에서 구입하는 재화와 서비스의 가격변동을 측정하고 생산자물가지수는 기업 상호간 거래되는 재화와 서비스의 가격변동을 측정하기에 두 물가지수는 일치하지 않을 수 있다.
② 소비자물가지수는 라스파이레스 방식$\left(L_P=\frac{P_t\cdot Q_0}{P_0\cdot Q_0}\right)$으로 측정되어 기준연도의 구매량만 반영되기에 상품가격 변화에 대한 소비자의 반응은 고려되지 않는다.
③ GDP디플레이터는 국내에서 생산되는 모든 재화와 서비스의 가격만을 반영하기에 수입품의 가격은 반영하지 못한다.
⑤ 물가지수는 구입량이 많은 상품일수록 가중치가 높기에 물가수준 그 자체가 높다는 것은 물가상승률이 높다는 것과 다른 의미를 가진다.

04 자유무역 정답 ④

(출제 포인트) 국제가격이 국내가격보다 높기에 A국은 수출국이다.

(정답)
ㄴ. 세계철강가격은 무역 이전 A국의 국내가격보다 높기에 가격수용자(소국)인 A국은 수출국이 되고, A국의 국내가격이 수출로 인해 상승하기에 국내철강거래량은 감소한다.
ㄷ, ㄹ. A국의 국내가격이 세계가격 수준으로 상승하면 공급량과 가격이 증가하기에 생산자잉여는 증가하지만, 수요량은 감소하기에 소비자잉여는 감소한다.

(오답피하기)
ㄱ. 세계철강가격은 무역 이전 A국의 국내가격보다 높기에 가격수용자(소국)인 A국은 수출국이 되고 A국의 국내철강가격은 세계가격 수준으로 높아진다.
ㅁ. 자유무역으로 총잉여는 증가한다.

05 독점 정답 ②

(출제 포인트) 독점에서 $MR\left(=\frac{dTR}{dQ}=P+\frac{QdP}{dQ}\right)$은 수요곡선과 절편이 동일하고, 기울기는 수요곡선의 2배이다.

(정답)

- 수요곡선은 $P=10-\frac{1}{2}Q$이기에 한계수입은 $MR=10-Q$이고 독점시장의 이윤극대화 조건은 $MR=MC$이기에 $10-Q=2$, 거래량은 $Q=8$, 이를 수요곡선에 대입한 가격은 $P=6$이다.
- 완전경쟁시장의 이윤극대화 조건은 $P=MC$이기에 $10-\frac{1}{2}Q=2$, 거래량은 $Q=16$, 가격은 $P=MC=2$이다.
- 아래 그림에서 완전경쟁의 독점화에 따른 후생손실의 크기는 △의 면적이기에 $16\left(\frac{1}{2}\times 8\times 4\right)$이다.

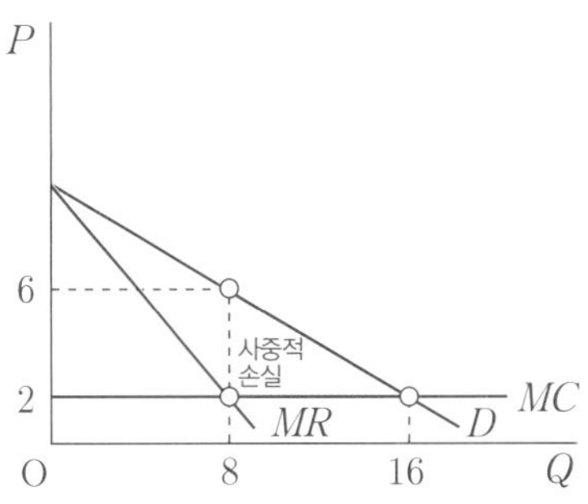

06 가격차별 정답 ①

(출제 포인트) 각 단위의 재화에 대하여 소비자들이 지불할 용의가 있는 최대금액을 설정하는 것이 제1급 가격차별이고, 재화구입량에 따라 각각 다른 가격을 설정하는 것이 제2급 가격차별이며, 시장을 몇 개로 분할하여 각 시장에서 서로 다른 가격을 설정하는 것이 제3급 가격차별이다.

(정답)
독점기업이 시장에서 한계수입보다 높은 수준으로 가격을 책정하는 것은 이윤극대화의 전략이고, 가격차별 전략은 각 단위의 재화에 대하여 혹은 재화구입량에 따라 혹은 시장을 몇 개로 분할하여 서로 다른 가격을 설정하는 것이다.

(오답피하기)

② 1급 가격차별의 경우, 독점기업은 각 단위의 재화에 대하여 소비자들이 지불할 용의가 있는 최대금액을 설정하고 한계수입곡선과 수요곡선이 일치하는 완전경쟁시장에서의 생산량과 같은 수준에서 생산한다.

③ 2급 가격차별은 재화구입량에 따라 각각 다른 가격을 설정한다.

④ 3급 가격차별은 시장을 몇 개로 분할하여 각 시장에서 서로 다른 가격을 설정하는 것이고 재판매가 가능한 경우 시장별로 다른 가격을 설정하는 것의 실효성이 사라지기에 재판매가 불가능한 경우에만 가능하다.

⑤ 영화관 조조할인은 시간에 따라 시장을 분할하기에 3급 가격차별에 해당한다.

07 소득분배이론 정답 ④

(출제 포인트) 대각선과 로렌츠곡선이 이루는 면적을 대각선 아래의 삼각형 면적으로 나눈 값이 지니계수로, 로렌츠곡선이 나타내는 소득분배 상태를 하나의 숫자로 표현하여 0과 1 사이의 값이고 그 값이 작을수록 소득분배가 균등함을 의미한다.

(정답)
지니계수는 대각선과 로렌츠곡선의 사이 면적을 대각선 하방의 삼각형 면적으로 나눈 값이기에 대각선과 로렌츠곡선의 사이의 면적이 동일하다면 지니계수는 같은 값을 가지고 로렌츠곡선은 교차할 수 있다.

(오답피하기)

① 지니계수는 0과 1 사이의 값을 가지고 작을수록 소득분배가 균등하다.

② 십분위분배율은 $\frac{\text{하위}40\%\ \text{소득}}{\text{상위}20\%\ \text{소득}}$으로 0과 2 사이의 값이고 클수록 소득분배가 균등하다.

③ 로렌츠곡선은 대각선일수록 소득분배가 균등하다.

⑤ 하위 10% 계층이 소득의 10%를 번다는 것은 모든 소득계층이 동일한 소득을 분배하고 있다는 것을 의미하기에 로렌츠 곡선은 대각선이다.

08 수요독점 정답 ④

(출제 포인트) 생산요소시장이 수요독점이면 고용량은 $MRP_L=MFC_L$에서 결정되고, 임금은 평균요소비용과 일치한다.

(정답)
수요독점 노동시장에서 기업의 이윤을 극대화하기 위한 조건은 한계수입생산곡선인 MRP_L과 한계노동비용인 MFC_L이 일치하는 지점인 $MRP_L=MFC_L$이다.

09 노동시장 정답 ③

(출제 포인트) 생산요소시장이 불완전경쟁(독점)이면, 한계요소비용(MFC_L)이 평균요소비용(AFC_L)보다 더 높기에 고용량은 감소하고 임금은 하락한다.

(정답)

ㄱ. 완전경쟁 노동시장이 수요 독점화되면 노동시장에서 수요독점기업의 고용량 결정 조건은 $MRP_L=MFC_L$이고 완전경쟁 노동시장 기업의 고용량 결정 조건은 $VMP_L=MFC_L$이기에 고용은 줄어든다.

ㄴ. 임금이 하락하는 경우 장기에는 자본을 노동으로 대체할 것이기에 노동수요량이 대폭 증가한다. 그러나 단기에는 자본을 노동으로 대체할 수 없기에 노동수요량이 장기보다 더 적게 증가하여 단기 노동수요곡선은 장기 노동수요곡선보다 임금변화에 비탄력적이다.

(오답피하기)

ㄷ. 숙련노동은 대체하기가 어려운데 비해 미숙련노동은 대체하기가 비교적 용이하다. 따라서 채용비용이 존재하더라도 숙련노동의 고용은 크게 변하지 않지만 미숙련노동의 고용은 크게 변하기에 미숙련노동이 숙련노동보다 임금의 변화에 더 탄력적이다.

10 소득여가모형 정답 ③

출제 포인트 효용함수 $U = Y + 2L$을 Y에 대해 정리하면 $Y = -2L + U$이기에 무차별곡선은 기울기가 2(절댓값)인 우하향의 직선이다.

정답

ㄷ. 효용함수는 $U = Y + 2L$이기에 무차별곡선의 기울기는 2이고, 시간당 임금이 3이면 여가·소득모형의 기울기는 3으로 무차별곡선의 기울기보다 더 가파르다. 따라서 소비자균형은 소득축에서 이루어지기에 여가시간은 0, 노동시간은 24시간이다.

ㄹ. 시간당 임금이 무차별곡선의 기울기인 2보다 큰 경우 A는 총가용시간인 24시간을 모두 노동공급에 투입하기에 시간당 임금이 3에서 4로 상승하더라도 노동시간은 증가하지 않는다.

오답피하기

ㄱ. 시간당 임금이 무차별곡선의 기울기인 2보다 큰 경우 노동시간은 더 이상 증가하지 않는다.

ㄴ. 시간당 임금이 1이면 여가·소득모형의 기울기는 1로 무차별곡선의 기울기인 2보다 더 완만하기에 소비자균형은 여가축에서 이루어지기에 노동시간은 0, 여가시간은 24시간이다.

11회 2017 노무사(1)

정답 p.262

01	④ 거시	02	② 미시	03	③ 국제	04	② 거시	05	④ 거시
06	① 미시	07	② 거시	08	② 미시	09	⑤ 미시	10	④ 거시

01 GDP 정답 ④

출제 포인트 '일정기간 한 나라 안에서 새로이 생산된 모든 최종생산물의 시장가치'를 국내총생산(GDP)이라 하고, 부가가치의 합으로 계산할 수 있다.

정답

올해 GDP에는 올해 생산된 재고의 가치가 포함되기에 판매되지 않더라도 올해 GDP에 포함된다.

오답피하기

① 무역수지가 적자일 경우, $X-M<0$이고 국내 경제주체들의 총지출은 $A=C+I+G$, GDP는 $Y=C+I+G+X-M$이다. 이때 $X-M<0$이면, $Y-A=X-M<0$이기에 GDP는 총지출보다 작다.

② $Y=C+I+G+X-M$에서 $Y-C-G=I+X-M$이고, $Y-T-C$(민간저축) $+$ $T-G$(정부저축) $=I+X-M$, 즉, $S_P+S_G=I+X-M$이기에 $X-M=S_P+S_G-I=S_N-I$이다. 따라서 GDP가 감소해도 $S_N>I$이면 경상수지는 흑자이다.

③ M(수입)은 민간소비지출, 민간총투자, 정부지출에 포함되어 있는 수입액을 모두 다 더한 값이다.

⑤ $S_P+S_G=I+X-M$에서 $X-M>0$이면 $S>I$이다.

02 통화승수 정답 ②

출제 포인트 본원통화가 1단위 공급되었을 때 통화량이 얼마나 증가하였는지를 보여주는 배수를 통화승수라 하고 $m=\frac{1}{c+z(1-c)}$이다.

정답

통화승수는 $m=\frac{1}{c+z(1-c)}$이고 민감현금 보유비율 $c=0.1$, 지급준비율 $z=0.2$이기에 통화승수는 $m=\frac{1}{c+z(1-c)}=\frac{1}{0.1+0.2(1-0.1)}$ $=3.57$이다. 이때 '통화량 $=$ 본원통화 $\times$ 통화승수'이고 중앙은행이 공급한 본원통화가 100단위이기에 통화량은 357단위이다.

03 환율 정답 ③

출제 포인트 금융시장에서 일물일가의 법칙을 전제로, 국가 간 완전자본이동이 보장될 때 국내투자수익률과 해외투자수익률이 동일해야 한다는 것이 이자율평가설로, 환율변화율 $=$ 국내이자율 $-$ 해외이자율이다.

정답

ㄱ. 5달러를 원화 5,500원으로 환전했기에 명목환율은 1달러 $=$ 1,100원이고, 한국의 빅맥가격은 4,400원이기에 한국의 빅맥가격을 달러로 환산하면 4달러가 된다.

ㄹ. 명목환율은 1달러 $=$ 1,100이고 미국의 빅맥가격을 한국의 빅맥 가격으로 나눈 빅맥지수는 880원으로 명목환율보다 작기에 현재의 명목환율은 원화의 구매력을 과소평가하고 있다.

오답피하기

ㄴ, ㄷ. 구매력평가의 환율은 $\frac{\text{명목환율}\times P_{\text{해외}}}{P_{\text{국내}}}$이고 미국의 빅맥가격은 5달러, 한국의 빅맥가격은 4,400원, 명목환율은 1,100이기에 구매력평가환율(명목환율)은 1달러 $=$ 880원이다.

04 총수요곡선 정답 ②

출제 포인트 소비증가, 투자증가, 정부지출증가, 수출증가, 수입감소, 조세감소로 IS곡선은 우측으로 이동하고, 통화량증가, 화폐수요감소로 LM곡선은 우측으로 이동하여 AD곡선은 우측으로 이동한다.

정답

ㄱ, ㄷ, ㅁ. 주택담보대출의 이자율 인하는 대출의 증가, 기업에 대한 투자세액공제 확대는 기업의 투자가 증가, 해외경기 호조로 순수출이 증대되면 GDP가 증가하기에 총수요곡선은 우측 이동한다.

오답피하기

ㄴ. 종합소득세율의 인상은 민간의 가처분소득 감소로 인해 민간소비가 감소하여 총수요곡선은 좌측 이동한다.

ㄹ. 물가는 총수요곡선의 내부변수이기에 물가수준이 하락하면 총수요곡선이 이동하는 것이 아니라 총수요곡선상에서 우하방의 점으로 이동한다.

05 소비함수 정답 ④

출제 포인트 개인의 소비는 자신의 소득에 의해서만 결정된다는 소비의 독립성과 소비지출이 소득수준에 따라 자유롭게 변한다는 소비의 가역성을 전제로, 소비는 현재의 (가처분)소득에 의해 결정($C=C_0+cY$)된다고 보는 소비함수론이 케인즈의 절대소득가설이다.

정답

케인즈 소비함수에서 평균소비성향은 $\frac{C_0+cY}{Y}=\frac{C_0}{Y}+c$이기에 소득이 증가할수록 평균소비성향은 감소한다.

오답피하기

① 한계소비성향인 $MPC=\frac{\Delta C}{\Delta Y}=c$는 0과 1 사이의 값이다.

②, ③ 케인즈의 소비함수 $C=C_0+cY$에서 소비는 현재 소득의 함수이고, 소득 Y가 0이어도 기본적인 소득 C_0가 존재한다.

⑤ 케인즈의 절대소득가설에 의하면 단기의 소득과 소비의 관계를 설명할 수 있지만, 장기의 관계는 설명할 수 없다.

06 공공재 정답 ①

출제 포인트 개별수요곡선을 수직으로 합하여 도출하는 공공재의 시장수요곡선하에서 소비자들은 동일한 양을 서로 다른 편익으로 소비한다.

정답

- 공공재의 시장수요곡선은 개별수요곡선을 수직으로 합한 곡선이기에 $P=50-4Q$이고 공공재의 최적공급량 조건은 $P=MC$이기에 $50-4Q=30$, $Q=5$이다.
- $Q=5$를 각 개인의 공공재 수요함수에 대입하면 각자가 지불해야 하는 가격은 $P_a=5$, $P_b=15$, $P_c=10$이다.

07 정부지출의 효과 정답 ②

출제 포인트 확장재정정책에도 이자율이 상승하여 민간소비와 민간투자가 감소하는 것을 구축효과라 한다.

정답

ㄱ. 그림 (A) $Y_0 \rightarrow Y_1$은 정부지출의 증가(ΔG)로 인한 총소득의 증가인 승수효과를 나타내고, '승수효과 = 정부지출 × 정부지출승수'에서 정부지출승수는 한계소비성향이 클수록 커지기에 한계소비성향의 크기에 따라 $Y_0 \rightarrow Y_1$의 크기는 달라진다.

ㄷ. $IS-LM$모형에서 정부지출이 증가하면 승수효과에 따라 $Y_a \rightarrow Y_c$로 증가하나, IS의 우측 이동으로 인해 이자율이 상승하고 이로 인해 구축효과 $Y_c \rightarrow Y_b$가 발생하기에 새로운 균형점은 e이다.

오답피하기

ㄴ. $IS-LM$모형에서 $Y_a \rightarrow Y_c$는 정부지출의 증가로 인한 IS곡선의 이동폭(정부지출 × 정부지출승수)이기에 $Y_0 \rightarrow Y_1$의 크기와 같고, $Y_a \rightarrow Y_b$는 이자율의 증가로 인한 구축효과를 반영한 새로운 균형점에서의 총소득 증가폭이다.

ㄹ. 정부지출이 증가하면 유효수요가 증가하기에 재고의 증가가 아니라 재고의 감소를 가져온다.

08 굴절수요곡선 정답 ②

출제 포인트 경쟁기업이 가격을 인상하면 가격을 인상하지 않고, 경쟁기업이 인하하면 자신도 가격을 인하하는 굴절수요곡선모형은 과점기업이 설정하는 가격이 경직적임을 시사한다.

정답

굴절수요곡선은 원점에 대해 볼록한 모양이 아니라 원점에 대해 오목한 모양이다.

오답피하기

①, ③, ④, ⑤ 경쟁기업이 가격을 인상하면 나머지 기업들은 가격을 인상하지 않지만, 경쟁기업이 인하하면 나머지 기업들은 가격을 같이 내리려 한다. 따라서 과점기업이 직면하는 수요곡선은 현재의 가격보다 높은 가격에서는 기울기가 완만하지만 현재의 가격보다 낮은 가격에서는 기울기가 가파른 굴절수요곡선을 가지게 되며, 수요곡선의 기울기인 한계수입곡선은 불연속하기에 한계비용이 일정 범위 내에서 변해도 가격과 생산량은 쉽게 바뀌지 않는다.

09 평균생산물 정답 ⑤

출제 포인트 모든 가변요소를 투입하였을 때 생산된 재화의 총량을 총생산물이라 하고 총생산물을 노동자 수로 나눈 값을 평균생산물이라 한다.

정답

평균생산물은 생산량을 노동투입량으로 나눈 값인 원점을 지나는 직선의 기울기이기에 기업 E의 평균생산성이 가장 낮다.

10 고용률 정답 ④

출제 포인트 취업자와 실업자의 합을 경제활동인구라 하고, 경제활동인구와 비경제활동인구의 합을 생산가능인구라 한다.

정답

고용률은 $\frac{\text{취업자}}{\text{생산가능인구}}\times 100$이고 생산가능인구는 1,000만 명, 취업자는 570만 명이기에 고용률은 57%이다.

오답피하기

①, ③ 경제활동인구는 취업자+실업자이고 취업자는 570만 명, 실업자는 30만 명이기에 경제활동인구는 600만 명이다. 이때, 실업률은 $\frac{\text{실업자}}{\text{경제활동인구}}\times 100$이기에 5%이다.

② 생산가능인구는 경제활동인구 + 비경제활동인구이기에 비경제활동인구는 400만 명이고, 비경제활동참가율은 $\frac{\text{비경제활동인구}}{\text{생산가능인구}}\times 100$이기에 40%이다.

⑤ 생산가능인구는 15세 이상의 인구만을 포함하기에 이 나라의 전체 인구는 알 수 없다.

12회 2017 노무사(2)

정답 p.265

01	④ 거시	02	① 거시	03	④ 미시	04	④ 미시	05	① 미시
06	① 미시	07	② 미시	08	④ 미시	09	① 미시	10	② 미시

01 실업 정답 ④

(출제 포인트) 일할 능력은 있으나 현재 임금수준에서는 일할 의사가 없기에 발생하는 실업을 자발적 실업이라 하고, 주어진 임금수준에서 일할 의사가 있으나 일자리가 없어 발생하는 실업을 비자발적 실업이라 한다.

(정답)
회사에 면접을 보러 다니는 경우, 지난 4주일 동안 구직활동을 하였으나 수입을 목적으로 일을 하지 않은 사람에 해당하기에 실업자이다.

(오답피하기)
① 공무원 시험을 위해 공부하고 있는 경우, 구직활동을 하지 않고 있기에 비경제활동인구이다.
② 버섯 재배업을 시작하는 경우, 지난 1주일 동안 수입을 목적으로 1시간 이상 일을 한 사람에 해당하기에 취업자이다.
③ 주중 내내 부모님의 식당을 도와 생활비를 받는 경우, 지난 1주일 동안 수입을 목적으로 1시간 이상 일을 한 사람에 해당하기에 취업자이다.
⑤ 구직활동을 하지 않고 있기에 실업자로 분류될 수 없다.

02 고전학파 정답 ①

(출제 포인트) 고전학파는 공급측면을 중시하고 장기 분석에 집중하여 시장가격의 자동조절기능을 신뢰한다.

(정답)
고전학파는 피셔의 교환방정식을 변형한 고전학파의 화폐수량설 $MV=PY$를 통해 통화량의 증가는 물가상승만 가져올 뿐 소득에는 영향을 미칠 수 없다는 화폐의 중립성을 주장하였다.

(오답피하기)
②, ④ 고전학파는 실물부문과 화폐부문이 완전히 분리되어 있으며(고전적 이분성), 실질이자율은 실물부문에서 저축과 투자에 의해 결정된다고 주장하였다.
③ 고전학파 모형에서 유동성선호는 (실질)이자율 결정과 전혀 무관하다.
⑤ 고전학파의 모형에서 유동성선호와 화폐공급은 실질이자율과 무관하다.

03 독점시장 정답 ④

(출제 포인트) 독점기업은 $MR=MC$에서 생산량을 결정하고, $MR=MC$의 위에 있는 수요곡선상의 점에서 가격이 결정된다.

(정답)
- 독점기업의 이윤극대화 조건은 $MR=MC$이고 수요함수가 $P=100-2Q$이기에 한계수입 $MR=100-4Q$, 생산량에 관계없이 단위당 생산비가 60으로 한계비용 $MC=60$이기에 $100-4Q=60$, 생산량은 $Q=10$이다.
- 생산량 $Q=10$을 수요함수에 대입하면 이윤극대화 가격은 $P=80$이다.

04 효용극대화 정답 ④

(출제 포인트) 한계효용균등의 법칙에 따라 $\frac{MU_X}{P_X}=\frac{MU_Y}{P_Y}$에서 효용극대화가 이루어진다.

(정답)
효용극대화가 이루어지기 위한 한계효용균등의 원리는 $\left(\frac{MU_X}{P_X}=\frac{MU_Y}{P_Y}\right)$이고 X재의 한계효용은 $MU_X=600$, X재 가격은 $P_X=200$원, Y재의 가격은 $P_Y=300$이기에 $MU_Y=900$이 되어야 하고, 이때 Y재 구입량은 4단위이다.

05 최고가격제 정답 ①

(출제 포인트) 수요자 보호를 위해 균형가격보다 낮게 설정하는 최고가격제하, 초과수요로 인한 암시장이 발생할 수 있다. 최고가격제로 거래량이 줄고 사회적 잉여도 감소한다.

(정답)
ㄱ, ㄴ. 최고가격제가 실시되면 균형가격보다 낮은 수준에서 시장가격이 형성되기에 초과수요가 발생하고 이로 인해 암시장이 발생할 수 있다.

(오답피하기)
ㄷ. 최고가격제가 실시되면 균형가격보다 낮은 수준에서 시장가격이 형성되기에 과소생산이 이루어지고 사회적 후생을 감소시킨다.
ㄹ. 최고가격제가 실효성을 가지려면 최고가격은 반드시 시장의 균형가격보다 낮은 수준에서 설정되어야 한다.

06 조세의 귀착 정답 ①

(출제 포인트) 생산자든 소비자든 어느 일방에게 조세를 부과해도 양자가 분담하게 되는 것을 조세의 귀착이라 한다. 분담 정도와 조세수입은 탄력성에 반비례하며, 이로 인한 후생손실인 초과부담 또는 사중적 손실은 탄력성에 비례한다.

(정답)
수요의 가격탄력성이 0인 경우, 수요곡선은 수직선이 되고 조세의 부과로 인한 가격상승에도 소비자들은 전혀 대응하지 않고 기존의 소비량을 유지하기에 조세의 부담은 모두 소비자에게 귀착된다.

07 비용곡선 정답 ②

(출제 포인트) 한계비용이 평균비용보다 크면 평균비용은 증가하고, 한계비용이 평균비용보다 작으면 평균비용은 감소한다.

(정답)
ㄱ, ㅁ. '평균비용 = 평균가변비용 + 평균고정비용'이기에 평균비용곡선은 평균가변비용곡선의 위에 위치한다.
ㄷ. 총고정비용은 고정된 상수이기에 총고정비용을 생산량으로 나눈 평균고정비용은 직각쌍곡선으로 우하향한다.

(오답피하기)
ㄴ. 평균비용은 U자형의 곡선이고, 평균비용의 최저점에서 MC곡선이 교차하여 우상향하기에 평균비용곡선이 상승할 때 한계비용곡선은 평균비용곡선 위에 있다.
ㄹ. '총비용 = 총가변비용 + 총고정비용'으로 총고정비용은 고정된 상수이기에 총비용곡선은 총가변비용곡선을 상방 이동한 곡선이고 두 곡선의 기울기는 같다.

08 노동시장 정답 ④

(출제 포인트) 기업의 노동수요는 한계생산물가치($VMP_L = MP_L \times P$)와 명목임금(w)이 같아지는 수준에서 결정된다.

(정답)
이윤극대화를 위한 기업의 노동수요량의 조건은 $VMP_L = MP_L \times P = w$이고 $w = 40$, $MP_L = 27 - 5L$, $P = 20$이기에 $40 = (27 - 5L) \times 20$, $L = 5$이다.

09 노동여가모형 정답 ①

(출제 포인트) 임금상승시 노동자의 노동공급 증감여부는 대체효과와 소득효과의 상대적 크기에 의하여 결정된다.

(정답)
- 임금이 상승할 경우, 여가의 기회비용은 증가하고 여가의 소비는 감소하기에 노동의 공급은 증가한다. 이때, 여가가 정상재인 경우 실질소득증가로 인해 여가의 소비는 증가하고 노동의 공급은 감소한다.
- 그러므로 대체효과보다 소득효과가 더 크다면 노동공급은 감소하게 되고(ㄱ, ㄴ), 여가의 기회비용상승에 반응하여 여가의 총사용량을 줄인다면(ㄷ), 대체효과로 인한 노동공급의 감소의 크기가 증가하기에 노동공급곡선은 정(+)의 기울기를 가지게 된다.

10 이윤극대화 정답 ②

(출제 포인트) $MC = \frac{\Delta TVC}{\Delta Q} = \frac{w \cdot \Delta L}{\Delta Q} = \frac{w}{\frac{\Delta Q}{\Delta L}} = \frac{w}{MP_L}$이기에 한계비용과 한계생산물은 역의 관계로 한계생산물이 극대가 되는 생산량에서 한계비용은 극소가 된다.

(정답)
한계비용과 한계생산물 간에는 $MC = \frac{w}{MP_L}$의 관계가 성립하고 $w = 20{,}000$, $MP_L = 5$이기에 한계비용은 $MC = 4{,}000$이다.

13회 2016 노무사(1)

정답 p.268

01	④ 미시	02	① 미시	03	② 미시	04	④ 거시	05	④ 거시
06	④ 거시	07	④ 거시	08	③ 거시	09	② 거시	10	① 거시

01 TR곡선 정답 ④

출제 포인트 완전경쟁에서 P가 고정된 상수이기에 $TR(=PQ)$은 원점을 지나는 직선이고, 독점에서 P가 고정된 상수가 아니기에 $TR(=PQ)$은 수요의 가격탄력성에 따라 달라진다.

정답

- 완전경쟁기업은 주어진 가격으로 원하는 만큼의 재화를 판매할 수 있기에 판매량이 증가하면 총수입도 비례적으로 증가하고 총수입곡선이 원점을 통과하는 직선이다.
- 독점기업이 직면하는 수요곡선은 우하향하기에 판매량이 증가하면 가격은 감소한다. 이때, 총수입은 증가하다가 판매량이 일정수준을 넘어서면 오히려 감소하기에 총수입곡선은 증가하다가 감소하는 종 모양의 형태이다.

02 독점 정답 ①

출제 포인트 독점기업은 $MR=MC$에서 생산량을 결정하고, $MR=MC$의 위에 있는 수요곡선상의 점에서 가격이 결정된다.

정답

- 이윤극대화의 조건은 $MR=MC$이고 수요함수가 $P=12-Q$, 한계수입은 $MR=12-2Q$, 한계비용은 $MC=4$이기에 $12-2Q=4$, 생산량은 $Q=4$이다.
- 원자재 가격의 하락으로 한계비용이 3으로 감소한 경우 $MR=MC$, $12-2Q=3$, 생산량은 $Q=4.5$이기에 이윤극대화 생산량은 0.5단위 증가한다.

03 조세의 귀착 정답 ②

출제 포인트 생산자든 소비자든 어느 일방에게 조세를 부과해도 양자가 분담하게 되는 것을 조세의 귀착이라 한다. 분담 정도는 탄력성에 반비례한다.

정답

- 수요곡선 $Q=-2P+100$과 공급곡선 $Q=3P-20$을 연립하면 $-2P+100=3P-20$, $5P=120$, 균형가격은 $P=24$이다.
- 단위당 10의 물품세가 공급자에게 부과되면 공급곡선이 단위당 10만큼 상방으로 이동하기에 조세부과 후의 공급곡선은 $Q=3[P-(+10)]-20=3P-50$이다.
- 수요곡선 $Q=-2P+100$과 바뀐 공급곡선 $Q=3P-50$을 연립하면 $-2P+100=3P-50$, $5P=150$, 바뀐 균형가격은 $P=30$이고 이를 수요곡선에 대입하면 균형거래량은 $Q=40$이다.
- 바뀐 균형가격은 30이지만 생산자는 10의 조세를 납부해야 하기에 실제로 받는 가격은 20이고 기존의 균형가격인 24와 실제받는 가격인 20과의 차이인 생산자부담은 4이다.
- 바뀐 거래량은 40이고 단위당 생산자부담은 4이기에 생산자의 총조세부담은 $160(=40\times4)$이다.

04 인플레이션 정답 ④

출제 포인트 예상된 인플레이션이 발생해도 구두창비용, 메뉴비용 등이 발생하고 조세부담이 증가하며, 경상수지가 악화된다.

정답

예상한 인플레이션일지라도 기업은 인플레이션율에 맞추어 재화의 가격을 조정하려고 할 것이기에 가격조정비용인 메뉴비용(menu cost)이 발생하고 이때, 가격조정으로 인한 이윤증가보다 메뉴비용이 더 큰 경우 단기적으로 경직성이 나타날 수 있다.

오답피하기

① 호경기 때, 총수요증가에 의해 물가상승과 총생산량이 증가하는 것을 수요견인 인플레이션이라 한다.
② 화폐발행이득은 중앙은행이 화폐를 발행함으로써, 화폐의 액면가액에서 제조비용을 뺀 이익을 말한다.
③ 총공급의 감소로 인해 물가상승과 총생산량이 감소하는 불황이 동시에 나타나는 현상을 스태그플레이션이라고 한다.
⑤ 예상치 못한 인플레이션이 발생하면 화폐의 가치가 하락하기에 돈을 받아야 하는 채권자에게서 지불해야하는 채무자에게로 소득분배를 야기한다.

05 통화정책 정답 ④

출제 포인트 IS곡선이 완만할수록 LM곡선이 급경사일수록 통화정책의 유효성은 커진다.

정답

ㄴ, ㄷ. 투자의 이자율탄력성이 높거나 한계소비성향이 높은 경우 IS곡선이 완만해지기에 통화정책의 효과가 커진다.

오답피하기

ㄱ. 화폐수요의 이자율탄력성이 높은 경우 LM곡선이 완만해지기에 통화정책의 효과가 작아진다.

06 물가지수 정답 ④

(출제 포인트) 명목GDP를 실질GDP로 나눈 값이 GDP디플레이터이다.

(정답)

- 기준연도인 2014년에는 명목GDP와 실질GDP가 동일하기에 2014년의 실질GDP는 명목GDP와 동일한 100억 원이다.
- GDP디플레이터는 $\frac{\text{명목}GDP}{\text{실질}GDP} \times 100$이고 2015년 GDP디플레이터는 120, 명목GDP 150억 원이기에 2015년 실질GDP는 $\frac{150}{120} \times 100 = 125$억 원이다.
- 2014년의 실질GDP가 100억 원이고, 2015년의 실질GDP가 125억 원이기에 2015년의 실질GDP 증가율은 25%이다.

07 AS곡선 정답 ④

(출제 포인트) 루카스 총공급함수 $Y = Y_N + \alpha(P - P^e)$에서 장기에는 물가예상이 정확해 $P = P^e$이기에 총공급곡선이 수직선이다.

(정답)

총공급곡선은 $Y = Y_N + \alpha(P - P^e)$이고 장기에는 물가수준 P와 예상물가수준 P^e가 일치하기에 장기 총공급곡선은 $Y = Y_N$으로 수직선이고, 예상물가수준의 변화는 장기 총공급곡선의 이동에 영향을 미치지 않는다.

(오답피하기)

① 자연실업률이 증가하면 잠재GDP인 Y_N는 감소하기에 장기 총공급곡선 $Y = Y_N$는 왼쪽으로 이동한다.

②, ③ 인적 자본이 증가하거나 생산을 증가시키는 자원이 발견되면 잠재GDP인 Y_N이 증가하기에 총공급곡선 $Y = Y_N$는 오른쪽으로 이동한다.

⑤ 기술지식이 진보하면 생산량이 증가하기에 총공급곡선은 우측 이동한다.

08 지급준비율 정답 ③

(출제 포인트) 지급준비율은 $z = \frac{Z(\text{지급준비금})}{D(\text{예금통화})}$이다.

(정답)

지급준비율은 $z = \frac{Z(\text{지급준비금})}{D(\text{예금통화})}$이고 초과지불준비금은 0, 법정지불준비율은 0.2, 지불준비금은 300만 원이기에 요구불예금(예금통화)은 $\frac{300}{0.2} = 1{,}500$만 원이다.

09 고용률 정답 ②

(출제 포인트) 고용률 $\times 100 = (100 -$ 실업률$) \times$ 경제활동참가율이다.

(정답)

고용률 $\times 100 = (100 -$ 실업률$) \times$ 경제활동참가율이기에 고용률은 $\{(100\% - 10\%) \times 60\%\} = 54\%$이다.

10 실업 정답 ①

(출제 포인트) 지난 1주일 동안 수입을 목적으로 1시간 이상 일을 한 사람을 취업자라 하고, 지난 4주일 동안 구직활동을 하였으나 수입을 목적으로 일을 하지 않은 사람을 실업자라 하며, 일할 의사와 능력이 있는 사람으로 취업자와 실업자의 합을 경제활동인구라 한다.

(정답)

실업률은 $\frac{\text{실업자}}{\text{경제활동인구}(=\text{취업자}+\text{실업자})} \times 100$이기에 취업자가 퇴직하여 비경제활동인구인 전업주부가 되는 경우 분모의 크기가 작아지기에 실업률은 증가한다.

(오답피하기)

② 취업을 알아보던 해직자가 구직을 단념하면 실업자에서 비경제활동인구로 바뀌게 되기에 실업률이 낮아진다.

③ 직장인이 교통사고를 당해 휴가 중이더라도 여전히 취업자로 분류되기에 실업률은 변하지 않는다.

④ 대학생이 편의점에서 아르바이트를 하면 비경제활동인구에서 취업자로 바뀌기에 실업률이 낮아진다.

⑤ 대학생이 군 복무 후 복학하더라도 비경제활동인구에 속하기에 실업률은 불변이다.

14회 2016 노무사(2)

정답 p.271

01	③ 미시	02	② 미시	03	② 미시	04	③ 미시	05	④ 국제
06	① 미시	07	③ 미시	08	① 미시	09	④ 거시	10	④ 미시

01 지니계수 정답 ③

출제 포인트 대각선과 로렌츠곡선이 이루는 면적을 대각선 아래의 삼각형 면적으로 나눈 값이 지니계수로, 0과 1 사이의 값이고 그 값이 작을수록 소득분배가 균등함을 의미한다.

정답

지니계수는 45도 대각선과 로렌츠곡선의 사이 면적을 45도 대각선의 하방 삼각형 면적으로 나눈 값이기에 45도 대각선과 로렌츠곡선 사이의 면적이 클수록, 지니계수는 커진다.

오답피하기

①, ④ 지니계수는 45도 대각선과 로렌츠곡선의 사이 면적을 45도 대각선의 하방 삼각형 면적으로 나눈 값으로, 지니계수가 동일하더라도 인구의 누적점유율과 소득의 누적점유율 간의 관계를 보여주는 곡선인 로렌츠곡선이 일치하지 않을 수 있기에 소득계층별 소득분포의 일치 여부는 알 수 없다.

② 소득분배가 완전히 평등하면 45도선과 로렌츠곡선이 일치하기에 지니계수는 0이 된다.

⑤ 지니계수는 사회전체의 소득분배 정도를 나타내는 값이다.

02 완전경쟁시장 정답 ②

출제 포인트 완전경쟁기업이 손실을 보면서도 단기적으로 생산을 지속하는 것은 시장가격이 평균비용보다는 낮지만 평균가변비용보다는 높을 때이다.

정답

- 완전경쟁시장에서는 $P=MC$에서 균형가격과 거래량이 결정되기에 시장가격이 상승하면 기업이 직면하는 수요곡선이 상방 이동한다(①).
- 완전경쟁시장에서 기업이 직면하는 수요곡선은 $P=AR$로 수평선이기에 $P=AR=MR$이고, 여전히 손실을 보고 있기에 $P(=AR=MR)<AC$이다(②, ③).
- 시장가격이 평균가변비용보다 낮다면 기업은 생산을 중단하나 평균가변비용보다 높고 평균비용보다 낮다면 단기에는 생산을 계속하기에 현재 $AC>P>AVC$이고 각 항에 생산량 Q를 곱하면 $TC>TR>TVC$이다(④).

03 독점적 경쟁시장 정답 ②

출제 포인트 제품차별화를 통한 어느 정도의 시장지배력을 갖고 비가격경쟁을 보이며, 다수의 기업이 존재하고, 진입과 퇴거가 대체로 자유로운 것 등은 독점적 경쟁의 특징이다.

정답

독점적 경쟁기업은 단기에 초과이윤을 얻을 수도 있고, 손실을 볼 수도 있다.

오답피하기

① 독점적 경쟁시장에서 개별소비자의 수요곡선이 우하향하기에 이를 수평으로 합한 시장 전체의 수요곡선도 우하향한다.

③ 독점적 경쟁시장의 이윤극대화조건은 $MR=MC$이다.

④, ⑤ 독점적 경쟁시장의 경우, 장기에는 $P=AR=LAC>MR=LMC$인 구간에서 기업의 이윤극대화 생산량이 결정된다.

04 수요독점 정답 ③

출제 포인트 생산요소시장이 독점이면, $MRP_L=MFC_L$에 따라 고용량은 감소하고 임금은 독점적 지위를 이용하여 하락한다.

정답

노동시장에서 수요독점기업은 $MRP_L=MFC_L>W$가 성립하기에 한계요소비용곡선은 노동공급곡선 W의 상방에 위치한다.

오답피하기

①, ④, ⑤ 생산요소시장이 독점이면, $MRP_L=MFC_L$에 따라 고용량은 감소하고 임금은 독점적 지위를 이용하여 하락하기에, 이 기술자들의 임금은 이들이 공급하는 노동의 한계생산가치나 노동의 한계요소비용보다 낮다.

② 노동시장에서 수요독점자이고 생산물시장에서 가격수용자인 기업은 $VMP_L=MRP_L=MFC_L>W$가 성립하기에 노동의 한계요소비용과 노동의 한계생산가치는 일치한다.

05 국제수지표 정답 ④

(출제 포인트) 일정기간 일국거주자와 비거주자 간 경제적 거래를 분류 · 집계한 국제수지표는 경상수지, 자본 · 금융 계정 및 오차 및 누락으로 구성된다.

(정답)
내국인의 해외주식 및 채권 투자는 경상계정이 아니라 금융계정의 증권투자로 분류된다.

(오답피하기)
①, ② 정부 사이의 무상원조와 해외교포로부터의 증여성 송금은 이전소득수지로 분류된다.
③ 해외금융자산으로부터 발생하는 이자 등의 투자소득은 본원소득수지로 분류된다.
⑤ 내국인의 해외여행 경비는 서비스수지로 분류된다.

06 대부자금설 정답 ①

(출제 포인트) 저축자와 차입자 간 이자율을 매개로 자금이 거래되는 시장을 대부자금시장이라 한다.

(정답)
• 투자세액공제가 확대되면 기업들의 투자에 대한 조세의 부담이 감소하여 투자가 증가하기에 대부자금에 대한 수요는 증가한다.
• 대부자금 수요의 증가로 수요곡선이 우측 이동하면 실질이자율이 상승하고 대부자금의 균형거래량이 증가한다. 이때, 대부자금의 균형거래량 증가는 저축의 증가를 의미한다.

07 노동수요의 임금탄력성 정답 ③

(출제 포인트) 대체적인 생산요소가 많을수록, 생산물수요의 가격탄력성이 클수록, 총생산비에서 차지하는 비중이 클수록, 측정기간이 길수록 탄력적이다.

(정답)
노동을 대체할 수 있는 다른 생산요소로의 대체 가능성이 클수록, 기업은 임금의 변화에 따라 더 탄력적으로 고용을 변화시키기에 동일한 임금상승에 대하여 고용감소는 커진다.

(오답피하기)
①, ②, ④ 노동수요의 임금탄력성은 측정기간이 길수록, 총생산비에서 차지하는 노동비용의 비중이 클수록, 생산물수요의 가격탄력성이 클수록 탄력적이다.
⑤ 노동수요의 임금탄력성은 임금 1% 변화에 다른 노동수요량의 변화율이다.

08 노동공급곡선 정답 ①

(출제 포인트) 임금이 상승했을 때, 여가가 정상재일 때 대체효과로 노동공급은 증가하고, 소득효과로 노동공급은 감소하기에 대체효과가 소득효과보다 작다면, 노동공급은 감소한다.

(정답)
ㄱ. 여가가 정상재일 경우, 임금이 상승하면 여가의 상대가격상승으로 인한 대체효과에 의해 노동공급이 증가하지만 실질소득증가로 인한 소득효과에 의해 노동공급이 감소한다. 이때, 소득효과가 대체효과보다 크면 노동공급량이 감소하는 후방굴절형 노동공급곡선이 발생한다.

(오답피하기)
ㄴ, ㄷ. 임금이 상승하면 여가의 기회비용이 상승하고 여가소비는 감소하기에 노동공급은 증가한다.
ㄹ. 임금이 상승하면 실질소득이 증가하고 여가가 정상재인 경우, 여가소비가 증가하고 노동공급량은 감소한다.

09 인플레이션 정답 ④

(출제 포인트) 피셔방정식에 따르면, 실질이자율에 기대인플레이션율을 더한 값이 명목이자율이다.

(정답)
피셔방정식에 따르면 '명목임금증가율 = 기대인플레이션율 + 실질임금증가율'이고 명목임금증가율은 1,500만 원에서 150만 원 증가인 10%, 인플레이션율이 12%이기에 실질임금증가율은 10% − 12% = −2%이다.

10 효율성임금 정답 ④

(출제 포인트) 기업은 시장의 균형임금보다 높은 효율성임금(실질임금 한 단위당 근로의욕이 최대가 되는 임금)을 지급함으로써 역선택, 도덕적 해이 등을 방지할 수 있게 되어 이윤이 증가한다는 것이 효율성 임금이론이다.

(정답)
ㄱ, ㄴ, ㄷ, ㄹ. 효율성임금은 실질임금 한 단위당 근로의욕이 최대가 되는 임금으로 노동시장의 균형임금보다 높게 결정되기에 근로자의 생산성 또는 근로의욕에 영향을 미치고 근로자의 도덕적 해이를 억제하는 데 기여한다. 이때, 효율성임금은 노동시장의 균형임금보다 높게 고정되기에 임금의 하방경직성이 발생하고, 비자발적 실업이 존재하여도 임금이 하락하지 않는다.

15회 2015 노무사(1)

정답 p.274

01	⑤ 미시	02	② 미시	03	④ 거시	04	④ 미시	05	③ 거시
06	③ 미시	07	① 미시	08	② 거시	09	④ 거시	10	④ 미시

01 한계대체율 정답 ⑤

출제 포인트 소비자균형은 무차별곡선과 예산선이 접하는 점에서 무차별곡선의 기울기인 한계대체율과 예산선의 기울기가 일치함으로써 달성된다. 즉, $MRS_{XY} = (-)\frac{\Delta Y}{\Delta X} = (-)\frac{P_X}{P_Y}$이다.

정답

- 소비자의 소득이 10,000원이고 X재 구입액은 $P_X \times Q_X = 1{,}000 \times 6 = 6{,}000$원이기에 Y재 구입액은 4,000원이다.
- Y재 구입액이 4,000원이고, 구입량은 10단위이기에 Y재 가격은 400원이다.
- 소비자균형의 조건은 한계대체율과 예산선 기울기가 일치하는 $MRS_{XY} = \frac{P_X}{P_Y}$이고 X재의 가격이 1,000원, Y재의 가격이 400원이기에 소비자균형에서의 한계대체율은 2.5이다.

02 효용극대화 정답 ②

출제 포인트 $P_X \cdot X + P_Y \cdot Y = M$이라는 예산제약하에 효용극대화는 한계효용균등의 법칙에 따라 구할 수 있다.

정답

- 효용함수가 레온티에프형 함수인 $U = \min[X, Y]$이기에 $X = Y$이고, 예산제약식은 $P_X \cdot X + P_Y \cdot Y = M$이다.
- 이 두 식을 연립하면 $P_X \cdot X + P_Y \cdot X = M$, $X(P_X + P_Y) = M$, $X = \frac{M}{P_X + P_Y}$이고 $M = 100$, $P_Y = 10$이기에 $X = \frac{100}{P_X + 10}$이다.

03 기대이론 정답 ④

출제 포인트 적응적 기대에 따르면 단기에는 예상이 틀릴 가능성이 높지만 장기에는 물가예상이 정확하다. 합리적 기대에 의하면 체계적 오류는 없지만 확률적 오류는 있다.

정답

경제주체가 현재와 과거의 이용가능한 모든 정보를 이용하여 미래에 대한 기대를 형성하는 것을 합리적 기대이론이라 하고, 체계적 오류는 존재하지 않지만 우연으로 인해 발생하는 확률적 오류는 존재한다.

오답피하기

① 과거의 정보만을 이용하여 미래에 대한 기대를 형성하는 것은 적응적 기대이다.
② 과거의 정보만을 이용하는 적응적 기대하에서는 체계적인 오차가 존재하기에 예측된 값과 실현된 값이 동일하지 않은 것이 일반적이다.
③ 새고전학파는 적응적 기대가 아닌 합리적 기대를 토대로 예상된 정책의 경우 단기에도 실업률에는 아무런 영향을 미칠 수 없으며, 물가상승 초래한다는 정책무력성 정리를 주장했다.
⑤ 합리적 기대이론은 새고전학파가 제시하였다.

04 수요독점 정답 ④

출제 포인트 생산요소시장이 독점이면, $MRP_L = MFC_L$에 따라 고용량은 감소하고 임금은 독점적 지위를 이용하여 하락한다.

정답

- 노동공급곡선이 $w = L$이기에 총요소비용은 $TFC_L = w \cdot L = L^2$이고 총요소비용을 L에 대해 미분한 한계요소비용은 $MFC_L = 2L$(ㄱ)이다.
- 생산물시장에서 독점이고 노동시장에서 수요독점인 기업의 이윤극대화 조건은 $MRP_L = MFC_L$이기에 $300 - L = 2L$, 고용량은 $L = 100$(ㄴ)이고 $L = 100$을 노동공급곡선에 대입하면 임금은 $w = 100$(ㄷ)이다.

05 솔로우모형 정답 ③

출제 포인트 경제의 안정적 성장을 전제한 솔로우(Solow)모형은 지속적인 성장은 지속적인 기술진보에 의해 결정되나, 기술진보는 외생적으로 주어진 것으로 가정할 뿐 모형 내에서 기술진보의 원인을 설명하지 못한다.

정답

ㄱ, ㄷ. 저축률이 증가하거나 감가상각률이 낮아지면 1인당 자본량이 증가하기에 균제상태에서의 1인당 산출량이 증가한다.

오답피하기

ㄴ. 인구증가율이 높아지면 전체 자본량을 인구수로 나눈 1인당 자본량이 감소하기에 균제상태에서의 1인당 산출량은 감소한다.

06 조세부과 정답 ③

(출제 포인트) 공급자에게 단위당 t만큼의 물품세를 부과하면 공급곡선이 t만큼 상방으로 이동한다.

(정답)

- 공급자에게 제품 1개당 10만큼의 물품세를 부과하는 경우, 공급곡선은 상방으로 이동하기에 기존의 공급함수 $Q_s = 2P - 100$은 $Q_s = 2[P-(+10)] - 100$으로 바뀐다.
- 바뀐 공급함수를 P에 대해 정리하면 $P = 60 + \frac{1}{2}Q$이고 수요곡선은 $P = 150 - \frac{1}{2}Q$이기에 이를 연립하면 $150 - \frac{1}{2}Q = 60 + \frac{1}{2}Q$, 거래량은 $Q = 90$이다.
- 거래량 $Q = 90$을 바뀐 공급곡선 식에 대입하면 조세부과 이후의 균형가격은 $P = 105$이다.

07 완전보완재 정답 ①

(출제 포인트) 완전보완재의 무차별곡선은 L자형이고, X재와 Y재를 항상 일정한 비율로 소비한다.

(정답)

- 소비자가 완전보완재인 X재와 Y재를 항상 1:1 비율로 소비한다면 무차별곡선은 $y = x$ 직선에서 꺾어진 L자 형태이다.
- 이때, 소비자균형이 항상 $y = x$ 직선상에서 이루어지기에 소득소비곡선과 가격소비곡선은 모두 원점을 통과하는 $y = x$ 직선, 즉 기울기가 1인 원점을 통과하는 우상향의 직선이 된다.

08 실업 정답 ②

(출제 포인트) 비정규직 근로자 등 불완전 취업자의 취업자 분류와 실망 실업자의 비경제활동인구 분류는 공식 실업률을 체감 실업률보다 낮게 한다.

(정답)

실업률은 $\left(\frac{\text{실업자}}{\text{경제활동인구}(=\text{실업자}+\text{취업자})}\right) \times 100$이고 구직포기자는 실업자의 비경제활동인구로의 전환을 의미하기에 구직포기자가 증가하면 분모의 감소율보다 분자의 감소율이 더 크기에 실업률은 감소한다.

(오답피하기)

① 경기적 실업은 경기침체로 발생하는 실업이기에 경기적 실업을 줄이기 위해서는 기업의 설비투자를 촉진시켜 경기를 활성화시켜야 한다.

③ 경제활동참가율은 $\left(\frac{\text{경제활동참가인구}}{\text{생산가능연령인구}}\right) \times 100$,
실업률은 $\left(\frac{\text{실업자}}{\text{경제활동인구}(=\text{실업자}+\text{취업자})}\right) \times 100$이고 전업주부의 취업은 비경제활동인구의 취업자로의 전환을 의미하기에 경제활동참가율은 증가하고 실업률은 감소한다.

④ 실업급여가 확대되면 비근로소득이 확대되고 직업 탐색에 따른 한계비용이 낮아지기에 탐색적 실업이 증가한다.

⑤ 취업정보의 제공이 축소되면 직업 탐색기간이 증가하기에 구조적 실업이 증가한다.

09 피셔방정식 정답 ④

(출제 포인트) 실질이자율에 기대인플레이션율을 더한 값이 명목이자율이라는 피셔의 방정식에서, 인플레이션이 발생하면 기대인플레이션율이 상승하여 명목이자율이 비례적으로 상승하는 효과를 뜻한다.

(정답)

- 세전 명목이자율이 2%이고, 이자소득세율이 25%이기에 이자소득세를 납부한 후의 명목이자율인 세후 명목이자율이 1.5%이다.
- 피셔효과에 의하면 '명목이자율 = 예상인플레이션율 + 실질이자율'이고 세후 명목이자율이 1.5%, 예상인플레이션율이 1.8%이기에 세후 실질이자율은 −0.3%이다.

10 노동공급곡선 정답 ④

(출제 포인트) 임금이 상승했을 때, 여가가 정상재일 때 대체효과로 노동공급은 증가하고, 소득효과로 노동공급은 감소하기에 대체효과가 소득효과보다 작다면, 노동공급은 감소한다.

(정답)

ㄴ. 동일한 상대가격(임금) 수준에서 실질소득의 변화에 따른 구입량의 변화를 소득효과라 한다.

ㄹ. 임금률이 상승하면 동일한 실질소득 수준에서 상대가격인 여가의 기회비용이 증가하고, 대체효과가 발생하여 여가소비는 감소하고 노동공급은 증가한다.

(오답피하기)

ㄱ. 후방굴절형 노동공급곡선은 여가가 정상재일 경우 소득효과로 인한 노동공급감소가 대체효과로 인한 노동공급보다 클 경우 발생한다.

ㄷ. 임금률이 상승하면 여가의 기회비용이 증가하고 대체효과에 의해 노동공급이 증가하나 여가가 정상재인 경우 실질소득증가로 인해 소득효과로 노동공급은 감소한다.

16회 2015 노무사(2)

정답 p.277

01	④ 미시	02	① 미시	03	③ 미시	04	③ 미시	05	① 미시
06	④ 미시	07	④ 미시	08	① 거시	09	④ 미시	10	② 거시

01 가격탄력성 정답 ④

(출제 포인트) 가격이 1% 변화할 때, 수요량의 변화율이 수요의 가격탄력성이다.

(정답)

수요의 가격탄력성은 $\frac{\text{수요량변화율}}{\text{가격변화율}}$이고 담배수요의 가격탄력성은 단위탄력적인 1이기에 담배소비량을 10% 줄이기 위해서는 담배가격 4,500원의 10%인 450원을 인상하여야 한다.

02 독점 정답 ①

(출제 포인트) 독점기업은 $MR = MC$에서 생산량을 결정하고, $MR = MC$의 위에 있는 수요곡선상의 점에서 가격이 결정된다.

(정답)

등량곡선과 등비용선이 접하는 점인 $MRTS_{LK} = \frac{w}{r}$는 이윤극대화의 조건이 아닌 비용극소화의 조건이다.

(오답피하기)

② 등비용선은 주어진 총비용으로 구입가능한 생산요소의 조합을 나타낸 직선으로 $TC = wL + rK$이다. 이를 K로 정리하면 $K = -\frac{w}{r}L + \frac{TC}{r}$이기에 등비용선의 기울기는 두 생산요소가격의 비율인 $\frac{w}{r}$이다.

③ 한계생산물균등의 법칙에 따라 노동의 원당 한계효용이 더 큰 경우, 노동투입을 증가시켜야 생산비용이 감소한다.

④ 생산자균형은 등량곡선과 등비용선이 접하는 점에서 달성되기에 등량곡선의 기울기인 $MRTS_{LK}$와 등비용선의 기울기인 $\frac{w}{r}$가 접하는 $MRTS_{LK} = (-)\frac{\Delta K}{\Delta L} = (-)\frac{w}{r}$에서 성립한다.

⑤ 한계기술대체율은 동일한 생산량을 유지하면서 노동을 한 단위 추가 고용 시 감소하는 자본의 변화량으로 두 생산요소의 한계생산물 비율이다.

03 대부자금시장 정답 ③

(출제 포인트) 저축자와 차입자 간 이자율을 매개로 자금이 거래되는 시장을 대부자금시장이라 한다.

(정답)

국내저축인 S와 순자본유입인 KI는 국내 대부자금시장에서 대부자금의 공급에 해당하기에 대부자금의 공급곡선은 $S + KI = 1{,}200 + 8{,}000r$이고, 투자는 대부자금의 수요에 해당하기에 대부자금 수요곡선은 $I = 1{,}800 - 4{,}000r$이다. 이때, 이 두 식을 연립하면 $1{,}200 + 8{,}000r = 1{,}800 - 4{,}000r$, $12{,}000r = 600$, 균형이자율은 $r = 0.05$이다.

04 생산함수 정답 ③

(출제 포인트) 콥-더글라스(Cobb-Douglas) 생산함수 $Q = AK^{\alpha}L^{1-\alpha}$는 규모에 대한 수익불변이고, 대체탄력성은 항상 1이다.

(정답)

생산함수인 $Q = AK^{\alpha}L^{1-\alpha}$를 K로 나누면 자본의 평균생산물 $AP_K = \frac{Q}{K} = \frac{AK^{\alpha}L^{1-\alpha}}{K} = AK^{\alpha-1}L^{1-\alpha} = A\left(\frac{L}{K}\right)^{1-\alpha}$이기에 자본투입량$(K)$이 증가하면 자본의 평균생산 AP_K는 감소한다.

(오답피하기)

①, ② 생산함수인 $Q=AK^{\alpha}L^{1-\alpha}$는 1차 $C-D$형 함수이기에 규모에 대한 수익불변이다.

④ 생산함수인 $Q = AK^{\alpha}L^{1-\alpha}$를 L에 대해 미분하면 노동의 한계생산은 $MP_L = (1-\alpha)AK^{\alpha}L^{-\alpha} = (1-\alpha)A\left(\frac{K}{L}\right)^{\alpha}$이기에 노동투입량$(L)$이 증가하면 MP_L은 감소한다.

⑤ 콥 - 더글라스 생산함수의 대체탄력성은 항상 1이다.

05 수요의 가격탄력성 정답 ①

출제 포인트 수요의 가격탄력성은 $-\frac{\Delta Q}{\Delta P} \cdot \frac{P}{Q}$이다.

정답

- 수요의 가격탄력성은 $-\frac{\Delta Q}{\Delta P} \cdot \frac{P}{Q}$이고 수요함수 $Q=90-P$를 P에 대해 미분하면 $\frac{dQ}{dP}=-1$이기에 수요의 가격탄력성은 $\epsilon=-\frac{dQ}{dP} \times \frac{P}{Q}=1\times\frac{P}{90-P}$이다.
- $P=10$일 때, 수요의 가격탄력성은 $\frac{1}{8}(=0.125)$이다.

오답피하기

② $P=30$일 때 $\epsilon=\frac{30}{90-30}=0.5$이다.

③ $P=45$일 때 $\epsilon=\frac{45}{90-45}=1$이다.

④ $P=60$일 때 $\epsilon=\frac{60}{90-60}=2$이다.

⑤ $P=80$일 때 $\epsilon=\frac{80}{90-80}=8$이다.

06 독점 정답 ④

출제 포인트 독점기업은 $MR=MC$에서 생산량을 결정하고, $MR=MC$의 위에 있는 수요곡선상의 점에서 가격이 결정된다.

정답

독점기업의 이윤극대화 조건은 $MR=MC$이고 시장수요함수가 $Q=300-P$, 비용함수가 $C=0.5Q^2$이기에 한계비용은 $MR=300-2Q$, 비용함수를 Q에 대해 미분한 한계비용은 $MC=Q$이다. 이 두 식을 연립하면 $300-2Q=Q$, $3Q=300$, $Q=100$이고 이를 다시 수요곡선에 대입하면 독점기업의 이윤극대화 가격은 $P=200$이다.

오답피하기

① 총수입은 $TR=P\times Q$이고 시장수요함수 $Q=300-P$를 P에 대해 정리하면 $P=300-Q$이기에 $TR=P\times Q=TR=(300-Q)Q$이다.

② 한계수입 MR은 시장수요함수 $P=AR=300-Q$에서 Y축 절편은 같고 기울기는 두배인 직선이기에 $MR=300-2Q$이다.

③ 한계비용 MC는 비용함수 $C=0.5Q^2$을 Q에 대해 미분한 곡선이기에 $MC=Q$이다.

⑤ 이윤극대화 생산량은 $Q=100$이다.

07 비용함수 정답 ④

출제 포인트 생산량과 무관하게 지출해야 하는 비용인 총고정비용과 생산량에 따라 변화하는 비용인 총가변비용의 합이 단기 총비용이다. 생산량을 한 단위 추가시 총비용의 증가분을 한계비용이라 하고, 총비용을 미분한 값으로 총비용곡선상 접선의 기울기로 구한다.

정답

총비용함수는 $C=100+Q^2$이기에 총비용함수를 Q로 나눈 평균비용은 $AC=\frac{100}{Q}+Q$이다.

오답피하기

①, ② 단기 총비용함수에서 고정비용은 생산량과 무관하게 지출해야 하는 비용이기에 상수로 표기되어 100이고, 생산량에 따라 변화하는 비용인 총가변비용은 Q^2이다.

③, ⑤ 총가변비용은 $TVC=Q^2$이기에 총가변비용을 Q로 나눈 평균가변비용은 $AVC=Q$이고 Q로 미분한 한계비용은 $MC=2Q$이다.

08 실업 정답 ①

출제 포인트 경제활동인구 중에서 실업자가 차지하는 비중을 실업률이라 하고, 15세 이상 인구 중에서 경제활동인구가 차지하는 비중을 경제활동참가율이라 한다.

정답

실업자는 마찰적 실업자, 구조적 실업자, 경기적 실업자로 구성되며 자연실업자는 마찰적 실업자 + 구조적 실업자로 구성된다.

오답피하기

② 지난 1주일 동안 수입을 목적으로 1시간 이상 일을 한 사람을 취업자라 하고, 지난 4주일 동안 구직활동을 하였으나 수입을 목적으로 일을 하지 않은 사람을 실업자라 하며, 일할 의사와 능력이 있는 사람으로 취업자와 실업자의 합을 경제활동인구라 한다.

③ 15세 이상 인구 중에서 군인, 교도소 수감자 등을 제외한 사람으로 경제활동인구와 비경제활동인구의 합을 생산가능인구라 한다.

④ 경제활동인구(= 취업자 + 실업자) 중에서 실업자가 차지하는 비중을 실업률이라 한다.

⑤ 생산가능인구 중 경제활동인구가 차지하는 비중을 경제활동참가율이라 한다.

09 노동시장 정답 ④

출제 포인트 생산물시장이 불완전경쟁이면, 한계수입생산(MRP_L)은 한계생산물가치(VMP_L)보다 더 낮기에 고용량은 감소하고 임금은 하락한다.

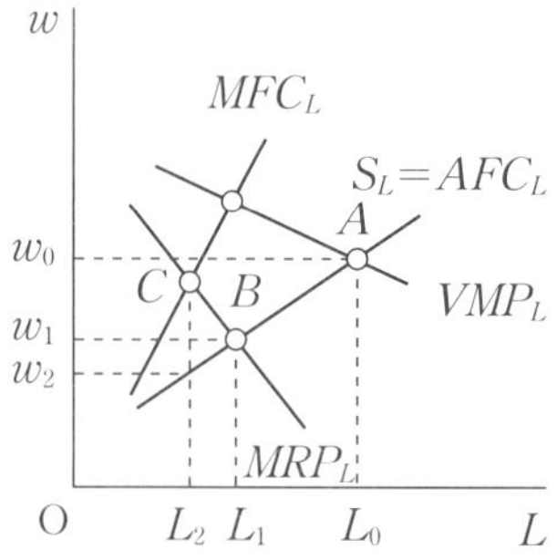

A점은 생산물시장이 완전경쟁이고 노동시장도 완전경쟁일 때, 이윤극대화 점이다.

(정답)

ㄱ. 노동시장이 수요독점인 경우, 노동시장이 완전경쟁인 경우보다 한계요소비용(MFC_L)이 평균요소비용(AFC_L)보다 더 높기에 고용량은 감소하고 임금은 하락한다.

ㄴ. 생산물시장은 독점이고 노동시장이 수요독점이면, 이윤극대화 조건은 $VMP_L > MRP_L = MFC_L > w$이기에 임금은 한계요소비용보다 낮다.

ㄷ. 노동의 한계생산물인 MP_L이 체감하고, 노동시장이 완전경쟁인 경우 개별기업의 노동수요곡선은 VMP_L이기에 노동수요곡선은 우하향한다.

10 학파별 비교 정답 ②

(출제 포인트) 케인즈학파는 수요측면을 중시하고 단기분석에 집중하여 정부개입을 주장한다.

(정답)

케인즈학파 경제학자들은 화폐수요의 이자율탄력성이 크기에 재정정책이 통화정책보다 효과적이라고 보는 반면, 통화주의학파는 화폐수요의 이자율탄력성이 작기에 통화정책이 재정정책보다 효과적이라고 주장한다.

(오답피하기)

① 케인즈 경제학자들은 경제가 유동성함정에 빠져 있을 경우에는 화폐수요의 이자율탄력성이 무한대로 수평선이기에 통화정책은 효과가 없고, 구축효과가 발생하지 않기에 재정정책의 효과가 극대화된다고 주장하였다.

③ 재정정책과 통화정책의 장단점을 잘 활용하여 적절히 혼합해 사용하는 것을 정책혼합(Policy Mix)이라 한다.

④ 고전학파는 통화량변화에도 명목변수만 영향을 줄 뿐 실질변수는 불변인 화폐의 중립성을 주장하였다.

⑤ 확장재정정책에도 이자율이 상승하여 민간소비와 민간투자가 감소하는 것을 구축효과라 한다.

17회 2014 노무사(1)

정답

p.280

01	① 미시	02	⑤ 미시	03	③ 미시	04	② 미시	05	③ 미시
06	④ 거시	07	⑤ 거시	08	② 미시	09	① 거시	10	② 거시

01 노동공급곡선 정답 ①

출제 포인트 임금이 상승했을 때, 여가가 정상재라면 대체효과로 노동공급은 증가하고, 소득효과로 노동공급은 감소하기에 대체효과가 소득효과보다 작다면, 노동공급은 감소한다.

정답

- 여가가 정상재일 경우, 임금이 상승하면 여가의 상대가격 상승으로 인한 대체효과에 의해 노동공급이 증가하지만, 실질소득 증가로 인한 소득효과에 의해 노동공급이 감소한다. 이때, 임금이 증가할수록 소득효과의 크기가 커지기에 후방굴절형 노동공급곡선이 발생한다.
- 여가가 열등재일 경우, 임금이 상승하면 여가의 상대가격 상승으로 인한 대체효과에 의해 노동공급이 증가하고, 실질소득 증가로 인한 소득효과에 의해 노동공급도 증가한다. 따라서 임금상승시 노동공급은 항상 증가하고 이로 인해 후방굴절형 노동공급곡선은 발생하지 않는다.

02 생산함수 정답 ⑤

출제 포인트 생산함수 $Q = AL^{\alpha}K^{\beta}$에서 $(\alpha+\beta)>1$이면 규모에 대한 수익이 체증하고, $(\alpha+\beta)=1$이면 규모에 대한 수익이 불변이고, $(\alpha+\beta)<1$이면 규모에 대한 수익이 체감한다.

정답

$C-D$형 생산함수 $Q = AL^{\alpha}K^{\beta}$에서 단기에는 자본투입량에 관계없이 노동투입량에 의해 $\alpha<1$인 경우 수확체감이 나타나고 장기에는 $(\alpha+\beta)>1$인 경우 규모에 대한 수익체증의 특성이 나타난다.

03 물가지수 정답 ③

출제 포인트 기준시점의 물가를 100으로 하여 비교시점의 물가변동 정도를 백분율로 표시한 것이 물가지수이다.

정답

1985년의 물가지수가 50이고, 2010년의 물가지수가 125일 때, 1985년에 연봉 2,000만 원을 2010년 물가로 환산한다면 $50 : 125 = 2{,}000 : x$에서 $x = \frac{(125\times 2{,}000)}{50} = 5{,}000$만 원이다.

04 독점 정답 ②

출제 포인트 아모로소－로빈슨 방정식은 $MR = P\left(1-\frac{1}{\epsilon}\right)\left(= \frac{dTR}{dQ} = P + \frac{QdP}{dQ}\right)$이다.

정답

- 독점기업의 한계수입은 아모로소－로빈슨 방정식 $MR = P\left(1-\frac{1}{\epsilon}\right)$이 성립하고 $P=100$, $\epsilon=2$이기에 $MR = P\left(1-\frac{1}{\epsilon}\right) = 100\times\left(1-\frac{1}{2}\right) = 50$이다.
- 독점기업의 이윤극대화 조건은 $MR = MC$이기에 한계비용도 50이다.

05 수요독점 정답 ③

출제 포인트 생산요소시장이 불완전경쟁이고 생산물시장도 불완전경쟁이면, 한계요소비용(MFC_L)이 평균요소비용(AFC_L)보다 더 높기에 고용량은 $MRP_L = MFC_L$에서 결정되고, 임금은 노동공급곡선(w)상에서 결정된다.

정답

- 총요소비용이 $TFC_L = w\times L = 50L + 10L^2$이기에 이를 L에 대해 미분하면 한계요소비용은 $MFC_L = 50 + 20L$이다.
- 수요독점기업은 한계수입생산과 한계요소비용이 일치하는 수준까지 노동을 고용하기에 $MRP_L = MFC_L$로 두면 $200-5L = 50+20L$이기에 균형고용량 $L=6$이다.
- 수요독점기업은 노동공급곡선의 높이에 해당하는 임금을 지급하기에 $L=6$을 노동공급곡선식에 대입하면 $w=110$이다.

06 본원통화 정답 ④

출제 포인트 중앙은행을 통해 시중에 나온 현금을 본원통화라 하고, 재정수지 적자, 예금은행의 차입, 국제수지 흑자, 중앙은행의 유가증권 구입 등으로 본원통화가 공급된다. '본원통화 = 현금통화 + 지급준비금 = 현금통화 + 시재금 + 지급준비예치금 = 화폐발행액 + 지급준비예치금'이다.

정답

ㄱ. '통화량 = 통화승수 × 본원통화'이기에 본원통화가 증가할수록 통화량은 증가한다.

ㄷ. 본원통화는 일부는 민간이 보유하고 일부는 은행이 보유하기에 '본원통화 = 민간보유현금 + 지급준비금'이다.

ㄹ. 중앙은행이 민간은행에 대출을 하면 민간이 보유하는 현금이 증가하기에 본원통화가 증가한다.

오답피하기

ㄴ. 통화승수는 $m=\frac{1}{c+z(1-c)}$이기에 지급준비율(z)이 높을수록 분모의 값이 커져 통화승수가 작아진다.

07 실업 정답 ⑤

출제 포인트 일할 능력은 있으나 현재 임금수준에서는 일할 의사가 없기에 발생하는 실업을 자발적 실업이라 하고, 주어진 임금수준에서 일할 의사가 있으나 일자리가 없어 발생하는 실업을 비자발적 실업이라 한다.

정답

지난 1주일 동안 수입을 목적으로 1시간 이상 일을 한 사람을 취업자라 한다.

오답피하기

① 완전고용이란 마찰적 실업과 구조적 실업을 합한 자연실업을 의미하기에 경제가 완전고용 상태일지라도 실업률은 0보다 크다.

② 경기적 실업과 구조적 실업은 모두 비자발적 실업이다.

③ 실업률은 실업자 수를 경제활동인구수로 나누고 100을 곱한 수치이다.

④ 취업의사가 있더라도 구직활동을 하지 않는다면 실업자(경제활동인구)가 아니라 비경제활동인구로 분류된다.

08 가격차별 정답 ②

출제 포인트 각 단위의 재화에 대하여 소비자들이 지불할 용의가 있는 최대금액을 설정하는 것이 제1급 가격차별이고, 재화구입량에 따라 각각 다른 가격을 설정하는 것이 제2급 가격차별이며, 시장을 몇 개로 분할하여 각 시장에서 서로 다른 가격을 설정하는 것이 제3급 가격차별이다.

정답

제1급 가격차별을 시행할 경우 독점기업은 각 단위에 재화에 대하여 소비자들이 지불할 용의가 있는 최대금액을 설정하기에 소비자잉여가 모두 독점기업에게 이전되어 소비자잉여는 0이 된다.

오답피하기

① 제1급 가격차별을 시행하면 독점기업은 사회적으로 효율적인 수준을 생산하기에 자중손실은 발생하지 않는다.

③ 제3급 가격차별을 시행하면 독점기업은 수요의 탄력도에 반비례하여 가격을 책정하나, 두 시장에서의 가격은 모두 한계비용보다 높은 수준에서 결정된다.

④ 제3급 가격차별을 시행하면 독점기업은 각 시장에서의 판매량을 $MR_1=MR_2=MC$인 점에서 결정한다.

⑤ 3급가격차별의 경우 수요의 가격탄력성이 상대적으로 작은 시장에서 더 높은 가격이 설정된다.

09 리카도 대등정리 정답 ①

출제 포인트 정부지출재원을 국채를 통하든 조세를 통하든 국민소득은 전혀 증가하지 않는다는 것을 리카르도 등가정리라 한다.

정답

리카도의 대등정리에 의하면 국채발행을 통해 조세가 삭감된다 하더라도 미래의 조세부담증가로 인해 저축이 증가할 뿐 소비는 증가하지 않는다고 보았다.

오답피하기

② 리카도의 대등정리에 의하면 '$(Y-T-C)+(T-G)=I$'모형에서 국채발행으로 정부저축 $T-G$가 감소하면 그만큼 민간저축 $Y-T-C$가 증가하기에 이동하지 않아 이자율은 불변이다.

③ 케인즈는 소비자들이 유동성제약에 직면해 있는 경우에는 경제가 침체되어 있기 때문에 국채발행을 통해 조세가 감면되면 민간저축이 증가하기보다는 민간소비가 증가한다고 리카도 대등정리를 반박하였다.

④, ⑤ 리카도의 대등정리는 현재의 소득뿐만 아니라 미래의 소득도 고려하는 합리적인 소비자를 가정하는 항상소득가설에 기초를 두고 있다.

10 성장회계 정답 ②

출제 포인트 경제성장을 요인별로 분석해 보는 것을 성장회계라 하고, $\frac{\Delta Y}{Y}=\frac{\Delta A}{A}+\alpha\frac{\Delta K}{K}+(1-\alpha)\frac{\Delta L}{L}$로 나타낸다.

정답

생산함수인 $Y=AL^{\alpha}K^{1-\alpha}$를 증가율 형태로 나타낸 $\frac{\Delta Y}{Y}=\frac{\Delta A}{A}+\alpha\left(\frac{\Delta L}{L}\right)+(1-\alpha)\left(\frac{\Delta K}{K}\right)$에서 경제성장률은 10%, 노동증가율은 10%, 자본증가율은 5%, 총요소생산성증가율은 3%이기에 $10=3+(\alpha\times10)+(1-\alpha)\times5$, $5\alpha=2$, 노동소득분배율은 $\alpha=0.4$이다.

18회 2014 노무사(2)

정답 p.283

01	④ 거시	02	③ 국제	03	① 거시	04	① 국제	05	④ 미시
06	④ 미시	07	① 거시	08	③ 미시	09	④ 미시	10	④ 거시

01 케인즈이론 정답 ④

(출제 포인트) 케인즈학파는 수요측면을 중시하고 단기분석에 집중하여 정부개입을 주장한다.

(정답)
케인즈는 공급이 수요를 창조하는 세이의 법칙은 성립하지 않으며, 유효수요의 부족을 경기침체의 원인으로 본다.

(오답피하기)
① 케인즈(학파)의 실업발생원인은 경기침체에 의한 유효수요부족이나, 실업이 해소되지 않는 이유는 임금의 하방경직성 때문이다.
② 케인즈는 투자가 이자율이 아닌 기업가의 기대와 동물적 감각(animal spirit)에 의해 결정된다고 주장하였다.
③ 케인즈는 불경기시 시장가격의 자동조절기능으로 해결할 수 없고 재정정책이나 통화정책과 같은 정부의 개입이 필요하다고 주장하였다.
⑤ 케인즈는 저축의 역설은 국민들이 저축을 많이 하게 되면 오히려 경기를 악화시킨다는 저축의 역설을 주장하였다.

02 환율 정답 ③

(출제 포인트) 환율상승은 자국 화폐가치하락으로 원화의 평가절하이고, 환율하락은 자국 화폐가치상승으로 원화의 평가절상이다.

(정답)
환율이 하락하면 원화의 가치가 상승하기에 수출재의 가격이 상승하여 수출은 감소한다.

(오답피하기)
① 환율의 상승은 원화의 가치하락을 의미한다.
② 구매력평가설에 따르면 '환율변화율 = 국내물가상승률 − 해외물가상승률'이기에 국내물가상승률이 미국물가상승률보다 크다면 환율변화율이 0보다 크기에 환율은 상승한다.
④ 환율이 하락하면 미국으로 동일한 달러의 크기를 송금하기 위해 필요한 원화의 크기가 감소하기에 부모들의 부담이 줄어든다.
⑤ 미국인의 주식투자자금이 국내에 유입되면 외환의 공급이 증가하기에 환율은 감소한다.

03 학파비교 정답 ①

(출제 포인트) 고전학파는 세이의 법칙을 주장하고, 케인즈학파는 절약의 역설을 강조한다.

(정답)
케인즈는 투자가 이자율보다는 기업가의 기대와 동물적 감각(animal spirit)에 의해 결정된다고 주장하였다. 즉, 케인즈 경제학자들은 투자의 이자율탄력성이 매우 작다고 주장한다.

(오답피하기)
② 케인즈 경제학자는 통화정책은 중앙은행이 실시하고 효과가 나타날 때까지 시중에서 다소 시간이 소모되기에 외부시차가 길다고 주장하였다.
③ 통화주의는 스태그플레이션의 원인을 케인즈학파의 무분별한 정부개입이라고 비판하였고, 준칙에 따른 통화정책을 실시할 것을 주장하였다.
④ 케인즈 경제학자는 이자율이 매우 낮은 경우 모두 채권을 보유하려 하기에 반비례적으로 채권가격은 매우 높다고 주장하였다. 이때, 이자율이 바닥을 치고 다시 상승하고 이에 따라 채권가격이 하락할 것을 예상하기에 모두 채권구매를 위해 화폐를 보유하는 유동성함정이 존재한다고 주장하였다.
⑤ 통화주의자는 화폐수요의 이자율탄력성이 작아 LM곡선이 급경사이기에 구축효과가 크게 나타난다고 보았으나, 케인즈학파는 화폐수요의 이자율탄력성이 커 LM곡선이 완만하여 구축효과는 작게 나타난다고 보았다.

04 무역 정답 ①

(출제 포인트) 국제시장가격을 국내수요곡선과 국내공급곡선에 대입하여 나온 각 생산량의 차이가 수출량이다.

(정답)
- 국제시장가격이 $P=5$이기에 이를 각 국내수요곡선과 국내공급곡선에 대입하면 국내수요량은 2, 국내공급량은 5이다.
- 이때, 국내공급량과 국내수요량의 차이가 수출량이기에 구리 생산업체들의 수출량은 3이고 국내판매량은 국내수요량인 2이다.

05 수요곡선 정답 ④

출제 포인트 수요곡선이 이동하면 가격과 판매량은 같은 방향으로 변한다.

정답

- 수요곡선이 이동하면 가격과 판매량은 같은 방향으로 변하기에 수요곡선은 우측으로 이동하였다.
- 이때, 공급곡선이 이동하면 그 변화폭에 따라 가격과 판매량이 증가하거나 감소하기에 공급곡선은 이동하지 않았다.

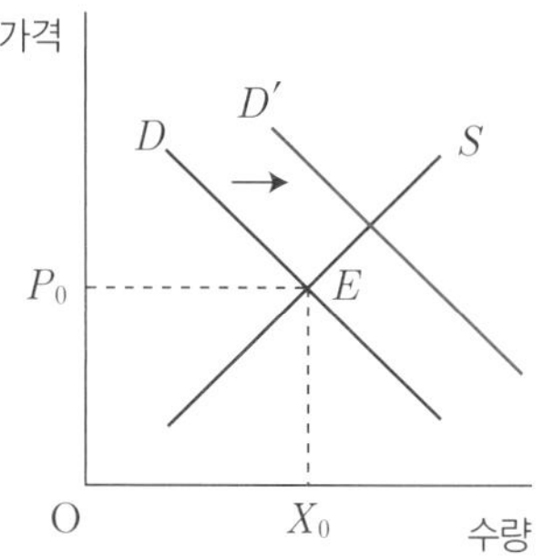

06 효율성임금 정답 ④

출제 포인트 기업은 시장의 균형임금보다 높은 효율성임금(실질임금 한 단위당 근로의욕이 최대가 되는 임금)을 지급함으로써 역선택, 도덕적 해이 등을 방지할 수 있게 되어 이윤이 증가한다는 것이 효율성임금이론이다.

정답

효율성임금은 실질임금 한 단위당 근로의욕이 최대가 되는 임금으로 노동시장 균형임금보다 높게 결정되기에 근로자의 생산성 또는 근로의욕에 영향을 미치고 근로자의 도덕적 해이를 억제하는 데 기여한다.

오답피하기

① 기업이 상대적으로 낮은 임금을 제시하면, 낮은 능력의 노동자만 고용되는 역선택이 발생할 수 있다.

②, ③ 효율성임금은 노동시장 균형임금보다 높게 고정되기에 임금의 하방경직성이 발생하고, 임금이 상승하기에 고용량이 감소하여 실업이 발생한다.

⑤ 효율성 임금은 노동시장의 균형임금보다 높게 설정되기에 근로자들의 근로의욕을 향상시켜 생산성을 높인다.

07 솔로우모형 정답 ①

출제 포인트 솔로우모형은 1차 $C-D$ 생산함수를 가정하기에 자본과 노동 모두 한계생산성이 체감한다.

정답

솔로우모형은 자본에 대한 수확체감이 성립하기에 상대적으로 1인당 자본량이 많은 선진국은 경제성장률이 작고 1인당 자본량이 적은 개발도상국은 경제성장률이 높아 결과적으로 균제상태에서 두 국가가 수렴한다고 보았다.

08 노동시장 정답 ③

출제 포인트 기업의 노동수요는 한계생산물가치($VMP_L = MP_L \times P$)와 명목임금(w)이 같아지는 수준에서 결정된다.

정답

완전경쟁기업의 노동수요량은 한계생산물가치($VMP_L = MP_L \times P$)와 명목임금(w)이 같아지는 수준인 $VMP_L = w$에서 결정된다.

오답피하기

①, ② 노동비용이 총비용에서 차지하는 비중이 클수록 부담이 증가하기에 노동수요의 임금탄력성은 커지고, 노동을 자본으로 대체하기 쉬울수록 노동수요의 임금탄력성은 커진다.

④ 노동시장이 수요독점이면 완전경쟁일 때보다 균형임금도 낮고 고용량도 적은 수준으로 결정된다.

⑤ 1차 노동시장은 2차 노동시장에 비해 교육수준이 높은 사람들이 주요 고용되는 시장이다.

09 파레토효율성 정답 ④

출제 포인트 효용가능경계와 사회무차별곡선이 접하는 점에서 사회후생극대화가 달성된다.

정답

파레토효율적인 자원분배는 효용가능경계의 모든 점 위에서 이루어지고, 사회후생이 극대화되는 점은 효용가능경계와 사회무차별곡선이 접하는 한 점에서 이루어진다.

오답피하기

① 어느 한 사람의 효용을 감소시키지 않고서 다른 사람의 효용을 증가시킬 수 없는 상태를 파레토개선이라 하고, 모든 개인의 효용이 극대화되어 자원배분이 가장 효율적인 상태이고 더 이상 파레토개선이 불가능한 배분상태를 파레토효율성이라 한다.

② 시장구조가 완전경쟁적이고 외부성 등의 시장실패요인이 존재하지 않는다면 일반경쟁균형의 자원배분은 파레토효율적이라는 것이 후생경제학의 제1정리로, '보이지 않는 손'의 역할을 증명한 것이다.

③ 파레토효율성은 자원배분의 효율성만을 판단하는 기준으로 파레토효율적인 자원배분이 평등한 소득분배를 보장할 수 있는지 여부는 판단할 수 없다.

⑤ 파레토효율성은 사회후생이 극대화되는 무수히 많은 점들 중 한 점이다.

10 필립스곡선 정답 ④

출제 포인트 명목임금상승률과 실업률의 관계를 나타내는 곡선을 필립스곡선이라 한다. 현재는 명목임금상승률 대신 인플레이션율로 수정하여, 총수요곡선의 이동으로 인플레이션율과 실업률이 반비례[$\pi = -\alpha(U-U_N)$]인 필립스곡선을 도출할 수 있다.

정답

기대부가 필립스곡선은 $\pi = \pi^e - \alpha(U-U_N)$이기에 예상인플레이션율 π^e가 상승하면 y절편인 $\pi^e + \alpha U_N$이 상승하기에 우하향하는 단기 필립스곡선은 우상방으로 이동한다.

오답피하기

① 장기에는 화폐환상이 사라지고 인플레이션이 정확히 예상되기에 수직선의 필립스곡선이 나타난다.

② 필립스곡선은 명목임금상승률(인플레이션율)과 실업률 간의 반비례의 관계를 나타낸다.

③ 필립스곡선은 초기에 인플레이션율과 실업률이 반비례의 관계를 가진다고 주장하였으나, 1970년대 석유파동으로 인플레이션율과 실업률이 동시에 높아지는 스태그플레이션 현상이 발생하여 기존의 필립스곡선이 불안정함을 보여주었다.

⑤ 새고전학파는 합리적 기대를 가정하기에 예상된 정부정책을 실시하면 단기에서도 필립스곡선은 자연실업률 수준에서 수직이다.

19회 2013 노무사(1)

정답 p.286

01	② 거시	02	④ 미시	03	③ 미시	04	① 미시	05	④ 미시
06	① 미시	07	③ 거시	08	④ 거시	09	③ 미시	10	④ 미시

01 경제활동참가율 정답 ②

(출제 포인트) 일할 의사가 없는 전업주부, 일할 능력이 없는 환자, 실망실업자, 취업준비생 등을 비경제활동인구라 하고, 15세 이상 인구 중에서 군인, 교도소 수감자 등을 제외한 사람으로 경제활동인구와 비경제활동인구의 합을 생산가능인구라 한다.

(정답)

ㄱ. 배우자의 실질임금의 크기에 따라 기혼여성의 경제활동참가 여부가 결정될 수 있다.

ㄴ. 취학 이전의 자녀의 수가 많다면 기혼여성이 경제활동참가를 포기하고 가사에 전념할 가능성이 크기에 경제활동참가율을 결정하는 요인이 될 수 있다.

ㄷ. 교육수준이 높은 기혼여성일수록 일자리를 찾고자 하는 경향이 높다.

02 임금격차 정답 ④

(출제 포인트) 비금전적인 직업속성의 차이를 보상해주기 위한 임금의 차이를 보상적 임금격차라고 한다.

(정답)

성별 임금격차는 보상적 임금격차가 아니라 일종의 차별이다.

(오답피하기)

①, ②, ③, ⑤ 보상적 임금격차는 노동강도의 차이, 작업환경의 차이, 교육·훈련비용의 차이 등에 따라 발생하는 근로조건의 여부에 따라 지급되는 임금 간의 격차를 의미한다.

03 노동시장균형 정답 ③

(출제 포인트) 우하향하는 개별기업 노동수요곡선(VMP_L)과 수평의 노동공급곡선(w)이 만나는 점에서 개별기업의 고용량이 결정된다.

(정답)

- 생산함수인 $Y=200N-N^2$을 N에 대해 미분한 노동의 한계생산물은 $MP_N=200-2N$이고, 재화가격이 1이기에 노동수요곡선은 $VMP_N=MP_N\times P=200-2N$이다.
- 이때, 근로자의 여가 1시간당 가치인 40이라는 것은 여가의 기회비용으로 임금을 의미하기에 임금은 $w=40$이다.
- 노동시장의 균형의 조건은 $VMP_N=w$이기에 $200-2N=40$, $N=80$이다.

04 노동시장균형 정답 ①

(출제 포인트) 시장노동수요곡선과 시장노동공급곡선이 만나는 점에서 시장의 임금과 고용량이 결정된다.

(정답)

노동수요곡선과 노동공급곡선을 연립하면 $19{,}000-w=-4{,}000+w$, 균형임금은 $w=11{,}500$, 균형노동량은 $L=7{,}500$이다.

05 무차별곡선 정답 ④

(출제 포인트) 완전보완재의 경우 무차별곡선은 'L자형'이고, 완전대체재의 경우 우하향의 직선 형태이다.

(정답)

두 재화가 완전대체재일 경우 무차별곡선은 우하향의 직선이다.

(오답피하기)

① (−)의 한계효용을 가지는 비재화의 소비량이 증가할 때 동일한 효용이 유지되려면 (+)의 한계효용을 가지는 재화의 소비량이 증가해야 하기에 무차별곡선은 우상향의 형태가 된다.

② 일반적으로 두 상품이 모두 재화인 경우 무차별곡선은 우하향하는 원점에 대해 볼록한 곡선이고 이는 한계대체율이 체감함을 의미한다.

③ 무차별곡선은 원점에서 멀어질수록 효용이 커지고 무차별곡선은 교차하지 않는다.

⑤ 두 상품이 모두 재화인 경우 무차별곡선은 원점에서 멀어질수록, 모두 비재화인 경우 원점에서 가까워질수록 효용수준이 높아진다.

06 후생극대화 정답 ①

(출제 포인트) $P=MC$일 때 사회후생이 극대화된다.

(정답)

독점시장일지라도 사회전체의 후생이 극대화되기 위한 조건은 $P=MC$이고 $Q_D=45-\frac{1}{4}P$에서 $P=180-4Q$, 비용함수인 $TC=100+Q^2$을 Q에 대해 미분한 한계비용은 $MC=2Q$이기에 $P=MC$, $180-4Q=2Q$, $Q=30$이다.

07 실업률 정답 ③

출제 포인트 경제활동인구 중에서 실업자가 차지하는 비중을 실업률이라 하고, 15세 이상 인구 중에서 경제활동인구가 차지하는 비중을 경제활동참가율이라 한다.

정답

ㄴ, ㄷ. 실업률은 $\left(\frac{\text{실업자}}{\text{경제활동인구}(=\text{실업자}+\text{취업자})}\right)\times 100$이고 실업자가 비경제활동인구로 전환되면 분모의 감소율보다 분자의 감소율이 더 크고, 비경제활동인구가 취업자로 전환되면 분모만 증가하기에 실업률은 하락한다.

오답피하기

ㄱ, ㄹ. 실업률은 $\left(\frac{\text{실업자}}{\text{경제활동인구}(=\text{실업자}+\text{취업자})}\right)\times 100$이고 취업자가 비경제활동인구로 전환되면 분모만 감소하고, 비경제활동인구가 실업자로 전환되면 분모의 증가율보다 분자의 증가율이 더 크기에 실업률은 상승한다.

08 승수 정답 ④

출제 포인트 정부지출승수는 $\frac{1}{1-c(1-t)-i+m}$이다.

정답

- 정부지출승수는 $\frac{dY}{dG}=\frac{1}{1-c-i+m}$이고 한계소비성향 $c=0.5$, 유발투자계수 $i=0.4$, 한계수입성향 $m=0.1$이기에 $\frac{dY}{dG}=\frac{1}{1-c-i+m}=\frac{1}{1-0.5-0.4+0.1}=5$이다.
- 이때, 정부지출승수가 5이기에 정부지출이 1만큼 증가하면 국민소득이 5만큼 증가하고 한계소비성향이 0.5이기에 민간소비지출은 2.5만큼 증가한다.

09 생산함수 정답 ③

출제 포인트 1차동차 생산함수는 규모에 대한 수익불변이다.

정답

주어진 생산함수는 1차 $C-D$형 동차 함수이기에 노동과 자본투입량이 모두 1% 증가하면 생산량도 정확히 1% 증가하는 규모수익 불변이다.

10 생산함수 정답 ④

출제 포인트 가변요소를 한 단위 추가 투입시 총생산물의 증가분을 한계생산물이라 하고, 총생산물을 미분한 값으로 총생산물곡선상 접선의 기울기로 구한다.

정답

기업의 생산함수인 $Q=L^{0.5}K$를 K에 대해 미분한 자본의 한계생산은 $MP_K=\sqrt{L}$이기에 자본의 한계생산은 자본투입량에 관계없이 노동투입량에 의해 결정된다.

오답피하기

① 생산함수인 $Q=L^{0.5}K$는 1.5차 동차 함수이기에 규모에 대한 수익이 체증한다.

②, ⑤ 생산함수인 $Q=L^{0.5}K$를 L과 K에 대해 미분한 노동과 자본의 한계생산물은

- $MP_L=0.5L^{-0.5}K=\frac{K}{2L^{0.5}}=\frac{K}{2\sqrt{L}}$
- $MP_K=L^{0.5}=\sqrt{L}$
- $MP_L=\frac{K}{2\sqrt{L}}$이기에 노동투입량이 증가하면 노동의 한계생산물은 감소하고 자본의 한계생산은 증가한다.

③ 생산자균형조건은 $MRTS_{LK}=\frac{w}{r}$이고 생산함수 $Q=L^{0.5}K$는 $C-D$형 함수이기에 $MRTS_{LK}=\frac{1}{2}\frac{K}{L}$이다. 노동과 자본의 단위당 가격이 동일할 때, $r=w$이기에 $MRTS_{LK}=\frac{w}{r}$, $\frac{1}{2}\frac{K}{L}=1$, $K=2L$이다. 즉, 자본투입량은 노동투입량의 2배이다.

20회 2013 노무사(2)

정답

p.289

01	③ 미시	02	① 미시	03	① 미시	04	④ 미시	05	④ 미시
06	② 미시	07	① 미시	08	② 국제	09	③ 미시	10	④ 미시

01 완전경쟁시장 정답 ③

출제 포인트 생산물시장이 완전경쟁이면, 가격과 한계수입이 일치하기에 한계수입생산(MRP_L)과 한계생산물가치(VMP_L)가 일치한다.

정답

ㄱ. 상품시장과 생산요소시장이 완전경쟁시장일 때, $VMP_L = MRP_L = MFC_L = w$가 성립한다.

ㄷ. 생산물시장과 요소시장이 모두 완전경쟁일 때 노동수요곡선은 $VMP_L = MP_L \times P$이기에 기술진보로 노동의 한계생산물(MP_L)이 증가하면 노동수요곡선이 우측 이동한다.

오답피하기

ㄴ. 생산물시장과 요소시장이 모두 완전경쟁일 때 노동수요곡선은 $VMP_L = MP_L \times P$이기에 상품의 가격이 상승하면 노동수요곡선은 우측 이동한다.

02 효율성임금 정답 ①

출제 포인트 기업은 시장의 균형임금보다 높은 효율성임금을 지급함으로써 역선택, 도덕적 해이 등을 방지할 수 있게 되어 이윤이 증가한다는 것이 효율성임금이론이다.

정답

효율성임금은 실질임금 한 단위당 근로의욕이 최대가 되는 임금으로 시장의 균형임금보다 높게 결정되기에 근로자의 생산성 또는 근로의욕에 영향을 미친다.

오답피하기

② 기업은 시장의 균형임금보다 높은 효율성임금을 지급한다.

③ 기업은 숙련노동자에 대한 정보가 불완전하기에 감춰진 행동으로 인한 도덕적 해이가 발생하고, 효율성임금은 도덕적 해이를 억제하는 데 효과가 있다.

④ 효율성임금은 실질임금이 시장의 균형임금보다 높은 수준에서 경직성을 띠고 고정되기에 기업의 임금 비용이 증가하고 이로 인해 비자발적 실업이 발생한다.

⑤ 내부자 – 외부자 이론에 관한 설명이다.

03 효용극대화 정답 ①

출제 포인트 예산선의 기울기가 한계대체율(MRS_{XY})보다 크다면 Y재만을 구입한다.

정답

- 효용함수가 $U = X + 2Y$로 우하향 직선이기에 무차별곡선의 기울기는 $\frac{1}{2}$이고, 예산선의 기울기는 $\frac{P_X}{P_Y} = 2$이다.
- 이때, 예산선의 기울기가 무차별곡선의 기울기보다 더 가파르기에 소비자는 Y재만 소비한다.
- X재 가격이 1로 하락하더라도 예산선의 기울기가 $\frac{P_X}{P_Y} = 1$로 여전히 무차별곡선의 기울기보다 더 가파르기에 소비자의 재화 소비량은 변하지 않는다.

04 수요곡선 정답 ④

출제 포인트 독점에서 평균수입곡선은 우하향의 수요곡선이며, 한계수입곡선은 수요곡선과 절편이 동일하고, 기울기는 수요곡선의 2배이다.

정답

ㄴ. 시장형태에 관계없이 기업이 직면하는 수요곡선은 $P = AR$이 성립하기에, 상품의 수요곡선이 우하향하는 직선일 때 생산량이 증가할수록 평균수입 AR은 감소한다.

ㄷ. 수요곡선 $P = AR$이 우하향의 직선일 때, 한계수입곡선 MR은 수요곡선과 절편은 동일하고 기울기는 수요곡선의 2배인 우하향의 직선이기에 생산량이 증가할수록 한계수입 MR은 감소한다.

오답피하기

ㄱ. 수요곡선이 우하향하는 직선일 때, 수요의 가격탄력성이 1보다 큰 구간에서는 생산량이 증가할수록 총수입 TR은 증가하다가 수요의 가격탄력성이 1보다 작은 구간에서는 총수입 TR은 감소한다.

05 가격차별 정답 ④

출제 포인트 각 단위의 재화에 대하여 소비자들이 지불할 용의가 있는 최대금액을 설정하는 것이 제1급 가격차별이고, 재화구입량에 따라 각각 다른 가격을 설정하는 것이 제2급 가격차별이며, 시장을 몇 개로 분할하여 각 시장에서 서로 다른 가격을 설정하는 것이 제3급 가격차별이다.

정답
독점기업이 완전가격차별을 하는 경우 완전경쟁시장에서와 동일한 $P=MC$에서 균형가격과 생산량이 결정되기에 사회적으로 효율적인 수준을 달성한다.

오답피하기
① 동일한 수요자를 대상으로 구입량에 따라 가격을 차별하는 것은 제2급 가격차별이다.
② 시장을 몇 개로 분할하여 각 시장에서 서로 다른 가격을 설정하는 것은 제3급 가격차별이다.
③ 독점기업이 분리된 두 시장에서 가격차별을 실시하는 경우 $MR_A = MR_B = MC$가 성립한다.
⑤ 가격차별을 실시할 때, 수요의 가격탄력성이 큰 시장에는 상대적으로 낮은 가격을 설정한다.

06 독점적 경쟁시장 정답 ②

출제 포인트 제품차별화를 통한 어느 정도의 시장지배력을 갖고 비가격경쟁을 보이며, 다수의 기업이 존재하고, 진입과 퇴거가 대체로 자유로운 것 등은 독점적 경쟁의 특징이다.

정답
독점적 경쟁시장은 완전경쟁시장과 달리 상품의 디자인이나 기능 등에서 비슷하지만 약간씩 차별화된 재화를 생산한다.

오답피하기
① 독점적 경쟁시장은 진입과 퇴거가 자유롭기에 다수의 기업이 존재한다.
③ 독점적 경쟁은 $P=LAC>MC$에서 장기 균형점이 결정되고 평균비용곡선 최소점의 좌측에서 생산하기에 생산량 수준이 최적 수준에 미달하는 초과설비가 존재한다.
④, ⑤ 독점적 경쟁시장은 진입과 퇴거가 자유롭고 $P=LAC$에서 장기 균형이 결정되기에 초과이윤은 0이다.

07 총공급곡선 정답 ①

출제 포인트 인구증가, 생산성향상, 기술진보 등으로 총공급곡선은 우측으로 이동한다.

정답
임금이 상승하면 기업들이 지출해야 하는 비용이 상승하기에 총공급곡선이 왼쪽으로 이동한다.

오답피하기
②, ③, ④ 통화량증가, 독립투자증가, 정부지출증가는 모두 총수요곡선(AD)을 오른쪽으로 이동시키는 요인이다.
⑤ 수입원자재의 가격이 하락하면 기업들의 생산이 증가하기에 총공급곡선이 우측 이동한다.

08 환율 정답 ②

출제 포인트 외화의 국외유출인 외화의 수요와 외화의 국내유입인 외화의 공급에 의해 환율이 결정된다. 자국민의 해외관광, 조기유학, 수입, 차관 상환, 자국민의 해외투자 등은 외화의 수요요인이고, 외국인의 국내관광, 국내유학, 수출, 차관 도입, 외국인의 국내투자 등은 외화의 공급요인이다.

정답
미국산 제품의 국내수입이 증가하면 지출을 위한 달러(외환)의 수요가 증가하기에 환율이 상승한다.

오답피하기
①, ③, ④, ⑤ 달러자본의 국내투자 확대, 달러자본의 국내부동산 매입, 국내산 제품의 수출 증가, 미국 달러자본의 국내주식 매입은 모두 달러가 국내로 유입되는 외환공급의 증가로 환율의 하락 요인이다.

09 가격탄력성 정답 ③

출제 포인트 수요의 가격탄력도는 가격의 변화율(%)에 대한 수요량의 변화율(%)이다.

정답
- X재 가격이 상승했음에도 불구하고 X재의 소비지출액은 변하지 않았다는 것은 정액구매를 했다는 것을 의미하고, Y재 가격이 10% 상승했을 때 Y재의 소비지출액이 10% 증가하였다는 것은 정량구매를 했다는 것을 의미한다.
- 정액구매인 X재의 경우 수요곡선은 직각쌍곡선으로 탄력도가 1인 단위탄력적이고, 정량구매인 Y재의 경우 수요곡선이 수직선인 완전비탄력적이다.

10 소득여가모형 정답 ④

출제 포인트 임금상승시 노동자의 노동공급 증감여부는 대체효과와 소득효과의 상대적 크기에 의하여 결정된다.
대체효과: w↑ → $P_{여가}$↑ → 여가소비↓ → 노동시간↑
소득효과: w↑ → 실질소득 ↑ → 여가소비↑ → 노동시간↓ (여가: 정상재)
→ 여가소비↓ → 노동시간↑ (여가: 열등재)

정답
ㄴ. 임금이 상승할 때, 여가의 상대가격이 상승하며 대체효과로 여가의 소비가 감소하고 이로 인해 노동의 공급은 증가한다. 이때, 여가가 정상재인 경우 소득효과는 항상 (−)의 값을 가지기에 임금상승으로 인한 실질소득의 증가로 인해 노동의 공급은 감소한다. 그러므로 대체효과가 소득효과를 능가한다면 노동의 공급은 증가한다.

오답피하기
ㄱ. 여가가 열등재인 경우, 대체효과와 소득효과 모두 노동의 공급은 증가하고 노동공급곡선은 반드시 우상향한다.
ㄷ. 대체효과와 소득효과에 따라 우상향 또는 후방굴절하는 개별노동공급곡선을 수평으로 합하여 도출한 곡선이 완만한 우상향의 시장노동공급곡선이다.

21회 2012 노무사(1)

정답 p.292

01	③ 미시	02	③ 미시	03	① 미시	04	③ 미시	05	① 미시
06	② 미시	07	② 미시	08	④ 미시	09	④ 국제	10	② 미시

01 완전경쟁시장 정답 ③

(출제 포인트) 다수의 수요자와 공급자가 존재하고, 재화가 완전히 동질적이며, 자유로운 진입과 퇴거 및 완전한 정보 등은 완전경쟁의 특징이다.

(정답)
비용불변산업의 경우 산업의 공급은 완전탄력적이기에 장기 공급곡선이 수평선이고 장기 균형가격은 시장수요의 크기에 관계없이 일정하다.

(오답피하기)
① 완전경쟁에서 $P=AR=MR$이고 완전한 정보와 완전한 재화의 동질성을 특징으로 가지기에 개별기업이 직면하는 수요곡선은 완전탄력적인 수평선이다.
② AVC곡선의 최저점에서 $TR=TVC$가 성립하고 TVC는 최소요구금액으로 최저점보다 낮은 가격에서 생산하면 단기에도 조업을 중단해야 하기에 AVC곡선의 최저점이 단기에 조업중단점이 된다.
④ 완전경쟁시장은 효율적인 자원배분의 조건인 $P=MC$에서 균형이 이루어지기에 사회후생이 극대화된다.
⑤ 비용체증산업의 경우 생산량이 증가함에 따라 생산비용이 상승하기에 장기공급곡선은 우상향한다.

02 피셔방정식 정답 ③

(출제 포인트) 실질이자율에 기대인플레이션율을 더한 값이 명목이자율이라는 피셔의 방정식에서, 피셔효과란 인플레이션이 발생하면 기대인플레이션율이 상승하여 명목이자율이 비례적으로 상승하는 효과를 뜻한다.

(정답)
- 화폐유통속도가 일정하면 화폐유통속도 증가율은 0%이며 $MV=PY$를 증가율로 나타내면 $\frac{dM}{M}+\frac{dV}{V}=\frac{dP}{P}+\frac{dY}{Y}$이다. 이때, $\frac{dV}{V}=0$, $\frac{dY}{Y}=3\%$, $\frac{dM}{M}=6\%$이기에 물가상승률(인플레이션율)은 $\frac{dP}{P}=3\%$이다.
- 명목이자율이 10%이고, 인플레이션율이 3%이기에 실질이자율은 7%이다.

03 통화승수 정답 ①

(출제 포인트) 본원통화가 1단위 공급되었을 때 통화량이 얼마나 증가하였는지를 보여주는 배수를 통화승수라 하고, $m=\frac{\text{통화량}}{\text{본원통화}}$이다.

(정답)
통화량 $=$ 현금 $+$ 예금 $=150+450=600$이고 본원통화 $=$ 현금 $+$ 지급준비금 $=150+90=240$이기에 통화승수는 $m=\frac{\text{통화량}}{\text{본원통화}}=\frac{600}{240}=2.5$이다.

04 2기간모형 정답 ③

(출제 포인트) 이자율상승시 저축자의 저축증감여부는 대체효과($r\uparrow\rightarrow P_{\text{현재소비}}\uparrow\rightarrow$ 현재소비$\downarrow$(미래소비$\uparrow$))와 소득효과($r\uparrow\rightarrow$ 실질소득$\uparrow\rightarrow$ 현재소비$\uparrow$(미래소비$\uparrow$))의 상대적 크기에 의하여 결정된다.

(정답)
ㄱ. 현재소비와 미래소비가 모두 정상재이기에 1기나 2기의 소득이 증가하면 1기와 2기 소비가 모두 증가한다.
ㄷ. 실질이자율이 상승하면 현재소비의 기회비용이 상승하기에 대체효과에 의해 현재소비를 줄이고 미래소비는 증가하나, 제1기에 소득이 소비보다 큰 소비자의 경우 저축자이기에 실질이자율이 상승하면 소득이 상승하고 소득효과가 발생하여 현재소비와 미래소비 모두 증가하기에 제2기의 소비는 항상 증가한다.

(오답피하기)
ㄴ. 미래소비가 정상재이기에 2기 소득이 증가하면 2기 소비가 증가한다.

05 교차탄력성 정답 ①

(출제 포인트) 다른 재화의 가격이 1% 변화할 때, 본 재화의 수요량 변화율이 교차탄력성으로, $(+)$일 때 대체재, $(-)$일 때 보완재이다.

(정답)
- 개인 A의 X재 수요의 가격탄력성이 1보다 작다면 가격소비곡선(PPC)이 우상향하고 X재 가격이 상승할 때 X재와 Y재의 소비량이 모두 감소(ㄱ)하기에 두 재화는 서로 보완재 관계이다.
- 그러므로 X재 가격에 대한 Y재 수요의 교차탄력성(ㄴ)은 음$(-)$의 값을 갖는다.

06 시장실패 정답 ②

(출제 포인트) 시장의 가격기구가 효율적인 자원배분을 가져오지 못하는 것을 시장실패라 한다.

(정답)

ㄱ. 긍정적 외부효과가 발생하는 경우, 제3자는 추가적인 한계편익을 얻기에 사회적인 최적수준에 비해 과소생산한다.

ㄴ. 공유지의 비극은 소비가 경합적이나 비배제성으로 공유자원이 과다하게 이용되어 발생한다.

(오답피하기)

ㄷ. 개인들의 한계편익을 합한 사회적인 한계편익이 한계비용보다 작다면 한계편익이 체감하는 공공재 공급을 감소시켜 한계편익을 증가시키는 것이 바람직하다.

07 수요독점 정답 ②

(출제 포인트) 생산요소시장이 불완전경쟁이고 생산물시장도 불완전경쟁이면, 한계요소비용(MFC_L)이 평균요소비용(AFC_L)보다 더 높기에 고용량은 $MRP_L = MFC_L$에서 결정되고, 해당 고용량에 해당하는 $W(= AFC_L)$ 곡선에서 임금이 결정된다.

(정답)

- 총요소비용 $TFC_L = wL = 100L + 5L^2$을 L에 대해 미분한 한계요소비용 $MFC_L = 100 + 10L$이고 생산물시장에서 독점기업이고 노동시장에서 수요독점자인 A기업의 이윤극대화 조건은 $MRP_L = MFC_L$이기에 $300 - 10L = 100 + 10L$, $L = 10$이다.
- 이때, $L = 10$을 노동공급곡선 $w = 100 + 5L$에 대입하면 임금은 $w = 150$이다.

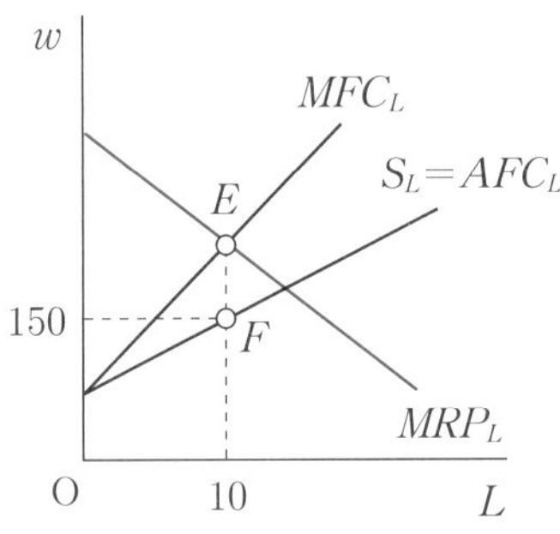

08 IS-LM모형 정답 ④

(출제 포인트) IS곡선의 상방은 균형보다 이자율이 높기에 투자 과소로 생산물시장이 초과공급상태이고, LM곡선의 하방은 균형보다 이자율이 낮기에 투기적 화폐수요의 과다로 화폐시장이 초과수요상태이다.

(정답)

- IS곡선과 LM곡선식을 연립하면 $5 - 0.1Y = 0.1Y$, 균형국민소득은 $Y = 25$, 이자율은 $r = 2.5$이다.
- 현재 상태에서의 국민소득이 30, 이자율이 2.5인 점은 그림의 A점이고 IS곡선 상방이기에 생산물시장이 초과공급, LM곡선이 하방이기에 화폐시장이 초과수요이다.

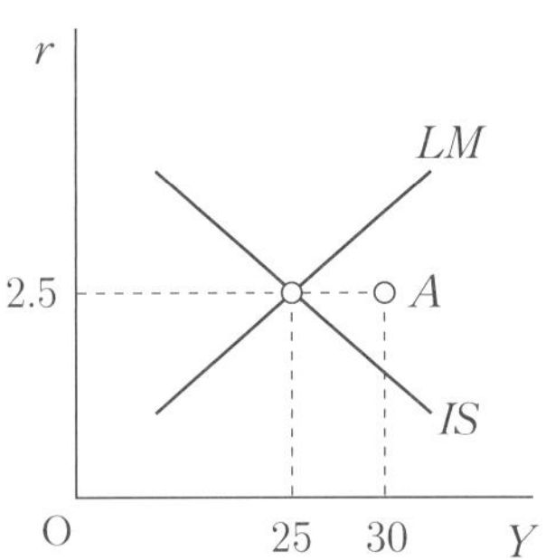

09 관세 정답 ④

(출제 포인트) (소국)관세가 부과되더라도 국제가격이 변하지 않아 교역조건은 불변이고 단위당 T원의 관세가 부과되면 국내가격이 T원만큼 상승한다.

(정답)

관세부과 이후 소비자잉여는 P_1P_2FK만큼 감소하고 생산자잉여는 P_1P_2GC만큼 증가하나 $HCFI$만큼의 조세수입이 발생하기에 경제적 순손실은 $\Delta CGH + \Delta FIK$의 면적이다.

(오답피하기)

① 관세부과 후 소비자가격은 P_2이기에 관세부과 후 X재의 수입량은 X재 국내수요량과 국내생산량의 차이인 CF이다.

② 폐쇄경제의 소비자잉여는 ΔAEP_E이고, 관세부과 후 소비자잉여는 ΔAFP_2이기에 소비자잉여의 증가분은 $\Delta AFP_2 - \Delta AEP_E = P_E EFP_2$이다.

③ 폐쇄경제의 사회적 잉여는 ΔAEB이고, 무관세 자유무역의 사회적 잉여는 소비자잉여와 생산자잉여의 합인 $\Delta AKP_1 + \Delta P_1GB$이기에 총잉여의 증가분은 $\Delta AKP_1 + \Delta P_1GB - \Delta AEB = \Delta EGK$이다.

⑤ 무관세 자유무역시 생산자잉여는 ΔBGP_1이고, 관세부과 후 생산자잉여는 ΔBCP_2이기에 생산자잉여의 증가분은 P_2CGP_1이다.

10 꾸르노모형 정답 ②

(출제 포인트) 두 기업이 모두 추종자라고 가정하는 꾸르노모형은 완전경쟁의 $\frac{2}{3}$만큼 생산한다.

(정답)

- 완전경쟁의 균형조건은 $P = MC$이고 $P = 60 - Q$, $MC = 30$이기에 $60 - Q = 30$, $Q = 30$이다.
- 꾸르노모형에서 각 기업은 완전경쟁의 $\frac{1}{3}$만큼 생산하고 전체 생산량은 완전경쟁의 $\frac{2}{3}$이기에 시장전체의 생산량은 $Q = 20$이고, 이를 수요함수에 대입하면 $P = 40$이다.

22회 2012 노무사(2)

정답 p.295

01	④ 미시	02	④ 거시	03	③ 미시	04	③ 미시	05	④ 미시
06	④ 미시	07	④ 거시	08	② 미시	09	① 거시	10	① 거시

01 독점적 경쟁 정답 ④

출제 포인트 독점적 경쟁은 $P=AC$이기에 정상이윤만을 획득하고, $P>MC$에서 생산하기에 자원배분이 비효율적으로 이루어진다.

정답

독점적 경쟁의 장기 균형은 $P=LAC>MC$에서 달성된다.

오답피하기

① 독점적 경쟁기업이 직면하는 수요곡선 P는 우하향하고 장기 균형은 $P=LAC>MC$에서 달성되기에 장기적으로 규모의 경제를 가지고 장기 평균비용곡선의 최저점보다 왼쪽에서 생산하기에 최소효율규모보다 적은 시설규모에서 생산한다.

② 독점적 경쟁시장은 진입과 퇴거가 자유롭고 $P=LAC$에서 장기 균형이 달성되기에 초과이윤은 0이다.

③, ⑤ 장기균형은 $P=LAC>MR=LMC$인 점에서 결정되기에 사회적 최적수준에 미달하나, 최소효율규모에서 생산이 이루어진다고 보기는 어렵다.

02 실업 정답 ④

출제 포인트 예상치 못한 인플레이션(제공임금상승), 실업보험의 축소(유보임금하락), 직업정보의 증대로 탐색기간이 줄고(제공임금 좌측 이동 + 유보임금 좌측 이동) 실업률이 하락한다.

정답

ㄱ. 실업급여가 확대되면 비근로소득이 증가되어 구직자들의 직업탐색 기간이 길어지기에 탐색적 실업이 증가할 수 있다.

ㄴ. 일자리에 대한 정보가 많아질수록 구직자들의 취업 가능성이 높아지기에 자연실업률은 낮아질 수 있다.

ㄷ. 구직단념자(실망노동자)는 구직활동을 포기한 사람이기에 경제활동인구인 실업자가 아니라 비경제활동인구로 분류된다.

03 비용이론 정답 ③

출제 포인트 노동투입량이 증가할 때 노동의 한계생산물이 감소하는 것을 한계생산물체감의 법칙이라고 한다.

정답

생산함수 $Q=L^{0.5}$를 L에 대해 미분한 노동의 한계생산물 $MP_L=0.5L^{-0.5}=\frac{1}{2\sqrt{L}}$이기에 수확체감의 법칙이 성립하여 노동투입량이 증가하면 MP_L은 감소한다.

오답피하기

① 노동수요곡선은 $VMP_L=P\times MP_L=P\times\frac{1}{2\sqrt{L}}$이기에 우하향한다.

② 노동의 적정고용조건은 $VMP_L=W$이기에 $VMP_L=P\times MP_L=P\times\frac{1}{2\sqrt{L}}=W$, $2\times\frac{1}{2\sqrt{L}}=1$, $L=1$이다.

④ 기업 A는 노동만을 사용하여 생산물을 생산하기에 총비용은 노동량에 임금을 곱한 $TC=wL$이다. 이때 생산함수 $Q=L^{0.5}$에서 $L=Q^2$이기에 $TC=wQ^2$이고 이를 Q에 대해 미분한 한계비용곡선은 $MC=2wQ$이기에 원점을 통과하는 직선이다.

⑤ 노동의 한계생산물이 감소하기에 노동의 평균생산물도 감소한다.

04 완전경쟁시장 정답 ③

출제 포인트 완전경쟁기업의 생산은 장기 평균비용곡선의 최소점에서 이루어진다.

정답

- 총비용곡선인 $C=q^3-2q^2+7q$를 생산량 q로 나눈 평균비용곡선은 $AC=q^2-2q+7$이고 완전경쟁시장의 장기 균형가격은 장기 평균비용의 최저점에서 결정된다.
- 장기 평균비용곡선의 최저점을 구하기 위해 AC를 q에 대해 미분하면 $\frac{dAC}{dq}=2q-2=0$, $q=1$이고 q를 다시 평균비용함수에 대입하면 최소 장기 평균비용은 6이기에 시장의 장기 균형가격은 6이다.

05 가격효과 정답 ④

출제 포인트 동일한 실질소득 수준에서 상대가격의 변화에 따른 구입량의 변화를 대체효과라 하고 항상 음(−)이다.

정답

ㄴ, ㄹ. X재 가격이 하락할 때, 대체효과는 항상 (−)의 값을 가지기에 X재 수요량이 증가하나 대체효과와 소득효과를 더한 가격효과에 의해서는 X재에 대한 수요량이 변하지 않았기에 소득효과는 대체효과와 동일한 절댓값의 (+)값을 가지고, 소득효과가 (+)이기에 X재는 열등재이다.

ㄷ. 대체효과는 항상 (−)의 값을 가지기에 X재 가격의 하락으로 인해 Y재 상대가격이 상승하면 대체효과에 의해 Y재 수요량은 감소한다. 이때, X재 가격이 하락하였음에도 X재의 수요량이 변하지 않았기에 효용을 극대화하는 소비자의 Y재 수요량은 증가한다. 이는 X재 가격의 하락으로 실질소득이 증가할 때 소득효과에 의한 Y재 수요량 증가가 대체효과에 의한 Y재 수요량 감소보다 크다는 것을 의미한다. 따라서 Y재는 정상재이다.

오답피하기

ㄱ. 두 재화가 완전보완재라면 X재 가격이 하락할 경우 X재와 Y재의 수요량이 모두 증가하여야 하기에 두 재화는 완전보완재가 아니다.

06 생산함수 정답 ④

출제 포인트 레온티에프형 생산함수 $Q=\min[\alpha L,\ \beta K]$의 생산자균형에서는 항상 $Q=\alpha L=\beta K$가 성립한다.

정답

- 생산함수가 레온티에프형 함수인 $Q=\min[2L,\ K]$이기에 $Q=2L=K$이다.
- 이때, $w=2$, $r=5$, $L=\frac{1}{2}Q$, $K=Q$이기에 총비용함수 $C=wL+rK$는 $C=Q+5Q=6Q$이다.
- 총비용함수 $C=Q+5Q=6Q$를 Q에 대해 미분한 한계비용곡선은 $MC=6$이다.

07 경제성장모형 정답 ④

출제 포인트 경제의 안정적 성장을 전제한 솔로우(Solow)모형은 지속적인 성장은 지속적인 기술진보에 의해 결정되나, 기술진보는 외생적으로 주어진 것으로 가정할 뿐 모형 내에서 기술진보의 원인을 설명하지 못한다.

정답

ㄴ. 솔로우(Solow)모형은 1차 $C-D$형 생산함수를 가정하기에 자본과 노동 모두 한계수확체감의 법칙이 성립한다.

ㄷ. 로머(P. Romer)의 $R\&D$모형은 기존의 외생변수였던 기술진보를 내생화하여 기업이 연구개발에 참여하거나 기술변화에 기여할 때 외부효과를 발생시켜 경제의 지식자본스톡이 증가하고 이를 통해 기술진보가 이루어진다고 본다.

ㄹ. 총생산함수인 $Y=AK$를 K에 대해 미분한 자본의 한계생산물 $MP_k=A$이고, A는 상수이기에 K의 한계생산물은 일정하다.

오답피하기

ㄱ. 솔로우모형에서 일회적인 기술진보가 이루어지면 생산함수가 상방으로 이동하지만 새로운 균제상태에 도달하면 1인당 경제성장률은 0이 되기에 장기적으로 1인당 산출량증가율은 높아지지 않는다.

08 노동여가모형 정답 ②

출제 포인트 동일한 실질소득 수준에서 상대가격의 변화에 따른 구입량의 변화를 대체효과라 하고 항상 음(−)이다. 동일한 상대가격 수준에서 실질소득의 변화에 따른 구입량의 변화를 소득효과라 하며, 정상재이면 음(−), 열등재이면 양(+)이다.

정답

ㄱ. 근로소득세율이 상승하면 세후 실질임금이 낮아지기에 여가의 상대가격이 하락하고 대체효과에 따라 여가소비는 증가하고 이로 인해 노동공급은 감소한다.

ㄴ. 근로소득세율이 상승함에 따라 세후 실질임금이 하락하면 실질소득이 감소하고 여가가 정상재인 경우 소득효과에 의해 여가소비는 감소하기에 노동공급은 증가한다.

ㄷ. 그러므로 근로소득세율이 상승할 때 노동공급 및 여가수요의 증감 여부는 대체효과와 소득효과의 상대적인 크기에 달려 있다.

09 임금의 경직성 정답 ①

출제 포인트 중첩임금계약모형, 장기임금계약모형은 명목임금의 경직성을 설명하는 이론이다.

정답

중첩임금계약모형은 기업들의 임금조정이 시차를 두고 이루어지면 명목임금이 점진적으로 조정되기에 경제전체적으로 명목임금이 경직적으로 된다는 것으로 실질임금의 경직성이 아니라 명목임금의 경직성을 설명하는 이론이다.

오답피하기

②, ③ 효율성임금은 실질임금 한 단위당 근로의욕이 최대가 되는 임금으로 노동시장 균형임금보다 높게 결정되기에 근로자의 생산성 또는 근로의욕에 영향을 미치고 근로자의 도덕적 해이를 억제하는 데 기여한다.

④, ⑤ 내부자(숙련공 등)는 임금협상력을 갖고 있기에 임금소득극대화를 추구하면 임금이 균형임금보다 높은 수준으로 결정된다는 것이 내부자−외부자이론으로 시장의 균형임금보다 높은 임금이 결정되면 기업의 노동자본 비용이 증가하여 외부자(실직자 등)는 계속 실업상태에 놓이게 되는 비자발적 실업이 발생한다.

10 IS-LM모형 정답 ①

출제 포인트 변동환율제도하 자본이동이 완전한 경우, BP곡선은 수평선으로, 재정정책은 전혀 효과가 없지만 금융정책은 매우 효과적이다.

정답

- 확대적인 재정정책을 실시하면 IS곡선이 오른쪽으로 이동하기에 이자율이 상승하고 이로 인해 외자가 유입되고 환율이 하락한다.
- 환율하락이 이루어지면 순수출이 감소하기에 IS곡선이 다시 기존의 균형점까지 왼쪽으로 이동하고 국민소득은 불변이다.

23회 2011 노무사(1)

정답 p.298

01	① 미시	02	③ 거시	03	④ 미시	04	③ 거시	05	④ 미시
06	② 미시	07	④ 미시	08	② 미시	09	③ 미시	10	② 미시

01 한계기술대체율 정답 ①

출제 포인트 동일한 생산량을 유지하면서 노동을 한 단위 추가 고용시 감소하는 자본의 변화량을 한계기술대체율이라 하고, 등량곡선상 접선의 기울기로 구한다.

정답

생산함수 $Q=L+2K$의 기울기는 $-\frac{1}{2}$이고 생산량이 일정할 때, 한계기술대체율은 생산함수의 기울기와 일치하기에 한계기술대체율은 노동과 자본의 투입량에 관계없이 일정하다.

02 장기 총공급곡선 정답 ③

출제 포인트 인구증가, 생산성향상, 기술진보 등으로 AS곡선은 우측으로 이동한다.

정답

정부의 국방비 지출 등 정부지출은 총공급곡선이 아닌 총수요곡선을 이동시키는 요인이다.

오답피하기

① 생산기술이 진보하면 전체 생산량이 증가하기에 총공급곡선은 우측 이동한다.

② 원자재가격이 하락하면 요소투입량이 증가하여 총공급곡선은 우측 이동한다.

④ 인적 자본이 증가하면 근로자의 생산성이 향상되기에 총공급곡선은 우측 이동한다.

⑤ 마찰적 실업이 감소하면 자연실업률이 감소하여 잠재GDP가 증가하기에 장기 총공급곡선은 우측 이동한다.

03 이윤극대화 정답 ④

출제 포인트 기업의 노동수요는 한계생산물가치($VMP_L=MP_L\times P$)와 명목임금(w)이 같아지는 수준, 즉 한계생산성(MP_L)과 실질임금$\left(\frac{w}{P}\right)$이 같아지는 수준에서 결정된다.

정답

기업의 노동수요는 한계생산성(MP_L)과 실질임금$\left(\frac{w}{P}\right)$이 같아지는 수준에서 결정되고 근로자 수가 5명일 때 $VMP_L=MP_L\times P=240{,}000>w=200{,}000$으로 한계생산물가치가 임금보다 크나 근로자 수가 6명일 때 $VMP_L=MP_L\times P=160{,}000<w=200{,}000$으로 한계생산물가치가 임금보다 작기에 이윤을 극대화하기 위해 A기업이 고용할 근로자 수는 5명이다.

근로자수	1	2	3	4	5	6
MP_L	10	8	7	5	3	2
VMP_L	800,000	640,000	560,000	400,000	240,000	160,000

04 필립스곡선 정답 ③

출제 포인트 전통적인 필립스곡선에 기대인플레이션율을 부가하여 통화주의(프리드만과 펠프스)가 제시한 것이 기대부가 필립스곡선[$\pi=\pi^e-\alpha(U-U_N)$]이다.

정답

ㄱ. 단기에 필립스곡선은 우하향 곡선으로 인플레이션율과 실업률이 '상충 관계'이기에, 물가안정과 고용안정을 동시에 달성할 수 없다.

ㄷ. 기대부가 필립스곡선 $\pi=\pi^e-\alpha(U-U_N)$에서 예상인플레이션율 π^e가 상승하면 단기 필립스곡선은 우상방으로 이동한다.

오답피하기

ㄴ. 프리드만은 통화주의 대표적인 학자로 장기에 필립스곡선이 자연실업률 수준에서 수직선이라고 주장하였다.

ㄹ. 단기적으로 실업률이 자연실업률보다 높다면 장기에는 임금이 하락하기에 단기 총공급곡선이 우측 이동하여 물가가 하락한다.

05 엥겔곡선 정답 ④

출제 포인트 소득변화에 따른 재화구입량 변화를 연결한 곡선이 엥겔곡선이다.

정답
- 소득변화에 따른 재화구입량 변화를 연결한 곡선인 엥겔곡선은 소득 소비곡선에서 도출되기에 소비자균형에서 구할 수 있다.
- 소비자는 1:2의 비율로 X재와 Y재를 소비하기에 $2X = Y$이고 소비자균형에서 예산제약식 $(P_XX + P_YY = M)$이 충족되기에 $Y = 2X$를 예산제약식에 대입하면 $P_XX + P_Y(2X) = M$, $M = (P_X + 2P_Y)X$이다.
- 그러므로 엥겔곡선의 기울기는 $(P_X + 2P_Y)$이다.

06 기펜재 정답 ②

출제 포인트 가격이 상승할 때 수요량이 증가하는 재화를 기펜재라고 한다.

정답

기펜재는 열등재이고 소득효과는 (+)값을 가지기에 가격이 상승하면 실질소득이 감소하여 소득효과에 의해 재화의 소비량이 증가한다.

오답피하기

①, ④ 기펜재는 열등재이고, 열등재는 대체효과가 (−)의 값을 가지지만 소득효과는 (+)값을 가지기에 항상 반대 방향으로 나타난다.

③, ⑤ 기펜재의 가격이 하락하면 (−)값을 가지는 대체효과에 의해 항상 상대가격이 하락한 재화의 소비량을 증가시키는 방향으로 작용한다.

07 도덕적 해이 정답 ④

출제 포인트 감춰진 행동으로 거래 이후에 정보가 부족한 측이 볼 때 상대방이 바람직하지 않은 행동을 하는 현상을 도덕적 해이라 한다. 계약 이후의 행동의 문제이다.

정답

은행이 대출이자율을 높게 설정할수록 위험한 사업에 투자하는 기업이 자금을 차입하려는 현상은 계약 이전의 행동으로 도덕적 해이가 아니라 역선택이다.

오답피하기

①, ②, ③, ⑤ 팀별 발표 무임승차, 에어백 설치 이후 부주의 운전, 보험가입 이후 화재방지 노력 미비, 직원들의 태만은 모두 계약 이후의 행동의 문제로 도덕적 해이이다.

08 불완전경쟁시장 정답 ②

출제 포인트 꾸르노모형과 슈타켈버그모형은 '생산량'결정모형이고, 베르뜨랑모형과 굴절수요곡선모형은 '가격'결정모형이다.

정답

슈타켈버그모형은 생산량결정모형이기에 두 기업 중 하나 또는 둘 모두가 '생산량'에 관해 추종자가 아닌 선도자의 역할을 한다.

오답피하기

① 독점적 경쟁시장은 단기에는 독점의 성격이 크지만, 장기에는 완전경쟁의 성격이 크기에 장기적으로 기업의 진입과 퇴출이 자유롭다.

③ 꾸르노모형에서는 각 기업은 경쟁기업의 산출량을 주어진 것으로 보고 현 산출량을 그대로 유지할 것이라는 전제하에 행동하기에 완전경쟁의 $\frac{2}{3}$만큼 생산한다.

④ 베르뜨랑모형에서는 각 기업이 상대방의 가격을 주어진 것으로 보고 자신의 가격을 결정한다.

⑤ 독점시장은 균형생산량에서 $P > MR = MC$가 성립한다.

09 노동시장 정답 ③

출제 포인트 근로시간당 t원의 세금이 부과되면 노동공급곡선이 t만큼 상방 이동한다. 따라서 후생손실은 $\left(\frac{1}{2}\right) \times$ (시간당 세금) $\times$ (고용량 감소분)이다.

정답
- 노동수요곡선 $\omega = 2{,}000 - L$과 노동공급곡선 $\omega = \frac{2{,}000}{3} + \frac{1}{3}L$을 연립하면 $2{,}000 - L = \frac{2{,}000}{3} + \frac{1}{3}L$, $\frac{4}{3}L = \frac{4{,}000}{3}$, $L = 1{,}000$이다.
- 근로시간당 1,000원의 세금을 부과하면 노동공급곡선은 $\omega = \frac{5{,}000}{3} + \frac{1}{3}L$로 1,000만큼 상방 이동한다.
- 노동수요곡선과 바뀐 노동공급곡선 식을 연립하면 $2{,}000 - L = \frac{5{,}000}{3} + \frac{1}{3}L$, $\frac{4}{3}L = \frac{1{,}000}{3}$, $L = 250$, $\omega = 1{,}750$이다.
- 조세부과에 따른 후생손실의 크기는 $\left(\frac{1}{2}\right) \times$ (시간당 세금) $\times$ (고용량 감소분)이기에 $375{,}000\left(= \frac{1}{2} \times 1{,}000 \times 750\right)$원이다.

10 완전경쟁시장 정답 ②

출제 포인트 총수입에서 총비용을 차감한 값인 이윤은 $MR = MC$, 그리고 MR기울기 $<$ MC기울기일 때 극대화된다.

정답
- 완전경쟁기업의 이윤극대화 조건은 $P = MC$이고 비용함수를 미분한 한계비용은 $MC = 6Q$이기에 $P = MC$, $24 = 6Q$, $Q = 4$이다.
- 이윤은 $\pi = TR - TC$이기에 $24(= (24 \times 4) - (3 \times 16 + 24))$이다.

24회 2011 노무사(2)

정답 p.301

01	④ 거시	02	③ 거시	03	② 미시	04	① 미시	05	① 미시
06	③, ⑤ 거시	07	① 거시	08	② 미시	09	③ 미시	10	④ 미시

01 인플레이션 정답 ④

(출제 포인트) 예상된 인플레이션에서도 구두창비용, 메뉴비용 등이 발생하고 조세부담이 증가하며, 경상수지가 악화된다.

(정답)

ㄱ. 구두창비용은 인플레이션 상황에서 화폐를 덜 보유하기 위해 드는 사회적 비용이다.

ㄴ. 예상된 인플레이션이 발생하면 구두창비용, 메뉴비용 등이 발생하고 조세부담이 증가한다.

ㄷ. 메뉴비용(가격조정비용)은 제품이나 서비스의 판매가격을 조정할 때 소요되는 비용으로 인플레이션이 발생하면 기업이 부담해야 하는 메뉴비용이 증가한다.

ㄹ. 인플레이션이 발생하면 화폐의 상대가격이 하락하기에 채권자가 불리해지고 채무자는 유리해지는 자원배분의 왜곡이 발생한다.

02 물가상승률 정답 ③

(출제 포인트) 당해연도 생산물에 기준연도의 가격을 곱하여 계산한 것이 실질GDP이고, GDP디플레이터 $= \frac{명목GDP}{실질GDP} \times 100$이다.

(정답)

- 명목$GDP_{2011} = (2 \times 200) + (2 \times 100) = 600$
- 실질$GDP_{2011} = (1 \times 200) + (2 \times 100) = 400$
- 2011년의 명목GDP가 600이고, 실질GDP가 400이기에 GDP디플레이터는 $150\left(= \frac{600}{400} \times 100\right)$이고, 물가상승률은 50%이다.

03 외부효과 정답 ②

(출제 포인트) 재화의 생산과정에서 제3자에게 의도하지 않은 이득을 주지만 대가를 받지 않아 사적 비용이 사회적 비용보다 커서 과소생산이 되는 것을 생산의 외부경제라 한다.

(정답)

긍정적 외부효과가 발생하는 경우 시장은 과소생산하기에 시장균형생산량은 사회적 최적 생산량보다 작다.

(오답피하기)

① 시장의 가격기구를 통하지 않고 제3자에게 의도하지 않은 이득이나 손해를 주지만 대가를 받지도 지불하지도 않는 것을 외부효과라 한다.

③, ④ 외부효과가 발생하면 정부는 외부한계편익이나 재화단위당 외부한계비용만큼 보조금을 지급하거나 피구세를 부과한다.

⑤ 거래비용이 존재하지 않는 경우, 당사자들의 합의를 통해서 외부효과의 문제를 해결할 수 있다.

04 생산비용 정답 ①

(출제 포인트) 모든 가변요소를 투입하였을 때 생산된 재화의 총량을 총생산물이라 하고, 한계생산물을 적분한 값으로 한계생산물을 합하여 구한다. 가변요소를 한 단위 추가 투입시 총생산물의 증가분을 한계생산물이라 하고, 총생산물을 미분한 값으로 총생산물곡선상 접선의 기울기로 구한다.

(정답)

- $Q=3$일 때 $TC=60$이고, $FC=30$이기에 총가변비용 $=TVC=30$, 평균가변비용은 (ㄱ) $=AVC=10$이다.
- $Q=4$일 때 $ATC=18$이기에 $TC=18 \times 4=72$이고 $Q=3$일 때 $TC=60$이기에 $Q=4$일 때의 한계비용은 (ㄴ) $=MC=12$이다.
- $Q=5$일 때 $AVC=11$, $TVC=Q \times AVC=55$이고 $TFC=30$이기에 $TC=85$이다. $Q=4$일 때의 $TC=72$이기에 $Q=5$일 때의 한계비용은 (ㄷ) $=MC=13$이다.

05 게임이론 정답 ①

(출제 포인트) 상대방의 전략을 주어진 것으로 보고 경기자는 자신에게 가장 유리한 전략을 선택하였을 때 도달하는 균형을 내쉬균형이라 한다.

(정답)

- B기업의 선택에 상관없이 A기업은 대규모 전략을 선택하는 것이 항상 소규모 전략의 보수보다 크기에 대규모 전략이 A기업의 우월전략이다.
- A기업의 우월전략은 대규모 전략이기에 항상 대규모 전략을 선택하고, 이때 B기업은 대규모 전략을 선택하는 것이 소규모 전략의 보수보다 크기에 B기업은 대규모 전략을 선택한다.
- 그러므로 내쉬균형은 $(40, 30)$이다.

06 GDP 정답 ③, ⑤

출제 포인트 '일정기간 한 나라 안에서 새로이 생산된 모든 최종생산물의 시장가치'를 국내총생산(GDP)이라 한다.

정답

③ 홍수로 인해 유실된 도로를 올해 복구하면 도로가 생산된 것이기에 도로복구에 지출된 비용도 GDP에 집계된다.

⑤ 자가소비농산물은 시장에서 거래되지 않더라도 GDP에 포함된다.

오답피하기

① 전년도에 생산된 중고 자동차는 생산시점인 전년도 GDP에 포함되기에 올해 거래되더라도 금년도 GDP에 포함되지 않는다.

② 국내기업의 소유라 할지라도 해외에서 생산되면 GDP에 집계되지 않는다.

④ 주부의 가사노동은 가치를 측정하기 어렵기에 국민소득에 포함되지 않는다.

07 새케인즈학파 정답 ①

출제 포인트 새케인즈학파는 불완전경쟁하 수요충격으로 경기변동이 발생하나 가격변수가 비신축적으로 시장청산이 곤란하기에 안정화정책은 단기적으로 효과가 있다고 주장한다.

정답

고전학파는 통화량변화에도 명목변수만 영향을 줄 뿐 실질변수는 불변이라는 화폐중립성을 주장했지만, 새케인즈학파는 통화량의 변화는 총수요변화를 통해 실물부문에 영향을 미친다고 주장한다.

오답피하기

② 새케인즈학파는 합리적 기대 속에서 명목임금, 실질임금, 가격, 이자율의 경직성이 발생한다고 주장하였다.

③ 새케인즈학파는 제품이나 서비스의 판매가격을 조정할 때 소요되는 메뉴비용(가격조정비용)이 존재한다고 주장하였다.

④ 새케인즈학파는 불경기시 모든 기업이 가격을 인하하면 물가하락으로 경기가 회복되어 이윤이 증가하나 일부 기업만 가격을 인하하지 않아 가격을 낮춘 기업은 오히려 손해를 보는 가격협상에 대한 조정실패가 발생한다고 주장하였다.

⑤ 총수요의 외부효과는 어느 한 기업의 생산량증가가 다른 기업의 생산량수준에도 영향을 주게 되고 그 결과 총수요 수준이 변할 수 있다는 것을 의미한다.

08 생산함수 정답 ②

출제 포인트 1차동차 생산함수는 규모에 대한 수익불변이다.

정답

주어진 생산함수는 1차 $C-D$형 생산함수이기에 a는 자본소득분배율, $\beta(=1-a)$는 노동소득분배율을 나타낸다.

09 노동수요곡선 정답 ③

출제 포인트 생산성향상과 같은 유리한 공급충격이 발생하면 생산함수의 상방 이동으로 MP_L이 커지고 노동수요증가에 의해 고용량과 생산량이 모두 증가하여 호경기가 초래된다.

정답

ㄱ, ㄷ. 노동을 대체하는 산업로봇의 이용이 증가하거나 노동을 대체하는 다른 생산요소의 공급이 증가하면 노동수요가 감소하기에 노동수요곡선이 왼쪽으로 이동한다.

오답피하기

ㄴ. 기술진보로 노동의 한계생산이 증가하면 노동수요가 증가하기에 노동수요곡선이 오른쪽으로 이동한다.

10 노동수요의 임금탄력성 정답 ④

출제 포인트 대체적인 생산요소가 많을수록, 생산물수요의 가격탄력성이 클수록, 총생산비에서 차지하는 비중이 클수록, 측정기간이 길수록 탄력적이다.

정답

ㄱ, ㄴ. 생산물수요가 탄력적일수록, 다른 생산요소와 대체하기 쉬울수록 노동수요가 탄력적이 된다.

오답피하기

ㄷ. 측정기간이 길어질수록 노동수요가 탄력적이 된다.

MEMO

MEMO

목표 점수 단번에 달성,

지텔프도 역시 해커스!

해커스 지텔프 교재 시리즈

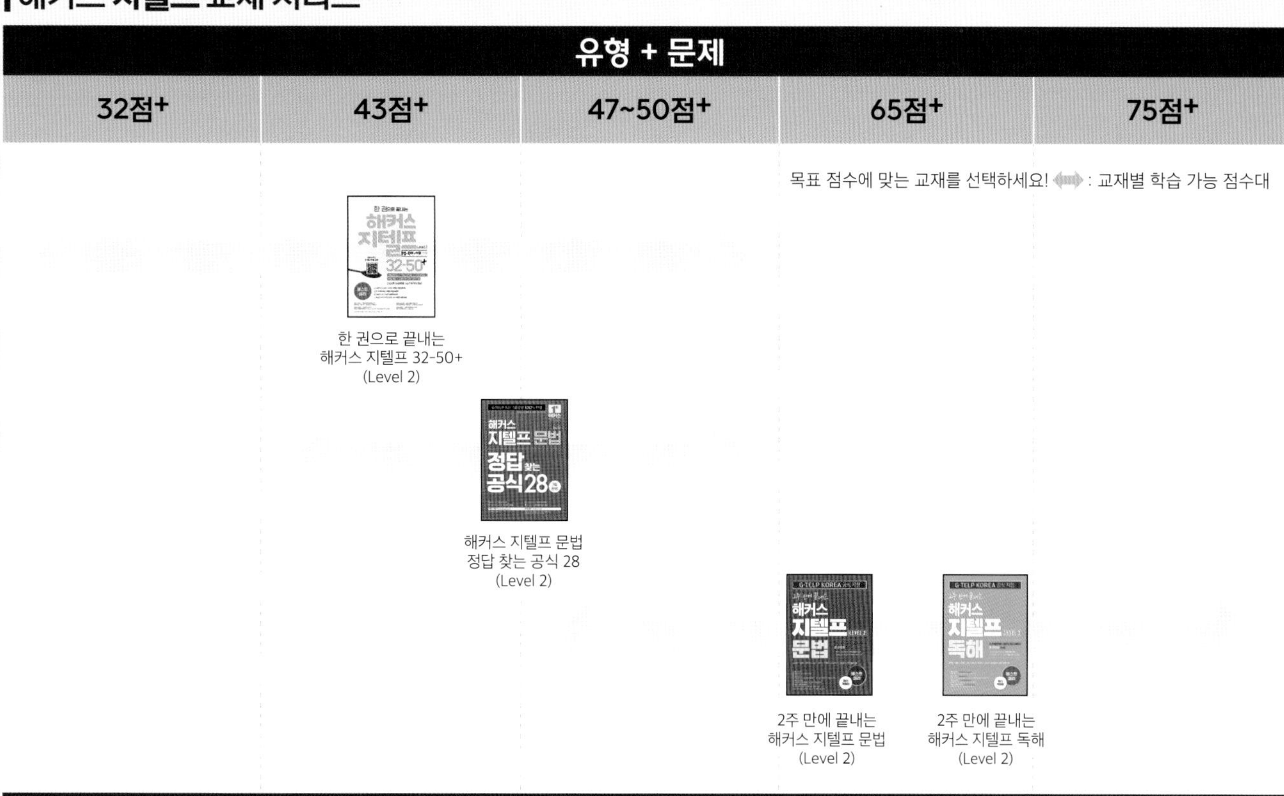

한 권으로 끝내는
해커스 지텔프 32-50+
(Level 2)

해커스 지텔프 문법
정답 찾는 공식 28
(Level 2)

2주 만에 끝내는
해커스 지텔프 문법
(Level 2)

2주 만에 끝내는
해커스 지텔프 독해
(Level 2)

보카

해커스 지텔프
기출 보카

기출 · 실전

지텔프 기출문제집
(Level 2)

해커스 지텔프
최신기출유형
실전문제집 7회
(Level 2)

해커스 지텔프
실전모의고사
문법 10회
(Level 2)

해커스 지텔프
실전모의고사
독해 10회
(Level 2)

해커스 지텔프
실전모의고사
청취 5회
(Level 2)